Emil Kettering

NÄHE

Das Denken
Martin
Heideggers

Neske

Inhalt

5

Siglenverzeichnis

BaR	Brief an W. J. Richardson vom April 1962. In: W. J. Richardson: Heidegger. Through Phenomenology to Thought. Den Haag 1963, VIII–XXIII.
EdD	Aus der Erfahrung des Denkens. Pfullingen ⁴1977.
EH	Erläuterungen zu Hölderlins Dichtung. Frankfurt a. M. ⁵1981.
EiM	Einführung in die Metaphysik. Tübingen ⁴1976.
FBD	Zur Frage nach der Bestimmung der Sache des Denkens. Hrsg. von H. Heidegger. St. Gallen 1984.
FnD	Die Frage nach dem Ding. Zu Kants Lehre von den transzendentalen Grundsätzen. Tübingen ²1975.
FS	Frühe Schriften. Frankfurt a. M. 1972.
Gel	Gelassenheit. Pfullingen ⁶1979.
Heb	Hebel – der Hausfreund. Pfullingen ⁴1977.
Her	Heraklit. Seminar WS 1966/67 zusammen mit E. Fink. Frankfurt a. M. 1970.
HdK	Die Herkunft der Kunst und die Bestimmung des Denkens. In: Distanz und Nähe. Reflexionen und Analysen zur Kunst der Gegenwart. Festschrift für W. Biemel. Hrsg. von P. Jaeger und R. Lüthe. Würzburg 1983, 11–22.
Hum	Über den Humanismus. 23.–25. Tausend. Frankfurt a. M. 1975.
HW	Holzwege. Frankfurt a. M. ⁵1972.
ID	Identität und Differenz. Pfullingen ⁶1978.
IG	Martin Heidegger im Gespräch. Hrsg. von R. Wisser. Freiburg 1970.
KPM	Kant und das Problem der Metaphysik. Frankfurt a. M. ⁴1973.
KuR	Die Kunst und der Raum. St. Gallen 1969.
N I, II	Nietzsche. 2 Bde. Pfullingen ³1976.
PLW	Platons Lehre von der Wahrheit. Mit einem Brief über den »Humanismus«. Bern ³1975.
Schell	Schellings Abhandlung über das Wesen der menschlichen Freiheit (1809). Hrsg. von H. Feick. Tübingen 1971.
SdD	Zur Sache des Denkens. Tübingen ²1976.
SdU	Die Selbstbehauptung der deutschen Universität. Das Rektorat 1933/34. Hrsg. von H. Heidegger. Frankfurt a. M. 1983.

SI   Spiegel-Interview: »Nur noch ein Gott kann uns retten« mit M. Heidegger am 23. 9. 1966. In: Der Spiegel, 30. Jg., Nr. 23, 31. 5. 1976, 193–219.

SuZ   Sein und Zeit. Tübingen ^{14}1977.

SvG   Der Satz vom Grund. Pfullingen ^{5}1978.

TK   Die Technik und die Kehre. Pfullingen ^{4}1978.

UzS   Unterwegs zur Sprache. Pfullingen ^{6}1979.

VA   Vorträge und Aufsätze. Pfullingen ^{4}1978.

VS   Vier Seminare. Le Thor 1966, 1968, 1969, Zähringen 1973. Aus dem Französischen von C. Ochwadt. Frankfurt a. M. 1977.

WdG   Vom Wesen des Grundes. Frankfurt a. M. ^{6}1973.

WdW   Vom Wesen der Wahrheit. Frankfurt a. M. ^{6}1976.

WhD   Was heißt Denken? Tübingen ^{3}1973.

WiM   Was ist Metaphysik? Frankfurt a. M. ^{12}1981.

WiME   Was ist Metaphysik? Einleitung. Frankfurt a. M. ^{12}1981.

WiMN   Was ist Metaphysik? Nachwort. Frankfurt a. M. ^{12}1981.

WiP   Was ist das – die Philosophie? Pfullingen ^{6}1976.

WM   Wegmarken. Frankfurt a. M. ^{2}1978.

ZS   Zur Seinsfrage. Frankfurt a. M. ^{4}1977.

GA 1-   Martin Heidegger Gesamtausgabe. Bd. 1–61.

GA 61   (Für die einzelne Aufschlüsselung der bisher erschienenen Bände s. das Literaturverzeichnis!)

Meinem Lehrer
RICHARD WISSER
in Dankbarkeit und Verehrung
zugeeignet

Einleitung
Das Problem der NÄHE

»Alle Entfernungen in der Zeit und im Raum schrumpfen ein. Wohin der Mensch vormals wochen- und monatelang unterwegs war, dahin gelangt er jetzt durch die Flugmaschine über Nacht. Wovon der Mensch früher erst nach Jahren oder überhaupt nie eine Kenntnis bekam, das erfährt er heute durch den Rundfunk stündlich im Nu. Das Keimen und Gedeihen der Gewächse, das die Jahreszeiten hindurch verborgen blieb, führt der Film jetzt öffentlich in einer Minute vor. Entfernte Stätten ältester Kulturen zeigt der Film, als stünden sie eben jetzt im heutigen Straßenverkehr. Der Film bezeugt überdies sein Gezeigtes noch dadurch, daß er zugleich den aufnehmenden Apparat und den ihn bedienenden Menschen bei solcher Arbeit vorführt. Den Gipfel der Beseitigung jeder Möglichkeit der Ferne erreicht die Fernsehapparatur, die bald das ganze Gestänge und Geschiebe des Verkehrs durchjagen und beherrschen wird.

Der Mensch legt die längsten Strecken in der kürzesten Zeit zurück. Er bringt die größten Entfernungen hinter sich und bringt so alles auf die kleinste Entfernung vor sich.

Allein das hastige Beseitigen aller Entfernungen bringt keine Nähe; denn Nähe besteht nicht im geringen Maß der Entfernung. Was streckenmäßig in der geringsten Entfernung zu uns steht, durch das Bild im Film, durch den Ton im Funk, kann uns fern bleiben. Was streckenmäßig unübersehbar weit entfernt ist, kann uns nahe sein. Kleine Entfernung ist nicht schon Nähe. Große Entfernung ist noch nicht Ferne.

Was ist die Nähe, wenn sie trotz der Verringerung der längsten Strecken auf die kürzesten Abstände ausbleibt? Was ist die Nähe, wenn sie durch das rastlose Beseitigen der Entfernungen sogar abgewehrt wird? Was ist die Nähe, wenn mit ihrem Ausbleiben auch die Ferne wegbleibt?

Was geht da vor sich, wenn durch das Beseitigen der großen Entfernungen alles gleich fern und gleich nahe steht? Was ist dieses Gleichförmige, worin alles weder fern noch nahe, gleichsam ohne Abstand ist?« (VA 157 f)

Diese Kennzeichnung eines wesentlichen Grundzugs unseres technischen Zeitalters, die Heidegger im Jahre 1950 vorgenommen hat, trifft in noch gesteigertem Maße auf die Situation im Jahre 1986 zu. Das

Vordringen in den kosmischen Makrobereich im Zuge der Raumfahrt sowie das Eindringen in den molekularen und atomaren Mikrobereich durch Kernforschung, Genforschung oder Mikroelektronik haben die Veränderung unseres Verhältnisses zu Raum und Zeit weiter vorangetrieben. Nachdem immer schnellere Verkehrsmittel, insbesondere Flugzeuge, jeden beliebigen Punkt der Erde in wenigen Stunden erreichbar gemacht haben, ist jetzt auch das Weltall nicht mehr vor dem Menschen sicher, Touristenflüge um die Erde oder zum Mond sind zur vorstellbaren Utopie von Morgen geworden. Ständig wachsende Perfektibilität sowie immer größere Speicherkapazität auf immer kleinerem Raum befähigen Computer dazu, riesige Datenmengen innerhalb von Sekundenbruchteilen zu verarbeiten. Die Zeit, die selbst ein mittelgroßer Computer für eine komplizierte Division mehrstelliger Zahlen benötigt, ist so verschwindend kurz, daß wir sie nicht mehr mit der Stoppuhr messen, geschweige denn uns gar veranschaulichen können. Die menschlichen Sinnesorgane reichen seit langem nicht mehr aus, weder im Mikrobereich, wo die Sehkraft des Auges durch Mikroskop und Elektronenmikroskop bis zum Hunderttausendfachen erhöht werden muß, noch im Makrobereich, wo Teleskop und Radarschirm unersetzliche Hilfsdienste leisten. Ebenso übersteigen bereits die Meßwerte mittelgroßer HIFI-Anlagen die Hörfähigkeit des menschlichen Ohres bei weitem. In summa: Sowohl die Wissenschaften als auch die ihre Ergebnisse verwertenden Technologien bewegen sich immer mehr ins Unanschauliche. Im Ernst wird niemand behaupten, er könne sich unter Maßeinheiten wie Nanometer oder Nanosekunde, Erde-Mond-Abstand oder Lichtgeschwindigkeit noch etwas anschaulich vorstellen. Die Folge dieser Tendenz ist eine tiefgreifende Entsinnlichung.

Längst hat das Fernsehen die von Heidegger prognostizierte Vormachtstellung eingenommen, die es im Zuge der Verkabelung noch um ein Vielfaches ausbauen wird. Es ist absehbar, daß der überwiegende Teil unserer Geschäftigkeit und Geschäfte bald per Bildschirm und Telefon vom Fernsehsessel aus erledigt werden kann. Das Fernsehen liefert uns das Weltgeschehen in Farbe und Stereoton, bald wohl auch noch dreidimensional ins Haus und erlaubt uns, an den historischen Ereignissen der Weltgeschichte im Sessel teilzunehmen. Die ganze Welt wird im Bild eingefangen bzw. die Welt wird zum Bild, wie Heidegger bereits 1938 in seinem Vortrag »Die Zeit des Weltbildes« feststellte. (HW 82)

Das eigentümliche Spannungsverhältnis von Nähe und Ferne, das sich daraus für das Fernsehen ergibt, sowie die Gefahr des Zusammenfließens beider zum gleichförmigen Einerlei des Abstandslosen hat Richard Wisser anschaulich beschrieben.[1] Er deckt den »blinden Fleck« des Fernsehens auf und versucht, diesem den Star zu stechen. Das Fernsehen, das eigentlich Nahsehen heißen müßte, weil es nicht in die Ferne sieht, sondern die Ferne gerade entfernt, d. h. zum Nahen macht, »suggeriert dem Zuschauer eine solche Art von Nähe, die nicht einmal die Nähe der Wahr-nehmung, geschweige die der Ein-sicht ist. So trübt es den Blick für die Nähe, und zwar für die Nähe zur Natur ebenso wie die zum Menschen, zu Gott ebenso wie die zur Welt.«[2] Soll echte Nähe erreicht werden, so ist dies laut Wisser nur dadurch möglich, daß die nur vorgetäuschte Nähe des Fernsehens in ihrer Suggestion dekuvriert und der Blick vom Bild weg auf das Sehen selbst gelenkt wird. Mit anderen Worten: Der Blick muß vom Objektiv und Objekt auf das Subjektiv und das Sehen des Subjekts gewendet werden.

Die Bedenklichkeit und Bedrohlichkeit der Veränderung unseres Verhältnisses zu Nähe und Ferne durch das Fernsehen verdeutlicht Wisser nicht nur im Blick auf Heidegger, sondern auch im Anschluß an Arnold Gehlen für den ethischen Bereich. Täglich führen uns Nachrichten und Reportagen Krieg, Krankheit, Hunger und sonstige Leiden in der Welt vor Augen, was eine nachhaltige Wandlung unserer »›Verpflichtungsgefühle‹«[3] bewirkt. »Gerade wer helfen will, erfährt seine Hilflosigkeit, nicht helfen zu können, doppelt und dreifach. Andere stumpfen ab. Mancher dreht durch. *So bringt das Fernsehen eine Fern-Ethik zu Wege.* Diese übersieht in der Regel zunächst das Nahe und läßt schließlich auch das Ferne auf sich beruhen. Sie möchte die Menschheit befreien, läßt aber die alte Witwe von nebenan im Stich.«[4]

Was das bedeutet, hat aus sozialpsychologischer Sicht bereits Arnold Gehlen als die grundlegende Veränderung unseres Raum- und Zeitbewußtseins in hochindustrialisierten Gesellschaften detailliert beschrie-

---

1 Vgl. Richard Wisser: Der »blinde Fleck« im Fernsehen, (1976). Literaturangaben in den Anmerkungen werden aus Gründen der Platzersparnis nur mit Ober- bzw. bei wiederholtem Auftreten mit Kurztitel genannt. Bei selbständigen Veröffentlichungen gebe ich zusätzlich Verlagsort und Erscheinungsjahr der von mir benutzten Ausgabe an, bei Aufsätzen in Zeitschriften oder Sammelbänden nur das Erscheinungsjahr. Für die vollständigen bibliographischen Angaben verweise ich auf das Literaturverzeichnis.
2 a. a. O. 386.
3 a. a. O. 393. Vgl. Arnold Gehlen: Moral und Hypermoral, Wiesbaden 1969, 56.
4 a. a. O. 393.

ben.[5] Der Aufbau von »Superstrukturen« infolge des Siegeszuges von Wissenschaft, Technik und Industrie und die damit einhergehende »Intellektualisierung« und »Entsinnlichung« führten laut Gehlen zu einem ungeheueren Erfahrungs- und Realitätsverlust. Da aber der Mensch als wesentlich Handelnder auf »Entlastung« angewiesen ist, wirkt er dem Defizit an Nähe, Unmittelbarkeit und Überschaubarkeit durch Aufstellung von vereinfachenden Stereotypen und durch Herstellung einer »sekundären Nähe« entgegen.[6] Eigene Erfahrungen werden durch »Erfahrungen zweiter Hand« ersetzt, selbst die Emotionen zu »Emotionen zweiter Hand« umgebildet.[7]

Hans Jonas bekennt sich in seinem vieldiskutierten Buch »Das Prinzip Verantwortung« zu einer »Ethik der Fernverantwortung«. Die bisherige »›Nächsten‹-Ethik« reicht seiner Überzeugung zufolge nicht mehr aus, um die durch die moderne Technik ermöglichten Handlungen neuer Größenordnung mit ihren neuartigen Objekten und weitreichenden Folgen zu fassen und zu regulieren. Die gesellschaftlichen und politischen Verflechtungen sind derart angewachsen und das Ausmaß der Handlungen bis zur Möglichkeit der Vernichtung der Menschheit gesteigert, so daß viele Entscheidungen nicht mehr nur den nächsten Bekanntenkreis und die Gegenwart betreffen, sondern kollektiv und zukunftsrelevant sind. Die durch die Technik notwendig gewordene »umdenkende Ethik« der Fernverantwortung muß der Tatsache Rechnung tragen, daß der Raum der Sittlichkeit nicht mehr der unmittelbare Umkreis der Handelnden und die Gegenwart ist, sondern Kollektiv und Zukunft.[8]

Die Kehrseite der unbestreitbar großen Errungenschaften und Erleichterungen des technischen Fortschritts ist, daß der Mensch seines natürlichen Verhältnisses zu Raum und Zeit verlustig geht: alles wird gleich nah bzw. gleich fern, das Abstandslose herrscht. Das eilige Beseitigen aller Entfernungen verbürgt noch keine Nähe, denn Nähe ist nicht identisch mit kleinem Abstand. Andererseits bedeutet große Entfernung noch keine Ferne, das streckenmäßig weit Entfernte kann uns nahe sein. Wenn Nähe und Ferne, wie behauptet, nicht mit dem aus-

5 Vgl. Arnold Gehlen: Die Seele im technischen Zeitalter, Reinbek 1955.
6 a. a. O. 56.
7 a. a. O. 49, 60.
8 Vgl. Hans Jonas: Das Prinzip Verantwortung, Frankfurt a. M. 1979, 23 ff, 29, 32, 47, 58, 63.

meßbaren kleinen oder großen Abstand zwischen zwei Raumstellen oder Zeitpunkten zusammenfallen, dann ist es an der Zeit, mit Heidegger die Frage zu stellen: Was ist NÄHE?[9] Und in der Folge: Wie ist Nähe zu erreichen?

Abstandslosigkeit geht mit Heimatlosigkeit einher, der Mensch irrt als Unbehauster ruhe- und ziellos umher. Es spricht manches dafür, daß Abstandslosigkeit zutiefst unmenschlich ist, weil sie den Menschen sowohl um ein angemessenes Verhältnis zu den Dingen und zur Welt als auch zu sich selbst bringt.[10] Sie verwehrt die notwendige Orientierung und verweigert ihm, in sein Wesen zu finden, heimisch zu werden auf dieser Erde und sie zu bewohnen.

Infolge des Verlusts von Nähe und Ferne zu den Dingen, Mitmenschen, Tieren und Pflanzen, verlieren diese ihren Eigenwert, derangieren zum bloß bestellbaren Bestand als dem stets plan- und berechenbaren und infolgedessen verfügbaren und machbaren Material technologischer Vernutzung. Auch der Mensch, der sich als Herr der Technik wähnt, ist gefangen im Netz der Superstruktur »Technik«, die ihn zum austauschbaren Funktionsträger oder gar zum lebendigen Experimentiermaterial entwürdigt. Dieses gegenseitige herausfordernde Stellen von Mensch und Natur bezeichnet Heidegger als »Ge-stell«. Das Ge-stell ist das selbst nicht-technische Wesen der Technik, das Mensch und Seiendes im Ganzen (Sein) einander so gegenüberstellt und zu-stellt, daß sie sich wechselseitig stellen. Ge-stell avanciert damit zum direkten Gegenbegriff zu Nähe.

Insofern das Ge-stell für Heidegger die derzeitige Gestalt der Verbergung des Seins selbst darstellt, das sich schon lange entzieht, und da die Grunderfahrung der Seinsvergessenheit bekanntermaßen sein Denken vom Anfang bis zum Ende bestimmt, umgrenzen »Ge-stell« und »Nähe« nicht nur Heideggers Phänomenologie des Wesens der Technik, sondern darüber hinaus das Spannungsfeld, in dem sich sein *gesamtes* Denken bewegt. Angesichts dessen scheint es geboten, das Problem der NÄHE in Heideggers Denken zu thematisieren.

9 Ich unterscheide typographisch zwischen *NÄHE* als dem zwiefachen Geschehen von Nähe und Ferne und *Nähe* als der einen Weise der NÄHE. NÄHE nennt das ganze Geschehen, Nähe nur eine Seite davon.

10 Daß Abstandslosigkeit zutiefst unmenschlich ist, wird vollends dann deutlich, wenn man die von Richard Wisser herausgearbeitete anthropo-ontologische »kritisch-krisische Grundbefindlichkeit« des Menschen ernst nimmt, die besagt, daß der Mensch seinem Wesen nach kritisch *und* krisisch *ist*, und aus ihr begreift, was sich da abspielt: der Mensch wird um das Transzendieren gebracht. Vgl. Richard Wisser: Kritik als Weg zum Selbstverständnis des Menschen, (1973); ders.: Kritik und Krise als Wege zum Selbstverständnis des Menschen, (1974).

Heideggers Denken bringt die Besinnung auf NÄHE in eine völlig neue Dimension: NÄHE wird zur Bestimmung des Seins als solchen erhoben. NÄHE als Ontologikum drückt nicht nur ein Verhältnis zum Sein aus, sondern spricht darüber hinaus das Sein selbst (»Seyn«) als NÄHE an, weil das Sein selbst das Verhältnis ist (Hum 20), was noch ausführlich dargelegt wird. NÄHE meint – wie wir mit dem späten Heidegger treffender sagen können – das wechselweise Zusammen*gehören* von Sein und Menschenwesen, respektive Menschenwesen und Sein, und zwar in dem doppelten Sinne der Ortschaft dieses Zusammen*gehörens* und der zwiefachen Bewegung (bzw. Be-wëgung), die Sein *und* Menschenwesen wechselweise einander nahebringt und übereignet. Wenn nun – wie allgemein zugestanden wird – die Seinsfrage der Leit-Gedanke ist, der Heideggers gesamtes Werk führt und bestimmt, und dargetan werden kann, daß das Sein selbst von ihm als NÄHE erfahren wird, so erweist sich NÄHE als eine Grunderfahrung Heideggers. Die Leitthese der nachfolgenden Untersuchung geht aber noch einen Schritt weiter: Die Erfahrung der NÄHE ist nicht nur *eine* Grunderfahrung Heideggers unter anderen, sondern sie ist in einem noch genauer zu bestimmenden Sinne *die* Grunderfahrung, der Schlüssel (aller Schlüssel) zu seinem Seinsverständnis. Das soll nicht heißen, daß die anderen Grundgedanken wie »Un-verborgenheit« (»ἀλήθεια«), »Lichtung«, »Zeit« und »ontologische Differenz« in der NÄHE als einem quasi noch universelleren Prinzip gegründet werden könnten, denn sie stellen nach meiner Auffassung alle *gleichursprüngliche*, d. h. irreduzible, nicht weiter ableitbare Seinscharaktere dar. Dennoch läßt sich eine Priorität der NÄHE in folgender Hinsicht aufzeigen: Erst durch die Erfahrung der NÄHE kommt Heidegger zum Gedanken der »ontologischen Differenz« sowie zu seinem gewandelten Verständnis von Wahrheit als Unverborgenheit, erst sie bereitet den Boden für den Gedanken der Lichtung als noch alles Licht der Lichtmetaphysik fundierend, erst aus der Erfahrung der NÄHE gewinnt Heidegger seine neue Auffassung der Zeit als ekstatischer Zeitlichkeit (Temporalität), gelangt er zum Denken des Raumes vom Ein-räumen als Raum-geben eines Offenen her, worin Seiendes erscheinen kann, über die NÄHE kommt er zum »Ereignis« als dem Grundproblem seines Spätwerks. NÄHE bildet das zeitweise im Hintergrund bleibende verbindende Band, das alle anderen Grundgedanken vereint, und sie verbürgt somit die Einheit des Heideggerschen Werkes.

Solche Prioritäts- und Rangprobleme können allerdings erst dann sinnvoll diskutiert werden, wenn die bislang weitgehend unbeachtete und unbedachte NÄHE als Grunderfahrung Heideggers in den Blick gehoben worden ist. Dementsprechend konzentriert sich die vorliegende Arbeit darauf, erst einmal die Wichtigkeit der Erfahrung der NÄHE für Heideggers Seinsdenken herauszustellen. Sie verfolgt dabei ein dreifaches Ziel:

1. Die Aufhellung des vielschichtigen Gebrauchs des Terminus »NÄHE« und damit der Multidimensionalität der NÄHE selbst. Neben der Differenzierung wird das die einzelnen Aspekte Integrierende herausgearbeitet. (Einen ersten Ein- und Überblick liefert Teil A)

2. Die Nachzeichnung der Entwicklung des Problems der NÄHE im Gesamtwerk Heideggers. Heideggers Denkweg wird als Wanderung in die Nachbarschaft des Seins aufgewiesen. (Die Stationen dieses Denkwegs entsprechen den einzelnen Kapiteln von Teil B)

3. Die Freilegung der Struktur der NÄHE sowie ihres Zusammenhangs mit Lichtung, Un-verborgenheit, Raum und Zeit. (Eine Zusammenfassung bietet Teil C)

Daneben soll durch die Verdeutlichung von Nähe und Ferne als konkreten – wenn auch nicht wissenschaftlich objektiv meßbaren – Seincharakteren sowohl der überzogenen Kritik Dolf Sternbergers, Robert Minders und Theodor W. Adornos, Heidegger raune nur vom Sein, als auch dem Jasperschen Verdikt der »Eisen-« bzw. »Stahlkonstruktion« und des »gnostischen« Seinswissens der Boden entzogen werden.[11]

Des weiteren scheint mir die Thematik der NÄHE geeignet, die immer noch weitverbreitete Irrmeinung einer »Kehre« im Sinne einer *bruchartigen* Umkehrung zwischen dem Früh- und Spätwerk Heideggers zu widerlegen. Die Erfahrung der NÄHE durchzieht Heideggers Denken von Anfang an.[12] Allerdings lassen sich stufenartige Verschiebungen ihrer Stellung, Grade ihrer Explizitheit sowie ein Weiterdenken

11 Vgl. Dolf Sternbergers Statement in IG 42–44; Robert Minder: Heidegger und Hebel oder die Sprache von Meßkirch, (1966); Theodor W. Adorno: Jargon der Eigentlichkeit, Frankfurt a. M. 1964; ders.: Philosophische Terminologie, Bd. 1, Frankfurt a. M. 1973, 148ff; Karl Jaspers: Notizen zu Martin Heidegger, München 1978, 47, 102, 104, 61, 64, 116, 137f, 209, 229; Karl Jaspers und Rudolf Bultmann: Die Frage der Entmythologisierung, München 1981, 35.

12 Der Anfang des selbständigen Heideggerschen Denkens wird allgemein mit »Sein und Zeit« (1927) angesetzt, inklusive den dieses Hauptwerk vorbereitenden Freiburger und Marburger Vorlesungen seit Beginn der 20er Jahre. Die »Frühen Schriften« können für die zu untersuchende Problematik vernachlässigt werden, da Heidegger

der Sachgehalte erkennen, was eine Ausdifferenzierung des terminologischen Gebrauchs mit sich bringt. Äußerliches Indiz für die Einheit des Heideggerschen Denkweges ist, daß NÄHE alle drei Formulierungen der Seinsfrage – Frage nach dem »Sinn von Sein«, nach der »Wahrheit des Seins« und nach der »Ortschaft des Seins« – umfaßt, was noch dargelegt wird.[13] Erst in der Auseinandersetzung mit Dichtung und Sprache, insbesondere der Dichtung Hölderlins, rückt das Problem der NÄHE in aller Deutlichkeit ins Zentrum des Heideggerschen Philosophierens. Wahrscheinlich wurde Heidegger der Begriff »Nähe« von Hölderlin zugespielt. Bedenken wir, daß Heideggers Beschäftigung mit Hölderlin nach eigenen Angaben bis in die Studienzeit vor dem ersten Weltkrieg zurückreicht,[14] dann verwundert es nicht, daß die Erfahrung des Seins als NÄHE zumindest ansatzweise schon im ersten Hauptwerk wirksam ist, wenn sie auch noch nicht begrifflich ausgesprochen bzw. terminologisch allein auf das Dasein bezogen ist. Heidegger selbst erklärt rückblickend im Humanismus-Brief, das Einzige, was sein Denken seit »Sein und Zeit« auszusprechen versuche, sei etwas Einfaches: das Sein als die schlichte NÄHE eines unaufdringlichen Waltens. (Hum 21, 30) Allerdings müssen solche Selbstinterpretationen aus der Retrospektive ihrerseits interpretiert werden, was Friedrich-Wilhelm von Herrmann in seiner Dissertation »Die Selbstinterpretation Martin Heideggers« an zahlreichen Beispielen demonstriert hat. Von Herrmann zufolge handelt es sich in den meisten Fällen nicht um bloß »erläuternde«, sondern um »umdeutende« Selbstinterpretationen.[15]

Der Grundgedanke des Seins als NÄHE, in die der Mensch immer schon versetzt (eingelassen) ist und die er existierend (wohnend) übernehmen (hüten) soll, trägt Heideggers Denken seit »Sein und Zeit«. Zu dieser Einsicht bedarf es noch keiner subtilen Auslegungen, vielmehr genügt der Hinweis auf zwei unbestrittene Fakten: Erstens ist die Seinsvergessenheit, von der Heidegger seinen Ausgang nimmt, kein bloßes Versäumnis des Menschen, sondern zugleich Ausdruck der Seinsverlassenheit bzw. Seins*ferne*. Ferne ist aber wie Nähe ein Modus der NÄHE. Zudem findet die Seinsvergessenheit, die Heidegger selbst mehrfach als seine »Grunderfahrung« bekundet (Hum 17, 25; SdD 31), Vorläufer-

darin noch nicht seine eigenständige Position erreicht hat. Vgl. Otto Pöggeler und Friedrich Hogemann: Martin Heidegger. Zeit und Sein, (1982), 56.
13 Siehe unten 90ff.
14 Vgl. UzS 92; GA 52, 8.
15 Vgl. Friedrich-Wilhelm von Herrmann: Die Selbstinterpretation Martin Heideggers, Meisenheim 1964, 5, 9.

schaft in der Frage des Fremden in Platons »Sophistes«, in Hölderlins Trauer über die »Flucht der Götter« und in Nietzsches Wort »Gott ist tot« sowie in dessen Entlarvung des waltenden »Nihilismus«. Zweitens bestimmt Heidegger das Wesen des Menschen von Anfang an aus seinem *Seinsbezug*, seiner Nachbarschaft zum Sein, ganz gleich, ob dieser Bezug primär vom Dasein her wie beim frühen Heidegger (Bezug des Daseins zum Sein) oder primär vom Sein her wie beim späten Heidegger (Bezug des Seins zum Dasein), genauer gesagt *aus* dem wechselweisen Bezug von Sein und Menschenwesen, Menschenwesen und Sein selbst gedacht wird, denn das Sein selbst *ist* dieses Verhältnis. Deshalb kennzeichnet er den Menschen in »Sein und Zeit« mit dem ontologischen Titel »Dasein« und setzt ihn damit von allen metaphysischen Definitionen des Menschen als animal rationale, Geschöpf Gottes, Subjekt, Bewußtsein oder Person ab. Auf dieser im Gang von »Sein und Zeit« zu erweisenden Voraus-setzung des Wesens des Menschen als »Dasein« bzw. »Existenz«, als seinsverstehendes Wesen, baut Heideggers Unternehmen einer Fundamentalontologie auf.[16]

Dieser wechselweise Bezug von Sein und Menschenwesen, respektive Menschenwesen und Sein, ist der Gedanke, um den Heideggers gesamtes Denken kreist. Welcher Terminus wäre geeigneter, die urtümliche und nicht erst nachträglich herzustellende Verhältnishaftigkeit von Sein *und* Menschenwesen auszusprechen als »NÄHE«? NÄHE stellt geradezu den Inbegriff aller Verhältnishaftigkeit dar. Die Besinnungen auf Dichten, Denken und Sprache, auf Wohnen und Gelassenheit, auf Zeit und Raum, Lichtung, Un-verborgenheit und Ortschaft des Seins, auf Ge-stell und Geviert, Identität (Zusammengehören), auf das Wesen des Seins, des Menschen und der Dinge stehen alle im Zusammenhang mit NÄHE. Auch die zahlreichen Auseinandersetzungen mit metaphysischen wie mit anfänglichen Denkern dienen dem Abbau der Seinsferne bzw. der Vorbereitung einer neuen Nähe des Seins. Angesichts der zentralen Stellung und der Vieldimensionalität der NÄHE ist es merkwürdig, wie wenig Beachtung dieser Grundgedanke in der bisherigen Heidegger-Forschung gefunden hat.[17] Dies mag wohl mit daran liegen,

---

16 Die logische Voraussetzung wurzelt laut Heidegger in der Ausgesetztheit des Menschen durch das Sein, in der wir uns immer schon vorfinden. Insofern kann er behaupten, »daß alle Philosophie im Ersten und Letzten nur ihre Voraussetzungen entfaltet«. (GA 32, 52f) Zum Problem der Voraussetzung in »Sein und Zeit« vgl. auch unten 100f.

17 Am weitesten zum Problem der NÄHE vorgedrungen ist nach meiner Überzeugung noch Werner Marx in seinem Buch »Gibt es auf Erden ein Maß?«, Hamburg

daß das Spätwerk Heideggers immer noch wenig bearbeitet ist, wenn es sich auch in den letzten Jahren einer stärkeren Zuwendung erfreut.

Ihrem Thema entsprechend bewegt sich vorliegende Untersuchung in einem zweifachen Spannungsfeld: Einerseits will sie die Einheit und Kontinuität des Heideggerschen Denkens nachweisen, ohne jedoch die wesentlichen Wandlungen zu vernachlässigen und uninterpretiert zu lassen. Andererseits betont sie zwar die Einheit des Gesamtwerkes, stellt jedoch materialbedingt die Arbeiten des späten Heidegger in den Mittelpunkt der Untersuchungen. Es gilt, weder das Frühwerk gegen das Spätwerk auszuspielen, indem man die Kontinuität leugnet, noch beide naiv zu harmonisieren, indem man die einschneidenden Veränderungen verdeckt.

Dieser zweifachen Forderung versuche ich mittels einer Kombination von werkchronologischer und systematischer Interpretation gerecht zu werden, wobei die etwas größere Gewichtung auf der systematischen Herausarbeitung von Grundstrukturen des Heideggerschen Denkens liegen soll.

Aus methodischen Gründen wähle ich den 1947 veröffentlichten Brief »Über den Humanismus« als Einstieg. Dieser Brief nimmt in mehrfacher Hinsicht eine Sonderstellung ein:

1. Einerseits erörtert er im Rückblick wichtige Gedanken der vorausliegenden Schriften, andererseits spricht er wesentliche Gedanken, die in späteren Abhandlungen behandelt werden, erstmals an.
2. In ihm kommt das Problem der NÄHE sowohl in seiner zentralen Stellung als auch in seiner Vieldimensionalität zum Ausdruck.
3. Er stellt klarer als alle anderen Schriften Heideggers neue Auffassung vom Wesen des Menschen heraus.

Ist das Problem der NÄHE anhand einer Auslegung des Humanismus-Briefes erst einmal in seiner Wichtigkeit und Vielschichtigkeit vor Augen gebracht, so gelingt es, die noch weitgehend verborgenen Aspekte des Seins als NÄHE in »Sein und Zeit« und zeitlich benachbarten Schriften aufzuspüren. Das heißt aber nicht, daß ich »Sein und Zeit« aus der Sicht des Heidegger von 1947 deute. Vielmehr geht es mir stets darum, die Schriften immanent auszulegen. Hierzu erscheint es mir hermeneutisch legitim, Hinweise aus späterer Zeit einzubeziehen, wobei diese allerdings nicht ungeprüft übernommen und zurückprojiziert werden, sondern lediglich dazu dienen, den Blick für schon früher ange-

1983. Vgl. 45f, 60, 73f, 113ff, 148. Vgl. auch Jacques Derrida: Fines hominis, (1968), 107ff, und Richard Wissers Statement in IG 51ff.

legte, wenn auch noch nicht mit aller Deutlichkeit entfaltete Intentionen des Autors zu schärfen.

Mein »Erkenntnisinteresse« – um ein heute weitverbreitetes Modewort aufzugreifen – richtet sich auf die Heideggers Seinsdenken tragende und vorantreibende Grunderfahrung der NÄHE – man könnte sie auch Initiationserfahrung nennen. Wie wir nicht erst seit der Psychoanalyse wissen, ist ein solches »Schlüsselerlebnis« häufig dem Schreiber selbst nicht von Anfang an vollends bewußt. Anders formuliert: Mir ist es vorrangig um das einheitliche Bewegungsprinzip des Heideggerschen Denk-Weges zu tun, nicht so sehr um die einzelnen Stationen für sich genommen. Diese erhalten ihre volle Bedeutung erst als Markierungen eines einheitlichen Denk-Weges. Dieser verläuft nicht linear fortschreitend, sondern in zirkelhaften Durchläufen, die stets von der Seinsferne ausgehen und auf die Bereitung einer neuen Nähe zum Sein abzielen. Der Weg in die Nachbarschaft des Seins kann nicht ein für allemal durchschritten und beendet werden, sondern bleibt ständig neu zu vollziehende unendliche Aufgabe.

Die Bedeutung der Wegmetapher für Heideggers Denken kann gar nicht genug hervorgehoben werden: Nicht nur, daß der Denker Martin Heidegger einen biographischen Denkweg durchläuft, darüber hinaus faßt Heidegger Denken selbst als Weg auf, und zwar in dem doppelten Sinne von Bauen bzw. Spuren eines Weges und Gehen auf diesem Weg. (WhD 164f, 60f) Er ist zeitlebens unterwegs *im* Denken und *zum* Denken und damit zur »Sache des Denkens«, dem Sein, d. h. demjenigen, was uns Denken heißt. (WhD 12, 79ff) Vermeintlich feste Standpunkte sind lediglich vorübergehende Aufenthalte im Unterwegssein: »Das Bleibende im Denken ist der Weg.« (UzS 99) Menschsein als solches bedeutet für Heidegger Unterwegssein, Wanderung in die »Nachbarschaft des Seins«. (Hum 31) Die Wege, auf denen das Dasein wandert, werden bereitet von der alles »be-wëgenden« Lichtung, die erst Wege ermöglicht. (UzS 197f)[18] In summa: Nicht nur die biographische Entwicklung Heideggers hat Wegcharakter, sondern auch das Denken, das Dasein sowie das Sein selbst als die be-wëgende Lichtung. Weg ist also

---

18 Heidegger gebraucht die Schreibweise der »schwäbisch-alemannischen Mundart« »Be-wëgung« (mit Trema auf dem e), wenn er in Abhebung von »Bewegung« im geläufigen Sinne von Bewirken eines Ortswechsels oder einer sonstigen Änderung das Ergeben und Stiften von Wegen durch die freigebende Gegend oder Lichtung kennzeichnen will. »Be-wëgung« meint nicht primär und ausschließlich das Gehen auf einem bereits vorhandenen Weg, sondern zuvor ein Bahnen des Weges selbst. Vgl. UzS 197f.

nicht nur eine äußere Beschreibungskategorie für die Entfaltung des Heideggerschen Denkens, sondern dessen zentraler Bestandteil. Von hierher versteht sich das Motto, das Heidegger seiner Gesamtausgabe vorangestellt hat: »Wege, nicht Werke.« (GA 1, IV)

Zur Arbeitsweise dieser Untersuchung sei folgendes angemerkt: Sie versteht sich in erster Linie als *hermeneutische* Aufarbeitung zentraler Probleme des Heideggerschen Denkens. »Hermeneutik« meint eine Auslegung, die sich vorrangig und möglichst streng an den Text des Heideggerschen Werkes hält, und zu dessen Analyse, soweit dies erforderlich ist, sowohl werkgeschichtliche als auch ideen- bzw. problemgeschichtliche Aspekte mitheranzieht. Die Textnähe zeigt sich darin, daß wichtige Gedanken nicht einfach aus dem Kopf paraphrasierend wiedergegeben, sondern durch Stellenangaben und Zitate belegt werden. Entsprechend diesem hermeneutischen Konzept halte ich mich streng an die Heideggersche Terminologie. Dies ist meines Erachtens bei einer Arbeit über Heidegger mehr als bei anderen Philosophen unumgänglich, weil er erstens eine Vielzahl von eigenen Termini geprägt hat, wobei zweitens seine besonders enge Beziehung zur Sprache, die seiner Überzeugung nach selbst spricht, zur Geltung kommt, und weil er sich auf diese Weise drittens wie kein anderer von der gesamten philosophischen Tradition absetzt. Aus diesen Gründen muß jeder Versuch einer Deutung des Heideggerschen Denkens mittels traditioneller philosophischer Begrifflichkeit zwangsläufig in die Irre führen und von vornherein eine wirkliche Verständnismöglichkeit verschließen, insofern er nicht wenigstens die Inadäquatheit dieser Begrifflichkeit und deren Grund ausdrücklich macht. Bei einem Denker, der über eine so durchdachte und sprechende Terminologie verfügt wie Heidegger, ist es unmöglich, beispielsweise anstelle von »Dasein« etwa »Subjekt« zu schreiben oder ähnliches, selbst wenn man diesen Begriff bis zum Verlust seiner Aussagekraft formalisiert, weil damit die wesentliche und bewußt intendierte Unterscheidung Heideggers verwischt wird. Heidegger selbst sah sich immer wieder in der Notlage, mit traditionellen Mitteln (Aussagesätzen, traditionellen Grammatikkonstruktionen, Begriffen) formulieren zu müssen, die seinem Denken unangemessen sind. (Andererseits ließ der späte Heidegger davon ab, eine neue Sprache zu kreieren und hegte, angeregt durch Analysen Wilhelm von Humboldts, die Hoffnung, daß durch eine gewandelte Zuschickung des Seins sich auch eine Wandlung des Verhältnisses zur Sprache ereignen werde. (UzS 267f))

Die Absetzung von der Metaphysik ist für Heideggers eigenes Denken konstitutiv. Daher muß eine Interpretation – wie Heidegger selbst in seinem Denken – stets zunächst die negativen Bestimmungen darlegen, bevor sie eine positive Charakterisierung geben kann. Beide zusammen ermöglichen erst ein echtes Verständnis. Von hierher verstehen sich meine zahlreichen, stilistisch holprig anmutenden Satzkonstruktionen mit »sondern«, »aber«, »jedoch«, »dagegen« usw. Ist die negative Abgrenzung geleistet, so steht die viel schwierigere Aufgabe bevor, positiv zu kennzeichnen, was Heidegger mit »Nähe«, »Ereignis«, »Dasein« oder mit seinen Neologismen »Geviert«, »Ge-Stell«, »Eksistenz« usw. meint. Dies zur Entschuldigung der häufigen Satzkonstruktionen mit »das heißt«, »das bedeutet«, »das meint« und ähnlichem, die aufgrund ihrer dauernden Wiederholung beim Leser ebenfalls stilistisch anecken. Wo Philosophieren präzis formulieren muß, tritt zwangsläufig der flüssige Stil in den Hintergrund, insbesondere dann, wenn es nicht phänomenologisch aufweist und entwickelt, sondern Vorgedachtes zusammenfaßt.

Die hermeneutische Textarbeit wird ergänzt durch die *systematische* Herausarbeitung von Grundstrukturen bzw. Gesetzmäßigkeiten des Heideggerschen *Denkduktus* und seiner *Denkgehalte*.

Eine wesentliche Schwierigkeit jeder Untersuchung über Heideggers Denken, insbesondere über sein Spätwerk, die dem Anspruch der Wissenschaftlichkeit Genüge leisten soll und will, liegt darin, daß sich im Bereich des von Heidegger angezielten »anderen Denkens« zwar manches »weisen« läßt, aber nichts »beweisen«. (ID 8) Hinzu kommt, daß Heidegger weitgehend die Regeln der gängigen Aussagelogik als untauglich für sein Denken ablehnt. Dennoch bin ich der Überzeugung, daß auch die Arbeiten des späten Heidegger ›intersubjektiv‹ nachvollziehbar sind, auch wenn Heidegger selbst die ihnen zugrunde liegende neue Weise der Phänomenologie nicht eigens methodisch ausgewiesen hat. Weiterhin wäre es geradezu ›vermessen‹ über das Sein, Ereignis oder Geviert wissenschaftlich zwingende Aussagen machen zu wollen. Trotzdem ist diese Untersuchung wissenschaftlich, insofern sie versucht, die verschiedenen Weisungen Heideggers samt ihren Wandlungen offenzulegen, mehrere Weisungen unter dem Gesichtspunkt der NÄHE aufeinander zu beziehen und auszulegen, ihrer phänomenologischen Ausweisbarkeit und Nachvollziehbarkeit nachzufragen sowie Lücken und Ungereimtheiten zu markieren. Wissenschaftlich ist ferner die hermeneutische Methode der Textauslegung, die sich der gängigen philologischen Mittel bedient.

Mißlich ist weiterhin, daß Heideggers Seinsdenken eigentlich gar nicht von außen referierbar ist, weil bei ihm alles auf das Eintreten ins Denken ankommt, auf das Mitgehen des Denkwegs, das nur die stete, sich je erneut beirren lassende Lektüre der Originaltexte leisten kann. Jede systematische Interpretation, die gezwungen ist, Ergebnisse anzugeben, Stellen aus dem Kontext zu reißen, bleibt daher notwendig immer ein Behelf, aber ein notwendiger Behelf, um im Dickicht der Holzwege nicht die Orientierung zu verlieren.

A. Dimensionen der NÄHE

Wie bereits angedeutet, nimmt der 1946 geschriebene und 1947 in erweiterter Fassung veröffentlichte Brief »Über den Humanismus«[1] eine Sonderstellung innerhalb von Heideggers Gesamtwerk ein. Er läßt sich als Rechenschaftsbericht Heideggers über bereits Geleistetes sowie als Andeutung seines kommenden Denkens charakterisieren. Aufgrund dieser Sonderstellung ist der Brief vorzüglich dazu geeignet, sowohl den in ihm ausgeführten zentralen Stellenwert der NÄHE als auch deren Vieldimensionalität herauszuarbeiten und damit zugleich den Bereich der ganzen Untersuchung zu umreißen. Daneben beabsichtigt meine hermeneutische Auslegung des Humanismus-Briefs, Heideggers neue Auffassung vom Wesen des Menschen darzulegen und die mannigfachen Bezüge zwischen Sein und Menschenwesen in den Blick zu heben, die dann im Laufe der Arbeit weiter entfaltet werden.

In einem zweiten Schritt vertiefe ich in systematischer Hinsicht die wichtigste Dimension der NÄHE, das Zusammengehören von Sein und Menschenwesen, anhand einer Analyse des Vortrags »Der Satz der Identität« aus dem Jahre 1957. Hierbei ist mir besonders an der Verdeutlichung der gewandelten Denk- und Fragerichtung Heideggers sowohl gegenüber der traditionellen Ontologie als auch gegenüber der traditionellen Anthropologie gelegen. Darüber hinaus ist dieser Entwurf des Heideggerschen Seinsdenkens erforderlich, um sich nicht aufgrund der zahlreichen Veränderungen in Heideggers Terminologie in scheinbare Widersprüche zu verstricken.

---

[1] Vergleicht man die verschiedenen Ausgaben des Humanismus-Briefs, so fällt die Uneinheitlichkeit in der Wiedergabe des Titels auf. Der Erstdruck im Francke Verlag aus dem Jahre 1947 ist überschrieben »Platons Lehre von der Wahrheit. Mit einem Brief über den ›Humanismus‹« (über dem Text selbst dagegen steht: »Über den ›Humanismus‹. Brief an Jean Beaufret, Paris«). In der Einzelausgabe des Klostermann Verlags aus dem Jahre 1949, die einfach »Über den Humanismus« betitelt ist, fehlen dagegen die Anführungszeichen beim Wort »Humanismus«. Noch verwirrender ist die Lage beim Wiederabdruck des Briefs im Sammelband »Wegmarken« im Jahre 1967 sowie innerhalb des Bandes 9 der Gesamtausgabe im Jahre 1976: Bei beiden heißt es im Inhaltsverzeichnis »Brief über den Humanismus« (ohne Anführungszeichen), über dem Text selbst jedoch »Brief über den ›Humanismus‹« (mit Anführungszeichen).

I. Der Einstieg:
Der Brief »Über den Humanismus«

Heideggers Brief »Über den Humanismus« läßt sich m. E. auf drei Ebenen der Betrachtung lesen: Auf einer ersten Ebene zeigt er sich als Auseinandersetzung mit Sartres Konzeption des existentialistischen Humanismus. Bei näherem Hinsehen erweist er sich als Kritik aller bisherigen Humanismen sowie der Frage nach der anthropologischen (bzw. ontologischen) Bestimmung des Wesens des Menschen. Noch tiefer gedacht, entpuppt er sich schließlich als Frage nach dem Wesen des Handelns und damit nach dem Problem der »Ethik«, die sich bei Heidegger zur Frage nach dem Wohnen, und das heißt wiederum zur Frage nach der NÄHE entfaltet. Wohlgemerkt schließen diese drei Interpretationsebenen einander nicht aus, vielmehr umfaßt die jeweils tiefergehende die vorhergehende bzw. die beiden vorhergehenden. Das besagt ferner, daß wir erst in der dritten Betrachtungsweise zum eigentlichen Kern des Briefes vorstoßen: der Frage nach dem Wohnen bzw. der Frage nach der NÄHE. »NÄHE« meint dabei den wechselweisen Bezug von Sein und Menschenwesen, respektive Menschenwesen und Sein, aus dem her sich die Bestimmungen des Menschen als »Nachbar des Seins« und des Seins als »Nächstem« ergeben, bzw. die Ortschaft, in der Mensch und Sein erst ihr wahres Wesen finden und heimisch wohnen können. Als vorläufigen Beleg für meine These verweise ich auf folgende drei Schlüsselstellen im Brief: Gleich der erste Satz lautet: »Wir bedenken das Wesen des Handelns noch lange nicht entschieden genug.« (5)[2] Etwa in der Mitte des Briefes bekundet Heidegger sein

2 Alle Seitenzahlen dieses Kapitels, die ohne Sigel eingefügt sind, beziehen sich auf die Einzelausgabe des Humanismus-Briefs des Klostermann Verlags. (1. Aufl. 1949, ich zitiere nach der Ausgabe von 1975). Ich lege diese Ausgabe zugrunde, weil sie erstens leichter zugänglich ist und weil zweitens der Wiederabdruck in der Gesamtausgabe einige Textkorrekturen vornimmt, die nicht eigens ausgewiesen werden. Solche späten Verbesserungen – immerhin boten bereits zahlreiche Neuauflagen des Humanismus-Briefs dazu Gelegenheit – müssen meines Erachtens ihrerseits interpretiert werden. Noch problematischer ist das Heranziehen der Randbemerkungen, die nicht genau datiert werden können. Allerdings geben die Textkorrekturen und Randbemerkungen in vielen Fällen wichtige, erhellende Hinweise, die ich natürlich miteinbeziehe. Zum Streit um die Martin Heidegger Gesamtausgabe vgl. Hans-

völlig gewandeltes Verständnis von »Humanismus«: »Es ist der Humanismus, der die Menschheit des Menschen aus der Nähe zum Sein denkt.« (29) »Der Mensch ist der Nachbar des Seins«, d. h. dasjenige Seiende, das »in der Nähe des Seins wohnt«. (29) Die Fragen nach dem Handeln und dem Wohnen werden schließlich gegen Ende des Briefes wieder aufgegriffen und für das Problem einer »Ethik« fruchtbar gemacht, insofern dort die NÄHE als »ἦθος«, d. h. als »Aufenthalt, Ort des Wohnens« gedeutet wird. (39) Bereits anhand dieser drei Stellen dürfte ersichtlich geworden sein, daß die Humanismusproblematik bei Heidegger in die Erörterung der Fragen nach dem Handeln, dem Wohnen und damit letztlich nach der NÄHE eingebettet ist.

Obwohl erst die dritte Betrachtungsweise zum eigentlichen Kern des Humanismus-Briefs vordringt und ein Heidegger gemäßes Denken von hier ausgehen müßte, kann ich aus methodischen Gründen nicht unmittelbar auf dieser Stufe ansetzen. Heidegger selbst schlägt zwar gleich zu Beginn des Briefs das Thema des Handelns und Wohnens kurz an, sieht sich dann jedoch aufgrund der zahlreichen Fehldeutungen seines Denkens seit »Sein und Zeit« dazu genötigt, zunächst auf die geläufigen Sichtweisen des Humanismus einzugehen und diese in ihrer Unzulänglichkeit zu entlarven, bevor er die Erfahrung der NÄHE als seine Grunderfahrung herausstellt und von ihr her seine gewandelte Auffassung vom Menschenwesen verdeutlicht. Diese Vorgehensweise muß ich wegen derjenigen übernehmen, denen das Problem der NÄHE erst vor Augen geführt werden soll. Mit anderen Worten: Ich muß um des Lesers willen – ebenso wie Heidegger selbst – den ›Irrweg‹ der Beaufretschen Fragestellung nach dem Humanismus mitgehen, in dem sich das weitgehende Mißverständnis von Heideggers Existenzialontologie in den Jahren 1927 bis 1946 widerspiegelt – Sartre selbst verstand seine Philosophie bekanntlich als Aufnahme und Weiterführung Heideggerschen Gedankengutes –, um diesen Weg in seiner Irrigkeit für ein angemessenes Heideggerverständnis aufzuweisen. Erst auf diesem ›Umweg‹ tritt die abgrundtiefe Differenz zwischen der humanistischen Betrachtungsweise des Menschen, auch derjenigen Sartres, und Heideggers neuer Bestimmung des Menschenwesens aus der Nähe zum Sein in aller Deutlichkeit zutage.

Martin Saß: Heideggers Konzept der Phänomenologie, (1977); Rainer A. Bast und Heinrich P. Delfosse: Philologisches zu den beiden Neuausgaben von »Sein und Zeit«, (1979); Rainer A. Bast: Philologisches zur 15. Aufl. von »Sein und Zeit« und zum »Humanismusbrief«, (1980); Friedrich-Wilhelm von Herrmann: Die Edition der Vorlesungen Heideggers in seiner Gesamtausgabe letzter Hand, (1982); Otto Pöggeler: Neue Wege mit Heidegger?, (1982).

Dementsprechend exponiere ich in einem ersten Schritt die Problemstellung, wie sie sich vom existentialistischen Humanismus Sartres sowie vom Humanismus überhaupt her darbietet, und markiere die Ansatzpunkte der Kritik. Wenn ich die beiden ersten Betrachtungsweisen zwar Stufe für Stufe vorstelle, sie aber dennoch unter einen Oberpunkt zusammenfasse, so geschieht dies deshalb, weil beide aus Heideggers Sicht im Grundsätzlichen übereinstimmen – weshalb er selbst ebenfalls beide zusammen abhandelt. Von der humanistischen Sicht des Menschen hebe ich in einem zweiten Schritt Heideggers neue Auffassung vom Wesen des Menschen ab, wobei ich seine Konzeption des Menschen als »Nachbar des Seins«, sein Verständnis des Seins als »Nächstem« sowie die NÄHE als wechselweisen Bezug von Sein *und* Menschenwesen[3] und dessen wesentliche Weisen vorstelle. Ein dritter Schritt gibt einen systematischen Überblick über die verschiedenen Dimensionen der NÄHE.

1. Die Problemstellung:
Existentialistischer und klassischer Humanismus

a) Der existentialistische Humanismus
Jean-Paul Sartres

Den unmittelbaren Anlaß zu Heideggers Brief »Über den Humanismus« bildeten Fragen des französischen Philosophen Jean Beaufret. Im Mittelpunkt von Beaufrets Brief an Heidegger – der leider im vollen Wortlaut bisher nicht zugänglich ist – steht die Frage: »Comment redonner un sens au mot ›Humanisme‹? ›Auf welche Weise läßt sich dem Wort Humanismus ein Sinn zurückgeben?‹« (Hum 31, 7) Aktualität und Dringlichkeit dieser Frage sind vor allem auf dem Hintergrund einer kleinen programmatischen Schrift Jean-Paul Sartres mit dem bezeichnenden Titel »L'Existencialisme est un Humanisme« verständlich, die im gleichen Jahr in Paris erschienen war und schlagartig eine breite Diskussion entfachte.[4]

---

3 Für den wechselweisen Bezug von Sein und Menschenwesen und Menschenwesen und Sein schreibe ich häufig abkürzend: Der Bezug von Sein *und* Menschenwesen.
4 Die deutsche Übersetzung von Walter Schmiele unter der Überschrift »Ist der Existentialismus ein Humanismus?« entstellt die Problematik, indem sie Sartres programmatische These zur Frage abschwächt.

Da die wesentlichen Differenzen zwischen Sartres existentialistischem Humanismus und Heideggers existenzialontologischer Bestimmung des Wesens des Menschen als »Existenz« bzw. »Ek-sistenz« in der Heidegger-Forschung bereits mehrfach herausgearbeitet worden sind, kann ich mich hier darauf beschränken, stichwortartig an einige Abgrenzungspunkte zu erinnern.[5] In besagtem Vortrag bringt Sartre den ersten Grundsatz des Existentialismus auf die Formel: *Die Existenz geht der Essenz voran.*[6] Die bisherige philosophische Tradition vertrat gerade die gegenteilige Ansicht, daß die Essenz der Existenz vorangeht. Man besaß einen allgemeinen Begriff des Menschen und der menschlichen Natur, die jedem individuellen Menschen eigen ist. »Dies bedeutet, daß jeder Mensch ein besonderes Beispiel eines allgemeinen Begriffes ›Der Mensch‹ ist.«[7] Für Sartre – und, wie er meint, auch für alle anderen Existentialisten – gibt es keine ein für allemal feststehende menschliche Natur, auf die sich eine Definition des Menschen stützen könnte, weil es keinen Gott gibt, um sie zu entwerfen. In Umkehrung der Tradition geht Sartre von der einzelnen Existenz aus, die er als »Ichheit« faßt und die nichts anderes ist, als das, wozu sie sich macht.[8] Gerade als ein in die Welt ohne vorgegebene Werte und Ziele Geworfener ist der Mensch verantwortlich für sein Tun. Dies drückt Sartre auch so aus: »Der Mensch ist verurteilt, frei zu sein.«[9] Indem die einzelne Existenz sich stets neu entwirft, schafft sie ein Bild des Menschen als solchen, bringt sie ihre Essenz hervor.[10] »Indem ich mich wähle, wähle ich den Menschen.«[11] Dieser neuen Auffassung vom Menschen entsprechend, gelangt Sartre zu einem neuen Verständnis des Humanismus: dem *existentialistischen Humanismus.* Im Gegensatz zum *klassischen Humanismus,* der *den* Menschen als Endzweck und höheren Wert ansetzte, also von einem Allgemeinbegriff des Menschen ausging, nimmt der auf dem Vorrang der Existenz vor der Essenz basierende existentialistische Humanismus den Menschen nie als Zweck, weil sich der Mensch immer neu schaffen muß. Sartres neuer existentialistischer Humanismus besagt: »Der Mensch ist dauernd außerhalb seiner selbst; indem er sich entwirft und indem er sich außerhalb seiner verliert, macht er, daß der

5 Vgl. z. B. Richard Wisser: Der zu sich kommende Mensch und das Sein, (1967); Wolfgang Janke: Existenzphilosophie, Berlin 1982, 99ff, 174ff.
6 Vgl. Jean-Paul Sartre: Ist der Existentialismus ein Humanismus?, (1975), 9, 11.
7 a. a. O. 10.
8 a. a. O. 11.
9 a. a. O. 16.
10 a. a. O. 12f.
11 a. a. O. 13.

Mensch existiert, und auf der andern Seite, indem er transzendente Ziele verfolgt, kann er existieren; der Mensch ist diese Überschreitung und erfaßt die Gegenstände nur in Beziehung auf diese Überschreitung. Es gibt kein anderes All als ein menschliches All, als das All der menschlichen Ichheit.«[12]

Der erhebliche Unterschied, der zwischen diesem neuen existentialistischen Humanismus Sartres und Heideggers neuer Auffassung vom Wesen des Menschen als »Nachbar des Seins« aufgrund seiner »Eksistenz« besteht, wird im folgenden deutlich werden, wenn wir die Bedeutungen von »Existenz« und »Entwurf« bei beiden vergleichen. Sartres fundamentales Mißverständnis der Heideggerschen Existenzialontologie, das diesen geradezu zu einer klärenden Replik nötigte, besteht darin, daß Sartre Heidegger neben sich und Albert Camus als Existentialisten einreiht, noch dazu als »*atheistischen Existentialisten*«.[13] Allen sei gemeinsam, daß die Existenz der Essenz vorangehe bzw. daß sie von der Ichheit ausgingen.[14] Existenz wird dabei als »Subjektivität« gefaßt, die sich in einem »Entwurf« als vorstellendem Setzen realisiere.[15] In allen genannten Punkten distanziert Heidegger sich in seinem Antwortschreiben an Beaufret scharf von Sartre.

b) Der Humanismus und die Frage
nach dem Wesen des Menschen

Im Brief »Über den Humanismus« geht es Heidegger jedoch nicht allein um die Auseinandersetzung mit Sartre, sondern darüber hinaus mit allen bisherigen Humanismen. Da es dem Humanismus seit jeher um die »Würde« bzw. die »Menschlichkeit« des Menschen zu tun ist, rückt die Frage nach dem *Wesen des Menschen* in den Brennpunkt der Betrachtung, und zwar einerseits als Frage nach der anthropologischen (bzw. ontologischen) Bestimmung des Menschenwesens, andererseits, und dies für Heidegger vorrangig, als Frage nach dem »ethischen« Charakter des Menschenwesens, d. h. nach seinem Handeln und nach seinem Heimischsein. Will man dem »Humanismus« einen positiven Sinn geben, so muß man ihn Heidegger zufolge aus seiner Fixierung auf den Menschen allein befreien und ihn als Suche nach einem nicht-entfremdeten Heimischsein des Menschen weiterdenken. Diese stellt einen al-

12 a. a. O. 35.
13 a. a. O. 9.
14 a. a. O. 11.
15 a. a. O. 11, 22.

ten anthropologischen Topos menschtümlichen Denkens dar, das jedoch nicht mit dem humanistischen Denken identifiziert werden darf. Mit anderen Worten: Für Heidegger, aber nicht für den Humanismus selbst, zielt die Frage nach der Menschlichkeit des Menschen ab auf die Fragen nach dem *Wie* und dem *Wo* seines Wohnens, die ihrerseits eingebunden sind in die umfassendere Frage nach der NÄHE. In dieser tieferen Sicht ist die Frage nach dem Wesen des Menschen das Leitproblem, von dem her die ganze Schrift aufgeschlüsselt werden kann.

»Humanismus« versteht sich Heidegger zufolge allgemein als das »Sinnen und Sorgen, daß der Mensch menschlich sei und nicht unmenschlich, ›inhuman‹, das heißt außerhalb seines Wesens«. (Hum 10) Die »Menschlichkeit des Menschen«, um die es allen Humanismen geht, wird jedoch speziell äußerst verschieden gefaßt, wie Heidegger anhand eines kurzen Streifzugs durch die Geschichte des Humanismus darlegt. So findet Marx den »menschlichen Menschen« im »gesellschaftlichen« Menschen, den Christen dagegen erwächst die Menschlichkeit des Menschen aus seiner Gotteskindschaft. (10) Auch die Wege zur Verwirklichung des Humanismus unterscheiden sich: Während der klassische Humanismus des 18. Jahrhunderts bei Winckelmann, Goethe und Schiller sich als Wiederbelebung des Griechentums versteht, bedarf der Humanismus von Marx wie auch der existentialistische Humanismus Sartres keines Rückgangs zur Antike.[16] Alle Formen des

16 Heideggers Bestimmung des Humanismus wird relativiert von Fritz-Joachim von Rintelen und von Ernesto Grassi. Von Rintelen geht vom deutschen Humanismusverständnis aus und unterscheidet drei Arten von Humanismen: den antiken Humanismus, den Renaissancehumanismus und den neuzeitlichen Humanismus. Heideggers Subjektivitätskritik treffe weder den Humanismus von Seneca noch den von Goethe, nur teilweise den Wilhelm von Humboldts, eher schon den von Erasmus von Rotterdam, vollends den von Canning Scott Schiller und Jean-Paul Sartre. Vgl. Fritz-Joachim von Rintelen: Humanismus und Existenzialismus Heideggers, (1967), insb. 173–178.
Grassi weist auf Heideggers völliges Übergehen des italienischen Humanismus im 14. und 15. Jahrhundert hin. Infolgedessen könne Heidegger nicht die erstaunliche Parallelität seines eigenen Denkens zur humanistischen Überlieferung sehen. Parallelen sieht Grassi in der hervorragenden Rolle des dichterischen Wortes für die Erschließung von Wirklichkeit, die Absage an die rationale Metaphysik bei gleichzeitigem Rekurs auf ein ursprünglicheres Sich-zeigen. Auch stehe im italienischen Humanismus nicht der Mensch als solcher im Mittelpunkt, wie meist behauptet werde, sondern die Frage nach der »originären ›Offenheit‹« (348), in der der Mensch auftrete. Vgl. Ernesto Grassi: Heideggers These vom Ende der Philosophie und die humanistische Überlieferung, (1980).
Angesichts solcher historischer Einwände bleibt zu beachten, daß es Heidegger nicht um die verschiedenen Spielarten des Humanismus, d. h. um die Antworten geht,

Humanismus kommen laut Heidegger darin überein, daß sie ein allgemeinstes »Wesen« des Menschen als selbstverständlich voraussetzen: »Der Mensch gilt als das *animal rationale*. Diese Bestimmung ist nicht nur die lateinische Übersetzung des griechischen ζῷον λόγον ἔχον sondern eine metaphysische Auslegung.« (12, Herv. E.K.) Insofern der Mensch als »animal« oder »ζῷον« bestimmt wird, dem ein besonderes, seine Art spezifizierendes Vermögen zugesprochen wird, wird er als ein *Lebewesen unter anderen* und damit als ein *Seiendes unter anderen* angesetzt. Jeder bisherige Humanismus krankt nach Heideggers Überzeugung daran, daß er *metaphysisch* bleibt, was sich darin niederschlägt, daß er die Menschlichkeit des Menschen von der *animalitas* her und nicht zu seiner humanitas hin denkt.

Die Metaphysik kennzeichnet Heidegger als dasjenige Denken, das zwar das Seiende in seinem Sein *vorstellt,* aber nie den Unterschied von Sein und Seiendem denkt. »Die Metaphysik fragt nicht nach der Wahrheit des Seins selbst.« (12) Hierbei haben wir es nicht mit einem bloßen Versäumnis der Metaphysik zu tun, sondern mit einem grundsätzlichen Mangel: die Frage nach dem Sein als solchen (und damit auch die Frage nach dem menschlichen Sein als solchen) ist der Metaphysik als Metaphysik unzugänglich. Da sich die Metaphysik im Grunde genommen stets nur an das Seiende hält, setzt sie zwangsläufig auch in der Frage nach dem Menschenwesen dieses als Seiendes unter anderen an. Oder anders gewendet: Dadurch daß der bisherige Humanismus die Humanitas des Menschen stets aus der Abgrenzung zu anderem *Seienden* begreift, zeigt sich sein metaphysisches Wesen. Wie die gängigen Definitionen des Menschen als animal rationale oder Gottesgeschöpf demonstrieren, wird das Wesen des Menschen stets im Unterschied zum Tier oder Gott bestimmt.[17] Inso-

sondern um die ihnen gemeinsame unzulängliche *Frageweise,* wie Richard Wisser herausgearbeitet hat. Daher sei es an der Zeit, über die rechte Weise des Fragens nachzudenken, statt ständig disparate historische Antworten zu diskutieren. Vgl. Richard Wisser: Humanismus und Wissenschaft in der Sicht Martin Heideggers, (1966).
Einen Überblick über die Einschätzungen von Heideggers Humanismuskritik bis zum Jahre 1967 bietet Robert H. Cousineau: Heidegger, Humanism and Ethics. Louvain 1972, 65–137. Seine eigene Interpretation des Humanismus-Briefs bleibt für meine Fragestellung weitgehend unfruchtbar, weil er nahezu alle Stellen, an denen von »Nähe« die Rede ist, übergeht.
17 Zur Bestimmung des Menschen als Geschöpf, als ens finitum, in Abhebung von Gott als dem Schöpfer und ens infinitum vgl. SuZ 48f. Wichtig ist dabei, daß

fern denkt der Humanismus den Menschen von der animalitas oder von der Kreatürlichkeit her.[18]

In seiner zusammen mit dem Humanismus-Brief veröffentlichten Schrift »Platons Lehre von der Wahrheit« geht Heidegger noch einen Schritt weiter, indem er den erstmals in der Zeit der römischen Republik aufgekommenen Titel »Humanismus« sogar auf das griechische Philosophieren seit Platon überträgt: »Der Beginn der Metaphysik im Denken Platons ist zugleich der Beginn des ›Humanismus‹.« (PLW 49)[19]

Heidegger Gott unter das Seiende zählt und nicht als Sein faßt. Vgl. z. B. WiME 16.

18 Indem die Tradition den Menschen von der animalitas her bestimmt, begreift sie ihn vom Leben und Erleben her; Heidegger dagegen denkt den Menschen als Sterblichen vom Sterbenkönnen (Sein zum Tode) her, d. h. in seiner Endlichkeit. Vgl. VA 171. Zur Abgrenzung der Existenz vom Leben vgl. SuZ 46f.

19 Gegen diese Gleichsetzung von Beginn der Metaphysik und Beginn des Humanismus bei Platon opponiert Gerhard Krüger. Er betont die Notwendigkeit der von Heidegger unterwanderten Unterscheidung »zwischen antikem Verständnis des Wahren als der leitenden Hinsicht des Vorstellens« (121) und damit auch der Differenzierung zwischen antikem und modernem Humanismus. Krügers Auffassung zufolge rückt der Mensch erst in der Neuzeit, »indem er sich als Subjekt, das Seiende als Objekt versteht« (122), in die Mitte des Seienden, erst der moderne Mensch kreist allein um sich selbst. Heidegger projiziere unzulässigerweise den modernen Subjektivismus in Platon hinein. Daher stelle Heideggers Beschreibung eines metaphysischen Humanismus einen »unfruchtbaren Bastard aus moderner Subjektivität und antiker metaphysischer Theologie« dar. Vgl. Gerhard Krüger: Martin Heidegger und der Humanismus, (1949).

Krügers Kritik ließe sich durch den 1938 gehaltenen, aber erstmals 1950 in »Holzwege« veröffentlichten Vortrag »Die Zeit des Weltbildes« – den Krüger daher nicht einbeziehen konnte – weiter erhärten. In diesem Vortrag legt Heidegger dar, wie erst in der Neuzeit die Welt zum Bild und in eins damit der Mensch zum alles andere Seiende gründenden Subjekt, zur Bezugsmitte von allem wird. In der Folge davon kommt die Anthropologie sowie der Humanismus im engeren historischen Sinne auf. Die unterschiedliche metaphysische Grundstellung des Menschen in Antike und Neuzeit demonstriert Heidegger anhand eines Vergleichs des Menschenbildes bei Protagoras und Descartes. Trotz aller Differenzierung zwischen Neuzeit und Antike stellt Heidegger andererseits heraus, daß die Metaphysik Descartes' von der platonisch-aristotelischen Metaphysik getragen ist und nur zusammen mit dieser überwunden werden kann. Vgl. HW 84ff, 91f, 94ff; N II 127–173.

Krügers Kritik halte ich zwar für sachlich richtig, aber an Heideggers Intention vorbeiredend. Heideggers Augenmerk im Humanismus-Brief ist primär auf das *allen* Spielarten des Humanismus Gemeinsame gerichtet – das er in seinem metaphysischen Wesen findet, d. h. jedesmal wird ein allgemeines Wesen des Menschen vorausgesetzt –, es geht ihm weder um einen vollständigen historischen Überblick noch um eine Klassifizierung verschiedener Typen von Humanismen. Nur von dieser weiten Fassung des »Humanismus« her kann Heidegger Sartres angeblich völlig neuen existentialistischen Humanismus als traditionell zurückweisen, weil er immer

»Humanismus« in dieser weiten Bedeutung bezeichnet den Vorgang, »daß der Mensch je nach verschiedenen Hinsichten, jedesmal aber wissentlich in die Mitte des Seienden rückt, ohne deshalb schon das höchste Seiende zu sein«. (PLW 49) Unter »der Mensch« kann dabei sowohl der Einzelne als auch die Gemeinschaft, sowohl ein Volk als auch die Menschheit verstanden werden. Entscheidend bleibt, daß alle Humanismen in engeren oder weiteren Bahnen um den Menschen kreisen.[20] Je mehr sich die Metaphysik vollendet, desto mehr rückt der Humanismus, oder griechisch gesagt, die Anthropologie, in das Zentrum der Philosophie. (PLW 50) Auf diesen Zusammenhang von Metaphysik, Humanismus und Anthropologie galt es hier nur hinzuweisen.[21]

2. Heideggers neue Auffassung vom Wesen des Menschen

a) Der Mensch als »Nachbar des Seins«

Der metaphysische Humanismus, d. h. der seinem Wesen nach metaphysische Humanismus, greift Heidegger zufolge zu kurz, weil er sich dem einfachen Wesensbestand verschließt, »daß der Mensch nur in seinem Wesen west, indem er vom Sein angesprochen wird«. (13)[22] Dieser Anspruch sagt ihm den Ort des Wohnens, bestimmt sein Handeln bzw. sein Denken und läßt die Sprache als das »Haus des Seins« und die »Behausung des Menschenwesens« erfahren. Voraussetzung

noch am Leitseil des platonisch-aristotelisch-mittelalterlichen *Schemas* von *existentia* und *essentia* denkt. Außerdem muß mit Heidegger stärker zwischen Beginn, Entfaltung und Vollendung der Metaphysik unterschieden werden. (PLW 49f) Das heißt: Der Humanismus beginnt bei Platon, entfaltet sich bei Descartes und vollendet sich in der radikalen Anthropologie eines Nietzsche oder Sartre. Heidegger setzt m. E. zu Recht den Beginn der Metaphysik und des Humanismus mit Platons Ideenlehre an, weil der Blick auf die ἰδέα bei Platon einzig der παιδεία und damit letztlich dem *Mensch*sein dient, was mit einem Wandel der ἀλήθεια (Un-verborgenheit) zur ὀρθότης (Richtigkeit des Sehens) einhergeht. Vgl. PLW 49, 42, 46.
20 Dieses Bild wird im Humanismus-Brief wieder aufgenommen. Vgl. Hum 28.
21 Vgl. dazu SuZ 45ff; KPM 199ff; N II 127ff; HW 86, 103.
Für Heideggers Stellung zur Anthropologie vgl. ferner: Otto Pöggeler: Existenziale Anthropologie, (1966); Richard Wisser: Der zu sich kommende Mensch und das Sein, (1967), insb. 273ff; Helmut Fahrenbach: Heidegger und das Problem einer »philosophischen« Anthropologie, (1970); Assen Ignatow: Heidegger und die philosophische Anthropologie, Meisenheim 1979; Hans Köchler: Der innere Bezug von Anthropologie und Ontologie, Meisenheim 1974.
22 Ich übernehme hier die Textkorrektur von »in dem« zu »indem«, die die Gesamtausgabe vornimmt. Vgl. GA 9, 323.

für das Hören eines solchen Anspruchs ist eine urtümliche Nachbarschaft von Sein und Menschenwesen, in der wir uns immer schon bewegen.

Im Unterschied zur Metaphysik denkt Heidegger das Wesen des Menschen nicht mehr aus der Abgrenzung gegen anderes *Seiendes*, sondern aus dem Bezug, der Identität und Differenz zum *Sein*. Entsprechend faßt er den Menschen wesentlich nicht mehr als Subjekt, Bewußtsein, Ich, Person oder Geist auf, sondern als »Da-sein«, »Ek-sistenz«, »Sorge«, »In-der-Welt-sein«, »Transzendenz«, »Hirt« oder »Nachbar des Seins«. In allen diesen ontologischen Titeln kommt der wesentliche Bezug zum Sein zum Ausdruck – der genau besehen ein wechselweiser Bezug zwischen Sein und Menschenwesen und Menschenwesen und Sein ist. Dies schlägt sich auch darin nieder, daß Heidegger die alte Frage nach dem *Wesen* des Menschen in völlig neuer Weise fragt. Begriff die Tradition Wesen als allgemeine, feststehende Natur des Menschen und hielt mit der Frage, *was* der Mensch sei oder *wer* der Mensch sei, nach einem Gegenständlichen oder nach einem Personhaften Ausschau, so versteht Heidegger Wesen verbal und fragt nach der Weise, *wie* der Mensch *west*.[23] Während die Tradition Seiendes nach seinem *Was*-Gehalt (z. B. Vernunft, Seele, Leib, Geist) definierte und seine je spezifische Weise zu sein unbestimmt ließ, benennt Heidegger Seiendes nach dem *Wie* seines Seins und gerade nicht nach irgendwelchen inhaltlichen Merkmalen. Daher ist es falsch, die Titel »Dasein« oder »Nachbar des Seins« als eine neue Antwort auf die alte Frage nach dem Wesen des Menschen *neben* anderen einzuordnen. Heidegger fordert eine Verwandlung der bisherigen Anthropologie zur »existenzialen Anthropologie«, die nicht länger Eigenschaften einer feststehenden Natur des Menschen erforscht, sondern je möglichen Weisen zu sein nachgeht. (GA 20, 205ff; SuZ 301, 42, 131, 183)

Von der humanistischen Definition des Menschen als animal rationale hebt Heidegger seine Auffassung des Seins des Menschen als »Ek-sistenz« ab. »Das Stehen in der Lichtung des Seins nenne ich die Ek-sistenz des Menschen.« (13) Die Auszeichnung des Menschen besteht darin, daß er als einziges Seiendes die Lichtung des Seins aussteht. Wie

---

23 Die Frage »*Was* ist der Mensch?« fragt nach einem Gegenständlichen, die Frage »*Wer* ist der Mensch?« fragt nach einem Personhaften. Beide dringen nicht bis zur Seinsweise des Menschen als »Ek-sistenz« vor. Vgl. Hum 16, EiM 108ff. Vgl. dagegen die völlig andere Bestimmung des *Wer* als Existenz und des *Was* als Vorhandenheit in SuZ 45. Zur verbalen Auffassung von Wesen vgl. z. B. WdW 28.

Heidegger in der »Einleitung« zu »Was ist Metaphysik?« (1949) ausführt, deckt sich dieses »Aus-stehen« bzw. »Hinaus-stehen« der Existenz nicht mit dem Weg eines Subjektes aus seiner Immanenz zu den Objekten außerhalb. Vielmehr gilt es, das »Aus« als Auseinander der Offenheit des Seins selbst zu denken. Am deutlichsten wäre »Existenz« noch mit »Inständigkeit« zu übersetzen. »Nur müssen wir dann zumal das Innestehen in der Offenheit des Seins, das Austragen des Innestehens (Sorge) und das Ausdauern im Äußersten (Sein zum Tode) zusammen und als das volle Wesen der Existenz denken.« (WiME 15) Das Aus-stehen der Ek-sistenz hat also den dreifachen Sinn von: 1. Aushalten als Austragen der Lichtung. 2. Das Aus ist als das Auseinander der Lichtung selbst zu verstehen. 3. Das zeitliche Ausdauern im Äußersten.[24] Das ekstatische Wesen der Existenz entspringt der ekstatischen Zeitlichkeit als dem fundamentalsten ontologischen Sinn des menschlichen Seins, was hier nicht weiter ausgeführt werden kann.[25]

Unschwer erkennt man, daß die so gedachte Existenz bzw. Ek-sistenz des Menschen nicht gleichgesetzt werden darf mit dem oben beschriebenen überlieferten Begriff der existentia als Wirklichkeit im Unterschied zur essentia als Möglichkeit. Die ekstatisch zu denkende Ek-sistenz deckt sich weder *inhaltlich* noch der *Form* nach mit der existentia: »Ek-sistenz bedeutet inhaltlich Hinaus-stehen in die Wahrheit des Seins. Existentia (existence) meint dagegen actualitas, Wirklichkeit im Unterschied zur bloßen Möglichkeit als Idee. Ek-sistenz nennt die Bestimmung dessen, was der Mensch im Geschick der Wahrheit ist. Existentia bleibt der Name für die Verwirklichung dessen, was etwas, in seiner Idee erscheinend, ist.« (Hum 16)[26] Demgemäß hat der oft zitierte Satz aus »Sein und Zeit«: »Das ›Wesen‹ des Dasein liegt in seiner Existenz«, nicht »das geringste« mit Sartres Grundsatz des Existentialismus vom Vorrang der Existenz (existentia) vor der Essenz (essentia) zu tun. (Hum 15, 17; SuZ 43)

24 Vgl. F.-W. von Herrmann: Die Selbstinterpretation Martin Heideggers, Meisenheim 1964, 34ff.
25 Vgl. SuZ 323ff, 350f. Zu dieser wenig beachteten Fundierung will ich wenigstens einen Zitathinweis geben: »Zukunft, Gewesenheit, Gegenwart zeigen die phänomenalen Charaktere des ›Auf-sich-zu‹, des ›Zurück-auf‹, des ›Begegnenlassens von‹. Die Phänomene des zu …, auf …, bei … offenbaren die Zeitlichkeit als das ἐκστατικόν schlechthin. *Zeitlichkeit ist das ursprünglichste ›Außer-sich‹ an und für sich selbst*. Wir nennen daher die charakterisierten Phänomene Zukunft, Gewesenheit, Gegenwart die *Ekstasen* der Zeitlichkeit.« (SuZ 328f) »*Die ekstatische Zeitlichkeit lichtet das Da ursprünglich*.« (SuZ 351) Vgl. daneben GA 24, 377.
26 In der Gesamtausgabe verbessert Heidegger »Hinaus-stehen« zu »Hin-aus-stehen«, wodurch das »aus« als Auseinander der Lichtung mehr betont wird. Vgl. GA 9, 326.

Bereits in »Sein und Zeit« trennt Heidegger scharf zwischen existentia, was er interpretierend als »Vorhandenheit« übersetzt, und Existenz in seinem Sinne, die allein den Menschen auszeichnet. (SuZ 42) Der Titel »Vorhandenheit« geht nicht nur an der Spezifik des menschlichen Seins vorbei, sondern ist falsch, weil er unterstellt, daß menschliches Sein ebenso wie alles Vorhandene durch die Angabe einer Raumstelle und eines Zeitpunktes fixierbar ist. Wie Heidegger in »Sein und Zeit« expliziert, zeitigt sich Dasein in einer eigenen ekstatischen Zeitlichkeit und »hat« seine eigene Räumlichkeit.[27]

Sartres fundamentale Mißdeutung Heideggers fußt darin, daß er sowohl den Unterschied zwischen Existenz und existentia übersieht als auch die mit Bedacht gesetzten Anführungszeichen nicht beachtet, in die das Wort »Wesen« gesetzt ist. Ebenso wie die Ek-sistenz nicht mit der existentia identifiziert werden darf, besagt »Wesen« bei Heidegger etwas völlig anderes als die traditionelle essentia. »Wesen« wird hier aus dem Ek-statischen des Daseins, d. h. aus seiner Zeitlichkeit bestimmt und demzufolge verbal als Geschehen gedacht.[28] Während Heideggers »Kehre« eine Kehre aus der Metaphysik in ein anderes, die Subjektivität verlassendes »wesentliches« Denken anzielt, welche zugleich eine Einkehr in die Lichtung des Seins ist, bleibt Sartres Umkehrung des metaphysischen Satzes vom Vorrang der essentia vor der existentia in einen Vorrang der existentia vor der essentia der Metaphysik verhaftet. »Die Umkehrung eines metaphysischen Satzes bleibt ein metaphysischer Satz.« (17) Für Heidegger verharrt Sartre wie die Metaphysik seit Platon in der Seinsvergessenheit, er ›kehrt‹ sich nicht an die Wahrheit des Seins. (Vgl. WiME 8) Heidegger selbst begnügt sich nicht mit einem bloßen Auf-den-Kopf-stellen der bisherigen Rangordnung, er will die metaphysische Unterscheidung zwischen existentia und essentia selbst überwinden.[29] Auch darf die Unterscheidung von existen-

---

27 Siehe unten 108ff u. 303ff.
28 Assen Ignatow kann hinsichtlich des terminologischen Gebrauchs von essentia und existentia keinen großen Unterschied zwischen Heidegger und Sartre erkennen: Heideggers Nuance zu Sartre bestehe lediglich darin, daß bei ihm essentia und existentia identifiziert würden. Diese Einschätzung ist nach dem Dargelegten falsch. Ignatow übersieht vor allem die grundsätzliche Wandlung des Wesensverständnisses bei Heidegger. Vgl. Assen Ignatow: Heidegger und die philosophische Anthropologie, Meisenheim 1979, 90. Im Gegensatz zu Sartre gibt Heidegger von Anfang an den Vorrang des Bewußtseins und damit den Vorrang des Menschen auf. Vgl. VS 125.
29 Zur geschichtlichen Gewachsenheit dieser Unterscheidung in den Philosophien Platons und Aristoteles' sowie ihrer zentralen Stellung in der mittelalterlichen Philosophie vgl. GA 24, 108–171; N II 14ff, 458f, 400, 407.

tia und essentia nicht mit der »ontologischen Differenz« zwischen Sein und Seiendem gleichgesetzt werden. »Innerhalb dieser gehört jene Unterscheidung auf die ›Seite‹ des Seins«, wie Heidegger in einer Randbemerkung schreibt. (GA 9, 328)

Das Selbe wie der Satz »Das ›Wesen‹ des Daseins liegt in der Existenz«, meint die ebenfalls in der Sprache der Überlieferung über diese aber hinausgehende Formel aus »Sein und Zeit«: »Die ›Substanz‹ des Menschen ist die Existenz.« (Hum 18; SuZ 117, 212, 314) Wie zuvor »Wesen« steht hier »Substanz« in Anführungszeichen, um einerseits auf die metaphysische Vorbelastetheit dieses Begriffes und andererseits auf die Umdeutung bei Heidegger aufmerksam zu machen. »Substanz« darf hier gerade nicht in ihrer verengten neuzeitlichen Auffassung als Subjekt (sub-iectum) verstanden werden, auch nicht aus der Aristotelischen Auslegung der οὐσία als Anwesenheit des Anwesenden, sondern in der ursprünglichen Bedeutung als Anwesen selbst.[30]

Fassen wir mit Heidegger zusammen: Die Existenz bzw. Ek-sistenz ist weder die Verwirklichung der Essenz wie in der metaphysischen Tradition noch bewirkt und setzt die Ek-sistenz gar selbst das Essentielle wie bei Sartre. (17)

Von dem wichtigen Problem der Selbstinterpretation Heideggers von der Existenz zur Ek-sistenz kann hier abgesehen werden – wie auch bei den anderen Titeln für den Menschen –, da es in diesem Zusammenhang lediglich um den Aufweis von Heideggers neuem Denken aus dem Bezug zum Sein geht.[31] Die feinen Bedeutungsverschiebungen oder Umdeutungen werden uns erst dann beschäftigen, wenn wir uns der Art und Weise dieses Verhältnisses im einzelnen zuwenden.

Bei allem bisher Ausgeführten gilt es zu beachten, daß Heidegger die humanistischen Wesensbestimmungen des Menschen als animal rationale, leiblich-seelisch-geistiges Wesen, Person usw. keineswegs für

30 Vgl. dazu N II 141, 182 (für die neuzeitliche Verengung bei Descartes) und N II 405ff (für die Auffassung der οὐσία bei Aristoteles). Vgl. ferner GA 31, 40–72; GA 26, 182f.

31 Vgl. hierzu die detaillierte Interpretation von Herrmanns in »Die Selbstinterpretation Martin Heideggers«, 26ff.

Walter Biemel unterscheidet in seinem Aufsatz »Heideggers Begriff des Daseins« (1949) drei Bedeutungen von »Existenz« bei Heidegger: 1. Existenz als das Verhalten des Daseins zu seinem Seinkönnen. (116) 2. Existenz als Sichversetzen in den Bereich der Offenheit. (123) 3. Ek-sistenz als das Hinausstehen in die Wahrheit des Seins. (128) Biemel sieht dabei eine stetige Vertiefung des Existenzgedankens von Kennzeichnung 1 bis Kennzeichnung 3.

falsch erklärt oder verwirft. Das Verstellende an ihnen liegt darin, daß sie meinen, das Wesen des Menschen wirklich gefaßt zu haben und deshalb alles weitere Fragen verabschieden. Der Humanismus verkennt, daß die animalitas, aber auch die ratio in der Ek-sistenz »gründen«. (14)[32] Daher dringt er nicht bis zum eigentlichen Wesen des Menschen vor, sondern hält sich an Epiphänomene. Nur insofern denkt Heidegger gegen den Humanismus: »Gegen den Humanismus wird gedacht, weil er die Humanitas des Menschen nicht hoch genug ansetzt.« (19) Die »Würde« des Menschen beruht für Heidegger nicht darin, daß der Mensch als Subjekt (subiectum) sich zum alles bewirkenden Wisser und Macher, zum Herrn der Erde aufspreizt, sondern darin, daß er seine wesenhafte Zugehörigkeit zum Geschick des Seins einsieht und die Sorge um die Lichtung des Seins übernimmt. Seine Aufgabe ist es, die Wahrheit des Seins zu hüten. »Der Mensch ist nicht der *Herr des Seienden*. Der Mensch ist der *Hirt des Seins*.« (29, 19, Herv. E.K.) Durch dieses Weniger an Macht büßt der Mensch nichts ein, sondern er gewinnt, wenn er aus der Seinsvergessenheit in die Wahrheit des Seins gelangt. Erst in der »wesenhaften Armut des Hirten« findet der Mensch zu seiner eigentlichen »Würde«, indem er sich als vom Sein selbst zur »Wahrnis seiner Wahrheit« Gerufener erfährt. Dem Menschen ist die »Wächterschaft« für das Sein aufgetragen. (Hum 29, 31, 5; WiMN 49)

Die wesenhafte Bezogenheit des Menschen auf das Sein klingt auch in den anderen ontologischen Titeln Heideggers für das Wesen des Menschen an, die im Humanismus-Brief nur angedeutet, nicht aber ausführlich entwickelt werden.

Ich beginne mit »*Dasein*« bzw. »*Da-sein*«.[33] In seiner »Einleitung« zu »Was ist Metaphysik?« schreibt Heidegger 1949 unter Bezugnahme auf »Sein und Zeit«: »Um sowohl den Bezug des Seins zum Wesen des Menschen als auch das Wesensverhältnis des Menschen zur Offenheit (›Da‹) des Seins als solchen zugleich und in *einem* Wort zu treffen, wurde für den Wesensbereich, in dem der Mensch als Mensch steht, der Name ›Dasein‹ gewählt.« (WiME 14) Hier wird der wechselweise Seinsbezug ausdrücklich und namentlich genannt. Auf dieser Folie sind fol-

---

32 Vgl. F.-W. von Herrmann: Subjekt und Dasein, Frankfurt a. M. 1974. In diesem Buch weist von Herrmann nach, daß »Existenz« kein neuer Name für den Menschen *neben* den bisherigen ist, sondern daß »Subjekt«, »Ich« und »Bewußtsein« im »Dasein« gründen. (10, 20)
33 Die Schreibweise »Da-sein« findet sich erstmals bereits in SuZ 132f, dann in KPM 220.

gende Sätze im Humanismus-Brief zu verstehen: »Der Mensch west so, daß er das ›Da‹, das heißt die Lichtung des Seins, ist. Dieses ›Sein‹ des Da, und nur dieses, hat den Grundzug der Ek-sistenz, das heißt des ekstatischen Innestehens in der Wahrheit des Seins.« (15) Oder: »Als der Ek-sistierende steht der Mensch das Da-sein aus, indem er das Da als die Lichtung des Seins in die ›Sorge‹ nimmt.« (16)

Im letzten Zitat wird eine weitere ontologische Kennzeichnung des Menschenwesens beim Namen genannt: die »*Sorge*«. Schon in »Sein und Zeit« trennt Heidegger die ontologisch zu verstehende Sorge von der ontischen konkreten Bekümmerung. (SuZ 191ff, 57) Die Sorge um das Sein vollzieht sich als hüten bzw. wahren der Wahrheit des Seins und bildet somit ein Äquivalent zu dem Titel »Hirt des Seins«. (Hum 19, 29)

Die Grundverfassung des Daseins wird in »Sein und Zeit« als »*In-der-Welt-sein*« bestimmt. Im Humanismus-Brief interpretiert Heidegger Welt – über »Sein und Zeit« hinausgehend – als die »Lichtung des Seins«, in die der Mensch je schon geworfen ist und die er entwerfend aussteht. »Das ›In-der-Welt-sein‹ nennt das Wesen der Ek-sistenz im Hinblick auf die gelichtete Dimension, aus der das ›Ek-‹ der Ek-sistenz west.« (Hum 35)[34] Das Wesen des In-der-Welt-seins deutet Heidegger als Wohnen im Haus des Seins. Daher stelle – sagt Heidegger später – der Hinweis in »Sein und Zeit« auf die ursprüngliche Bedeutung von »In-Sein« als Wohnen keine etymologische Spielerei dar. (Hum 42f; SuZ 54)

Dasein als In-der-Welt-sein wird von Heidegger in »Vom Wesen des Grundes« (1929) als »*Transzendenz*« interpretiert. Transzendenz begreift er jedoch in Absetzung von der Tradition nicht erkenntnistheoretisch als Überstieg eines Subjektes zu einem Objekt außerhalb, sondern als Überstieg über das Seiende zum Sein selbst. (WdG 18ff)

Heidegger denkt das Wesen des Menschen stets aus dem Bezug zum Sein – wie die angeführten Zitate belegen. Dies gilt auch für die im Brief nicht angesprochene Kennzeichnung des Menschen als »*Platzhalter des Nichts*«, die sich in Heideggers Freiburger Antrittsvorlesung »Was ist Metaphysik?« (1929) findet. (WiM 38) Das Nichts gehört als »Schleier des Seins« zum Sein selbst, das »Nichts west als das Sein«. (WiMN 52; WiM 46) In Analogie dazu formuliert der Humanismus-Brief: »Darum, weil es das Sein denkt, denkt das Denken das Nichts.« (44)

34 Für die Ausweitung des Weltbegriffes vgl. von Herrmann: Die Selbstinterpretation ..., 61ff.

Am treffendsten spricht Heidegger nach meiner Überzeugung das seinsbezügliche Wesen des Menschen in der Charakteristik des Humanismus-Briefs aus, die ich bisher, wie leicht ersichtlich, aus thematischen Gründen zurückgehalten habe: »Der Mensch ist in seinem seinsgeschichtlichen Wesen das Seiende, dessen Sein als Ek-sistenz darin besteht, daß es in der Nähe des Seins wohnt. Der Mensch ist der *Nachbar des Seins.*« (29, Herv. E.K.) Diese Formel wird von Heidegger selbst in mehrfacher Weise hervorgehoben: 1. Sie steht wie das Tüpfelchen auf das i am Ende der Explikation des Wesens des Menschen als deutlichste Auslegung der Ek-sistenz. 2. In ihr laufen die meisten anderen wichtigen ontologischen Titel zusammen, wie eine Wortanalyse der unmittelbar vorausgehenden und nachfolgenden Sätze beweist: »Hirt des Seins«, »Ek-sistenz«, »Wohnen« (»In-Sein«), »Wächterschaft« bzw. »Sorge« um das Sein. 3. Von ihr aus bestimmt Heidegger seinen ›neuen Humanismus‹: »Es ist der Humanismus, der die Menschheit des Menschen aus der Nähe zum Sein denkt.« (29) 4. Sie ent-spricht dem Wesen des Seins als solchen am treffendsten, d. h. sie zeugt zugleich vom Wesen des Seins selbst, wie wir im folgenden sehen werden, insofern das Sein selbst als NÄHE west.

Mit Heideggers Charakterisierung des Menschen als »Nachbar des Seins«, d. h. als demjenigen, der in der »Nähe *des* Seins« bzw. in der »Nähe *zum* Sein« wohnt[35], haben wir eine erste wesentliche Dimension der NÄHE gefunden. Damit sind wir aber erst am Anfang unseres Fragens. Zu klären ist unter anderem: Wie kann der Mensch in diese Nähe zum Sein finden? Wie zeigt sich bzw. geschieht die NÄHE selbst? Wie bemißt sie sich? In welchem Zusammenhang steht NÄHE zu Lichtung bzw. Un-verborgenheit (Wahrheit) des Seins? Bedeuten »Nähe des Seins« und »Nähe zum Sein« dasselbe?

b) Das Sein als das Nächste

Zur ersten Aufhellung dieser Fragen ist es nötig, uns der bisher bewußt übergangenen, im Brief aber bereits angesprochenen Frage nach der Wahrheit des Seins selbst zuzuwenden.

Gleich zu Beginn seiner Erörterung des Seins als solchen bringt Heidegger seine These vor:[36]

35 Vgl. Hum 29, Zeile 12 (»Nähe des Seins«), Zeile 18 (»Nähe zum Sein«).
36 Die Gesamtausgabe nimmt zwei Textänderungen vor: 1. Statt »das Sein ist weiter« schreibt sie »ist wesenhaft weiter«; 2. »Am weitesten« wird verbessert zu »am fernsten«. Vgl. GA 9, 331.

»Das ›Sein‹ – das ist nicht Gott und nicht ein Weltgrund. Das Sein ist *weiter* denn alles Seiende und gleichwohl dem Menschen *näher* als jedes Seiende, sei dies ein Fels, ein Tier, ein Kunstwerk, eine Maschine, sei es ein Engel oder Gott. *Das Sein ist das Nächste.* Doch die *Nähe* bleibt dem Menschen am *weitesten.* Der Mensch hält sich *zunächst* immer schon und nur an das Seiende.« (19f, Herv. E.K.)

Im Gegensatz zur Metaphysik denkt Heidegger das Sein aus dem Unterschied zum Seienden, geht von der »ontologischen Differenz« aus. Einerseits ist das Sein »weiter« als alles Seiende. Inwiefern? Sogleich sind wir verleitet mit der ontologischen Tradition zu antworten: weil es das Allgemeinste ist, sowohl im Sinne der Gattung (τò κοίνον) als auch im Sinne des Geschlechts (γένος) als der Ursprung (ἀϱχή).[37] Dabei vergessen wir, daß es sich hier um eine Kennzeichnung von Heideggers eigener Position handelt und er schon in »Sein und Zeit« diese Definition des Seins als unzulänglich zurückweist. (SuZ 3) Das »weiter« muß bei Heidegger von einem anderen Phänomen her gedacht werden: der Weite der Lichtung des Seins, um es vorgreifend zu sagen.[38] Anderseits ist das Sein dem Menschen »näher« als jedes andere

Jacques Derrida hat bereits im Jahre 1968 in seinem Vortrag »Fines hominis« die Schlüsselstellung des Problems der Nähe für den Humanismus-Brief herausgestellt und alle einschlägigen Zitate zusammengetragen, ohne diese jedoch im einzelnen zu interpretieren. Bei aller Anerkennung dieses Unternehmens kann ich ihm letztlich nicht folgen, wenn er Nähe als »ontische Metapher« (116) klassifiziert und daran seine Kritik des Heideggerschen Seinsdenkens festmacht. Diese läßt sich in aller Kürze folgendermaßen zusammenfassen: Heideggers Denken hat zwar »die Autorität des *Präsens* über die Metaphysik radikal zerstört«, um uns »zum Denken des Anwesens des Anwesenden zu führen«. Doch das Denken, das Heidegger anstelle der Metaphysik fordert, »metaphorisiert« dadurch, daß es von der »Herrschaft einer ausgedehnten Metaphorik der Nähe, der einfachen und unmittelbaren Präsenz« getragen ist, letztlich nur die Sprache, die sie »dekonstruiert«. (117, 115) Mit anderen Worten: In gewisser Weise bleibt Heidegger für Derrida noch der Metaphysik verhaftet. In Heideggers Verständnis des Seins als Nähe und das heißt für Derrida als Präsenz sowie dem Vorrang der gesprochenen Sprache vor der Schrift bei Heidegger bekunden sich für Derrida letzte unüberwundene Relikte des traditionellen »Logozentrismus« und »Phonozentrismus«. Auf Derridas grundsätzliche Kritik am »Logozentrismus« und »Phonozentrismus« im Rahmen seiner »Grammatologie« kann ich hier nicht eingehen. Vgl. Jacques Derrida: Grammatologie, Frankfurt a. M. 1983, insb. 25ff; ders.: Ousia und Gramme, (1968). NÄHE stellt nach meiner Überzeugung eine konkrete, nachvollziehbare Seinserfahrung dar und nicht bloß eine »ontische Metapher« – wobei mir zudem unklar ist, ob Derrida auch ›ontologische Metaphern‹ kennt.

37 Vgl. dazu SuZ 3; GA 55, 56; EiM 61.
38 Vgl. Hum 24: » ... so ist das Sein wesenhaft weiter als das Seiende, weil es die Lichtung selbst ist.« Dies unterstreicht Heidegger in einer Randbemerkung: »Weite:

Seiende – und hier zählt Heidegger die ganze Hierarchie vom bloß vorhandenen Fels bis zum als höchstes Seiendes bezeichneten Gott auf –, weil es das »Nächste« ist. Warum das Sein das Nächste ist, führt Heidegger an dieser Stelle nicht aus. Stattdessen schränkt er sogleich ein, die »Nähe« bleibe dem Menschen »am weitesten«, weil er sich »zunächst« immer schon und nur an das Seiende halte. Weitere Fragen, die dieses Zitat aufwirft, sind: 1. Ist »das Nächste« und »die Nähe« identisch – wie die Satzfolge nahelegt – oder, wenn dies nicht der Fall ist, worin besteht der Unterschied? Zur Klärung ist folgende Vorfrage nötig: Was bezeichnet Heidegger mit dem Terminus »Nähe« innerhalb des Humanismus-Briefs? 2. Bedeuten »weiter« und »am weitesten« im zweiten und dritten Satz dasselbe? 3. Welche Art von Nähe waltet im »zunächst«?

Ich beginne mit der zweiten Frage. Offensichtlich bedeutet das »am weitesten« etwas anderes als das »weiter« des vorhergehenden Satzes. Während das erstgenannte »weiter« eine noch näher zu bestimmende ontologische Weite im Sinne einer »ereignenden« Ortschaft meint, drückt das zweitgenannte »am weitesten« einen großen Abstand bzw. eine große Entfernung aus.[39] Augenscheinlich stehen sich hier zwei verschiedene Denkweisen von Raum gegenüber, die im Fortgang der Untersuchung noch weiter differenziert werden müssen. Vorgreifend unterscheide ich sie als den meßbaren dreidimensionalen mathematischen Raum und die »Geräumigkeit« als welche die Lichtung bzw. die NÄHE selbst west.[40]

Bezüglich der dritten Frage kann aus der Kenntnis von »Sein und Zeit« geantwortet werden: »Zunächst« bildet zusammen mit »zumeist« die Attribute, mit denen Heidegger die Seinsart der »Alltäglichkeit« charakterisiert.[41] »Zunächst« bezeichnet somit dasjenige, das den Men-

aber nicht die des Umgreifens, sondern der ereignenden Ortschaft; als die Weite der Lichtung.« (GA 9, 331)

39 Von dieser Unterscheidung her erklärt sich die oben zitierte Verbesserung von »am weitesten« zu »am fernsten« innerhalb der Gesamtausgabe. Siehe Anm. 36.

40 Den Terminus »Geräumigkeit«, der vom Raum-geben bzw. Einräumen her zu denken ist, übernehme ich von Biemel. Vgl. W. Biemel: Heideggers Begriff des Daseins, (1949), 126.

41 Vgl. SuZ 43. Von Herrmann unterscheidet das »zunächst« des Humanismus-Briefs als seinsgeschichtliche Angabe von dem »zunächst« in »Sein und Zeit« als zeitloser, apriorischer Wesensstruktur der Alltäglichkeit. Vgl. F.-W. von Herrmann: Die Selbstinterpretation ..., 100f. Für unsere Fragestellung kann von dieser Differenz abgesehen werden, denn das Ergebnis bleibt das selbe: Das Sein wird als das Nächste verkannt zugunsten des bedrängenden Seienden. Hier zeigt sich eine Verklammerung von gewöhnlichem, alltäglichem Umgang und metaphysischem Den-

schen im alltäglichen Umgang unmittelbar angeht und bedrängt. Laut »Sein und Zeit« ist dies das zuhandene Seiende, genannt »Zeug«.[42]

Zur Beantwortung der wichtigen ersten Frage zum Verhältnis von »das Nächste« und »der Nähe« müssen wir die unmittelbar an dieses Zitat anschließende Stelle zwei Abschnitte weiter unten heranziehen.[43]

»Weil der Mensch als der Ek-sistierende in dieses Verhältnis, als welches das Sein sich selbst schickt, zu stehen kommt, indem er es ekstatisch aussteht, das heißt, sorgend übernimmt, verkennt er *zunächst* das *Nächste* und hält sich an das *Übernächste*. Er meint sogar, dieses sei das *Nächste*. Doch *näher* als das *Nächste* und zugleich für das gewöhnliche Denken *ferner* als sein *Fernstes* ist die *Nähe* selbst: die Wahrheit des Seins.« (20f, Herv. E.K.)

Hier häufen sich die Termini, die mit Nähe zu tun haben: »zunächst«, »das Nächste«, »das Übernächste«, »näher als das Nächste«, »ferner als sein Fernstes«, »die Nähe selbst«. Wie im ersten Zitat werden wir auch diesmal mit ›paradoxalen‹ Formulierungen provoziert: Die Nähe ist näher als das Nächste und »zugleich« ferner als das Fernste. Wie geht beides zusammen? Hinzu kommt, daß Heidegger mit »das Nächste« hier »das Seiende« meint – wie eine Einfügung in der Gesamtausgabe belegt (GA 9, 332) –, nicht wie im zuvor genannten Zitat »das Sein«.

Bei genauerem Hinsehen lassen sich diese beiden scheinbaren Widersprüche folgendermaßen auflösen, wir müssen nur richtig betonen: »Doch näher als das Nächste und zugleich *für das gewöhnliche Denken* ferner als sein Fernstes ist die Nähe selbst: die Wahrheit des Seins.« Die beiden Satzhälften sind jeweils aus der Sicht einer anderen Denkart gesagt: Nur für das »*gewöhnliche Denken*« ist das Seiende das Nächste und die Nähe ferner als sein Fernstes, das Sein. Aus der Sicht des gewöhnlichen Denkens kann jedoch nicht gesagt werden, daß die Nähe selbst als die Wahrheit des Seins näher ist als das Nächste, das Seiende.

ken, d. h. aber auch die Verbundenheit von apriorischem und metaphysisch-geschichtlichem »zunächst«.

42 Zur spezifischen Nähe des Zuhandenen siehe unten 111f.

43 In der Gesamtausgabe verbessert Heidegger den letzten Satz folgendermaßen: »Doch näher als das Nächste, *das Seiende*, und zugleich für das gewöhnliche Denken ferner als sein Fernstes ist die Nähe selbst: die Wahrheit des Seins.« (GA 9, 332; Herv. E.K.)
Innerhalb der 1941 gehaltenen Freiburger Vorlesung »Grundbegriffe« findet sich eine ähnliche Formulierung: » ... das Sein das bleibt, was uns näher ist denn jedes Nächste und ferner denn alles Fernste«. (GA 51, 94) Im Unterschied zum Humanismus-Brief meint Heidegger hier sowohl mit »jedes Nächste« als auch mit »alles Fernste« das Seiende.

Wenn es ein »gewöhnliches Denken« gibt, dann muß es zwangsläufig noch ein anderes »wesentliches Denken« geben, sonst wäre das Adjektiv »gewöhnlich« überflüssig.[44] Nur für das »*wesentliche Denken*« ist die Nähe selbst als die Wahrheit des Seins näher als das Nächste des gewöhnlichen Denkens, das Seiende. Ebenso läßt sich der unterschiedliche Gebrauch von »das Nächste« für »das Sein« (im ersten Zitat) und für »das Seiende« (im Schlußsatz des zweiten Zitats – im Anfangssatz meint es auch hier »das Sein«) auf die unterschiedlichen Perspektiven der beiden Denkarten zurückführen: Während für das »wesentliche« Denken das Sein das Nächste ist, ist für das gewöhnliche Denken dagegen das Seiende das Nächste.

Das gewöhnliche Denken ist unser gewohntes, alltägliches Denken. Es verkennt und überspringt das eigentlich »Nächste«, das Sein, und kümmert sich ausschließlich um das »Übernächste«, das Seiende. Weil es ganz in den ontischen Bezügen zum Seienden aufgeht, »meint« es sogar, dieses sei das »Nächste«. Dieses Überspringen des eigentlich Nächsten, des Seins, und völlige Aufgehen in den Bezügen zur Welt des Seienden ist kein zufälliger Vorgang, sondern die Folge einer zum Dasein selbst wesenhaft zugehörigen Seinstendenz: des »Verfallens« (21) – wie im Kapitel über »Sein und Zeit« noch ausführlich dargelegt wird.

Auch im »wesentlichen« Denken Heideggers besteht eine Stufung zwischen Nähe und Nächstem. Wir hörten bereits: für es ist das Sein das »Nächste«. Nun fragt Heidegger bekanntlich nicht nur nach dem Sein (des Seienden), sondern nach dem Sinn, der Wahrheit bzw. Lichtung des Seins. Die Wahrheit als Un-verborgenheit des Seins ist der Bereich, in dem Sein selbst sich dem Menschen offenbaren kann; als Un-verborgenheit des Seienden ist sie in eins damit der Bereich, in dem Seiendes erscheint. Insofern ist die »Wahrheit des Seins« als die »Nähe selbst« – in meiner Schreibweise »NÄHE« – nicht nur näher als das Nächste des gewöhnlichen Denkens, das Seiende, sondern auch näher als das Nächste des wesentlichen Denkens, das Sein. Andererseits ist das Sein selber die Lichtung, das Geschehen der Un-verborgenheit. (29) *Sein selbst – Lichtung des Seins – Wahrheit des Seins – (Un-verborgenheit) – NÄHE sind dasselbe, das es in seiner Selbigkeit zu denken gilt.* Dies ergibt sich aus folgenden Teilsätzen: »Die Lichtung selber aber ist das Sein« (20), »... die Wahrheit des Seins als die Lichtung selber bleibt der Metaphysik verborgen« (20), »... ferner als sein Fernstes ist die

---

44 Für die Formulierung »wesentliches Denken« vgl. z. B. WiMN 49. Im Humanismus-Brief finden sich nur die äquivoken Begriffe »anfängliches Denken« (26, 31), »Andenken« und »Vordenken« (23, 24).

Nähe selbst: die Wahrheit des Seins« (21). Wenn vom Sein, in Differenz zum Seienden, das »ist«, gesagt wird, »›es gibt‹ das Sein« (22, Herv. E.K.), so stellt Sein sowohl das »es«, das gibt, als auch das Gegebene dar. »Das Sichgeben ins Offene mit diesem selbst ist das Sein selber.« (22) Insofern bilden »Wahrheit des Seins« (NÄHE) und darin eröffnetes »Sein« (Nächstes) lediglich verschiedene Perspektiven ein und desselben Geschehens.[45]

Aus dem Gesagten wird der einschneidende Unterschied zwischen dem »wesentlichen« und dem »metaphysischen« Denken deutlich – das »gewöhnliche Denken« kann als »defizienter« Modus des »metaphysischen Denkens« eingestuft werden. Im Unterschied zum gewöhnlichen Denken bezieht sich das metaphysische Denken in seinem Vorstellen des Seienden als solchen zwar auf das Sein, aber nur in einer bestimmten einseitigen Weise: Es denkt Sein stets nur »vom Seienden *aus* und *auf dieses* (das Seiende) *zu*«. (20, Herv. E.K.) Die Metaphysik kennt das Sein entweder nur als »den Herblick des Anwesenden im ›Aussehen‹ (ἰδέα)«, wie in der griechischen Philosophie seit Platon, oder »kritisch als das Gesichtete der Hinsicht des kategorialen Vorstellens von Seiten der Subjektivität«, wie in der Neuzeit seit Descartes. (20)[46] Sein bedeutet für die Metaphysik wesentlich »Vor-Augen-Sein«, wie Otto Pöggeler einmal treffend gesagt hat.[47] Das Licht des Seins, in dem alles Seiende erscheinen kann, entspringt aber seinerseits der Lichtung des Seins als solchen. (Hum 20; WiME 7; SdD 71ff) »Die Wahrheit des Seins als die Lichtung selber bleibt der Metaphysik verborgen.« (20) Demgemäß verharrt die sog. »Seinsfrage« der Metaphysik immer im Fragen nach dem Seienden und stellt die Frage nach dem Sein selbst gar nicht.

Daher bleibt wesentlich gedacht für die Metaphysik im Grunde genommen das Seiende das Nächste, auf das sich vorwiegend ihr Interesse richtet, selbst dort, wo sie wie z. B. in der Platonischen Ideenlehre ausdrücklich die Ideen als das eigentlich Wirkliche und Nächste her-

45 Vgl. Walter Biemel: Martin Heidegger, 3. Aufl., Reinbek 1976, 105: »Sein – Lichtung – Wahrheit des Seins – ἀλήθεια (Unverborgenheit) sind dasselbe, das es in seiner Selbigkeit zu denken gilt.« Biemel übersieht die wichtige Selbigkeit der NÄHE. Vielleicht muß auch noch »Sprache« in diese Reihe aufgenommen werden, denn »NÄHE west als Sprache selbst« (21), Sprache ist zumal »Haus des Seins« und »Behausung des Menschenwesens« (45, 5), ist »lichtend-verbergende Ankunft des Seins selbst« (16), »das Sein kommt sich lichtend zur Sprache« (45).
46 Vgl. dazu Gerhard Krüger: Martin Heidegger und der Humanismus, (1949), 110, 116.
47 Vgl. Otto Pöggeler: Der Denkweg Martin Heideggers, Pfullingen 1963, 42, 45f.

vorhebt. Zumindest dringt die Metaphysik nie bis zum Wesen des Seins selbst, zur Wahrheit des Seins, d. i. zur NÄHE selbst vor; zumindest vollzieht sie nicht den Schritt von dem Nächsten (dem Sein des Seienden) zur NÄHE selbst (dem Sein als solchen).

Halten wir fest: Für das »wesentliche« Denken ist das Sein das Nächste, das Seiende das Übernächste und näher als das Nächste die NÄHE selbst als die Wahrheit des Seins. Für das gewöhnliche Denken dagegen (und mit Abstrichen für das metaphysische Denken) ist das Seiende das Nächste, das Sein das Fernste und folglich noch ferner als sein Fernstes die NÄHE selbst als die Wahrheit des Seins. Damit hat sich die Rangordnung umgekehrt: Das Nächste des »wesentlichen« Denkens (das Sein) wird zum Fernsten, das Übernächste des »wesentlichen« Denkens (das Seiende) zum Nächsten und die NÄHE selbst (die Wahrheit des Seins), die für das »wesentliche« Denken näher ist als das Nächste, zu dem, was noch ferner ist als das Fernste.

Zieht man all dies in eine abschließende erläuternde Umschreibung des bereits mehrmals genannten Schlußsatzes zusammen, so erhält dieser folgende Gestalt: ›Doch für das wesentliche Denken näher als das Nächste des gewöhnlichen Denkens, das Seiende, und zugleich für das gewöhnliche Denken ferner als sein Fernstes, das Sein, ist die NÄHE selbst: die Wahrheit des Seins.‹

Mit dem soeben gewonnenen Schlüssel einer Unterscheidung zweier Denkebenen – einerseits »wesentliches« Denken, andererseits gewöhnliches und metaphysisches Denken – sind wir in der Lage, auch das erstgegebene Zitat vollends zu klären: Für das »wesentliche« Denken ist das Sein das »Nächste« und das »Weiteste« im Sinne der ontologischen Weite einer ereignenden Ortschaft, für das gewöhnliche Denken bleibt die »Nähe« als die Wahrheit des Seins und damit unausgesprochen auch das Sein als das »Nächste« »am weitesten« im Sinne des abstandsmäßig Entferntesten. Mit dem Wechsel der Denkart vom »wesentlichen« zum gewöhnlichen Denken hat sich zugleich die ontologische Nähe und Weite zu der abstandsmäßigen, meßbaren Nähe und Weite (Entferntheit) des rechnenden Subjekts gewandelt.

In den selben Zusammenhang von NÄHE und Sein gehört auch Heideggers Erläuterung eines oft mißverstandenen Satzes aus »Sein und Zeit« wenige Seiten später:

»In der Einleitung zu ›S. u. Z.‹ (S. 38) steht einfach und klar und sogar im Sperrdruck: ›Sein ist das transcendens schlechthin.‹ So wie die Offenheit der räumlichen *Nähe* jedes *nahe* und *ferne* Ding, von diesem

her gesehen, übersteigt, so ist das Sein wesenhaft *weiter* als alles Seiende, weil es die Lichtung selbst ist.« (24, Herv. E.K.)

Einmal ganz abgesehen von der Frage, ob hier eine »erläuternde«
oder »umdeutende« Selbstinterpretation dieser berühmten Stelle aus
»Sein und Zeit« vorliegt, die von zahlreichen Interpreten als ureigenste
Intention und Indiz für den transzendentalen Ansatz des frühen Heidegger und damit dessen Anschluß an die transzendentalphilosophische
Tradition angeführt wurde[48], bleibt zu klären, in welchem Verhältnis
die Bestimmungen des Seins als transcendens und NÄHE stehen. Auf
den ersten Blick erscheint es so, als ob sie denselben Sachverhalt benen-
nen, zumal der Gedanke des Seins als transcendens mit der spezifisch
Heideggerschen Terminologie der NÄHE erläutert wird. Dennoch gibt
die Aussage »Sein ist das transcendens schlechthin« zumindest im Humanismus-Brief – inwiefern vielleicht schon in »Sein und Zeit« bliebe
noch zu klären – nicht Heideggers eigenen Standpunkt wieder, sondern
den der Metaphysik, wie die Anschlußsätze beweisen: »Dabei wird gemäß dem zunächst unvermeidlichen Ansatz in der noch herrschenden
Metaphysik das Sein vom Seienden her gedacht. *Nur aus solcher Hinsicht* zeigt sich das Sein in einem *Übersteigen* und als dieses. Die *einleitende* Bestimmung ›Sein ist das transcendens schlechthin‹ nimmt die
Weise, wie sich das Wesen des Seins *bisher* dem Menschen lichtete, in
einen einfachen Satz zusammen.« (Hum 24, Herv. E.K.; vgl. ZS 33)

Die Anwendung des genuin Heideggerschen Gedankens der NÄHE
zur Verdeutlichung dieser Formel will keine Identität zwischen Sein als

48 Vgl. z. B. Alberto Rosales: Transzendenz und Differenz, Den Haag 1970, 4f;
Richard Schaeffler: Frömmigkeit des Denkens?, Darmstadt 1978, 7f, 30, 72ff. Die
Rede von einem »transzendentalen Ansatz« beim frühen Heidegger muß sich vielmehr auf die Bestimmung des Daseins als »Transzendenz« stützen, wobei aber sofort
gefragt werden muß, was »Transzendenz« bei Heidegger im Unterschied zur Tradition bedeutet. Schaefflers Versuch, den transzendentalen Ansatz auch beim späten
Heidegger festzumachen, halte ich für verfehlt, da Heidegger später ausdrücklich jede
Begründungstendenz im üblichen Sinne ablehnt und den Terminus »Transzendenz«
fallenläßt.
Entsprechend schreibt Heidegger in einem bisher unveröffentlichten Brief an Reinhart Maurer vom 3. 8. 1974, der mir erst nach Abschluß der Arbeit zugänglich
geworden ist: »Wenn man meinen Denkversuch in ›Sein und Zeit‹ als transzenden-
talphilosophisch bezeichnet, so ist dies nur unter der Voraussetzung richtig, daß man
das Transzendentalphilosophische von der Transzendenz (Sorge) als dem Sein des
Daseins her denkt, mit der allerdings das Transzendentalphilosophische im überlieferten Sinne, sowohl Kants als auch Husserls, verabschiedet ist. Das Transzendentale
in ›Sein und Zeit‹ hat bereits einen ganz anderen Sinn als üblicherweise, der sich aus
dem Verlassen der Subjektivität des Subjekts zugunsten des Daseins ergibt.«

transcendens und Sein als NÄHE herstellen, sondern gerade auf die Fundiertheit der metaphysischen Bestimmung des Seins als transcendens in dem »wesentlichen« Denken an die Wahrheit des Seins als NÄHE aufmerksam machen. Sein zeigt sich »nur« dann als Übersteigen, wenn es »vom Seienden her« bzw. vom »nahen oder fernen Ding« her gesehen wird. Heidegger dagegen denkt das Sein nicht vom Seienden her, sondern als die Lichtung selbst. Anders gewendet: Er denkt in Umkehrung der Tradition das Seiende von der Lichtung des Seins her. Ja, er denkt selbst die Weise des Seins von dem Lichtungsgeschehen her bzw. als dieses. Dahinter steht Heideggers Überzeugung, daß »erst aus dem ›Sinn‹, das heißt aus der Wahrheit des Seins, zu verstehen ist, was Sein ist«. (25)

Ganz gleich wie man die Frage der Selbstinterpretation dieser Stelle aus »Sein und Zeit« entscheidet – wobei ich selbst zur »umdeutenden« Variante tendiere –, so muß man Heidegger zumindest abnehmen, daß sein Verständnis des Seins als transcendens bereits in »Sein und Zeit« zwar den Ausgangspunkt seiner Seinsfrage bildete, aber nicht deren Ziel und Antwort.[49] Heideggers von Anfang an intendierte Überwindung der Metaphysik mußte »unvermeidlich« bzw. »unumgänglich« vom Ansatz der herrschenden Metaphysik ausgehen. (Hum 24, 25; WiME 16) Denn die Notwendigkeit einer Wiederholung der in Vergessenheit geratenen Seinsfrage als Frage nach dem Sinn von Sein kann Heidegger nicht ›aus dem hohlen Bauch‹, d. h. aus der Situation im Jahre 1927 verdeutlichen, sondern einzig durch eine »phänomenologische Destruk-

---

49 Wenn Heidegger in einer Randbemerkung zu besagter Stelle in »Sein und Zeit« schreibt: ›transcendens freilich nicht – trotz alles metaphysischen Anklangs – scholastisch und griechisch-platonisch κοίνον, sondern Transzendenz als das Ekstatische – Zeitlichkeit – Temporalität; aber ›Horizont‹! Seyn hat Seyendes ›überdacht‹. Transzendenz aber von der Wahrheit des Seyns her: das Ereignis« (GA 2, 51), so übernimmt er zwar äußerlich den Begriff »transcendens« zur Kennzeichnung seines *eigenen* Seinsverständnisses, faßt ihn inhaltlich jedoch verschieden von der Tradition vom Ereignis her.
Hier zeigt sich ein grundsätzliches Dilemma, in der sich das Heideggersche Denken – wie jede Philosophie, die den Anspruch eines radikal Neuen erhebt – befindet: Entweder es benutzt überlieferte Begriffe, faßt diese inhaltlich jedoch völlig neu, oder es läßt sie fallen und bildet eine eigenständige Terminologie aus. Ich bevorzuge – wie auch der späte Heidegger selbst – die zweite Möglichkeit, schon gar bei einem so vorbelasteten und abgegriffenen Begriff wie »Transzendenz«. Hält man sich dagegen an die metaphysische Sprache des frühen Heidegger, so kommt alles darauf an, zunächst einmal die Unterschiede zur Tradition herauszustellen, bevor die Frage nach einer möglichen Bindung an die Überlieferung überhaupt sinnvoll gestellt werden kann.

tion« der bisherigen Bestimmungen des Seins.[50] Die vergessene Frage nach dem Sinn oder der Wahrheit des Seins kann nur so ans Licht kommen, »daß inmitten der Herrschaft der Metaphysik die Frage gestellt wird ›Was ist Metaphysik?‹«, d. h. das Fragen nach dem Sein muß sich zwangsläufig zunächst als metaphysisches einführen. (Hum 12; WiME 9; WiMN 44) Insofern, aber auch nur insofern behält die Rede vom Sein als transcendens beim frühen Heidegger eine Berechtigung. Trotz alledem bleibt festzuhalten: Sein als transcendens meint nicht das ureigenste Heideggersche Seinsverständnis – zumindest wenn man vom traditionellen Sinn von »transcendens« ausgeht.

c) NÄHE als Bezug von Sein und Menschenwesen

Überblicken wir die beiden bisher herausgearbeiteten Dimensionen der NÄHE: 1. Der *Mensch ist der Nachbar des Seins*, d. h. dasjenige Wesen, das in der Nähe des oder zum Sein wohnt; 2. Das *Sein* ist das *Nächste*, die *NÄHE* ist die *Wahrheit des Seins*, so wird die Frage nach dem Verhältnis von Sein und Mensch dringlich.

»Das Sein selber ist das Verhältnis, insofern Es die Ek-sistenz in ihrem existenzialen, das heißt ekstatischen Wesen an sich hält und zu sich versammelt als die Ortschaft der Wahrheit des Seins inmitten des Seienden.« (20)

Weil der Mensch in die Mitte des Seienden zum Stehen kommt und sie ausstehend sorgend übernimmt, hält er sich zunächst und zumeist nur an das Seiende und glaubt, dieses sei das Nächste. Die Verhältnishaftigkeit des Seins selbst kommt im Terminus NÄHE, der stets einen Verhältnischarakter impliziert, ja geradezu den Inbegriff aller Verhältnishaftigkeit darstellt, am angemessensten zum Ausdruck. Zudem ist NÄHE das zwiefache Geschehen von Nähe und Ferne, wie im Verlauf der Untersuchung noch deutlicher wird. Die Anwendung des Gedankens der Verhältnishaftigkeit des Seins auf das Problem der NÄHE ergibt: Der Mensch wohnt deshalb in der Nähe des Seins, weil das Sein selber als Lichtung bzw. Verhältnis die NÄHE ist.

Hiermit haben wir die vierte Auszeichnung des Titels »der Mensch ist der Nachbar des Seins« gefunden. Weil Sein selbst als NÄHE zugleich das Verhältnis zum ek-sistierenden Menschen, der in der Nähe

50 Vgl. SuZ 15ff. Diesen Weg geht Heidegger in seiner Marburger Vorlesung »Grundprobleme der Phänomenologie« aus dem Sommersemester 1927. (= GA 24)

wohnt, ist, fallen »Nähe *des* Seins« und »Nähe *zum* Sein« zusammen. Im Genitiv »Nähe des Seins« sind beide Perspektiven der NÄHE vereinigt: die NÄHE, als welche das Sein selbst sich nähert und nahe ist (gen. subi.), und die NÄHE zum Sein, in der der Mensch wohnt (gen. obi.). Dasein ist von Anfang an durch das Sein (NÄHE) in seine NÄHE geworfen, d. h. es ek-sistiert immer schon und nur aus dem Bezug zum Sein. Daher darf die Nähe zum Sein nicht als Leistung eines Subjekts, das sie hergestellt hat, gedacht werden. Die Nachbarschaft zum Sein kann nicht abgelegt werden, aber sie kann vergessen oder verstellt werden – wie dies Heidegger zufolge im gewöhnlichen Denken und in der Metaphysik der Fall ist – und muß daher durch ein »wesentlicheres« Denken wieder freigelegt werden. Wichtig ist: Dieses von Heidegger geforderte entwerfende Enthüllen der verstellten Nähe, bringt diese nicht ursprünglich hervor, sondern lüftet den Schleier. Anders gewendet: Heidegger denkt vom Verhältnis, der NÄHE aus, und nicht vom Menschen oder vom Sein als zunächst isolierten Polen her, zwischen denen dann erst eine Verbindung geknüpft werden muß. Mensch und Sein gehören anfänglich zusammen, sind immer schon einander übereignet.[51]

Wie vollzieht sich das Verhältnis von Sein und Mensch, Mensch und Sein im einzelnen? Auch hierzu gibt der Humanismus-Brief einige Hinweise. Allgemein kann festgestellt werden: Es ist ein gegenseitiges »*Brauchen*«, bei dem der erste Impuls vom Sein ausgeht, weshalb die Betonung auf dem Sein liegt.[52]

Sein kann sich nur dann lichten, wenn es einen Ort der Lichtung gibt. Dieser Ort ist der Mensch als Da-sein, sein »Da« ist die Lichtung des Seins. (15) Andererseits kann der Mensch nur dadurch innerweltliches Seiendes entdecken und Sein verstehen, indem er als Ek-sistenz die Lichtung des Seins aussteht. Alles Erkennen braucht das Licht des Seins, welches Licht seinerseits auf die Lichtung angewiesen ist. Das Sein braucht den Menschen als dasjenige Seiende, das allein die Offenheit des Seins in seinem Aus-stehen offen halten kann. Ohne Dasein gibt es keine Unverborgenheit des Seins. Ohne Lichtung des Seins bleibt Dasein blind und irrt heimatlos umher. Mit anderen Worten: Das »Da« im Terminus »Da-sein« nennt die Nähe des Seins zum Menschen in eins mit der Nähe des Menschen zum Sein. Ohne diese NÄHE

---

51 Siehe unten 69ff.
52 Heidegger selbst verwendet das Wort »brauchen« nur für die Kennzeichnung der einen Seite des wechselweisen Bezugs, nämlich die vom Sein zum Menschenwesen.

können weder Mensch noch Sein in ihr *eigentliches* Wesen finden. NÄHE nennt das Eigene, Eigentliche, aus dem und in dem Sein und Mensch, Mensch und Sein einander wechselweise vereignet sind.[53]

Der Mensch allein ist vom Sein in die Ek-sistenz »*geschickt*« bzw. »*geworfen*«. »Das Da-sein selbst aber west als das ›geworfene‹. Es west im Wurf des Seins als des schickend Geschicklichen.« (16) Geworfenheit darf nicht mit einer säkularisierten Form von Geschöpflichkeit durch einen Schöpfergott verwechselt werden, denn erstens ist hier der ›Werfer‹ kein höchstes Seiendes (Gott), sondern das Sein selbst, und zweitens handelt es sich hier nicht um ein lineares Ursache-Wirkungs-Verhältnis, kein Ergründen und Begründen (Gott als causa prima), sondern um eine neue Weise eines »spielenden« Ab-Grundseins des Seins für den Menschen, das mit dem traditionellen Grunddenken nicht mehr das Geringste gemeinsam hat. (Hum 16f; ID 64f; SvG 186)[54] Weiterhin bedeutet Geworfenheit keine Determination, vielmehr setzt das Sein den Menschen gerade als freies Wesen aus, das Möglichkeit *ist* und nicht nur Wahlmöglichkeiten hat. Als »geworfene Möglichkeit« muß der Mensch sich stets aufs Neue auf Sein hin entwerfen. Dieser »*Entwurf*« schafft jedoch nicht das Sein, sondern lichtet den verborgenen Bezug des Seins zum Menschenwesen. (25) Heideggers Entwurf ist kein »vorstellendes Setzen« als Leistung der Subjektivität wie bei Sartre, sondern der Akt des Seinsverstehens, »der ek-statische Bezug zur Lichtung des Seins«. (17) »Überdies aber ist der Entwurf wesenhaft ein geworfener. Das Werfende im Entwerfen ist nicht der Mensch, sondern das Sein selbst, das den Menschen in die Ek-sistenz des Da-seins als sein Wesen schickt.« (25) Das heißt: Der Entwurf des Daseins antwortet auf den primären, vorgängigen Wurf des Seins, aus dem die Geworfenheit des Menschen resultiert. Insofern ist der Mensch als der »ek-sistierende Gegenwurf des Seins«. (29)

Anstelle von »Geworfenheit« spricht Heidegger in zeitlich benachbarten Schriften auch von der grundsätzlichen »*Ausgesetztheit*« oder »*Gestimmtheit*« des Menschen durch das Sein. (WiMN 50f; EH 46; GA 39, 72f, 36, 141; GA 52, 72) Entsprechend heißt es im Brief: Der Mensch west nur dann in seinem Wesen, »indem er vom Sein angesprochen wird«. (13) Wohin und wozu ist der Mensch vom Sein geschickt, geworfen, gestimmt, gerufen oder ausgesetzt? Er ist in die Lichtung des

---

53 Vgl. dazu Jacques Derrida: Fines hominis, (1968), 114, 118f. »Die Eigentlichkeit, die gemeinsame Eigentlichkeit des Seins und des Menschen ist die Nähe als Untrennbarkeit.« (119)
54 Zum »spielenden« Ab-Grundsein siehe unten 309ff.

Seins ausgesetzt, damit er diese Lichtung sorgend aus-stehe, sie hüte, damit im Lichte des Seins das Seiende als das erscheinen kann, was es ist.

Angesichts dessen drängt sich die Frage auf: Wie kann es dann überhaupt zur Seinsvergessenheit kommen? Heidegger verweist dazu auf ein weiteres, mit Geworfenheit und Entwurf eng verbundenes Existenzial aus »Sein und Zeit«: das »Verfallen«. Verfallen meint dort die Tendenz des Menschen, im besorgenden Umgang mit Zuhandenem und Vorhandenem und in der Fürsorge für Mitdasein, d. i. in den Bezügen zur Welt, aufzugehen. Verfallen meint keine normative Abwertung des Daseins, sondern nennt »ein wesenhaftes Verhältnis des Menschen zum Sein innerhalb des Bezugs des Seins zum Menschenwesen«. (21) Soviel zu den alten Kennzeichnungen der Weise des Verhältnisses von Sein und Mensch aus »Sein und Zeit«, die Heidegger im Humanismus-Brief wieder aufgreift.

Allerdings haben die meisten Existenzialien gegenüber »Sein und Zeit« ersichtlich eine »Umdeutung« erfahren, wie Friedrich-Wilhelm von Herrmann sehr sorgfältig herausgearbeitet hat. Ich beschränke mich darauf, die wichtigsten Merkmale zusammenzufassen: Geworfenheit wird innerhalb der existenzialen Analytik als »Faktizität« des Daseins konstatiert, die Frage nach einem Werfer jedoch nicht gestellt. »Das pure ›daß es ist‹ zeigt sich, das Woher und Wohin bleibt im Dunkel.« (SuZ 134) Im Entwurf entwirft sich das Dasein den Spielraum seines faktischen Seinkönnens. Während in »Sein und Zeit« Geworfenheit und Entwurf *Strukturen des Daseins* sind, erhalten sie im Humanismus-Brief eine zweite Dimension als *Strukturen des Seins*. Geworfenheit meint nicht mehr nur die Faktizität des Daseins, sondern darüber hinaus das Geworfenwerden des Daseins durch den Wurf des Seins. Dadurch verliert das Dasein das Privileg des allein Entwerfenden. Ursprünglich wirft das Sein selbst, danach entwirft der Mensch. Der Entwurf hat sich zu dem auf den Wurf des Seins ant-wortenden Ent-wurf gewandelt. Entsprechend kehrt sich der Vorrang des Entwurfs vor der Geworfenheit in einen Vorrang der Geworfenheit vor dem Entwurf um. Zudem wird die formalontologische, apriorische Struktur des Verfallens in einen geschichtlichen Bezug des Menschen zum Sein »umgedeutet«.[55]

55 Vgl. F.-W. von Herrmann: Die Selbstinterpretation . . ., 69–124.
Ich übernehme den Terminus »umdeutende Selbstinterpretation« in der Bedeutung, in der ihn von Herrmann in die Heidegger-Forschung eingeführt hat: »Man könnte

Die Voraussetzung für diese Selbstinterpretationen bildet nach von Herrmanns Untersuchungen die Verwandlung des »*existenzial-trans-zendentalen*« Ansatzes des frühen Heidegger in den »*aletheiologisch-kosmologisch-eksistenzialen*« Ansatz des späten Heidegger. Als Übergangsstufe nennt von Herrmann unter Rückgriff auf Heideggers eigene Aussagen die bereits 1930 gedachte, jedoch erst 1943 veröffentlichte Schrift »Vom Wesen der Wahrheit«.[56]

Die drei wichtigsten Bezugsweisen, die der Humanismus-Brief nennt, *Denken* bzw. *Handeln, Sprache* und *Wohnen*, blieben in »Sein und Zeit« nur angedeutet: Der Begriff »Denken« wird sorgfältig vermieden, stattdessen spricht Heidegger von »Verstehen« oder »Erschließen«; Sprache kommt nur in dem kurzen Paragraphen über die »Rede« ins Blickfeld; noch am meisten findet sich das Wohnen ausgeführt im Kapitel über das »In-Sein« des Daseins.[57]

Denken, Handeln, Wohnen und Sprache gehören aufs engste zusammen, wie bereits die ersten Sätze des Briefs bekunden, wo es heißt: »Wir bedenken das Wesen des Handelns noch lange nicht entschieden genug«, weil wir es nur als »Bewirken einer Wirkung« kennen, deren »Wirklichkeit« nach ihrem »Nutzen« abgeschätzt wird. »Wesentlich« gedacht, d. h. auf sein eigentliches Wesen hin bedacht, ist das Handeln jedoch ein »Vollbringen«, das nicht erst etwas macht, sondern das etwas, das bereits *ist,* in die »Fülle seines Wesens« hervorgeleitet. In diesem Sinne stellt das Denken, das »den Bezug des Seins zum Wesen des Menschen« vollbringt, die höchste Weise des Handelns dar. Das denkende Handeln bzw. handelnde Denken bietet die Gabe dar, die ihm vom Sein »übergeben« ist, »läßt« sich vom Sein in »Anspruch« neh-

daher vielleicht drei Weisen der Selbstinterpretation unterscheiden. Die erste wäre die *erläuternde Selbstinterpretation.* Sie legt nur das im Werk Gesagte auseinander und gibt erläuternde Hinweise, spricht aber aus derselben Perspektive, in der das Werk geschaffen wurde. Eine zweite Weise von Selbstinterpretation wäre die *verdeckende Selbstinterpretation.* Die dritte Art von Selbstinterpretation könnte man als die *umdeutende Selbstinterpretation* bezeichnen. Sie geschieht aus einer Verwandlung bzw. Verschiebung der geistigen Perspektive des Autors heraus.« (5) »Umdeutende Selbstinterpretation« darf also gerade nicht als manipulativer, gewaltsamer Akt des Zurechtrückens verstanden werden, wie der übliche Sprachgebrauch dieses Begriffs nahelegt. Das »Um« soll lediglich die gewandelte Perspektive zum Ausdruck bringen, von der her und auf die hin früher Gesagtes neu akzentuiert wird.

56 Vgl. F.-W. von Herrmann: Die Selbstinterpretation . . . , 42, 10, 120, 101, 262.
57 Vgl. Hildegard Feick: Index zu Heideggers »Sein und Zeit«, 2. erw. Aufl., Tübingen 1968; Rainer A. Bast und Heinrich P. Delfosse: Handbuch zum Textstudium von »Sein und Zeit«, Bd. I, Stuttgart 1980.

men, um die Wahrheit des Seins zu »sagen«. Indem die Denkenden und Dichtenden auf diese Weise dem Anspruch des Seins ent-sprechen, hüten sie die Sprache als das »Haus des Seins«, in welcher »Behausung« der Mensch »wohnt«. (5) Mit anderen Worten: Um das eigentliche, d. i. das heimisch wohnende Wesen des Menschen zu erfahren, ist es notwendig, das Wesen des Handelns, Denkens, Wohnens und der Sprache neu zu bedenken. Hierzu bedarf es einer Befreiung aus der metaphysischen Vorstellung von der Sprache als bloßem Kommunikationsmittel sowie aus der technischen Interpretation des Denkens und Handelns und der aus ihr erwachsenen üblichen Entgegensetzung von Theorie und Praxis. Alle diese zu Beginn des Briefs zwar genannten, aber noch keineswegs explizierten Weisen des Bezugs von Sein *und* Menschenwesen werden gegen Ende des Briefs wieder aufgegriffen und aus ihrem Zusammenhang mit der NÄHE verdeutlicht – was einmal mehr meine These bestätigt, die Erfahrung der NÄHE biete den Schlüssel für ein wirklich Heidegger gemäßes Verständnis des Humanismus-Briefs.

Ich beginne mit dem »*Wohnen*«. Das Geschick des Seins, das den Menschen in die Ek-sistenz des Daseins schickt, ereignet sich als Lichtung des Seins.

»Sie gewährt die *Nähe* zum Sein. In dieser *Nähe,* in der Lichtung des ›Da‹ *wohnt* der Mensch als der Ek-sistierende, ohne daß er es heute schon vermag, dieses *Wohnen* eigens zu erfahren und zu übernehmen. Die *Nähe* ›des‹ Seins, als welche das ›Da‹ des Daseins ist, wird in der Rede über Hölderlins Elegie ›Heimkunft‹ (1943) von ›Sein und Zeit‹ her gedacht, aus dem Gedicht des Sängers gesagter vernommen und aus der Erfahrung der Seinsvergessenheit die ›Heimat‹ genannt.« (25, Herv. E.K.)

Die Wahrheit bzw. Lichtung des Seins als NÄHE gewährt dem Menschen die Nähe zum Sein, weil das Sein selbst das Verhältnis ist. Soviel ist nach der bisherigen Analyse klar. In dieser Nähe wohnt der Mensch. Heidegger nennt sie im Anschluß an Hölderlin »Heimat«, welches Wort hier keinen nationalen, sondern einen seinsgeschichtlichen Sinn hat: Heimat meint nicht das Territorium Deutschlands, sondern die »Nähe zum Ursprung«. (25) In gleicher Weise sind die Hölderlinschen Termini »Abendland«, »das Deutsche« und »Vaterland« keine geographischen, sondern seinstopologische Namen.

Hölderlins Dichtung ist deshalb so entscheidend für Heideggers Denken, weil Hölderlin die neue Nähe zum Sein, die (neue) Heimat stiftet. »Die Heimat dieses geschichtlichen Wohnens ist die Nähe zum Sein.« (26)

Damit zeigte sich eine weitere Dimension der Nähe: *Heimat als Nähe zum Sein.*

Aber der Mensch erfährt dieses Wohnen noch nicht und irrt heimatlos umher. Die *Heimatlosigkeit* des neuzeitlichen Menschen beruht in der Seinsverlassenheit des Seienden, welche das Zeichen der Seinsvergessenheit ist. Die Seinsvergessenheit bekundet sich darin, daß der Mensch sich immer nur an Seiendes hält und dort, wo er nicht umhin kann, das Sein zu ›denken‹, dies metaphysisch als Gemächte eines endlichen Subjekts vorstellt. Ein weiteres Symptom der Seinsvergessenheit ist die durchgängige Verwechslung von Sein und Seiendem, das Nichtbedenken der ontologischen Differenz.

Wichtig ist dabei, gerade im Hinblick auf die Möglichkeiten des Menschen, seine Heimat zu finden, daß wir zwischen *Seinsverlassenheit* und *Seinsvergessenheit* unterscheiden.[58] Die Seinsverlassenheit des Seienden entsteht durch das Sichentziehen bzw. Sichverbergen des Seins. Hierüber hat der Mensch keine Macht. An der Seinsvergessenheit dagegen hat er maßgeblichen Anteil, sie ist wesentlich ein Versäumnis des Menschen. Zwar begünstigt die Seinsverlassenheit die Seinsvergessenheit, aber bewirkt diese nicht notwendigerweise. Nur wenn zwischen Seinsverlassenheit und Seinsvergessenheit kein linearer Kausalnexus besteht, hat der Mensch die Chance, selbst innerhalb der Epoche der Seinsverbergung die Seinsverlassenheit als solche zu erfahren und die Frage nach dem Sein neu zu stellen. Die Einsicht in die eigene Seinsvergessenheit ist der erste Schritt zu ihrer Überwindung. Die Seinsverlassenheit wird selbst als Weise des Seins, wenn auch nur im Modus der Verbergung, erschlossen. Das Letzte, was der Mensch danach noch zu leisten vermag, ist das dichterisch-denkerische Vorbereiten einer neuen Nähe des Seins, indem er sich offen und bereit hält für eine neue Ankunft des Seins. Alles weitere liegt beim Sein selbst. Zwar kann der Mensch das Sichentbergen des Seins nicht erzwingen, aber Heideggers gesamtes Werk ist getragen von dem Vertrauen, daß, wenn der Mensch das Seinige vollbracht habe, das Sein sich ihm in gewandelter Weise schenkt.

Die von Karl Marx aufgedeckte Entfremdung wurzelt Heidegger zufolge in der seinsgeschichtlichen Heimatlosigkeit des Menschen, die zum Weltschicksal geworden ist. Diese wesentliche Heimatlosigkeit kann weder durch einen synkretistischen Internationalismus überwunden werden noch durch einen Nationalismus, weder durch Individualis-

---

58 Vgl. dazu Johannes B. Lotz: Martin Heidegger und Thomas von Aquin, Pfullingen 1975, 26.

mus noch durch Kollektivismus, weder durch Amerikanismus noch durch Kommunismus, denn allen diesen Weltanschauungen ist die Setzung des Menschen als Subjekt gemeinsam. »Überall kreist der Mensch, ausgestoßen aus der Wahrheit des Seins, um sich selbst als animal rationale.« (28) In allen diesen Auffassungen hält sich der Mensch in einem Anflug von Größenwahn für den Nabel der Welt.

Von hierher wird die Notwendigkeit eines ›neuen Humanismus‹ für Heidegger drängend: Der Mensch muß endlich lernen, sich als den »eksistierenden Gegenwurf des Seins« zu begreifen, als denjenigen, dessen Auszeichnung und Chance darin besteht, in der Nähe des Seins zu wohnen.

Damit kommt Heidegger zur Beantwortung der ersten Frage Beaufrets: »Comment redonner un sens au mot ›Humanisme‹?« (31) Die Frage entspringt der Absicht, das Wort »Humanismus« festzuhalten. Zugleich enthält sie das Zugeständnis, daß dieses Wort seinen Sinn verloren hat. Ihm einen neuen Sinn zu geben, bedeutet für Heidegger, den Sinn des Wortes wiederzubestimmen, d. h. die Frage nach dem Wesen des Menschen anfänglicher zu fragen. Seine Antwort kennen wir bereits: »Das Wesen des Menschen beruht in der Ek-sistenz.« (31) »Der Mensch ist in seinem seinsgeschichtlichen Wesen das Seiende, dessen Sein als Ek-sistenz darin besteht, daß es in der Nähe des Seins wohnt. Der Mensch ist der Nachbar des Seins.« (29) Für denjenigen, der das Wort »Humanismus« beibehalten möchte, läßt sich Heideggers neue Auffassung vom Wesen des Menschen als »der Humanismus, der die Menschheit des Menschen aus der Nähe zum Sein denkt« charakterisieren. (29) Allerdings ist dieser ›Humanismus‹, dem es gerade nicht primär auf den Menschen als solchen ankommt, sondern auf die NÄHE als die »Dimension« des Ek-statischen der Ek-sistenz, ein »›Humanismus‹ seltsamer Art«, ein »lucus a non lucendo«. (31, 22)[59]

Die Frage nach dem Wohnen des Menschen leitet zwanglos über zu Beaufrets zweiter Frage nach dem Verhältnis von Ontologie und Ethik, insbesondere zu der, ob Heideggers Ontologie durch eine Ethik ergänzt werden müsse. Heideggers Antwort gliedert sich in zwei Schritte: zunächst klärt er den Begriff »Ethik«, danach den Begriff »Ontologie«.

»Ethik« als wissenschaftliche Disziplin entstand nach Heideggers Angaben ebenso wie »Logik« und »Physik« in der Schule Platons. Hier

---

59 Eine ähnliche Auffassung vom Wesen des Menschen findet Heidegger bereits bei den anfänglichen Denkern. Für diese galt nicht die Formel »ἄνθρωπος = ζῷον λόγον ἔχον«, sondern deren Umkehrung »φύσις = λόγος ἄνθρωπον ἔχον«. Vgl. EiM 134.

anzusetzen, erscheint ihm jedoch unzureichend, weil bereits ein einschneidender Wandel des Denkens zur Philosophie im Sinne von Wissenschaft (ἐπιστήμη) und dieser zu einer Sache des Schulbetriebs stattgefunden habe. Die anfänglichen Denker vor Sokrates und Platon, üblicherweise als »Vorsokratiker« bezeichnet, kannten weder eine »Ethik«, noch eine »Logik«, noch eine »Physik«. Dies belegt Heidegger anhand einer griechisch denkenden Übersetzung des Fragments 119 von Heraklit »ἦθος ἀνθρώπῳ δαίμον«. »ἦθος« bedeutet hier »Aufenthalt, Ort des Wohnens«. (39) »Das Wort nennt den offenen Bezirk, worin der Mensch wohnt. Das Offene seines Aufenthaltes läßt das erscheinen, was auf den Menschen zukommt und also ankommend in seiner Nähe sich aufhält.« (39) Demgemäß verwirft Heidegger die gängige, zu modern denkende Übersetzung von Diels »seine Eigenart ist dem Menschen ein Dämon« und legt aus: »Der Spruch sagt: der Mensch wohnt, insofern er Mensch ist, in der Nähe des Gottes.« (39) Seine Übertragung erhärtet Heidegger durch den Hinweis auf einen ähnlichen Spruch Heraklits, den Aristoteles übermittelt: Der an einem Backofen sitzende und sich wärmende Heraklit soll zu einigen Neugierigen, die den großen Denker bei seiner Arbeit begaffen wollten, gesagt haben: »εἶναι γὰρ καὶ ἐνταῦθα θεούς«, »auch hier nämlich wesen Götter an«. (Hum 39; vgl. GA 55, 6ff)

Zu bedenken ist, in welchem Verhältnis Hölderlins und Heraklits Nähe zu den Göttern bzw. zu dem Gott zu der von Heidegger angezielten Nähe zum Sein steht. An anderer Stelle des Briefes gibt Heidegger darüber Auskunft:

»Die Heimat des geschichtlichen Wohnens ist die *Nähe* zum Sein. In dieser *Nähe* vollzieht sich wenn überhaupt die Entscheidung, ob und wie der *Gott* und die *Götter* sich versagen und die Nacht bleibt, ob und wie der Tag des *Heiligen* dämmert, ob und wie im Aufgang des *Heiligen* ein Erscheinen *Gottes* und der *Götter* neu beginnen kann. Das *Heilige* aber, das nur erst der Wesensraum der *Gottheit* ist, die selbst wiederum nur die Dimension für die *Götter* und den *Gott* gewährt, kommt dann allein ins Scheinen, wenn zuvor und in langer Vorbereitung das *Sein selbst* sich gelichtet hat und in seiner Wahrheit erfahren ist.« (26, Herv. E.K.)

Daraus ergibt sich folgende Rangordnung nach der Weite der Begriffe: Sein (NÄHE) – Heiliges – Gottheit – Götter bzw. Gott. Dies kommt an einer anderen Stelle des Briefs noch deutlicher zum Ausdruck: »Erst aus der Wahrheit des Seins läßt sich das Wesen des Heiligen denken. Erst aus dem Wesen des Heiligen ist das Wesen von Gottheit zu denken. Erst im Lichte des Wesens von Gottheit kann gedacht und gesagt werden, was das Wort ›Gott‹ nennen soll.« (36f) Seinsfrage und Gottesfrage müssen unterschieden werden. Wie soll der Mensch auch nur ernsthaft nach Gott fragen, solange er es unterläßt, erst einmal in die Dimension hineinzudenken, in der allein diese Frage gefragt werden kann. Die Dimension des Heiligen bleibt so lange als Dimension verschlossen, als das Sein sich nicht gelichtet hat und in seiner Lichtung dem Menschen nahe ist. Von hierher erklärt sich Heideggers ständige Abwehr in einer Zeit der Seinsvergessenheit, etwas positiv oder negativ von Gott auszusagen. Sein Denken des Seins kann daher weder als theistisch noch als atheistisch eingestuft werden. Halten wir fest: *NÄHE* ist diejenige *Ortschaft*, in der sich die *Ankunft oder Flucht der Götter* bzw. *des Gottes* entscheidet.

Wird Ethik nach der Grundbedeutung des Wortes »ἦθος« als Besinnung auf den Aufenthalt des Menschen verstanden, dann ist Heideggers Denken an die Wahrheit des Seins als NÄHE in sich schon »ursprüngliche Ethik«. (41)[60]

Ein solches Denken an die Wahrheit des Seins baut der Ontologie erst ihr Fundament, weshalb Heidegger es in »Sein und Zeit« als »Fundamentalontologie« kennzeichnete. Im Humanismus-Brief wird dieser Titel wegen seiner Mißverständlichkeit fallengelassen. Denn Ontologie definiert sich als das Denken, das das Seiende in seinem Sein denkt, als Wissenschaft (λόγος) vom Seienden als Seienden (ὄν ἦ ὄν). Die Ontologie kümmert sich nie um die Wahrheit des Seins selbst. Der Titel »Fundamentalontologie« ist zweideutig, weil er suggeriert, hier handele es sich immer noch um eine, wenn auch ursprünglichere Art von Ontologie. Heidegger geht es um eine Verwindung der bisherigen Ontologien, einen Abbau der metaphysischen Aussagen über das Sein. Dementsprechend muß auch die »ungemäße« Forderung nach Wissenschaft und Forschung aus »Sein und Zeit« zurückgenommen werden. (41f)[61]

Heideggers Antwort auf die zweite Frage Beaufrets lautet unmißverständlich: »Das Denken, das nach der Wahrheit des Seins fragt und dabei den Wesensaufenthalt des Menschen vom Sein her und auf dieses hin bestimmt, ist *weder Ethik noch Ontologie.*« (42, Herv. E.K.) Die Frage nach der Beziehung zwischen Ethik und Ontologie hat für dieses

---

60 Zur Problematik einer Ethik bei Heidegger siehe auch unten 368ff.
61 Heideggers Abwendung von seiner anfänglichen Forderung nach Wissenschaftlichkeit bekundet sich bereits deutlich in seiner Hegel-Vorlesung vom WS 1930/31, in der er in Kritik an Hegel und Husserl betont: »*Philosophie ist nicht Wissenschaft*«. (GA 32, 18)

Denken ihren Boden verloren bzw. muß in der angezeigten Weise ursprünglicher gefaßt werden.

Der einzige und ständige Anspruch, unter den der Mensch durch das Sein gestellt ist, lautet, den *Weg in die Nachbarschaft des Seins* zu finden. Diese Wanderung in die »Nachbarschaft des Seins« (31), das Erlernen des Wohnens, wird wesentlich getragen durch Denken und Sprache. So formuliert Heidegger eingangs: »Die Sprache ist das Haus des Seins. In ihrer Behausung wohnt der Mensch. Die Denkenden und Dichtenden sind die Wächter dieser Behausung.« (5) Genau hieran knüpft die den Brief abschließende Erörterung von Denken und Sprache wieder an, wenn es heißt: »Das Denken baut am Haus des Seins, als welches die Fuge des Seins je geschickhaft das Wesen des Menschen in das Wohnen in der Wahrheit des Seins verfügt.« (42) Offensichtlich gehören *Sprache, Dichten, Denken, Bauen* und *Wohnen* eng miteinander zusammen.

Denken faßt Heidegger als »Denken des Seins«. »Der Genitiv sagt ein Zwiefaches: Das Denken ist des Seins, insofern das Denken, vom Sein ereignet, dem Sein gehört. Das Denken ist zugleich Denken des Seins, insofern das Denken, dem Sein gehörend, auf das Sein hört.« (7)
  Im ersten Falle ist das Sein Subjekt (gen. subi.), das das Denken ereignet, im zweiten Falle ist Sein Objekt (gen. obi.) für das Denken. Wichtig ist, daß Denken bei Heidegger immer den *Bezug zum Sein* meint und nicht den zum Seienden. Denken ist wesentlich »*Sein-lassen*«, es läßt das Sein sich so zeigen, wie es von sich aus west. Es »vollbringt den Bezug des Seins zum Wesen des Menschen«, aber es macht und bewirkt diesen Bezug nicht. (5) Denn alles Wirken geht auf Seiendes, nie auf das Sein selbst. Dieses so passivisch anmutende »Lassen« ist für Heidegger die höchste Form des Handelns, weil es auf die Wahrheit des Seins achtet und sie erschließt. Solches Denken hat weder ein Ergebnis noch eine Wirkung im üblichen Sinne. (42) Trotzdem übertrifft seine Strenge alle wissenschaftliche Exaktheit, weil sein Sagen rein im Element des Seins bleibt. (Hum 6f; WiM 25; WiMN 48) Sein Maß besteht allein darin – und damit antwortet Heidegger auf die dritte Frage Beaufrets – dem Geschick des Seins zu entsprechen: das »Zudenkende« (Sein), d. h. das, was Denken ereignet, was uns Denken *heißt* zu denken.[62] »Das Sein *ist* als das Geschick des Denkens.« (46)

62 Gemäß dem zwiefachen Genitiv »Denken des Seins« differenziert Heidegger zwi

63

»Das Denken ist als Denken in die Ankunft des Seins, in das Sein als die Ankunft gebunden.« (46) Einzige »Sache des Denkens« ist es, das Sein selbst zur Sprache zu bringen. Denken avanciert bei Heidegger zum Gegenbegriff gegen die bisherige Philosophie = Metaphysik, um deren Verwindung es ihm geht.

»Das Denken überwindet die Metaphysik nicht, indem es sie noch höher hinaufsteigend, übersteigt und irgendwohin aufhebt, sondern indem es zurücksteigt in die Nähe des Nächsten.« (37) Hier kündigt sich der erst nach dem Humanismus-Brief geprägte Terminus »Schritt zurück« erstmals an. Denken als Denken des Seins vollzieht sich als *Abstieg in die Nähe des Nächsten*, d. i. die Lichtung des Seins. Damit liegt der unmittelbare Bezug von Denken zu NÄHE vor Augen. Der Abstieg in die Nähe des Nächsten ist der Gang zur Quelle, zum Anfang bzw. zum Ursprung. NÄHE ist also auch *Ursprung*.

Heidegger bezeichnet das von ihm intendierte Denken als »anfänglich«, weil es sowohl zum ersten Anfang zurückgeht als auch einen neuen Anfang vorbereitet, oder als »wesentlich«, weil es den Abstieg in sein vorläufiges Wesen vollzieht und auf das Wesen des Seins selbst achtet, oder als »ursprünglich«, weil es den Ursprung selbst bedenkt, oder als »andenkendes« Denken, das an das Sein selbst denkt, oder als »vordenkendes« Denken, das in die neue Ankunft des Seins vordenkt. (24, 26, 28, 31, 41, 42, 45, 47)

Der Brief schließt mit Heideggers programmatischer Absage an alle bisherige Philosophie: »Das künftige Denken ist nicht mehr Philosophie, weil es ursprünglicher denkt als die Metaphysik, welcher Name das gleiche sagt. Das künftige Denken kann aber auch nicht mehr, wie Hegel verlangte, den Namen ›Liebe zur Weisheit‹ ablegen und die Weisheit selbst in der Gestalt des absoluten Wissens geworden sein. Das Denken ist auf dem Abstieg in die Armut seines vorläufigen Wesens.« (47)

Denken und Dichten als ausgezeichnete Weisen der Sprache bauen am Haus des Seins, welches die *Sprache* ist. Die Sprache ist das »Haus des Seins« und zugleich die »Behausung des Menschenwesens«. (45, 5) Deshalb ist die Sprache eine äußerst wichtige Form der Zusammengehörigkeit von Sein und Menschenwesen.[63] Sprache darf hier natürlich

schen dem »*Zu-denkenden*«, was dem gen. subi. entspricht, und dem »*zu-Denkenden*«, was dem gen. obi. entspricht. Siehe auch unten 157f.
63 Bollnow sieht in der Sprache das zentrale »dritte Glied«, das Sein und Ek-sistenz vereinigt. Vgl. Otto Friedrich Bollnow: Heideggers neue Kehre, (1950), 123ff.

nicht mehr als bloßes Verständigungsmittel, als Eigenschaft des ζῷον λόγον ἔχον, das die Sprache besitzt, aufgefaßt werden. Sprache muß ebenso wie das Wesen des Menschen aus der metaphysisch-animalischen Auslegung befreit und in ihrem seinsgeschichtlichen Wesen gedacht werden. (21) Welche ungeheure Revolution der Auffassung der Sprache bei Heidegger stattfindet, kommt in folgendem Resümee zum Ausdruck: »Sprache ist in ihrem Wesen nicht Äußerung eines Organismus, auch nicht Ausdruck eines Lebewesens. Sie läßt sich daher auch nie vom Zeichencharakter her, vielleicht nicht einmal aus ihrem Bedeutungscharakter wesensgerecht denken. Sprache ist lichtend-verbergende Ankunft des Seins selbst«. (16) Damit weist Heidegger sämtliche geläufigen linguistischen und sprachphilosophischen Definitionen der Sprache zurück: Sprache ist weder primär Ausdruck, noch Zeichen, noch Bedeutung. »Das Sein kommt sich lichtend zur Sprache.« (54) Weil Sein dasselbe wie NÄHE ist, kann Heidegger schreiben: »Diese Nähe west als die Sprache selbst.« (21) Hiermit haben wir eine weitere wichtige Dimension der NÄHE gefunden: *NÄHE als Wesen der Sprache*.

Infolge der neuzeitlichen Herrschaft der Metaphysik der Subjektivität und ihrer Technisierung der Sprache ist die Sprache aus ihrem Element, dem Sein, herausgefallen. Der vielerorts beklagte Sprachverfall wurzelt darin, daß die Sprache selbst uns ihr Wesen verweigert, das darin beruht, »daß sie das ›Haus der Wahrheit des Seins‹ ist«. (9) Daher prophezeit Heidegger: »Soll aber der Mensch noch einmal in die Nähe des Seins finden, dann muß er zuvor lernen, im Namenlosen zu existieren.« (31) Die Nähe zum Sein ist das *Ziel* seines ganzen *Denkwegs*, der sich als *Wanderung in die »Nachbarschaft des Seins«* versteht.

3. Systematische Zusammenfassung der Dimensionen der NÄHE

Wie wir gesehen haben, spricht der Humanismus-Brief NÄHE in vielfacher Weise an:

Zunächst wurde Heideggers neue Auffassung vom Wesen des Menschen, sein ›neuer Humanismus‹, verdeutlicht, der die Humanitas des Menschen aus seiner Nähe zum Sein denkt. Der Mensch ist der *Nachbar des Seins*, d. h. derjenige, der in der Nähe des Seins *wohnt*. (29) In ähnlicher Weise lehrte bereits Heraklit: Der Mensch *wohnt* in der *Nähe*

des Gottes. (39) Das Sein zeigte sich als das *Nächste* des wesentlichen
Denkens, das jedoch für das gewöhnliche Denken das Fernste bleibt.
(20) Näher als das Nächste für das wesentliche Denken und zugleich für
das gewöhnliche Denken ferner als sein Fernstes ist die *NÄHE selbst:*
die *Wahrheit des Seins.* (20f) Diese NÄHE nennt Heidegger in Anlehnung an Hölderlin *Heimat,* in die der Mensch wohnend einkehren
muß. (25f) In dieser NÄHE vollzieht sich die Entscheidung über *Ankunft* oder *Flucht* der *Götter* bzw. des *Gottes.* (26, 36) Des weiteren
west NÄHE als *Sprache.* (21, 16, 45) Die *nachbarlichen Dichter und
Denker* hüten das *Sprach-Haus,* das sowohl dem Sein als auch dem
Menschen Wohnstatt bietet. (5, 45) Noch aber herrscht die Heimatlosigkeit, die in der *Seinsvergessenheit* und in der *Seinsverlassenheit*
wurzelt. (26ff) Die Seins*ferne* der Metaphysik kann nur im *absteigen-
den Schritt zurück in die Nähe des Nächsten,* d. i. in die Wahrheit des
Seins als den unbedachten Wesensgrund der Metaphysik überwunden
werden. (37) Dementsprechend versteht Heidegger sein ganzes Denken
als *Wanderung* in die *Nachbarschaft des Seins,* als Unterwegs zur
Nähe. (31)

Noch zahlreicher sind die Varianten des Sprachgebrauchs von NÄHE:
1. Substantivisch mit nominaler und zugleich verbaler Bedeutung: »die
Nähe«, »das Nächste«, »das Übernächste«, »das Fernste«. 2. Ortsbe-
stimmend: »in der Nähe«, »Nähe des Seins«, »Nähe zum Sein«. 3.
Komparativisch: »näher«, »weiter«, »ferner«, »am weitesten«. 4. Als
Kompositum: »Nachbar«, »Nachbarschaft«. (20f) Es fehlt noch der ver-
bale Gebrauch, z. B. »nähern« oder »entfernen«, sowie der Terminus
»Nahnis«.

Die oben aufgeführten *elf Perspektiven* oder *Dimensionen* der NÄHE
stehen nicht zusammenhanglos nebeneinander, sondern gehören in das
Selbe: die NÄHE. Sie bilden die Aspekte eines einheitlichen Geschehens. Der Grundgedanke lautet: *Das Sein selbst: die NÄHE.*[64] Der
Mensch ist nur deshalb als Nachbar des Seins vor allen anderen Seien-

---

64 Ich spiele mit dieser Schreibweise auf Heideggers neuartiges Verständnis von
Identität an. Im Gegensatz zur metaphysischen Tradition, die Identität als *Gleichheit*
faßt und dementsprechend durch das Gleichheitszeichen »=« symbolisiert (z. B.
A=A) – oder als abstrakte Selbigkeit (A ist A) oder als synthetisch vermittelte
Selbigkeit (A *ist* A) –, versteht Heidegger Identität als Selbigkeit im Sinne des Zu-
sammen*gehörens* und gibt sie durch den Doppelpunkt »:« wieder (z. B. Sein : der
Ab-grund). Vgl. ID 9ff; SvG 169, 184f, 152; UzS 200.

den ausgezeichnet, weil er je schon vom Sein (NÄHE) in seine Lichtung (NÄHE) ausgesetzt ist. Da das wesentlich gedachte Sein selbst als Lichtung und Unverborgenheit geschieht, besteht zwischen Sein (Nächstem) und Wahrheit des Seins (NÄHE) nur ein Unterschied in der Blickrichtung der Betrachtung. Zum Sein selbst gehört wesentlich ein Verhältnis zum Dasein, daher besagen »in der Nähe des Seins« und »in der Nähe zum Sein« dasselbe. Sein als NÄHE hat seine eigene Räumlichkeit und Zeitlichkeit, es bildet die Heimat des geschichtlichen Wohnens des Menschen. NÄHE stellt – wie oben dargelegt – zugleich den metaphysischen Ort der Dichtung dar, in der sich die Entscheidung über Ankunft und Flucht der Götter bzw. des Gottes vollzieht. NÄHE als Lichtung des Seins west als das Sprach-Haus von Sein und Menschenwesen. Die Sprache verweigert jedoch gegenwärtig noch ihr Wesen, das Sein entzieht sich, Heimatlosigkeit wurde zum Weltschicksal. Von dieser Grunderfahrung der Seinsvergessenheit angetrieben, stellt Heidegger die Überwindung der Metaphysik und die Vorbereitung einer neuen Ankunft des Seins in das Zentrum seines Denkens.

Der Humanismus-Brief gibt nicht nur die *Weg-Formel* für Heideggers gesamten Denk-Weg: *Wanderung in die Nachbarschaft des Seins,* sondern umreißt auch im großen und ganzen dessen einzelne Stationen und damit den Bereich vorliegender Untersuchung:

Die Seinsvergessenheit, die Heidegger selbst als seine Grunderfahrung apostrophiert, bildet bekanntlich den Ausgangspunkt von »Sein und Zeit«. Daneben stellt Heidegger in diesem Werk zahlreiche Bezüge des Daseins zum Sein systematisch dar, die im Brief wieder aufgegriffen werden, wie Sorge, Existenz, In-der-Welt-sein, Entwurf, Geworfenheit und Verfallen. Für das nachbarliche Verhältnis von Sein *und* Menschenwesen sind ferner die Gedanken des In-Seins als Wohnen, der Lichtung sowie der spezifischen Räumlichkeit und Zeitlichkeit des Daseins zentral. (Teil B, Kapitel 1) Wie es zur Seinsvergessenheit der Metaphysik kommt, worin sie besteht und wie sie durch den Abstieg in die Nähe des Nächsten, d. i. die Wahrheit des Seins als den unbedachten Wesensgrund aller Metaphysik, überwunden werden soll, arbeitet Heidegger in zahlreichen Untersuchungen zu Wesen und Geschichte der Metaphysik und Auseinandersetzungen mit einzelnen metaphysischen Denkern heraus. Vom metaphysischen Vorstellen des Seienden in seinem Sein hebt Heidegger das andenkende Denken an die Wahrheit des Seins ab, dessen erste Ansätze er bei den anfänglichen Denkern Anaximander, Heraklit und Parmenides findet. (Kapitel 2) Die im Brief mehrfach betonte Rolle der Dichtung Hölderlins als Stiftung einer neuen Nähe zum Sein, einer »Heimat«, wird in den »Erläuterungen zu Hölderlins Dichtung« sowie den Hölderlin-Vorlesungen ausführlich dargelegt. (Kapitel 3) Die Nachbarschaft von Dichten und Denken sowie deren enge Verknüpfung mit Wohnen und Bauen entfalten die Vorlesungen und Vorträge aus den fünfziger Jahren »Was heißt Denken?«, »Bauen Wohnen Denken« und »›... dichterisch wohnet der Mensch ...‹«. (Kapitel 3, 4) Die derzeitige Heimatlosigkeit des Menschen durch die Verstellung der NÄHE im Ge-stell sowie die Chancen einer rettenden Kehre problematisieren die Vortragsreihe »Einblick in das was ist« und »Gelassenheit«. (Kapitel 4) Den Zusammenhang von NÄHE und Sprache als lichtend-verbergende Ankunft des Seins erörtert »Unterwegs zur Sprache«. (Kapitel 5) Die eigene Art von Zeitlichkeit und Räumlichkeit der NÄHE wird in den Vorträgen »Zeit und Sein« und »Die Kunst und der Raum« weiter ausgeführt. (Kapitel 6)

Alle diese im Humanismus-Brief in der Retrospektive und in der Prospektive oft nur mit wenigen Sätzen angedeuteten Dimensionen der NÄHE müssen im folgenden anhand detaillierter Interpretationen eigens untersucht werden.

II. Vertiefung: NÄHE als wechselweises Zusammen*gehören* von Sein und Menschenwesen

Bevor ich Heideggers Wanderung in die Nachbarschaft des Seins anhand seines Denkweges verfolge, scheint es mir geboten, *die* Dimension der NÄHE herauszustellen, in der alle anderen ihre Bezugsmitte haben: NÄHE als Verhältnis von Sein *und* Menschenwesen. Die Explikation dieser Bezüglichkeit zielt ins Zentrum des Heideggerschen Denkens und erfordert nichts weniger als einen groben Entwurf seines Seinsdenkens. Zwar wird das Verhältnis von Sein und Menschenwesen erst in den Schriften der 40er, 50er und 60er Jahre entfaltet. Es liegt nach meiner Überzeugung jedoch dem gesamten Werk Heideggers zugrunde, wobei allerdings unterschiedliche Akzentsetzungen und Wandlungen offensichtlich sind. Auf diese Änderungen gehe ich bei der Nachzeichnung des Denkweges ein. Jetzt dagegen konzentriere ich mich ganz auf die Herausarbeitung der Konstellation des Heideggerschen Seinsdenken, womit zugleich seine Absetzung von der Metaphysik deutlich wird.

Das Problem des Verhältnisses von Sein *und* Menschenwesen trat bei der Auslegung des Humanismus-Briefs an der zentralen Stelle auf, wo es hieß: »das Sein ist das Nächste«, »näher als das Nächste« ist »die Nähe selbst« als »die Wahrheit des Seins«, »der Mensch ist der Nachbar des Seins«. (Hum 20f, 29) Angesichts dieser drei Momente Sein, Menschenwesen und Wahrheit des Seins ergeben sich folgende drei Fragen: 1. In welchem Verhältnis stehen Sein und Menschenwesen? 2. In welchem Verhältnis stehen Sein und Wahrheit des Seins? 3. In welchem Verhältnis stehen Wahrheit des Seins und Menschenwesen? Die kurze Antwort auf die Frage nach dem Verhältnis von Sein und Menschenwesen lautete: Das Sein selbst ist das Verhältnis, das den Menschen zu sich versammelt und das er ekstatisch aussteht. (Hum 20) Kompliziert wird die Sachlage dadurch, daß Heidegger einerseits zwischen Sein (»Nächstem«) und Wahrheit des Seins (»NÄHE«) unterscheidet, andererseits die Wahrheit bzw. Lichtung des Seins selber als das Sein begreift. (Hum 20) Heidegger verwendet den Terminus »Sein« in zweierlei Bedeutung. Diese Annahme wird dadurch erhärtet, daß Sein in der Wendung »›es gibt‹ das Sein« sowohl das Gebende als auch das Gegebene ist. (Hum 22) Warum beides gesagt werden kann, bleibt innerhalb des Humanismus-Briefs, der größtenteils nur andeutend spricht, unausgesprochen.

Eine systematische Erläuterung liefert Heidegger erst im 1957 gehaltenen Vortrag »Der Satz der Identität«, der die ursprüngliche Verklammerung von Sein *und* Menschenwesen am ausführlichsten darlegt. Von den bisherigen Auffassungen von Identität als *Eigenschaft des Denkens* oder als *Grundzug des Seins des Seienden* hebt Heidegger seine Auslegung der Identität als Zusammengehören ab. Er stützt sich dabei auf das Fragment 3 des Parmenides: »τὸ γὰρ αὐτὸ νοεῖν ἐστίν τε καὶ εἶναι«, das er folgendermaßen interpretierend übersetzt: »Denken und Sein gehören in das Selbe und aus diesem Selben zusammen.« (ID 14)[1] Insofern Denken als Auszeichnung des Menschen verstanden wird, betrifft diese Selbigkeit das Zusammengehören von Sein und Mensch. Identität darf nicht mehr metaphysisch als »Zug im Sein« vorgestellt werden, vielmehr ist das Sein von der Identität her als »ein Zug dieser Identität« bestimmt. (ID 14f) Das Zusammengehören kann rein formal zwar in zweifacher Weise verstanden werden: Erstens als »Zusammengehören«. Liegt der Akzent auf dem »Zusammen«, so wird traditionell metaphysisch von zwei zunächst isolierten Polen – Mensch und Sein – ausgegangen, die dann irgendwie zusammengebracht werden. Zweitens kann es – wie Heidegger selbst betont – als »Zusammengehören« verstanden werden. Hierbei ist das »Gehören« das Primäre, aus dem sich erst der Sinn des »Zusammen« wie auch die Unterscheidung in zwei ›Züge‹ – Mensch und Sein – ergibt. Mit der unterschiedlichen Betonung wandelt sich zugleich die jeweilige Bedeutung von »Zusammen« und »Gehören«: Während im ersten Fall das »Gehören« als »Zugeordnet- und Eingeordnet-sein« aus dem »Zusammen« im Sinne einer »Verknüpfung«, einer »connexio« resultiert, meint »Gehören« im zweiten Fall ein ursprüngliches gegenseitiges Übereignetsein von Sein und Menschenwesen, das ein »Zusammen« im Sinne einer immer schon vorliegenden und nicht erst nachträglich herzustellenden Bezugshaf-

---

1 Vgl. dagegen die Übersetzungen von Diels/Kranz: »Denn dasselbe ist Denken und Sein« (Die Fragmente der Vorsokratiker, Bd. I, 17. Aufl., Zürich 1974, 231); Wilhelm Capelle: »Denn (nur) ein und dasselbe kann gedacht werden« (Die Vorsokratiker, 6. Aufl., Stuttgart 1968, 165); Wolfgang Schadewaldt, der die Übertragung Burnets übernimmt: »Denn es ist dasselbe, was gedacht werden kann und was sein kann« (Die Anfänge der Philosophie bei den Griechen, Frankfurt a. M. 1978, 322). Wir sehen: In der jeweiligen Übersetzung wirkt sich je schon eine bestimmte Vorstellung von Identität aus.

tigkeit von Sein und Menschenwesen bestimmt. Mit anderen Worten: Sowohl die *Denkrichtung* als auch der *Denkgehalt* haben sich geändert.

Das Zusammen*gehören* von Mensch *und* Sein klingt bereits in den überlieferten Wesensbestimmungen von Mensch und Sein an, wenngleich nur aus der Ferne. Die Auszeichnung des Menschen als »denkendem Wesen« liegt darin, daß er »offen dem Sein, vor dieses gestellt ist, auf das Sein bezogen bleibt und ihm so entspricht. Der Mensch *ist* eigentlich dieser Bezug der Entsprechung und er ist nur dies.« (ID 18) Ebenso liegt in der Bestimmung des Seins als »Anwesen« der Bezug zum Menschenwesen. Sein west nicht für sich, sondern es west wesenhaft *an*: den Menschen. *An-wesen* braucht das Offene einer Lichtung, wozu wiederum das offenständige Verhalten des Menschen gebraucht wird. Somit ist deutlich: »Mensch und Sein sind einander übereignet. Sie gehören einander.« (ID 19) Zum vollen Wesen des Zusammen*gehörens* von Sein und Menschenwesen gehört also ein Zwiefaches: der Bezug des Seins zum Menschenwesen *und* der Bezug des Menschenwesens zum Sein. Anders formuliert: Das Zusammen*gehören* ist wesentlich ein *wechselweises* Zusammen*gehören* von Sein *und* Mensch, die wechselweise einander »brauchen«.

Das Zusammengehören von Mensch und Sein ereignet sich jeweils geschichtlich, d. h. die »Konstellation« des Zusammengehörens ändert sich. Die derzeitige Form ist das »*Ge-Stell*« des technischen Zeitalters, in dem das Zusammengehören die alles gefährdende Gestalt der »wechselseitigen Herausforderung« angenommen hat. Diese führt dazu, daß das Zusammen*gehören* als solches nicht mehr gesehen wird. Das »Zusammengehören*lassen*«, das die Art des Zusammengehörens bestimmt, nennt Heidegger »*Ereignis*«. Das Ereignis ist die Wesensherkunft der Identität, es ist der letzte Gedanke, zu dem Heideggers Seinsdenken gelangt. (ID 24ff)

Diese auf den ersten Blick im Formalen bleibende Deutung der Identität als Zusammen*gehören* hat sehr weitreichende Folgen für Heideggers gesamtes Seinsdenken. Er kann weder wie die traditionelle Ontologie fragen »Was ist das Sein?« (für sich genommen) noch wie die traditionelle Anthropologie »Wer oder was ist der Mensch?« (für sich genommen), denn weder Sein noch Menschenwesen sind isoliert für sich bestimmbar. Solange wir traditionell fragen »bleiben wir in den Versuch gebannt, das Zusammen von Mensch und Sein als eine *Zuordnung* vorzustellen und diese entweder vom *Menschen her* oder vom *Sein aus* einzurichten und zu erklären.« (ID 17f, Herv. E.K.)

71

Das Zusammen*gehören* von Sein und Mensch kann nicht dadurch erfaßt werden, daß man es in seine zwei Komponenten zerlegt, diese zunächst je für sich bestimmt und dann wieder miteinander verflechtet. Das Zusammen*gehören* hat nicht den Charakter einer *Einheit*, die erst synthetisch hergestellt wird, sondern den einer *Ganzheit*, die jeder Gliederung in ihre Strukturmomente vorausliegt und die immer mehr ist als die Summe ihrer Teile. Dementsprechend fragt Heidegger von Anfang an: Was ist das Sein in seinem Bezug zum Menschenwesen? Wer oder was ist der Mensch in seinem Bezug zum Sein? Genau genommen lauten die Fragen: Wie west das Sein in seinem Bezug zum Menschenwesen? Wie west der Mensch in seinem Bezug zum Sein?

Diese weitere Präzisierung ist notwendig, denn Heidegger sucht nicht mehr nach einem Allgemeinbegriff »Sein«, ebensowenig wie er – wie wir oben gesehen haben – nach einer feststehenden Wesensnatur des Menschen, einer essentia oder einem Was-sein fragt. Ihm geht es vielmehr um die Seinsweise von Sein *und* Mensch. Daß Heidegger stets nach dem Zusammen*gehören* von Sein *und* Menschenwesen fragt, läßt sich anhand der genauen Formulierungen der »Seinsfrage« belegen: Bereits in »Sein und Zeit« fragt Heidegger nicht einfach »Was ist das Sein?«, sondern »Was ist der Sinn von Sein?«. Dies bedeutet einerseits, daß es ihm nicht um die spezifischen Seinsarten, sondern um den umgreifenden einheitlichen Sinn von Sein überhaupt geht, andererseits, daß dieser Sinn nur über das Seinsverständnis des Menschen gefunden werden kann. Das Seinsverständnis des Menschen gehört wesentlich zu dessen Seinsweise als Dasein. Die »Seinsfrage« ist folglich von Anfang an für Heidegger zugleich und wesensmäßig auch die Frage nach dem Sein des Menschen, ebenso wie die Frage nach dem Wesen des Menschen für ihn die Frage nach dem Sein selbst einschließt.[2] Hierbei han-

2 Vgl. auch die früheren, teilweise unschärferen Formulierungen dieses Zusammenhangs in GA 31, 121ff; EiM 107, 109, 156; HW 96; N II 194; WhD 96.
Außerordentlich deutlich hat Heidegger dazu im Interview mit Richard Wisser Stellung genommen – provoziert durch die Frage, ob die Kritik berechtigt sei, daß er derart auf das Sein konzentriert sei, daß er das Sein des Menschen übergehe: »Diese Kritik ist ein großes Mißverständnis! ... Und der Grundgedanke meines Denkens ist gerade der, daß das Sein bzw. die Offenheit des Seins den Menschen *braucht* und daß umgekehrt der Mensch nur Mensch ist, sofern er in der Offenbarkeit des Seins steht. Damit dürfte die Frage, inwieweit ich nur mit dem Sein beschäftigt bin und den Menschen vergessen habe, erledigt sein. Man kann nicht nach dem Sein fragen, ohne nach dem Wesen des Menschen zu fragen.« (IG 69f) Vgl. dazu auch R. Wisser: Das Fernseh-Interview, (1977), 266f.
Die fundamentale Bezogenheit von Sein und Menschenwesen und demzufolge von Seinsfrage und Frage nach dem Wesen des Menschen wird auch von Hans Köchler

delt es sich nicht allein um eine methodische Notwendigkeit, eine bloße Mittelfunktion der existenzialen Analytik des Daseins für die Lösung der Seinsfrage – wie meist herausgestellt wird –, sondern um einen ursprünglichen, unumgänglichen ontologischen Sachverhalt. Die beiden traditionellen Fragen nach dem Sein und dem Wesen des Menschen sind untrennbar miteinander verwoben, stellen lediglich die zwei Seiten ein und derselben Frage nach dem Zusammen*gehören* von Sein *und* Menschenwesen dar. In den späteren, verbesserten Formulierungen der »Seinsfrage« als Frage nach der »Wahrheit des Seins« bzw. der »Lichtung des Seins« und nach dem »Ort des Seins« ist die unmittelbare Verklammerung von Sein und Menschenwesen allerdings offensichtlicher. Ohne das offenhaltende Ausstehen der Lichtung durch die Eksistenz kann Sein nicht anwesen, wie auch der Mensch nur dann in sein Wesen finden kann, wenn er vom Sein selbst angesprochen wird. Ohne die Erörterung der Ortschaft des Seins kann der Mensch nicht das Wohnen lernen.

Eine weitere äußerst wichtige Konsequenz des Zusammen*gehörens* ist folgende: Nur aufgrund der nicht ablegbaren Verklammerung von Sein *und* Menschenwesen ist dem Menschen die Möglichkeit gegeben, selbst in der tiefsten Nacht der Seinsvergessenheit das Sein zu erfahren, wenn auch nur in der Weise des Entzugs. Wenn das Sein immer schon auf das Menschenwesen bezogen ist, dann kann dieser Bezug zwar verstellt oder verdeckt werden – wie in der Metaphysik –, aber das Sein kann sich nie vollständig verbergen. Selbst in der tiefsten Verstrickung

und Ruprecht Pflaumer betont. Köchlers inhaltliche Bestimmung des Bezugs bleibt m. E. jedoch unzureichend und irreführend. So faßt er das Zusammen*gehören* als »dialektische Identität der beiden Korrelationspole Sein und Mensch, die sich gegenseitig erst voll zu sich selbst ›vermitteln‹« (25, vgl. 79) und als »transzendentalen Gedanken« (9). Wie »Der Satz der Identität« ausdrücklich hervorhebt, darf das Zusammen*gehören* gerade nicht im Sinne einer »dialektischen Identität« aufgrund einer »Vermittlung« gedacht werden, darf nicht von »Polen« ausgegangen werden, selbst wenn diese unter Rückgriff auf Husserl als »Korrelationspole« gefaßt werden. Ebensowenig handelt es sich beim Zusammen*gehören* um einen »transzendentalen Gedanken«. Vgl. Hans Köchler: Der innere Bezug von Anthropologie und Ontologie, Meisenheim 1974.
Pflaumer scheint mir dem Sachverhalt schon näher gekommen zu sein, zumindest in der Ablehnung einer dialektischen Interpretation des Bezugs von Sein und Mensch. Bei aller Betonung der »mehrfältigen Geschehenseinheit von Sein und Mensch« (162) als des »Grundverhältnisses« (168) des Heideggerschen Denkens, vermisse ich bei ihm jedoch eine Entfaltung der Struktur des Zusammen*gehörens* selbst. Insgesamt bleiben seine Ausführungen zu stark am Seinsverständnis des Menschen beim frühen Heidegger orientiert. Vgl. Ruprecht Pflaumer: Sein und Mensch im Denken Heideggers, (1966).

ins Ge-stell wird der Mensch nie bloßer Bestand, bleibt die Möglichkeit der Einsicht in die Gefahr sowie des »Einblitzes« des Ereignisses. (TK 43f)

Heideggers Forderung, *aus* dem Bezug von Sein *und* Menschenwesen zu denken, stellt uns vor eine große Schwierigkeit, denn »wir sind nicht, und wenn, dann nur selten und dabei kaum, in der Lage, eine Beziehung, die zwischen zwei Dingen, zwischen zwei Wesen waltet, rein aus ihr selbst her zu erfahren. Wir stellen uns die Beziehung sogleich von dem aus vor, was jeweils in Beziehung steht.« (UzS 188) Solches liegt in der Struktur des gewöhnlichen Denkens als *Vorstellen*, wie im Kapitel über die Destruktion der Metaphysik noch ausführlich dargelegt wird.[3] Die Einkehr in das Zusammen*gehören* verlangt einen Sprung vom metaphysischen, vorstellenden Denken in das wesentliche Denken des Seins. Das heißt zugleich, es verlangt eine Absage an die geläufigen Vorstellungen vom Menschen als animal rationale und vom Sein als gründendem Grund alles Seienden. (ID 20) Das Heideggersche Denken aus dem Bezug von Sein *und* Menschenwesen hat überhaupt nichts mehr zu tun mit der gewöhnlichen Vorstellung einer Subjekt-Objekt-Beziehung zwischen einem Subjekt (Mensch), dem ein Objekt (Sein) gegenübersteht oder umgekehrt, wie Heidegger in »Zur Seinsfrage« ausführt. »Wir sagen vom ›Sein selbst‹ immer *zuwenig*, wenn wir, ›das Sein‹ sagend, das An-wesen *zum* Menschen*wesen* auslassen und dadurch verkennen, daß dieses Wesen selbst ›das Sein‹ mitausmacht. Wir sagen auch vom Menschen immer *zuwenig*, wenn wir das ›Sein‹ (nicht das Menschsein) sagend, den Menschen für sich setzen und das so Gesetzte dann erst noch in eine Beziehung zum ›Sein‹ bringen. Wir sagen aber auch *zuviel*, wenn wir das Sein als das Allumfassende meinen und dabei den Menschen nur als ein besonderes Seiendes unter anderen (Pflanze, Tier) vorstellen und beides in die Beziehung setzen; denn schon im Menschenwesen liegt die Beziehung zu dem, was durch den Bezug, das Beziehen im Sinne des Brauchens, als ›Sein‹ bestimmt und so seinem vermeintlichen ›an und für sich‹ entnommen ist.« (ZS 27) »Sein« heißt also immer schon »An-wesen *zum* Menschen*wesen*«, »Mensch« heißt immer schon »Da des Seins«. Streng genommen müssen wir die »vereinzelnden« und »trennenden« Worte »das Sein« und »der Mensch« fallenlassen sowie die Frage nach »der Beziehung beider«. (ZS 28) Vielmehr muß sich der Blick des Denkens umkehren: Subjektivität und Objektivität und die Frage nach der Beziehung zwi-

---

3 Siehe unten 149ff.

schen beiden gründen ihrerseits in der Offenbarkeit des Zusammenge-
hörens.

Dementsprechend schreibt Heidegger in »Was heißt Denken?«: »Sobald ich denkend sage ›Menschenwesen‹, habe ich darin schon den Bezug zum Sein gesagt. Insgleichen, sobald ich denkend sage: Sein des
Seienden, ist darin schon der Bezug zum Menschenwesen genannt. In
jedem der beiden Glieder der Beziehung zwischen Menschenwesen und
Sein liegt schon die Beziehung selbst. Aus der Sache gesprochen: es gibt
hier weder Glieder der Beziehung noch diese Beziehung für sich.«
(WhD 74) Daher sind alle Vermittlungskünste, seien diese dialektischer
oder anderer Art, fehl am Platz. Nachdem die Unzulänglichkeit des
metaphysischen Denkens aufgedeckt wurde, das entweder vom Sein her
oder vom Menschen her das jeweils andere vorstellt, kann Heidegger
andererseits betonen: »*Kein* Weg des Denkens, auch nicht der des metaphysischen, geht vom Menschenwesen aus und von da zum Sein über
oder umgekehrt vom Sein aus und dann zum Menschen zurück. Vielmehr *geht* jeder Weg des Denkens immer schon *innerhalb* des ganzen
Verhältnisses von Sein und Menschenwesen, sonst ist es kein Denken.«
(WhD 74) Mit anderen Worten: auch die Metaphysik, die faktisch jeweils von *einem* Pol des Zusammengehörens zum *anderen* übergeht
und die glaubt, dadurch erst ein *Zusammen*gehören herzustellen, bewegt sich unbewußt immer schon innerhalb des vorgängigen Zusammen*gehörens* von Sein und Menschenwesen. Das Denken der Denker
ist nicht nur beiläufig und manchmal, sondern immer und notwendig
»der Bezug zum Sein des Seienden«. (WhD 75)

Julius Jakob Schaaf hat Heideggers Bestimmung des Seins als Beziehung von seiten einer universalen Relationstheorie kritisch befragt.[4]
Obwohl ich diesen Ansatz für verfehlt halte, gehe ich auf ihn ein, weil
er in seiner Antithetik hilft, das bisher Ausgeführte weiter zu verdeutlichen. Die »universale Relationstheorie« geht davon aus, daß sich jede
Beziehung in dreierlei Hinsicht analysieren läßt: Sie kann erstens ausgehen von den Trägern der Beziehung, den »Relata«, zweitens von dem
diese Beziehungspole verbindenden oder trennenden Beziehungsbogen,
dem »Relator«, und drittens vom Verbund zwischen Relator und Relata,
d. i. der ganzen »Relation«. Entsprechend dieser »in der Natur der
Sache begründeten Einteilung« ergeben sich dreierlei Arten von Beziehungen: 1. die »äußere Beziehung«, die von den Trägern im Sinne

4 Vgl. Julius Jakob Schaaf: Das Sein Heideggers als Beziehung, (1983).

75

fertiger, gegebener Größen ausgeht und deren Verbindung bzw. Trennung als nachträglich herbeizuführende auffaßt. 2. Die »innere Beziehung«, die vom Relator ausgeht, von dem her erst die Pole konstituiert werden. 3. Die »transzendentale Beziehung«, die im Gegensatz zur äußeren und zur inneren Beziehung, welche jeweils eine Seite der Relation hervorheben, die Gleichgewichtigkeit beider Urmomente einer Relation betont und damit zu einem »allseitigen Totalaspekt« gelangt. Während die äußere Beziehung den Gedanken der Unterscheidung impliziert und nur den Gedanken der Einheit explizit macht, die innere Beziehung umgekehrt einseitig den Einheitsgedanken impliziert und nur den Unterscheidungsgedanken explizit, bringt die transzendentale Beziehung beide Seiten, Einheitsgedanken und Unterscheidungsgedanken, in ein ausdrückliches allseitiges Gleichgewicht.[5]

Auf dieser Folie klassifiziert Schaaf Heideggers Idee eines entbergend-verbergenden Seins als »deriviertes Phänomen der Strukturverfassung der inneren und äußeren Beziehungen«, wobei das Schwergewicht auf den äußeren Beziehungen liegt.[6] Von daher erkläre sich die überaus prononcierte Stellung der ontologischen Differenz bei Heidegger. Schaaf kommt zu dem Ergebnis, »daß Heidegger zwar unterwegs zum Relationsdenken war, daß ihm aber dessen wahre Tragweite infolge seines unaufhörlichen Kreisens innerhalb des zirkulären Seinsverstehens doch verschlossen blieb«.[7]

Darf Heideggers Gedanke der Identität als Zusammen*gehören* als Relation im dargelegten Sinne bezeichnet werden? Nach meiner Überzeugung nicht.[8] Denn einmal ganz abgesehen von dem krassen Fehlurteil, bei Heidegger handele es sich vorwiegend um äußere Beziehungen, enthält die Relationstheorie zwei unausgesprochene Voraussetzungen, die Heidegger beide negieren würde. Diese lauten: Verbindung oder Unterscheidung sind Verstandesakte, Leistungen des Menschen. Und: Die Pole bzw. Relata sind Substanzen. Bei Heidegger dagegen kommt alles darauf an, Identität oder Differenz als Geschehen des Ereignisses selbst zu begreifen, die dem menschlichen Zugriff entzogen sind (ID 53f; UzS 25), und einzusehen, daß es sich hier um seinsmäßige Beziehungen zwischen zwei Wesen handelt, die nicht substanziell hyposta-

5 Vgl. a. a. O. 35f.
6 Vgl. a. a. O. 36.
7 Vgl. a. a. O. 40.
8 Vgl. UzS 125: Der Bezug ist nicht identisch mit einer Relation; ID 53: Die Differenz darf nicht als Relation aufgefaßt werden; UzS 25: »Der Unter-Schied ist weder Distinktion noch Relation«.

siert werden dürfen. (UzS 188) Schaafs Apostrophierung der ontologi-schen Differenz als äußerer Beziehung zeigt, daß er dem Vorurteil auf-sitzt, die Differenz zwischen Sein und Seiendem stelle lediglich eine Distinktion dar, die der Verstand macht. Diese Unterstellung behauptet zugleich, Heidegger denke vom Differenten, d. i. vom Sein oder vom Seienden her.

Solches läßt sich bereits aus der Sicht des frühen Heidegger nicht halten. Dieser faßt den *ausdrücklichen* Vollzug der vorontologisch im-mer schon vorliegenden Unterscheidung von Sein und Seiendem als »*ontologische Differenz*« (GA 24, 454), diese wiederum als Bedingung der Möglichkeit der Thematisierung von Sein und damit von Ontologie (GA 26, 193). Die ontologische Differenz hat die Seinsart des *Daseins* (GA 24, 454), gründet in der »Transzendenz« (WdG 15f), welche ihrer-seits der ursprünglichen Zeitigung der Zeitlichkeit des Daseins ent-springt (GA 24, 454). Da Transzendenz bei Heidegger eine Seinsweise und keine Erkenntnisweise darstellt, entstammt die ontologische Diffe-renz selbst keiner Verstandesleistung, sondern wird lediglich im aus-drücklichen Begreifen manifest. Nach 1936, d. i. dem Zeitpunkt, in dem nach Heideggers eigener Aussage »Ereignis« zum Leitwort seines Den-kens wurde (GA 9, 136 Anm.; UzS 260; VS 104), wird die Differenz als Geschehen des Ereignisses selbst gedacht. Weiterhin wird das Adjektiv »ontologisch« weggelassen, weil Heidegger zwischenzeitlich seine an-fängliche Absicht auf »Ontologie« bzw. »Fundamentalontologie« auf-gegeben hat. (Hum 41f) Im Zuge der Vorbereitung eines anderen, nicht-metaphysischen Denkens wird schließlich die ontologische Diffe-renz zwischen Sein und Seiendem durch den »Unter-Schied« zwischen Welt und Ding, der nicht mit dieser identisch ist, in ihrer Schlüsselstel-lung abgelöst. (SdD 40f; UzS 24f; VS 104f)

Heideggers reifste Fassung der Differenz von Sein und Seiendem bringt der Vortrag »Die onto-theo-logische Verfassung der Metaphysik« aus dem Jahre 1957, der zusammen mit »Der Satz der Identität« in das Bändchen »Identität und Differenz« einging. »Die Zusammengehörig-keit von »*Identität und Differenz*« ist das zu Denkende der beiden Vorträge. »Inwiefern die Differenz dem Wesen der Identität entstammt, soll der Leser selbst finden, indem er auf den Einklang hört, der zwi-schen *Ereignis* und *Austrag* waltet.« (ID 8)

Im Vortrag »Die onto-theo-logische Verfassung der Metaphysik« be-stimmt Heidegger die Sache seines Denkens als »das Sein hinsichtlich seiner Differenz zum Seienden«, schärfer: als »die Differenz *als* Differenz«. (ID 37) Diese Differenz ist in der Metaphysik in Vergessenheit geraten, obgleich sie den unbedachten Wesensgrund abgibt, in dem alle Metaphysik wurzelt. Denn *Sein* heißt stets und überall »Sein *des Seienden*« (gen. obi.), *Seiendes* heißt stets und überall »Seiendes *des Seins*« (gen. subi.). (ID 53) Daran wird deutlich: Beim Sein des Seienden und beim Seienden des Seins handelt es sich jeweils um eine Differenz. Diese Differenz wird in der gesamten Metaphysik nicht eigens thematisiert. Sie kommt nur dann in den Blick, wenn wir sowohl Sein in der Differenz zum Seienden denken als auch Seiendes in der Differenz zum Sein. Denken wir auf diese Weise, dann sehen wir, daß Sein und Seiendes »je schon *aus* der Differenz und *in* ihr vorgefunden werden«. (ID 54, Herv. E.K.) Mit anderen Worten: Die Differenz ist vorgängig gegenüber Sein und Seiendem. Das metaphysische vorstellende Denken verkennt diesen Sachverhalt und mißversteht daher die Differenz als »Relation«, »die unser Vorstellen zum Sein und Seienden hinzugefügt hat«. (ID 53f) Dadurch wird die Differenz zur »Distinktion« zum Gemächte des Menschen derangiert. Die Metaphysik achtet nicht auf die Differenz *als* Differenz, sondern verlegt sich ganz auf das Differente der Differenz. Sein faßt sie als ergründenden und begründenden Grund, im doppelten Sinne des Ersten und Allgemeinsten sowie des Höchsten und Letzten, Seiendes als gegründet-begründend, das Verhältnis zwischen Sein und Seiendem als Kausalverhältnis.

Das wesenhafte Denken dagegen, das dem Sachverhalt Rechnung trägt, daß Sein und Seiendes »je auf ihre Weise *aus der Differenz her* erscheinen« (ID 55), muß erst in ein sachgemäßes Gegenüber zur Differenz gelangen. Dieses Gegenüber, das nicht gegenständlich zu denken ist, wird im »Schritt zurück« aus der Metaphysik heraus und vor sie in ihr unbedachtes Wesen hinein erst eröffnet. Der Schritt zurück erbringt eine »Ent-Fernung« durch die erst das »Nahe als solches« und »NÄHE« zum Scheinen kommt. (ID 55) Im Vollzug des Schrittes zurück wandelt sich die Erfahrung von Sein und Seiendem: Sein geht entbergend über zum Seienden, wodurch das Seiende erst in der Unverborgenheit ankommt, sich in ihr birgt und solchermaßen anwest. Die »Überkommnis« des Seins läßt Seiendes als solches erscheinen, gewährt ihm Unverborgenheit. Sein als »entbergende Überkommnis« und Seiendes als »in der Unverborgenheit sich bergende Ankunft« wesen als solchermaßen Unterschiedene aus dem Selben, dem »*Unter-Schied*«. (ID 56) Dieser eröffnet und hält offen das Zwischen als den Zeit-Spiel-Raum von Überkommnis und Ankunft. Den entbergend-verbergenden Vollzug der Differenz von Sein und Seiendem nennt Heidegger »*Austrag*«. (ID

57) Im Austrag waltet das gegenwendige Auseinander und Zueinander von Sein und Seiendem. Er vollzieht sich je geschichtlich, d. h. seine jeweilige Konkretion hängt vom jeweiligen Geschick des Seins sowie der jeweiligen dominierenden Auffassung des Seienden ab. So kommt es, daß der Austrag, der wesentlich gedacht ein »Umeinanderkreisen von Sein und Seiendem« darstellt (ID 62), die derzeitige Gestalt eines wechselseitigen Begründungsverhältnisses zwischen Sein als gründendem Grund und gegründet-begründendem Seienden annehmen konnte, wodurch seine ursprüngliche Gestalt verdeckt wird und die Differenz *als* Differenz unbeachtet bleibt.

Ich fasse zusammen: Der Vortrag »Der Satz der Identität« lieferte uns folgendes Schema des Heideggerschen Seinsdenkens:

Ereignis (Zusammengehören*lassen*)

↓

Zusammen*gehören* (Identität)

Sein (Anwesen)	Mensch (denkendes Wesen)

derzeitige Konstellation: Ge-Stell

In Worten: »Sein gehört mit dem Denken in eine Identität, deren Wesen aus jenem Zusammengehörenlassen stammt, das wir Ereignis nennen. Das Wesen der Identität ist ein Eigentum des Er-eignisses.« (ID 27)

Die bildliche Darstellung ist selbstredend mit den üblichen Vorbehalten einer solchen Veranschaulichung im Zweidimensionalen zu sehen.

Der Vortrag »Die onto-theo-logische Verfassung der Metaphysik« lieferte uns folgendes Schema des Heideggerschen Seinsdenkens:

Austrag

↓

Unter-Schied (Differenz)

Sein (entbergende Überkommnis)	Seiendes (bergende Ankunft)

noch derzeitige Konstellation: Grund – Begründetes

In Worten: »Die Differenz von Sein und Seiendem ist als der Unter-Schied von Überkommnis und Ankunft der *entbergend-bergende Austrag* beider.« (ID 57)

79

In welchem Verhältnis stehen beide Schemata zueinander? Wir erinnern uns: Im Vorwort zur gesamten Schrift »Identität und Differenz« fordert Heidegger uns auf, Identität *und* Differenz in ihrer Zusammengehörigkeit zu denken und zu eruieren, inwiefern die »Differenz dem Wesen der Identität« entstamme, indem wir auf den »Einklang« zwischen Ereignis und Austrag hören. (ID 8) Das Wesen der Identität enthüllte sich als das Ereignis; folglich stammen sowohl Identität als auch Differenz aus dem Ereignis. Das Ereignis zeigt sich zum einen als das Zusammengehören*lassen* von Sein und Menschenwesen, zum anderen als Austrag des Unter-Schieds von Sein und Seiendem. Insofern waltet ein Einklang zwischen Ereignis und Austrag. Beide bezeichnen denselben Sachverhalt, nur unter verschiedener Akzentuierung. Das gleiche gilt für Identität und Differenz. Sie bilden die zwei Ansichten ein und derselben Sache. Genau genommen sind beide gar nicht voneinander trennbar, denn das Zusammen*gehören* schließt immer schon den Unter-Schied mit ein und der Unter-Schied das Zusammen*gehören*. Zusammen*gehören* ist per se Zusammen*gehören* von Unterschiedenem, Unter-Schied in sich Unter-Schied von Zusammen*gehörigem*. Infolge des Vorrangs des Ereignisses in Heideggers Spätdenken erhält vielleicht das Zusammen*gehören* ein leichtes Übergewicht, gerade aus der Wendung gegen die Metaphysik, die das Differente und noch nicht einmal die Differenz als solche betont. Zu fragen bliebe weiterhin, ob es von Bedeutung ist, daß Heidegger bei der Darlegung der Identität auf das Verhältnis zwischen Sein und Menschenwesen, d. h. dem ausgezeichneten Seienden, zurückgreift, bei der Explikation der Differenz dagegen auf das Verhältnis zwischen Sein und Seiendem allgemein.

Was ich mit der Auslegung von »Identität und Differenz« zeigen wollte, ist folgendes: *Heideggers Seinsdenken hat eine vierfältige Struktur* bzw. in seiner Frühphase, in der der Gedanke des »Ereignisses« noch fehlt, eine *trifältige Struktur*.[9] Die drei bzw. vier Urmomente sind: Sein, Mensch (Seiendes), ein ›Drittes‹ *aus* dem und *in* dem beide gedacht werden müssen, hier »Zusammen*gehören*« oder »Unter-Schied« ge-

---

9 »Ereignis« wird zwar ab Mitte der 30er Jahre nach Heideggers eigenen Angaben zum »Leitwort« seines Denkens (GA 9, 316), kommt aber nach meiner Deutung erst Mitte der 50er Jahre vollends zum Tragen. Zu dieser Datierung sowie zum Verhältnis von NÄHE und Ereignis siehe unten 317ff.
»Trifalt« bzw. »Vierfalt« meinen nicht eine bloß numerische Summierung von drei oder vier Momenten, sondern ein ursprünglich qualitativ Eines und Ganzes, das in sich mehrfach gefaltet ist.

nannt, sowie das »Ereignis« als anfängliches, eignendes Geschehen des Zusammengehören*lassens*. Das ›Dritte‹ bezeichnet Heidegger in anderen Schriften als »Lichtung«, »Wahrheit«, »Un-verborgenheit«, »Gegnet«, »Seyn« oder »NÄHE«. NÄHE (Zusammen*gehören*) und Ereignis (Zusammengehören*lassen*) sind besonders eng miteinander verknüpft. Einerseits wird erst aus dem Ereignis als dem ursprünglichen An-lassen verständlich, wie es zur NÄHE bzw. dem Zusammen*gehören* kommt, andererseits können wir erst über die Erfahrung der NÄHE als dem ontologisch uns nächst Betreffenden zu einem Verständnis dessen gelangen, was Heidegger mit »Ereignis« meint. Aus letztgenanntem Grund konzentriert sich die vorliegende Arbeit erst einmal auf die Herausstellung des ›Dritten‹, der NÄHE. Dieses ›Dritte‹ ist m. E. das Entscheidende, aber es gibt auch die meisten Rätsel auf, eben weil Heidegger es mit so vielerlei Namen benennt. Überhaupt besteht eine wesentliche Hürde für das Verständnis des Heideggerschen Seinsdenkens, insbesondere seiner Spätphilosophie, darin, daß er mit ständig wechselnder Terminologie den selben Sachverhalt umkreist und zum Ausdruck bringt. Dies erfordert einen subtilen Vergleich der verschiedenen Begrifflichkeiten, der bisher noch aussteht.

Folgende Grundzüge dieses ›Dritten‹, das seiner Ursprünglichkeit nach das Erste ist, dürften bisher klar geworden sein: Es ist *vorgängig* gegenüber Sein und Seiendem. Sowohl Sein als auch Seiendes erscheinen jeweils *aus* ihm und *in* ihm, d. h. Identität und Differenz sind nicht überwindbar, wohl aber verstellbar. Es ist der einfache Sachverhalt bzw. der – wie ich noch verstärkend sagen möchte – ›*einsfache*‹ Sachverhalt im Sinne eines *singulare tantum*, der Sein *und* Menschenwesen zueinander und zugleich auseinander hält. Dieser ›Einsfachheit‹ widerspricht nicht, daß das Zusammen*gehören* sich als das *zwiefältige* Geschehen des Bezugs des Seins zum Menschenwesen und des Bezugs des Menschenwesens zum Sein vollzieht. Diesem zwiefältigen Bezug zwischen Sein und Seiendem entspricht der doppelte »Genitiv der Differenz« (ID 55) von »Sein des Seienden« (gen. obi.) und »Seiendes des Seins« (gen. subi.) bzw. der – wie er hinsichtlich des zwiefältigen Bezugs zwischen Sein und Menschenwesen noch treffender zu kennzeichnen wäre – doppelte ›Genitiv des Zusammen*gehörens*‹, der sich in der Wendung »Denken des Seins«, auf die wir im Humanismus-Brief gestoßen sind, bekundet. Das Denken muß diesem »ontologischen« Sachverhalt Rechnung tragen, indem es das Zusammen*gehören* nicht zu einer bloßen Relation, die aus einem Verstandesakt hervorgegangen ist, herabsetzt. Freilich genügt dazu nicht mehr das bisherige metaphysische vorstellende Denken, vielmehr bedarf es eines anderen wesentlicheren Denkens. Das ›Dritte‹ ist weder statisch noch substanziell aufzufassen, es ist reines Geschehen. Des weiteren bildet es den »Zeit-Spiel-Raum« des Auseinander und Zueinander von Sein und Seiendem, von Entbergung und Verbergung sowie den mannigfachen Verhältnisweisen des Seins zum Seienden und des Seienden zum Sein. Was Zeit, Raum und Spiel dabei besagen, bleibt erst noch zu untersuchen. Auf jeden Fall meint Zeit-Spiel-Raum kein ausmeßbares, festumrissenes Gehäuse, in dem sich alles abspielt. Das »In-Sein« wird selbst zum Problem. Schließlich zeigte sich das ›Dritte‹ als Identität und Differenz, d. h. beide Bewegungen des Zusammen*gehörens* und des Unter-Schieds von Sein und Seiendem sind in ihm vereint.

Mit der Herausstellung des ›Dritten‹ sind wir auf den Zusammenhang der Ausführungen über Identität und Differenz, Ereignis und Austrag, mit dem Problem der NÄHE gestoßen, von dem in beiden Vorträgen kaum die Rede ist. Wir erhalten lediglich zwei unscheinbare Hinweise auf den Zusammenhang von Identität und Differenz mit NÄHE. In »Der Satz der Identität« charakterisiert Heidegger das Ereignis als »das Nächste jenes Nahen«, darin wir uns immer schon aufhalten und fragt: »Denn was könnte uns *näher* sein als das, was uns dem *nähert*, dem wir gehören, worin wir Gehörende sind, das Er-eignis?« (ID 26, Herv. E.K.)[10] Das Ereignen oder Eignen des Ereignisses ist in sich ein Nähern. In »Die onto-theo-logische Verfassung der Metaphysik« kommt Heidegger bei der Kennzeichnung des »Schrittes zurück« auf Nähe zu sprechen: »Durch die von ihm erbrachte Ent-Fernung gibt sich zuerst das Nahe als solches, kommt Nähe zum ersten Scheinen.« (ID 55) Der Schritt zurück baut Ferne ab und gewährt somit Nähe, indem er vor die Differenz *als* Differenz bringt. Der spärliche Gebrauch der Nähe/Ferne-Terminologie besagt für sich genommen noch gar nichts, denn auch Lichtung und Wahrheit als Unverborgenheit werden nur am Rande erwähnt. (ID 57, 41, 39, 19)

Durchlaufen wir mit dem Schlüssel der NÄHE ein zweites Mal die Schrift »Identität und Differenz« und richten unseren Blick diesmal mehr auf den inhaltlichen Aspekt als auf die Struktur des Denkschemas, so gewinnt diese ungemein an Sagkraft. Heidegger kennzeichnet die Identität als »Anspruch«, der immer schon spricht – wie sein Hinweis auf Parmenides verdeutlichen soll –, den wir aber zumeist nicht hören

10 Vgl. die ähnliche Kennzeichnung des Ereignisses als »das Nächste des Nahen« und »das Fernste des Fernen« in UzS 259.

und ihm daher nicht »entsprechen« können. Daß wir überhaupt die Möglichkeit haben, diesen Anspruch jederzeit zu *hören*, liegt darin begründet, daß wir immer schon in ihn *gehören*. Wir bewegen uns je schon, wenn auch meist unbewußt, in diesem Zusammen*gehören*, in der NÄHE. Besinnen wir uns eigens auf den Anspruch der Identität, dann erfahren wir diese als NÄHE. Solches kann beispielsweise dadurch geschehen, daß wir auf das hören, was sich uns in den überlieferten Bestimmungen des Seins und des Menschenwesens zuspricht, wenngleich aus der Ferne, d. h. in verhüllter Weise. Sowohl in der Kennzeichnung des Seins als »Anwesen« als auch in der des Menschen als »denkendes Wesen« – besser gesagt als ›andenkendes Wesen‹ – artikuliert sich Nähe, wir müssen nur recht auf das Präfix »an-« hören. Sein als *An-wesen* west und währt nur, indem es den Menschen in seinem *An-spruch* »an-geht«, indem es ihm nahegeht, ihn berührt. Hierzu ist andererseits erforderlich, daß der Mensch, offen für das Sein, dieses als An-wesen *an-kommen* läßt, was durch sein *an-denkendes* Denken geschieht. Der Mensch ist seinerseits als an-denkendes Wesen ganz auf das Sein bezogen und hat diesem Bezug zu entsprechen, ja er »*ist* eigentlich dieser Bezug der Entsprechung, und er ist nur dieses«. (ID 28) Das Denken als An-denken ist ein In-die-Nähe-gehen zum Sein und Sich-einlassen in das Zusammen*gehören*, in die NÄHE selbst. An-wesen und an-denkendes Wesen sind aufeinander angewiesen, sie »brauchen« einander, um überhaupt ihr Wesen entfalten zu können. Ohne das nähernde An-denken bleibt dem An-wesen die Ankunft versperrt, ohne die Nähe des An-wesens bleibt der Mensch von seinem Wesen ausgeschlossen, kann er nicht als Nachbar des Seins wesen. Allein im Wechselspiel von An-spruch des An-wesens und Ent-sprechung durch das An-denken kommt das Zusammen*gehören* als die NÄHE zur Erfahrung, und zwar als die Dimension, in dem dieses Wechselspiel stattfindet sowie als die Be-wegung, die Sein *und* Mensch in ihr nachbarschaftliches »Gegen-einander-über« bringt – was im Laufe der Arbeit noch ausgeführt wird, wie vieles andere, das hier im vorgreifenden Entwurf nur angedeutet werden kann.

Damit wir in die NÄHE einkehren und in ihr heimisch werden können, bedarf es allerdings einer tiefgreifenden Verwandlung unseres Denkens, die im Vortrag »Der Satz der Identität« als »*Sprung*« bzw. »*Absprung*« vom metaphysischen vorstellenden Denken mit allen seinen Implikationen gefaßt wird, im Vortrag »Die onto-theo-logische Verfassung der Metaphysik« als »*Schritt zurück*« vor die Metaphysik in ihren unbedachten Grund. Der »Schritt zurück« tritt zurück vor dem

Sein, läßt von allem subjektivistischen Vorstellen und Konstruieren des Seins als *Gegenstand* ab und entläßt es solchermaßen erst in ein sachgemäßes »*Gegenüber*«, indem es so wesen kann, wie es von sich aus west, nämlich als An-wesen. Der »Absprung« bzw. der »Schritt zurück« hat vornehmlich *destruierenden* Charakter: er ent-fernt Verstellungen des Seins, d. h. er baut Seinsferne ab und legt somit eine ursprüngliche Nähe frei, bringt NÄHE zur Erfahrung. Ist dieser befreiende Schritt geleistet, so versucht das Denken in der NÄHE heimisch zu werden, d. h. in sie als dem Gewohnten des Wohnens einzuziehen. In summa: Im Hören auf die Weise, wie sich die NÄHE bereits in den überlieferten Bestimmungen des Seins und des Menschenwesens ausspricht, haben diese einen Bedeutungswandel erfahren: aus dem Sein als Anwesen, üblicherweise als ständige Gegenwart begriffen, wurde das Sein als Anwesen im Sinne des sich nähernden Ankommens – das nicht nur die Präsenz betrifft, wie wir noch sehen werden –, aus dem Denken, gewöhnlich als Vorstellen aufgefaßt, wurde das An-denken als In-die-Nähe-gehen zum Sein und Einkehr in die NÄHE.

Ich deute also über das von Heidegger explizit Gesagte hinausgehend das Zusammen*gehören* von Sein *und* Menschenwesen als NÄHE, was nach dem im Humanismus-Brief Ausgeführten nicht mehr befremden dürfte. Dort wurde mit NÄHE derselbe Sachverhalt benannt wie mit Lichtung oder Wahrheit des Seins. Auch dort ließen sich drei Komponenten des Heideggerschen Seinsdenkens ausmachen: Sein (Nächstes) – Mensch (Nachbar des Seins) – Wahrheit des Seins (NÄHE). Sehen wir einmal vom »Ereignis« ab, so entspricht das Schema des Humanismus-Briefs genau dem aus »Identität und Differenz«, womit belegt ist, daß NÄHE und Zusammen*gehören* das Selbe meinen. Zudem stellt das Wort »NÄHE« den Inbegriff von Verhältnishaftigkeit dar, bringt sowohl Identität als auch Differenz zur Sprache.

Verwirrung entstand im Brief durch die Tatsache – und damit kehre ich zur Ausgangsfrage dieses Kapitels zurück –, daß Heidegger den Terminus »Sein« in einer doppelten Bedeutung verwendete: Sein meint sowohl die eine Seite des Zusammen*gehörens* oder des Unter-Schieds als auch das ganze Zusammen*gehören* oder den ganzen Unter-Schied. Insofern Sein selbst im Humanismus-Brief als das Verhältnis zum Menschenwesen bzw. als das Lichtungs- oder Wahrheitsgeschehen gedacht wird und damit auch als NÄHE, bedeutet Sein selbst Zusammen*gehören* und Unter-Schied. Diese Zweideutigkeit des Seinsbegriffes spiegelte sich in der Wendung »Es gibt Sein« wider, wo Sein als Gebendes und als Gegebenes verstanden wurde. Dies wird obendrein dadurch erhärtet, daß Heidegger später das Es als das Ereignis bestimmt, das Sein anwesen *läßt*. (SdD 20)

Aus dieser doppelten Verwendung von »Sein« ergaben sich zahlreiche Mißverständnisse, denen Heidegger zeitweise dadurch entgegenzuwirken suchte, indem er beide Perspektiven orthographisch voneinander abhob: Für Sein im Sinne des ganzen Verhältnisses benutzte er die ältere Schreibweise »*Seyn*«, für Sein im Sinne der einen Seite dieses Verhältnisses behielt er die moderne Schreibweise »*Sein*« bei. Dies belegt ein Satz aus der Schlußanmerkung der Abhandlung »Vom Wesen der Wahrheit«, der im Jahre 1949 mit anderen eingefügt wurde: »Die Frage nach der Wahrheit des Wesens versteht Wesen verbal und denkt in diesem Wort, noch innerhalb des Vorstellens der Metaphysik verbleibend, das *Seyn* als den waltenden *Unterschied* von *Sein* und Seiendem. Wahrheit bedeutet lichtendes Bergen als Grundzug des *Seyns*.« (WdW 28, Herv. E.K.)[11] Einen analogen Fall haben wir bei der kreuzweisen Durchstreichung von Sein als »S̶e̶i̶n̶«, die zum einen das Mißverständnis eines für sich stehenden Seins, das dann bisweilen in eine Beziehung zum Menschen tritt, abwehrt, zum anderen in die vier Gegenden des »Gevierts« und deren Versammlung im Ort der Durchkreuzung zeigt. (ZS 31) Daraus wird deutlich: Die orthographische Unterscheidung von »Seyn« bzw. »S̶e̶i̶n̶« und »Sein« verfolgte zweierlei Absicht: Erstens die Absetzung von der traditionellen Seinsauffassung eines zunächst für sich stehenden Seins, zweitens die Anzeige des neuen Verständnisses von Seyn als des ganzen Verhältnisses von Sein und Seiendem.[12]

Das bekannteste und meistdiskutierte Beispiel für diese doppelte Perspektive des Seins ist die Änderung des Satzes »wenn anders zur Wahr-

11 Vgl. auch EH 138 (1943); VA 92f (1936–46); Schell 230ff (1941–43), EdD (1947), wo Seyn stets mit y geschrieben ist, wie z. B. in der berühmten Formel »Topologie des Seyns« (23). Des weiteren arbeiten zahlreiche Randbemerkungen mit dieser Unterscheidung in der Schreibweise: vgl. z. B. GA 9, 124, 159, 134, 306, 312.
Besonders interessant scheint mir ein Zitat aus dem Entwurf zu einer Vorlesung für das WS 1937/38 zu sein, das Heidegger im Brief an Richardson im Jahre 1962 mitteilt: »Der Mensch in seinem Bezug zum Sein – d. h. in der Kehre: Das Seyn und dessen Wahrheit in Bezug zum Menschen.« Heidegger selbst kommentiert in besagtem Brief: »Das ›Geschehen‹ der Kehre, wonach Sie fragen, ›ist‹ das Seyn als solches. Es läßt sich nur *aus* der Kehre denken.« (BaR XXI, vgl. auch XVIII).
12 In einzelnen Randbemerkungen finden sich ferner folgende ungewöhnliche Schreibweisen: »S̶e̶y̶n̶« (GA 9, 306), »G̶r̶u̶n̶d̶« (GA 9, 367), »das Seyende des Seins« (GA 9, 134).

heit des Seins gehört, daß das Sein *wohl* west ohne das Seiende, daß niemals *aber* ein Seiendes ist ohne das Sein« aus dem »Nachwort« zur 4. Auflage von »Was ist Metaphysik?« (1943) zu »wenn anders zur Wahrheit des Seins gehört, daß das Sein *nie* west ohne das Seiende, daß niemals ein Seiendes ist ohne Sein« in der 5. Auflage (1949). (WiMN 46, Herv. E.K.) Max Müller hat als erster dieses Problem gelöst, an dem Karl Löwith eine massive Kritik festmachte.[13] Das Verhältnis von Sein und Seiendem kann unter dreierlei Hinsicht angegangen werden: 1. *Vom Sein her* als dem »Pol« der Differenz (Sein), der als vom Seienden Unterschiedener auf dieses angewiesen ist. 2. *Vom Sein her* als dem einheitlichen Ursprung der Differenz (Seyn), als dem Unter-Schied, der der Unterschiedenheit von Sein und Seiendem vorausliegt und daher nicht auf das Seiende angewiesen ist. 3. *Vom Seienden her* als »Pol« der Differenz, der stets auf Sein angewiesen ist, sei es im Sinne des anderen »Pols« (Sein) oder im Sinne des Ursprungs der Differenz (Seyn).[14] Daraus folgt: Wenn Heidegger schreibt, »daß das Sein wohl west ohne das Seiende«, faßt er »Sein« als Seyn, betont den Ursprung der Differenz, schreibt er dagegen, »daß das Sein nie west ohne das Seiende«, so meint er »Sein« als Sein, betont Sein als »Pol« der Differenz. Diese Interpretation von Max Müller wird durch Heideggers Randbemerkungen, die in der Gesamtausgabe im Jahre 1976 veröffentlicht wurden, bestätigt: so notiert Heidegger in der 4. Auflage 1943 zum Stichwort »Sein«: »im Sinne von Seyn«, zum Stichwort »wohl«: »In der Wahrheit des Seins west das Seyn qua Wesen der Differenz; dieses Seyn qua

---

13 Vgl. Max Müller: Existenzphilosophie im geistigen Leben der Gegenwart, 3. erw. Aufl., Heidelberg 1964, 43ff (1. Aufl. 1949, dort stehen diese Ausführungen noch in einer Anmerkung). Karl Löwith: Heidegger. Denker in dürftiger Zeit, Frankfurt a. M. 1953, 39ff. Die 2. erw. Aufl., Göttingen 1960, hielt diese unangemessene Kritik aufrecht. Vgl. 40ff.
Für die breite Diskussion dieser Textänderung verweise ich ferner auf folgende Arbeiten: Walter Schulz: Über den philosophiegeschichtlichen Ort Martin Heideggers, (1953/54), 118ff; Orlando Pugliese: Vermittlung und Kehre, Freiburg 1965, 17ff; Alexius J. Bucher: Metaphysikkritik als Begriffsproblematik auf dem Denkweg Martin Heideggers, Bonn 1972, 163ff.
14 Ich halte Müllers Verwendung des Terminus »Pol« in diesem Zusammenhang nicht für glücklich, denn er rückt damit Heideggers Seinsdenken in die Nähe der Relationstheorie, die ich gerade als unangemessen zurückgewiesen habe, und verleitet zur Annahme, bei Heideggers Seinsdenken handele es sich um ein »polares Denken«. Das »polare Denken« ist aber gerade das metaphysische vorstellende Denken, von dem sich Heideggers Denken als Sein-lassen grundsätzlich unterscheidet, was ich später noch ausführlich darlege. (Siehe unten 154f) Es ist m. E. angemessener, von »Zügen« der Differenz zu sprechen.

Seyn ist vor der Differenz das Ereignis und deshalb *ohne* Seiendes.«
(GA 9, 306) In der 5. Aufl. findet sich folgende Marginalie zu »west«:
»Wesen von Sein: Seyn, Unterschied . . «. (GA 9, 306) Bemerkenswert
ist die Parallelisierung von Seyn und Ereignis sowie die Bestimmung
von Seyn als Wesen des Seins.

Wenn im folgenden die wesentlichen »Wegmarken« der Heideggerschen Wanderung in die Nachbarschaft des Seins nachgezeichnet werden, müssen wir beachten, wie das jeweilige Zusammenspiel der drei
Momente Sein – Seiendes – Wahrheit (Un-verborgenheit, ἀλήθεια,
Lichtung, NÄHE, Zusammen*gehören* oder Unter-Schied) gedacht wird,
insbesondere von wo aus das Denken seinen Ausgang nimmt.

B. Das Problem der NÄHE
auf dem Denkweg Heideggers

»Jeder Denker denkt nur einen *einzigen* Gedanken.« (N I 475; vgl. WhD 20) Der Gedanke, um den Martin Heideggers gesamtes Werk kreist, ist die Seinsfrage, genauer die Frage nach dem Sein als solchen. Nach Heideggers eigenen Angaben läßt sich sein Denkweg in drei Phasen gliedern: der Frage nach dem *Sinn von Sein*, der Frage nach der *Wahrheit des Seins* und der Frage nach der *Ortschaft des Seins*. (VS 72f, 82f) Sinn, Wahrheit und Ortschaft stellen keine sich ausschließenden Gegensätze dar, sondern bleiben jeweils aufeinander bezogen und markieren ein kontinuierliches Weiterdenken der Frage nach dem Sein als Sein. Wenn dies zutrifft, dann gilt es mit Heidegger, sowohl die Gemeinsamkeiten als auch die Unterschiede der drei Formeln herauszustellen.

Die Frage nach dem *Sinn* von Sein, die in Heideggers Schriften und Vorlesungen der zwanziger Jahre dominiert, fragt zum einen nach dem »Woraufhin« und »Woher« jedes möglichen »Seinsverständnisses« und findet dies in der »ekstatischen Zeitlichkeit« des Daseins, zum anderen nach dem »Horizont«, in dem Sein selbst sich offenbart: der »Temporalität« des Seins. Letzteres ist freilich im veröffentlichten Teil von »Sein und Zeit« nicht mehr ausgeführt – es gehört in den dritten Abschnitt »Zeit und Sein« – findet sich jedoch in rudimentärer Form in der Vorlesung »Grundprobleme der Phänomenologie« vom SS 1927. (GA 24, 321–471) Sinn bestimmt Heidegger als *Existenzial* des Daseins, d. h. nur Dasein kann sinnvoll bzw. sinnlos sein. Die Frage nach dem Sinn von Sein bleibt an den »*Entwurf*« bzw. das »*Seinsverständnis*« des Daseins gebunden. Gerade hierin liegen die Gründe, die Heidegger veranlaßten, die Fragestellung zu ändern, um Mißverständnisse zu vermeiden. Die Betonung des »Entwurfs« führt einerseits sehr schnell zu dem Fehlurteil, hierbei handele es sich um eine Leistung des Subjekts, wie er wenige Jahre später in Sartres »projet« große Bekanntheit erlangte. Heidegger dagegen hat bereits in »Sein und Zeit« eine entscheidende *Wende vom Subjekt bzw. Bewußtsein zum Da-sein* vollzogen und glaubte damit, das Subjektsdenken verabschiedet zu haben. (VS 123, 117) Zu dieser Möglichkeit eines subjektivistischen Mißverständnisses traten werkimmanente Gründe: Die Wende vom Subjekt zum Da-sein genügte nicht mehr und wurde durch die »*Kehre*« von der Betonung der »Offenheit des Daseins angesichts der Offenheit des

Seins« zur Akzentuierung der »Offenheit des Seins selbst« fortgeführt. (VS 83) Entsprechend wurde die Frage nach dem Sinn von Sein zur Frage nach der Wahrheit des Seins präzisiert, wobei sich die Auslegung der Wahrheit von der daseinsbestimmten »Erschlossenheit« zur »Unverborgenheit« bzw. »Offenheit« des Seins selbst verschob. Das Verbindende zwischen den Fragen nach dem Sinn von Sein und nach der Wahrheit des Seins sieht Heidegger darin, daß auch »Sein und Zeit« für das Wort des Seins das Ohr öffnen will und zu erkennen gibt, daß, um Da zu sein, es darauf ankommt, vom Sein selbst angesprochen zu werden. »Erschlossenheit« meint bereits in »Sein und Zeit« nicht allein die Erschlossenheit des Daseins, sondern in eins die Erschlossenheit von Sein überhaupt.

Die Frage nach der *Wahrheit* des Seins gewinnt mit der »Kehre«, die sich zwischen den Jahren 1930 und 1935 vollzogen hat, mehr und mehr die Oberhand.[1] Auffällig dabei ist, daß Heidegger nicht müde wird, die Gemeinsamkeit von »Sinn« und »Wahrheit« zu betonen. Ich gebe nur einige Belege: »Die entscheidende Frage (Sein und Zeit, 1927) nach dem Sinn, d. h. (SuZ 151) nach dem Entwurfbereich, d. h. nach der Wahr-

1 Vgl. zu dieser Datierung bereits Walter Schulz: Über den philosophiegeschichtlichen Ort Martin Heideggers, (1953/54), 110ff, 138; sowie F.-W. von Herrmann: Die Selbstinterpretation ..., 42, 10, 101, 120, 262. Eine genaue Datierung ist erst dann möglich, wenn die ursprüngliche Fassung des Vortrags »Vom Wesen der Wahrheit« aus dem Jahre 1930 sowie die Vorlesungen und Manuskripte aus den Jahren 1932–35 vorliegen. Auffällig ist, daß in den bisher veröffentlichten Vorlesungen aus den Jahren 1929–31 (GA 29/30, 31, 32, 33) zwar die Frage nach Sein und Zeit beibehalten wird, der Terminus »Sinn« jedoch fehlt. (Vgl. GA 31, 124f, 42ff, 129; GA 32, 143f, 209ff) Andererseits etabliert sich die Frage nach der Wahrheit des Seins nach dem bisher Veröffentlichten ab 1934/35 in der Zuwendung zu Hölderlins Dichtung (GA 39) und dem Vortrag »Vom Ursprung des Kunstwerkes«. In der 1935 gehaltenen Vorlesung »Einführung in die Metaphysik« stehen beide Frageweisen nach dem Sinn von Sein und nach der Wahrheit des Seins nebeneinander. (EiM 32, 72) In der Schellingvorlesung vom Sommersemester 1936 dagegen erhält die Rede von der Wahrheit des Seins eindeutig einen Vorrang vor der Wendung »Sinn von Sein«. (Schell 77–79) Außerdem benutzt Heidegger in dieser Übergangszeit häufig die neutrale Formulierung »Frage nach dem Wesen des Seins«. (z. B. EiM 57)
Für die Entwicklung des Heideggerschen Denkens vgl. ferner allgemein: Otto Pöggeler: Der Denkweg Martin Heideggers, Pfullingen 1963, und Winfried Franzen: Von der Existenzialontologie zur Seinsgeschichte, Meisenheim 1975. Allerdings kranken beide Arbeiten daran, daß sie von dem älteren 2-Phasenmodell aufgrund der »Kehre« ausgehen, statt von Heideggers erst spät veröffentlichtem 3-Phasenmodell. Pöggeler hat seine frühere Auffassung in dem Aufsatz »›Geschichtlichkeit‹ im Spätwerk Heideggers« (1973) sowie in der »Einleitung« zu seiner Aufsatzsammlung »Heidegger und die hermeneutische Philosophie«, Freiburg 1983, 59ff, korrigiert.

heit des Seins und nicht nur des Seienden, bleibt absichtlich unentfaltet.« (WdW 29) »Überwindung aber bedeutet hier ein ursprünglicheres Fragen der Frage nach dem Sinn, d. h. nach dem Entwurfsbereich und somit nach der Wahrheit des Seins, welche Frage sich zugleich als die Frage nach dem Sein der Wahrheit enthüllt.« (HW 92) »Sinn von Sein« und »Wahrheit des Seins« sagen »das Selbe«. (WiME 18)[2] Ebenso wird über den Zusammenhang von Wahrheit und Zeit eine Brücke geschlagen: Die Zeit ist der »Vorname für die Wahrheit des Seins«. (WiME 17; Schell 229; SdD 30) Damit hat sich die Betonung des Verhältnisses von Wahrheit und Zeit verlagert: Während in der ersten Phase Wahrheit als Erschlossenheit bzw. Lichtung in der Zeit fundiert wurde, geht jetzt der Weg von der Zeit zur Wahrheit als Unverborgenheit.

Da Wahrheit wesentlich als geschichtliches Geschehen gefaßt wird, tritt in der zweiten Phase das Problem der *Seinsgeschichte* in den Vordergrund. Die »Geschichtlichkeit des Daseins« wird durch den Gedanken des »Seinsgeschickes« vertieft und von ihrer Vormachtsstellung verdrängt. Zwangsläufig fallen in diese Phase Heideggers Destruktion der Metaphysik, deren Verwindung im »Schritt zurück« zu den anfänglichen Denkern des ersten Anfangs sowie die denkerische Zwiesprache mit Hölderlins dichterischer Stiftung eines anderen Anfangs.

Welche Gründe haben Heidegger bewogen, die Fragestellung nochmals umzuformulieren? Auch hier müssen wir wieder zwischen äußeren und immanenten Motiven unterscheiden: Zunächst wollte Heidegger dem Mißverständnis von »Wahrheit« als Richtigkeit einer Vorstellung vorbeugen. Wahrheit bedeutet für ihn von Anfang an ἀλήθεια, Unverborgenheit. Da er jedoch im Laufe seines Denkens einsah, daß der Begriff »Wahrheit« in der gesamten Metaphysik als Richtigkeit gebraucht wurde und daher zwangsläufig in die falsche Richtung weist, trennte er terminologisch zwischen ἀλήθεια und Wahrheit. (SdD 76f; Her 260; WM 436) Dazu gesellte sich die Erkenntnis, daß die anfänglichen Denker Anaximander, Heraklit und Parmenides die ἀλήθεια zwar nannten und in ihr lebten, aber auch sie die ἀλήθεια *als* ἀλήθεια nicht dachten, was Heidegger veranlaßte, für das ausdrückliche Denken des Wesens der ἀλήθεια seinen eigenen Terminus »*Lichtung*« zu setzen. Lichtung wird nicht vom Licht her gefaßt, sondern als lichtend-verbergender Bereich, in dem es erst Helle und Dunkelheit geben kann. Lichtung bedeutet in dieser Spätphase der »Zeit-Spiel-Raum«, in dem Sein verortet ist. Daher deckt sich die Frage nach der Lichtung des Seins mit

2 Vgl. daneben Hum 25; UzS 110.

der Frage nach dem Ort bzw. der Ortschaft des Seins. Weiterhin verliert die »Geschichtlichkeit« des Seins mit dem Ins-Zentrum-rücken des »Ereignisses« ihre Dominanz.[3]

Ab 1947 wird Heideggers Denken zur »*Topologie des Seins*«, sagt diesem die *Ortschaft* seines Wesens. Ich setze den Schnitt mit dem »Brief über den ›Humanismus‹« sowie dem Büchlein »Aus der Erfahrung des Denkens« an, in dem sich zum erstenmal die Rede von der »Topologie des Seyns« findet. Die Ortschaft des Seins konkretisiert sich in den Seinserfahrungen als »Ge-stell«, »Geviert«, »Gegend«, »Lichtung«, »Sprache« und »Welt«. Spätestens mit dem im Jahre 1957 gehaltenen Vortrag »Der Satz der Identität« wird »Ereignis« zum Grundwort des späten Heidegger. Es ist »die Ortschaft aller Orte und Zeit-Spiel-Räume« und kann deshalb selbst nicht mehr »erörtert«, sondern nur noch »genannt« werden. (UzS 258) Mit der Betonung des »Ereignisses« geht eine ›Abwertung‹ des Terminus »Sein« einher, den Heidegger als Grundwort seines eigenen Denkens fallen läßt und ganz der Metaphysik zuschreibt.

Die drei Phasen des Heideggerschen Denkweges lassen sich stichwortartig folgendermaßen zusammenfassen: 1. Phase (zwanziger Jahre): Frage nach dem Sinn von Sein, gebunden an den »Entwurf« bzw. das »Seinsverständnis« des Daseins. 2. Phase (ca. 1934–1946): Frage nach der Wahrheit des Seins, womit die »Offenheit des Seins selbst« in den Vordergrund rückt und Wahrheit als Geschichte gefaßt wird. 3. Phase (ab 1947): Frage nach dem Ort bzw. der Ortschaft des Seins, die nach der »Lichtung« als dem »Zeit-Spiel-Raum« des Seins und deren Herkunft aus dem »Ereignis« Ausschau hält. Entscheidend ist, daß Heidegger diese Wandlungen der Seinsfrage zu keiner Zeit als Verlassen des Grundanliegens von »Sein und Zeit« versteht – geschweige denn als Bruch zwischen einem frühen und einem späten Heidegger –, vielmehr als Ergänzung und Präzision eines kontinuierlichen Weiterdenkens der von Anfang an leitenden »Sache des Denkens« begreift.

Da es mir nicht um eine vollständige Nachzeichnung des Heideggerschen Denkweges geht, sondern ›nur‹ um die Entfaltung des Problems der NÄHE auf diesem Weg, halte ich mich nicht immer strikt an dieses 3-Phasenmodell, sondern setze die Markierungen nach den Umschlag-

3 Vgl. dazu Otto Pöggeler: »Geschichtlichkeit« im Spätwerk Heideggers, (1973).

punkten hinsichtlich der Thematisierung der NÄHE. So erörtere ich das Wesen der Metaphysik und den Rückgang in den ersten Anfang – die in die zweite Phase gehören – im Zusammenhang der Fundamentalontologie des frühen Heidegger und setze den Wendepunkt mit der Zuwendung zu Hölderlins Dichtung an. Dies rechtfertigt sich aus der ausgezeichneten Stellung Hölderlins für die Entfaltung des Problems der NÄHE: Erst im denkerischen Gespräch zwischen Denker und Dichter tritt NÄHE in vollem Umfang und in ihrer eigensten Bedeutung in Erscheinung. Der Gedanke der NÄHE, der bereits das Problem von Raum und Zeit impliziert, leitet zwanglos über zur Frage nach der Lichtung bzw. der Ortschaft des Seins. Den Beginn dieser dritten Phase sehe ich in Übereinstimmung mit dem oben gegebenen 3-Phasenmodell im »Brief über den ›Humanismus‹« und dem Einsatz der »Topologie des Seins«. NÄHE wird jetzt nicht mehr allein dichterisch gestiftet, sondern darüber hinaus denkerisch erörtert. Dadurch werden weitere Dimensionen der NÄHE erschlossen, wie die zentralen Gedanken des Spätwerks »Geviert«, »Wohnen«, »Ge-stell«, »Lichtung«, NÄHE als »Sage« und als »vierte Dimension« der Zeit untermauern. Nach »Ereignis« bleibt »NÄHE« zweites Grundwort des späten Heidegger.

Die drei Phasen hinsichtlich der NÄHE entsprechen im großen und ganzen drei wesentlichen Denkformen Heideggers: Am Anfang steht seine geschichtliche Auseinandersetzung mit der Seinsvergessenheit der bisherigen Philosophie, inklusive seines Rückgangs in den ersten Anfang. Um die Seinsferne abzubauen, wird eine denkerische Zwiesprache mit der Dichtung erforderlich. Andenken an den ersten Anfang und Vordenken in den dichterisch gestifteten zweiten Anfang führen Heidegger zu seinem »anderen Denken« als Topologie des Seins, die sich der derzeitigen Verbergung des Seins ins Ge-stell stellt, deren Gefahr ins Auge blickt, aber auch die Chance der Rettung sieht und sich auf eine neue Ankunft des Seins vorbereitet, indem sie Gelassenheit einübt.

Wenn nun – wie es meine These ist – die Seinsfrage von Anfang an die Frage nach dem Bezug von Sein *und* Menschenwesen ist, d. h. nach der NÄHE, dann muß sich im Laufe der Arbeit zeigen, daß und wie alle drei Fragestellungen nach Sinn, Wahrheit und Ortschaft des Seins von der Erfahrung der NÄHE getragen werden und wie sich die Problematik der NÄHE auf dem Denkweg immer weiter ausdifferenziert und damit eine Änderung der Fragestellung notwendig macht. Im Terminus »NÄHE« kommen »Sinn«, »Wahrheit« und »Ortschaft« zusammen, von ihr als

Grunderfahrung aus wird die Einheit des Heideggerschen Denkweges sichtbar. Dies dürfte bereits aufgrund einiger knapper Andeutungen einleuchten: Der frühe Heidegger bestimmt den *Sinn* von Sein als Zeit, Sein selbst als Anwesen; Sein steht zudem in einem notwendigen Zusammenhang mit dem Dasein, insbesondere dessen Sein*sentwurf*. Das Grundwort »NÄHE« spricht alle drei Komponenten an: den Zeitbezug, das *An*-wesen sowie die Verklammerung von Sein und Da-sein. Noch eklatanter ist der Bezug der Frage nach der Wahrheit des Seins zur NÄHE. *Wahrheit* wird als Un-verborgenheit, als zwiefaches Geschehen von Entbergung und Verbergung verstanden, als der Bereich, in den der Mensch *ek-sistiert*. NÄHE ist ebenfalls als zwiefaches Geschehen von Nähe und Ferne aufzufassen, wobei Nähe der Offenheit, Ferne der Verborgenheit entspricht. Die Struktur der ἀλήθεια und die Struktur der NÄHE sind weitgehend identisch. Am augenscheinlichsten ist die Verwandtschaft von NÄHE mit der Lichtung oder der *Ortschaft* des Seins, in der die Sterblichen *wohnen*, wobei Ortschaft und Lichtung ebenso wie NÄHE als räumlich und zeitlich, jedoch nicht im traditionellen Sinn von Raum und Zeit, gefaßt werden. Neben der Einheit des Heideggerschen Denkens muß sich seine notwendige Weiterentwicklung aus der jeweiligen Thematisierung von NÄHE einsichtig machen lassen. So kann abschließend ein neues Erklärungsschema für die »Kehre« gegeben werden.[4]

---

4 Siehe unten 323ff.

I. Die Fundamentalontologie

Den Initialpunkt von »Sein und Zeit« sowie des gesamten Heidegger-schen Denkens bildet bekanntlich die Erfahrung der *Seinsvergessenheit*, genauer gesagt, die in Vergessenheit geratene Frage nach dem Sein als solchen.[1] Nicht nur, daß die Seinsfrage für überflüssig erklärt wurde und verstummte, darüber hinaus sank auch noch die Vergessenheit selbst ins Dunkel und potenzierte sich so zur Vergessenheit der Seins-vergessenheit.[2] Wenn nun Heidegger, durch die Verlegenheit des Frem-den in Platons »Sophistes« hinsichtlich des Ausdrucks »seiend« wachge-rüttelt, dieses verschüttete Problem ausgräbt,[3] so findet er sich vor eine doppelte Aufgabe gestellt: Einerseits die Seinsvergessenheit aufzudek-ken und andererseits die Frage nach dem Sinn von Sein von neuem zu stellen, d. h. aber nichts anderes, als den Zugang zum Sein selbst auszu-arbeiten. Dabei soll die Zeit als der unbedachte Horizont aufgewiesen werden, auf den hin Sein immer schon verstanden wurde. Die Frage nach dem Sinn von Sein als dem Einfachen der mannigfaltigen Seinsar-ten und Seinsverständnisse ist somit gleichbedeutend mit der Frage nach dem Zusammenhang von Sein *und* Zeit. Daher begreift Heidegger sein Unternehmen als »Fundamentalontologie«, d. h. als Grundlegung der Ontologie. Dabei stellt sich die Frage: Meint »Fundamentalontolo-gie« eine erste, ursprünglichste Art von Ontologie (Fundamental*onto-logie*) oder ein Denken, das aller Ontologie vorausliegend, dieser erst ihr Fundament legt, selbst also keine Ontologie ist (*Fundamental*onto-logie)? Was bedeuten hier Grund und Ontologie? In welcher Weise wird hier gegründet?

Die Fundamentalontologie erfordert zum einen eine *Destruktion der Geschichte der Ontologie*, d. h. einen Abbau der bisherigen sedimen-

[1] Der Terminus »Seinsvergessenheit« findet sich in »Sein und Zeit« noch nicht. Vgl. Rainer A. Bast u. Heinrich P. Delfosse: Handbuch zum Textstudium von »Sein und Zeit«, Bd. 1, Stuttgart 1980, 241f.
[2] Vgl. EiM 15.
[3] Daneben entzündete sich Heideggers Erfahrung der Seinsvergessenheit an Hölder-lins Trauer über die Flucht der Götter und Nietzsches Aufdeckung des Tod Gottes sowie des sich seit Platon ausbreitenden Nihilismus. Mit beiden beschäftigte sich Heidegger nach eigenen Angaben schon sehr früh. Vgl. UzS 92; GA 52, 8; FS X.

tierten Aussagen über das Sein, da nur im geschichtlichen Rückgang die Not der Seinsvergessenheit und die Not-wendigkeit einer Wiederholung der Seinsfrage dargelegt werden kann,[4] zum anderen eine *existenziale Analytik des Daseins*, d. i. eine Freilegung der Seinsstrukturen desjenigen Seienden, an dem primär der Sinn von Sein abgelesen werden soll. Diese Sonderstellung des menschlichen Seienden beruht nicht allein auf der Binsenweisheit, daß es allein Fragen stellen und Antworten geben kann, sie wird erwiesen durch die Aufdeckung eines dreifachen Vorrangs vor allem anderen Seienden aufgrund seiner spezifischen Seinsverfassung.[5] Es ist *ontisch* dadurch ausgezeichnet, daß es ihm »in seinem Sein *um* dieses Sein selbst geht« (SuZ 12), zu seiner Seinsverfassung immer schon ein vorontologisches Seinsverhältnis und Seinsverständnis gehört. Es ist *ontologisch* dadurch ausgezeichnet, daß es als In-der-Welt-sein zugleich mit seinem eigenen Sein je schon das Sein des nicht-daseinsmäßigen Seienden miterschlossen hat. Solchermaßen ist es drittens die *ontisch-ontologische* Bedingung der Möglichkeit aller Ontologien. (SuZ 13)

Destruktion der Ontologie bzw. Metaphysik – Heidegger benutzt beide Termini weitgehend als gleichbedeutend – und existenziale Analytik des Daseins stehen nicht unvermittelt nebeneinander, sondern sind in mehrfacher Weise miteinander verbunden und nur zusammen lösbar. Es läßt sich beispielsweise nicht nur die Notwendigkeit einer Wiederholung der Seinsfrage allein im geschichtlichen Rückgang auf ihre Wurzeln begreifen, sondern auch die Frage nach dem Sinn von Sein angemessen stellen. Umgekehrt bedarf die Ab-schichtung ge-schichtlicher Seinsverständnisse einer vorgängigen Einsicht in die Struktur des Seinsverstehens als eines Existenzials des Daseins sowie eines Vorverständnisses von Sein überhaupt. Die Klammer zwischen beiden Teilen der Fundamentalontologie bildet die zur Seinsverfassung des Daseins wesentlich gehörige Geschichtlichkeit bzw. *Zeitlichkeit*.

4 Die Notwendigkeit einer Wieder-holung der Seinsfrage begründet Heidegger in dreifacher Hinsicht: 1. Aus der »Ehrwürdigkeit der Tradition« (SuZ 8). 2. Aus dem ontologischen Vorrang der Seinsfrage im Sinne eines sachlich-wissenschaftlichen zur Begründung der in eine Krise geratenen Wissenschaften (SuZ 8ff). 3. Aus dem ontischen Vorrang, der in der Seinsweise des Menschen als Dasein wurzelt. (SuZ 11ff)
5 Der Terminus »Dasein« wird in »Sein und Zeit« in zweifacher Bedeutung gebraucht: Zum einen als Ausdruck für das *Seiende* »Mensch« (z. B. 7 u. 11), zum anderen als »reiner Seinsausdruck« für die *Seinsverfassung* dieses Seienden (z. B. 12). Letztgenanntes ist die eigentliche für Heidegger allein wesentliche Bedeutung. Vgl. F.-W. von Herrmann: Subjekt und Dasein, Frankfurt a. M. 1974, 21f.

Gemäß ihrer Doppelaufgabe legt die Fundamentalontologie in zwiefacher Weise einen Grund der Ontologie: Erstens in der Seinsverfassung des Daseins, dessen Seinsverständnis die Bedingung der Möglichkeit jeder Ontologie abgibt, zweitens im Rückgang auf den unbedachten Grund der Ontologie: der ursprünglichen Zeit als dem Kriterium der Unterscheidung von Sein und Seiendem. Letzterer kann nur in der Destruktion geschichtlicher Seinsverständnisse enthüllt werden. Da alles Seinsverständnis in der Zeitlichkeit des Daseins gründet, kommen beide »Gründe« in der Zeit zusammen. Die weitere Aufgabe wird dann sein, das Verhältnis zwischen Zeitlichkeit des Daseins und Temporalität des Seins zu bestimmen.

Da im veröffentlichten Teil von »Sein und Zeit« die gesamte Destruktion der Geschichte der Ontologie sowie der Zusammenhang von »Zeit und Sein« nicht ausgeführt sind, wird »Fundamentalontologie« häufig auf eine Ontologie des Daseins verkürzt, in der alle anderen Ontologien grundgelegt seien.[6] Fundamentalontologie faßt man entsprechend als ursprünglichste Art von Ontologie (Fundamental*ontologie*). Den geplanten Abbau der Ontologie vollzieht Heidegger nach eigenen Angaben in zahlreichen Einzelstudien zum Wesen und Problem der Metaphysik sowie Auseinandersetzungen mit den wichtigsten metaphysischen Denkern. Allerdings geschieht diese Destruktion der Metaphysik in modifizierter Weise gegenüber dem Programm von »Sein und Zeit«: Die Fundamentalontologie wandelt sich zur *Fundamental*ontologie. Sie wird zum Rückgang in den unbedachten Grund der Metaphysik – den Heidegger jetzt in der Wahrheit des Seins sieht, Zeit sei nur deren Vorname gewesen (WiME 18) – als »Schritt zurück« *vor* die Metaphysik. Ein weiterer wichtiger Unterschied zu »Sein und Zeit« besteht darin, daß der Grund der Ontologie – ganz gleich ob wir ihn Wahrheit des Seins oder Zeit nennen – jetzt nicht nur von der Ontologie unbe-

---

6 Vgl. z. B. O. Pöggeler: Der Denkweg ..., 50, sowie die Korrektur S. 176; Max Müller: Existenzphilosophie ..., 87f.
Die Verwirrung rührt daher, daß Heidegger selbst den Titel »Fundamentalontologie« in einer engeren und einer weiteren Bedeutung gebraucht. Vgl. SuZ 13; GA 24, 26, 78, 317; GA 26, 196ff; KPM 1, 225; EiM 133.
In »Sein und Zeit« spricht Heidegger sowohl von der »Fundamentalanalyse« (39, 41) und den »Fundamentalstrukturen« des Daseins (21), als auch von der »Fundamentalaufgabe« der Klärung des Sinnes von Sein (11) und der »fundamentalen Funktion« der Zeit (26) als auch von den freizulegenden »Fundamenten« des Cartesischen cogito (24, 40). Vgl. ferner die Ausführungen von Hildegard Feick zum Stichwort »Fundamentalontologie« in ihrem »Index zu Heideggers ›Sein und Zeit‹«, 2. erw. Aufl., Tübingen 1968, 31f.

dacht schlummert, jedoch durch diese selbst aufgedeckt werden könnte, sondern grundsätzlich von der Ontologie her nicht mehr zu fassen ist. Mit anderen Worten: Die Destruktion der Metaphysik wird von einem nicht-metaphysischen Denken vollzogen. Der Grund der Ontologie gehört nicht mehr selbst zur Ontologie. *Fundamental*ontologie ist selbst keine Ontologie mehr. Die Folge davon ist, daß der Titel »Fundamentalontologie« bald als irreführend fallengelassen wird.[7]

Dem entspricht ein Wandel im terminologischen Gebrauch von »Metaphysik«: Während Heidegger in »Kant und das Problem der Metaphysik« sowie seiner Freiburger Antrittsvorlesung »Was ist Metaphysik?« noch ein eigentliches und ein uneigentliches Metaphysikverständnis unterscheidet und seine eigene Philosophie parallel zu Kant als »Grundlegung der Metaphysik« im Sinne einer »Metaphysik der Metaphysik« begreift, wird Metaphysik seit seiner Vorlesung »Einführung in die Metaphysik« mehr und mehr zu dem von ihm zu Überwindenden.[8]

Unter »Fundamentalontologie« fasse ich also das gesamte zweiteilige Programm von »Sein und Zeit«, existenziale Analytik des Daseins und Destruktion der Geschichte der Ontologie, deren Durchführung ich in den zahlreichen auf »Sein und Zeit« folgenden Auseinandersetzungen mit der Metaphysik sehe. Damit ist die Gliederung dieses Teiles vorgezeichnet: Zunächst geht es darum, den Zusammenhang von NÄHE und Dasein im veröffentlichten Teil von »Sein und Zeit« herauszuarbeiten, danach den Abbau der Seinsferne im »Schritt zurück« vor die Metaphysik als »Abstieg« in die »Nähe des Nächsten« zu verfolgen.

---

7 Vgl. Hum 41; WiME 21; N II 209; SdD 33. Interessant ist dabei, daß Heidegger verschiedene Begründungen für das Fallenlassen dieses Terminus anführt. Zugleich verwirft er auch die Ausdrücke »transzendental«, »Transzendenz« und »Horizont«.
8 Vgl. KPM 223f; WiM 38f, 41; Schell 227; sowie F.-W. von Herrmann: Die Selbstinterpretation ..., 240ff.

1. Kapitel
Dasein und NÄHE

Die Klärung der Frage nach dem Sinn von Sein fordert eine Umgren-
zung des Phänomens, in dem Sein zugänglich wird, des Seinsverständnisses und seiner Voraussetzungen. Da Verstehen zur Seinsverfassung
des Daseins gehört, kann es erst dann zureichend begriffen werden,
wenn die ganze Seinsverfassung ursprünglich erschlossen ist. Um das
Sein des Daseins letztlich ursprünglich und eigentlich zu fassen, bedarf
es einer vorgängigen Klärung des Sinnes von Sein überhaupt. Bewegt
sich die Untersuchung dann aber nicht in einem offenbaren Zirkel?
Dieser artikuliert sich am deutlichsten in der Gegenüberstellung der
beiden folgenden Zitate: »Die ausdrückliche und durchsichtige Fragestellung nach dem Sinn von Sein verlangt eine vorgängige angemessene
Explikation eines Seienden (Dasein) hinsichtlich seines Seins.« (7)[1]
»Und so hängt auch die Möglichkeit einer Durchführung der Analytik
des Daseins an der vorgängigen Ausarbeitung der Frage nach dem Sinn
von Sein überhaupt.« (13) Setzt die Ausarbeitung der Frage nicht voraus, was sie zu klären sucht? Diesem allzuschnell eingängigen Einwand
eines »Zirkels im Beweis« begegnet Heidegger mit folgenden Argu-
menten: Erstens hat ein solcher Zirkeleinwand nur dann einen Sinn,
»wenn es sich um eine Ableitung und Begründung von Sätzen aus
anderen handelt«. (GA 20, 198) Im vorliegenden Fall der Frage nach
dem Sinn von Sein handelt es sich keineswegs um eine Deduktion, d. h.
eine »ableitende Begründung«, sondern um eine »aufweisende Grund-
Freilegung«. (8) Zweitens wurzelt diese »logische« Voraussetzung in
der ontologischen Struktur des Daseins selbst. Dasein bewegt sich immer schon in einem vagen und faktischen vorontologischen Seinsverständnis. (8) Nur insofern wird Sein jeweils vorausgesetzt. Drittens
gründet der vielgeschmähte und zu vermeidende »circulus vitiosus«
selbst im »Zirkel des Verstehens«, bei dem es darauf ankommt, in der
rechten Weise hineinzukommen. (153, 314f) Der Zirkel des Verstehens
ist viertens Ausdruck der existenzialen Vor-struktur des Daseins selbst,
gründet in der vorlaufenden Zeitlichkeit des Daseins. Existenziale Analytik des Daseins geschieht im Ausschreiten dieses Zirkels. Sie ist im
wesentlichen Sinne »Hermeneutik des Daseins« (37); sie vollzieht sich

---

1 Seitenzahlen in diesem Kapitel beziehen sich, wenn nichts anderes ausgewiesen,
auf die 14. Aufl. von »Sein und Zeit«, Tübingen 1977.
Vgl. zu dieser Problematik SuZ 43, 22, 311.

in der Selbstauslegung des Daseins auf sein Seinkönnen, wozu die Möglichkeit ausdrücklichen Verstehens gehört.

Heidegger gebraucht den Terminus »Nähe« in »Sein und Zeit« im wesentlichen in zweierlei Hinsicht: 1. Für die Charakterisierung der Leitthese der Daseinsanalytik. 2. Für die Kennzeichnung der Räumlichkeit des Daseins. Diese Wortverwendung kläre ich in den ersten beiden Abschnitten dieses Kapitels auf. Danach wende ich mich dem Dreh- und Angelpunkt der Fundamentalontologie, der Seinsweise des Daseins zu und versuche zu zeigen, daß im Sein des Da sich eine erste vorläufige und unausgereifte Erfahrung der NÄHE verbirgt. Ich behaupte: Heidegger denkt bereits in seinem ersten Hauptwerk aus der Nachbarschaft von Mensch und Sein, wenn auch unzweifelhaft der Akzent noch auf dem Dasein liegt und nicht auf dem Sein selbst (»Seyn«). Nach einem Exkurs über die Kritik Otto Friedrich Bollnows an der Daseinsanalytik Heideggers verfolge ich abschließend den Zusammenhang zwischen Transzendenz und Nähe bzw. Ferne in der Abhandlung »Vom Wesen des Grundes«.

Anstelle einer detaillierten Nachzeichnung des Gangs der existenzialen Analytik – die schon aus Platzgründen innerhalb dieser Arbeit unmöglich wäre und zudem nur das von anderen Autoren bereits mehrfach Ausgeführte repetieren würde – wähle ich den systematischen Zugriff und verfüge über die Ergebnisse von »Sein und Zeit«. Statt dem Weg der Erkenntnis zur Quelle zu folgen, versuche ich von der Quelle selbst her zu denken. Ich lese damit »Sein und Zeit« quasi vom Ende her und setze beim Leser eine eingehende Lektüre des Textes voraus.

1. Die Leitthese der Daseinsanalytik: Dasein ist ontisch das Nächste, ontologisch das Fernste

Mit dem Dasein hat Heidegger dasjenige Seiende gefunden, das als primär zu Befragendes der Frage nach dem Sinn von Sein fungiert. Darüber hinaus fordert die zureichende Stellung der Seinsfrage eine ausdrückliche Sicherung der rechten Zugangsart zu diesem Seienden.
   Wer aufgrund des aufgewiesenen ontisch-ontologischen Vorrangs des Daseins vermutet, dieses Seiende müsse hinsichtlich seiner Seinsart

das *primär* und *unmittelbar* Vorgegebene sein, findet sich getäuscht. Die existenziale Analytik des Daseins steht vor der Schwierigkeit:

»Das Dasein ist zwar ontisch nicht nur nahe oder gar das nächste – wir *sind* es sogar je selbst. Trotzdem oder gerade deshalb ist es ontologisch das Fernste.« (SuZ 15)

Wenn wir Heideggers weiteren Ausführungen folgen, müssen wir folgende Fragen im Auge behalten: 1. Was besagen hier die Ausdrücke »das nächste« und »das Fernste«? Warum ist der eine Ausdruck klein, der andere groß geschrieben? 2. Worin besteht das »trotzdem oder gerade deshalb«? 3. Ist diese Gegenläufigkeit von ontischer und ontologischer Rangordnung ein Spezifikum des Daseins oder gilt sie prinzipiell? Wie erklärt sie sich? 4. Aus welcher Perspektive spricht dieser Satz?

Heidegger sagt ergänzend, an der ontologischen Ferne ändere auch das Faktum nichts, daß Dasein je schon ein vorontologisches Seinsverständnis habe, denn dies beweise noch lange nicht dessen Entspringen aus der eigensten Seinsverfassung. Die ontologische Ferne resultiere daraus, daß Dasein sein eigenes »Sein aus *dem* Seienden« versteht, »zu dem es sich wesenhaft und ständig verhält, aus der ›Welt‹«. (15) »›Welt‹« meint an dieser Stelle noch nicht das Existenzial Welt, das zum Dasein als »In-der-Welt-sein« gehört, sondern traditionell die Summe alles Vorhandenen.[2] Dieses Nicht-bei-sich-selber-sein des Daseins entspringt nicht einem Fehlverhalten, sondern gehört wesensmäßig zu seiner eigenen Seinsart.

Das Sich-verstehen aus »Welt« ist seinerseits nur aufgrund der ontisch-ontologischen Verfassung des Daseins möglich. Daher ist – so paradox es klingen mag – gerade dieser Vorrang der Grund dafür, daß dem Dasein seine eigenste Seinsverfassung verdeckt bleibt. Hiermit hat sich die Formulierung »trotzdem oder gerade deshalb« aufgehellt.

»Dasein ist ihm selbst ontisch ›am nächsten‹, ontologisch am fernsten,

2 Heidegger unterscheidet in »Sein und Zeit« 4 Begriffe von Welt:
   1. Ontischer Begriff: Welt als All des nicht-daseinsmäßigen Seienden, das innerhalb der Welt vorhanden sein kann. (= »Welt«)
   2. Ontologischer Begriff: Welt als Sein des nicht-daseinsmäßigen Seienden.
   3. Ontisch-existenzieller Begriff: Welt als das, »worin« ein faktisches Dasein als dieses lebt: Die öffentliche Wir-Welt oder die eigenste und nächste Umwelt. (= Welt)
   4. Ontologisch-existenzialer Begriff: Welt als »*Weltlichkeit*«, als Seinsweise der unter n. 3 genannten Welt.
Heidegger gebraucht den Terminus »Welt« primär in der dritten Bedeutung. Wenn er Welt in der ersten Bedeutung meint, markiert er dies durch Anführungszeichen, wie im vorliegenden Fall. Daneben differenziert er zwischen der »Weltlichkeit« des Daseins und der »Innerweltlichkeit« des nichtdaseinsmäßigen Seienden. Vgl. SuZ 64f; GA 26, 231f.

aber vorontologisch doch nicht fremd.« (16) Auffälligerweise wird hier – ebenso wie im ersten Zitat – die ontische Nähe von der ontologischen Ferne durch die Schreibweise abgesetzt: »»am nächsten‹« steht in Anführungszeichen, »am fernsten« nicht. Meines Erachtens will Heidegger damit auf die unterschiedlichen Arten von ontischer und ontologischer »Räumlichkeit« aufmerksam machen. Ontische und ontologische Nähe bzw. Ferne bemessen sich offensichtlich nach zweierlei Maß.

Das Problem des rechten Zugangs zum Dasein wird daneben aus einer zweiten Perspektive dringlich. Aus der anfänglichen Charakteristik des Daseins als demjenigen Seienden, dem es in seinem Sein um dieses Sein selbst geht, ergibt sich ein Doppeltes:

1. »Das ›Wesen‹ des Daseins liegt in seinem Zu-sein.« (42) Da Heidegger dieses »Zu-sein« als »Existenz« begreift, kann er auch formulieren: »Das ›Wesen‹ des Daseins liegt in seiner Existenz.« (42) Das scheint zu besagen, daß der »Existenz« in Umkehrung der Tradition ein Vorrang vor der »Essenz« zugesprochen wird, jedoch zeigen die Anführungszeichen um das Wort »Wesen«, daß Wesen nicht mehr im geläufigen Sinne von essentia gefaßt werden darf, sondern verbal zu verstehen ist, ebenso wie Existenz nicht mit existentia im Sinne von »Vorhandenheit« gleichgesetzt werden darf, sondern vom ekstatischen Charakter des Daseins aufgrund seiner Zeitlichkeit her zu denken ist. Infolge des Bedeutungswandels beider Termini darf nicht mehr von einer Umkehrung des traditionellen Vorrangs der »essentia vor der existentia« gesprochen werden, vielmehr wird diese ganze Unterscheidung unterlaufen.[3] Alle Charaktere (Existenzialien) des Daseins sind je mögliche Weisen *zu sein*, keine Eigenschaften einer feststehenden Natur des Menschen.

2. »Das Sein, *darum* es diesem Seienden in seinem Sein geht, ist je meines.« (42) Gemäß dieser *Jemeinigkeit* muß das Ansprechen des Daseins stets das Personalpronomen mitsagen: »ich bin«, »du bist« usw. Dasein *ist* je seine Möglichkeit und *hat* nicht nur Möglichkeiten, deren es sich beliebig bedienen kann oder nicht. Gerade weil Dasein je seine Möglichkeit ist, kann es in seinem Sein sich Selbst wählen oder aber verlieren, kann es *eigentlich* oder *uneigentlich* existieren.

Angesichts dessen sieht sich Heidegger vor das Problem gestellt, von welchem Seinsmodus er den Ausgang seiner existenzialen Analytik nehmen soll: Er entscheidet sich für die »*durchschnittliche Alltäglich-*

3 Zur Absetzung Heideggers von Sartre siehe oben 31ff u. 38ff.

keit«, d. h. den Zustand, in dem sich Dasein »*zunächst*« und »*zumeist*« zeigt, in der modalen Indifferenz zwischen Eigentlichkeit und Uneigentlichkeit, um nicht von vornherein einer im voraus konstruierten, möglicherweise falschen Idee von Existenz aufzusitzen und um jegliche Wertung auszuschalten. (43, 16) Negativ gesprochen: Es darf keine beliebige Idee von Sein oder Wirklichkeit konstruktiv-dogmatisch dem Dasein übergestülpt werden, vielmehr muß es sich »an ihm selbst von ihm selbst her zeigen« können, wie es die phänomenologische Methode erfordert. (16)[4]

Eine solche Analyse des Daseins in seiner Alltäglichkeit bleibt sowohl unvollständig als auch vorläufig, da sie erst das Sein des Daseins freilegt, dessen Sinn dann in einem zweiten Schritt, einer Wiederholung dieser Analytik im Modus der Eigentlichkeit, herausgestellt werden kann.

Sehen wir uns diesen Modus der Alltäglichkeit etwas genauer an. Augenscheinlich trägt auch er einen Bezug zu Nähe in sich, der im »zunächst« anklingt. »Zunächst« als Kennzeichen der Alltäglichkeit hat ebenso wie »zumeist« primär Zeitcharakter, den Heidegger in § 71 »Der zeitliche Sinn der Alltäglichkeit des Daseins« eigens thematisiert. »›Zunächst‹ bedeutet: die Weise, in der das Dasein im Miteinander der Öffentlichkeit ›offenbar‹ ist, mag es auch ›im Grunde‹ die Alltäglichkeit gerade existenziell ›überwunden‹ haben.« (370)

Allerdings müssen wir die Bedeutungen von »zunächst« als Anfangszustand einer Entwicklung, sei diese organisch ontogenetischer oder phylogenetischer Art, sei diese dialektisch materialistischer oder idealistischer Art, mithin alle Geschichtlichkeit im gewöhnlichen Sinn fernhalten. »Zunächst« bezeichnet bei Heidegger gerade keinen starren Zustand, sondern eine Weise, wie Dasein west, die grundsätzlich an jedem Dasein in jeder Altersstufe abgelesen werden kann. Als Existenzial bildet das »zunächst« sozusagen eine nie ablegbare, (apriorische) Struktur des Daseins.[5] Neben dieser zeitlichen Bedeutung besitzt »zunächst« noch eine räumliche von »am nächsten«, wie wir beim Sein des Zuhandenen sehen werden.

Diese Nähe wird erst dann in ihrem vollen und eigentlichen Sinn

---

4 Phänomenologie bestimmt Heidegger durch Rückgang auf den griechischen Wortursprung als »das was sich zeigt, so wie es sich von ihm selbst her zeigt, von ihm selbst her sehen lassen«. (SuZ 34)
5 Nach »Sein und Zeit« bekommt »zunächst« – ebenso wie »Verfallen« – noch einen seinsgeschichtlichen Sinn. Vgl. F.-W. von Herrmann: Die Selbstinterpretation . . ., 100f.

zugänglich, wenn wir die Räumlichkeit und Zeitlichkeit des Daseins selbst aufgeklärt haben.

Inhaltlich bestimmt Heidegger die Alltäglichkeit als Aufgehen des Daseins in »Welt«, einhergehend mit einer Verlorenheit des eigenen Seins in die Öffentlichkeit des alles nivellierenden »Man«. Beide entspringen dem wesenhaften »*Verfallen*«.

Das Verfallen bildet den Grund für die ontologische Ferne des Daseins. Dieser Titel soll ebenso wie »das Man« keine negative Bewertung ausdrücken, vielmehr ein Existenzial des Daseins anzeigen.[6] Auch die Uneigentlichkeit ist ein Sein. Das »Nicht es selbst sein« fungiert als »*positive* Möglichkeit« des Daseins. (176) Halten wir fest: Die ontologische Ferne resultiert nicht aus einem Mangel unseres Erkenntnisvermögens, sondern wurzelt in der Seinsverfassung des Daseins selbst.

Zum Sein des Daseins gehört neben einem Selbstverständnis auch eine Selbstauslegung. Diese ist jedoch so geartet, daß sie das eigenste Sein verdeckt. Daher muß eine existenziale Analytik »*sich das Sein dieses Seienden gegen seine eigene Verdeckungstendenz*« erobern. (311) Das ursprüngliche Sein des Daseins muß diesem »*im Gegenzug zur verfallenden ontisch-ontologischen Auslegungstendenz abgerungen* werden«. (311) Die geforderte Gewaltsamkeit entspricht dem *privativen* Charakter der Wahrheit als ἀ-λήθεια. (222)

Wenden wir uns abschließend der Gegenläufigkeit von Ontischem und Ontologischem zu:

»Was jedoch in der Ordnung der existenzial-ontologischen Fundierungszusammenhänge das Letzte ist, gilt ontisch-faktisch als das Erste und Nächste. Dieses Faktum aber gründet hinsichtlich seiner Notwendigkeit wiederum in der Seinsart des Daseins selbst. Im besorgenden Aufgehen versteht sich das Dasein aus dem innerweltlich Begegnenden.« (225)

Diese Formulierung erinnert an die alte auf Aristoteles zurückgehende Unterscheidung zwischen *gnoseologischer* und *ontologischer* Rangordnung. Das, was im Erkenntnisprozeß als Erstes begegnet, ist

---

6 Auf das Problem einer verborgenen Wertung, wie sie Heidegger oft vorgeworfen wird, kann ich hier nicht eingehen. Diese Frage scheint mir nur im Rahmen einer grundsätzlichen Untersuchung des Zusammenhangs von Sein und Wert (Sein des Wertes, Wert des Seins, Wert des Wertes) fruchtbar zu diskutieren möglich und nicht vom verengten Standpunkt einer Ideologiekritik, die überall implizite, unausgewiesene Normen aufzuspüren glaubt – nur nicht bei sich selbst –, schon gar nicht aus der gesellschaftsphilosophisch-sprachkritischen Attitüde Theodor W. Adornos, der den »Jargon der Eigentlichkeit« (Frankfurt a. M. 1964) zu entlarven sucht.

das Abgeleitetste nach seinem Ursprünglichkeitsgrad, das Ursprünglichste ist das Letzte der Erkenntnis.[7]

Einen ähnlichen Fall von Gegensinnigkeit fanden wir bereits bei der Interpretation des Humanismus-Briefs zwischen gewöhnlichem und »wesentlichem« Denken. Die Klassifizierungen »am nächsten« und »am fernsten«, »Erstes« und »Letztes« hängen folglich von der jeweiligen *Ordnung* bzw. *Denkebene* (Denkweise) ab.

Was dies für die Leitthese der Daseinsanalytik bedeutet, versuche ich durch Radikalisierung des Heideggerschen »Erkenntnisinteresses« darzulegen – um ein Modewort aufzugreifen und zugleich dessen Unangemessenheit für Heideggers Denken herauszustellen. Heideggers Ziel ist, die Frage nach dem Sinn von Sein neu zu stellen. Hierzu bedarf es einer vorgängigen existenzialen Analytik des Daseins. Damit haben wir folgende Erkenntnissituation: der Erkennende muß sich selbst hinsichtlich seines Seins vor sich bringen. Weil in diesem Fall »Erkenntnissubjekt« und »Erkenntnisobjekt« identisch sind, gilt: Das zu erkennende Dasein ist ontisch »das nächste«, wir *sind* es selbst; weil das erkennende Dasein sich jedoch zunächst und zumeist um alles andere *sorgt*, nur nicht um sein Selbst, ist es sich selbst hinsichtlich seiner Existenz ontologisch das Fernste. Allerdings dürfen wir bei Heidegger nicht mehr vom Erkennen, sondern müssen vom verstehenden Erschließen sprechen. Denn nicht mehr das Erkennen als theoretisches Hinsehen, welches ein fundierter Modus des In-der-Welt-seins ist, eröffnet Sein *ursprünglich*, sondern einzig die *Stimmungen*, und zwar in der Weise der An- bzw. *Abkehr*.[8]

Demzufolge bemißt sich Nähe und Ferne gar nicht mehr aus der betrachtenden Hinsicht, sondern aus der Ankehr bzw. Abkehr. Erst jetzt erhält die Redeweise von Nähe und Ferne des Seins einen tieferen

---

7 Den Grund legte Aristoteles in das Sein, Descartes ins menschliche Subjekt (subiectum). Entsprechend bildeten sich zwei philosophische Richtungen aus, die jeweils für sich in Anspruch nahmen, »Erste Philosophie« zu sein: die sich auf Aristoteles berufende Ontologie und die sich auf Descartes stützende Erkenntnistheorie. Heideggers Fundamentalontologie tendiert ohne Zweifel eher in die Aristotelische Richtung – auch wenn er »Grund« in anderer Weise bestimmt als dieser –, die Phänomenologie von Heideggers Lehrer Husserl dagegen versteht sich als »Erste Philosophie« im Sinne Descartes'.

8 Vgl. SuZ 13, 59ff u. § 29, 134ff.
Ebenso ist es unzulässig, das erkenntnistheoretische Subjekt-Objekt-Schema auf die Beziehung von Dasein und Welt zu übertragen, das Heidegger mit seinem Ansatz beim In-der-Welt-sein gerade zu überwinden trachtet.

Sinn. Da das Verfallen das Paradebeispiel einer Abkehr darstellt, liegt zutage, wieso das Verfallen zwangsläufig zur Seinsferne und Seinsvergessenheit führen muß. Die Gegenläufigkeit wird somit bei Heidegger in der Seinsart des Daseins selbst gegründet.

Die Leitthese der Daseinsanalytik spricht aus der Perspektive des ontologischen Erschließens, nicht aus der des ontischen Verhaltens. Denn im alltäglichen Verhalten begegnet nicht das Dasein als das Nächste, sondern die »Welt« des Vorhandenen. Aufgrund seines Verfallens begreift Dasein »zunächst« *alles* Sein als Vorhandenes. (437) Erst in der ontologischen Besinnung auf das nächstbegegnende Seiende zeigt sich dies als zuhandenes Zeug, seine spezifische Welt als Umwelt. Hinzu kommt, daß sich mit dem Wandel der Denkebene die Art der Räumlichkeit ändert. Deshalb gibt es keinen echten Vergleich zwischen ontischer und ontologischer Nähe.

Grundsätzlich müssen wir auseinanderhalten:

1. Den ontisch-ontologischen Vorrang des Daseins als des primär (»nächst«) zu befragenden Seienden in der Ausarbeitung der Seinsfrage.

2. Die ontologische Auslegung der Erschließungssituation, in der Dasein ontisch »das nächste«, ontologisch »das Fernste« ist.

3. Den ontischen Umgang des Daseins in seiner Alltäglichkeit, in dem nicht das Dasein, sondern die vorhandene »Welt« das Nächstbegegnende ist.

4. Die ontologische Interpretation dieser Alltäglichkeit, für die das nächstbegegnende Seiende das zuhandene Zeug und nicht das Vorhandene ist, die nächste Welt die Umwelt und nicht die »Welt« als Summe alles Vorhandenen.

Es zeigte sich: Sowohl die ontische »Nähe« als auch die ontologische »Ferne« des Daseins zu sich selbst gründen in dessen eigener Seinsweise. Da die Gegenläufigkeit von ontischer und ontologischer Rangordnung im Verfallen als Existenzial des Daseins wurzelt, besteht sie prinzipiell und hat zudem die Tendenz, sich selbst zu verdecken. Somit schreibt die Seinsverfassung des Daseins dessen existenzialer Analytik selbst die Methode vor: sie muß von der durchschnittlichen Alltäglichkeit als dem Aufgehen des Daseins in »Welt« ausgehen, um dann durch Abbau von Verstellungen, durch phänomenologische Hebung, d. h. sozusagen ›via negationis‹ zur ursprünglichen Seinsverfassung vorzudringen. Der Gebrauch der Termini »Nähe« und »Ferne« ist zum einen von der Ordnung oder Denkebene abhängig, zum anderen von der Art der Räumlichkeit, die sich mit dem Wandel der Denkweise ändert. Was ontische und ontologische Nähe und Ferne letztlich bedeuten, kann erst die folgende Analyse der Räumlichkeit des Daseins zeigen.

2. Die Räumlichkeit des Daseins

Die *existenziale* Räumlichkeit des Daseins wird vollends nur aus der Abhebung gegen die *kategorialen* Räumlichkeiten des Zuhandenen und Vorhandenen verständlich. Zudem muß sie aus der Grundverfassung des Daseins als In-der-Welt-sein begriffen werden.

Da es mir im Moment lediglich um den terminologischen Gebrauch von »Nähe« in »Sein und Zeit« geht, verzichte ich auf eine Entfaltung der sehr komplexen und komplizierten Struktur des In-der-Welt-seins, inklusive der Klassifizierung des innerweltlich begegnenden Seienden als zuhandenes Zeug und vorhandene Dinge sowie der Kennzeichnung von deren Räumlichkeiten. Dadurch bin ich zugleich gezwungen, von einer systematischen Entfaltung der Räumlichkeit des Daseins abzusehen. Statt dessen verfüge ich über Terminologie und Ergebnisse dieser Analysen.

Vorab will ich wenigstens anhand einiger Thesen für Heideggers neuartiges Verständnis von Raum und Räumlichkeit des Daseins sensibilisieren:

1. Die existenziale Räumlichkeit des Daseins wurzelt in dessen Seinsverfassung als In-der-Welt-sein. Ebenso gründen die kategorialen Räumlichkeiten des Zuhandenen und Vorhandenen in deren Seinsweisen Zuhandenheit und Vorhandenheit. (104f, 102)[9]
2. Dasein ist in anderer Weise *in* der Welt als nichtdaseinsmäßiges

9 Die Unterscheidung des nicht-daseinsmäßigen Seienden in Zuhandenes und Vorhandenes erfolgt *einzig* aus der Art des *Zugangs* des Daseins zu diesen Seienden. (Umsichtiges Besorgen – Zuhandenes; nur noch hinsehendes Vernehmen – Vorhandenes) Anders gewendet: Für Heidegger gibt es keine dem Seienden an sich inhärente Eigenschaften, die es zum Zuhandenen oder zum Vorhandenen stempeln. Der Stein begegnet zunächst ebenso als Zuhandenes wie der Hammer. Heidegger kennt keine Ontologie in diesem traditionellen Sinne. Der Primat des Zuhandenen rechtfertigt sich aus dem methodisch notwendigerweise zugrundeliegenden Kriterium der Alltäglichkeit. Das bedeutet: Sowohl die Seinsweisen von Zuhandenem und Vorhandenem als auch die damit verbundenen Räumlichkeiten müssen letztlich aus der Seinsweise des Daseins als In-der-Welt-sein begriffen werden.

innerweltliches Seiendes, insbesondere darf sein In-Sein nicht mit der Inwendigkeit zweier Vorhandener ineinander identifiziert werden. (54ff)

3. Die Räumlichkeit des Daseins bestimmt sich aus seiner Weltlichkeit, Raum bestimmt sich aus Welt und nicht umgekehrt.

4. *»Raum ist weder im Subjekt«* (111) wie bei Kant, der den Raum als reine Anschauungsform des Subjekts behauptet, *»noch ist die Welt im Raum«* (111) wie bei Descartes, der von der Räumlichkeit ausgehend die Welt als Ausgedehntes (»res extensa«) bestimmt. (111f)

5. Erst aus der zureichenden Ausarbeitung der Seinsfrage kann das Sein des Raumes aufgeklärt werden. (112f)

6. Die Räumlichkeit des Daseins ist in »Sein und Zeit« in dessen ursprünglichstem Seinssinn, der Zeitlichkeit, fundiert. (367ff)

7. Heidegger geht es weder um die Räumlichkeit des Leibes, noch um den Raum als Form der Anschauung, noch um den existenziell erlebten oder gelebten Raum, noch um den physikalischen Raum, sondern einzig um die existenziale Räumlichkeit als Strukturmoment des Daseins. (111, 56)[10]

Die Räumlichkeit des Daseins wird charakterisiert durch *»Ent-fernung«* und *»Ausrichtung«*. (105)

Heidegger gebraucht den Begriff *»Ent-fernung«* in der aktiven und transitiven Bedeutung von Beseitigung der Ferne (Entferntheit) von etwas, von »Näherung«.[11] *»Ent-fernung«* als Existenzial des Daseins muß unterschieden werden von den kategorialen Bestimmungen »Ent-

---

10 Die vielfältigen Weisen des »erlebten« bzw. »gelebten Raumes« hat Otto Friedrich Bollnow in seinem Buch »Mensch und Raum«, Stuttgart 1963, zusammengetragen. Diese außerordentlich materialreiche Studie, die Forschungen über Mensch und Raum aus den verschiedensten Wissenschaften systematisch zusammenstellt, ist jedem, für den das Problem der Nähe, des Wohnens, der Heimat sowie der Räumlichkeit des Menschen nur eine überkommene Metapher oder eine periphere Randerscheinung darstellt, zu empfehlen. Bollnow bietet eine wesentliche Bereicherung an Perspektiven. Einen guten Überblick über die Anlage dieser Studie gibt die Rezension von Richard Wisser: O. F. Bollnow: Mensch und Raum, (1964).
Vgl. ferner Elisabeth Ströker: Philosophische Untersuchungen zum Raum, Frankfurt a. M. 1965, 16–196. Ausgehend vom Leibsubjekt unterscheidet Ströker drei Formen des »gelebten Raumes«: den »gestimmten Raum«, den »Aktionsraum« und den »Anschauungsraum«. Der mathematische Raum, dem der zweite Teil ihrer Studie gewidmet ist, ist im gelebten Raum fundiert, analog wie bei Heidegger in der Räumlichkeit des Daseins. Der Begriff »gelebter Raum« stammt von Graf K. von Dürkheim: Untersuchungen zum gelebten Raum, (1932).
11 In einer Randbemerkung zieht Heidegger den Terminus »Ent-fernen« dem Ausdruck »Näherung« als den »schärferen« vor. Ich vermute, dies geschieht deshalb,

ferntheit« (Zuhandenes) und »*Abstand*« (Vorhandenes). Dasein entdeckt als wesenhaft ent-fernendes erst Entferntheit. Und nur insofern Seiendes in seiner Entferntheit entdeckt ist, wird so etwas wie »Abstand« (und »Entfernung« in umgangssprachlicher Rede) zugänglich. Mit anderen Worten: Abstand ist in Entferntheit fundiert und diese wiederum in der Ent-fernung des Daseins.[12] Ent-fernung kann auf zweifache Weise geschehen: Im besorgenden Umgang als umsichtige »Näherung«, wie es zumeist und zunächst der Fall ist, und in bestimmten Arten des rein erkennenden Entdeckens von Seiendem. »*Im Dasein liegt eine wesenhafte Tendenz auf Nähe.*« (105)

Das alltägliche umsichtig-besorgende Ent-fernen hat seine eigene Bestimmtheit und sein eigenes Maß, die nichts mit dem Berechnen von Abständen zu tun haben, wie z. B. wenn wir sagen »eine Pfeife lang«, »ein Katzensprung« usw. Dabei wird die jeweilige Länge von dem gewohnten alltäglichen Besorgen her ausgelegt. Dennoch dürfen diese besorgenden Entfernungsauslegungen nicht als reine »Subjektivität« abgetan werden, denn die Klassifizierung »subjektiv-objektiv« greift hier nicht, da das Besorgen vor der Trennung in diesen beiden Dimensionen liegt. Das umsichtige Ent-fernen ist realer als jede objektive Messung, denn es entdeckt Welt ursprünglich und bereitet somit erst den Boden, auf dem berechnende Wissenschaften möglich sind.

Daß diese ursprüngliche Räumlichkeit des In-der-Welt-seins oft verdeckt bleibt, rührt daher, daß man das Phänomen Welt überspringt und sich vorrangig an der spezfischen Form der Natur(welt) orientiert, wobei ausschließlich Entferntheiten als objektiv gemessene Abstände von Interesse sind. Das Nächste ist aber ganz und gar nicht das, was den kleinsten Abstand von uns hat, sondern das, was im Umkreis des umsichtig zunächst Zuhandenen ist. Dies demonstriert Heidegger am Beispiel eines Brillenträgers: Für ihn ist zwar die Brille abstandsmäßig am nächsten, aber umweltlich weiter entfernt als das betrachtete Bild an der Wand. Die Brille hat als Zeug den Charakter der Unauffälligkeit des zunächst Zuhandenen. Über Nähe und Ferne entscheidet also allein das *umsichtige Besorgen* und nicht das Ausmessen von Abständen.

weil »Ent-fernen« umfassender ist und zudem die Weise der Überwindung der Ferne benennt. Vgl. GA 2, 141.

12 Zur Änderung der Schreibweise von »Ent-fernung« vgl. Rainer A. Bast u. Heinrich P. Delfosse: Handbuch zum Textstudium ..., Bd. 1, 404f. In einer Vorstufe zu »Sein und Zeit«, der Vorlesung »Prolegomena zur Geschichte des Zeitbegriffs« aus dem SS 1925 gebraucht Heidegger die Termini in anderer Bedeutung: Er unterscheidet zwischen »Ent-fernung als Existenzial des Daseins und Entfernung als Kategorie«. Letztere bekommt in »Sein und Zeit« den Namen »Entferntheit«. Vgl. GA 20, 312ff.

Als ent-fernendes In-der-Welt-sein hat Dasein zugleich den Charakter der »*Ausrichtung*«. Jede Näherung hat vorher schon eine Richtung in eine Gegend aufgenommen. »Das umsichtige Besorgen ist ausrichtendes Ent-fernen.« (108) Ausrichtung und Ent-fernung werden durch die Umsicht des Besorgens geführt, die vorgängig je schon eine Gegend entdeckt hat als mögliches Wohin des Hingehörens, Hingehens, Hinbringens oder Herholens. Aus dieser *existenzialen* Ausrichtung entspringen erst die festen Richtungen links und rechts.

Ferner gilt es zu betonen, daß die Ausrichtung durch das In-der-Welt-sein fundiert ist, d. h. Dasein muß je schon in einer Welt sein, Welt erschlossen haben, um sich orientieren zu können. Dies verdeutlicht Heidegger anhand von Kants Abhandlung »Was heißt: Sich im Denken orientieren?«[13] Wenn ich in ein bekanntes, aber dunkles Zimmer trete, in dem in meiner Abwesenheit alles, was links stand, nach rechts umgeräumt wurde und umgekehrt, so hilft mir nach Kant das »bloße Gefühl des Unterschieds« meiner zwei Seiten gar nichts, ich kann mich erst orientieren, wenn ich einen bestimmten Gegenstand erfasse, »dessen Stelle ich im Gedächtnis habe«.[14] Das heißt für Heidegger nichts anderes als: Welt muß mir je schon bekannt sein, damit ich mich orientieren kann; Kants psychologische Interpretation vom »im Gedächtnis haben« meint die existenziale Verfassung des In-der-Welt-seins. Weil Kant diese Struktur nicht sieht und von einem weltlosen Subjekt ausgeht, verkennt er den vollen Zusammenhang der Orientierung. Sein »subjektives Prinzip« der Ausgerichtetheit, das er hier zu erkennen glaubt, gründet in dem »subjektiven« Apriori des In-der-Welt-seins. Aufgrund seines In-der-Welt-seins läßt Dasein Seiendes begegnen, was Heidegger als »*Raum-geben*« oder »*Einräumen*« faßt. (111) Das existenziale Einräumen als Freigabe des Zuhandenen auf seine Räumlichkeit, ermöglicht erst jegliches Um- und Einräumen im alltäglichen Umgang, wie z. B. das Einräumen eines Zimmers.

Die Räumlichkeit des Zuhandenen wird konstituiert durch »Richtung« und »Entferntheit« – »Nähe ist nur ein Modus dieser«. (103) »Richtung« und »Entferntheit« definieren dem Zuhandenen *seinen* »Platz« als bestimmtes *Dort* seiner Hingehörigkeit. Der Platz ist seinerseits immer schon auf eine »Gegend« und innerhalb dieser orientiert. (102)

Diese Räumlichkeit des Zuhandenen kommt bereits in seiner forma-

13 Vgl. Immanuel Kant: Schriften zur Metaphysik und Logik, (= Werke, Bd. 3, hrsg. von Wilhelm Weischedel), 4. Aufl., Darmstadt 1975, 267–286.
14 Vgl. a. a. O. 270 (= A 308).

len Kennzeichnung als zunächst begegnendem Seienden in doppelter Weise zum Ausdruck: Sowohl in »zunächst« als auch in »Zuhandenheit« klingt Räumlichkeit an. »Zunächst« hat nicht nur den zeitlichen Sinn von zuerst, sondern meint zugleich ein räumliches »in der Nähe« sein. Dieselbe Nähe artikuliert sich im Terminus »Zuhandenheit«: etwas ist »zur Hand«. (102)

Die Räumlichkeit des zunächst begegnenden Seienden wird auf zweierlei Weise thematisch: Einerseits kann die Umsicht sie ausdrücklich fassen, wie z. B. beim Hausbau oder der Landvermessung; wird die Umsicht preisgegeben, so kann andererseits das nur hinsehende Erkennen, die »formale Anschauung«, den Raum entdecken sowie die reinen Möglichkeiten räumlicher Beziehungen aufdecken. Die Modifikation des umsichtigen Besorgens zum nur noch hinsehenden Erkennen geht mit einer »Entweltlichung« der spezifischen Weltlichkeit des umweltlich Zuhandenen überein: Die umweltlichen »Gegenden« werden zu reinen »Dimensionen«, die »Platzmannigfaltigkeit« des zuhandenen Zeugs zur »Stellenmannigfaltigkeit« für beliebig vorhandene Dinge, die »Umwelt« wird zur »Naturwelt«. Nun erst tritt die Ausdehnung in den Vordergrund. (112)

Wie wir gesehen haben, bezeichnet Heidegger in »Sein und Zeit« mit »Nähe« einen Modus der kategorialen Bestimmung »Entferntheit« von Zuhandenem. Die Räumlichkeit des Zuhandenen gründet in der Räumlichkeit des Daseins als In-der-Welt-sein. Das ausrichtend-ent-fernende Dasein weist dem innerweltlich begegnenden Seienden seinen Platz an, indem es seine Richtung und Entferntheit definiert. Die Nähe des Zuhandenen entspringt der Näherung des Daseins, seiner »wesenhaften Tendenz auf Nähe«. Insofern gehört »Nähe« auch zum Existenzial »Entfernung«. Die Entferntheit, d. h. die Nähe oder Ferne eines Zuhandenen regelt sich aus der besorgenden Ent-fernung des Daseins und seiner spezifischen Sicht, der »Umsicht«.

Die Nähe eines Zuhandenen ist etwas völlig anderes als ein kleiner Abstand zwischen zwei Vorhandenen. Heidegger spricht mit Bedacht von »Räumlichkeit«, um »Raum« als Seinsweise (Existenzial) sowohl vom mathematischen dreidimensionalen Raum als auch vom existenziell erlebten oder gelebten Raum abzusetzen. Insbesondere der homogene dreidimensionale euklidische Raum des Vorhandenen, worin jedes Ding eine beliebige Stelle einnehmen kann, und die strukturierte Räumlichkeit des Zuhandenen, aufgrund von dessen Verweisungsbezügen jedem Zeug sein bestimmter Platz angewiesen wird, sind scharf zu trennen.[15] Die Entdeckung solcher Verweisungen, des Um-zu eines Zeugs, erfordert eine spezifische Erschließungsweise: die Umsicht. Sie kann nie von einer bloßen Hinsicht geleistet werden, die das Ausmessen von Abständen regelt.

Halten wir fest: Heidegger bezeichnet innerhalb der Analyse der Räumlichkeit mit »Nähe« zunächst einen Modus der kategorialen Bestimmung »Entferntheit« von Zuhandenem. Insofern dieser aber aus der existenzialen »Ent-fernung« des Daseins, d. h. der wesenhaften Tendenz des Daseins »auf Nähe« entspringt, wird zugleich ein »existenziales« Verständnis von »Nähe« angezeigt. »Nähe« kennzeichnet ein im Ontologischen verwurzeltes Phänomen und kein Raumverhältnis im üblichen Sinne. Allerdings wird »Nähe« in »Sein und Zeit« weder als Seinsweise des Daseins herausgestellt – diese nennt Heidegger »In-Sein« – noch gar als Charakter des Seins selbst. Daß die Grunderfahrung der NÄHE dennoch strukturbildend für die existenziale Analytik des Daseins ist, wurde anhand deren Leitthese bereits angezeigt und soll im folgenden durch eine Betrachtung des »In-Seins« als »Sein des Da« erhärtet werden.

3. Das In-Sein als Sein des Da

Die Analyse der Räumlichkeit des Daseins verwies auf die Seinsverfassung des Daseins als In-Sein. Um die zentrale Bedeutung des In-Seins für die gesamte Fundamentalontologie herzustellen, lenke ich den Blick auf die Disposition von »Sein und Zeit« zurück.

Das Dasein ist dasjenige Seiende, an dem der Sinn von Sein abgelesen werden soll. Die existenziale Analytik des Daseins soll nicht nur dessen eigene Seinsverfassung aufklären, sondern darüber hinaus den Horizont für die Interpretation des Sinnes von Sein überhaupt bereitstellen. Daß und wie dies möglich ist, kann allein der Vollzug der Analyse zeigen.

Das ganze Vorhaben einer Fundamentalontologie steht und fällt mit der ontologischen Bestimmung des Menschen als »Dasein«. Dessen spezifische Seinsweise kennzeichnet Heidegger formal als »*Existenz*« (12, 42), seine Grundverfassung als »*In-der-Welt-sein*« (52ff), sein konkretes Sein als »*Sorge*« (191ff), die ihrerseits in der »*Zeitlichkeit*« als

---

15 Für die Kennzeichnung des physikalischen Raumbegriffs siehe unten 304f.

dem ontologischen Sinn der Sorge wurzelt (323ff). Alle diese Termini müssen als Weiterbestimmungen bzw. Ausdifferenzierungen des ontologischen Titels »*Dasein*« verstanden werden. Jeder schließt an die eingangs gegebene Charakteristik, »daß es diesem Sein in seinem Sein *um dieses Sein selbst* geht« (12) an und vertieft diese. (Vgl. 12, 42f, 131f, 191f, 326f) Gerade diesen *Wegcharakter* des Denkens verkennen viele Interpreten, wenn sie die anfangs gegebene Kennzeichnung des Daseins schon als fertige Endformel nehmen und somit zur fixen Definition erstarren lassen. Trotz aller Systematik kennt Heidegger kein System, trotz feinster begrifflicher Differenzierungen gibt er keine aus dem Gedankengang herauslösbare Definitionen.

Im Terminus »Dasein« kommt bereits in »Sein und Zeit« nicht nur ein Selbstverhältnis zum Ausdruck, sondern darüber hinaus auch ein Seinsverhältnis. Präziser formuliert: Dasein hat nicht nur ein *Seinsverhältnis zu seinem eigenen Sein*, der Existenz, sondern *in eins* damit ein *Seinsverhältnis zu Sein überhaupt*. Heidegger denkt meines Erachtens schon in seinem ersten Hauptwerk aus dem Bezug von Mensch und Sein, d. h. aus der Nachbarschaft von Mensch und Sein, wenn auch der Akzent unzweifelhaft auf dem Dasein liegt und nicht auf dem Sein selbst.

Diesen Sachverhalt verdeutlicht Friedrich-Wilhelm von Herrmann in seinen »Leitlinien für die Interpretation von ›Sein und Zeit‹« wie folgt: Die *selbsthafte Erschlossenheit der eigenen Existenz* geschieht immer schon im Wesenszusammenhang mit der *Erschlossenheit von Sein überhaupt*. Diesen ontologischen Wesenszusammenhang von existenzialem Sein und Erschlossenheit von Sein überhaupt bringt der Begriff »Dasein« zum Ausdruck: Das »Da« nennt die Erschlossenheit von Existenz in eins mit der Erschlossenheit von Sein überhaupt, das »-sein« meint das Sein des Menschen, die Existenz.[16] Demgemäß ist für von

16 Vgl. F.-W. von Herrmann: Subjekt und Dasein, Frankfurt a. M. 1974, 21f, 30ff, 35, 40, 72, 79. Allerdings hat von Herrmann mit dieser These eine Korrektur der Darlegungen in seiner Dissertation »Die Selbstinterpretation Martin Heideggers« (11ff, insb. 12, 30f) vorgenommen – ohne dies eigens anzuzeigen –, denn dort kontrastierte er überscharf und vereinseitigend das Daseinsverständnis von »Sein und Zeit« als bloßes »Selbstverhältnis« mit der späteren Interpretation des Daseins als »Verhältnis zur Offenbarkeit des Seins«. Beide Verhältnisse sind bereits in »Sein und Zeit« da, jedoch findet eine eindeutige Akzentverschiebung zugunsten des Verhältnisses zur Offenbarkeit des Seins in den späteren Schriften statt. In seinen neuesten Veröffentlichungen zu »Sein und Zeit« unterscheidet von Herrmann eine »selbsthaft-ekstatische Erschlossenheit« der Existenz und eine »horizontale Erschlos

Herrmann die Fundamentalontologie im Phänomen der »*Entschlossen-heit*« zentriert, was nur ein anderer Name für »*In-Sein*« oder »*Sein des Da*« ist, wie wir im weiteren sehen werden.[17] Allerdings bleibt er den Nachweis im Text weitgehend schuldig. Dieser ist aus zweierlei Grün-den unbedingt notwendig: Zum einen, da die einschlägigen Textstellen dieser These zu widersprechen scheinen, zum anderen, um den Vorwurf einer Uminterpretation aus der Sicht des späten Heidegger abzuwehren.

Wenden wir uns daher nochmals Heideggers bereits klassisch gewor-dener Umschreibung des Daseins zu:

»Es ist vielmehr dadurch ontisch ausgezeichnet, daß es diesem Seien-den in seinem Sein *um* dieses Sein selbst geht. Zu dieser Seinsverfas-sung des Daseins gehört aber dann, daß es in seinem Sein zu diesem Sein ein Seinsverhältnis hat. Und dies wiederum besagt: Dasein ver-steht sich in irgendeiner Weise und Ausdrücklichkeit in seinem Sein. Diesem Seienden eignet, daß mit und durch sein Sein dieses ihm selbst erschlossen ist. *Seinsverständnis ist selbst eine Seinsbestimmtheit des Daseins.*« (12)[18]

»Das Sein selbst, zu dem das Dasein sich so oder so verhalten kann und immer irgendwie verhält, nennen wir *Existenz.*« (12)[19]

senheit« des Seins alles nicht-daseinsmäßigen Seienden. Beide bilden eine unzerreiß-bare Einheit, die von Herrmann »ganzheitliche Erschlossenheit« oder »selbsthaft-ekstatisch-horizontale Erschlossenheit« nennt. In meiner selbsthaft-ekstatischen Er-schlossenheit bin ich zugleich in die horizontale Erschlossenheit des Seins des nicht-daseinsmäßigen Seienden erstreckt. Vgl. F.-W. von Herrmann: Der Begriff der Phä-nomenologie bei Heidegger und Husserl, Frankfurt a. M. 1981, 31ff, 40, 50; ders.: Subjekt und Dasein, 2. erw. Aufl., Frankfurt a. M. 1985, 6, 92f.

17 Vgl. F.-W. von Herrmann: Subjekt und Dasein ..., 38, 32, 45, 75.

18 Wenn Heidegger in einer Randbemerkung dazu schreibt: »Sein aber hier nicht nur als Sein des Menschen (Existenz). Das wird klar aus dem Folgenden. Das In-der-Welt-sein schließt *in sich* den Bezug der Existenz zum Sein im Ganzen: Seinsver-ständnis« (GA 2, 16), so bestätigt dies die oben vorgetragene Interpretation im Sach-lichen, gibt einen Hinweis auf die Lösung des Problems, fordert aber umso mehr den textimmanenten Nachweis, um dem Einwand einer umdeutenden Selbstinterpreta-tion aus späterer Sicht zu begegnen. Das selbe gilt für die bereits im Kapitel über den Humanismus-Brief zitierten Selbstinterpretationsstellen in Hum 15ff und in WiME 14ff. Eine weitere Bestätigung aus der Retrospektive gibt ein unveröffentlichter Brief Heideggers an Reinhart Maurer vom 3. August 1974, wo es heißt: »Denn das ›Da‹ des Daseins, das in der analytischen Freilegung der Existenzialien der menschlichen Existenz aufgewiesen wird, ist nicht nur die Erschlossenheit des menschlichen Sub-jekts, wie immer gemeint wird, sondern die Erschlossenheit von Sein-überhaupt, die in den Existenzialien selbsthaft, d. h. für ein Selbst aufgeschlossen ist.«

19 In einer Randbemerkung klärt Heidegger diese Formulierung, indem er fordert, das »Das« als »Dasjenige« und das »dem« im Sinne von »als seinem eigenen« zu lesen. Vgl. GA 2, 16.

In diesem Zitat findet sich so häufig die Formulierung »*sein* Sein« (Herv. E. K.), daß zunächst einmal für jedermann offensichtlich ist: Dasein verhält sich zu sich selbst, versteht sein eigenes Sein. Wer sich dadurch jedoch zu der Annahme verleiten läßt, Dasein verstehe nur sein eigenes Sein, die Existenz, geht fehl. Denn wäre Dasein ein bloßes Selbstverhältnis, wie könnte es dann je zum Sinn von Sein überhaupt gelangen? Der Titel »Dasein« muß also weiter sein als der Titel »Existenz«, der vorzüglich die dem Menschen eigene Seinsweise anzeigt.

Heidegger selbst räumt das Mißverständnis eines reinen Selbstverhältnisses aus, wenn er wenige Zeilen später schreibt: »In der Idee einer solchen Seinsverfassung liegt aber schon die Idee von Sein überhaupt.« (13) Denn: »Zum Dasein gehört aber wesenhaft: Sein in einer Welt. Das dem Dasein zugehörige Seinsverständnis betrifft daher gleichursprünglich das Verstehen von so etwas wie ›Welt‹ und Verstehen des Seins des Seienden, das innerhalb der Welt zugänglich wird.« (13)[20] Verdeutlichen wir uns diesen nur spärlich ausgearbeiteten Gedankengang: Dasein als In-der-Welt-sein versteht nicht nur sein eigenes Sein (Existenz), sondern zugleich auch das Sein der Welt (Weltlichkeit) sowie das Sein des innerweltlich begegnenden Seienden, wie z. B. der vorhandenen Dinge (Vorhandenheit), des zuhandenen Zeugs (Zuhandenheit) oder der Tiere (animalitas). Bedenken wir zudem, daß Sein »jeweils das Sein eines Seienden« ist (9), so versteht Dasein zwangsläufig mit dem Sein alles Seienden auch den Sinn von Sein überhaupt.

Hierin steckt das tiefergreifende Problem der ontologischen Differenz von Seinsart (Seiendsein) und Sein überhaupt, das ich hier nur anreißen kann: Im Unterschied zur ontologischen Tradition geht es Heidegger nicht ausschließlich und primär um die Kennzeichnung der mannigfachen *Seinsarten*, um die Ausarbeitung regionaler Ontologien des Vorhandenen, Zuhandenen, Daseins usw., sondern um das Einfache des Seins überhaupt, das sich darin verbirgt. Sein überhaupt und Seinsarten (Vorhandenheit, Zuhandenheit, Existenz) stehen im Verhältnis des Allgemeinen zum Besonderen, in ontologischer Differenz. Gerade die Weise dieser »Allgemeinheit« stellt ein Kernproblem des Heideggerschen Denkens dar. Wie von Herrmann im Rückgriff auf Heideggers eigene Aussagen hervorgehoben hat, darf die Allgemeinheit des Seins bei Heidegger weder im Sinne einer *obersten Gattung* des Seienden verstanden werden – was bereits Aristoteles in Met. B 3, 998 b 22

---

20 Das »Sein in einer Welt« faßt Heidegger im weiteren Verlauf der Analytik als »In-der-Welt-sein«. Vgl. SuZ 53 f, wo diese Formulierung in der letzten Zeile wieder aufgenommen wird.

ausgeschlossen habe – noch als der allen besonderen Seinsweisen in *analoger* Weise zukommende gemeinsame Charakter vorgestellt werden, sondern muß aus dem Geschehen der ontologischen Differenz zwischen Sein überhaupt und Seinsart gedacht werden. Hierbei spielt das Seinsverstehen, das zur Seinsverfassung des Daseins gehört, eine entscheidende Rolle. Sein als Seinsart und als Sein überhaupt und damit die ontologische Differenz werden nur faßbar über das Seinsverstehen. Dennoch produziert das Verstehen die ontologische Differenz nicht, sondern bewegt sich immer schon innerhalb dieser. Das Verstehen macht zusammen mit der Befindlichkeit das Herzstück der Erschlossenheit aus. Daraus folgert von Herrmann, das Einfache des Seins überhaupt komme in »Sein und Zeit« im Phänomen der *Erschlossenheit* in die Sicht.[21] Und insofern die Erschlossenheit selbst in der Zeitlichkeit des Daseins aufgeschlossen ist, ist die Erschlossenheit der gesuchte Sinn von Sein überhaupt. Sein als zeithafte Erschlossenheit (Lichtung) ist die ursprünglichste, abgründigste, weil nicht mehr weiter hinterfragbare Bestimmung des Seins als solchen in seiner ontologischen Differenz zum Seiendsein alles Seienden. Damit sind wir wieder auf das In-Sein als den Kern des In-der-Welt-seins zurückverwiesen.

Vom »In-Sein« her bekommt der Titel »Dasein« erst seinen vollen Sinn als »*Da-sein*«. Äußerliches Indiz dafür ist der Wandel der Schreibweise von »Dasein« zu »Da-sein« im fünften Kapitel über »Das In-Sein als solches«. (132f) Weiterhin wird der Terminus »Erschlossenheit«, der erstmals in der Charakteristik des Daseins auftaucht, jetzt expliziert.

»Das Seiende, das wesenhaft durch das In-der-Welt-sein konstituiert wird, *ist* selbst je sein ›Da‹.« (132) In diesem Da gründen sowohl die existenziale Räumlichkeit des Daseins, als auch die Räumlichkeit der Welt, als auch die Räumlichkeit des innerweltlich Zuhandenen, als auch die Räumlichkeit des Vorhandenen. »Der Ausdruck ›Da‹ meint diese wesenhafte Erschlossenheit.« (132) Dasein *hat* nicht nur je schon Räumlichkeit erschlossen, sondern *ist* zugleich als Sein des Da selbst die Bedingung aller Räumlichkeit, welche Heidegger »Lichtung« nennt.

21 Vgl. F.-W. von Herrmann: Subjekt und Dasein . . ., 66ff, 43, 75, 78f. Für die Unterscheidung der mannigfachen Seinsarten vom Sein überhaupt vgl. GA 24, 24; FS X; SdD 81. Zum Problem der ontologischen Differenz in »Sein und Zeit« vgl. Alberto Rosales: Transzendenz und Differenz, Den Haag 1970. Heinrich Rombach sieht den wesentlichen Unterschied der Heideggerschen Ontologie zur traditionellen Metaphysik, die nur einen einzigen Seinstypus kannte, gerade in der Pluralität von Seinsweisen. Vgl. H. Rombach: Zur Phänomenologie des gegenwärtigen Bewußtseins, Freiburg 1980, 90f.

Dasein »*ist*« selber die »*Lichtung*« bzw. die »*Erschlossenheit*« in dem doppelten Sinne, daß es »an ihm selbst« bzw. »von Hause aus« je schon gelichtet bzw. erschlossen ist und daß es »für es selbst« lichtet bzw. erschließt. (133)[22] Das »an ihm selbst« bzw. »von Hause aus« entspricht in der oben zitierten Charakteristik des Daseins dem »in seinem Sein«, das »für es selbst« dem »es geht um«.[23] Das »an ihm selbst« wird in der Explikation des In-Seins als die »*Faktizität*« des Daseins bestimmt, als sein gestimmtes Sichbefinden in der »*Geworfenheit*« ins Da, deren Woher und Wohin im Dunkel bleiben. Das »für es selbst« entspricht dem entwerfenden »*Verstehen*« seines Seins. Ebenso wie Befindlichkeit je ihr Verständnis hat und Verstehen immer gestimmtes ist (142) – Dasein »*geworfene Möglichkeit*« (144) ist –, bilden »an ihm selbst« und »für es selbst« zwei Momente eines einheitlichen Ganzen: der Erschlossenheit bzw. Lichtung.[24]

Die Kennzeichnung des Wesens des Menschen als »Da-sein«, d. h. als Da des Seins, das selber dieses »Da«, die Lichtung ist, ist meiner Überzeugung zufolge nur aus dem ursprünglichen Bezug von Sein und Menschenwesen, d. h. von der NÄHE her verständlich. Dies kommt – wie ich meine – bereits sprachlich zum Ausdruck, ohne daß wir auf die späteren Selbstinterpretationen im Humanismus-Brief (Hum 15,25) und in der »Einleitung« zu »Was ist Metaphysik?« (WiME 14) zurückgreifen müssen. Allein schon die Bindestrichschreibweise »Da-sein« zeigt an, daß es sich hier um ein Zwiefältiges handelt, dessen beide Momente ihren eigenen Sinn haben: Das »Da« meint – wie oben bereits gesagt – die Lichtung bzw. die Erschlossenheit des menschlichen Seins (Existenz) *in eins* mit der Lichtung bzw. Erschlossenheit von Sein über-

22 Zur weiteren Kennzeichnung der Erschlossenheit vgl. F.-W. von Herrmann: Die Selbstinterpretation ..., 12ff sowie seine Ergänzung im Hinblick auf den Wesenszusammenhang von selbsthafter Erschlossenheit und Erschlossenheit von Sein überhaupt in Subjekt und Dasein ..., 21ff, 30ff, 42, 75, 79, 92f. Für den Zusammenhang von Erschlossenheit und Wahrheit vgl. auch Ernst Tugendhat: Der Wahrheitsbegriff bei Husserl und Heidegger, Berlin 1967, 181ff.
23 Vgl. von Herrmann: Die Selbstinterpretation ..., 14f. Von Herrmann unterscheidet an dieser Stelle – über Heidegger hinausgehend – terminologisch zwischen »*Gelichtetheit*« bzw. »*Erschlossenheit*« für den Aspekt des »an ihm selbst« und »*Gelichtetsein*« bzw. »*Erschlossensein*« für den Aspekt des »für es selbst«. Die ganzheitliche Struktur nennt er »*Gelichtet-sein*« bzw. »*Erschlossen-sein*«.
24 Für den Gedanken der »Lichtung« haben Überlegungen seines Lehrers Carl Braig, der seinerseits auf Bonaventura zurückgreift, Pate gestanden, wie Richard Schaeffler nachgewiesen hat. Darüber hinaus dürfte die Auseinandersetzung mit der sog. »Lichtmetaphysik« fruchtbar geworden sein. Vgl. R. Schaeffler: Frömmigkeit des Denkens?, Darmstadt 1978, 3ff.

haupt, das »-sein« die menschliche Seinsweise (Existenz). Ferner besagt »Da« des Seins »An-wesen«, also Nähe. Im »Da« artikuliert sich die Spannung zwischen dem Sein des Menschen und dem Sein als solchem, die Heidegger später mit dem Wort »NÄHE« bezeichnet. Schließlich sehe ich in den Wendungen »Da des Seins« und »Sein des Da« frühe Formen des ›Genitivs des Zusammen*gehörens*‹.

Meine These, daß Da-sein und Lichtung schon in »Sein und Zeit« aus der Nachbarschaft von Sein und Menschenwesen gedacht sind, findet auch im Sachlichen ihre Bestätigung. Weil Dasein je schon in die Lichtung geworfen ist, kann es diese nicht selbst produziert haben.[25] Dasein eignet eine Geworfenheit in die Lichtung und eine Lichtung der Geworfenheit. Die Lichtung, das Da, umfaßt mehr als nur das menschliche Seiende, zu ihr gehört alles, was Phänomen sein kann. Andererseits »gibt es« die Lichtung nur, solange Dasein »ist« (226, 230), d. h. die Lichtung ist auf den lichtenden Entwurf des Daseins angewiesen. Im Sichaufschließen der Existenz vollzieht sich wesensmäßig ein Aufschließen von Sein überhaupt. Das Seinsverstehen durchläuft immer eine Zirkelstruktur. Ein Verständnis von Sein überhaupt ist nur möglich im Verstehen des Daseins bzw. der Existenz. Die Seinsweise des Menschen kann vollends erst deutlich werden, wenn der Sinn von Sein überhaupt aufgeklärt ist. Dasein und Sein als solches stehen in einem unzerreißbaren Korrelationszusammenhang, ihr wechselweiser Bezug ist das Entscheidende.

In der Lichtung sind sowohl alle *Sichtweisen* auf Seiendes gegründet, sei es die Umsicht des Besorgens von Zuhandenem, die Rücksicht der Fürsorge für Mitdasein oder die Durchsichtigkeit des Daseins seiner selbst, als auch alle Arten von *Räumlichkeiten*, die Stellenmannigfaltigkeit von Vorhandenem, die Platzmannigfaltigkeit von Zuhandenem, die Gegendhaftigkeit der Welt sowie die existenziale Räumlichkeit des Daseins.

»*In-Sein*«, »*Sein des Da*«, »*Lichtung*« und »*Erschlossenheit*« meinen alle denselben ontologischen Sachverhalt. Üblicherweise konzentriert sich die Forschung auf die Ausleuchtung des Terminus »Erschlossenheit«, auf den man sehr leicht durch die zentrale Problematik des Seinsverstehens gestoßen wird. Eine solche Konzentration wird zudem gerechtfertigt durch Heideggers bevorzugten Gebrauch dieses Begriffs in »Sein und Zeit«.[26] Der Ausdruck »Erschlossenheit« lenkt zwangsläufig den Blick auf die von Heidegger geforderte spezifische ›Erkenntnis-

25 Vgl. die entsprechende Randbemerkung Heideggers zum Wort »ist« in GA 2, 177.
26 Nach »Sein und Zeit« wird der Terminus »Erschlossenheit« durch die Ausdrücke

weise‹ oder besser Zugangsweise zum Sein und dessen Verhältnis zur Wahrheit. Die von mir herausgestellten Worte »Da«, »Lichtung« und »In-Sein« weisen daneben auf einen eigentümlichen ›Raumcharakter‹ hin. Gerade dieser Aspekt der Erschlossenheit wird gemeinhin nicht thematisiert. Insofern bietet vorliegender, wenn auch stets nur auf Grundlinien hinweisende Deutungsversuch eine wesentliche Ergänzung.

Mit der Lichtung, in der alle Räumlichkeiten gründen, denkt Heidegger meines Erachtens gerade das, was er später als »NÄHE« bezeichnet, sieht man einmal davon ab, daß der Gedanke der Lichtung hier noch un- bzw. unterentwickelt und zu stark auf Dasein bezogen ist und noch nicht auf das Sein selbst (»Seyn«).

Diese Überlegungen werden gestützt durch Heideggers Kennzeichnung des *In-Seins als Wohnen*. Das »In-Sein« des In-der-Welt-seins besagt etwas völlig anderes als die »Inwendigkeit« zweier Vorhandener ineinander. Wir sind nicht in derselben Weise in der Welt wie das Wasser im Glas, das Kleid im Schrank oder der Fisch im Bach. Wir sind auch nicht in derselben Weise in der Welt, wie wir in einem Zimmer sind. In-Sein ist ein Existenzial des Daseins mit seiner eigenen Räumlichkeit – die ich bereits dargelegt habe – und als solches scharf zu trennen von aller kategorialen Räumlichkeit von Vorhandenem.

Einen ersten Hinweis auf diese neue Art von Räumlichkeit entnimmt Heidegger der Etymologie: »in« stammt von »innan«, was »wohnen, habitare, sich aufhalten« bedeutet, »an« meint ursprünglich »ich bin gewohnt, vertraut mit, ich pflege etwas«. (54) Daneben hängt der Ausdruck »bin« zusammen mit »bei«, d. h. »ich bin« besagt »ich wohne bei«, »ich bin vertraut mit«. Mit anderen Worten:

»Lichtung«, »Da« und »ἀλήθεια« – die allerdings weiterentwickelt werden – sowie durch die neukonzipierten Termini »Un-verborgenheit« und »NÄHE« verdrängt. Die Fülle der Termini für ein und denselben Sachverhalt, die zudem ständig weiter- bzw. uminterpretiert werden, erschwert das denkerische Durchdringen dieses abgründigen Sachverhalts außerordentlich. Sie sind zugleich ein Zeichen für die Offenheit, d. h. den Wegcharakter des Heideggerschen Denkens, das im Letzten keine streng begriffliche Fixierung mehr zuläßt. Der zu denkende ontologische Sachverhalt wird vielmehr aus verschiedenen Hinsichten immer wieder neu eingekreist. Dies verleiht dem Heideggerschen Denken in den Augen der auf Wissenschaft ausgehenden Rationalisten den Anschein eines Mystizismus. Vor allem der positive Aufweis dieser Phänomene ist äußerst schwierig. Aber gerade darin besteht für Heidegger die Leistung des Denkens.

Beide Komponenten des Terminus »In-Sein« sowohl das »in« als auch das »Sein« als Infinitivform des »ich bin« haben die ursprüngliche Bedeutung von »wohnen«.

Im alltäglichen Umgang »wohnt« der Mensch aufgrund seines wesenhaften Verfallens in der Öffentlichkeit des Man. Diese entlastet ihn von jeder persönlichen Verantwortung, vermittelt ihm eine »beruhigte Selbstsicherheit«, ein »selbstverständliches ›Zuhause-sein‹«. (188, 126ff) Die *Grundstimmung* der *Angst* reißt das Dasein aus dieser falschen Behaglichkeit – die in Wirklichkeit eine Flucht vor sich selbst ist – und vereinzelt es auf sein eigenstes Sein-können, indem sie es zur »Freiheit des Sich-selbst-wählens und -ergreifens« befreit. (188) Sie stellt Dasein vor das Nichts, d. h. einem Nichts an Gegenständlichkeit, und verbreitet damit »Unheimlichkeit«. »Das In-Sein kommt in den existenzialen ›Modus‹ des *Un-zuhause*.« (189) Das verfallende Sichverlieren in die Öffentlichkeit des Man enthüllt sich somit als Flucht *vor* dem Unzuhause, der Unheimlichkeit, die die Geworfenheit des Daseins mit sich bringt. *Das »Un-zuhause« ist existenzial-ontologisch das ursprünglichere Phänomen.* »Das beruhigtvertraute In-der-Welt-sein ist ein Modus der Unheimlichkeit des Daseins, nicht umgekehrt.« (189) Heißt dies: Dasein wohnt eigentlich im Un-zuhause als dem Bereich des Fremden, Unheimlichen, des Bedrohenden? Wie kommen In-Sein als Wohnen und Un-zuhause zusammen? Ist es überhaupt noch sinnvoll, hier von »wohnen« zu sprechen?

Bleibt das Un-zuhause das letzte Wort Heideggers? In »Sein und Zeit« verfolgt er diese Thematik nicht weiter, der weitere Gedankengang läßt jedoch vermuten, daß er die *verantwortliche Übernahme der Geworfenheit* in der vorlaufenden Entschlossenheit als *eigentliches Wohnen* des Daseins in der Lichtung des Da denkt. In der Angst allein liegt noch keine Übernahme der Existenz, sie bringt lediglich zurück vor die Geworfenheit als mögliche wiederholbare. (343) Zur konkreten entschlossenen Wiederholung bedarf es zusätzlich der Leistungen des »*Seins zum Tode*« sowie des »*Gewissens*«. Im Vorlaufen auf den es immer schon bedrängenden und bedrohenden Tod als seiner eigensten Möglichkeit erfährt Dasein seine Ganzheit. Das Vorlaufen in die Möglichkeit begreift Heidegger als »Näherung an ein Mögliches« (262), die aber so geartet ist, daß sie nicht auf die Verwirklichung des Möglichen – d. h. Sterben wollen – aus ist, sondern die Möglichkeit des Todes als Möglichkeit und damit das gesamte Dasein als Möglichkeit erschließt. »Diese Näherung tendiert jedoch nicht auf ein besorgendes Verfügbarmachen eines Wirklichen, sondern im verstehenden Näherkommen wird die Möglichkeit des Möglichen ›größer‹. *Die nächste Nähe des Seins zum Tode als Möglichkeit ist einem Wirklichen so fern als möglich.*« (262)[27] Hier ist »Näherung« ausdrücklich im existenzialen Sinne gebraucht, was über die Terminologie im Kapitel über die Räumlichkeit hinausgeht, selbst wenn dort bereits Hinweise in diese Richtung gegeben wurden.

Der schweigende Ruf des Gewissens als Ruf der Sorge »aus der Ferne in die Ferne« (271) eröffnet dem Dasein seine Geworfenheit, daß es ›nichtiger Grund einer Nichtigkeit‹ (283, 285) ist und zwingt es zur entschlossenen Übernahme dieser Schuld. Dadurch bringt er das verfallende Dasein zur eigentlichen Erschlossenheit, der »*Entschlossenheit*«, als dem entschiedenen Nachholen einer Wahl, d. h. aber Wählen seiner selbst als Seinkönnen. Somit vollendet sich die Selbstgewinnung der Existenz durch Angst und Sein zum Tode im Ruf des Gewissens.

Abschließend bleibt noch die Frage zu erörtern, warum Lichtung bzw. NÄHE in »Sein und Zeit« noch nicht in ihrem vollen und eigentlichen Sinne gedacht werden konnten. Ich sehe vor allem zwei Hindernisse: Erstens blieb der Gedanke der »Lichtung« noch weitgehend unentfaltet und zudem zu stark an das Dasein gebunden. Heidegger selbst bekennt am Ende seines langen Denkwegs in dem Vortrag »Zur Frage nach der Bestimmung der Sache des Denkens« (1965), daß »der Satz in ›Sein und Zeit‹: ›Das Dasein des Menschen ist selbst die Lichtung‹ (§ 28)[28], die Sache des Denkens vielleicht geahnt, aber in keiner Weise hinreichend gedacht, das heißt als eine schon die Sache erreichende Frage vorgelegt hat.« (FBD 19) Dies begründet er folgendermaßen: »Das Dasein ist die Lichtung für die Anwesenheit als solche und ist sie zugleich durchaus nicht, insofern die Lichtung erst das Dasein ist, das heißt es als solches gewährt. Die Analytik des Daseins gelangt noch nicht in das Eigene der Lichtung und vollends nicht in den Bereich, dem die Lichtung ihrerseits zugehört.« (FBD 19) Das heißt, der späte Heidegger denkt die Lichtung als das Sein und Dasein allererst Gewährende und dieses Gewähren aus dem Ereignis. Zweitens fundiert Heidegger in »Sein und Zeit« die

27 Die Möglichkeit steht für Heidegger »höher« als die Wirklichkeit. Vgl. SuZ 38; GA 24, 437; GA 26, 280. Zur gesamten Problematik vgl. Wolfgang Müller-Lauter: Der Vorrang der Möglichkeit vor der Wirklichkeit im Denken Martin Heideggers, Berlin 1960.
28 In dieser Form findet sich der Satz an besagter Stelle in SuZ nicht, wohl aber ist der Gedanke sinngemäß wiedergegeben.

Räumlichkeit in der Zeitlichkeit (367ff), was er später eigens als Irrweg zurücknahm (SdD 24), und denkt auch die Lichtung, als die Bedingung der Räumlichkeit, von der Zeitlichkeit her (351), während er im Spätwerk umgekehrt das Zeitigen der Zeit und Einräumen des Raumes sowie ihr Zusammengehören von der Lichtung her denkt (FBD 18). Daß diese Umkehrung der Denkrichtung etwas mit der »Kehre« zu tun hat, liegt auf der Hand, ohne daß ich die Frage nach der »Kehre« jetzt schon entscheiden möchte. Die Überbetonung der Zeitlichkeit in »Sein und Zeit« resultiert m. E. aus Heideggers noch zu starker Orientierung an Kant, der der Zeit als Anschauungsform des inneren Sinnes einen Primat vor dem Raum als Anschauungsform des äußeren Sinnes zusprach – Heidegger wechselt lediglich die Begründung (367) –, sowie an seinem Lehrer Husserl, der das Bewußtsein als reine Zeitlichkeit faßte und ihm jede Räumlichkeit absprach.[29] Ein weiteres Motiv für Heideggers scharfe Trennung von Raum und Zeit könnte eine Überreaktion gegen die fade Identifizierung von Raum und Zeit bei Hegel und Bergson sein. (SuZ 429ff; GA 21, 251ff) Zudem sah Heidegger die vierte und ursprüngliche Dimension der Zeit, die nähernde NÄHE, die die Einheit der drei Ekstasen verbürgt, noch nicht. (SdD 14ff) Ebenso wie »Lichtung« wurde »Wahrheit« in der Zeitlichkeit gegründet, welches Verhältnis sich bald darauf umkehrte: Zeit wurde zum »Vornamen für die Wahrheit des Seins«. (WiME 17; Schell 229) Andererseits ist bemerkenswert, daß schon hier Wahrheit und Zeit zusammengedacht werden.

Die Stellung der »Seinsfrage« als Frage nach dem »*Sinn von Sein*« legte den Akzent auf das Seinsverstehen des Menschen. Dieses basiert auf der Verklammerung von Erschlossenheit der eigenen Existenz mit der Erschlossenheit von Sein überhaupt. Beide gründen in der Zeit, welche sich sowohl als Seinssinn des Daseins erweist *(»Zeitlichkeit«)* als auch als Sinn von Sein selbst *(«Temporalität«)*. Übertragen wir diese Ergebnisse von »Sein und Zeit« auf das aus der Analyse von »Der Satz der Identität« gewonnene trifältige Schema des Heideggerschen Seinsdenkens (Sein – Dasein – Wahrheit bzw. Lichtung des Seins), so ergibt sich folgendes Bild: Das ›Dritte‹, von dem aus und in dem Dasein und Sein zu denken ist, zeigt sich hier als die Zeit bzw. als die zeithafte Erschlossenheit. Folglich denkt Heidegger schon in »Sein und Zeit« das Zusammengehören von Sein und Menschenwesen. Jedoch unterscheidet sich die Denkweise des Bezugs von der späteren. Das ›Dritte‹, die

29 Vgl. Immanuel Kant: Kritik der reinen Vernunft A 34, B 50 – dazu KPM 46f; GA 25, 145ff; Edmund Husserl: Vorlesungen zur Phänomenologie des inneren Zeitbewußtseins, hrsg. von Martin Heidegger, Tübingen 1928.

Zeit wird als »*transzendentaler Horizont*« (41) gefaßt, welcher auf den »*Entwurf*« des Daseins angewiesen ist. Die Betonung der Möglichkeit des Seinsverstehens führt zu einer Übergewichtung der Leistungen des Daseins; Zeit und Erschlossenheit, ebenso wie Wahrheit und Lichtung bleiben einseitig am menschlichen Sein orientiert, Sein selbst bleibt weitgehend unexpliziert. Mit anderen Worten: Heidegger denkt zwar schon den Bezug von Sein und Menschenwesen und aus diesem, aber er denkt noch nicht in gemäßer Weise aus ihm, sondern zu einseitig vom Dasein her. Diese Unausgewogenheit ist zum Großteil auf den fragmentarischen Charakter von »Sein und Zeit« zurückzuführen: Veröffentlicht ist nur die Analyse des Seins des Menschen und dessen Zeitlichkeit, die Thematisierung des Seins selbst und seiner Temporalität sollten der dritte Abschnitt »Zeit und Sein« sowie die »Destruktion der Geschichte der Ontologie« bringen. Diesem Themenwechsel entsprechend sollte sich der Blick umkehren und vom Sein selbst her gedacht werden. Daß diese »Kehre«, die zweifelsohne im Aufriß von »Sein und Zeit« angelegt war, noch nicht die Gestalt der später vollzogenen Kehre gehabt hätte, wie Heidegger im Rückblick andeutet (Hum 17), hat von Herrmann m. E. überzeugend dargetan.[30] Von Herrmanns Auslegung wird durch die Veröffentlichung der Vorlesung »Grundprobleme der Phänomenologie«, die zumindest Teile des dritten Abschnittes »Zeit und Sein« enthält, erhärtet. (GA 24, 322ff)

4. Exkurs:
Die Kritik Otto Friedrich Bollnows

Otto Friedrich Bollnow hat an Heideggers existenzialer Analytik des Daseins aus dreierlei Hinsicht scharfe Kritik geübt: Zunächst von der Analyse des »Wesens der Stimmungen« aus, zuletzt vom Studium des Zusammenhangs von »Mensch und Raum« her. Beide Einwände vereinigen sich in seiner Forderung nach einer »Neuen Geborgenheit« in der »Überwindung des Existentialismus« in allen seinen Spielarten von Kierkegaard bis Heidegger.[31] Bollnows Gegenthese zu Heidegger läßt sich auf folgende Formel bringen: Die Grundsituation des Menschen ist

30 Vgl. F.-W. von Herrmann: Die Selbstinterpretation ..., 264ff.
31 Vgl. Otto Friedrich Bollnow: Das Wesen der Stimmungen, Frankfurt a. M. 1941, 3. erw. Aufl. 1956; ders.: Unruhe und Geborgenheit im Weltbild neuerer Dichter, Stuttgart 1953; ders.: Neue Geborgenheit, Stuttgart 1955; ders.: Mensch und Raum,

die *Geborgenheit*, das *Wohnen*, welches nur in der *Gemeinschaft* und getragen von den *gehobenen Stimmungen* möglich ist. Heidegger dagegen propagiere die *Geworfenheit*, das *Un-zuhause*, welches allein in der *Vereinzelung* des Menschen auf sich in der *gedrückten Stimmung* der *Angst* eigentlich erfahren werde.

Im einzelnen wirft Bollnow Heidegger vor, er habe zwar als Erster die wichtige Erschließungsfunktion der Stimmungen herausgearbeitet, deren Explikation jedoch ausschließlich und einseitig auf die gedrückte Stimmung der Angst beschränkt. Diese könne aber deshalb nicht stellvertretend für das gesamte Spektrum der Stimmungen stehen, weil die »gedrückten« Stimmungen – zu denen Bollnow neben Angst z. B. Verzweiflung und Trauer zählt – eine völlig andere Struktur haben als die »gehobenen« Stimmungen, wie z. B. Freude oder Heiterkeit. Grundsätzliche Unterschiede sieht Bollnow im Verhältnis zum Mitmenschen, im Erfahren der Realität und im Bewußtsein der Zeit. Die gedrückten Stimmungen vereinzeln den Menschen, die gehobenen dagegen fördern die Geselligkeit und Gemeinschaft;[32] Realität werde in den gedrückten Stimmungen als hemmend und widerständig erlebt, in den gehobenen dagegen als tragend und fördernd;[33] der auf der Angst aufbauenden »existenziellen Zeitlichkeit«, die durch Endlichkeit, Lastcharakter und Schicksalhaftigkeit der Zeit gekennzeichnet sei und in der der Augenblick isoliert als Spitze der Entscheidung von der bedrängenden und bedrohenden Vergangenheit und Zukunft abgehoben sei, stellen die gehobenen Stimmungen eine »tragende« oder »glückliche Zeitlichkeit« der Geborgenheit zur Seite, in der Vergangenheit und Zukunft ihren drängenden Charakter verloren hätten, Zeitlosigkeit erlebt werde.[34]

Stuttgart 1963. Vgl. ferner Bollnows Besprechung von Heideggers Hölderlin-Interpretationen unter dem Titel »Wächst das Rettende?«, (1977).
32 Vgl. Bollnow: Das Wesen der Stimmungen, 6. Aufl., Frankfurt a. M. 1980, 99ff.
33 Vgl. a. a. O. 118.
34 Vgl. a. a. O. 166f. Vgl. daneben Bollnows Ausführungen in seinem Buch »Existenzphilosophie«, Stuttgart 1943, 9. Aufl. 1984.
Den gleichen Einwand, Heidegger kenne nur die gedrückten Stimmungen, erhebt auch Fritz-Joachim von Rintelen in seinem Buch »Philosophie der Endlichkeit als Spiegel der Gegenwart«, Meisenheim 1951. Allerdings resultiert Rintelens Kritik aus einer anderen Perspektive. Für ihn als Vertreter einer Wertphilosophie, die sich auf die Platonische und mittelalterliche Transzendentalieneinheit von Sein, Gutem, Wahrem, Einen und Schönen stützt, kommt den gehobenen Stimmungen ein höherer Wert zu, weil sie das Schöne und Gute repräsentieren. Zur Wertphilosophie von Rintelens vgl. die ausführliche Darstellung von Richard Wisser: Wertwirklichkeit und Sinnverständnis, (1960).

Indem alle Existenzphilosophen, ihrem Stammvater Kierkegaard folgend, die Angst zur grundlegenden Stimmung erheben, werden sie in Bollnows Augen zu Verkündern einer radikalen Ungeborgenheit des Menschen. Diese Ungeborgenheit finde in Heideggers Existenzial »Geworfenheit« einen drastischen Ausdruck, denn Geworfenheit impliziere ein unfreiwilliges, ohnmächtiges Ausgesetztsein in einen fremden Bereich.[35] Gegen das In-der-Welt-sein als Geworfensein opponiert Bollnow mit Bachelard: »Bevor er ›in die Welt geworfen‹ wird ... wird der Mensch in die Wiege des Hauses gelegt.«[36] Das Umhegtsein hat für Bollnow nicht nur genetisch gesehen einen Vorrang, wie bei Bachelard, sondern auch sachlich.[37]

Mit dem Geborgensein im Haus sind wir auf die dritte Perspektive verwiesen, aus der Bollnow Heideggers Daseinsanalytik kritisiert: die räumliche Verfassung des Menschen, d. h. sein Verhalten zum Raum – dies nennt Bollnow »Räumlichkeit« – und der darin »erlebte« Raum.[38] Das ursprüngliche Verhältnis des Menschen zum Raum sieht Bollnow nicht in der »intentionalen Räumlichkeit« – so betitelt er Heideggers »existenziale Räumlichkeit« des In-der-Welt-seins –, sondern im Wohnen.[39] Wohnen definiert er als »an eine bestimmte Stelle hingehören, in ihr verwurzelt und zu Hause sein«.[40] Wohnen bedeute im engeren und eigentlichen Sinne »einen abgeschlossenen Bereich der Geborgenheit, einen Eigenraum des Hauses zu haben, in dem sich der Mensch vor der bedrohlichen Außenwelt zurückziehen kann«.[41] Im Anschluß an Überlegungen Merleau-Pontys dehnt Bollnow den Begriff des Wohnens über die Sphäre des Innenraums des Hauses hinaus auf den Außenraum aus. Merleau-Ponty spricht vom Wohnen des Ichs im Leib, des Menschen im Haus, in den Dingen, in der Welt, im Raum und in der Zeit, im Sein.[42] Bollnow selbst stellt drei Formen des Wohnens, entsprechend seiner Unterscheidung in drei Formen des »Eigenraumes« – so nennt er denjenigen ausgezeichneten Raum, den der Mensch »*hat*« –, heraus: Das Wohnen im Raum des eigenen Leibes, das Wohnen im Raum des

35 Vgl. Bollnow: Mensch und Raum, 4. Aufl., Stuttgart 1980, 275, 295.
36 Vgl. a. a. O. 275, 308. Vgl. Gaston Bachelard: Poetik des Raumes, Frankfurt a. M. 1975, 39. Daher nennt Bachelard Heideggers Ontologie eine »Metaphysik zweiter Position«.
37 Vgl. Bollnow: Mensch und Raum ..., 276.
38 Vgl. a. a. O. 22, 18ff.
39 Vgl. a. a. O. 304.
40 Vgl. a. a. O. 277. Vgl. auch 125.
41 Vgl. a. a. O. 277.
42 Vgl. a. a. O. 278f.

eigenen Hauses und das Wohnen im umschließenden Raum über-haupt.[43] Allerdings ist er mit dem späten Heidegger darin einig, daß das Wohnen erst gelernt werden müsse.[44] Daher entfaltet er ein Entwick-lungsschema des Wohnens in vier Stufen: 1. Das naive Geborgensein des Kindes im Raum. 2. Der Zustand der Heimatlosigkeit oder Unbe-haustheit, in dem sich der Mensch in den Raum verloren findet. 3. Die Aufgabe der Wiederherstellung der Geborgenheit durch Errichtung ei-nes Hauses. Dadurch wird ein bergender Innenraum von der bedrohen-den Außenwelt abgegrenzt. 4. Die Versteifung in ein festes Gehäuse muß überwunden werden, damit wir in die Geborgenheit des umgrei-fenden Raumes überhaupt gelangen.[45] Dementsprechend gebe es einen doppelten Gegensatz zum Wohnen: »das Nicht-wohnen im Sinn der heimatlosen Geworfenheit in einen feindlichen Raum, und das falsche Wohnen im Sinn der ängstlichen Versteifung im Gehäuse.«[46] Nur wenn der Mensch weder in der Heimatlosigkeit haltlos umherirre, noch sich in einem festen Gehäuse versteife, könne er das wahre Wohnen lernen.

Heidegger selbst hat meines Wissens nirgendwo zu diesen Vorwürfen Stellung genommen, so daß uns – den Lesern – die Diskussion mit Bollnow anheimgestellt ist.[47] Seine Kritik am Existenzial der Stimmung wiesen Heidegger-Exegeten häufig mit dem Argument zurück, Heideg-ger gehe es nicht um eine vollständige »Psychologie der Stimmungen«, sondern um die Herausarbeitung einer Strukturform. Damit macht man es sich jedoch zu leicht, denn Bollnow selbst sieht und referiert diesen Anspruch Heideggers. Dies hält ihn aber nicht davon ab, grund-sätzlich die Möglichkeit einer solchen Strukturform zu problematisie-ren, die für *alle* Stimmungen gelten soll. Nicht die Vollständigkeit bzw. Unvollständigkeit von Heideggers Ausführungen steht zur Diskussion, sondern viel weitgreifender das Verhältnis von existenzialer Analytik des Daseins und konkreter, existenzieller Anthropologie.[48]

43 Vgl. a. a. O. 284, 286.
44 Vgl. a. a. O. 309.
45 Vgl. a. a. O. 306f.
46 Vgl. a. a. O. 309.
47 Max Müller berichtet, Heidegger lehne Bollnows Versuch einer Ergänzung seines Ansatzes durch die Analysen von »Glück«, »Getragenheit«, »Geborgenheit« und »Heilheit« als Mißverständnis ab, ohne jedoch eine Belegstelle anzugeben. Ich ver-mute, daß sich Müller dabei auf ein persönliches Gespräch mit Heidegger beruft. Vgl. Max Müller: Existenzphilosophie ..., 53.
48 Vgl. zu dieser Problematik auch Helmut Fahrenbach: Heidegger und das Problem einer »philosophischen« Anthropologie, (1970).

Allerdings unterscheidet Heidegger selbst zwischen gehobenen und gedrückten Stimmungen (SuZ 134f, 345) – worauf Bollnow nur am Rande hinweist.[49] Auch die gehobenen Stimmungen erschließen indirekt in ihrem Überheben den Lastcharakter des Daseins. »Gehobene, besser hebende Stimmung ist ontologisch nur möglich in einem ekstatisch-zeitlichen Bezug des Daseins zum geworfenen Grunde seiner selbst.« (345) Darüber hinaus faßt Heidegger selbst noch die »Verstimmung« sowie die »Ungestimmtheit« als Modifikationen des Existenzials »Stimmung«. Das Grundproblem liegt darin, ob es zulässig ist, das Unwesen bzw. Gegenwesen eines Phänomens als Modifikation desselben Phänomens zu fassen, wie Heidegger dies bei fast allen Existenzialien praktiziert: Das Man-selbst gehört zum Selbst, die Verschlossenheit zur Erschlossenheit, die Verstimmung zur Stimmung. Dahinter steht meines Erachtens letztlich Heideggers Auffassung der Wahrheit als eines zwiefachen Geschehens von Entbergung und Verbergung. Weiterhin ist zu fragen: Kennt Bollnow nicht selbst eine solche Strukturform der Stimmungen, wenn er *vor* seiner Unterscheidung in gedrückte und gehobene Stimmungen allgemein das »Wesen der Stimmungen« charakterisiert?[50]

Die Vorrangstellung der Angst rechtfertigt sich allein aus dem Ziel der Untersuchung: der Wiederholung der Seinsfrage und der dazu nötigen existenzialen Analytik des Daseins. Die Grundverfassung des Daseins als »In-der-Welt-sein« zeigt sich am deutlichsten in der Stimmung der Angst, denn die Angst löst das Dasein aus seinen Bindungen an das Seiende und entrückt zur Welt als ein Nichts an Seiendem.

Von den Einzeleinwänden scheint mir der des fehlenden Gemeinschaftsbewußtseins am bedenkenswertesten zu sein, der bei der Analyse der Wohnlichkeit des Wohnens wiederkehrt. Heidegger führt in »Sein und Zeit« nur das uneigentliche Miteinander des Man aus, er spricht nicht vom eigentlichen Miteinander des Wir. Dies trug ihm scharfe Kritik von Seiten der Dialogphilosophen Buber, Jaspers, Löwith und Binswanger ein.[51]

49 Vgl. Bollnow: Das Wesen der Stimmungen …, 67.
50 Vgl. a. a. O. 31ff.
51 Vgl. Martin Buber: Das Problem des Menschen, Heidelberg 1948, 5. verb. Aufl. 1982, 94–127; Karl Jaspers: Notizen zu Martin Heidegger, München 1978, Notizen 7, 9, 27, 59, 129, 156, 252; Karl Löwith: Das Individuum in der Rolle des Mitmenschen, München 1928, 3. Aufl. Darmstadt 1969, 14ff; Ludwig Binswanger: Grundformen und Erkenntnis menschlichen Daseins, München 1942, 3. Aufl. 1963. Vgl. des weiteren dazu die einschlägigen Kapitel in der materialreichen Untersuchung von Michael Theunissen: Der Andere, Berlin 1964, 3. Aufl. 1981.

Insgesamt gesehen, werte ich Bollnows Untersuchung zum Wesen der Stimmungen als fruchtbare Ergänzung und Konkretion des Heideggerschen Existenzials, ohne deren Widersprüchlichkeit einzusehen.

Ebenso scheint mir, daß Bollnows Kritik an der Geworfenheit Heidegger mißversteht. Bollnow belegt die von Heidegger völlig wertfrei gemeinte »Geworfenheit« mit einer äußerst negativen Wertung. Weiterhin widerspricht sein Ausgang von einer ursprünglichen Geborgenheit Heidegger nicht, weil Bollnow mit Bachelard ontogenetisch, entwicklungsgeschichtlich argumentiert, während Heidegger von der Alltäglichkeit des erwachsenen Menschen ausgeht. Wie oben ausgeführt, bedeutet »zunächst« gerade kein Anfangsstadium einer Entwicklung. Die Grundsituation eines wesenlosen Wesens »Mensch«, der nicht wie das Tier auf fixe Bahnen festgelegt ist, kann meines Erachtens nicht die Geborgenheit sein, sondern allein das Un-zuhause, das geworfene Möglichsein.[52]

Bezüglich des Wohnens folgt Bollnow nach meinem Dafürhalten Heidegger weit mehr, als er selbst erkennt. Einigkeit besteht zwischen beiden darin, daß der Mensch das Wohnen erst lernen muß. Daraus folgt aber zwangsläufig, daß er in seiner Alltäglichkeit noch nicht recht wohnt, sich im Un-zuhause verliert. Dieser Alltagssituation des Erwachsenen stellt Bollnow ein naives Geborgensein im Kindesalter voran. Beide kommen zudem darin überein, daß das Wohnen sich nicht auf einen abgeriegelten Innenraum beschränken darf, vielmehr der Mensch lernen muß, die weite Welt, das Sein selbst zu bewohnen.

Bollnows Hauptkritikpunkt an Heideggers Raumauffassung unterliegt meiner Überzeugung zufolge seiner eigenen falschen Kennzeichnung der Räumlichkeit als »intentionalem Raum«, dem dann das Wohnen entgegengesetzt wird. Die Widersprüchlichkeit wird eklatant, wenn Bollnow Heidegger andererseits zustimmt, der Mensch müsse erst das Wohnen lernen. Auch bei Heidegger gründet alle existenziale Räumlichkeit im In-Sein als Wohnen, wie oben ausgeführt. Folglich erweist sich Bollnows Kritik am »intentionalen Raum« als ein Gefecht gegen etwas, was es bei Heidegger gar nicht gibt. Die Problematik des Wohnens tritt bei Heidegger erst in den 40er Jahren ins Zentrum der Betrachtung. An gegebener Stelle werde ich auf die Kritik Bollnows zurückkommen.

Schon jetzt sei ein Fazit erlaubt: Bollnows Arbeit über »Mensch und

---

52 Die anfängliche radikale Ungeborgenheit des Menschen wird auch von Seiten der wissenschaftlichen Anthropologie betont. Vgl. z. B. Arnold Gehlen: Der Mensch, 12. Aufl., Wiesbaden 1978, 9–85. Außerdem gibt es für Heidegger eine Geborgenheit nur im Sein, nicht im Seienden. Zum »wesenlosen Wesen« Mensch vgl. Richard Wisser: Die Frage nach dem Menschen, (1971), insb. 178.

Raum« sehe ich als plastische Ausarbeitung des »erlebten Raumes«, insbesondere der Formen des Eigenraumes, im Sinne einer wesentlichen Fortführung Heideggerscher Gedanken auf existenzieller Ebene. Seine Kritik jedoch verfehlt Heidegger weitgehend.

5. Der Mensch als Wesen der Ferne

Die Abhandlung »Vom Wesen des Grundes« (1929), in der Heidegger das Thema der Daseinsanalytik wieder aufgreift und nach der Weise des Grundseins des Daseins für jede Ontologie fragt, klingt in folgendem häufig wiedergegebenen, aber selten interpretierten Zitat aus:

»Und so ist der Mensch, als existierende Transzendenz überschwingend in Möglichkeiten, ein *Wesen der Ferne*. Nur durch ursprüngliche Fernen, die er sich in seiner Transzendenz zu allem Seienden bildet, kommt in ihm die wahre Nähe zu den Dingen ins Steigen. Und nur das Hörenkönnen in die Ferne zeitigt dem Dasein als Selbst das Erwachen der Antwort des Mitdaseins, im Mitsein mit dem es die Ichheit darangeben kann, um sich als eigentliches Selbst zu gewinnen.« (WdG 54)

Dies ist die erste Formulierung in einer zu Lebzeiten veröffentlichten Schrift, bei der das Problem von Nähe und Ferne jedem Leser förmlich in die Augen springen muß. Allerdings bleibt auch hier Nähe und Ferne ganz auf das Dasein bezogen, nennt noch nicht das Sein selbst. Eine teilweise bis in den Wortlaut gleiche Vorstufe zu diesem Zitat findet sich in der Beilage »Ferne und Nähe« zur Marburger Vorlesung »Metaphysische Anfangsgründe der Logik« aus dem SS 1928, aus der die Abhandlung »Vom Wesen des Grundes« erwachsen ist:

»Der Mensch ist ein Wesen der Ferne! Und nur durch echte ursprüngliche Ferne, die er sich in seiner Transzendenz zu allem Seienden bildet, kommt in ihm die wahre Nähe zu den Dingen ins Steigen. Und nur das Hörenkönnen in die Ferne zeitigt das Erwachen der Antwort jener Menschen, die ihm nahe sein sollen.« (GA 26, 285)

Im folgenden konzentriere ich mich ganz auf die Auslegung dieser Zitate. Offensichtlich stehen Nähe/Ferne des Menschen in unmittelbarem Zusammenhang mit dem Gedanken der »*Transzendenz*«, der, nebenbei bemerkt, sowohl den systematischen Schlüssel der ganzen Schrift »Vom Wesen des Grundes« als auch einer ganzen Phase des

Heideggerschen Denkens bildet.[53] Dieser Grundgedanke des frühen Heidegger kann und braucht hier nur im groben skizziert zu werden. (Vor allem die Weise, wie Transzendenz geschieht, kann hier nicht im einzelnen dargelegt werden.) Bereits einige rohe Andeutungen genügen, um seine Beziehung zu Nähe/Ferne aufleuchten zu lassen.

Transzendenz bedeutet wörtlich Überstieg. Diesen versteht Heidegger jedoch nicht mehr wie z. B. Kant oder Husserl erkenntnistheoretisch als Subjekt-Objekt-Beziehung, als Überstieg zum Seienden, sondern als Überstieg *über* das Seiende auf Welt hin. (WdG 18ff) Im Gegensatz zur Tradition darf das Transzendente weder *erkenntnistheoretisch* aus seinem Unterschied zum Immanenten als außerhalb des Bewußtseins vorhandenes Objekt, noch *theologisch* aus seinem Unterschied zum Kontingenten als unbedingter, unerreichbarer Gott gefaßt werden (GA 26, 203ff), es ist vielmehr die Welt.[54] Insofern verweist »Transzendenz« auf den selben Sachverhalt wie das »In-der-Welt-sein«. Transzendenz meint also gerade nicht eine bloße Verhaltensweise des Daseins unter anderen, das dann und wann die Möglichkeit zu transzendieren habe, sondern die »vor aller Verhaltung geschehende Grundverfassung dieses Seienden«. (WdG 18) Dasein existiert *in* und *als* Transzendenz. »Existieren besagt immer schon Überschreiten, oder besser Überschrittenhaben.« (GA 24, 426; vgl. GA 26, 211) Die Transzendenz selbst wurzelt in der ekstatisch-horizontalen Zeitlichkeit.[55] Alle Intentionalität sowie jegliche Verhaltungen zu Seienden gründen laut Heidegger in der Seinsweise des Daseins als Transzendenz. (WdG 16, 43; SuZ 363) Mit anderen Worten: Alle *ontische* erkenntnismäßige Transzendenz wurzelt in der ursprünglichen *ontologischen* Transzendenz. (GA 26, 167ff, 194) Wir sehen hierin die Fortführung des Gedankens von »Sein und Zeit«, daß Erkennen ein abgeleiteter Modus des In-der-Welt-seins ist.

Im Übersteigen des Seienden legt Dasein »ursprüngliche Fernen« zu allem Seienden, inklusive seiner selbst, und entrückt zur Welt als einem

---

53 Vgl. dazu die Untersuchung von Ingtraud Görland: Transzendenz und Selbst, Frankfurt a. M. 1981. Neben den von Görland berücksichtigten Schriften ist m. E. noch die Vorlesung »Grundprobleme der Phänomenologie« aus dem SS 1927 heranzuziehen. Vgl. GA 24, 418–429, 400f, 379.

54 Zum Begriff »Transzendenz« vgl. ferner ZS 17.

55 Die Fundierung der Transzendenz in der Zeitlichkeit, die in »Vom Wesen des Grundes« absichtlich außer acht bleibt, wird in den Vorlesungen »Grundprobleme der Phänomenologie« und »Metaphysische Anfangsgründe der Logik« erläutert. Vgl. GA 24, 428f, 377f; GA 26, 252ff. Vgl. des weiteren bereits SuZ 364ff.

Nichts an Seiendem.[56] Welt bestimmt Heidegger als »Umwillen« des Daseins – dem es ja bekanntlich in seinem Sein *um* dieses Sein geht – als »Bewandtnisganzheit« bzw. Gesamtheit von Bedeutungen (»Bedeutsamkeit«), aus der jedes Seiende erst seine Bedeutung, d. h. seinen Sinn erhält. Der Überstieg vollzieht sich als Entwurf auf Welt als dem Horizont, von dem her Seiendes verstehbar wird. Der Entwurf von Welt ist zugleich ein Überwurf der entworfenen Welt über das Seiende. Die Transzendenz ermöglicht dem Dasein, auf sich zuzukommen, sich zu sich selbst zu verhalten. Solchermaßen konstituiert die Transzendenz die Selbstheit, welche in sich ein Verhältnis ist. In eins mit dem Selbst erschließt der Überstieg das Sein des nicht-daseinsmäßigen Seienden, ja er ermöglicht sogar erst die Unterscheidung verschiedener Seinsarten. (WdG 19f) Darüber hinaus faßt Heidegger die Transzendenz als »Grund der ontologischen Differenz«. (WdG 16)[57] Der Überstieg ermöglicht dem Dasein jegliches Sein bei ... Vorhandenem und Zuhandenem, Mitsein mit anderem Dasein und Sein zu ... sich selbst. Insofern bringt die Transzendenz erst die »wahre Nähe« zu den Dingen ins Steigen.

Die Formulierungen »ursprüngliche Ferne« und »wahre Nähe« erinnern an die Unterscheidung von ontischer und ontologischer Nähe/Ferne in »Sein und Zeit«: Die »wahre Nähe« ist die ontologische Nähe, sie ist ein Bezug zwischen Sein (Dasein) und Sein (Zuhandenheit, Vorhandenheit, Mitdasein, Selbstheit) und nicht zwischen zwei Seienden. Solche Nähe bzw. Ferne ist freilich nicht mehr mit dem Metermaß berechenbar.

Der Schlußsatz »und nur das Hörenkönnen in die Ferne ...« erinnert ebenfalls an ein Phänomen aus »Sein und Zeit«, an den schweigenden Ruf des Gewissens, das »aus der Ferne in die Ferne« den Menschen zum Selbstsein aufruft. Allerdings geht es Heidegger an dieser Stelle nicht mehr um den Übergang vom uneigentlichen Man-selbst zum eigentlichen Selbst, sondern vom isolierten Ich zum eigenen Selbst, das wesentlich Mitsein, Sein mit Anderen ist. Das entscheidende Novum gegenüber »Sein und Zeit« liegt in der positiven Mitwirkung des Mitdaseins bei der Konstitution des Selbst, worauf bereits Michael Theunissen aufmerksam gemacht hat.[58] Zum ersten Mal finden wir so etwas wie ein eigentliches Miteinandersein, das sowohl Bollnow als auch die Dialog-

---

56 Den Zusammenhang zwischen Transzendenz und Nichts erörtert die Antrittsvorlesung »Was ist Metaphysik?« aus dem gleichen Jahr. Vgl. WiM 35, 38, 40.
57 Den Zusammenhang zwischen Transzendenz und ontologischer Differenz diskutiert ausführlich Alberto Rosales: Transzendenz und Differenz, Den Haag 1970.
58 Vgl. Michael Theunissen: Der Andere ..., 181.

philosophen in »Sein und Zeit« vermißten. Ganz in diesem Sinne erklärt Theunissen diese Korrektur als Reaktion auf die Kritik von Seiten der Dialogphilosophen, insbesondere die von Karl Löwith in seiner 1928 bei Heidegger eingereichten Habilitationsschrift »Das Individuum in der Rolle des Mitmenschen«.[59]

59 Vgl. Karl Löwith: Das Individuum in der Rolle des Mitmenschen, 3. Aufl., Darmstadt 1969 sowie dazu M. Theunissen: Der Andere ..., 161, 181, 413–438.

2. Kapitel
Destruktion der Metaphysik
durch Rückgang in den ersten Anfang

Die veröffentlichten Partien von »Sein und Zeit« lösten nur die eine
Hälfte der Doppelaufgabe der Fundamentalontologie ein: die existenziale Analytik des Daseins. Die daneben zur Konkretion der Seinsfrage
als einer wesentlich geschichtlichen Frage erforderliche Destruktion der
Geschichte der Ontologie bzw. Metaphysik blieb offen. Wie bereits
erwähnt, wird sie in *gewandelter Form* in zahlreichen systematischen
Schriften zum Wesen und Problem der Metaphysik sowie geschichtlichen Auseinandersetzungen mit wesentlichen metaphysischen Denkern
vollzogen.[1] Heidegger erweitert hierbei das ursprüngliche Programm
von »Sein und Zeit« – das ›lediglich‹ eine Destruktion des Zeitverständnisses bei Aristoteles, des »cogito sum« Descartes' sowie der Kantischen
Schematismuslehre vorsah (SuZ 40) – ganz erheblich: vor allem durch
die Analysen von Nietzsche, Hegel, Schelling und Platon. Über das
gigantische Ausmaß dieses Unternehmens dürfte spätestens seit dem
Erscheinen der Vorlesungen im Rahmen der Gesamtausgabe kein Zweifel mehr bestehen. Die Säulen von Heideggers Metaphysikkritik bilden
Platon und Aristoteles, mit denen die Metaphysik beginnt, Descartes,
der die neuzeitliche Verwandlung der Metaphysik zur Metaphysik der
endlichen Subjektivität einleitet, die dann bei Kant ihre deutlichste
Ausprägung findet und sich schließlich in Hegels Philosophie des absoluten Geistes sowie Nietzsches Lehre vom Willen zur Macht als Metaphysik des Willens vollendet. Als Leitfaden der Auseinandersetzung
fungiert stets die »Seinsfrage« in ihrer zwiefachen Bedeutung als fundamentalontologische »*Grundfrage*« (Was ist das Sein?) und als metaphysische »*Leitfrage*« (Was ist das Seiende?). (N I 79f; EiM 14f)

1 Für die systematische Aufarbeitung der Metaphysik vgl. WiM; KPM; EiM;
WiMN; WiME; ZS; ID 31–68; GA 29/30. Für Heideggers Auseinandersetzung mit
den wichtigsten Metaphysikern vgl.: zu Platon: PLW / zu Aristoteles: GA 21,
62–106; GA 31, 33–108; GA 33; WM 237–300 / zu Descartes: SuZ 89–101; N II
141–193 / zu Kant: KPM; FnD; WM 439–473; VS 64–109; GA 21, 269–409; GA 24,
35–108; GA 25; GA 31, 139–302 / zu Schelling: Schell / zu Hegel: GA 32; HW
105–192; ID 31–68; WM 421–438; VS 24–63 / zu Nietzsche: GA 43; GA 44; GA 48;
N I und II; HW 193–247; VA 97–122; WhD 20–47, 62–78.
Vgl. ferner den Personenindex bei Hildegard Feick sowie für die bisher unveröffentlichten Vorlesungen den Editionsplan der Martin Heidegger-Gesamtausgabe im Klo-
stermann-Verlag und das Verzeichnis aller von Heidegger gehaltenen Vorlesungen
und Seminare bei William J. Richardson: Heidegger. Through Phenomenology to
Thought, Den Haag 1963, 663–671.

Neu sind auch die Beschäftigung mit dem *Wesen* der Metaphysik, der spezifischen metaphysischen Denkungsart, ihren logischen Grundsätzen, ihrer onto-theo-logischen Verfassung sowie ihrem seinsgeschichtlichen Epochencharakter. Im Laufe eines permanenten Ablösungs- bzw. Befreiungsprozesses von der Metaphysik ersetzt Heidegger die Rede von der »*Destruktion*« unter dem Einfluß Nietzsches zunächst durch die Vokabel »*Überwindung* der Metaphysik« (N II 370; VA 67), fordert jedoch schon bald darauf in Absetzung von Nietzsche eine »*Verwindung* der Metaphysik« (VA 75; WhD 23f, 36), welche sich als »Rückgang in den Grund der Metaphysik« (WiME 7) versteht. Dieser erfolgt nicht mehr in einem weiteren Übersteigen der Meta-physik als Metaphysik der Metaphysik – wie im Kantbuch angezielt (KPM 223f; N II 370) – sondern als »Abstieg« in die »Nähe des Nächsten« (Hum 37). Die *Transzendenz*, der Überstieg, wird durch den »*Schritt zurück*« als fundamentalontologischer Grundakt abgelöst.[2] Konkret heißt dies, Heidegger vollzieht geschichtlich den »Schritt zurück« *vor* die Metaphysik zu den anfänglichen Denkern Anaximander, Heraklit und Parmenides, um im andenkenden Weiterdenken des von diesen zwar *genannten*, aber nicht eigens *gedachten* Wesens des Seins als ἀλήθεια, ἔον, φύσις und λόγος in den verborgenen Grund einzukehren, auf dem der Raum der Metaphysik gewachsen ist.[3] Ist dieser Boden erst einmal freigelegt, so ist es nur konsequent, wenn der späte Heidegger fordert, von allen Versuchen einer Überwindung oder Verwindung der Metaphysik abzusehen und die Metaphysik sich selbst zu überlassen. (SdD 25) Hier hat sich die Richtung des Denkens umgekehrt: Es geht nicht mehr von der Metaphysik in ihren Grund zurück, d. h. vom Seienden zum Sein, sondern es denkt aus dem »Grund« selbst, d. h. hier aus dem Ereignis bzw. der NÄHE. Doch bis dahin ist noch ein weiter Weg.

Wichtig ist, daß weder »Destruktion« noch »Überwindung« noch »Verwindung« – entgegen ihrem üblichen Sprachgebrauch – primär pejorativen Charakter haben. Bereits in »Sein und Zeit« betont Heidegger mehrfach die »positive Absicht« der geplanten Destruktion im Sinne

---

2 Der »Abstieg« darf nicht mit dem »Rückstieg« im Sinne der »Reszendenz« gleichgesetzt werden, denn die »Reszendenz« bleibt als bloße Umkehrung der »Transzendenz« dem metaphysischen Denken verhaftet. Vgl. ZS 17f sowie auch Karl-Heinz Volkmann-Schluck: Einführung in das philosophische Denken, 3. Aufl., Frankfurt a. M. 1981, 55f, 100ff.

3 Dieser »Schritt zurück« geschieht sowohl systematisch als auch geschichtlich. Systematischer und geschichtlicher Aspekt sind hier notwendig miteinander verknüpft, denn die Metaphysik ist in sich sowohl eine bestimmte Denk- und Frageweise mit einer ganz bestimmten Verfassung als auch Geschichte.

einer »produktiven« bzw. »positiven Aneignung« und verneint ausdrücklich allen »negativen Sinn einer Abschüttelung der ontologischen Tradition«. (SuZ 21ff)[4] Ziel der Destruktion sei allein das Durchsichtigmachen der Seinsfrage durch »Auflockerung der verhärteten Tradition«, »Ablösung der durch sie gezeitigten Verdeckungen« und Rückgang auf die »ursprünglichen Erfahrungen«, in denen die Seinsbestimmungen gewonnen wurden. (SuZ 22) Allerdings bleibt die Destruktion in »Sein und Zeit« noch ganz in der *Geschichtlichkeit* des Daseins motiviert und nicht in der *Seinsgeschichte* selbst, wie in den späteren Schriften. (N II 415)

Im Rückblick auf »Sein und Zeit« formuliert Heidegger 30 Jahre später in seinem berühmt gewordenen Vortrag »Was ist das – die Philosophie?«: »Destruktion bedeutet nicht Zerstören, sondern Abbau, Abtragen und Auf-die-Seite-stellen – nämlich der nur historischen Aussagen über die Geschichte der Philosophie. Destruktion heißt: unser Ohr öffnen, freimachen für das, was sich uns in der Überlieferung als Sein des Seienden zuspricht.« (WiP 22; vgl. ZS 37)

Ebenso bedeutet Überwindung der Metaphysik »weder eine Zerstörung noch eine Verleugnung der Metaphysik«, sondern Einbringen der Metaphysik »in ihre Grenzen« (UzS 109), »Über-lieferung der Metaphysik in ihre Wahrheit« (VA 75). Das überwindende Denken, das an den vergessenen Grund der Metaphysik, die Wahrheit des Seins, denkt, »begnügt sich zwar nicht mehr mit der Metaphysik, aber es denkt auch nicht gegen die Metaphysik«. (WiME 9; vgl. N II 365)

Es bleibt festzuhalten: Die Destruktion oder Überwindung der Metaphysik zerstört diese nicht und verleugnet sie nicht, wohl aber verwandelt sie diese, indem sie ihre Versäumnisse aufdeckt, ihre Alleinherrschaft bricht und ihren Grund freilegt. Da dieser Grund bzw. das Wesen der Metaphysik selbst nichts Metaphysisches mehr ist, verläßt das überwindende Denken die Metaphysik.

---

4 »Aneignung« spielt auch in der Philosophie von Karl Jaspers eine zentrale Rolle. Der gleiche Wortgebrauch darf gerade nicht über die großen inhaltlichen Differenzen im Verhältnis zur Geschichte der Philosophie hinwegtäuschen. Vgl. hierzu sowie für Heideggers und Jaspers' Verhältnis zur Tradition im allgemeinen den Vortrag von Richard Wisser auf dem Weltkongreß für Philosophie in Montreal 1983: Aneignung und Unterscheidung, (1984).
Für die Problematik der Verwindung der Metaphysik beim frühen Heidegger vgl. Petra Jaeger: Heideggers Ansatz zur Verwindung der Metaphysik in der Epoche von »Sein und Zeit«, Frankfurt a. M./Bern 1976.

Wenn ich trotz alledem den Titel »Destruktion« den Termini »Überwindung« und »Verwindung« vorziehe, so geschieht dies aus zweierlei Gründen: 1. Um anzudeuten, daß trotz aller Änderungen sowie erheblichen Erweiterungen das ursprüngliche Anliegen von »Sein und Zeit«, durch produktive Aneignung der Metaphysik zu deren verschüttetem inneren Kern, dem Sein, vorzudringen, erhalten bleibt. 2. Weil das Wort »Destruktion« bereits den Weg zur Nähe des Nächsten sagt: die Wahrheit des Seins kann allein im *Abbau* sedimentierter *Seinsferne* geschehen. Nur gegen den Strom schwimmend, gelangen wir an die Quelle. Der Anfang oder Ursprung ist nur im ab-schichtenden geschichtlichen Rückgang, also gewissermaßen einer De-sedimentierung zu erreichen.

Zur Destruktion gehört unter anderem die Ent-scholastifizierung der erstarrten ontologischen Begrifflichkeit, wie sie Heidegger am Anfang des 20. Jahrhunderts vorfand. Sie bringt verfestigte Begriffe wieder in Bewegung, belebt abgestumpfte und daher nichts mehr sagende Worte wieder zum Sprechen. Die Destruktion bildet als »kritischer Abbau der überkommenen und zunächst notwendig zu verwendenden Begriffe auf die Quellen, aus denen sie geschöpft sind« eines der drei Grundstücke der phänomenologischen Methode Heideggers neben der »phänomenologischen Reduktion«, die Heidegger allerdings anders als Husserl als »Rückführung des phänomenologischen Blickes von der wie immer bestimmten Erfassung des Seienden auf das Verstehen des Seins (Entwerfen auf die Weise seiner Unverborgenheit) dieses Seienden« faßt, und der »phänomenologischen Konstruktion« als dem »Entwerfen des vorgegebenen Seienden auf sein Sein und dessen Strukturen«. (GA 24, 29–31)[5]

Aufgabe der Destruktion ist die Ent-fernung alles dessen, was verhindert, daß das Sein (und die Dinge) sich von sich her an ihm selbst zeigen kann, d. h. dessen, was die Nähe des Seins verdeckt. Heideggers Destruktion betrifft sowohl die Vergangenheit als auch das Heute. Sie beabsichtigt, sowohl das »Ungedachte« im Gedachten des bisherigen Denkens freizulegen als auch das im Alltäglichen zumeist Übersprungene vor Augen zu führen. Indem sie verkrustete Ablagerungen jeglicher Art beseitigt, reinigt sie den Bezug von Sein *und* Menschenwesen und ermöglicht so die Erfahrung des Zusammen*gehörens* der beiden.

5 Leider kamen diese drei Grundstücke der phänomenologischen Methode innerhalb der Vorlesung nicht mehr zur Ausführung, wie Heidegger ursprünglich plante. Vgl. GA 24, 33. Der Terminus »Destruktion« findet sich bereits sehr früh bei Heidegger. (GA 61, 31).

Im Rahmen dieser Arbeit kann natürlich Heideggers Analyse der Metaphysik weder systematisch noch in ihrer geschichtlichen Entwicklung dargestellt werden – selbst eine grobe Skizze würde schon zuviel Platz beanspruchen –,[6] vielmehr beschränkt sie sich darauf, die Versäumnisse der Metaphysik anhand zweier ihrer Kernstücke zu demonstrieren, die für die Problematik der NÄHE von besonderem Interesse sind: dem Problem des Nihilismus und der Struktur des metaphysischen Denkens als »begründendes Vorstellen«. Zur abhebenden Verdeutlichung wird jeweils Heideggers eigene Einschätzung des Nihilismus und des »wesentlichen« Denkens als »Sein-lassen« gegenübergestellt. Ein dritter Abschnitt verfolgt den Rückgang in den ersten Anfang.

1. Der Nihilismus in der Sicht von Nietzsche und Heidegger

Heideggers »Aus-einander-setzung« mit Nietzsches Philosophie steht unter folgendem Motto:

»Der Streit ist die Aus-einander-setzung der Macht des Seienden und der Wahrheit des Seins. Diese Auseinandersetzung vorzubereiten, ist das *fernste* Ziel der hier versuchten Besinnung.

Dem *fernsten* Ziel untersteht das *nahe*, die Besinnung auf die innere Einheit der Metaphysik Nietzsches als der Vollendung der abendländischen Metaphysik. Das *fernste* Ziel steht zwar in der Zeitfolge der nachweisbaren Begebenheiten und Zustände vom jetzigen Zeitalter unendlich weit ab. Das sagt jedoch nur: Es gehört in die geschichtliche Erfahrung einer anderen Geschichte.

Dieses *Fernste* ist gleichwohl *näher* als das sonst *Nahe* und *Nächste*,

6 Vgl. hierzu die materialreiche Untersuchung von Gerd Haeffner: Heideggers Begriff der Metaphysik, 2. Aufl., München 1981, sowie das immer noch lesenswerte Buch seines Lehrers Max Müller: Existenzphilosphie ..., ferner Alexius J. Bucher: Metaphysikkritik als Begriffsproblematik auf dem Denkweg Martin Heideggers, Bonn 1972. Einen ersten Ein- und Überblick über Heideggers Stellung zu einzelnen metaphysischen Denkern geben die Aufsätze von Walter Hirsch (zu Platon), Friedrich-Wilhelm von Herrmann (zu Descartes), Wolfgang Janke (zu Leibniz), Hansgeorg Hoppe (zu Kant) und Eckhard Heftrich (zu Nietzsche) in der Festschrift zum 80. Geburtstag Martin Heideggers »Durchblicke«, hrsg. von V. Klostermann, Frankfurt a. M. 1970. Vgl. ferner F.-W. von Herrmann: Fichte und Heidegger, (1976); Jan van der Meulen: Heidegger und Hegel, Meisenheim 1953; W. Marx: Heidegger und die Tradition ..., 25–51 (zu Aristoteles), 52–80 (zu Hegel) u. 81–90 (zu beiden).

gesetzt, daß der geschichtliche Mensch dem Sein und seiner Wahrheit zugehört; gesetzt, daß das Sein nie erst eine *Nähe* des Seienden zu übertreffen braucht; gesetzt, daß das Sein das einzige, aber noch nicht erstellte Ziel des wesentlichen Denkens ist; gesetzt, daß solches Denken anfänglich ist und im anderen Anfang selbst der Dichtung im Sinne der Poesie noch voraufgehen muß.« (N II 262; Herv. E. K.)

Dieses Zitat kündigt bereits an, warum die Auseinandersetzung mit Nietzsche für Heidegger so eminent wichtig ist: Die Besinnung auf die innere Einheit von Nietzsches Metaphysik als Vollendung der gesamten bisherigen Geschichte der Metaphysik dient der Vorbereitung auf die Erfahrung einer anderen Geschichte, die Geschichte der Aus-einander-setzung innerhalb der Differenz von Sein und Seiendem bzw. des in sich strittigen Wesens der Wahrheit des Seins. Die ungeheuere Brisanz von Heideggers These, Nietzsche vollende die Metaphysik, kommt vollends zum Vorschein, wenn wir bedenken, daß Nietzsche selbst – wie später Heidegger in Analogie zu ihm – die Geschichte der Philosophie seit Platon bis zu ihm als Verfallsgeschichte, nämlich als Geschichte des »Nihilismus« kennzeichnete und nach ihrer Überwindung trachtete. Angesichts dessen muß gefragt werden: Welche Gründe erlauben Heidegger den angeblichen Überwinder des Nihilismus Nietzsche selbst noch als dessen schärfste Ausprägung und Vollendung einzustufen?

Nietzsches metaphysische Grundstellung läßt sich Heidegger zufolge anhand von fünf Leittiteln umgrenzen: »Wille zur Macht«, »Nihilismus«, »Ewige Wiederkehr des Gleichen«, »Übermensch« und »Gerechtigkeit«. (N II 257ff) Von diesen spielt im Kontext des Problems der NÄHE für Heidegger insbesondere der Gedanke des »Nihilismus« eine wichtige Rolle, denn – wie bereits gesagt – motiviert Nietzsches Erfahrung des Nihilismus unter anderen Heideggers eigene Grunderfahrung der Seinsferne. Zudem eignet sich das Problem des »Nihilismus« m. E. vorzüglich dazu, Heideggers Absetzung von der gesamten Metaphysik sowie von Nietzsches Philosophie zu verdeutlichen, weil Heidegger im Anschluß an Nietzsche und zugleich in Abhebung von diesem eine eigene Bestimmung des Wesens des Nihilismus vornimmt. Mittels der Destruktion der Nietzscheschen metaphysischen Bestimmung des Nihilismus versucht Heidegger zum Eigentlichen des Nihilismus, seinem seinsgeschichtlichen Wesen vorzudringen: dem sich entziehenden Sein selbst.

Bei der folgenden Untersuchung des Nihilismus in der Sicht von Nietzsche und Heidegger – wobei ich mich im ersten Fall ausschließlich auf Heideggers Deutung von Nietzsches Bestimmung des Nihilismus

beschränke – müssen wir uns stets vor Augen halten: Die Heideggersche Frage nach dem Wesen des Nihilismus ist zugleich wesentlich die
Frage nach der Seinsferne bzw. dem Wesen des Seins selbst als NÄHE
im Sinne des zwiefachen Geschehens von Nähe und Ferne sowie letztlich die Frage nach der NÄHE als dem wechselweisen Bezug von Sein
und Mensch, Mensch und Sein. Dabei sind folgende Fragen jeweils aus
der Perspektive von Nietzsche und von Heidegger zu klären: 1. Was
bedeutet »Nihilismus«? 2. Wie wird sein Aufkommen erklärt? 3. Läßt
er sich überwinden und wenn ja, wie? Diese drei Fragen können im
Hinblick auf Heideggers Bestimmung des Nihilismus unter dem Aspekt
der Problematik der NÄHE auch so formuliert werden: 1. Was bedeutet
Seinsferne? 2. Wie kommt sie zustande? 3. Läßt sie sich überwinden
und wenn ja, wie?

Nietzsche gilt gemeinhin als der Entdecker des Nihilismus, d. h. des
verborgenen Geschehens, das die letzten 2000 Jahre abendländischer
Geschichte durchherrscht. Nihilismus bedeutet für Nietzsche: »Daß die
obersten Werte sich entwerten. Es fehlt das Ziel; es fehlt die Antwort
auf das ›Warum‹?«[7] Als oberste Werte gelten seit Platon die übersinnli-
chen Ideen, das Metaphysische, das Göttliche. Aufgrund seines Dualis-
mus von »wahrer« Welt der Ideen und »scheinbarer« Welt des Werdens
stellt Platon in Nietzsches Augen den Metaphysiker par ecellence dar.
Weil das Christentum im wesentlichen diese Zweiweltenlehre übernimmt, ist es lediglich »Platonismus für's ›Volk‹«.[8] Nihilismus und die
vielzitierte Formel »Gott ist tot« sagen dasselbe.
    Ich skizziere zunächst mit Heidegger den metaphysischen Nihilis-
musbegriff Nietzsches nach seiner »Herkunft, Entfaltung und Überwindung« (N II 97). Nietzsche entlarvt drei *Ursachen* bzw. Formen des
Nihilismus:[9] 1. Wenn wir vergeblich nach einem Sinn – für Nietzsche

7 Friedrich Nietzsche: Der Wille zur Macht, n. 2; KGW VIII 9 (35). Vgl. N II 45.
Heidegger zitiert nach der heute wissenschaftlich überholten und selten gewordenen
Großoktavausgabe der Werke Nietzsches in 20 Bänden, Leipzig 1905ff. Ich über-
nehme zwar die Zitate in der von Heidegger zitierten Form, gebe aber die Zitatnach-
weise nach Schrift, Kapitel und Aphorismennummer und überprüfe sie anhand der
Kritischen Gesamtausgabe der Werke Nietzsches in 30 Bänden von Giorgio Colli und
Mazzino Montinari, Berlin 1967ff (= KGW).
Statt »warum« heißt es in der dreibändigen Studienausgabe der Werke Nietzsches
von Karl Schlechta, 2. Aufl., München 1960, Bd. 3, 557: »wozu«. Die KGW dagegen
schreibt wieder »warum«, bringt aber eine völlig geänderte Satzstellung innerhalb
des Aphorismus.
8 F. Nietzsche: Jenseits von Gut und Böse, Vorrede; KGW VI, 2, 4. Vgl. N II 83.
9 Vgl. F. Nietzsche: Der Wille zur Macht, n. 12; KGW VIII 11 (99).

gleichbedeutend mit Ziel, Zweck, Wert – des Werdens gesucht haben, der nicht darin steckt. Denn der menschliche Wille »*braucht ein Ziel,* – und eher will er noch *das Nichts* wollen als *nicht* wollen«.[10] 2. Wenn wir eine Ganzheit, eine Systematisierung oder Organisierung in und unter dem Seienden angesetzt haben, aber einsehen müssen, daß es eine solche Einheit nicht gibt. Denn erst ein geordnetes Ganzes verleiht dem Menschen seinen Wert. 3. Wenn wir aufgrund der Einsicht in die Ziel- und Einheitslosigkeit des Werdens die ganze Welt des Werdens als Täuschung verworfen und ihr eine jenseitige »wahre« Welt gegenüberge- stellt haben, jedoch schließlich erkennen müssen, daß letztere einem bloßen psychologischen Bedürfnis von uns entsprungen ist. Das Resul- tat ist der Unglaube an jede Form einer metaphysischen Welt und die Anerkennung der Welt des Werdens als einziger Realität. So entsteht ein eigenartiger Zwischenzustand: Einerseits darf die Welt des Werdens als wirklich nicht geleugnet werden, andererseits ist diese allein wirkli- che Welt ziel- und wertlos und daher nicht zu ertragen. Haben wir erst einmal erkannt, daß die Welt als Ganze nicht mit den drei Kategorien *Zweck, Einheit* und *Wahrheit* interpretiert werden kann, so müssen wir fragen, woher der Glauben an diese Kategorien kommt. Zweck, Einheit und Wahrheit sind für Nietzsche *Werte* und als solche »Resultate be- stimmter Perspektiven der Nützlichkeit zur Aufrechterhaltung und Steigerung von Herrschafts-Gebilden: und nur fälschlich *projiziert* in das Wesen der Dinge«.[11] Die wertlos gewordenen Werte sind also keine Werte an sich, sondern Werte für uns. *Wir* haben sowohl die Werte in die Dinge hineingelegt, als sie auch wieder herausgezogen. Der Mensch ist sowohl für die Wertsetzung als auch für die Absetzung der Werte verantwortlich.

Der Prozeß des eigentlichen Nihilismus entfaltet sich in drei Pha- sen:[12] 1. Der Vorform des Pessimismus, der das Bestehende verneint und so für eine neue Wertsetzung Platz schafft. 2. Dem Zwischenzu- stand des extremen aktiven Nihilismus, der umstürzt, indem er dem, was absterben will, hilft, diesen Prozeß zu beschleunigen. 3. Der Voll- endung im ekstatisch-klassischen Nihilismus als neuer Wertsetzung, als Umwertung aller bisherigen Werte. (N II 92ff, 279ff; HW 207ff) Nietz-

10 F. Nietzsche: Zur Genealogie der Moral, 3. Abhandlung, n. 1; KGW VI, 2, 357. Vgl. N II 65.
11 F. Nietzsche: Der Wille zur Macht, n. 12; KGW VIII 11 (99). Vgl. N II 85.
12 Von dem anderen Strang, der über den »Pessimismus der Schwäche« und den »passiven extremen Nihilismus« in eine Sackgasse führt, kann hier abgesehen wer- den, da dieser für Nietzsche selbst von sekundärer Bedeutung ist.

sche versteht sich selbst als klassischen Nihilisten. Der Begriff des Nihilismus ist bei Nietzsche also zweideutig: Einmal nennt er nur die Entwertung der obersten Werte, das andere Mal nimmt er die Umwertung, d. h. die Überwindung des Nihilismus im engeren Sinne, mit hinzu. (HW 207) Allein im Durchgang durch den Zwischenzustand, in dem die Welt wertlos aussieht, kann die Ursache des Nihilismus erkannt werden. Erst aus dem Bewußtsein des Zwischenzustandes entspringt der Wille zur Überwindung des Nihilismus. Diese soll durch eine Umwertung aller bisherigen Werte geleistet werden, die einem neuen Prinzip der Wertsetzung folgt.

Umwertung bedeutet weder, daß die bisherigen obersten Werte einfach durch neue ersetzt werden, noch daß Oben und Unten, Jenseits und Diesseits vertauscht werden, denn mit der Entwertung der obersten Werte entfällt auch deren Stelle, nach dem Wegfall des Jenseits gibt es auch kein Diesseits mehr. Die Umwertung aller Werte erfordert eine *Umwandlung der bisherigen Wertordnung,* eine gewandelte Einsicht in das *Wesen der Werte,* d. i. die Weise, *wie* Werte Werte sind, sowie ein *neues Prinzip der Wertsetzung.* Das neue Prinzip der Wertsetzung findet Nietzsche im »*Willen zur Macht*« als dem Grundcharakter alles Seienden. Das Wesen des Willens zur Macht besteht in der ständigen Erhaltung und Steigerung der Macht, der ständigen Übermächtigung und Überwindung seiner selbst. Die Werte erkennt Nietzsche als Erhaltungs-, Steigerungsbedingungen des Willens zur Macht, deren Veränderung im »Verhältnis zu dem *Macht-Wachstum des Wertsetzenden*« stehen.[13] Werte sind folglich *bedingte Bedingungen* des Willens zur Macht. Das will sagen, sie sind einerseits vom Willen zur Macht gesetzt, andererseits ist dieser nur wirklich in seinen Bedingungen, weil er nur als ständige Übermächtigung wirklich ist. Wille zur Macht und Wertsetzung gehören untrennbar zusammen. (N II 108) Das heißt aber weiter für Nietzsche: der Wille zur Macht ist nicht nur das Prinzip der *neuen* Wertsetzung, sondern ebenso aller *bisherigen* Wertsetzung. Die gesamte Metaphysik bzw. der gesamte Nihilismus seit Platon ist für Nietzsche ein Denken in Werten und steht daher unter der Vorherrschaft des Willens zur Macht. Das Neue der neuen Wertsetzung liegt allein darin, daß sie erstmals wissentlich und damit in adäquater Weise dem Prinzip des Wertdenkens folgt und die Sicherung dieses Prinzips betreibt. (HW 114)

Es zeigte sich: Nietzsche sieht die Ursache des Nihilismus im Glauben

---

13 Vgl. F. Nietzsche: Der Wille zur Macht, n. 14; KGW VIII 9 (39). Vgl. N II 100.

an die Vernunftkategorien Zweck, Einheit, Wahrheit, insbesondere in der Ansetzung einer metaphysischen »wahren« Welt neben der »scheinbaren« Welt des Werdens. Der Nihilismus tritt in dem Augenblick zutage, wenn wir erkennen, daß alles dies nur von uns fälschlicherweise in die Dinge selbst projizierte Werte sind, um psychologische Erhaltungsbedingungen zu befriedigen. Der Zwischenzustand einer total wertlos gewordenen Welt kann nur durch eine Einsicht in das Wesen und den Ursprung der Werte sowie eine ausdrückliche Bejahung des Prinzips der Wertsetzung überwunden werden. Werte sind für Nietzsche wesentlich Erhaltungs- und Steigerungsbedingungen des Willens zur Macht. Dieser ist der Ursprung aller Wertsetzung und als solcher das letzte Faktum, zu dem wir hinunterkommen. (N II 114)

Inwieweit Nietzsche seinem eigenen Anspruch einer Überwindung der Metaphysik als Nihilismus gerecht wird, soll im folgenden mit Heidegger kritisch beleuchtet werden: Nietzsche begreift den Nihilismus nach seiner »Herkunft, Entfaltung und Überwindung« (N II 97) wesentlich vom Wertgedanken her. Diese Verbindung von Nihilismus und Wertdenken ist jedoch (schon sprachlich) keineswegs selbstverständlich, denn ursprünglich ist »nihil«, »Nichts«, ein »*Seins*begriff und kein *Wert*begriff«. (N II 50, 98) Heidegger opponiert mit aller Kraft gegen Nietzsches Wertdenken, denn »das Denken in Werten ist die größte Blasphemie, die sich dem Sein gegenüber denken läßt«. (Hum 35)[14] Durch Nietzsches moralische Auslegung der Metaphysik wird die *Ontologie* zur *Axiologie* umgedeutet, das *Sein* selbst schließlich *als Wert* gedacht. Nietzsches eigentliche Umwertung besteht darin, daß Sein, Wahrheit, Sinn von vornherein als Wert und *nur* als Wert gefaßt werden. Für Heidegger dagegen gründet die Frage nach dem Wert und seinem Wesen in der Frage nach dem Sein. (N II 47)

Gegen Nietzsches Deutung der gesamten abendländischen Metaphysik als Denken in Werten verweist er zunächst auf die historische Tatsache, daß der Wertgedanke erst in der Neuzeit im Zusammenhang mit der Ausbildung der Metaphysik der Subjektivität entstanden sei und von Nietzsche unzulässigerweise auf die gesamte metaphysische Tradition ausgeweitet wird. Ebenso sei der Wille zur Macht eine spezifisch neuzeitliche Ausprägung der *Metaphysik* der *unbedingten Subjektivität* als *Metaphysik des Willens*. Weder Hegel, noch Kant, noch Descartes, noch Aristoteles, noch Platon sprächen vom Willen zur Macht als

14 Daher kann Heidegger an anderer Stelle sagen, das Denken in Werten sei »das radikale Töten« (HW 242).

Grundcharakter alles Seienden. Allein die Berufung auf sogenannte »historische Objektivitäten« reiche nicht aus, um Nietzsches Entwurf zu widerlegen, denn es könnte sein, daß Nietzsche die gesamte bisherige Metaphysik besser verstanden habe als sie sich selbst und so ihr erst das Wort verliehen habe, um das zu sagen, was sie schon immer habe sagen wollen. Es gelte vielmehr nachzuweisen, daß der früheren Metaphysik der Wertgedanke in der Nietzscheschen Prägung fremd war und notwendig fremd bleiben mußte. Das heiße aber nichts anderes, als hinter den Ursprung des Wertgedankens zurückzufragen, den Ursprung des Willens zur Macht selbst freizulegen, hinter den Nietzsche nicht zurückkommt. Hierzu zeigt Heidegger zunächst anhand eines Vergleichs der metaphysischen Grundpositionen von Protagoras, Descartes und Nietzsche den inneren Zusammenhang Nietzsches mit Descartes' Metaphysik der Subjektivität sowie die tiefe Kluft zwischen ihnen und Protagoras, für den der Mensch ins Wesen der Wahrheit eingebettet bleibt, auf.[15] Danach legt er dar, wie sich in Nietzsches Philosophie das neuzeitliche Wesen der Metaphysik als Metaphysik der unbedingten Subjektivität des Willens zur Macht vollendet. (N II 200) In einem dritten Schritt arbeitet Heidegger den Unterschied zwischen Platons Idee des Guten und Nietzsches Wertbegriff heraus. Trotzdem vollziehe sich bei Platon eine erste Vorzeichnung des Wertgedankens. Der Umkehrer des Platonismus Nietzsche denke ebenso metaphysisch wie Platon: Dieser faßt das Sein als Idee, die den Charakter der Ermöglichung und Bedingung hat, jener denkt das Sein als Wert, d. h. als Erhaltungs- und Steigerungsbedingung. (N II 226f) So gelangt Heidegger zu folgendem Urteil über Nietzsche: »Er vermag das verborgene Wesen des Nihilismus trotz aller Einsichten deshalb nicht zu erkennen, weil er ihn von vornherein und *nur* vom Wertgedanken aus, als Vorgang der Entwertung der obersten Werte begreift.« (N II 54) »Allein die Entwertung der obersten Werte gehört zwar als Grundgeschehen dieser abendländischen Geschichte zum Nihilismus, sie erschöpft jedoch niemals sein Wesen.« (N II 276) Nietzsches angebliche Überwindung des Nihilismus »bleibt nur die sich selbst blendende Verstrickung in das unerkennbar gewordene Selbe«. (HW 214; vgl. N II 340; VA 65) Er vollendet die Metaphysik, indem er die in ihr angelegten Wesensmöglichkeiten erschöpft.

15 Auf eine mögliche Kritik an der Parallelisierung der Menschenbilder bei Descartes und Nietzsche kann hier nicht eingegangen werden.

Nietzsches »*metaphysischem* Begriff des Nihilimus« (N II 336) als Entwertung der obersten Werte stellt Heidegger seine »*seinsgeschichtliche Bestimmung des Nihilismus*« gegenüber. Derzufolge ist es nicht nur mit dem *Seienden* nichts, sondern mit dem *Sein* selbst nichts. »Das Wesen des Nihilismus ist die Geschichte, in der es mit dem Sein selbst nichts ist.« (N II 338) Weil Nietzsches angebliche Überwindung des Nihilismus durch die Bejahung des Willens zur Macht als Prinzip aller Wertsetzung das Sein nur als Wert denkt, jedoch nicht das Sein als Sein, kann Heidegger sagen: »Nietzsches Metaphysik ist eigentlicher Nihilismus.« (N II 339) Indem Nietzsche das Wertdenken zum Prinzip verfestigt, läßt er das Sein selbst prinzipiell nicht zu und schließt sich somit von jeder Möglichkeit aus, das *Wesen* des Nihilismus fassen zu können. *Das Wertdenken ist in sich Nihilismus.* Da alle Metaphysik nur das Seiende als solches denkt, nie aber das Sein als solches, gilt weiterhin: »*Die Metaphysik ist als Metaphysik der eigentliche Nihilismus.*« (N II 343, 350) Die Wendung »eigentlicher Nihilismus« bezeichnet hierbei zunächst ein Versäumnis des *Denkens*, nämlich das Versäumnis, das Sein als solches zu denken, infolgedessen es mit dem Sein selbst nichts ist. Doch damit ist noch nicht das »*Wesen*« des »eigentlichen Nihilismus« erreicht.

Die Metaphysik denkt das Seiende als solches. Das Seiende ist unverborgen, steht in der Unverborgenheit des Seins. Obwohl die Metaphysik diese Unverborgenheit, das »als solches« nicht bedenkt, west in ihr das Sein an, wenn auch in der Weise des Abwesens, des Entzugs, des Ausbleibens. Die Verborgenheit des Seins gehört zu seiner Unverborgenheit, das Ausbleiben des Seins zu seiner Ankunft, das Abwesen zum Anwesen, der Entzug zum Bezug. (N II 353ff) In meiner Terminologie: Die Ferne des Seins gehört zu seiner NÄHE. Das Sein hält an sich in der Ferne des Entzugs. Es west als fernes. Diese Seinsferne wahrt jedoch die grundsätzliche NÄHE, die Nachbarschaft zum Menschenwesen. Die NÄHE west im Modus der Ferne.[16] Hier sind wir auf eine häufig auftretende und äußerst wichtige Denkfigur Heideggers gestoßen: Das *Unwesen* des Seins gehört mit zu dessen *Wesen*. Es versteht sich von selbst, daß dieses »Un-« nicht einer Negation oder gar einer Abwertung entspringt.

Die Rede vom Sein, das in der Metaphysik ungedacht bleibt, beklagt demnach nicht nur und primär ein Versäumnis des *Menschen*, sondern

---

16 Auffälligerweise gebraucht Heidegger die Nähe/Ferne-Terminologie in dieser Abhandlung sehr wenig, obwohl sie 1944–46 geschrieben wurde, also aus der Zeit des Humanismus-Briefs stammt.

resultiert aus dem geschichtlichen Entzug des *Seins*. Das Seiende ist vom Sein selbst verlassen, das Sein hält an sich, übt ἐποχή, verbirgt sich ins Nichts. Diesen Wesenszusammenhang zwischen Sein und Nichts bedenkt die Metaphysik, auch diejenige Nietzsches, nicht. Im Ausbleiben des Seins selbst in seiner Unverborgenheit sieht Heidegger das *»Wesen des eigentlichen Nihilismus«*. (N II 356) »Wesentlich« gedacht ist der »eigentliche Nihilismus« also nicht bloß das Ergebnis einer Verfehlung des *Denkens*, sondern des geschichtlichen Sichentziehens des *Seins*. Metaphysik bzw. Nihilismus gehören in die Geschichte des Seins. Die Epoche der Metaphysik wird bestimmt durch die ἐποχή des Seins. Die einzelnen Phasen der Metaphysik definieren sich aus der »jeweiligen Ferne des Entzugs«. (N II 383) Mit anderen Worten: Wir müssen mit Heidegger unterscheiden zwischen einer *Geschichte des Denkens* und einer *Geschichte des Seins*, genauer gesagt einer Geschichte des Bezugs des Denkens zum Sein und einer Geschichte des Bezugs des Seins zum Denken, welche aus dem *wechselweisen* Zusammen*gehören* von Sein *und* denkendem Menschenwesen, in dem wir uns Heidegger zufolge bewußt oder unbewußt immer schon bewegen, entspringen.

Die Einsicht in das Ausbleiben des Seins als »eigentlichen Nihilismus« entlastet jedoch keineswegs den Menschen von der Aufgabe der gemäßen Weise des Denkens. Sie ist kein Freibrief für menschliches Schalten und Walten nach Belieben, weil man doch nichts ändern könne, im Gegenteil stellt sie den Menschen unter ein weitaus strengeres Maß als alle menschliche Gesetzgebung. Auch im Ausbleiben des Seins west der nicht ablegbare *Bezug des Seins* zum Menschen. Auch im Ausbleiben geht das Sein den Menschen an. Auch das Ausbleiben *braucht* den Menschen als die »Bleibe«, die ihm Unterkunft gewährt. Der Mensch als »Da-sein« ist diese Ortschaft für die Ankunft des Seins im Modus des Ausbleibens. Diese Bleibe gilt es offenzuhalten, indem dem Sein selbst entgegengedacht, in der Seinsverlassenheit ausgeharrt wird. Hierzu ist notwendig, daß wir das Ausbleiben der Unverborgenheit des Seins selbst als eine Ankunft des Seins erfahren, den Nihilismus als Geschichte des Seins selbst anerkennen. Das Wesen des Denkens ist »*das ekstatische Innestehen im Offenen der Ortschaft des Seins*«. (N II 358)

Überhaupt gehört es zu den Irrtümern der Metaphysik, das Denken als eine vom Sein unabhängige für sich stehende Instanz vorzustellen. Diese Irrmeinung basiert auf der ebenso irrigen Auffassung des Menschen als des zugrundeliegenden Subjekts, von dem aus und in Bezug auf das alles andere beurteilt und gesteuert werde. Seinsgeschichtlich gesehen gehört das Denken zum Sein selbst, schreitet den wechselweisen Bezug von Sein und Mensch, respektive Mensch und Sein aus. Dieser Bezug – den der Humanismus-Brief »NÄHE« nennt – ist das wahre nicht weiter hinterschreitbare ontologische ›Faktum‹, die Vorstellungen von einem isolierten Subjekt oder einem isolierten Sein bloße Verkürzungen. Aufgabe des »wesentlichen« Denkens ist daher, diesen Bezug – die NÄHE, Unverborgenheit, Lichtung bzw. das Zusammen*gehören* – zu bedenken, anstatt in dialektischer Vermittlungsakrobatik oder antidialektischen Unter-, Ent- und Abscheidungskünsten von isolierten Polen und Polaritäten seine Kräfte zu vergeuden.

Das metaphysische Denken wehrt zwar das Sein nicht ab – wie sollte es auch, da es das Sein gar nicht als solches erfährt –, aber es entspricht auch nicht dem Entzug des Seins. Die Folge davon ist, daß nicht nur das Sein ausbleibt, sondern dieses Ausbleiben zudem durch das metaphysische Denken *verstellt* wird. In dieser Verdeckung der Seinsferne liegt die eigentliche Verfehlung der Metaphysik. Dadurch, daß der Mensch dem Sein, das auch im Entzug eine Unterkunft braucht, diese verweigert, wird die Not des Seins zur »Not der Notlosigkeit« gesteigert. Der Mensch verkennt sein Wesen als vom Sein gebrauchtes Da-sein sowie seine Angewiesenheit auf das Licht des Seins für seinen Umgang mit anderen Seienden und sein Brauchen des Seins als Ort des Wohnens. *Mensch und Sein brauchen einander wechselweise als Unterkunft.* Die Folge des Nichterkennens dieses Sachverhalts ist die Heimatlosigkeit des Menschen hinsichtlich seines Wesens. Er wird zum Ortlosen, Unbehausten. Die Seinsferne zieht die »Wesensferne« des Menschen zu sich selbst, d. h. die Ferne zu seinem eigentlichen Wesen nach sich. (N II 392) Erst in der *Destruktion* der geschichtlichen Verdeckungen kommt die Seinsferne als Ferne ins Bewußtsein.

Aus dem Dargelegten dürfte klar geworden sein, daß jeder Anspruch einer willentlichen Überwindung des Nihilismus durch den *Menschen* ein zum Scheitern verurteiltes Unterfangen bleiben muß, weil die ›Ursache‹ des Nihilismus nicht im menschlichen Verhalten, sondern im Sein selbst liegt. Wie will der Mensch das übermächtige Sein überwinden? Die Überwindung des Nihilismus muß vorgängig vom Sein selbst ausgehen, der Mensch ist nur mittelbar daran beteiligt. (N II 365ff) Allerdings möchte ich betonen – gerade weil Heidegger das Gewicht auf die Absetzung vom Subjektivitätsdenken legt und somit m. E. zwangsläufig die Rolle des Menschen weniger herausstellt –, daß dieses ›nur‹ mittelbare Mithelfen an der Überwindung ungeheuer viel vom Menschen erfordert. Es müßte ergänzt werden: Andererseits ist ohne den Menschen die Überwindung nicht zu leisten. In welche Richtung die Aufgabe des Denkens zielt, geht aus folgendem Zitat hervor: »Seinsgeschichtlich gedacht, besagt ›Überwindung der Metaphysik‹ stets nur: Preisgabe der metaphysischen Auslegung der Metaphysik.« (N II 370)

Abschließend bleibt die Frage: In welchem Verhältnis stehen uneigentlicher, metaphysischer Nihilismus Nietzsches und eigentlicher, seinsgeschichtlicher Nihilismus Heideggers? Sie schließen einander nicht aus, sondern bilden eine Wesenseinheit: »Das Unwesen gehört zum Wesen.« (N II 362) Der eigentliche Nihilismus vollendet sich im metaphysischen Nihilismus. Die Epoche der Seinsgeschichte als Metaphysik vollendet sich in Nietzsches Metaphysik der unbedingten Subjektivität des Willens zur Macht. Metaphysischer, vom Menschen hervorgerufener Nihilismus und seinsgeschichtlicher Nihilismus gehören in derselben Weise zusammen wie die Seinsvergessenheit des Menschen und die Seinsverlassenheit durch das Sein.[17] Sie machen die *doppelte Bedeutung* von *Seinsferne* aus: Ferne, die das Sein selbst im Entzug herstellt, und Ferne, die dem Vergessen des Menschen entspringt. Nur letztere können wir allein überwinden durch ein nicht-metaphysisches Denken, das an das Sein selbst denkt. Die Verfehlungen und Versäumnisse der Metaphysik sowie der Weg ihrer Überwindung soll im folgenden anhand einer kontrastierenden Strukturanalyse von metaphysischem und »wesentlichem« Denken dargelegt werden.

2. Metaphysisches und »wesentliches« Denken

Wir hörten: »*Die Metaphysik ist als Metaphysik der eigentliche Nihilismus*« (N II 343, 350), weil es in ihr mit dem Sein selbst nichts ist. Ganz ähnlich lasen wir eingangs im Brief »Über den Humanismus«: »Das Sein ist das Nächste. Doch die Nähe bleibt dem Menschen am weitesten. Der Mensch hält sich zunächst immer schon und nur an das Seiende.« (Hum 20) Warum? Weil die gewöhnliche und vorherrschende Denkart, die Metaphysik, zwar im Vorstellen des Seienden als Seienden sich auf das Sein bezieht, aber nicht das Sein als solches bzw. die Wahrheit des Seins bedenkt. Nicht nur, daß die Metaphysik das Sein selbst

---

17 Siehe oben 59. Zeitweise verwendet Heidegger den Terminus »Seinsvergessenheit« in der doppelten Bedeutung von menschlichem Vergessen und Vergessen durch das Sein.

nicht denkt, sie ist dazu ihrem innersten Wesen nach auch gar nicht in der Lage. Die Metaphysik bleibt als Metaphysik in der Seinsferne gefangen, ja, sie kann noch nicht einmal ihre Fesseln erkennen. Metaphysisches Denken ist *seinsvergessenes* und *seinsvergessendes* Denken, d. h. ein Denken, in dem sich sowohl das Sein entzieht als auch der Mensch das Sein vergißt. Unter dem Titel »Metaphysik« vereinigt sich die Geschichte des Nihilismus mit einer bestimmten Denkungsart. Eine Untersuchung der Struktur des metaphysischen Denkens scheint mir besonders dazu geeignet, das Wesen der Metaphysik von seiner *systematischen* Seite her zu durchleuchten.[18]

Die Dringlichkeit einer vergleichenden Strukturanalyse von metaphysischem und wesentlichem Denken wird zudem durch die metaphysische Definition des Menschen als »animal rationale« sowie durch zahlreiche sehr provozierende Thesen Heideggers untermauert. Ich erinnere nur an solche Sätze wie: »*Das Bedenklichste in unserer bedenklichen Zeit ist, daß wir noch nicht denken*« (WhD 3, 11), »der heutige Mensch ist *auf der Flucht vor dem Denken*« (Gel 12) oder »die Wissenschaft denkt nicht« (WhD 4). Ferner betont Heidegger in seiner Vorlesung »Einführung in die Metaphysik« eigens: Der »Scheidung *Sein und Denken*« gilt unser »eigentlicher Angriff« (EiM 89). Schließlich diagnostiziert er »das Ende der Philosophie« und formuliert die »Aufgabe des Denkens« (SdD 61).

Metaphysisches Denken ist für Heidegger Vorstellen, genauer »*begründendes Vorstellen*«. (SdD 62, Herv. E. K.)[19] Unter diesem ebenso selbstverständlich wie harmlos klingenden Deckmantel verbergen sich eine Reihe grundsätzlicher ontologischer Entscheidungen. Es gehört zu Heideggers bleibenden Verdiensten, diese unbefragten Vorurteile in einzigartiger Weise durchsichtig gemacht zu haben.

Vorstellen besagt zunächst *Vor-sich-stellen* eines Seienden. Im Vorstellen eines Seienden bringen wir dieses *auf uns zu.* Wir stellen Seiendes uns *entgegen* und stempeln es dadurch zum *Gegen*stand. Hierzu ist erforderlich, daß das Seiende zum Stehen gebracht wird, d. h. es wird zugleich zum Gegen-*stand.* Der Akt, der dieses Zum-Stehen-bringen bewirkt, ist das *Stellen* in seinen vielfältigen Weisen, wobei dem *Vor-*

---

18 Der Ausdruck »Wesen« wird hier noch im traditionellen Sinne gebraucht.
19 Die wichtigsten Stellen, die meiner Interpretation des »begründenden Vorstellens« zugrunde liegen, sind: N II 148–168, 295ff; SvG 45f, 54; SdD 62ff; WhD 15ff, 27, 60; WiME 7f; Hum 12, 20; VA 135f. Vgl. auch den Vortrag von Werner Marx: Das Denken und seine Sache, (1977).

stellen eine herausragende Rolle zukommt. Stellen bedeutet *Setzung, Konstitution* bzw. *Konstruktion* durch ein menschliches Subjekt. Das Seiende wird zum *Objekt* durch und für ein *Subjekt*, es verliert seine Eigenständigkeit und Unabhängigkeit. Es interessiert nicht mehr in seiner eigenen Ursprünglichkeit, sondern nur noch in seiner Objekthaftigkeit.[20] Das Ziel des Vorstellens ist das *Fest*stellen des Seienden als Gegenstand, denn nur, was solchermaßen sichergestellt ist, ist jederzeit *verfügbar*, d. h. sowohl *wißbar* als auch *machbar*.[21] Voraussetzung dafür ist, daß das Seiende *präsent* ist. Vorstellen hat laut Leibniz wesentlich den Charakter des *repraesentare*; des gegenwärtigenden Zustellens auf das Subjekt. Seiend *ist* nur das *Anwesende, Gegenwärtige*. Das Nicht-mehr-Anwesende (das Vergangene) sowie das Noch-nicht-Anwesende (das Zukünftige) haben kein Sein.[22] Nun fragt die Metaphysik nicht nur nach dem Seienden, sondern auch nach dem Sein des Seienden. Dieses wird in der gleichen Weise vorgestellt wie das Seiende, d. h. der Zugang zum Seienden und der zum Sein sind identisch.[23] Heidegger dagegen fordert bekanntlich schon in »Sein und Zeit« eine *eigene Zugangsweise* zum Sein. (SuZ 4, 6) Ihrem Vorstellungscharakter entsprechend begreift die Metaphysik das Sein des Seienden ausschließlich als *Gegenständlichkeit* des Gegenstandes bzw. als *Anwesenheit* des Anwesenden.

Vorstellen besagt in einer zweiten Bedeutung: *Sich-vor-stellen*. Der Mensch stellt sich voran als das Maß, von dem *aus*, auf das *zu* und *vor* das jedes Vorgestellte hingestellt wird. Der Mensch wird somit zum *subiectum*, zu der allem anderen zugrundeliegenden Bezugsmitte, er spreizt sich zum Herrn der Erde auf. Anders gewendet: In jeder Vorstellung eines Gegenstandes ist der vorstellende Mensch in eigentümlicher unauffälliger Weise bereits mitvorgestellt. Bewußtsein von etwas ist immer auch Bewußtsein seiner selbst.[24]

20 In der Sprache von »Sein und Zeit« bedeutet dies: das zuhandene Zeug wird aus seinem Verweisungszusammenhang herausgerissen und zum bloß vorhandenen Ding isoliert.

21 Hierin steckt ein Grundproblem der gesamten Philosophiegeschichte seit Francis Bacon und Giambattista Vico. Unter dem Aspekt von *Wissen* und *Machen* läßt sich unser gesamtes heutiges Weltbild verdeutlichen, worauf Karl Jaspers in seinen Vorlesungen »Chiffren der Transzendenz«, München 1970, 7ff, hingewiesen hat.

22 Diese Seinsthese bewegt sich bewußt oder unbewußt im Rahmen der Aristotelischen Zeitvorstellung. Vgl. Aristoteles: Physik, 4. Buch, Kap. 10–14 (217 b 29–224 a 17). Für Heideggers Auslegung des Aristotelischen Zeitverständnisses vgl. GA 24, 327–362.

23 Die Folge davon ist: »*Alles wird dem Vorstellen zu Seiendem.*« (VA 232) Vgl. auch Heideggers Abhebung des Parmenideischen »τὸ γὰρ αὐτὸ νοεῖν ἐστίν τε καὶ εἶναι« von dem Berkleyschen »esse est percipi« in VA 226ff.

24 Dies demonstriert unter anderen der »Cartesianer« Sartre mit seiner Herausarbei-

Diese wesenhafte Zugehörigkeit des Vorstellenden zur Gesamtstruktur der Vorstellung belegt Heidegger anhand von Descartes' cogito. *Cogito* besagt einerseits percipere, vor-sich-stellen eines Gegenstandes in der Weise der Besitznahme (per-capio), andererseits schließt es das cogitare me cogitare, das Sich-vorstellen mit ein. (N II 151, 153, 155) Das Vorstellen bringt also nicht nur das Seiende als *Gegenstand* zum Stehen, sondern auch den Vorstellenden als *Unterstand* (subiectum, substantia). Vorstellung ist notwendig eine *Subjekt-Objekt-Beziehung*.

Das Wesen des metaphysischen Denkens als Vorstellen wird weiter verdeutlicht durch den Zusatz »*begründendes*« Vorstellen. Seiendes ist erst dann vollständig erkannt, wenn es begründet ist, d. h. wenn sein Grund in seiner Begründungsfunktion vor Augen gebracht wurde. Begründung erfordert die Rückführung auf ein Allgemeines, aus dem etwas ist. Das Seiende wird auf das Sein als seinen Grund zurückgeführt. Dies kann auf vielfache Weise geschehen: »als ontische Verursachung des Wirklichen, als transzendentale Ermöglichung der Gegenständlichkeit der Gegenstände, als dialektische Vermittlung der Bewegung des absoluten Geistes, des historischen Produktionsprozesses, als der wertesetzende Wille zur Macht«. (SdD 62) Das begründende Vorstellen folgt dem Satz vom Grund in seiner geläufigen Auffassung als Aussage über das Seiende: *Nihil* est *sine* ratione bzw. omne ens habet rationem. Das principium rationis besagt nach seiner strengen Fassung als »principium reddendae rationis«, der Grund als solcher verlangt, durch und für das vorstellende Subjekt zurückgegeben zu werden. »Begründend aber ist ein Vorstellen dann, wenn jeweils der Grund als begründender dem vorstellenden Subjekt zugestellt wird.« (SvG 54)

Die Metaphysik fragt nach dem *Sein* nur *als* nach dem *Grund* des Seienden. Außerhalb der Begründungsfunktion interessiert sie das Sein nicht. D. h. es geht ihr eigentlich immer nur um die *Erkenntnis* des Seienden, nie um das Sein als solches. Die »Seinsfrage« der Metaphysik beschränkt sich auf die Frage nach dem Grund des Seienden. Dieser wird zudem unzulässigerweise mit der Frage nach der Ursache gleichgesetzt. (WdG 7ff) Doch damit noch nicht genug: Im Laufe der Metaphysik wird die ursprüngliche Vierzahl der Ursachen nach Ari-

tung des »nicht-thetischen«, »praereflexiven cogito«, das jedem setzenden »reflexiven cogito« zugrundeliegt. Vgl. Jean-Paul Sartre: Bewußtsein und Selbsterkenntnis, Reinbek 1973; ders.: Das Sein und das Nichts, 5. Aufl., Reinbek 1976, 214–238.

stoteles auf die causa efficiens eingeengt. Die Wirkursache wird zur Ursache schlechthin. Metaphysisches Denken verengt sich zum Kausalitätsdenken im neuzeitlichen Sinn. (VA 11ff)

In der neuzeitlichen Erkenntnistheorie wandelt sich die Frage nach dem Seienden in die Frage nach dem »fundamentum inconcussum veritatum«. Dieses unerschütterliche Fundament, der Grund aller weiteren Gründe, glaubt man seit Descartes im transzendentalen Ego, transzendentalen Subjekt oder Selbstbewußtsein zu finden. Die Titel »ύποκείμενον«, »subiectum«, die ursprünglich allen Seienden zukommen konnten, werden auf das Seiende »Mensch« eingeschränkt.[25] Das transzendentale Ich hält sich in allem Wechsel als Identisches durch und verbürgt somit die *Richtigkeit* einer Erkenntnis. Wahr ist nur das, was *gewiß* ist, d. h. was vollständig begründet ist. Der neuzeitliche Zusammenfall von Selbstbewußtsein und Grund schlägt sich in der Doppeldeutigkeit des Terminus »ratio« als *Vernunft* und als *Grund* nieder. (SvG 164)

Das volle Wesen der »begründenden Vorstellung« enthält eine dreifache Entscheidung über *Sein, Wahrheit* und *Mensch*: Es setzt das Sein als *Vorgestelltheit*, die Wahrheit als *Gewißheit* und den Menschen als *subiectum*. (N II 162)

Die Analyse der Struktur des metaphysischen Denkens macht begreiflich, warum die Metaphysik *als* Metaphysik das Sein als solches prinzipiell nicht zuläßt und nicht zulassen kann. Die Metaphysik stellt zwar die »Seinsfrage«, aber nur in einer ganz bestimmten Form und unter einer ganz bestimmten Hinsicht. Sie fragt nach dem Sein *einzig* im Hinblick auf das Seiende, d. h. sie geht vom Seienden *aus* und fragt auf dieses *zurück*. Damit verkürzt sie das Wesen des Seins zu einem Qualitätsmerkmal am Seienden. Die Metaphysik interessiert sich nur dafür,

---

25 »Nur wo der Mensch zum Subjekt geworden, wird das nichtmenschliche Seiende zum Objekt.« (GA 54, 247) Die Griechen kannten keinen »Gegenstand« und kein »Objekt« im neuzeitlichen Sinne, sie erfuhren das Sein als »das von sich her Anwesende«. (VS 124, 130) Heidegger bringt dies in einem Seminar über Kant einmal auf folgende Fromel: »Für die Griechen erscheinen die Dinge. Für Kant erscheinen die Dinge mir. In der Zeit zwischen ihnen ist es dazu gekommen, daß das Seiende Gegenstand geworden ist (obiectum oder besser: res obstans). Der Ausdruck Gegenstand hat im Griechischen keinerlei Entsprechung.« (VS 67) Zwar unterscheiden die Griechen zwischen ύποκείμενον und ἀντικείμενον, aber das ἀντικείμενον als »das *im Gegenüber Vor-liegende* ist etwas ganz anderes als der *Gegenstand* im Sinne des *Objektes*.« (SvG 140, Herv. E. K.) Zum Prozeß der Verengung des Subjektbegriffs vgl. auch Alwin Diemer: Einführung in die Ontologie, Meisenheim 1959, 12ff.

was an einem Seienden seiend ist, d. i. sein Wesen oder *Was-sein*. Seit Plato dominiert die Frage nach dem Was-sein, der essentia, über die Frage nach dem *Daß-sein*, der existentia.[26] Das, was an einem Gegenstand seiend ist, ist seine Gegenständlichkeit, das, was ein Anwesendes zum Anwesenden macht, seine Anwesenheit. Folglich begreift die Metaphysik Sein stets und *ausschließlich* als *Anwesenheit* und *Gegenständlichkeit*.

Heidegger blieb es vorbehalten aufzuweisen, daß alles Vorstellen von Seiendem in seinem Sein an bestimmte Voraussetzungen gebunden ist. Seiendes kann nur dann vorgestellt werden, wenn es (an ihm selbst) unverborgen ist. (WdW 11f) Die Offenbarkeit eines Seienden gründet ihrerseits in der Enthülltheit des Seins. Ontische und ontologische Wahrheit »gehören wesenhaft zusammen auf Grund ihres Bezugs zum *Unterschied von Sein und Seiendem* (ontologische Differenz)«. (WdG 15) Mit anderen Worten: Alles metaphysische Vorstellen verdankt seine Sicht der Lichtung des Seins. (WiME 7)[27] Die Metaphysik begnügt sich damit, diese Be-lichtungsfunktion des Seins herauszustellen, kümmert sich jedoch nicht darum, wie diese geschieht. Sie bedenkt weder das lichtende, entbergende Wesen des Seins, noch dessen Zusammengehören und Unterschied zum Seienden, noch seinen Zeitcharakter. Das heißt zugleich, sie verkennt das Wesen des Seins als NÄHE.

Gegen den immer noch weitverbreiteten Einwand von Seiten der Anhänger großer traditioneller Ontologien, auch Platon oder Thomas von Aquin differenziere sehr wohl zwischen Sein und Seiendem und kenne daher die ontologische Differenz,[28] muß erneut klargestellt werden: Natürlich unterscheidet alle Metaphysik zwischen Sein und Seiendem und bewegt sich innerhalb dieser Differenz, aber die Art der Unterscheidung bleibt ausschlaggebend. Während Heidegger *aus* dem Austrag des Unterschieds selbst denkt, denken alle Metaphysiker vom Sei-

26 Vgl. dazu die plastische Darstellung von Karl-Heinz Volkmann-Schluck: Einführung in das philosophische Denken ..., 52f, 127.
27 Ich übernehme hier die Textänderung in der Gesamtausgabe von »Licht« zu »Lichtung«, die sachlich genauer ist. Vgl. GA 9, 365.
28 Vgl. dazu paradigmatisch die Arbeiten von Johannes B. Lotz: Martin Heidegger und Thomas von Aquin, Pfullingen 1975, insb. 41–59, der sich durch eine ganze Reihe vorzüglicher Kenner der scholastischen Philosophie wie C. Fabro, E. Gilson, A. Keller, M. Müller, K. Rahner und G. Siewerth unterstützt findet, und Werner Beierwaltes: Identität und Differenz. Zum Prinzip cusanischen Denkens, Opladen 1977, insb. 31–42. Einzelpunkte können hier leider nicht diskutiert werden. Vgl. dagegen die Ausführungen von K.-H. Volkmann-Schluck: Einführung in das philosophische Denken ..., 110–119; Alfredo Guzzoni: Ontologische Differenz und Nichts, (1959), sowie VS 48.

enden her oder vom Sein her. Sie bedenken nicht den Unterschied *als* Unterschied. Da sie aber das Unterschiedsgeschehen als solches nicht denken, denken sie auch nicht das Unterschiedene als solches in gemä-ßer Weise. Auch müssen diese Neoontologen gefragt werden: Wo wird in der Geschichte der Metaphysik die Wahrheit des Seins als Un-ver-borgenheit gedacht? Welcher Metaphysiker hatte Einsicht in den Zeit-charakter des Seins?

Weil die Metaphysik nicht nach der Wahrheit des Seins fragt, fragt sie auch nicht, »in welcher Weise das Wesen des Menschen zur Wahrheit des Seins gehört« (Hum 12). Wie wir aus dem Humanismus-Brief wissen, ist die »Wahrheit des Seins« die NÄHE. (Hum 21) Die Meta-physik verkennt das Wesen des Seins als NÄHE und bleibt daher blind für die Nachbarschaft von Mensch und Sein.

Wie aus dem oben Ausgeführten hervorgeht, liegt dies in der Struk-tur des vorstellenden Denkens: Vorstellend erkannt werden kann nur das, was zum Stand gebracht ist, nicht aber ein dynamisches Geschehen wie die NÄHE. Vorstellen verlangt eine *Gegen*überstellung des Vorge-stellten und bleibt somit notwendig vergegenständlichend und »einglei-sig«. (WhD 55f)[29] Vorstellendes Denken ist als Subjekt-Objekt-Bezie-hung wesensmäßig ›*polares Denken*‹, vermag daher nicht einen Bezug *als* Bezug zu fassen.

›Polares Denken‹ nenne ich ein solches Denken, das zunächst von zwei für sich stehenden Polen ausgeht, unabhängig davon, ob diese später dann miteinander verbunden werden oder nicht. Daher muß auch das dialektische Denken zum polaren Denken gezählt werden, denn es kennt Bezüge nur in der Form der nachträglich durch Vermitt-lung hergestellten Synthese. Hegel hat zwar gegenüber dem *einseitigen* Denken Kants, das Sein und Denken völlig voneinander ausschließt, Recht, wenn er ein *zweiseitiges* Denken als ein der Wirklichkeit der Vernunft gemäßeres fordert, das sowohl Denken und Sein zunächst unterscheidet als auch sie später in einer höheren Identität vereinigt, aber er bleibt zurück hinter dem eigentlichen Seinsdenken Heideggers, insofern er den ursprünglichen, von Anfang an bestehenden Bezug zwischen Sein und Mensch verkennt, aus dem sich alle Unterscheidung

---

29 Aus ähnlichen Gründen geißelt Herbert Marcuse das »eindimensionale Denken« der modernen fortgeschrittenen Industriegesellschaften. Allerdings sieht er dessen Überwindung im Unterschied zu Heidegger im dialektischen Denken und nicht im seinsgeschichtlichen Andenken. Vgl. H. Marcuse: Der eindimensionale Mensch, 17. Aufl., Neuwied 1982, 139–214. Zu Marcuses Heidegger-Kritik vgl. vor allem 151, Anm. 4.

erst ergibt.[30] Dies wird besonders deutlich in Heideggers wichtigem Vortrag aus dem Jahre 1957 »Der Satz der Identität«. Während Hegel die Identität als Synthese, d. i. als »Zusammengehören« bestimmt, versteht Heidegger – wie oben dargestellt –, angeleitet durch Parmenides, Identität als »Zusammengehören«. Im ersten Falle resultiert das Gehören als bloße Verknüpfung aus dem Zusammen, im zweiten Falle bestimmt sich das Zusammen aus dem ursprünglichen Gehören im Sinne des gegenseitigen Übereignetseins von Mensch und Sein. D. h. sowohl die Bedeutung des Zusammen, als auch die des Gehörens als auch die ihres Zusammenspiels differieren: Dialektisches Denken: Zusammen = »Verknüpfung«, »connexio«, Gehören = »zugeordnet und eingeordnet« sein, das Gehören wird aus dem Zusammen gedacht; »wesentliches« Denken: Gehören = gegenseitiges Übereignetsein, Zusammen = Bezug der Entsprechung zwischen Sein *und* Menschenwesen, das Zusammen wird aus dem Gehören gedacht. (ID 16ff) Mit anderen Worten: Sowohl die *Denkrichtung* als auch der *Denkgehalt* haben sich gewandelt.[31]

Das vorstellende Denken reduziert die NÄHE zur ausmeßbaren Verhältnisbeziehung. Nur Kausalverhältnisse sind begründend vorstellbar. Weiterhin ist Vorstellen an Präsenz gebunden und vermag daher nicht den Zeitcharakter der NÄHE zu fassen. Schließlich setzt das Vorstellen den Menschen als subiectum und erhebt ihn damit tendenziell zum *Herrn* der Erde, statt ihn als *Hirten* und *Nachbarn* des Seins zu begreifen.

Diese, das Sein funktionalisierende Tendenz wird durch eine andere von Heidegger häufig gebrauchte Formel unterstrichen: Metaphysisches Denken ist »*rechnendes Denken*« (SdD 65, Gel 13, WiMN 48). Rechnen heißt etwas nach etwas *richten*, etwas als etwas *vorstellen*. Mittels des Rechnens soll Rechenschaft abgelegt werden. Rechenschaft ablegen ist eine Weise des *Begründens*; ratio und reor stehen in einem unmittelbaren Zusammenhang. (SvG 167f) Das rechnende Denken ist wesenhaft *quantitativ*, es geht auf Ergebnis, *Effekt* und *Nutzen*, es ist stets schätzend, *wertend*, auf- und verrechnend. Den Gipfel seiner Macht erreicht es im modernen technischen *Kalkül* des kybernetischen Regelkreises.

Da das rechnende Denken unfähig ist, echte Qualitäten und schon gar Seinsqualitäten zu fassen, kann es das Wesen der NÄHE nicht erfahren. Ihm entstammt unsere geläufige Vorstellung von Nähe und Ferne als kleinem bzw. großem Abstand. Das rechnende Denken nivelliert alle ontologischen Differenzen zu bloßen Gradunterschieden.

30 Vgl. G. W. F. Hegel: Werke, Bd. 20, Frankfurt a. M. 1971, 131, 145.
31 Siehe oben 70ff.

Weitere Merkmale des metaphysischen Denkens sind »*Wollen*« und »*Erklären*«. Was es mit diesen auf sich hat, lege ich im Laufe der nächsten Kapitel in Absetzung von »*Gelassenheit*« und »*Erörtern*« dar.

Eine Typologie des metaphysischen Denkens, wie sie Heidegger vornimmt, ist nur einem Denken möglich, das die Metaphysik bereits verlassen hat. Dieses *andere* Denken läßt sich von zwei Seiten charakterisieren: Einerseits in negativ abhebender Weise, als ein nicht begründendes Vorstellen, das kein Rechnen, kein Wollen usw. ist, andererseits im positiven Aufweis seiner Neuartigkeit. Erst negative und positive Kennzeichnung zusammen verschaffen einen Einblick in seine Struktur. Der erste Teil ist dargetan, wenden wir uns nun der weitaus schwierigeren positiven Charakteristik des »wesentlichen« Denkens zu.

Das »wesentliche« Denken ist »*Denken des Seins*« (Hum 7, Herv. E. K.). Auf den ersten Blick hat es den Anschein, als ob gegenüber dem metaphysischen Denken nur das Objekt ausgewechselt wurde: Nicht mehr das Seiende, sondern das Sein selbst steht jetzt im Focus der Betrachtung. Doch der Anschein täuscht: Das Sein darf nicht als *Objekt* des Denkens angesprochen werden, ebensowenig wie der Mensch als denkendes *Subjekt*, denn beim »Denken des Seins« handelt es sich nicht mehr um eine Subjekt-Objekt-Beziehung im metaphysischen Sinn. Diese ist, wie wir gesehen haben, wesentlich durch den Ausgang von zwei isolierten Polen definiert, die im entgegenstellenden Vorstellen des Subjekts in eine Beziehung gebracht werden. Heidegger wird nicht müde, gegen die »fast unausrottbare Gewöhnung, ›das Sein‹ wie ein für sich stehendes und dann auf den Menschen erst bisweilen zukommendes Gegenüber vorzustellen« (ZS 31), zu betonen; das Sein als NÄHE ist in sich schon der Bezug zum Menschenwesen, Da-sein ist in sich schon Bezug zum Sein. »In jedem der beiden Glieder der Beziehung zwischen Menschenwesen und Sein liegt schon die Beziehung selber. Aus der Sache gesprochen: es gibt hier weder die Glieder der Beziehung noch diese Beziehung für sich.« (WhD 74) Heidegger geht sogar noch weiter, wenn er anfügt: »*Kein* Weg des Denkens, auch nicht der des metaphysischen, geht vom Menschenwesen aus und von da zum Sein über oder umgekehrt vom Sein aus und dann zum Menschen zurück. Vielmehr *geht* jeder Weg des Denkens immer schon *innerhalb* des ganzen Verhältnisses von Sein und Menschenwesen, sonst ist es kein Denken.« (WhD 74) Widerspricht dies aber nicht meiner vorher aufgestellten These, metaphysisches Denken sei wesentlich polares Denken?

Nein, denn wenn Heidegger hier feststellt, daß auch das metaphysische Denken sich innerhalb des Bezugs von Sein *und* Menschenwesen bewegt, so sagt dies noch lange nicht, daß es diesen Bezug auch sieht und denkt. Ganz im Gegenteil verkürzt das begründende Vorstellen diesen Bezug zur Subjekt-Objekt-Beziehung und verstellt sich damit seinen eigenen Wesensgrund. Denken wird erst dann zum »Denken des Seins«, wenn der Seinsbezug denkend übernommen wird.

Wir haben es hier mit einer häufig gebrauchten und wichtigen Denkfigur Heideggers zu tun: Grundsätzliche Seinsbezüge des Menschen werden erst dann erfüllt, wenn sie von ihren bloßen Vorstellungen befreit, in ihrem – verbal zu verstehenden – Wesen erfahren und verantwortlich denkend-handelnd übernommen werden. So ist z. B. der Mensch wesensmäßig der »Nachbar des Seins«, aber er wird seinem Wesen nicht gerecht, solange er sich als Herr der Erde wähnt; ebenso ist er aufgrund seines »In-der-Welt-seins« der »Wohnende«, was ihn aber nicht davon enthebt, dieses »Wohnen« erst lernen zu müssen. Wir müssen trennen zwischen Wesensbestimmungen und faktischen Ortsbestimmungen.

Das »wesentliche« Denken »vollbringt« den Bezug des Seins zum Menschenwesen. (Hum 5) Das bedeutet nicht, daß es diesen Bezug erst herstellt, sondern daß es ihm sein Wort verleiht und somit an seiner Unverborgenheit mitarbeitet. Denken *ist* in sich der Bezug zum Sein des Seienden. (WhD 75)[32] Diese Bezugshaftigkeit des Denkens spiegelt sich im doppelten Genitiv »Denken des Seins« als gen. subi. und gen. obi. wider. Der gen. subi. besagt, das Sein selbst sei das Denkende, der gen. obi., das Sein sei der »Gegenstand« des Denkens. »Subjekt« und »Objekt« fallen hier in eins; das Sein ist zugleich das »Zu-denkende« und das »zu-Denkende«; es ist das, was uns denken heißt, d. h. uns ins Denken ruft, und es ist auch die »Sache des Denkens«. Nach dem oben Ausgeführten ist klar – und Heidegger selbst läßt daran keinen Zweifel –, daß diese Redeweise in Subjekt-Objekt-Kategorien stets Notbehelf bleiben muß. In Anschluß an Richard Wisser schlage ich deshalb vor, diesen doppelten Genitiv ganz im Sinne des oben herausgestellten Schemas des Heideggerschen Seinsdenkens ›Genitiv des Zusammen*gehörens*‹ zu nennen, denn er bringt den wechselweisen Bezug von Sein und Denken bzw. Mensch (gen. subi.) und Denken bzw. Mensch und Sein (gen. obi.) zum Ausdruck. Von hierher wird erneut deutlich: Die eigentliche »Sache« des wesentlichen Denkens ist nicht das Sein für sich

---

32 Vgl. auch: Das »Denken der Denker« ist »*Denken des Seins. Ihr Denken ist Zurücktreten vor dem Sein.*« (GA 54, 10)

genommen, auch nicht nur der Seinsbezug zum Menschenwesen, sondern das ganze wechselweise Zusammen*gehören* bzw. die NÄHE als solche.

Das »wesentliche« Denken steht unter dem »Geheiß« des Seins. Seine Aufgabe ist es, diesem Geheiß das Wort zu finden. Medium des wesentlichen Denkens ist daher nicht mehr das *Urteil*, sondern das *Wort*. Die vielgepriesene Eindeutigkeit des *Begriffs*, die sich oft als Schimäre entlarvt, wird durch den Rückgang auf den »wesenhaften Reichtum des Wortes« gesprengt. (GA 52, 15)[33] Heidegger übt ein anderes *Sagen* ein als das wissenschaftliche *Aussagen*. (ZS 23) Sein »wesentliches« Denken folgt nicht mehr der traditionellen Aussagelogik, entspricht jedoch dem Anspruch des Seins bzw. des Zusammen*gehörens*. Es ist unlogisch nach dem Maßstab apophantischer Urteilslehre, aber es ist wahrheits-gemäß.[34] Der Vorrang des *Sehens* beim begründenden Vorstellen, wird durch das *Hören* verdrängt. Hören muß dabei im weitesten Sinne verstanden werden, ebenso wie das philosophische Sehen meistens das geistige Auge mit einschließt. Das Hören achtet auf das Zusammen*gehören* von Sein und Menschenwesen, dessen Anspruch immer schon spricht. (ID 16ff)

»Aber das Sein ist kein Erzeugnis des Denkens. Wohl dagegen ist das wesentliche Denken ein Ereignis des Seins.« (WiMN 48) Wer glaubt, das Denken werde so ganz ins Sein verlagert und der Mensch zum bloß passiv Erleidenden gestempelt, geht fehl. Nur im Zusammenspiel von *Anspruch* des Seins und *Entsprechen* des Menschen findet Denken statt. Denken ist nichts anderes als der immer wieder neu zu gehende *Weg*, der der Bewegung von Sein und Menschenwesen entspringt und ihren Bezug (ihre NÄHE) ausschreitet. Es gibt weder ein Denken ohne das Geheiß des Seins noch ohne die Antwort des Menschen. Im Zudenken des Seins und im An-denken des Menschen gehen beide aufeinander zu. *Denken heißt unterwegs sein innerhalb des wechselweisen Bezugs von Sein und Menschenwesen.* Das »wesentliche« Denken bereitet eine neue Nähe des Seins vor, indem es sich in die NÄHE einläßt und solchermaßen den Freiraum für seine Ankunft eröffnet und offenhält. Es ist seinem innersten Wesen nach ein »In-die-Nähe-kommen zum Fernen« (Gel 43), dem Sein. Als destruierendes baut es ge-

---

33 Die von Heidegger an anderer Stelle gebrauchte Rede von der »Mehrdeutigkeit des Wortes« (ZS 43) ist ungenau, weil sie suggeriert, hier werde noch nach dem Maßstab der Aussagelogik gedacht. Vgl. auch WhD 68.
34 Leider fehlt bisher ein Versuch, die neuen Formen und Gesetzmäßigkeiten des anderen Denkens von Heidegger zu rekonstruieren.

schichtliche Verstellungen ab, ent-fernt es Seinsferne; als »Schritt zu-rück« vollzieht es den Abstieg in die »Nähe des Nächsten«. Es ist »kein Wissen, aber vielleicht wesentlicher als das Wissen, weil näher dem Sein in jener Nähe, die verhüllt ist von Ferne«. (GA 54, 241) Insofern es auf das sich entziehende Sein bezogen bleibt, folgt es dem Zug dieses Sichentziehenden »in die rätselvolle und darum wandelbare Nähe seines Anspruchs«. (WhD 52)

Der »Schritt zurück« aus dem vorstellenden in das »wesentliche« Denken erfolgt nicht als kontinuierlicher Übergang, sondern als »*Sprung*«. (ID 20) Das »wesentliche« Denken springt ab von den geläu-figen Vorstellungen des Seins als begründendem Grund des Seienden und des Menschen als animal rationale und erspringt sich ein Verständ-nis des Seins als nicht ableitbarem Ur-sprung, als grund-losem Ab-grund und des Menschenwesens als Da-sein. Dementsprechend inter-pretiert Heidegger den Satz vom Grund von einem Satz über das Sei-ende in einen Satz vom Sein selbst um: Anstelle der metaphysischen Fassung »*Nichts* ist *ohne* Grund« akzentuiert er »*Nichts* ist *ohne* Grund«, d. h. das Sein selbst ist »grundartig«, »grundhaft«, aber selbst nicht mehr begründend ergründbar. (SvG 75ff, 90ff) Allerdings handelt es sich dabei um einen Sprung besonderer Art: »Er springt weder weg vom Absprungbereich, noch fort in einen anderen für sich gesonderten Bezirk.« (SvG 158) Ihm geht es um eine andenkende Aneignung des Überlieferten und um eine Einkehr in das darin Ungedachte: das Sein selbst als die NÄHE. Das »wesentliche« Denken ist in sich selbst sprunghaft, diskontinuierlich und jeweilig, weil es von der »jähen« Zu-schickung des Seins bzw. dem »Einblitz« des Ereignisses abhängt.[35]

Es ist ein *verwandelndes* Denken, das nicht im bloßen Wechsel von einer Denkart zu einer anderen besteht, etwa von einer Aristotelisch-formallogischen zu einer Hegelsch-dialektischen, sondern den Denken-den selbst verwandelt: vom Subjekt zum Da-sein, vom vernünftigen Lebewesen zum Sterblichen.

Die andersgeartete Struktur des »wesentlichen« Denkens gegenüber dem metaphysischen Denken kommt meines Erachtens am besten in dem Terminus »*Sein-lassen*« zum Ausdruck.

35 Vgl. dazu Dieter Sinn: Heideggers Spätphilosophie, (1967), 110ff. Vgl. desweite-ren GA 54, 223: »Dieses eigentliche Denken ist ›sprunghaft‹, denn es kennt nicht die Brücken und Geländer und Leitern des Erklärens, das je nur Seiendes aus Seiendem ableitet, weil es auf dem ›Boden‹ der ›Tatsachen‹ bleibt. ... Das Sein aber ist kein Boden, sondern das Boden-lose.«

Die eminente Bedeutung des unscheinbaren Wörtchens »lassen« in Heideggers Seinsdenken, das meist für eine passivische Hilfskonstruktion gehalten und überlesen wird, kann gar nicht genug betont werden. Es bildet Heideggers Gegenbegriff gegen die metaphysisch-transzendentalen Begriffe »vorstellen«, »setzen« und »konstituieren«. Ferner steht es in der Wendung »Gelassenheit« in Opposition zum »Wollen«. (Gel 29ff)

Im Lassen bzw. Sein-lassen sieht Heidegger sowohl den tiefsten Sinn des Seins sowie des Ereignisses (VS 101ff) als auch das Wesensmerkmal des »wesentlichen« Denkens. Entsprechend Heideggers Konzentration auf die Seinsproblematik bezieht sich der größte Teil der Erläuterungen des Terminus »Sein-lassen« auf das umfassende Freiheitsgeschehen (WdW 15ff), oder auf das Wesen des Seins oder auf das Ereignen des Ereignisses. (SdD 5, 10, 40, 49f; VS 101ff) Dennoch läßt sich aus den zahlreichen kleinen verstreuten Hinweisen ein Bild des Denkens als Sein-lassen rekonstruieren. Dabei kommt uns zu Hilfe, daß das menschliche Denken als Seinlassen in einem Entsprechungsverhältnis zum Sein-lassen des Seins oder Ereignisses steht, d. h. das denkerische Sein-lassen am Sein-lassen des Seins oder des Ereignisses *teilhat*. Deshalb erscheint es mir von Nutzen, zunächst wenigstens eine grobe Skizze des Sein-lassens im Hinblick auf Freiheit, Sein und Ereignis zu geben.

Eigens thematisiert wird »Sein-lassen« erstmals in »Vom Wesen der Wahrheit« (1930) als Wesensmerkmal der Freiheit: »Freiheit enthüllt sich jetzt als das Sein-lassen von Seiendem.« (WdW 15) Da die Freiheit zuvor als »Grund der Ermöglichung einer Richtigkeit« des Vorstellens aufgewiesen wurde, gründet folglich das vorstellende Denken im Seinlassen der Freiheit, die je Seiendes als Offenbares erst zugänglich macht. Natürlich hat dieses Sein-lassen nichts zu tun mit einem Sichselbst-überlassen und einer Abwendung von etwas, meint vielmehr ein »Sicheinlassen auf das Seiende«. Dies geschieht dadurch, daß es vor dem Seienden zurücktritt, »damit dieses in dem, was es ist und wie es ist, sich offenbare«, und daß es sich einläßt in die Offenheit, in die alles Seiende hereinsteht: die ἀλήθεια bzw. in meiner Terminologie die NÄHE. (WdW 16) Das Sein-lassen setzt sich dem Seienden als Seienden aus und versetzt alles Verhalten ins Offene. Dennoch ist Seinlassen kein reines Entbergen, sondern zugleich Verbergen: Indem es ein bestimmtes Seiendes sein-läßt, d. h. entbirgt, verbirgt es zumal das Seiende im Ganzen. Damit verweist das Sein-lassen der Freiheit auf das volle Wesen der Wahrheit als strittigem Geschehen zwischen Entber-

gung und zwiefacher Verbergung als »Geheimnis« und als »Irre«.
(WdW 20ff)

Da die sein-lassende Freiheit keine bloße Eigenschaft des Menschen
ist, sondern das Geschehen der Wahrheit als Un-verborgenheit, ist das
Sein-lassen primär kein Akt des Menschen. Insofern jedoch der Mensch
Eigentum dieser umfassenden Freiheit ist und seine menschliche Freiheit in dieser gründet, muß das menschliche Denken als Sein-lassen
dem Sein-lassen der Freiheit entsprechen. Alle bisherigen Bestimmungen der Freiheit als Spontaneität, Willens- oder Wahlfreiheit gründen in
der Freiheit als Sein-lassen. Von hierher erklärt sich der für den Alltagsverstand befremdliche Satz: Alles Wollen gründet im Lassen. (EiM
16)

Im Vortrag »Zeit und Sein« (1962) und im »Seminar in Le Thor«
(1969) unterscheidet Heidegger eine dreifache Bedeutung von »Sein-
lassen« bzw. »Anwesenlassen«: Sein-lassen in einem ersten Sinn deutet
auf das *Seiende*, das vom Sein entborgen wird. Hier liegt die Betonung
mehr auf dem Sein als Seiendsein als auf dem Lassen (*Sein*-lassen). In
einer zweiten Perspektive zielt Sein-lassen auf das Sein selbst und dessen Lassen, wodurch das Seiende entborgen wird (Sein-*lassen*). Drittens
kann der Blick auf das Lassen im Sinne eines Gebens verlagert werden,
das das Sein selbst zuschickend eröffnet. Das Es, das das Sein gibt, und
identisch ist mit seinem Lassen, ist das Ereignis (Sein-*Lassen*). (SdD 5,
10, 40, 49f; VS 101ff)[36]

Denken als Sein-lassen vollzieht sich als mannigfaltig gegliedertes, aber
dennoch einheitliches Lassen: Es ist zunächst ein *Ab-lassen* vom vor-
stellenden-begründenden Subjektsdenken, d. h. im Gegensatz zu diesem läßt es vom Willensdrang ab, Seiendes oder Sein im ausgreifenden
Angriff zu begreifen und solchermaßen in den Griff zu bekommen.[37]
Es übt gewissermaßen ›ἐποχή‹ von seinem Willen und *läßt sich* in
größtmöglicher Unvoreingenommenheit *angehen*. Vielleicht müssen
wir erkennen lernen, daß das für den wissenschaftlichen Umgang so
wichtige Auf-den-Begriff-bringen immer auch eine gewisse Vergewalti-

36 Für eine ausführliche Analyse dieses Lassens siehe unten 300ff u. 317f.
37 Das vorstellende Denken ist wesensmäßig aggressiv, angreifend. Deshalb kann
Heidegger im Blick auf unser gegenwärtiges Weltbild konstatieren: »Nicht das Anwesende waltet, sondern der Angriff herrscht.« (HW 100) Das Paradebeispiel eines
angreifenden Denkens ist das dialektische Denken Hegels, das alles auf *den* Begriff zu
bringen trachtet. Heidegger dagegen betont: »Das Denken ist kein Be-greifen.«
(WhD 128)

gung, weil beschneidende Vereinfachung des Vorgestellten mit sich bringt. Gibt es vielleicht Sachverhalte, die sich prinzipiell dagegen wehren, in ein fixes Schema gepreßt zu werden? Mit der Enthaltung vom Vorstellen entfällt der Zwang zur Vergegenständlichung des Seienden und dessen Sein. Dies wirkt sich in mehrfacher Hinsicht aus: Erstens *entläßt* das Sein-lassen Seiendes und Sein in ein nicht-gegenständliches *Gegenüber*. Dieses ist durch die Nähe zum Denkenden ausgezeichnet, während das Vorstellen stets auf die Distanz zwischen Vorstellendem und vorgestelltem Gegenstand achtet. Zweitens *läßt* es Seiendes und Sein *wesen* bzw. uns an-wesen, d. h. es ist nicht gezwungen, sie zum Stehen zu bringen. Dadurch ist es in der Lage, dynamische Bezüge und Geschehen wie Sein, Menschenwesen und NÄHE überhaupt erst einmal zu Gesicht zu bekommen. Die Enthaltung vom Vorstellen impliziert drittens, daß nicht mehr von vornherein über die Seinsart des Seienden sowie dessen Sein als Gegenstand und Gegenständigkeit entschieden ist, sondern diese Seinsweise zunächst offenbleibt. Zugleich hält das Sein-lassen viertens die Seinsweise des Denkenden offen. Durch den Abbau der Aggressivität im Zurücktreten vor dem Seienden bzw. dem Sein geben wir diesem seine Integrität zurück und werden zu seinem Hüter. Das Ab-lassen vom Vorstellen ist damit zugleich ein *Zulassen* des Seienden in seinem Für-sich-sein, in seiner unversehrten Eigenheit. Dadurch erhält das sein-lassende Denken einen zutiefst ethischen Charakter. Dieser kommt am deutlichsten in der Selbigkeit von Sein-lassen und »Schonen« zum Vorschein.[38] Bedingungen des Zulassens sind ein *Sicheinlassen* auf das Seiende bzw. das Sein und die Offenheit, in die es hereinsteht, sowie ein sich öffnendes *Herein-lassen* des Seienden bzw. Seins in unser Dasein und zwar so, wie es sich an ihm selbst von ihm selbst her zeigt. Hierzu bedarf es der Haltung der »*Gelassenheit*«, die weder das Seiende vorstellend oder bestellend vereinnahmt noch sich vom Andrang des Seienden vereinnahmen läßt. Schließlich ist Denken als Sein-lassen ein nicht kausales »*Ver-an-lassen*«, das Seiendes bzw. Sein ins Anwesen entläßt, ein »Her-vor-bringen«, das das Seiende bzw. Sein aus der Verborgenheit her ins Anwesen vor bringt. (VA 14ff) Denken als Sein-lassen hat wesentlichen Anteil am Entbergen des Seienden durch das sein-lassende Sein oder Ereignis.

Festzuhalten bleibt: Denken als Sein-lassen bezieht sich sowohl auf das Seiende, als auch auf das Sein, als auch auf die NÄHE als den Zeit-Spiel-Raum ihres Erscheinens. Sein-lassen ist sowohl ein In-die-Nähe-

---

38 Siehe unten 259f.

kommen des Seienden und des Seins als auch ein Sicheinlassen in die NÄHE als deren Offenbarungsort.

Das sein-lassende Denken ist *Phänomenologie* im Sinne von Heideggers Neubestimmung dieses Begriffes in »Sein und Zeit«: »Das, was sich zeigt, so wie es sich von ihm selbst her zeigt, von ihm selbst her sehen lassen.« (SuZ 34) Auch hier haben wir die Verbindung des »Lassens« mit der zweifach gewandelten Perspektive, nicht mehr durch uns und von uns aus, sondern *an ihm selbst* und *von ihm selbst* her. An die Stelle der metaphysischen Konstitution tritt das »*Sehen-lassen*«. Hierin liegt meines Erachtens der entscheidende Unterschied zum transzendentalen Phänomenologieverständnis Husserls, demzufolge das Bewußtsein den Gegenstand von sich aus konstituiert, d. h. setzt, wenn auch die Vergegenständlichung (Reifikation) durch die Einklammerung der Seinsthesis in gewisser Weise umgangen wird. Ohne Zweifel ist auch Heideggers Sein-lassen ein Bewußtseinsakt im Husserlschen Sinn, aber doch ein so gearteter, daß er die übliche Konstitutions- und Blickrichtung gerade umkehrt.[39] Das Seiende ›konstituiert‹ *sich* von ihm selbst her im Bewußtsein und wird nicht erst durch dieses hervorgebracht. Das unbestreitbare Faktum, daß alles, was wir in irgendeiner Weise wissen oder denken oder vermeinen durch das Bewußtsein vermittelt ist, entscheidet noch nichts über den Seinsursprung und die Seinsweise von Seiendem oder Sein. Insofern Phänomen im ausgezeichneten Sinne für Heidegger das Sein selbst ist (SuZ 35), ist das Lassen der Bezug zum Sein selbst. (EiM 16)

Das »wesentliche« Denken als Sein-lassen ist zugleich die höchste Weise des *Handelns* im ursprünglichen Sinn von Handeln als »Vollbringen«, denn das Denken vollbringt den »Bezug des Seins zum Menschenwesen«. (Hum 5) Indem das sein-lassende denkende Handeln bzw. handelnde Denken die Dinge sowie das Sein »*schont*«, erweist es sich zudem als die eigentliche Weise, wie der Mensch in der Nähe des Seins *wohnt*, was bei der Erörterung des »Gevierts« noch weiter ausgeführt wird.

39 Zum unterschiedlichen Phänomenologieverständnis Heideggers und Husserls vgl. F.-W. von Herrmann: Der Begriff der Phänomenologie bei Heidegger und Husserl, Frankfurt a. M. 1981; Walter Biemel: Heideggers Stellung zur Phänomenologie in der Marburger Zeit, (1978). Für eine detaillierte Darstellung der transzendentalen Phänomenologie Husserls als eines methodischen Verfahrens sei auf die Arbeiten von Gerhard Funke: Zur transzendentalen Phänomenologie, Bonn 1957; ders.: Phänomenologie – Metaphysik oder Methode? Bonn 1966, 3. verb. Aufl. 1979, verwiesen.

Andere Titel für das »wesentliche« Denken sind: »Andenken« (WhD 91f, 157ff; WiMN 49f; Hum 42), »Erörtern« (WM 465), »besinnliches Denken« bzw. »Besinnung« (Gel 13; VA 64), »seinsgeschichtliches Denken« (Hum 47) und »anfängliches Denken« (WiMN 49). Ferner spricht Heidegger in Abhebung vom geläufigen metaphysischen Denken vom ›denkenderen Denken‹ (WiME 13) oder einfach vom »Denken« im Unterschied zur »Philosophie« (SdD 61).[40] Ich möchte hier nur noch auf den Titel »Andenken« näher eingehen, weil dieser häufig von der Heidegger-Forschung herausgehoben wird und zudem deutlich den Bezug des Denkens zur NÄHE artikuliert. Dem Grundzug des Denkens als Erörtern, seiner Haltung der Gelassenheit, seinem Zusammenhang mit dem Bauen und Wohnen sowie seiner Nachbarschaft zum Dichten sind einzelne Abschnitte späterer Kapitel gewidmet.

Das *Andenken* denkt an die Wahrheit des Seins als die NÄHE im Sinne des vorgängigen Zusammen*gehörens* von Sein und Menschenwesen. Es versammelt sich auf den Anspruch dieses Zusammen*gehörens* und ruft sich somit die NÄHE ins Gedächtnis. Als An-dacht an das Sein selbst (Seyn) ist das Denken ursprünglich ein Danken. Es dankt für den Zuspruch des sich zu-denkenden Seins, indem es den wechselweisen Bezug von Sein *und* Menschenwesen wachhält und verwahrt. Sein Hüten ist ein bauendes Bewohnen der Nachbarschaft des Seins. Im Präfix »An« von An-denken spricht sich seine Tendenz auf Nähe zum Sein als An-wesen sowie sein Sichbewegen in der NÄHE, die An-wesen und An-denken gewährt, aus. Mit anderen Worten: Sein als An-wesen, d. h. Nahesein, und Denken als An-denken, als In-die-Nähe-gehen, sind wechselweise aufeinander bezogen, welche Bezogenheit in der vorgängigen NÄHE als dem »Zeit-Spiel-Raum« alles Näherns und Fernens wurzelt. Daneben hat Andenken bei Heidegger noch eine zweite engere Bedeutung von Denken an das Gewesene, das in Wesenseinheit mit dem »Vordenken« in das Zukünftige steht, denn das Andenken an das Gewesene verlangt, das noch Ungedachte des Gewesenen zu bedenken. Das Gewesene ist als das noch Wesende ein auf uns zu Kommendes. »Andenken (an!) das Gewesene ist Vor-denken in das zu-denkende Ungedachte. Daher ist andenkendes Vordenken.« (SvG 159)[41]

---

40 Auffällig ist, daß Heidegger in »Sein und Zeit« den Terminus »Denken« geradezu vermeidet – ich vermute wegen seiner Vorbelastetheit durch die Tradition. Stattdessen charakterisiert er sein eigenes Denken dort als »befindliches Verstehen« oder »Erschließen«. Vgl. R. A. Bast u. H. P. Delfosse: Handbuch zum Textstudium ..., Bd. 1.
41 Zur Struktur des »Andenkens« und des »Vordenkens« sowie ihrer Aufgabenbereiche vgl. W. Marx: Heidegger und die Tradition ..., 121–127. Allerdings hält

Als Fragen nach dem verborgenen Sinn, der in der derzeitigen Konstellation von Sein und Mensch, dem Ge-stell, waltet, und als Sicheinlassen auf diesen Sinn ist das wesentliche Denken »*Besinnung*«. Insofern es in den ersten Anfang bei den Griechen zurückdenkt und den zweiten Anfang vorbereitet, kann es »*anfängliches Denken*« genannt werden. Solches wiederum ist nur einem »*seinsgeschichtlichen Denken*« möglich, das auf die Wandlungen der Zuschickungen des Seins achtet und geschichtliche Verstellungen destruiert.[42]

Das »wesentliche« Denken steht in einem mehrfachen Bezug zur NÄHE: Als Destruktion baut es sedimentierte Verstellungen ab, ent-fernt es Seinsferne; als Sein-lassen läßt es das Sein sich so zeigen, wie es von sich her an ihm selbst west, nämlich als Anwesen, d. h. als Nähe, und läßt die Dinge in ihrer Nähe zum Dasein zu; als Gelassenheit läßt es sich in die NÄHE als den Bezug von Sein *und* Menschenwesen ein, woraus es seine Weisungen empfängt; als An-denken läßt es sich vom Sein angehen und geht das Sein an, vollbringt und verwahrt es die NÄHE; als Entsprechen hört es auf den Anspruch des Seins bzw. des Zusammen*gehörens* und bringt dessen Nähe ins Wort; als vorbereitendes Vordenken eröffnet es und hält offen den Freiraum für eine neue Ankunft des Seins, d. h. für eine neue Seinsnähe; als Erörtern schließlich macht es die Ortschaft des Seins und die Unterkunft für das Wohnen des Menschen ausfindig und fragt nach der jeweiligen Konstellation des Zusammen*gehörens* von Sein *und* Menschenwesen. Erst alle diese Momente zusammen machen den Charakter des »wesentlichen« Denkens aus: Andenken ist per se Sein-lassen, Erörtern, Destruktion usw., Erörtern ist per se Andenken, Sein-lassen, Destruktion usw. In summa: Das »wesentliche« Denken geht auf das Eigentliche, auf das Wesen des Seins selbst als NÄHE, es vollbringt den wechselweisen Bezug von Sein *und* Menschenwesen, indem es die NÄHE ausschreitet und sie verwahrend in sie einzieht.

Abschließend stelle ich noch einmal die bisher herausgearbeiteten markantesten Unterschiede unmittelbar gegenüber: Metaphysisches Den-

Heidegger Marxens Schema: Andenken = Denken an den gewesen ersten Anfang, Vordenken = Denken an den kommenden zweiten Anfang, nicht immer streng durch. Häufig gebraucht er »Andenken« für beides zusammen. Außerdem ist »Andenken« auch das Grundwort für Hölderlins dichterische Stiftung des zweiten Anfangs, was Marx außer acht läßt. Doch ist Marx zuzustimmen, wenn er sagt, daß jedes »Andenken« in sich schon ein Vordenken ist« (123).
42 Zur Struktur des seinsgeschichtlichen Denkens vgl. W. Marx: Gibt es auf Erden ein Maß? . . . , 121ff.

ken ist begründendes Vor-stellen, das zugleich das Sein als Gegenständigkeit des Gegenstandes, die Wahrheit als Gewißheit und den Menschen als subiectum setzt. »Wesentliches« Denken als Andenken an das Sein dagegen, denkt das Sein als NÄHE, die Wahrheit als Wesen des Seins im Sinne von Un-verborgenheit, den Menschen als Nachbarn des Seins. Die metaphysische Seinsthese als des gründenden Grundes des Seienden wird durch ein Verständnis des Seins als spielendem Ab-grund ersetzt.[43] »Wesentliches« Denken springt aus dem Kausalitätsraster heraus. Das Verhältnis zwischen Sein und Seiendem und die ontologische Differenz läßt sich nicht kausal begreifen. Während das begründende Vorstellen als notwendig polares Denken von zwei zunächst isolierten Polen ausgeht – sei es vom Seienden her oder vom Sein her denkend – und diese dann mittels eines menschlichen Denkaktes zu einer Subjekt-Objekt-Beziehung zusammenschweißt, denkt das »wesentliche« Denken von Anfang an aus dem Bezug zwischen Sein *und* Menschenwesen, aus der NÄHE. Es schreitet die Zwiefalt von Sein und Seiendem aus. Medium des »wesentlichen« Denkens ist nicht mehr das eindeutige Urteil, sondern das reichere Wort; der Primat des Sehens wird durch das Hören verdrängt. Der Gehorsam gegenüber der Aussagelogik wird durch ein Entsprechen, das dem Anspruch des Seins antwortet, unterlaufen. Schließlich kennt das seinsgeschichtliche Denken weder Ergebnis noch Nutzen im metaphysischen Sinn.

Nachdem wir Heideggers Destruktion der Metaphysik – wenigstens ansatzweise – sowohl in ihrer geschichtlichen Gestalt als auch systematisch verfolgt haben, sind wir vorbereitet, um mit Heidegger den »Schritt zurück« in den Wesensgrund der Metaphysik zu vollziehen und solchermaßen diese hinter uns zu lassen. Die »Verwindung der Metaphysik« erfolgt zunächst im Andenken an den ersten Anfang, sie wird fortgeführt durch das Vordenken in den anderen Anfang in der Besinnung auf Hölderlins Dichtung sowie der denkerischen Vorbereitung in Heideggers Spätwerk.

---

43 Siehe unten 310f. Vgl. daneben Dieter Sinn: Heideggers Spätphilosophie, (1967), 113ff; Gianni Vattimo: An-Denken. Denken und Grund, (1980).

3. Der Rückgang in den ersten Anfang

Der erste Schritt zur Verwindung der Metaphysik geschieht als Andenken an den ersten Anfang des abendländischen Denkens. Dieses versteht sich zugleich als »Rückgang in den Grund der Metaphysik« (WiME 7) bzw. als »Abstieg« in die »Nähe des Nächsten« (Hum 37). Offensichtlich gehören »*Anfang*«, »*Grund*« und »*NÄHE*« eng zusammen. Wie bereits dargetan, bestimmt Heidegger den »Grund« der Metaphysik als »Wahrheit des Seins« (WiME 8); ebenso faßt er die NÄHE als »Wahrheit des Seins« (Hum 21). Folglich muß auch der Anfang etwas mit der Wahrheit des Seins als der NÄHE zu tun haben. Daher ist zu fragen: Worin besteht die Bedeutung des ersten Anfangs? Was rechtfertigt die Sonderstellung und Vorbildhaftigkeit der anfänglichen Denker, die Heidegger bekanntlich als einzige (neben Hölderlins Dichtung) von der Metaphysik ausnimmt? Denken sie vielleicht schon *aus* der Nachbarschaft von Sein und Menschenwesen und wenn ja, inwiefern bedenken sie die NÄHE als solche? Zur Beantwortung dieser Fragen ist es nötig, zunächst die Seinserfahrungen der anfänglichen Denker zu untersuchen. Ein zweiter Schritt erörtert dann den Zusammenhang zwischen der Gesetzlichkeit des ersten Anfangs und der Gesetzlichkeit der NÄHE.

In welchem Sinne die Griechen und insbesondere die anfänglichen Denker für ihn eine Herausforderung darstellen, erläutert Heidegger am Ende eines gemeinsam mit Eugen Fink gestalteten Heraklit-Seminars vom Wintersemester 1966/67: Bei den Griechen gibt es etwas *Ungedachtes*, das sowohl ihr Denken als auch die ganze weitere Geschichte der Philosophie bestimmt. Dieses Ungedachte, das alle anfängliche Seinserfahrung durchstimmt, teilweise auch gesehen und genannt, aber nirgends eigens thematisiert und bedacht wird, ist die ἀλήθεια. »Über die ἀλήθεια als ἀλήθεια steht in der ganzen griechischen Philosophie nichts.« (Her 259) Ἀλήθεια hat nichts mit der geläufigen Auffassung von Wahrheit als *Richtigkeit* einer Vorstellung zu tun, sondern meint die *Unverborgenheit*, die Lichtung als Charakter des Seins selbst. Folglich steht auch der Anfang in engem Bezug zur Wahrheit (Unverborgenheit) des Seins. Diese Verklammerung ist so innig, daß Heidegger am Ende einer Parmenides-Vorlesung aus dem Jahre 1942/43 formulieren kann: »Der Denker denkt den Anfang, insofern er an die ἀλήθεια denkt.« (GA 54, 242)

Der »*Anfang*« des abendländischen Denkens fällt nicht mit dem »*Be-*

ginn« der Metaphysik zusammen.[44] Diejenigen Denker, die im Umkreis des Anfangs denken, bezeichnet Heidegger als die »*anfänglichen Denker*«. Als solche nennt er nur drei: Anaximander, Parmenides und Heraklit. (GA 54, 2; GA 55, 4) Wollen wir etwas über den Anfang erfahren, so müssen wir uns an das Wort dieser Denker halten. In ihrem Denken entfaltet sich Heidegger zufolge eine andere Erfahrung des Seins und des Denkens als in der Metaphysik seit Platon. Worin besteht diese Andersartigkeit? Insbesondere: Inwiefern kündigt sich hierbei eine erste Erfahrung der NÄHE an? Werner Marx hat bereits im Jahre 1961 die wichtigsten »erstanfänglichen Grundzüge des Seins« als »Zwiefalt« (Unterschied), »Anwesen«, »φύσις«, »ἀλήθεια« und »λόγος« herausgearbeitet und von Aristoteles' und Hegels Seinsverständnis abgehoben.[45] Obwohl in der Zwischenzeit ausführliche und daher vertiefende Vorlesungen zu Anaximander (GA 51, 94–124), Parmenides (GA 54) und Heraklit (Her; GA 55) veröffentlicht wurden, behalten seine Ausführungen ihre vorbildhafte Gültigkeit. Ich kann mich daher auf einige wenige zusammenfassende Hinweise im Hinblick auf das Problem der NÄHE beschränken:

Bereits der älteste abendländische Denker, Anaximander, spricht vom Sein als ἐόν, einer älteren Form von ὄν. Ἐόν bzw. ὄν sind ihrer Wortform nach Partizipien, d. h. sei nehmen teil an der *verbalen* und an der *nominalen* Bedeutung des Wortes. Ἐόν, deutsch »seiend« bzw. »anwesend«, hat bei den anfänglichen Denkern sowohl die verbale Bedeutung von »ein Seiendes *sein*« als auch die nominale von einem »Seienden«, das ist. In der »*Zwiefalt*« des ὄν verbirgt sich der Unterschied von Sein und Seiendem, »das Rätsel des Seins« (HW 317).[46] Von derselben Zwiefalt zwischen Sein und Seiendem bzw. Denken sagen die Fragmente 3 und 6 des Parmenides: »τὸ γὰρ αὐτὸ νοεῖν ἐστίν τε καὶ εἶναι« (ID 14) und »χρὴ τὸ λέγειν τε νοεῖν τ᾿ ἐὸν ἔμμεναι«. (WhD 105) In »Identität und Differenz« legt Heidegger – wie oben ausgeführt – dar, daß die anfängliche Zwiefalt als Geschehen des Unter-Schieds aus dem urtümlichen Zusammen*gehören* gedacht werden muß und daß sie nicht als bloß verstandesmäßige Distinktion zweier von sich aus getrennter

---

44 Diesen wesentlichen Unterschied übersieht Dieter Sinn, wenn er von den »zwei Anfängen« der Metaphysik bei Heraklit/Anaximander (N I 506, 599; WiM 10) und bei Platon (N II 226, 232) spricht. Vgl. D. Sinn: Heideggers Spätphilosophie ..., 116. Vgl. ferner WhD 98.

45 Vgl. Werner Marx: Heidegger und die Tradition ..., 131–164. Vgl. ferner Jochen Schlüter: Heidegger und Parmenides, Bonn 1979.

46 Vgl. des weiteren zum Problem des Partizips WhD 133ff; GA 55, 52ff.

Pole oder als lediglich vorhandene ontologische Relation vorgestellt werden darf. Die »Differenz«, der »Austrag« des »Unter-Schieds« entspringt der vorhergehenden »Identität« im Sinne des »Zusammen*gehörens*«. (ID 8, 16, 37, 55) Da dieser vorgängige Austrag des Unterschieds zwischen Sein und Seiendem, den das Sein selbst vornimmt, im Laufe der Metaphysik verdeckt wird, kann Heidegger feststellen: »*Die Seinsvergessenheit ist die Vergessenheit des Unterschieds des Seins zum Seienden.*« (HW 336) Von hier aus wird erst die Schlüsselstellung der »ontologischen Differenz« für Heideggers Denken ersichtlich. Die Weise der Zwiefalt zwischen Sein und Seiendem kennzeichnen Anaximander und Parmenides als χρέων bzw. als χρή, d. h. als wechselweises »*Brauchen*«. (HW 338f; WhD 114f)

Die anfänglichen Denker denken das Sein (εἶναι) als »*Anwesen*«. Wichtig dabei ist, daß Anwesen keineswegs auf das präsente, gegenwärtige Anwesende, d. h. auf einen bestimmten Zeitmodus eingeschränkt ist – wie dies nach unseren neuzeitlichen Seins- und Zeitvorstellungen üblich ist – sondern auch das Gewesene und Zukünftige miteinschließt. (HW 319f) Auch das Ab-wesende ist anwesend, nämlich anwesend im Modus des Abwesens, denn alles Abwesen bleibt auf das An-wesen bezogen. Abwesen kann nur etwas, das grundsätzlich die Möglichkeit hat anzuwesen. Des weiteren ist das anfänglich gedachte Anwesen im Sinne der »Weile«, die alle drei Zeitekstasen umspannt, nicht gegenständlich zu denken wie in der Neuzeit. Sein »An-« bekundet – wie schon erwähnt – sein Ankommen, seine Nähe, und nicht ein »entgegen« wie im vorstellenden Denken. In diesem tieferen Sinne kennzeichnet auch Heidegger selbst das Sein als »Anwesen«. (ID 19, SdD 5)

Die erstanfänglichen Grundzüge des Seins als φύσις und λόγος arbeitet Heidegger vornehmlich anhand der Heraklitischen Fragmente heraus. Φύσις bestimmt er als »das sich öffnende Hervorkommen und Aufgehen ›auf‹ und hinauf in das Unverborgene Dastehen und Ragen«. (GA 55, 16)[47] Φύσις nennt aber nicht nur das Aufgehen im Unterschied zum Untergehen (κρύπτω), es »nennt zumal das eine Wesen der Fügung der vorgenannten φύσις und κρύπτεσθαι«. (GA 55, 158)

Schließlich hat Sein bei den anfänglichen Denkern den Charakter des Λόγος, der »lesenden Lege« (VA 208, 218) bzw. der alles sammelnden »Versammlung« (VA 208; EiM 98).[48] Als solcher einigt der Λόγος das

---

47 Im Text ist »Unverborgene« klein geschrieben. Ich korrigiere dies, da es sich hier offensichtlich um einen Druckfehler handelt.
48 Bei Heideggers Logos-Interpretation fällt auf, daß das Moment der »Lege« erstmals im Logos-Aufsatz von 1944 auftaucht, in der diesem zugrundeliegenden Vorle-

Gegenstrebige. Der göttliche Λόγος steht in einem Verhältnis zum menschlichen λόγος, der dem göttlichen Λόγος zu entsprechen (ὁμολογεῖν) hat. (GA 55, 292, 315, 328, 333) Hierbei handelt es sich offensichtlich um eine Vorform des Wechselspiels von Anspruch des Seins und Entsprechung des Menschen bei Heidegger.

Bliebe noch sozusagen als Krönung des erstanfänglichen Seinsverständnisses der von Heidegger selbst lebenslang besonders hervorgehobene Grundzug des Seins als ἀλήθεια. In seiner Vorlesung vom Wintersemester 1942/43 über »Parmenides« versucht Heidegger, dem Wesen der ἀλήθεια anhand von vier Weisungen nachzudenken: Die erste Weisung lautet, die ἀλήθεια (Un-verborgenheit) als ἀ-λήθεια (Un-verborgenheit) zu denken, die Unverborgenheit weist auf die Verborgenheit, die dem Verbergen des Seins entspringt. (GA 54, 22, 19) Das griechisch gedachte Verbergen kann in mannigfacher Weise geschehen »als Verdeckung und Verschleierung, als Aufbewahrung und Zurücklegen, als Verschließen und ursprüngliches Verwahren«. (GA 54, 22) Die zweite Weisung verlangt, die ἀ-λήθεια (Un-verborgenheit) als ἀ-λήθεια (Un-verborgenheit) zu denken, Unverborgenheit verweist auf Aufhebung, Beseitigung der Verborgenheit, auf das streithafte Wesen des Seins. (GA 54, 20) Aufgrund dieses streithaften Wesens steht die ἀλήθεια in »›gegensätzlichen‹ Beziehungen«, denen nachzudenken die dritte Weisung fordert. (GA 54, 27) Das Unverborgene (ἀληθές) steht zunächst im Gegensatz zum ψεῦδος, dem Verbergen als »Verstellen, Verdecken, Verhehlen«, zum anderen weist es gegen die λήθη, die Verbergung als »Vergessung«. (GA 54, 140, 106, 116) Daneben kennen die Griechen zahlreiche andere Weisen des Gegenwesens zur Unverborgenheit wie κεύθω (bergen), κρύπτω (verbergen) oder καλύπτω (verhüllen). (GA 54, 88) Die vierte Weisung dringt am tiefsten, bis ins Herz der ἀλήθεια. Sie fordert das »Offene«, das »Freie«, die »Lichtung«, als die Wesensmitte der ἀλήθεια zu denken. (GA 54, 208, 212f, 221, 226)

Alle anderen erstanfänglichen Grundzüge des Seins als Zwiefalt, Anwesen, φύσις und λόγος – die bereits untereinander mannigfach verknüpft sind, was hier nicht dargetan werden kann – stehen in besonders

sung vom SS 1944 »Logik. Heraklits Lehre vom Logos« dagegen noch fehlt; dort spricht Heidegger nur von »der Lese« (GA 55, 267), nicht von der »lesenden Lege« (VA 208, 218). Von der Logos-Erfahrung her erklärt sich das Verhältnis von Wort und Anfang: »Das Wort ist am Anfang des Denkens.« (GA 55, 17) Zwar bedeutet Logos ursprünglich nicht Sage oder Rede, sondern »Sammlung« oder »lesende Lege«, weil jedoch das Wort ursprünglich entbergend das Unverborgene sammelt, hängt Logos von früh an die Nebenbedeutung von »Rede« an. Vgl. GA 55, 239, 370. Vgl. auch Klaus Held: Der Logos-Gedanke des Heraklit (1970).

engem Zusammenhang mit der ἀλήθεια. Aus diesem Grund nehme ich eine kleine Korrektur an den Ausführungen von Werner Marx vor: ἀλήθεια darf nicht einfach neben die anderen Grundzüge eingereiht werden, sondern muß eine Sonderstellung eingeräumt bekommen. Sie ist *die* Grunderfahrung der anfänglichen Denker, die sich in allen anderen Namen für das Sein durchhält und somit die drei anfänglichen Denker verbindet. So geschieht der Austrag der Zwiefalt als Entbergung des Seins in das Seiende, wodurch sich das Sein als solches verbirgt. »Das Sein entzieht sich, indem es sich in das Seiende entbirgt.« (HW 310, 311) In der Entfaltung der Zwiefalt waltet die Entbergung. (VA 212, 221) Mit anderen Worten: Anwesen heißt stets »Anwesen in die Unverborgenheit«. »*Anwesen selbst bringt Unverborgenheit mit.* Unverborgenheit selbst ist Anwesen.« (HW 341) Ebenso wie die Verborgenheit zur Unverborgenheit gehört, gehört das Abwesen zum Anwesen. Das Aufgehen der φύσις ist als Her-vor-kommen in die Unverborgenheit, ihr Untergehen als Verbergen zu denken. Auch streiten Aufgehen und Untergehen in derselben Weise miteinander wie Entbergen und Verbergen im Wesen der ἀλήθεια. Die ἀλήθεια ist der »Wesensgrund der φύσις« (GA 55, 175, 173), beide bilden eine »Wesenseinheit« (GA 55, 366). Schließlich dachten die anfänglichen Denker das Lesen bzw. Sammeln des λόγος als Bergen. Der λόγος, der ins Anwesen vor-bringt und dabei aus der Verborgenheit schöpft, »ist *in sich zumal* ein Entbergen und Verbergen. Er ist die ἀλήθεια.« (VA 212f) »Ἀλήθεια, φύσις, λόγος sind *das Selbe* ... als das ursprüngliche Sichversammeln in das unterschiedsreiche Eine: τό ἕν.« (GA 55, 371) Die ἀλήθεια als der reichste und damit sagendste aller erstanfänglichen Grundzüge des Seins umspannt alle anderen.

Die wesentlichsten, nicht-metaphysischen erstanfänglichen Charaktere des Seins lassen sich folgendermaßen zusammenfassen: 1. Die anfänglichen Denker ›denken‹ stets aus dem Bezug von Sein und Seiendem, aus der Nachbarschaft ihres Zusammengehörens, der Zwiefalt, die sich im Partizip ὄν widerspiegelt. Φύσις und λόγος stehen noch nicht gegeneinander, die metaphysische Scheidung Sein und Denken hat noch nicht stattgefunden. Der Mensch ist dem Sein zugehörig (φύσις = λόγος ἄνθρωπον ἔχον, EiM 134), die Art der Zusammengehörigkeit von Mensch und Sein wird als »Brauchen« bestimmt. Der menschliche λόγος hat dem göttlichen Λόγος zu entsprechen. 2. Sein ist in seinem Wesen streithaft: sei es im Wesen der ἀλήθεια der Kampf zwischen Entbergung und Verbergung, sei es im Wesen der φύσις zwischen Aufgehen und Untergehen oder in den nichtbesprochenen Namen des Seins als ἔρις und πόλεμος. (GA 55, 26) Die »Gegenwendigkeit« als einheitliches Geschehen von Auseinandertragen (διαφερεῖν) und Zusammentragen (συμφερεῖν) ist unablegbar. (GA 55, 9, 26; VS 14) 3. Sein als Anwesen bzw. als Unverborgenheit ist nicht auf die Gegenwart beschränkt. Dahinter steht ein anderes nicht-metaphysisches Zeit- und Raumverständnis, wenn dies auch nicht eigens thematisiert wird.

Die größere Nähe der anfänglichen Denker zum Sein begründet Heidegger mit ihrer Nähe zu den Göttern sowie ihrem Wohnen in der Sprache. (GA 55, 66ff; VA 220)

Kommt der Rückgang in den Anfang, also in etwas, das ungefähr zweieinhalb Jahrtausende zurückliegt, nicht einer Flucht ins Vergangene, einem Rückschritt gleich, der sich den Problemen der Gegenwart nicht stellt und den Fortschritt nicht befördert? Ja, aus der Perspektive einer heute weit verbreiteten vulgären Zeitvorstellung und der damit verbundenen Fortschrittsideologie, die im geschichtlich Früheren nur das *Vergangene* sieht, welches der Reißwolf Zeit unwiederbringbar verschlungen hat. Letztgenannte nährt sich mehr oder weniger bewußt größtenteils von den Früchten der Hegelschen dialektischen Geschichtskonstruktion, die zwar im Vergangenen eine notwendige Vorstufe für die Gegenwart ehrt, aber letztlich doch der Jetzt-Zeit als der höheren Synthese huldigt. Nein, aus der Sicht einer denkenden seinsgeschichtlichen Betrachtungsweise. Der »Schritt zurück« hat mit einem »Rückschritt« oder gar einer politischen »Reaktion« nicht das Geringste zu tun. Er bewegt sich auf dem Boden eines anderen Zeitverständnisses, das das Frühere als *Gewesenes* erfahren läßt, das in seinem Gewesen anwest und neu auf uns zukommen kann. Im Gegensatz zu Hegel findet Heidegger gerade bei den anfänglichen Denkern – die Hegel übrigens als »Voraristoteliker« einstuft, was seine andere Zeitauffassung verdeutlicht[49] – eine reichere und ursprünglichere Erfahrung des Seins als in Spätantike, Mittelalter und Neuzeit. Heideggers Hochschätzung der anfänglichen Denker dürfte vor allem durch Nietzsches ausgesprochen antidialektische Betonung des »großen Menschen« bei den von ihm sog. »Vorplatonikern« inspiriert sein.[50]

Der Anfang ist für Heidegger das Sein selbst. »Dieses freie Anheben ist der Anfang selbst: der Anfang ›des‹ Seyns als das Seyn.« (GA 55,

49 Vgl. G. W. F. Hegel: Werke, Bd. 18, Frankfurt a. M. 1971, 188ff. Vgl. HW 298f.
50 Vgl. F. Nietzsche: Die Philosophie im tragischen Zeitalter der Griechen, Vorwort, n. 2; KGW III, 2, 296, 303. Vgl. HW 297.

131; vgl. GA 51, 88; GA 54, 10) Mit anderen Worten: Das Sein selbst schickt sich uns als Sein zu.[51] Als Anfang des Seins (gen. subi.) ist der Anfang näher als das Nächste bzw. das »Übernahe« (GA 51, 87), das wir wegen seiner Nähe immer schon übersprungen haben. Andererseits ist er für uns, die wir in der Epoche der Seinsvergessenheit leben, das Fernste. Diese Ferne ist jedoch eine Ferne eigener Art, sie wahrt den Bezug zum Anfang und Sein und »bringt damit näher als alle ehrfurchtslose Zudringlichkeit« (GA 51, 96). Heidegger denkt diese Ferne als *Tiefe* (GA 55, 279), was sein Wort vom »*Abstieg*« in »die Nähe des Nächsten« (Hum 37) als Gang in die Tiefe erklärt. Historisch rechnerisch feststellbare Zeitabstände dagegen sind für Heidegger unwesentlich: Ein Spruch des Heraklit kann uns genauso nah, wenn nicht sogar näher sein als ein Satz von Platon, Thomas von Aquin, Descartes, Kant oder Nietzsche. Hier haben wir wieder einen Beleg dafür, daß für die Nähe des Seins sowohl die üblichen ausmeßbaren *Raumabstände* als auch die historischen *Zeitabstände* belanglos sind.

Die Schwierigkeit einer Besinnung auf den ersten Anfang sieht Heidegger nicht vorrangig in der riesigen Zeitspanne, die es zu überbrücken gilt, sondern vielmehr in den Gesetzmäßigkeiten von Anfang und NÄHE selbst. Der »Abstieg« in »die Nähe des Nächsten« bedarf einer sorgfältigen Vorbereitung, denn »der Anfang aber ist nur dort als Anfang erfahrbar, wo wir selber anfänglich und wesenhaft denken.« (GA 51, 15; GA 54, 249) Dazu tut not, daß wir uns aus der Zwangsjacke der technischen Grundstellung, die uns vom Anfang entfernt hält, befreien und ein Stück des Weges in die Nachbarschaft des Seins zurücklegen, andernfalls »bleibt unser Ohr stumpf für das anfängliche Wort des anfänglichen Denkens.« (GA 55, 176)

Der Anfang als das Fernste muß erst abgerungen werden. Dies folgt aus den Gesetzen des Anfangs und der NÄHE, deren Zusammenspiel Heidegger am ausführlichsten und treffendsten innerhalb seiner Parmenides-Vorlesung dargelegt hat. Ich gebe daraus ein längeres Zitat, das meiner Überzeugung zufolge alles Wesentliche über die Verknüp-

---

51 Später denkt Heidegger das »Es«, das Sein schickt, als »Ereignis«. Vgl. SdD 8, 20, 21f.

Das griechische Wort für Anfang »ἀρχή« ist jedoch für Heidegger kein ursprünglicher Seinsbegriff, sondern nur ein Derivat davon. Vgl. GA 55, 21.

Das Sein ist nicht nur der Anfang, sondern auch das Ende, wie aus der von theologischer Seite häufig traktierten Rede von der »Eschatologie des Seins« (HW 301f) deutlich wird. Vgl. auch W. Marx: Heidegger und die Tradition ..., 167f. Von hier aus dürfte auch der Hinweis des späten Heidegger zu verstehen sein, daß die Einkehr in das Ereignis keine neue Epoche der Seinsgeschichte darstelle. (VS 105)

fung von NÄHE und Anfang sowie mit der ἀλήθεια enthält und somit stellvertretend für eine Vielzahl verstreuter kürzerer Hinweise stehen kann:[52]

»Was wir uns jetzt durch die vierte Weisung in den Wesensblick zu bringen versuchen, gehört *noch anfänglicher* zum Wesen der ἀλήθεια als das bisher genannte Gegenwesen und dessen Mannigfaltigkeit. Weil das jetzt in unseren Blick zu Weisende noch anfänglicher in der ἀλήθεια west, deshalb ist dies zu Weisende auch mit der ἀλήθεια und durch sie vor allem anderen schon entborgen und demzufolge als Unverborgenes uns noch *näher* als das *Nächste*, was uns sonst am Wesen der ἀλήθεια zunächst aufgeht. Weil das jetzt zu Weisende uns noch näher ist als das gewöhnlich und ›zunächst‹ Nächste, deshalb ist es auch entsprechend schwerer zu erblicken. So übersehen wir doch auch im Eifer des gewöhnlichen Sehens der sinnlichen Wahrnehmung, das den sichtbaren Dingen und der Umsicht unter und zwischen ihnen gilt und dient, das *Allernächste*, nämlich die Helle und das ihr eigene Durchsichtige, durch das hindurch der Eifer unseres Sehens eilt und eilen muß. Das *Allernächste* zu erfahren ist das Allerschwerste. Im Gang des Vorgehens und Umgehens wird es gerade zum voraus und am leichtesten übergangen. Weil das *Nächste* das Vertrauteste ist, bedarf es keiner besonderen Aneignung. Wir bedenken es nicht. So bleibt es das am wenigsten Denkwürdige. Das *Nächste* erscheint deshalb wie etwas Nichtiges. Der Mensch sieht zunächst strenggenommen nicht einmal das *Nächste*, sondern stets das *Übernächste*. Die Aufdringlichkeit und Dringlichkeit des *Übernächsten* vertreibt das *Nächste* und dessen *Nähe* aus dem Erfahrungsbereich. Dies folgt aus dem Gesetz der *Nähe*. Dieses *Gesetz der Nähe* gründet im *Gesetz des Anfangs*. Der Anfang läßt zuerst nicht seine in die eigene Innigkeit zurückwesende Anfängnis aufgehen. Der Anfang zeigt sich zuerst im Angefangenen, hier jedoch zunächst auch nicht einmal als dieses. Auch wenn das Angefangene als solches erscheint, kann das Anfangende und vollends das ganze ›Wesen‹ des Anfangs noch verhüllt bleiben. Daher enthüllt sich der Anfang zuerst in dem von ihm Aus- und in gewisser Weise schon Fortgegangenen. Der Anfang läßt anfänglich die *Nähe* seines anfangenden Wesens hinter sich und verbirgt sie so. Darum verbürgt selbst die Erfahrung von Anfänglichem noch keineswegs die Möglichkeit, den Anfang selber in seinem Wesen zu denken. Der erste Anfang ist zwar das alles Entscheidende; dennoch ist er nicht der *anfängliche Anfang*, d. h. der Anfang, der

52 Vgl. GA 51, 87, 91, 93, 102, 111; GA 54, 9, 16, 181, 207, 212, 222, 223f, 240; GA 55, 18, 103f, 123, 141, 149, 193, 239, 287f, 339, 380, 391f; VA 253, 255f, 271f.

zugleich sich und seinen Wesensbereich lichtet und in solcher Weise anfängt. Die Anfängnis des anfänglichen Anfangs ereignet sich zuletzt. Wir aber wissen weder Art und Augenblick des Zuletzt der Geschichte noch gar sein anfängliches Wesen.

Deshalb kann die *Vollendung der Geschichte des ersten Anfangs* ein geschichtliches Zeichen der *Nähe* des anfänglichen Anfangs sein, der die künftige Geschichte in seine *Nähe* einbezieht. Das im Wesen der ἀλήθεια *Nächste* wird deshalb dem Gesetz zufolge, nach dem der Anfang anfängt, *auch von den Griechen notwendig übersehen.* Das Übersehen kommt nicht aus einer Unachtsamkeit; es ist nicht Folge einer Versäumnis oder eines Unvermögens, sondern im Gegenteil: Aufgrund ihrer Treue zur erstanfänglichen Erfahrung des sich noch entziehenden Anfangs *übersehen die Griechen das Anfängliche des Anfangs.* Aber weil andererseits das *Nächste* und es allein doch wiederum zuvor in allem *Nahen* schon west, muß dieses *Nächste* des Wesens der ἀλήθεια auch im Sagen der Griechen wenngleich nur beiläufig, d. h. eben im Sinne eines in gewisser Weise Gesehenen, aber nicht eigens Erblickten zum Wort kommen.« (GA 54, 201f, Herv. teilweise E. K.)

Das Zitat läßt sich in vier Themenkomplexe zerlegen: 1. Ἀλήθεια und NÄHE. (Anfang 1. Absatz) 2. Das Gesetz der NÄHE. (Ende 1. Absatz) 3. Das Gesetz des Anfangs und sein Zusammenspiel mit dem Gesetz der NÄHE. (2. Absatz) 4. Das Verhältnis der Griechen zum Anfang. (3. Absatz)

zu 1) Das Zitat findet sich innerhalb der oben dargelegten vierten Weisung, die ἀλήθεια zu denken. Diese vierte Weisung, die die »Lichtung«, »das Freie« bzw. das »Offene« als Wesensmitte der ἀλήθεια zu denken verlangt, wird gleich zu Beginn zweimal durch Kursivdruck als »*noch anfänglicher*« zum Wesen der ἀλήθεια gehörend herausgehoben. Weil die Lichtung noch anfänglicher in der ἀλήθεια west, deshalb ist sie »vor allem anderen schon entborgen« und demzufolge »*noch näher* als das Nächste, was *uns* sonst am Wesen der ἀλήθεια *zunächst* aufgeht.«[53] Der Grad der Anfänglichkeit und der Grad der Nähe konvertieren miteinander: Je anfänglicher, desto näher; je näher, desto anfänglicher.

Daneben müssen wir eine feine Differenz zum Humanismus-Brief beachten: Heidegger geht es hier nicht mehr allein um die größere Nähe des Seins bzw. der ἀλήθεια gegenüber dem Seienden, sondern um ›Grade‹ der Nähe innerhalb des Gesamtwesens der ἀλήθεια. Dem-

---

53 Herv. E. K. Zitate ohne Stellenangabe beziehen sich auf die auszulegende Textstelle.

entsprechend bleibt das unscheinbare Wörtchen »uns« vieldeutig: »Uns« meint in einem ersten Sinne Heidegger und seine Zuhörer, also die neuzeitlichen Menschen, insbesondere die neuzeitlichen Philosophen – denn wer beschäftigt sich sonst mit der ἀλήθεια –, »uns« kann in einem zweiten weiteren Sinn auch die alten Griechen, ja sogar die anfänglichen Denker selbst miteinbeziehen, denn wie aus dem dritten Absatz des Zitats klar wird, übersehen auch die Griechen das Nächste im Wesen der ἀλήθεια und zwar »notwendig«. Je nach Auslegung des »uns« zeigt sich das »gewöhnlich und ›zunächst‹ Nächste« dann als das »zunächst« begegnende Seiende oder als die anderen drei Grundzüge der ἀλήθεια. Anders gewendet: Heidegger geht es hier nicht in erster Linie um den Unterschied zwischen gewöhnlichem Meinen des Alltagsverstandes und »wesentlichem« Denken der Denker, auch nicht mehr nur um die Aufdeckung der Versäumnisse und Verstellungen des metaphysischen Denkens, sondern um das, trotz aller größeren Nähe zum Sein, selbst bei den anfänglichen Denkern Unbedachte und daher zu-Denkende eines wirklich anfänglichen Denkens. Die erstanfänglichen Erfahrungen des Seins bei den anfänglichen Denkern sind zwar allen metaphysischen Vorstellungen des Seins weit überlegen und weisen in die rechte Richtung, genügen in ihrer Entfaltung Heidegger aber noch nicht. Diese feine Differenz übergeht Heidegger in seinen unmittelbar folgenden Charakteristiken der Gesetze der NÄHE und des Anfangs, wo er alles wieder auf den bekannten Grundunterschied von Sein und Seiendem zuspitzt.

Inwiefern die vierte Weisung noch anfänglicher und näher als die anderen ist, wird aus ihrer inhaltlichen Bestimmung deutlich: »*Das Wesen der Unverborgenheit gibt uns die Weisung auf das Offene und die Offenheit.*« (GA 54, 212f) Das Offene ist als das Freie »der Spielraum des noch Unbestimmten und Unentschiedenen« (214), der selbst noch keine Bergung und Geborgenheit, geschweige denn eine Entbergung oder Verbergung gewährt. Das bedeutet, daß alle anderen Grundzüge der ἀλήθεια als Un-*verborgenheit*, als *Un*-verborgenheit, als Streit des Entbergens mit dem Verbergen als Verstellen, Verdecken und Verhehlen sowie mit dem Verbergen als Vergessung auf den Spielraum des Offenen angewiesen sind. Das Freie bildet gleichsam die Herzmitte der ἀλήθεια und ist daher das »Allernächste«.[54] Es ist so nahe, genauer gesagt so »übernah« – wie Heidegger an anderer Stelle betont (GA 51,

---

54 Eine Untersuchung des Freiheitsverständnisses von Heidegger müßte genau hier ansetzen. Freiheit ist vom Freien, d. h. von der ἀλήθεια her zu denken. Vgl. auch WdW 13ff.

87) –, daß es schwer zu fassen ist. »Das Allernächste zu erfahren ist das Allerschwerste.«

zu 2) Weil das Nächste das Vertrauteste ist, scheint es, als bedürfe es keiner besonderen Aufmerksamkeit, es erscheint als etwas Nichtiges. Solches kann aber nur aus der Sicht des »wesentlichen« Denkens von Heidegger konstatiert werden, denn »strenggenommen« sieht das gewöhnliche Vorstellen nicht einmal das Nächste, sondern stets nur das Übernächste, das Seiende. Dessen Aufdringlichkeit drängt sogar das Nächste (Sein) und dessen Nähe (Wahrheit des Seins) aus dem Erfahrungsbereich.[55] Das Gesetz der NÄHE läßt sich auf folgende Formulierung bringen: Die Aufdringlichkeit des Übernächsten (Seienden) vertreibt das Nächste (Sein) und dessen Nähe (Wahrheit des Seins) aus dem Erfahrungsbereich. Die Folge davon ist, daß wir das Übernächste (Seiende) für das Nächste halten, das Nächste (Sein) übersehen und blind sind für das Allernächste, die NÄHE selbst (Wahrheit des Seins).

zu 3) »Dieses Gesetz der Nähe gründet im Gesetz des Anfangs.« Das Gesetz des Anfangs lautet: Der Anfang läßt zunächst (anfänglich) nicht seine Anfängnis aufgehen, er verbirgt sich ganz oder zeigt sich nur im Angefangenen, wobei er sein anfängliches Wesen verhüllt. Daher ist der erste Anfang zwar entscheidend, aber noch nicht der anfängliche Anfang. Dieser ereignet sich in der Seinsgeschichte zuletzt. Das hat für uns die Konsequenz, daß selbst der »Schritt zurück« in den ersten Anfang und die darin gewonnenen erstanfänglichen Grundzüge des Seins noch nicht die Einsicht in das anfängliche Wesen des Anfangs miteinschließt. Dennoch ist die Besinnung auf den ersten Anfang unumgänglich, um den anfänglichen, zweiten Anfang vorzubereiten. Die Erfahrung der Nicht-anfänglichkeit des ersten Anfangs eröffnet erst den Ausblick auf den anfänglichen Anfang. Der Anfang ist für uns daher in zweifacher Weise das Fernste: Erstens als erster Anfang bei den anfänglichen Denkern aufgrund der seinsgeschichtlichen Zeitspanne und unserer Seinsvergessenheit; in einem zweiten und wesentlicheren Sinne als anfänglicher Anfang, weil der Anfang seinem eigenen Gesetz zufolge sich zuerst in seiner Anfängnis entzieht.

zu 4) Aus den Gesetzen des Anfangs und der NÄHE erklärt sich auch das Verhältnis der Griechen, inklusive der anfänglichen Denker, zu Anfang und ἀλήθεια. Die Griechen übersehen *notwendigerweise* das Nächste im Wesen der ἀλήθεια und damit den Anfang. Dieses Überse-

---

[55] Für die Auslegung des Übernächsten als Seiendes, des Nächsten als Sein und der NÄHE als Wahrheit des Seins vgl. Hum 20f sowie meine Kommentierung dieser Textstelle 47ff.

hen ist kein Versäumnis, sondern entspringt dem sich entziehenden Anfang. Weil andererseits das Nächste (das Offene) des Wesens der ἀλήθεια in allem Nahen (Seienden) schon west, muß dieses Nächste, wenngleich nur beiläufig, d. h. nicht eigens thematisiert und bedacht zu Wort kommen. In diesem Sinne sind die Griechen die »Hüter des Anfangs«. (GA 54, 220)

Damit ist deutlich: Die anfänglichen Denker sind der Erfahrung des Seins als NÄHE zwar erheblich näher gekommen als die metaphysischen Denker nach ihnen, aber auch sie dachten noch nicht die NÄHE als NÄHE. Die Chance für uns Heutigen besteht Heidegger zufolge darin, daß das für die Griechen »Fraglose«, das Wesen der ἀλήθεια, für uns zum »Fragwürdigsten« wird (GA 45, 132, 112) und wir im Nachdenken dieses Ungedachten dem anfänglichen Wesen des Seins näher kommen. Die »andersanfänglichen Grundzüge« des Seins erwachsen aus der Besinnung auf das Ungedachte in den »erstanfänglichen Grundzügen« des Seins. Das Andenken an den ersten Anfang ist in sich schon Vordenken in den anderen Anfang. (GA 51, 42; GA 45, 110, 124ff) Die Erfahrung des anfänglichen, zweiten Anfangs muß ihren Weg über den »Abstieg« aus der Metaphysik in den ersten Anfang nehmen. Die Zwiesprache mit den frühen Denkern hilft, den Bereich des zu-Denkenden näher zu bringen. (VA 87)[56] Den zweiten Anfang findet Heidegger bei Hölderlin dichterisch gestiftet, er selbst versucht, ihn denkerisch erörternd vorzubereiten. Wenden wir uns zunächst der dichterischen Stiftung des anderen Anfangs bei Hölderlin zu.

---

56 In diesem Sinne endet auch der Vortrag »Der Satz der Identität«: »Erst wenn wir uns denkend dem schon Gedachten zuwenden, werden wir verwendet für das noch zu Denkende.« (ID 30)

II. Die denkerische Zwiesprache
mit der Dichtung

Parallel zu der Zuwendung zu den anfänglichen Denkern Anaximander, Heraklit und Parmenides beginnt Heidegger ab Mitte der 30er Jahre eine intensive und fruchtbare Zwiesprache mit der Dichtung, insbesondere derjenigen Friedrich Hölderlins. Diese erreicht ihren Höhepunkt zu Beginn der 40er Jahre. Sämtliche Vorlesungen und zahlreiche Vorträge der Jahre 1941–44 haben die Fragmente der anfänglichen Denker oder Hölderlins Hymnen zum Thema. (GA 51–55; VA 199–222; 249–274; EH 9–32, 49–78, 79–151) Diese gleichzeitige Bemühung um die anfänglichen Denker und um Hölderlin ist nicht zufällig, sondern liegt in der Sache begründet: Erstens bewegen sich nur die Gedanken der anfänglichen Denker und die Dichtung Hölderlins außerhalb der Metaphysik,[1] die Heidegger überwinden will, zweitens sind Andenken an den *ersten Anfang* und Vordenken an den *zweiten Anfang* unlösbar miteinander verknüpft. Die Überwindung der Metaphysik erfordert den »Schritt zurück« in den ersten Anfang, dieser wird erst anfänglich erfahren im Vordenken in den zweiten Anfang, den Hölderlin dichterisch stiftet. Andererseits bleibt das dichterische Sagen des zweiten Anfangs an die Rückbesinnung auf den ersten Anfang gebunden. Hölderlins besonders inniges Verhältnis zu den Griechen ermöglichte ihm erst die Stiftung des anderen Anfangs. Die zwei Richtungen der Verwindung der Metaphysik, Rückgang in den ersten Anfang und dichterisches Voraussagen eines neuen Anfangs, verschmelzen in Heideggers Denken zu *einem* Weg.

Warum wählt Heidegger nun ausgerechnet Hölderlin als Gesprächspartner und nicht Homer, Shakespeare, Goethe, Schiller oder einen zeitgenössischen Dichter? Hölderlin gebührt nach Heideggers Überzeugung ein dreifacher Vorrang: 1. Er ist der »Dichter des Dichters und der Dichtung«, d. h. sein ganzes Schaffen zielt darauf ab, das Wesen der Dichtung dichterisch zu sagen. 2. Er ist der »Dichter der Deutschen«, er stiftet den Deutschen ihr Wesen und weist dem Volk seinen geschichtlichen Ort zu. 3. Er ist noch nicht die Macht in der Geschichte unseres

1 Dies gilt allerdings nur für die Dichtungen Hölderlins, seine theoretischen Schriften bleiben der Metaphysik verhaftet. Vgl. GA 52, 120; Schell 230.

Volkes geworden, die er nach Heideggers Überzeugung werden muß. (GA 39, 213ff) Hölderlin ist der erste »Dichter in dürftiger Zeit«, der die Leere des Fernbleibens des Seins bzw. der Götter aussteht und thematisiert und somit Vorgänger aller Dichter in dürftiger Zeit ist. (HW 295)

Überdies stehen Dichten und Denken in einem besonderen, nachbarschaftlichen Verhältnis, beide ergänzen einander und fließen teilweise ineinander über, wie in der denkenden Dichtung Hölderlins und im dichtenden Denken Heideggers. Beide sagen vom Selben, dem Sein, aber in je verschiedener Weise. Daher ist es notwendig, daß der Denker auf den Dichter hört, sich denkerisch mit dem Gedichteten auseinandersetzt. Neben der alles überragenden Zwiesprache mit Hölderlin widmet sich Heidegger vornehmlich der Dichtung Rilkes (HW 248–295), Hebels (Heb; GA 13, 155, 180), Georges (UzS 217–238, 162ff) und Trakls (UzS 35–82, 17ff).[2] Diese Erörterungen sind jedoch ganz eingebunden in die umfassendere Frage nach dem Wesen der Sprache, das in Kapitel 3 thematisiert wird.

2 Zu Heideggers Rilke-Deutung vgl. Else Buddeberg: Denken und Dichten des Seins. Heidegger, Rilke, Stuttgart 1956; Eckhard Heftrich: Die Philosophie und Rilke, Freiburg 1962, 109–132; Joachim W. Storck: Rilke und Heidegger, (1976).

3. Kapitel
Die dichterische Stiftung des anderen Anfangs: Hölderlins neue Nähe zum Sein

In Heideggers denkerischer Zwiesprache mit der Dichtung Hölderlins wird die herausragende Rolle von Nähe und Ferne für eine neue Erfahrung des Seins erstmals in voller Klarheit ausdrücklich. Dies dokumentiert sich in einer Häufung ihres terminologischen Gebrauchs, wobei auffällt, daß sie immer dann auftreten, wenn Heidegger auf das Wesentliche zu sprechen kommt.

Heideggers Beschäftigung mit Hölderlin reicht nach eigenen Angaben bis in die Studienzeit vor dem Ersten Weltkrieg zurück, als Hölderlin noch gar nicht in Mode war. (UzS 92; FS X; GA 52, 8) Seine öffentliche Auseinandersetzung mit Hölderlin begann im Wintersemester 1934/35 mit einer Vorlesung über »Hölderlins Hymnen ›Germanien‹ und ›Der Rhein‹«. (GA 39) Gleichzeitig setzte eine bis zu seinem Tode nicht mehr nachlassende Erörterung der Frage nach der Sprache, insbesondere der Zusammengehörigkeit von Sprache und Sein sowie der Problematik der Logik ein. (UzS 93) Dies zeigt, daß die Zuwendung zur Dichtung in den größeren Kontext von Sprache und Sein gehört. 1936 folgte die erste Veröffentlichung eines am 2. April desselben Jahres in Rom gehaltenen Vortrages unter dem Titel »Hölderlin und das Wesen der Dichtung«, dessen Hauptthese, Hölderlin sei der »*Dichter des Dichters*« erstmals die Hölderlin-Forschung aufhorchen ließ. (EH 34) Intensive Hölderlin-Studien während des Zweiten Weltkrieges schlugen sich nieder in der Interpretation »›Wie wenn am Feiertage . . .‹« (1939, gedruckt 1941) sowie zwei Vorlesungen über die Hymnen »Andenken« (GA 52) und »Der Ister« (GA 53) aus dem Wintersemester 1941/42 und dem folgenden Sommersemester 1942. Die Auslegung der Dichtung »Andenken« steuerte Heidegger 1943 in gekürzter und leicht überarbeiteter Fassung zur Tübinger Gedenkschrift anläßlich des 100. Todestages von Hölderlin bei. Zum gleichen Anlaß hielt er einen Vortrag über das Gedicht »Heimkunft/An die Verwandten«, welcher zusammen mit den drei genannten Abhandlungen in den Sammelband »Erläuterungen zu Hölderlins Dichtung« einging. 1951 folgte der Vortrag »›. . . dichterisch wohnet der Mensch . . .‹«, dem schon deshalb eine Sonderstellung zukommt, weil er als einziger nicht in den Hölderlin-Sammelband aufgenommen wurde, sondern 1954 in »Vorträge und Aufsätze« seinen Platz erhielt. Die »Erläuterungen zu Hölderlins Dichtung« wurden 1971 erweitert um den 1959 gehaltenen Vortrag »Hölderlins Erde und Himmel« sowie die Rede zum 70. Geburtstag von Friedrich Georg Jünger im Jahre 1968 unter dem Titel »Das Gedicht«. Der Vollständigkeit halber seien das Vorwort zur 1964 aufgenommenen Langspielplatte »Martin Heidegger liest Hölderlin« und die kleinen Abhandlungen »Das Wohnen des Menschen« (GA 13, 213–220) und »Der Fehl heiliger Namen« (GA 13, 231–236) aus den Jahren 1970 und 1974 aufgeführt.[1] Neben den eigenständigen Hölderlin-Interpretationen durchziehen Hinweise auf Hölderlin das gesamte Werk Heideggers.[2] An seinem Grabe wurden auf seinen ausdrücklichen Wunsch Hölderlin-Worte gesprochen[3] und das nach seinem Tod veröffentlichte Spiegel-Interview bekundet die Nähe Heideggers zu Hölderlin: »Mein Denken steht in einem unumgänglichen Bezug zur Dichtung Hölderlins ... Hölderlin ist für mich der Dichter, der in die Zukunft weist, der den Gott erwartet und somit nicht nur ein Gegenstand der Hölderlin-Forschung ... bleiben darf.« (SI 214)

Die dargelegte lebenslange und tiefe Zwiesprache des Denkers mit dem Dichter entspricht der in der Forschung allgemein anerkannten exponierten Stellung Hölderlins auf dem Denkweg Heideggers und – was viel wichtiger ist, denn hier geht es nicht primär um eine biographische Entwicklung – seinem Entwurf einer Seinsgeschichte.[4] Heidegger stellt Hölderlin als dichterischen Stifter eines neuen »anderen Anfangs«, als Verwinder der Metaphysik und Vorbereiter einer neuen Nähe zum Sein heraus. (EH 76, 177; GA 39, 1, 122) Hölderlins geschichte-gründende Tat besteht darin, den Deutschen, das meint hier dem abendländischen Menschen, das Vaterland, den Weg ins Eigene zu weisen. (EH 30; GA 39, 124, 220, 214) Daher tut das Hören auf Hölderlins Wort heute, in der Zeit der Verbergung des Seins im Ge-stell, not.

Heideggers Zwiesprache mit Hölderlin konzentriert sich fast aus-

---

1 Die Langspielplatte erschien im Neske-Verlag Pfullingen. Dort erschienen auch die Doppellangspielplatte »Hölderlins Erde und Himmel« im Jahre 1960 sowie die Aufnahme des Festvortrags »Der Satz der Identität« im Jahre 1957. Für Heideggers außerordentlichen Bezug zur Intonation des gesprochenen Wortes vgl. den von Heidegger selbst hochgeschätzten Aufsatz von Richard Wisser: Die denkende Stimme und ihr Gedanke, (1958).

2 Vgl. den Index zu »Sein und Zeit« von H. Feick, 118.

3 Vgl. Zum Gedenken an Martin Heidegger. Hrsg. von der Stadt Meßkirch. Meßkirch 1977, 13ff.

4 Stellvertretend seien genannt: Otto Pöggeler: Der Denkweg Martin Heideggers, Pfullingen 1963; Winfried Franzen: Von der Existenzialontologie zur Seinsgeschichte, Meisenheim 1974; Richard Schaeffler: Frömmigkeit des Denkens? Darmstadt 1978.

schließlich auf die großen Hymnen nach 1800. Vollständig erläutert er nur sieben Gedichte: »Germanien« (GA 39, 9–151), »Der Rhein« (GA 39, 153–293), »Andenken« (GA 52; EH 79–151), »Heimkunft« (EH 9–32), »Der Ister« (GA 53), »Wie wenn am Feiertage . . .« (EH 49–78), »Griechenland« (EH 152–181) und »In lieblicher Bläue . . .« (VA 181–198).

Die Grundeinschätzungen Hölderlins in der Forschung lassen sich mit Ruth-Eva Schulz-Seitz grob wie folgt zusammenfassen: Zunächst galt Hölderlin als der *Sänger Griechenlands*, danach als *Dichter des deutschen Idealismus*, seit Heideggers grundlegender Deutung von 1936 gilt er als *Dichter des Dichters*, als Dichter des Wesens der Dichtung.[5]
In direktem Widerspruch zu den Ausführungen von Schulz-Seitz, wonach die Erfahrung der wesentlichen Nähe als Ferne erst in einer späten Variante zum »Archipelagus« zutage tritt – die Heidegger aber nicht kennen konnte, weil sie erstmals 1951 in der Großen Stuttgarter Ausgabe veröffentlicht wurde –, keinesfalls schon in »Heimkunft«, wie Heidegger fälschlich auslege,[6] spezifiziere bzw. vertiefe ich die These vom »Dichter des Dichters« dahingehend, daß das Dichten des Dichters, wie schon das Zum-Dichter-werden selbst nur unter der Voraussetzung der Erfahrung der wesentlichen NÄHE möglich ist. Ich behaupte: Das Problem der NÄHE stellt sowohl das Zentrum der Heideggerschen Erläuterungen zu Hölderlins Dichtung als auch den Kern der Hölderlinschen Dichtung selbst dar.

Daß und wie nur über die Erfahrung von Nähe und Ferne das Zum-Dichter-werden und die Stiftung des anderen Anfangs, das Eintreten in ein neues Verhältnis zum Sein vollzogen werden kann, versuche ich auf folgendem Weg darzulegen: Ausgehend von Heideggers heute allgemein anerkannter These, Hölderlin sei der Dichter des Dichters, umgrenze ich zunächst die Heideggersch-Hölderlinsche Bestimmung des Wesens der Dichtung in Absetzung von den geläufigen Auffassungen. Danach betrachte ich das Gesetz des Zum-Dichter-werdens, wobei die fundamentale Bedeutung von Nähe und Ferne ans Licht treten wird. So gerüstet, wende ich mich dem Stiften des anderen Anfangs zu, um

5 Vgl. Ruth-Eva Schulz-Seitz: Befestigter Gesang – Bemerkungen zu Heideggers Hölderlin-Auslegung (1970), 64. Paradigmatisch seien für die 1. Phase Gundolf (»Hölderlins ›Archipelagus‹«, 1911), für die 2. Phase Cassirer (»Hölderlin und der deutsche Idealismus«, 1924) und Hof (»Hölderlins Stil«, 1954) genannt.
6 Vgl. a. a. O. 78, 80.

weitere Dimensionen der NÄHE aufzuzeigen. Abschließend und über-
leitend gehe ich kurz auf die Nachbarschaft von Dichten und Denken
ein. Bei allen Schritten beschränke ich mich auf eine systematische
Zusammenfassung der wesentlichen Gedanken und Strukturen; eine
Nachzeichnung der Heideggerschen Auslegungen einzelner Gedichte
sowie eine literaturwissenschaftlich detaillierte Analyse der Einzelinter-
pretationen kann im Rahmen dieser Arbeit nicht geleistet werden. Letztere erscheint mir auch gar nicht notwendig, da sie zum Sachgehalt
unserer Problematik wenig beitragen würde, gerade weil Heidegger
keinen literaturwissenschaftlichen Anspruch für seine Auslegungen erhebt und sich bewußt außerhalb der Philologie stellt. (EH 7f; GA 39,
4ff; GA 52, 2ff; VA 60)

1. Das Wesen der Dichtung

Um das Wesen der Dichtung bei Hölderlin und Heidegger verständlich
zu machen, ist es notwendig, zunächst einmal den negativen Weg ein-
zuschlagen und zu sagen, was alles Dichtung für sie nicht ist. Erst wenn
diese Abgrenzung in aller Schärfe geleistet ist, können wir uns der
positiven Bestimmung des Wesens der Dichtung durch Heidegger und
Hölderlin zuwenden.

Den gleichen Weg schlägt Martin Heidegger selbst in seinen behutsa-
men Auslegungen von Hölderlins Dichtung ein, wie vor allem an seinen
Vorlesungen abzulesen ist, die jeweils mit einer ausführlichen vorbereitenden Besinnung auf Dichtung und Sprache beginnen. (GA 39, 3–77;
GA 52, 1–41; GA 53, 1f, 17ff; EH 7f, 152ff, 182f) Diese dienen dazu,
unseren getrübten, flüchtigen Blick zu schärfen und zu beruhigen, unsere verstopften und verstockten Ohren zu reinigen, uns aus der Verfe-
stigung des alltäglichen Meinens sowie uns aus der Bindung in litera-
turwissenschaftlich-allzuliteraturwissenschaftliche Doktrinen zu befreien; mit einem Wort: uns hörender zu machen für das Wort der
Dichtung. Hierbei handelt es sich keineswegs lediglich um eine methodische Reflexion, wie das Gedicht am sachgemäßesten, ›richtigsten‹ zu
interpretieren sei, sondern um eine Verwandlung des Denkens selbst,
eine Zurücknahme unserer selbst als des wertenden Subjekts und als des
alleinigen Maßstabs der Dichtung und somit um ein Einrücken in den
Machtbereich der Dichtung. Dies hängt mit Heideggers Auffassung
vom Wesen der Dichtung zusammen, wie wir später sehen werden.

Die positive Kennzeichnung des Wesens der Dichtung vollzieht sich in drei Schritten: Zuerst lassen wir uns von der Sprache selbst einen Hinweis auf die Etymologie des Wortes »dichten« geben. Danach referiere ich Heideggers zwei Dichtungsbegriffe in »Vom Ursprung des Kunstwerkes«, bevor ich mich eingehend Hölderlins dichterischer Bestimmung des Wesens der Dichtung widme.

Wenden wir uns zunächst der traditionellen Auffassung der Dichtung in Heideggers Sicht zu.

a) Die geläufige Auffassung von der Dichtung

Die traditionelle Vorstellung von Dichtung wird von Heidegger folgendermaßen charakterisiert: Ein Gedicht ist ein vorhandenes Lesestück, das einen feststellbaren Inhalt und eine Form hat, die beide nach Möglichkeit mit Schönheit behaftet sind. Das Gedicht ist ein Produkt der Einbildungskraft eines schöpferischen Subjektes, eines Genies, das darin ein äußeres oder inneres Erlebnis verdichtet. Dichtung wird vorgestellt als »*Ausdruck von Erlebnissen*«. (GA 39, 26) Die Erlebnisse lassen sich rubrizieren in individualistische und kollektivistische, lassen sich einordnen als Ausdruck einer Einzelseele oder Massenseele, einer Kulturseele (Spengler), Rassenseele (Rosenberg) oder Volksseele (Kolbenheyer). Alle noch so verschieden gemischten Definitionen von Dichtung kommen darin überein, daß sie Dichtung als »*Ausdruckserscheinung von Seele, Erlebnis*« fassen. (GA 39, 27) Das Merkwürdige daran ist – und dies attestiert Heidegger ausdrücklich –, daß »alle diese Auffassungen jederzeit als richtig beansprucht und sogar bewiesen werden können«. (GA 39, 27) Jedoch folgt die Einschränkung stehenden Fußes: »Aber was richtig ist, ist damit noch nicht wahr. Diese ganze Denkweise in jeder ihrer Formen ist tief unwahr und wesenlos.« (GA 39, 27) So gilt z. B. die Definition der Dichtung als Ausdruck einer Kulturseele in gleicher Weise für die Herstellung von Fahrrädern oder Autos.

Die von Heidegger so scharf kritisierte Bestimmung der Dichtung als Erlebnisausdruck läßt sich anhand folgender Zitate eines ihrer Begründer, Wilhelm Dilthey, des Vaters der geisteswissenschaftlichen Methodologie, verdeutlichen: In dessen programmatischer, vielgelesener Schrift »Das Erlebnis und die Dichtung« (1905) heißt es im Kapitel »Goethe und die dichterische Phantasie«: »Poesie ist Darstellung und Ausdruck des Lebens. Sie drückt das Erlebnis aus, und sie stellt die

äußere Wirklichkeit des Lebens dar.«[7] Wenige Seiten später lesen wir:
Die dichterische Einbildungskraft oder Phantasie ist »der Inbegriff der
Seelenprozesse, in denen die dichterische Welt sich bildet. Die Grundlage dieser Seelenprozesse sind immer Erlebnisse und der durch sie
geschaffene Untergrund des Auffassens.[8] In »Der Aufbau der geschichtlichen Welt in den Geisteswissenschaften« (1910) schreibt Dilthey: »So ist überall der Zusammenhang von Erleben, Ausdruck und
Verstehen das eigene Verfahren, durch das die Menschheit als geistes-
wissenschaftlicher Gegenstand für uns da ist.«[9]

Auch wenn diese Kennzeichnung der landläufigen Vorstellung von der
Dichtung den meisten Literaturwissenschaftlern zu eng und pauschal
erscheint, zu undifferenziert im Hinblick auf das, was in den zahlreichen Poetiken – vor allem den modernen – unter Seele, Erlebnis, Leben
oder lyrischem Ich jeweils verstanden wird, so ist doch bei allen möglichen Einwänden und Einschränkungen eines festzuhalten: Die radikale
Wandlung der Stellung des Subjekts, und zwar sowohl des dichtenden
als auch des auslegenden.
   Für Heidegger ist das Gedicht nicht mehr ein künstlerisch-künstlich
produziertes Gemächte des Menschen, ein von der menschlichen Phantasie erzeugter schöner Schein, dementsprechend der Interpret nicht
mehr selbst Maßstab der Dichtung, das Gedichtete nicht identisch mit
einem objektiv feststellbaren Inhalt oder Aussagegehalt, sondern Dichten ist für ihn das »Grundgeschehnis des Seyns«, das »im Wort sich zu
sich selbst bringt«. (GA 39, 257) Das heißt: Primär dichtet das Sein,
nicht der Dichter. Heidegger bringt diese Umkehrung auf die Formel:
»Nicht wir haben die Sprache, sondern die Sprache hat uns.« (GA 39,
23, 74, 67) Demgemäß wandelt sich die Auffassung des Menschen vom
Subjekt zum Da-sein, vom Herrn des Seienden zum Hirt des Seins.

Bisher haben wir gesehen: Weder ist das Gedicht das nur vorhandene
sinn- und schönheitsbehaftete Sprachgebilde, noch Dichtung der seeli-
sche Prozeß der Anfertigung von Gedichten, noch Dichtung der sprachliche ›Ausdruck‹ seelischer Erlebnisse. Damit fallen zugleich alle Vor-

---

7 Vgl. Das Erlebnis und die Dichtung, 20. Aufl., Göttingen 1970, 126; ferner Heideggers Verweis auf Dilthey in UzS 129f. Zur Wort- und Begriffsgeschichte von
»Erlebnis« vgl. Hans-Georg Gadamer: Wahrheit und Methode, 4. erw. Aufl., Tübingen 1975, 56ff.
8 Vgl. Das Erlebnis und die Dichtung, 131.
9 Vgl. Wilhelm Dilthey: Werke VII, 5. Aufl., Göttingen 1968, 87.

stellungen von Dichtung als Kulturleistung, die zur Erbauung, Erholung oder zum Nutzen dient.[10] Aber, worin sieht Heidegger dann das Wesen der Dichtung?

b) Heideggers Bestimmung des Wesens der Dichtung

Das Wesen der Dichtung läßt sich nicht positiv im Sinne einer Definition festschreiben, es läßt sich nur im Vollzug, im Einrücken in den Machtbereich der Dichtung erfahren. Allerdings bedarf auch eine solche Erfahrung einer Anweisung.

Einen ersten Hinweis gibt die Herkunft des Wortes »dichten«. Es stammt ab vom althochdeutschen »tithôn« und hängt zusammen mit dem lateinischen »dictare« = etwas wiederholt sagen, vorsagen, diktieren, einer verstärkten Form von »dicere« = sagen. Tithôn – dichten hat die gleiche Wurzel wie das griechische δείχνυμι = zeigen, etwas sichtbar, etwas offenbar machen (GA 39, 29). Aus diesen beiden Wortbedeutungen: Tithôn = sagen und δείχνυμι = zeigen, offenbarmachen leitet Heidegger ab: »*Dichten: ein Sagen in der Art des weisenden Offenbarmachens.*«(GA 39, 30f, Herv. E. K.) Inwiefern hierin schon das Problem der NÄHE steckt, werden wir später sehen.

Auf einem völlig anderen Weg, der Frage nach dem »Ursprung des Kunstwerkes« gelangt Heidegger ein halbes Jahr später (November 1935) zu einem analogen Ergebnis: *Dichtung (Kunst) ist eine ausgezeichnete Weise des Sich-ins-Werk-setzens der Wahrheit.* (HW 28)[11] Ich beschränke mich darauf, diese Leitthese in der gebotenen Kürze hinsichtlich ihrer drei wesentlichen Aspekte zu durchleuchten: 1. Was heißt hier Wahrheit? 2. Was ist dieses Sich-ins-Werk-setzen? 3. Welcher Begriff von Dichtung herrscht hier vor?

Wahrheit bestimmt Heidegger in Anlehnung an die frühen griechischen Denker als ἀλήθεια, »Unverborgenheit des Seienden«. (HW 39) Er wendet sich damit gegen die traditionelle Auffassung der Wahrheit als Richtigkeit einer Vorstellung, als adaequatio rei et intellectus. Wahrheit als Unverborgenheit hat ihren Ort nicht im Urteil, meint

---

10 Vgl. das berühmte Horazische »prodesse et delectare«.
11 Zum Verständnis der gesamten Kunstwerkabhandlung vgl. die subtilen Interpretationen Friedrich-Wilhelm von Herrmanns: Heideggers Philosophie der Kunst, Frankfurt a. M. 1980. Vgl. ferner: Hans-Georg Gadamer: Die Wahrheit des Kunstwerks, (1960); Richard Wisser: Vom »Wesen« der Kunst, (1973), insb. 13ff; Peter B. Kraft: Das andersanfängliche Wesen der Kunst, Frankfurt a. M./Bern 1984.

auch keinen starren Zustand, sondern ist das Geschehen des Seins selbst, west als »Gegeneinander von Lichtung und zwiefacher Verbergung« im Sinne von »Versagen« und »Verstellen«. (HW 49f) Das Schöne ist eine Weise, wie solche Wahrheit zum Scheinen kommt.

Damit kommen wir zur zweiten Frage nach dem Sinn des Sich-ins-Werk-setzens. Der Ursprung des Kunstwerks ist für Heidegger die Kunst, nicht, wie gewöhnlich angenommen wird, der Künstler. (HW 7) Im Kunstwerk geschieht die »Eröffnung des Seienden in sein Sein«. Dieses Ins-Werk-setzen der Wahrheit leistet die Kunst in zweifacher Weise: Erstens als das »Feststellen der sich einrichtenden Wahrheit in die Gestalt«, d. h. als Schaffen, zweitens als »in Gang und ins Geschehen-Bringen des Werkseins«, d. h. als Bewahrung. (HW 59) Beide Aspekte zieht Heidegger in folgende Formel zusammen: Die Kunst ist »die schaffende Bewahrung der Wahrheit im Werk.« (HW 59) Setzen ist dabei im griechischen Sinne von θέσις als Aufstellen im Unverborgenen zu denken, worauf Heidegger in einem »Zusatz« eigens aufmerksam gemacht hat. (GA 5, 70f) Daneben verweist Heidegger auf die wesenhafte Zweideutigkeit des Genitivs: Ist Wahrheit Subjekt oder Objekt des Setzens oder keines von beiden? Heidegger möchte mit solchen Formulierungen vor die Subjekt-Objekt-Spaltung zurück. (GA 5, 73f) Genau an dieser Stelle erfolgt eine für unsere Problematik wichtige Vertiefung: »Wahrheit als die Lichtung und Verbergung des Seienden geschieht, indem sie gedichtet wird. Alle Kunst ist als Geschehenlassen der Ankunft der Wahrheit des Seienden als eines solchen im Wesen der Dichtung.« (HW 59) Offensichtlich liegt hier ein sehr weites Verständnis von Dichtung vor; Dichtung wird gleichgesetzt mit Kunst überhaupt. Das bedeutet jedoch nicht, daß Baukunst, Tonkunst, Bildkunst usw. auf die Poesie als Dichtung im engeren Sinne zurückgeführt werden. Die Ausweitung des Dichtungsbegriffs rechtfertigt sich vielmehr aus der ausgezeichneten Stellung der Poesie (= Dichtung im engeren Sinne) im Kanon der Künste. Ihr Vorrang gründet sich auf ihren ursprünglichen Sprachcharakter, denn ohne Sprache ist keine Offenheit des Seienden möglich. Baukunst, Bildkunst und Tonkunst können nur deshalb Unverborgenheit des Seienden ins Werk setzen, weil sie ihre eigene Sprachlichkeit haben. Wenn Sprache aber im wesentlichen Sinne Dichtung ist und das Wesen der Kunst das Ins-Werk-setzen der Wahrheit ist, dann ist es zulässig, das Wesen der Kunst als Dichtung zu fassen. Heidegger resümiert: »Das Wesen der Kunst ist die Dichtung. Das Wesen der Dichtung aber ist die Stiftung der Wahrheit.« (HW 62) Stiften versteht er im dreifachen Sinne von »Schenken«,

»Gründen« und »Anfangen«. Als solches Stiften ist die Dichtung »die Sage der Welt und Erde, die Sage vom Spielraum ihres Streites und damit von der Stätte aller Nähe und Ferne der Götter«, die Sage der Verborgenheit und Unverborgenheit der ἀλήθεια gedacht, womit der Zusammenhang von Wahrheit und NÄHE aufleuchtet.

Was diese beiden mittels der Etymologie und der Frage nach dem Ursprung des Kunstwerkes gewonnenen Formeln meinen, kommentiert Heidegger im denkerischen Mitsagen des Hölderlinschen Dichtens des Wesens der Dichtung. Daß Hölderlins Dichtung von »der dichterischen Bestimmung getragen ist, das Wesen der Dichtung eigens zu dichten« (EH 34, 182; GA 39, 214, 220), dokumentiert sich bereits in vielen Überschriften zu Gedichten und Aufsätzen, wie z. B. »Dichterberuf«, »Dichtermut«, »An den jungen Dichter«, »Über die verschiedenen Arten zu dichten« und »Über die Verfahrensweise des poetischen Geistes«. (EH 183) Aus der Vielzahl der Äußerungen wählt Heidegger wenige charakteristische Leitworte aus, die die ganze Spannbreite des Wesens der Dichtung anzeigen: 1. Dichten: »Diss unschuldigste aller Geschäfte.« 2. »Darum ist der Güter Gefährlichstes, die Sprache dem Menschen gegeben ... damit er zeuge, was er sei ...« 3. »Viel hat erfahren der Mensch / Der Himmlischen viele genannt, / Seit ein Gespräch wir sind / Und hören können voneinander.« 4. »Was bleibet aber, stiften die Dichter.« 5. »Voll Verdienst, doch dichterisch wohnet / Der Mensch auf dieser Erde.« (EH 33; GA 39, 30ff)

In einem Brief an die Mutter vom November 1799 bezeichnet Hölderlin das Dichten als das »unschuldigste aller Geschäfte«. Das Dichten *erscheint* in der Gestalt des Spiels, es *scheint* eine bloß eingebildete, fiktive Welt aufzubauen und hat somit keine Wirklichkeit, kennt keinen Ernst der Handlung.

Ein Jahr später sagt ein bruchstückhafter Entwurf gerade das Gegenteil, wenn er die Sprache als »der Güter Gefährlichstes« herausstellt. Wie geht beides zusammen? Die Gefährlichkeit der Sprache besteht in mehrfacher Hinsicht: 1. Die Sprache gewährt die ἀλήθεια, die Offenbarkeit des Seienden, die ursprüngliche Enthüllung, damit aber zugleich auch die Verhüllung und deren vorherrschende Abart, den Schein. Nur wo Sprache spricht, da weltet Welt. (EH 38) 2. Die Sprache setzt den Menschen allererst aus in den Bereich des Seins und damit zugleich den Bereich des Nichtseins, des Seinsverlustes und der Seinsbedrohung. 3. Die Sprache trägt wesensmäßig den Verfall in sich, sie verliert sich leicht ins bloße Gerede. Ja sie kann sogar zu dem verkehrt werden, womit sich der Mensch blasphemisch von den Göttern abwendet, indem er sie zum bloßen Kommunikationsmittel vergegenständlicht und somit in seinen Herrschaftsbereich reißt. Heidegger dagegen ist davon überzeugt, daß nicht der Mensch über die Sprache verfügt, sondern die Sprache die Herrin des Menschen ist. (EH 38; VA 140)

Wie der Gedichtentwurf »Versöhnender, der du nimmergeglaubt« sagt, geschieht die Sprache – die nicht verfügbares Werkzeug des Menschen, sondern Ereignis ist, das den Menschen in seiner Macht hat – als *Gespräch* zwischen Sterblichen und Himmlischen. Hölderlin geht sogar so weit zu sagen: Wir *sind* ein Gespräch, d. h. die Sprache macht wesentlich unser Sein aus. Erst aufgrund der Sprache sind wir geschichtlich. Andererseits kann auch betont werden: Wir sind *ein* Gespräch, denn im wesentlichen Wort ist das Eine und Selbe, das Sein offenbar. Das Gespräch vollzieht sich als Nennen der Götter und Wortwerden der Welt.

Entsprechend lautet der Schlußvers des Gedichts »Andenken«: »Was bleibet aber, stiften die Dichter.« Als Bleibendes gilt von altersher das ständig Anwesende, das Seiende. (EH 41; GA 39, 214) Damit das Seiende als solches erscheinen kann, muß zuvor das Sein eröffnet werden. Dies geschieht im Nennen des Dichters, der die Götter und alle Dinge in dem ausspricht, was sie sind. Dieses Nennen ist kein bloßes Behängen eines schon Bekannten mit einem Namen, sondern ein Ernennen des Seienden zu dem, was es ist, ein enthüllendes *Sein-lassen* des Seienden *als* Seienden, d. h. in seinem Sein. Folglich ist *Dichtung* »*worthafte Stiftung des Seins*«. (EH 41, Herv. E. K.) Solches Stiften vollzieht sich als freie »Schenkung« und feste »Gründung« des Daseins auf seinen Grund.[12]

Eng damit zusammen hängt das 5. Leitwort, das vom dichterischen Wohnen des Menschen spricht. »›Dichterisch wohnen‹ heißt: in der Gegenwart der Götter stehen und betroffen sein von der Wesensnähe der Dinge.« (EH 42) Deshalb ist Dichtung »der tragende Grund der Geschichte« und nicht bloßer Kulturausdruck. Hierauf komme ich bei der Betrachtung des Ortes der Dichtung zurück.

---

12 Vgl. EH 41. In der Vorlesung »Hölderlins Hymnen ›Germanien‹ und ›Der Rhein‹« (WS 1934/35) bezeichnet Heidegger die beiden Weisen des Stiftens noch als »Entwerfen« und »Retten«. (GA 39, 214) In der Abhandlung »Vom Ursprung des Kunstwerkes« (1935) nennt er neben »Schenken«, und »Gründen« das »Anfangen« als dritte Weise des Stiftens. Auf eine damit einhergehende eventuelle Akzentverschiebung kann ich hier nicht eingehen. (HW 62f) Vgl. daneben WdG 44ff, wo Stiften noch als eine Weise des Gründens aufgeführt wird.

Am klarsten kommen Rolle und Rang des Dichters im Gedicht »Wie wenn am Feiertage ...« zum Ausdruck, in dem gewissermaßen die fünf Leitworte zusammenlaufen und das Heidegger deshalb als »reinste Dichtung des Wesens der Dichtung« auszeichnet. (EH 44) Dort heißt es:

> »Doch uns gebührt es, unter Gottes Gewittern
> Ihr Dichter! mit entblößtem Haupte zu stehen,
> Des Vaters Stral, ihn selbst, mit eigner Hand
> Zu fassen und dem Volk ins Lied
> Gehüllt die himmlische Gaabe zu reichen.
>
> (EH 44; GA 39, 30)

Der Dichter steht mit entblößtem Haupt, d. h. schutzlos und ehrfurchtsvoll, unter Gottes Gewittern, ihm gebührt es, den Spruch des Gottes zu fassen und dem Volk ins Lied gehüllt die himmlische Gabe zu reichen. Mit anderen Worten: Der Dichter ist »*Mittler*« zwischen Menschen und Göttern, er ist »ausgesetzt«, »hinausgeworfen«, »ver-rückt« in dieses »Zwischen«, in die »Mitte des Seins«.[13] Im Ausstehen, in der ekstatischen Ek-sistenz dieser »Ausgesetztheit in die Übermacht des Seyns«, »in die Nähe und Ferne der Dinge«, liegt zugleich die Größe und die Gefahr des Dichters. (GA 39, 31, 73) Gewitter und Blitz sind die Sprache der Götter, die den indirekten Charakter von Winken haben, wie Hölderlin im Gedicht »Rousseau« verkündet. (GA 39, 32) Beruf des Dichters ist, diese Winke auszuhalten, zu fassen und dem Volk in die ihm gemäße Form des Liedes verpackt zu übermitteln. Der Dichter ist somit zweifach gebunden: An den Zuspruch der Götter und die Aufnahme im Volk.

Sein Fassen der Winke ist zugleich ein Empfangen und ein Geben. Ein solches Winken und Zeigen, das die Weisung der Götter offenbar macht, unterscheidet Heidegger vom bloßen Hinzeigen auf etwas, dem bloßen Bemerkbarmachen von etwas. Das Winken zeigt bereits im Alltagsgebrauch des Wortes nicht auf eine feste Stelle, sondern »ist z. B. beim Abschied das Festhalten in der Nähe bei wachsender Entfernung und ist umgekehrt bei der Ankunft das Offenbarmachen der noch waltenden Entfernung in der beglückenden Nähe.« (GA 39, 32) Offensichtlich genügt hier die gewöhnliche, rechnende Vorstellungswelt nicht, weil es um Seinsbezüge geht, vielmehr bedarf es der Erfahrung der wesentlichen Nähe als Ferne sowie der wesentlichen Ferne als Nähe.

Noch deutlicher wird dieser Sachverhalt anhand der, innerhalb der

---

13 Vgl. EH 44, 46, 47; GA 39, 31, 73. Beda Allemann bestreitet die fundamentale Mittlerrolle des Dichters meines Erachtens zu Unrecht. Vgl. Beda Allemann: Hölderlin und Heidegger, Zürich/Freiburg 1954, 24f, 166.

Erläuterung von »Andenken« vorgenommenen, phänomenologischen Betrachtung des wesentlichen *Zeigens*:

»Das Zeigen bringt das Gezeigte nahe und hält es doch fern. Das Zeigen nähert sich nur dem Gezeigten. Je wesentlicher die Ferne ist, in der diese Näherung sich hält, um so näher ist das Zeigen dem Gezeigten. Dieses bleibt in dem Grade ferner, als zu ihm selbst ein wesentliches Sichentziehen gehört. Die hierdurch entfaltete fernere Ferne verbürgt aber die wesentlichere Nähe des Zeigens zum Gezeigten. Denn diese Nähe bemißt sich nicht nach einem räumlichen Abstand, sondern nach der Art der Offenheit des Gezeigten und des ihm gemäßen Zeigens.« (EH 147)

Dabei scheint mir zweierlei besonders wichtig: 1. Nicht der räumliche Abstand, die meßbare Entfernung, gibt das Maß der Nähe, sondern die Art der *Offenheit* des Gezeigten und des ihm gemäßen Zeigens. Das Ganze läßt sich auch umdrehen. Die Art der Nähe ist ein Maß für die Unverborgenheit. 2. Es gibt keine bloße Nähe, ebenso wie es keine bloße Helle gibt. Die reine Nähe fordert zugleich die reine Ferne, ebenso wie die Unverborgenheit von der Verborgenheit untrennbar ist. NÄHE ist das einige Geschehen von Nähe und Ferne in Analogie zur Un-verborgenheit als dem Streit zwischen Lichtung und Verbergung. In summa: Nähe und Unverborgenheit (Lichtung), Ferne und Verborgenheit, NÄHE und Un-verborgenheit (ἀλήθεια) entsprechen einander. Hier geht es einzig um ontologische Verhältnisse, um Wahrheit als Un-verborgenheit von Sein und Seiendem. Dies wird durch folgendes Zitat aus der gleichen Abhandlung gestützt: »Sie (die Fernen, eig. Anm.) sind die *Zeichen*, die als zeigende zugleich entbergen und verbergen.« (EH 115)

Den gleichen Grundzug des einigen Geschehens von Nähe/Ferne bzw. Unverborgenheit/Verborgenheit finden wir beim *Nennen* des Dichters. Nennen hat ursprünglich die Tendenz zu entbergen. Wird jedoch etwas genannt, das zu nahe ist, wie die bedrängende Nähe der Götter, die den Dichter bedroht, so muß das Nennen auch verhüllen. Dann wird das Nennen »als entbergendes Rufen zugleich ein Verbergen«. (EH 188) »Denn das Sagen des Dichters ist in den Gebrauch genommen, zeigend, verhüllend-enthüllend, die Ankunft der Götter erscheinen zu lassen, die das Wort des Dichters für ihr Erscheinen brauchen, dafür daß sie im Erscheinen erst sie selbst sind.« (EH 191)

Auf drei verschiedenen Wegen gelangten wir zu drei nicht in der Formulierung identischen, aber doch im Sachgehalt dasselbe anzeigenden

Kennzeichnungen des Wesens der Dichtung: 1. Die Etymologie gab den Hinweis: »*Dichten: ein Sagen in der Art des weisenden Offenbarmachens.*« 2. Die Frage nach dem Ursprung des Kunstwerks führte zur These: *Dichten ist eine »Weise des Sich-ins-Werk-Setzens der Wahrheit«.* 3. Die denkerische Fassung des Wesens der Dichtung durch Hölderlin lautete: *Dichtung ist »worthafte Stiftung des Seins«.* Entscheidend ist, daß Heidegger der Dichtung jeweils ontologische Bedeutung zumißt; sie geht auf Sein bzw. Wahrheit und zwar in der Art des weisenden Sagens, das als worthaftes Stiften ein Ins-Werk-Setzen der Wahrheit ist. Hierbei verdient die enge Verknüpfung der NÄHE und der Un-verborgenheit besondere Aufmerksamkeit: Beide entsprechen einander in der Struktur und sind nicht weiter rückführbare »Urphänomene« – um ein Wort Goethes zu gebrauchen. (Vgl. SdD 72) Daher kann auch formuliert werden: *Das Wesen der Dichtung ist das Offenbaren der NÄHE.*[14]

Weil Dichtung für Heidegger wesenhaft Artikulation des Seins ist und nicht Erlebnisausdruck eines Individuums, kann das Wesen der Dichtung weder durch eine vergleichende Betrachtung mehrerer Gedichte auf das ihnen Gemeinsame, durch Aufsammeln von Merkmalen bzw. Abstraktion, noch durch kausalmechanische Rückführung auf ein produzierendes Subjekt, das Gedichte »macht«,[15] gefaßt werden, sondern einzig durch ein Eintreten in den Machtbereich der Dichtung. Daher tragen die gängigen Lehren der Poetik von Bild und Metapher sowie alles Erforschen des Biographisch-Psychologischen und Literaturhistorischen wenig zur Erhellung bei. (GA 52, 40, 46; GA 53, 17ff)

Das Eigenste einer Dichtung ist dem Dichter beschieden, das Wort kein Eigentum des Dichters, sondern er dazu berufen, es zu sagen. Das Gedichtete ist nicht identisch mit dem objektiv feststellbaren Inhalt, vielmehr »überdichtet« das dichterische Wort den Dichter. (GA 52, 7,

14 In diesem Sinne deutet der Heidegger-Schüler Walter Biemel in seinen »Philosophischen Analysen zur Kunst der Gegenwart« (Den Haag 1968) das »Wesen der Kunst« als »das Offenbaren der Nähe« (129), wobei er unter »Nähe« den »Weltbezug« versteht, der das Verhältnis des Menschen zu sich selbst, den Mitmenschen und dem nichtmenschlichen Seienden trägt (VII). Anhand von Interpretationen ausgewählter Werke von Kafka, Proust und Picasso weist Biemel auf, daß und wie jeweils verschieden *aus* der Nähe gedacht wird, selbst wenn das Wort »Nähe« bei den Künstlern gar nicht fällt (vgl. 129ff, 235, 262f).

15 Diese extreme Auffassung »ein Gedicht wird gemacht« formuliert Gottfried Benn stellvertretend für eine ganze Lyrikergeneration in seinem vielbesprochenen Vortrag »Probleme der Lyrik« (1951). Vgl. Werke, IV, Wiesbaden 1961, 495. Für Heideggers Stellung zu Benn vgl. UzS 177, 207 und Heinrich W. Petzet: Auf einen Stern zugehen, Frankfurt a. M. 1983, 88f.

13, 29f; EH 82) »Streng genommen wird der Dichter von dem, was er zu dichten hat, allererst selbst gedichtet.« (GA 52, 13)

Dementsprechend fordern Heideggers Erläuterungen zu Hölderlins Dichtung eine andere Art des Vorgehens als die in der Literaturwissenschaft üblichen Weisen. Er stellt sich bewußt außerhalb der Philologie und betont stets den Weg- und Hinweischarakter seiner Auslegungen. (GA 52, 1f, 7, 9, 16) Seine Vorgehensweise im allgemeinen kennzeichnet er als denkerisches Erfassen des Dichterischen, seine Verfahrensweise im besonderen als Beginnen mit der Dichtung und dem dichterischen Dasein selbst, anstelle der gewöhnlichen Erzählung von Leben und Werk. (GA 39, 4ff, 138f) Das Gedichtete denken bedeutet kein Dienstbarmachen der Dichtung für die Philosophie, sondern »ein Wissen erlangen, aus dem wir das Gedichtete dieser Dichtung sein lassen, was es von sich aus ist und erst sein wird. Für uns, die wir nicht Dichter sind, kann das Gedichtete nur dadurch dichterisch sein, daß wir das dichtende Wort denken. Was hier ›denken‹ bedeutet, kann sich uns nur im Vollzug aufhellen.« (GA 52, 12f) Oder an anderer Stelle: »Die dichterische Zuwendung zu seiner Dichtung ist nur möglich als *denkerische* Auseinandersetzung mit der in dieser Dichtung errungenen *Offenbarung des Seyns.*« (GA 39, 6)

Nicht länger sollen *wir* schalten und walten im Gedicht, nicht mehr von außen *über* das Gedicht sprechen, sondern uns vom Gedicht selbst ansprechen lassen, es selbst uns sagen lassen, was es ist. (EH 182f; GA 39, 19ff) Indem wir uns solchermaßen zurücknehmen und unter das Maß der Dichtung stellen, treten wir ein in den Machtbereich der Dichtung. Mit anderen Worten: Heidegger läßt sich seinen Weg in die Dichtung von der Dichtung selbst vorgeben. Dieser Weg muß gegangen, er-fahren werden, seine Referierung bleibt stets äußerliches Hilfsmittel. Ziel der Erläuterungen ist es daher, sich selbst überflüssig zu machen, in die denkerische Erfahrung des Gedichteten einzustimmen, d. h. auf den Weg zu bringen. (EH 8, 154)

Heideggers Versuch eines »denkerischen Gesprächs« mit der Dichtung Hölderlins gründet sich auf seine Einsicht in die Nachbarschaft von Dichten und Denken – die im vierten Abschnitt entfaltet wird – sowie auf seine These, daß Hölderlins Dichten im Innersten ein Denken sei. (GA 52, 10)

Wie zentral die Erfahrung der NÄHE für ein echtes Verstehen des Wesens der Dichtung und des Dichters ist, wird bei der folgenden Analyse der Bedingungen des Zum-Dichter-werdens vollends zutage treten.

2. Der Weg des Zum-Dichter-werdens: Das Lernen des Eigenen

Hölderlin gilt Heidegger als der Dichter des Dichters, dessen Auszeichnung darin besteht, das Wesen der Dichtung eigens zu dichten. Im folgenden geht es darum – entsprechend meiner zu Beginn dieses Kapitels exponierten These, das Problem der NÄHE stelle den Kern der Hölderlinschen Dichtung dar –, aufzuweisen, daß und wie Hölderlin nur aufgrund einer tiefen Erfahrung der NÄHE zum Dichter des Dichters, ja überhaupt erst zum Dichter werden konnte. Dies zeigt sich, wenn wir das von Hölderlin selbst mehrfach angesprochene Gesetz des Zum-Dichter-werdens untersuchen.

Den Weg des Zum-Dichter-werdens thematisiert Hölderlin am deutlichsten in seinen Dichtungen »Andenken« und »Heimkunft/An die Verwandten«, zu denen Heidegger in den Jahren 1943/44 ausführliche Erläuterungen vorgelegt hat.[16] Daneben kommt vor allem dem Brief an Böhlendorff vom 4. Dezember 1801 große Bedeutung zu, der das Verhältnis Hölderlins zu den alten Griechen bestimmt. Darüber hinaus sagen alle Stromdichtungen das Gesetz des Heimischwerdens.

Hölderlin beschreibt und beschreitet folgenden Weg: Um Dichter zu werden, bedarf es des Erlernens des Eigenen. Allein der freie Gebrauch des Eigenen ist am schwersten und steht unter ureigensten Bedingungen.[17] Das Eigene kann nicht an ihm selbst erfahren werden, sondern nur auf dem ›Umweg‹ der Ausfahrt in die Fremde. Dort kann zunächst das Andere erschlossen werden, aber auch das Eigene erst in den rechten Blick gehoben werden. Heidegger kommentiert: »Der Aufenthalt in der Fremde und die Befremdung in der Fremde müssen sein, damit am Fremden das Eigene zu leuchten beginnt.« (GA 52, 175) Erst wenn solchermaßen das Eigene in der »Kolonie« aufscheint, kann der zum Dichter berufene – den Hölderlin wegen seiner notwendigen Ausfahrt übers Meer »Schiffer« nennt (EH 86; GA 52, 41) – die Heimreise antreten. Dabei muß er das Fremde *andenkend* bewahren, d. h. dem Fernen nahe bleiben, um die Aneignung des Eigenen erreichen zu können. Solches Andenken denkt nicht nur an Gewesenes, sondern auch an

---

16 Aus philologischer Sicht hat Bernhard Böschenstein in seinem Aufsatz »Die Dichtung Hölderlins« (1977) scharfe Kritik an Heideggers Auslegungen dieser Gedichte geübt.

17 Vgl. Brief an Böhlendorff vom 4. 12. 1801, wo dies durch dreimalige Wiederholung hervorgehoben wird. Vgl. EH 87; GA 52, 130ff.

Kommendes, ja es denkt darüber hinaus – was noch viel wichtiger ist – »an das, von wo aus das Kommende erst gesagt und wohin zurück das Gewesene geborgen werden muß ... Das Andenken denkt an die Ortschaft des Ursprungsortes ... denkt an die Quelle.« (EH 150) Mit anderen Worten: Die Dichter müssen sich entschieden von der »Heimat«, der »Quelle« entfernen, um in der fernsten Ferne von der Heimat dem Eigenen näherzukommen. (EH 139f)[18] Die gesuchte Nähe zum Ursprung bedarf des reinen Festhaltens der Ferne.

Zwei wesentliche andenkende Weisen des Nahebleibens zum fernen Griechenland sind der »Gruß« und die »Scheu«. »Der Gruß entfaltet die Ferne zwischen dem Gegrüßten und dem Grüßenden, damit in solcher Ferne eine Nähe sich gründe, die der Anbiederung nicht bedarf.« (EH 96; vgl. GA 52, 51, 53) In ihm *läßt* der Dichter das Gedichtete erst *sein*. »Die Scheu ist das an sich haltende, langmütig hinüberstaunende Andenken an Jenes, was nahe bleibt in einer Nähe, die einzig darin aufgeht, ein Fernes in seiner Fülle fern und dadurch für ein zuquellendes Entspringen bereit zu halten.« (EH 131; vgl. 52, 171) Die Scheu ist »auf das fernste Gescheute und d. h. ihr Nächstes und Eigentliches hin gesehen, die Scheu vor *der Quelle selbst*«, die zunächst als Fernes und Fremdes erscheint. (GA 52, 172) Von daher erklärt sich der Andenkenvers: »Mancher trägt Scheue, an die Quelle zu gehen.«

Geschichtlich gesehen sind die Menschen am Anfang gerade nicht zu Hause, weil der Anfang sein Wesen verweigert. Der Mensch durchläuft eine »excentrische Bahn«. Dieser frühe Gedanke Hölderlins aus dem »Hyperion« weist zwar in das Selbe, deckt sich jedoch nicht mit dem gerade dargelegten Schema der Hymnendichtung nach 1800. (GA 52, 189)[19]

Mit der Rückkehr in die Heimat ist der Dichter jedoch noch nicht am Ziel angelangt, denn »mit der Heimkehr hebt das eigentliche Heimischwerden erst an« (GA 52, 174), »Aus dem Nahe-kommen muß das Nahe-dem-Ursprung-wohnen selbst entspringen« (EH 146), d. h. der Dichter muß noch lernen, geschichtliches Wohnen zu gründen.

18 Die Anführungszeichen sollen hier anzeigen, daß in dieser Phase noch gar nicht im eigentlichen Sinne von »Heimat« und »Quelle« gesprochen werden kann, denn das Eigene ist erst in der Aneignung.
Zur philologischen Interpretation von »Andenken« vgl. Jochen Schmidt: Hölderlins letzte Hymnen »Andenken« und »Mnemosyne«, Tübingen 1970.
19 Zum Gedanken der »exzentrischen Bahn« und dem Dichterwerden, wie es im »Hyperion« entwickelt wird, vgl. Lawrence Ryan: Hölderlins »Hyperion«. Exzentrische Bahn und Dichterberuf, Stuttgart 1965; ferner Wolfgang Schadewaldt: Das Bild der exzentrischen Bahn bei Hölderlin, (1952).

Davon spricht die Dichtung »Heimkunft/An die Verwandten«, wo in der 4. Strophe dem Heimkehrenden verkündet wird:

»Was du suchest, es ist nahe, begegnet dir schon.«

Heidegger erläutert: »Mit der Ankunft hat der Heimkehrende die Heimat noch nicht erreicht. Also ist sie ›schwer zu gewinnen, die Verschlossene‹ (Die Wanderung IV, 170). Deshalb bleibt auch der Ankommende noch ein Suchender. Allein das Gesuchte begegnet ihm schon. Es ist nahe. Aber das Gesuchte ist noch nicht gefunden, wenn ›finden‹ heißt, den Fund zu eigen bekommen, um in ihm als dem Eigentum zu wohnen.« (EH 13f) Entsprechend heißt es in der 5. Strophe:

»Aber das Beste, der Fund, der unter des heiligen Friedens Boden lieget, er ist Jungen und Alten gespart.«

In einer späteren Fassung hat Hölderlin statt »das Beste, der Fund« geschrieben: »der Schatz, das Deutsche«. Wenn das Beste, das Eigentum gespart ist, d. h. geschenkt und versagt zugleich, dann muß das Eigentümliche erst gelernt werden. Aber wie?

Dies kann nur so geschehen, daß sich das gesuchte Wesen der Heimat dem Heimkehrenden selbst zeigt. Es offenbart sich als das ungegenständliche Offene, das trotzdem nicht »nichts« ist: als die NÄHE, die näher ist als alle Dinge und doch für das gewöhnliche Sehen ferner, weil sie in einem unauffälligen Scheinen verweilt. Diese »offene Helle«, die »strahlende Lichtung«, nennt Heidegger hier auch die »Heitere«, welche Hölderlin mit dem »Heiligen« gleichsetzt. (EH 15ff)[20] Sie räumt jedem Raum und Zeit-Raum erst das Offene ein und gewährt Menschen und Göttern Offenbarkeit.

Wenn das gesuchte Eigenste die Heimat, die Nähe zum Ursprung als die Nachbarschaft zum Freudigsten ist und wenn demzufolge das Eigenste der Heimat darin besteht, Ort der Nähe zum Ursprung zu sein, dann ist die Heimkunft eine »Rückkehr in die Nähe zum Ursprung«. (EH 23) Natürlich bemißt sich diese Nähe nicht als geringster Abstand zweier Orte, sondern waltet, indem sie das Nahe nahebringt und doch zugleich das Gesparte sein läßt. Anders formuliert: Sie bringt das Nahe nah, indem sie es fern-hält. Solche Nähe zum Ursprung ist »Geheimnis«. (EH 24)[21] Weil sie das Eigenste spart, bezeichnet Heidegger sie als »sparende Nähe« im doppelten Sinne des Wortes. Einerseits hält sie das Freudigste zurück, andererseits verwahrt sie es und hebt es auf für die Kommenden. Beruf des Dichters ist nicht, das Geheimnis möglichst

20 Heidegger unterscheidet »das Heitere« und »die Heitere«. Vgl. EH 15ff.
21 Zum Wesen des Geheimnisses vgl. Wilhelm Weischedel: Der Gott der Philosophen, Bd. 2, München 1979, 223ff.

schnell zu entschleiern – was auch gar nicht möglich ist –, sondern das Geheimnis als Geheimnis wissend zu hüten. Dazu ist es notwendig, dafür zu sorgen, »daß im Freudigen nicht das übereilt und verloren werde, was aus ihm her grüßt, aber grüßt als das Sichsparende«. (EH 25)

Heidegger faßt zusammen: »Der Dichter kommt heim, indem er in die Nähe kommt zum Ursprung. Er kommt in die Nähe, indem er das Geheimnis der Nähe zum Nahen sagt. Er sagt es, indem er das Freudigste dichtet ... Die Elegie ›Heimkunft‹ ist nicht ein Gedicht über die Heimkunft, sondern die Elegie ist als die Dichtung, die sie ist, das Heimkommen selbst.« (EH 25) Demgemäß schwingt das Heimischwerden in der Nähe zum Ursprung, zum Freudigsten, in der Stimmung der Freude. »Dichten heißt, in der Freude sein, die das Geheimnis der Nähe zum Freudigsten im Wort behütet.« (EH 25)

Der Weg des Zum-Dichter-werdens läßt sich an einem vieldiskutierten Beispiel verdeutlichen. Hölderlin bestimmt im berühmten Brief an Böhlendorff unter dem Datum des 4. 12. 1801 das Eigene der Griechen (hinsichtlich der Dichtung) als »Feuer des Himmels«, das als Licht und Glut die Nähe zu den Göttern verbürgt, das Eigene der Deutschen dagegen als »Klarheit der Darstellung«, als »Junoische Nüchternheit«.[22] Heidegger legt dies wie folgt aus: Beide können nicht isoliert für sich gelernt werden, denn das »Feuer des Himmels verlangt die Aneignung, d. h. die Darstellung. Die Klarheit der Darstellung verlangt das Darzustellende, das Feuer des Himmels«. (GA 52, 131) Jeweils bleibt das Eigene auf anderes bezogen, das Feuer auf die Darstellung, die Darstellung auf das Feuer und läßt sich daher nie für sich erforschen. Demzufolge besteht die Aufgabe des modernen deutschen Dichters darin, in der entschiedenen Ausfahrt in das ferne Griechenland das ihm fremde Feuer des Himmels zu empfangen und so das »glühend Berückende« und »lichtend Entzückende« (GA 52, 131) der Nähe der Götter zu erfahren, um dann im andenkenden Bewahren der entflohenen alten Götter heimzukehren und die Aneignung des Eigenen zu vollbringen, Eigenes und Fremdes, Nahes und Fernes zu vereinen und damit ein dichterisches Wohnen in der Nähe des Ursprungs zu stiften.

22 Vgl. EH 87f; GA 52, 128ff; GA 53, 155, 168. Stellvertretend für die umfangreiche Forschungsdiskussion dieses Briefes seien genannt: Wilhelm Michel: Hölderlins abendländische Wendung, (1923); Friedrich Beißner: Hölderlins Übersetzungen aus dem Griechischen, (1933), 155f; Beda Allemann: Hölderlin und Heidegger, (1954), 27ff; Lawrence Ryan: Hölderlins Lehre vom Wechsel der Töne, (1960), 348ff; Walter Hof: Zur Frage einer späten »Wendung« oder »Umkehr« Hölderlins, (1960); Peter Szondi: Überwindung des Klassizismus, (1964); Jochen Schmidt: Hölderlins Elegie »Brod und Wein«, (1968), 200ff.

Nähe und Ferne wird dabei noch auf einer anderen Ebene sichtbar, nämlich der Bedeutung Griechenlands. »Griechenland« steht hier weder für ein bestimmtes historisches Volk noch für eine bestimmte Kultur, sondern symbolisiert die Nähe zum Sein. (EH 87; HW 310) Griechenland ist für den deutschen Dichter Hölderlin zugleich der Ort der Fremde und daher Ferne als auch in einem wesentlichen Sinne die Ortschaft der größten Nähe zum Sein. In der Erfahrung der Nähe zum Sein als einer gewesenen eröffnet sich die derzeitige Seinsverlassenheit. Wie bereits dargelegt, ist die Einsicht in den Entzug des Seins der erste Schritt zur Bereitung einer neuen Ankunft des Seins.

Fassen wir mit Heidegger zusammen: »Das Eigene ›ist‹ eigen und eigentlich erst und nur in der Aneignung. Diese kann jedoch nicht ohne die Zwiesprache mit dem Fremden geschehen. Das Griechenland ist nicht nur nicht weggestoßen, es ist in einem neuartigen Sinne geschichtlich notwendig geworden.« (GA 52, 140)

Von daher sieht sich Heidegger genötigt, Hölderlin sowohl von der deutschen Klassik und ihrem humanistischen Rückgriff auf die Antike abzugrenzen (Hum 11; GA 39, 293; GA 52, 78; GA 53, 67) als auch die weitverbreitete Auffassung von einer Wendung Hölderlins im Sinne einer Abwendung vom Griechentum zu verwerfen. Hölderlins Verhältnis zum Griechentum läßt sich einzig aus der Analyse des Gesetzes des Zum-Dichter-werdens ausmachen, aber weder als »abendländische Wendung« im Sinne einer Abwendung vom morgenländischen Griechenland, noch als Hinwendung zum Christentum und Absage an die griechischen Götter noch als »vaterländische Wendung« im Sinne einer Wendung zur Revolution fassen. (GA 52, 140f; EH 90, 158f; GA 39, 210)[23]

Das Gesetz des Zum-Dichter-werdens ist zugleich das *Gesetz des Heimischwerdens* des geschichtlichen Menschen auf dieser Erde. Letzt-

23 Vgl. W. Michel a. a. O.; F. Beißner a. a. O.; W. Hof a. a. O. Daß auch der späte Hölderlin sich keineswegs von Griechenland abwendet, bezeugt das Gedichtfragment »Griechenland«. (Vgl. EH 152–181) Beda Allemanns These einer hesperischen »*vaterländischen Umkehr*« aus dem *Empedokleischen*, d. i. dem Streben zurück ins All, nach Wiedervereinigung mit der Natur und den Göttern im Freitod, das Streben in eine andere Welt, »das Streben nach aorgischem Ausgleich des Schicksals und Versöhnung der Götter und Menschen«, in das *Königliche*, d. i. das Festhalten des Widerstreits von Natur und Kunst, das Streben in diese Welt, das »Streben nach organisiertem Ausdauern des Schicksals und mittelbarem Bewahren der abwesenden Götter in Satzung und Institution« (a. a. O. 26f, 22f), kommt Heideggers Deutung näher. Sowohl die Deutschen als auch die Griechen durchlaufen laut Allemann eine – wenn auch entgegengesetzt gelagerte – hyperbelartige Bahn »aus dem Nationellen ins Antinationelle, um ins Eigene zurückzukehren«. (29)

genanntes steht im Zentrum aller großen Hymnen nach 1800, insbesondere der zahlreichen Stromdichtungen. Das Wesen der Ströme ist zweideutig, wie Heidegger in seiner Vorlesung über »Der Ister« ausführt: Sie sind einerseits »Ortschaft des Wohnens des geschichtlichen Menschen auf dieser Erde«, andererseits »Wanderschaft des geschichtlichen Heimischwerdens am Ort der Ortschaft«. (GA 53, 39) Die Ströme sind »Ortschaft der Wanderschaft«, d. i. Ziel der Wanderung, und »Wanderschaft der Ortschaft«, d. i. der Weg zu diesem Ziel. Insofern die Ströme das Da des Heimischwerdens bestimmen und diesen Ort des Wohnens des Menschen selbst hütend bewohnen, sind sie Ortschaft der Wanderschaft, insofern dieser Ort wie die Ströme selbst wandert, sind sie Wanderschaft der Ortschaft. Mit anderen Worten: Die gesuchte Wohnstätte liegt nicht als statische, fixierte Raumstelle vor, sondern hat dynamischen Charakter und wird erst in der Wanderschaft gestiftet. Die Einheit von Ortschaft und Wanderschaft entspricht der Einheit von Raum und Zeit, die freilich nicht mehr metaphysisch als etwas Objektives oder Subjektives gedacht werden dürfen. (GA 53, 47, 56) Sie ist eine Einheit des Ursprungs, nicht der Verknüpfung. (GA 53, 67) Die Ströme sind zweifach gerichtet: In das Gewesene mittels Erinnerung und in das Kommende mittels Ahnung. Ströme sind *Halbgötter*, die im Zwischen zwischen Göttern und Menschen ihren Ort haben. Dasselbe gilt für die Dichter. Heidegger geht sogar soweit zu sagen: »Der Dichter ist der Strom. Und der Strom ist der Dichter.« (GA 53, 203)

Hölderlins Dichtung ist *Sorge um das Heimischwerden.* (GA 53, 60) Das bekundet zugleich, daß der geschichtliche Mensch am Anfang un-

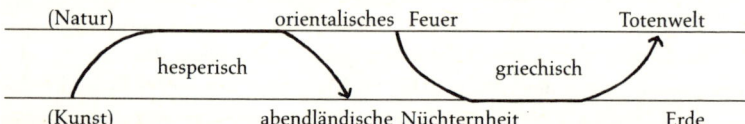

Allemanns Interpretation stützt sich hauptsächlich auf den »Tod des Empedokles« samt seiner zahlreichen Vorstufen und Varianten, insbesondere auf die Deutung der wechselnden Begründung des Freitodes, die »Anmerkungen zur Antigonä«, in denen sich auch der Terminus »vaterländische Wendung« findet, und den Brief an Böhlendorff vom 4. 12. 1801. Scharf unterscheidet sich Allemann von Heidegger in der Auslegung des Ortes der Umkehr: Während Heidegger die Umkehr im Bereich von Heimat und Fremde sehe und damit der traditionellen Deutung verhaftet bleibe, spielt die Umkehr für Allemann sich im Bereich zwischen Sterblichen und Göttlichen, zwischen dieser und der anderen Welt ab. (40, 161) Allemanns Interpretation setzt jedoch meines Erachtens zu Unrecht voraus, daß wir schon in der Nähe der Götter stehen, die nach Heidegger erst in der Ausfahrt in das ferne Griechenland wieder erreicht werden sollen.

heimisch ist. Entsprechend lautet ein Entwurf der Schlußstrophe zu »Brod und Wein«:[24]

> »   nemlich zu Hauß ist der Geist
> nicht im Anfang, nicht an der Quell. Ihn zehret Heimath.
> Kolonie liebt und tapfer Vergessen der Geist.« (GA 53, 157)

Un-Heimischsein und Heimischsein sind *gegenwendig* zueinander, d. h. in ihrem Auseinandertreten bleiben sie aufeinander bezogen. *Erfahrungsgenealogisch* gesehen ist das Unheimische das Frühere, in dem der Mensch sich vorfindet und aus dem er sein Heimischwerden beginnt. Das Unheimischsein ist nicht bloß die nun einmal gegebene und möglichst schnell zu überwindende Ausgangssituation, die für sich kein Recht hat, vielmehr ist die Erfahrung des Unheimischseins konstitutiv für das Heimischwerden selbst. Erst die bewußte Übernahme des Unheimischseins ermöglicht das Heimischwerden. Anders gewendet: Das Heimischwerden braucht notwendigerweise den reflektierten Durchgang durch das Unheimische. Das Heimische wird am Unheimischen als Un-heimischen sichtbar. Das bedeutet, selbst wenn der Mensch anfangs zu Hause wäre, müßte er die Ausfahrt in die Fremde machen, um dort das Eigene zu erkennen und in seiner Rückkehr das Wohnen zu lernen. *Ontologisch* gesehen ist das Heimische das Frühere, von dem aus schon rein sprachlich das Unheimische als Mangel an Heimischsein klassifiziert wird. Insofern ist das Un-Heimische, das nicht identisch ist mit dem Nicht-Heimischen, immer schon auf das Heimische bezogen. Das Heimische ist das Sein, das in der Isterhymne in der Gestalt des Herdes ausgesprochen wird: »Das Sein ist der Herd.« (GA 53, 140) Das Sein als Herd ist die Mitte alles Seienden und die »Heimstatt schlechthin« (GA 53, 130), in der alles Heimischsein gründet und das infolgedessen auch den Wesensgrund des Unheimischen darstellt. *Heimischsein besagt, in der Nähe des Seins wohnen, Unheimischsein heißt, die Ferne des Seins erfahren.* »Im Heimischwerden wird das Unheimischsein erst vollzogen.« (GA 53, 144) Während dieses Vollzugs wandelt sich das Unheimischsein vom bloßen Vergessen des Herdes und der Vermessenheit zum Seienden in ein Andenken an das sich entziehende Sein und die Zugehörigkeit zum Herd.[25]

---

24 Heideggers Interpretation des Geistes als »dichterischer Geist« wird von Allemann bestritten, der Geist als den Halbgott Dionysos faßt. Vgl. Allemann a. a. O. 156; ferner P. Szondi a. a. O. 354ff; J. Schmidt a. a. O. 200ff.
25 Daher ist Adornos Polemik – die Peter Szondi übernimmt –, bei Heidegger werde im Gegensatz zu Hölderlin das Fremde zum bloßen Mittel zur Erlangung des Eigenen

Das Chorlied aus Sophokles' »Antigone« sagt dasselbe wie die Stromdichtungen Hölderlins. Es kommt also nicht von ungefähr, daß Hölderlin auf Sophokles zurückgreift und dieses Werk übersetzt. Das Chorlied
bezeichnet den Menschen als das »Unheimlichste« (τὸ δεινότατον) in
der dreifachen Bedeutung von »das Furchtbare, das Gewaltige, das Ungewöhnliche«. (GA 53, 78; EiM 112ff) Das Unheimlichste ist der
Mensch aufgrund seiner wesensmäßigen Un-heimischkeit. Weil das
Seiende selbst griechisch gedacht als das Aufgehende und Erscheinende
zugleich das Sich-verbergende und nur Scheinende ist und der Mensch
inmitten des Seienden heimisch zu werden sucht, bleibt sein Heimischwerden stets ein großes Wagnis, in dem es um alles oder nichts geht:
entweder Finden des Wegs ins Heimische oder Verwehrung des Heimischen. (GA 53, 111)

Beruf des Dichters ist, den Weg ins Heimische für alle Menschen zu
bereiten. Der Dichter ist sozusagen der ›Pionier des Heimischwerdens‹.
Indem er stiftend die Heimat erschließt, und das ist das Bleibende, von
dem der Schlußvers von »Andenken« spricht, gründet er den Boden, auf
dem alle Menschen wohnen können. Das Wohnen der Dichter geht dem
Wohnen der Menschen voraus. (EH 91, 149ff) Der Dichter wird zum
Wegweiser, zum »Zeichen«, der den Menschen das Finden der Heimat
erleichtert.

Es zeigte sich: Der Beruf des Dichters ist das Sagen der Heimkunft bzw.
das Heimkommen selbst. Das Heimkommen ist nur über die Grunderfahrung der wesentlichen NÄHE möglich. Ja, die gesuchte Heimat ist
nichts anderes als die Nähe zum Ursprung, zum Sein. Hiermit ist meine
These, daß, wenn Hölderlin der Dichter des Dichters ist, das Problem
der NÄHE die Grunderfahrung der Hölderlinschen Dichtung darstellt,
bereits bewiesen. Die Einsicht in die Rolle der NÄHE in Hölderlins
Dichtung soll im folgenden Abschnitt über das Stiften des anderen
Anfangs erweitert und vertieft werden.

abgestempelt, eine Fehlinterpretation. Vgl. T. W. Adorno, Parataxis (1964), 456f; P.
Szondi a. a. O. 359.

3. Das Stiften des anderen Anfangs

Hölderlin ist der Dichter des Wesens der Dichtung. Um Dichter zu werden, bedarf es der Grunderfahrung der NÄHE. Dichtung ist Stiftung des Seins im Wort. Indem sie das Heilige nennt, gründet sie einen anderen Anfang der Geschichte. Wie es zur Stiftung dieses zweiten Anfangs kommt, soll im folgenden herausgearbeitet werden. Den Ausgangspunkt nehme ich bei Hölderlins Grunderfahrung der Flucht der Götter, danach markiere ich Ort und Zeit seiner Dichtung, um mich schließlich dem Gedichteten selbst zuwenden zu können.

a) Die Grunderfahrung: Flucht der Götter

Den ursprünglichen Impuls der Hölderlinschen Dichtung sehe ich mit Heidegger in seiner Erfahrung der Flucht der Götter.[26] Diese Erfahrung nenne ich seine »Grunderfahrung«, weil sie seinem Dichten den Grund gibt, woraus es seinen Ausgang nimmt, weil sie alles weitere begründet und bestimmt. Hölderlins Feststellung der »*Flucht der Götter*« bzw. des »*Fehl Gottes*«, d. h. der Götterferne entspricht Heideggers eigene Grunderfahrung der Seinsvergessenheit, der Seinsferne.[27] Derselbe Ausgangspunkt ist ein wesentlicher Aspekt der engen Verwandtschaft von Hölderlins denkerischem Dichten und Heideggers dichterischem Denken.

Die Erfahrung der Götterferne, die fast alle Gedichte Hölderlins nach 1800 trägt, verdichtet sich am deutlichsten in der Hymne »Germanien«. (Leider kann ich hier nicht die m. E. geniale Auslegung der einzelnen Verse durch Heidegger nachzeichnen, sondern muß mich auf

---

26 Diese Auffassung wird von vielen Literaturwissenschaftlern geteilt. Vgl. z. B. B. Allemann a. a. O. 154; Jochen Schmidt a. a. O. 43, 53f, 114ff. F. Beißner a. a. O. 147ff. Vgl. EH 47, 110, 184, 189; GA 39, 93, 97ff, 80.

27 Hölderlins Gottesbegriff ist nicht identisch mit dem von Heidegger so scharf kritisierten Gott der Metaphysik als causa sui, eher ist er dem von ihm geforderten göttlichen Gott näher. (ID 51, 64) Hölderlins Gottesbegriff ist eine Chiffre des Heideggerschen Seins als Ereignis. Vgl. auch die Formulierung aus dem »Hyperion«: »Ich weiß, der Himmel ist ausgestorben, entvölkert ...« (StA III, 87) Der Ausdruck »Fehl Gottes« meint allerdings an seinem Ort nicht die Grunderfahrung Hölderlins der Abwesenheit der Götter – wie Heidegger auslegt (EH 28) –, sondern die Schutzlosigkeit, die der Dichter mit den Göttern teilt. Vgl. Otto Pöggeler: Heideggers Begegnung mit Hölderlin, (1977), 41.

eine systematische Zusammenfassung beschränken.) Das Gedicht beginnt:

> »Nicht sie, die Seeligen, die erschienen sind,
> Die Götterbilder in dem alten Lande,
> Sie darf ich ja nicht rufen mehr,«

Gewöhnlich deuten wir das »Nicht sie« als Absage von *uns* an die alten Götter Griechenlands. Hierbei übersehen wir, daß der Ort, an den uns der Beginn dieser Dichtung versetzt, nur aus der Geschehensrichtung des dichterischen Sagens zu erfahren ist. Der Dichter spricht je aus einer Stimmung, welche »den Grund und Boden be-stimmt und den Raum durchstimmt, auf dem und in dem das dichterische Sagen ein Sein stiftet«. (GA 39, 79) Heidegger nennt eine solche Stimmung deshalb »*Grundstimmung*«. Grundstimmung bedeutet nicht eine bloße Gefühlsbetontheit, die das Sagen begleitet, ein bloßes Anhängsel, sondern umgekehrt eröffnet die Stimmung dem Sagen die Welt.

Der vorschnellen Interpretation des »Noch nicht« als Absage von uns an die alten Götter widerspricht der Beginn der zweiten Strophe:

> »Entflohene Götter! auch ihr, ihr gegenwärtigen, damals
> Wahrhaftiger, ihr hattet eure Zeiten!
> Nichts läugnen will ich hier und nichts erbitten.«

Die Götter sind von selbst gegangen. Damit wandelt sich die Bewegungsrichtung: Nicht mehr wir sind die Aktiven, die großen Beweger und Absager, sondern die Götter selbst bestimmen über ihre An- bzw. Abwesenheit. Nicht mehr wir verfügen über die Götter, sondern die Götter verfügen über sich selbst und wahrscheinlich auch über uns. Der Entzug der Götter darf jedoch nicht lediglich als historische Tatsache konstatiert und somit als Vergangenes, über das die alles verschlingende Zeit fortgeschritten ist, abgetan werden, sondern muß als geschichtliche Not durchgestanden werden. Die Abwesenden müssen in ihrer Abwesenheit erfahren werden, d. h. gerade im (An)wesen ihrer Abwesenheit.[28] »Auch die Abwesung als Abwesung dieses Entschwindens ist noch keine Anwesung«, wie Heidegger innerhalb seiner Vorlesung »Andenken« ausführt. (GA 52, 117) Ein reines Anwesen oder ein reines Abwesen gibt es nicht, sondern »alle Anwesung ist in sich zugleich

---

28 Ähnliche Abwesenheitsphänomene analysiert Sartre meisterhaft durch Rückführung auf die ontologische eigenständige Qualität des Nichts in »Das Sein und das Nichts«. (Vgl. 39ff) Auf die wesentlichen Unterschiede zwischen Heideggers und Sartres Konzeption des Nichts kann ich hier nicht eingehen.

Abwesung« und umgekehrt. »Das Anwesen erstreckt sich als ein solches, nicht etwa nur nachträglich und beiläufig, sondern seinem Wesen nach in die Abwesung.« (GA 52, 117) Derselbe Sachverhalt läßt sich auch mit den Termini »Sein« und »Nichtsein« ausdrücken.

Auf die Problematik der NÄHE übertragen heißt dies: Die Ferne muß in ihrer Ferne erfahren werden, d. h. gerade in der Nähe dieser Ferne. Erst im Aushalten der wesentlichen Not der Götterferne kann eine neue Nähe zu den Göttern erwachsen. Anwesenheit und Nähe, Abwesenheit und Ferne korrespondieren miteinander. Das belegt einmal mehr: Das Sein selbst, gedacht als An-wesen, wesend in den beiden miteinander verknüpften Modi des An- und Abwesens, geschieht als NÄHE, die in den Modi von Nähe und Ferne waltet.

Rekapitulieren wir: Die entstandene Leere muß als solche erfahren werden, d. h. darf nicht voreilig durch irgendwelche Projektionen des Menschen aufgefüllt werden, soll sie zur geschichtlichen Not und Nötigung werden.

Die Grunderfahrung der Götterferne versetzt den Dichter in Trauer. Trauer meint bei Hölderlin eine Stimmung und kein bloßes Gefühl, auch nicht eine beliebige Stimmung unter anderen, sondern die *Grundstimmung* nicht nur von »Germanien«, sondern seiner gesamten Dichtung. (EH 54f, 19, 16)

Die Trauer wurde in »Germanien« weiter entfaltet als »heilige« (V. 5f), d. h. uneigennützige in dreifacher Hinsicht: Sie versteinert sich nicht zur alles abweisenden Verzweiflung, da die Götter ihr zu lieb bleiben (V. 13); sie verliert sich nicht im haltlosen Nur-Nachhängen der Entflohenen, sondern will nichts erbitten und erzwingen (V. 19); sie verschwebt nicht ins Leere, weil sie gerade ein neues Gottesverhältnis stiftet (V. 30). Als solche ist die Grundstimmung der Trauer grundverschieden sowohl von dem Jammer über den Verlust als auch von der lastenden Schwermut. Sie ist wesentlich *Mittrauer* mit den »heimatlichen Wassern« (V. 4), den Strömen (V. 35), die ebenso wie die Menschen von der Übermacht der Stimmung in Trauer versetzt sind. Die Bedeutung der Ströme liegt darin, daß sie eine neue Bahn schaffen auf der seit der Flucht der Götter weglosen Erde. Weiterhin ist die Trauer *bedrängend*, indem sie die innerste Not der Abwesenheit der Götter zur Erfahrung bringt, welche allein von den Zweifelnden in ihrem Zweifel, d. i. ihrem Zwei-fachsein durchlebt wird. Das Standhalten der Bedrängnis der Verlassenheit durch die Götter ist zugleich die *Bereitschaft* für das Erharren einer neuen Ankunft der Götter. Nur der liebende Verzicht auf das Rufen zerrt die

Götter nicht in eine von Menschen gemachte – Heidegger spricht von »mächlerisch« (GA 39, 94) – nichtgöttliche ›Nähe‹, sondern läßt die Götter so wesen, wie sie von sich her wesen, nämlich als Gewesene, d. h. als solche, die als Ferne in ihrer Ferne erfahren werden, wodurch ihre Göttlichkeit bewahrt und eine neue Nähe als Ferne gestiftet wird.

Alle diese Momente zieht Heidegger zu einer Formel zusammen: »Die Grundstimmung der Hölderlinschen Dichtung ist die *heilig trauernde, aber bereite Bedrängnis.*« (GA 39, 137, Herv. E. K.)
   Die Stimmung stimmt ihrem Wesen nach in vierfacher Hinsicht: 1. Sie *entrückt* uns in den gestimmten Bezug zu den *Göttern.* 2. Zugleich *rückt* sie uns *ein* in die gewachsenen Bezüge zur *Erde.* 3. Als solche *eröffnet* sie das Seiende im Ganzen, offenbart *Welt.* 4. Solchermaßen entrückend, einrückend und eröffnend *gründet* sie das Dasein, indem sie es *aussetzt* inmitten des offenbaren Seienden im Ganzen, indem sie ihm den ihm selbst geoffenbarten Ort und die Zeit seines Seins bestimmt, welche aber weder räumlich noch zeitlich im gewöhnlichen Sinne zu denken sind. (GA 39, 104f)
   Mit der Frage nach dem Ort und der Zeit, die weder räumlich noch zeitlich im gewöhnlichen Sinne zu verstehen sind, stoßen wir auf das zentrale Anliegen der Vorlesung über »Germanien« und »Der Rhein«: Den Ort und die Zeit des »noch zeit-raum-losen Werks« Hölderlins zu bestimmen. (GA 39, 1, 139, 15, 288)

b) Ort und Zeit der Dichtung

Der Ort der Dichtung umgrenzt sich in der Grundstimmung, die uns zu ihm hinreißt. Die heilig trauernde, aber bereite Bedrängnis stellt uns vor die Flucht der Götter. Im verzichtenden Nichtmehrrufenwollen bewahrt sie andenkend die alten Götter als Gewesene, d. i. als noch Wesende. Das *Gewesene* ist für Heidegger grundverschieden vom *Vergangenen.* Dies verkennt der Alltagsverstand, der beide Termini gleichbedeutend benutzt. Hölderlin selbst bezeichnet das Gewesene (im Sprachgebrauch Heideggers) als »Vergangenes« (»Germanien«, V. 12), denkt es aber im Sinne des Gewesenen, wie Heidegger anhand einer Analyse der Abhandlung »Das Werden im Vergehen« darlegt. (GA 39, 122f) Offensichtlich führen uns bloße Wortabgrenzungen hier nicht weiter, vielmehr gilt es, die damit einhergehenden unterschiedlichen Auffassungen der Zeit voneinander abzuheben. Dies fordert aber nichts Geringeres, als das Wesen der Zeit selbst aufzuhellen.

Das *Vergangene* (in Heideggers Terminologie) ist das unabänderlich Abgeschlossene, Nichtwiederbringbare, das vormalige Jetzt, der Zeitraum, über den die Zeit hinweggeschritten ist und es damit allen Seins im Sinne der ständigen Anwesenheit bzw. der Vorhandenheit beraubt hat. Dem Vergangenen ist das Tor zur Gegenwart für immer verschlossen. Ein solches Denken wird getragen von einer Vorstellung der Zeit als »des *reinen Vergehens des Jetzt im Nacheinander*« (GA 39, 55), als lineare Sukzession von Jetztpunkten, von denen nur dem gegenwärtigen Jetzt-da Realität, d. h. Sein zukommt. Dementsprechend wird bei dieser Konzeption der Zeit Ewigkeit entweder als »aeternitas« – nunc stans, stehendes Jetzt, d. i. immerwährende Gegenwart – gedacht oder als »sempiternitas« – nunc fluens, fortgesetztes Weiterfließen der Zeit, das kein letztes Jetzt erlaubt. (GA 39, 54f; WM 338f) Aufgrund der Dominanz des Gegenwärtigen spielen Vergangenes und Zukünftiges nur untergeordnete Rollen. Diese »vulgäre« Interpretation der Zeit als »*Jetzt-Zeit*« beherrscht in verfeinerten Formen auch das philosophische Denken der Zeit seit Aristoteles. (SuZ 17f, 421)

Demgegenüber steht die Auffassung des *Gewesenen* als des noch Wesenden, das neu auf uns zukommen und somit zukünftig sein kann, indem wir es in unser Dasein hereinstehen lassen. Dem liegt die Konzeption einer »*ekstatischen Zeitlichkeit*« zugrunde, welche sich ständig und ursprünglich in allen drei Ekstasen – Gewesenheit, Gegenwart und Zukunft – zeitigt. (SuZ 350) So waltet das Gewesene einerseits nach vorne in die Zukunft, die andererseits rückweisend das schon früher sich Bereitende als solches eröffnet und ihm damit zugleich Gegenwart verleiht. Das Grundgeschehnis der Stimmung gründet in der Zeitigung dieser ursprünglichen Zeit, die in eins unser Dasein entrückt in Zukunft, Gewesenheit und Gegenwart und so die eigentliche Ek-sistenz des Menschen ermöglicht.[29] Hölderlin nennt diese ursprüngliche Zeit die »reissende«, weil sie uns zwischen Bewahrung des Gewesenen und Erharren des Zukünftigen hin und her reißt. (GA 39, 109)

Ebenso wie alle wesentliche Dichtung sich in ihrer eigenen Zeitlichkeit zeitigt, reißt sie uns an einen ihr eigenen Ort. Den metaphysischen Ort der Dichtung bestimmt die Interpretation von »Der Rhein« durch Herausarbeitung des Seins der Halbgötter (Ströme), Schaffenden und Dichter als »Mitte des Seyns selbst«. (GA 39, 288)[30] Diese Mitte des Seins

29 Zu Heideggers Verständnis der Zeit siehe unten 294ff.
30 Für die literaturwissenschaftliche Analyse der Rheinhymne vgl. Bernhard Böschenstein: Hölderlins Rheinhymne, Zürich/Freiburg 1959, 2. durchges. Aufl. 1968.

zwischen Göttern und Menschen ist das »Zwischen«, »der Gewitterraum«, in den der Dichter ausgesetzt ist – den wir aus »Wie wenn am
Feiertage . . .« kennen. (GA 39, 100, 30f, 280) Sie ist sowohl der »Ort
der metaphysischen Not« der Erfahrung der Abwesenheit der Götter als
auch der »Raum möglicher Neubegegnung der Götter«. (GA 39, 135,
97) In ihr wird über unser künftiges geschichtliches Sein, über »Flucht,
Ausbleiben und Ankommen der Götter« entschieden. (GA 39, 146)
Diese Mitte ist eine »vermittelnde Mitte«, gleichermaßen bezogen auf
beide Seiten, Götter und Menschen, d. h. »zwiespältig«. (GA 39, 194)
In ihr gibt es keinen Ausgleich, sondern nur Aushalten der Widerwen-
digkeit. (GA 39, 283) Es ist die räumliche und zeitliche Mitte, »in der
sich und für die sich das Ganze des Seienden auftut«. (GA 39, 259)
Hölderlin nennt sie auch »Heimat«, in der der Mensch dichterisch
wohnt: das Vaterland »Germanien«. (GA 39, 288).

Heidegger selbst denkt diese Mitte als »Da« des Seins, als »Lichtung«,
in das Dasein je schon geworfen ist und zu der es sich stets, sich auf sein
Seinkönnen entwerfend, verhält. Dasein west als dieses Verhältnis zur
Lichtung, als »geworfener Entwurf« bzw. »innestehendes Ausstehen«,
es ek-sistiert.

Überblicken wir noch einmal die wesentlichen Kennzeichnungen des
Ortes, an den uns die Dichtung versetzt: 1. Er ist nicht räumlich und
zeitlich im gewöhnlichen Sinn, sondern hat seine eigene Dimensionalität und Maße. 2. Er ist die Mitte des Seins, der Gewitterraum als Raum
der größten Offenbarkeit der Götter. 3. Hölderlin nennt ihn »Heimat«
bzw. »Vaterland«.

Die »Mitte des Seins« ist zugleich die Mitte der Zeit, in der Gewesenheit, Zukunft und Gegenwart in einem verwandelten Sinne erfahren
werden, »aus der und in der Geschichte gegründet wird« und somit ein
»neuer Anfang« anhebt. (GA 39, 289f) Es ist der Feiertag, an dem
Götter und Menschen das »Brautfest« feiern. (GA 39, 282ff; GA 52,
67ff) Die Zeit der Hölderlinschen Dichtung ist die Zeit des Übergangs,
die sich häufig im Bild der Nacht verdichtet. Nacht bedeutet zunächst
den geschichtlichen Zeit-Raum der Gottlosigkeit im Gegensatz zum Tag
als Zeit-Raum der Ankunft des Heiligen. Wird die Nacht in der furcht-
erregenden Unentschiedenheit des Sichentscheidenden erfahren, so verwandelt sie sich zur »heiligen Nacht« der Bergung des gewesenen Göttlichen und der Verbergung des kommenden Gottes. Für Hölderlin bedeutet Nacht keine völlige Finsternis, sondern hat ihre eigene Klarheit,

ebensowenig wie der Tag reine Helle ausstrahlt, vielmehr hat er – wie bereits die anfänglichen Denker (VS 14ff) – erkannt, daß Tag und Nacht in ein untrennbar einiges Ganzes zusammengehören. Die Nacht ist kein Mangel an Tag, wie die gewöhnliche Vorstellung meint, sondern die Mutter des Tages. (GA 52, 109) Diese doppelte Not zeigt sich besonders deutlich in der Dichtung »Brod und Wein«, zu der Heidegger erläutert: »Es ist die Zeit der entflohenen Götter *und* des kommenden Gottes. Das ist die *dürftige* Zeit, weil sie in einem gedoppelten Mangel und Nicht steht: im Nichtmehr der entflohenen Götter und im Nochnicht des Kommenden.« (EH 47) Aufgabe des Dichters ist in dieser »dürftigen Zeit« die Nachtwache für das Schicksal zu übernehmen.

Wie dargetan hat Hölderlins Dichtung ihren ganz besonderen Ort und ihre Zeit. Diesen Ort und diese Zeit, die weder räumlich noch zeitlich im üblichen Sinne sind, bezeichnet Heidegger im Brief »Über den Humanismus« mit dem ontologischen Terminus »NÄHE«. Er schreibt dort:

»In dieser Nähe, in der Lichtung des ›Da‹ wohnt der Mensch als der Ek-sistierende, ohne daß er es heute schon vermag, dieses Wohnen eigens zu erfahren und zu übernehmen. Die Nähe ›des‹ Seins, als welche das ›Da‹ des Daseins ist, wird in der Rede über Hölderlins Elegie ›Heimkunft‹ (1943) von ›Sein und Zeit‹ her gedacht, aus dem Gedicht des Sängers gesagter vernommen und aus der Erfahrung der Seinsvergessenheit die ›Heimat‹ genannt. Dieses Wort wird hier in einem wesentlichen Sinne gedacht, nicht patriotisch, nicht nationalistisch, sondern seinsgeschichtlich ... Die Heimat dieses geschichtlichen Wohnens ist die Nähe zum Sein.

In dieser Nähe vollzieht sich wenn überhaupt die Entscheidung, ob und wie der Gott und die Götter sich versagen und die Nacht bleibt, ob und wie der Tag des Heiligen dämmert, ob und wie im Aufgang des Heiligen ein Erscheinen des Gottes und der Götter neu beginnen kann.« (Hum 25f)

Diese ontologische NÄHE hat ihre eigenen Maße. Sie läßt sich nicht aus dem Abstand zweier Raumstellen errechnen – je geringer der Abstand, desto größer die Nähe; Abstandslosigkeit = Nähemaximum –, sondern ihre Größe bemißt sich »nach der Weite der Ferne und der reinen Durchsichtigkeit dieser Weite«. (GA 39, 237) Die reine Nähe ist stets zugleich die reine Ferne, sie bewahrt bei aller Näherung, aller Entfernung der Ferne den Unterschied als Unterschied, läßt Götter und Menschen nicht zusammenfallen, indem sie die Götter auf menschliche Stufe erniedrigt oder die Menschen zu Göttern erhöht, sie erhält bei allem Herausstellen der Identität die Differenz. NÄHE muß vom Zusammen*gehören* her verstanden werden. Daneben zeigt das Zitat, daß für die Nähe oder Ferne allein die Offenheit entscheidend ist. Die Unverborgenheit gibt das alleinige Maß der Nähe ab. Sie ist die Bedingung der Möglichkeit aller ontischen Annäherung sowie aller Bemächtigung des Seienden. Denn nur, was offen ist, können wir vorstellend uns gegenüberstellen und richtend vermessen.

Auf die Thematik von »Germanien« übertragen heißt dies: Wir können uns weder den geflohenen Göttern nähern, indem wir sie gewaltsam in eine von uns gemachte vermeintliche »Nähe« zerren, noch indem wir unsere Projektionen an ihre Stelle setzen, sondern allein dadurch, daß wir sie so »*sein-lassen*« und erfahren, wie sie von sich aus wesen, nämlich als Gewesene. Solchermaßen verzichtend auf das Rufen der fernen Götter können wir uns allein in der Nähe ihrer Göttlichkeit halten. Nur indem wir wissend die Verlassenheit übernehmen und ausdauern, rücken wir ein in den Raum möglicher Neubegegnung der Götter, kann das Werden von Heimat geschehen, ein neuer Anfang des geschichtlichen Seins unseres Volkes sich ereignen. Erst im heimatlichen Wohnen erfährt sich der Mensch in seinem seinsgeschichtlichen Wesen als der »Nachbar des Seins«.

c) Das Gedichtete

Vorab gilt es festzuhalten: Das Gedichtete ist nicht identisch mit dem wissenschaftlich objektiv feststellbaren Inhalt oder Aussagegehalt eines Gedichts. Es »*überdichtet*« sowohl den Dichter als auch das Gedicht selbst. (GA 52, 6f, 13)

Die Bestimmung des Wesens der Dichtung ergab: Dichtung ist »worthafte Stiftung des Seins«. Hierbei ist meines Erachtens die wesenhafte Zweideutigkeit des Genitivs als gen. subi. und gen. obi. zu beachten. Erdichtet ein schöpferisches Subjekt das Sein oder schenkt sich das Sein selbst dem Dichtenden im Wort? Anders gewendet: Stiftet die Dichtung erst das Sein (gen. obi.) oder stiftet das Sein die Dichtung (gen. subi.)? Beide Alternativen sind falsch, wie Heidegger einmal in einer Zwischenbemerkung zur »Metaphysik der Dichtung« ausführt: Die Frage nach der Stiftung des Seins weist zurück in die fundamentalere Frage nach dem Sein des Stiftens. Offensichtlich geraten wir so in den berühmten »hermeneutischen Zirkel«: Das Wesen der Dichtung als Stiftung des Seins soll durch die Eröffnung des Seins des Stiftens erschlossen werden, welches Sein sich jedoch nur im Stiften zeigt. Das heißt nichts anderes, als das Sein durch das Sein zu erklären. Und tatsächlich findet Heidegger diese Zirkelstruktur im Wesen des Seins selbst: »Zum Wesen des Seyns als solchen aber gehört der stiftende Rückwurf seiner auf sich selbst. Das Seyn läßt Dichtung entspringen, um ursprünglich in ihr sich zu finden und so in ihr sich verschließend als Geheimnis sich zu eröffnen.« (GA 39, 237) Der Zirkel ist nicht vermeidbar, weil das Sein alles umfaßt. Anders gewendet: Bei der »Stiftung des Seins« haben wir es offensichtlich wieder mit einer Weise des Genitivs des Zusammengehörens zu tun.

Das Gedichtete spricht Heidegger in vielfacher Weise aus: Als »Natur«, »Heiliges«, »Freudigstes«, »Heitere«, »Vaterland«, »Innigkeit«, »Schönheit«, »Geschick« und »unendliches Verhältnis«. (EH 15ff, 18, 52ff, 59, 134, 163, 170f; GA 39, 117, 121, 249)
   Am häufigsten wird innerhalb der Hölderlin-Forschung »Natur« als Grundwort Hölderlins herausgestellt, so auch von Heidegger selbst in seiner Deutung von »Wie wenn am Feiertage ...«. Hölderlin verherrlicht dort die Natur als Erzieherin des Dichters und preist sie mit den Attributen »allgegenwärtig«, »mächtig« und »göttlichschön«. (EH 52f) Allgegenwärtig ist sie, weil sie sich nicht als Vereinzeltes aufspüren läßt, nicht einseitig ist, sondern stets die äußeren Gegensätze des hohen Himmels und des tiefsten Abgrunds einander entgegensetzt, alles berückt und entrückt. In ihrer Allgegenwärtigkeit liegt zugleich ihre Macht begründet. Als berückende und entrückende ist sie »göttlichschön«, verkörpert sie die Schönheit selbst.
   Bereits diese erste vorläufige Charakterisierung zeigt, daß »Natur« hier nicht von den geläufigen Unterscheidungen, wie z.B. Natur und Kunst, Natur und Geist, Natur und Geschichte oder Natur und Unnatur, her begriffen werden kann. Hölderlin versteht die Natur nicht als gesonderten Bereich des Seienden wie die Naturwissenschaft, sondern ganz im Sinne der griechischen φύσις als Sein selbst. Natur als φύσις meint das Hervorgehen und Aufgehen, das Sichöffnen, das aufgehend zugleich zurückgeht und sich in dem verschließt, was je einem Anwesenden die Anwesung gibt, meint das Lichten der Lichtung, in die herein etwas erscheinen kann. Denselben Sachverhalt kennzeichnet der Terminus »die Heitere«.

Allerdings ist mit dem Denken der Natur im Sinne der φύσις, trotz des häufigen Vorkommens dieses Wortes noch nicht der höchste Gipfel der Betrachtung erreicht. So verkündet die dritte Strophe:

> »Jetzt aber tagts! Ich harrt es und sah es kommen,
> Und was ich sah, das Heilige sei mein Wort.«

Heidegger kommentiert: »Das Heilige ist das Wesen der Natur.« (EH 59) Es ist das wahre Grundwort der Hölderlinschen Dichtung.

Sogleich muß einem weiteren Mißverständnis vorgebeugt werden: Das *Heilige* ist nicht identisch mit dem Göttlichen, es ist das, was *über* Menschen *und* Götter waltet. Das Heilige ist der Wesensraum der Gottheit, welche ihrerseits die Dimension für die Götter und den Gott darstellt. (Hum 26, 36) Daher ist es kein Widerspruch, wenn Heidegger auslegt: »Das Heilige zwar erscheint. Der Gott aber bleibt fern.« (EH 27) Die dichterische Nennung des Heiligen ist erst die Vorbereitung für eine neue Ankunft des Gottes oder der Götter. Um jede Festlegung zu vermeiden, spricht Heidegger im Spätwerk statt von dem Gott und den Göttern von den »Göttlichen«.

Das Heilige ist ferner das Heile, das Ganze, und somit die Heimat für das geschichtliche Wohnen des Menschen. Das Heile hebt die Entfremdung und Zerrissenheit der Seinsverlassenheit auf und befreit die Menschen zum Eigenen. Andererseits ist es das »Un-nahbare« (EH 63), das Ent-setzliche, das den Dichter in die offene Mitte des Seins aussetzt. Es ist stets gegenwärtig in seinem Kommen und kann nicht als Gegenstand vorgestellt werden. »Weil weder die Menschen noch die Götter je von sich her den unmittelbaren Bezug zum Heiligen vollbringen können, bedürfen die Menschen der Götter und die Himmlischen bedürfen der Sterblichen.« (EH 68) Erinnert sei an den Bund zwischen Menschen und Göttern im »Brautfest« und an die Zeugung des Bacchus durch Zeus und eine Sterbliche. Wie bereits ausgeführt, spielen die Dichter als Mittler in diesem gegenseitigen Angewiesensein von Göttern und Menschen eine entscheidende Rolle.

Wenn das Heilige kommt, lichtet sich Welt, wird die Glut in der Seele des Dichters entzündet. Das Heilige gründet in seinem Kommen einen *anderen Anfang* einer anderen Geschichte. Hölderlin sagt das Heilige in seinem Kommen durch Rufen im hymnischen Wort. Daher ist dieses »heiliggenöthigt«. »Das Wort ist das Ereignis des Heiligen. Hölderlins Dichtung ist jetzt anfängliches Rufen, das vom

Kommenden selbst gerufen, dieses und nur dieses als das Heilige sagt.«
(EH 76)[31]

Weil trotz des Fernbleibens der Götter das Heilige erscheint und somit eine Spur zum Göttlichen legt, muß der Dichter die Ankunft der Götter im voraus dichten.[32] Auch dieses Dichten der ankommenden und solchermaßen »gegenwärtigen« Götter steht unter dem Gesetz der NÄHE, wie eine größere Variante zum »Archipelagus« belegt: (EH 185)

> »Aber weil so nahe sie sind die gegenwärtigen Götter
> Muß ich seyn, als wären sie fern, und dunkel in Wolken
> Muß ihr Nahme mir seyn, nur ehe der Morgen
> Aufglänzt, ehe das Leben im Mittag glühet
> Nenn' ich stille sie mir, damit der Dichter das seine
> Habe, wenn aber hinab das himmlische Licht geht
> Denk' ich des Vergangenen gern, und sage – blühet indeß.«

In die gleiche Richtung zielen die Verse der Patmoshymne: »Nah ist und schwer zu fassen der Gott.« »Nah« bedeutet hier »zu nah«, »und« meint »deshalb«. Die Nähe zu Gott kann zu groß sein, nicht nur zu klein. Eine solche zu große Nähe zu Gott kann der Mensch nicht ertragen, daher muß der Dichter, der davon weiß, sich eine gewisse Ferne bewahren. Die bloße Nähe, die die Ferne vernichtet, verbrennt den Menschen, allein die reine Nähe, welche die Ferne in sich birgt, ermöglicht ein ursprüngliches Wohnen in der Nähe der Götter bzw. des Gottes. Eine solche lebenswichtige Ferne wahrt der Dichter, indem er die bedrängenden Götter zwar nennt, aber nur »stille nennt«. Das stille Nennen ist ein Nennen, das manches enthüllt, aber auch manches verbirgt.

Wie die Kennzeichnung der »Natur« zeigt, eignet dem allgegenwärtigen Sein eine eigene Verhältnishaftigkeit. Diese charakterisiert Hölderlin als »*Innigkeit*« oder »*unendliches Verhältnis*«.

Was »Innigkeit« meint, erläutert Heidegger durch einen Rückverweis auf Heraklits Gedanken der ἁρμονία, an den Hölderlin anschließt. He-

31 Vgl. Walter Biemels Vortrag »Heideggers Deutung des Heiligen bei Hölderlin« (1977), der sich allerdings auf die Auslegung von »Heimkunft« beschränkt und somit Propädeutik zu einer umfassenderen Untersuchung bleibt.
32 Was Hölderlins Rede vom »kommenden Gott« meint (EH 47), hat Heidegger nach Mitteilung von Pöggeler in seinem bisher unveröffentlichten Hauptwerk der 30er Jahre »Beiträge zur Philosophie« dargelegt. Vgl. O. Pöggeler: Heideggers Begegnung mit Hölderlin, (1977), 38. Vgl. ferner O. Pöggeler: Es fehlen heilige Namen, (1977).

raklit denkt das Sein als ἁρμονία, als gegenstrebigen Einklang des Gegenwendigen und symbolisiert es in Leier und Bogen: Bei beiden spannen sich die Enden auseinander, sind aber zugleich in ihrem Auseinander zueinander zurückgespannt. Der Einklang ist folglich keine spannungslose Einstimmigkeit, sondern seinem innersten Wesen nach Streit (ἔρις) und Kampf (πόλεμος). In analoger Weise dichtet Hölderlin mit »Innigkeit« die ursprüngliche Einigung des Widerwendigen. Im Streit des großen Widerstreits zwischen den Wesensmächten des Seins kommen Götter erst als Götter und Menschen erst als Menschen gegeneinander und in innigem Einklang zum Vorschein. Der Streit legt die Seiten fest, aber jede Seite ist nur, was sie ist, im gegenseitigen Anerkennen. Daher fassen wir Seiendes nicht, wenn wir nur die eine Seite betrachten oder wenn wir die andere Seite bloß äußerlich hinzuaddieren, sondern nur, wenn wir beide in ihrem Zusammengehören begreifen. (GA 39, 123ff; vgl. EH 101)

Der Einblick in die Verhältnishaftigkeit des Seins wird in der Auslegung des Gedichts »Griechenland« weiter vertieft, das vom »unendlichen Verhältnis« zwischen Erde und Himmel, Menschen und Göttern sagt. Unschwer läßt sich die Vorlage für Heideggers eigenen Gedanken des »Gevierts« erkennen. Allerdings – und darauf weist Heidegger ausdrücklich hin – bedenkt Hölderlin nirgendwo die Einheit der Vier, gleichwohl er aus der Innigkeit der Vier dichtet. (EH 170, 162) Das »Geschick« bildet das Zentrum der Vier, es holt die Vier zu sich, fängt sie an in Innigkeit. Solchermaßen ist das Geschick »der alles versammelnde Anfang«. (EH 171)

4. Die Nachbarschaft von Dichten und Denken

Wie wir gesehen haben, bedarf es neben der Zwiesprache zwischen den Denkern der Zwiesprache zwischen Denker und Dichter, der dichtend den anderen Anfang stiftet. Grundbedingung dieser Zwiesprache ist die Nachbarschaft von Dichten und Denken. Beide sagen das *Selbe*, nicht aber das *Gleiche*. Beide bewegen sich im gleichen Element: der *Sprache*.

Nachbarschaft impliziert Gemeinsamkeit und Verschiedenheit, meint Identität im Sinne von Zusammen*gehören*. Diese einleitend dargelegte Identität bestimmt Heidegger als Selbigkeit. (ID 14ff) Von daher versteht sich, daß Dichter und Denker das Selbe sagen, nicht jedoch das Gleiche.

»Das selbe deckt sich nie mit dem gleichen, auch nicht mit dem leeren Einerlei des bloß Identischen. Das gleiche verlegt sich stets auf das Unterschiedslose, damit alles darin übereinkomme. Das selbe ist dagegen das Zusammengehören des Verschiedenen aus der Versammlung durch den Unterschied. Das Selbe läßt sich nur sagen, wenn der Unterschied gedacht ist. Im Austrag des Unterschiedenen kommt das versammelnde Wesen des selben zum Leuchten. Das selbe verbannt jeden Eifer, das Verschiedene immer nur in das gleiche auszugleichen. Das selbe versammelt das Unterschiedene in eine ursprüngliche Einigkeit. Das gleiche hingegen zerstreut in die fade Einheit des nur einförmig Einen.« (VA 187)[33]

In summa: Während das Gleiche als das Unterschiedslose den Unterschied ausgleicht und zur »faden Einheit des nur einförmig Einen« uniformiert, wahrt das Selbe als Zusammengehören den Unterschied. Dies hat zur Folge, daß – entgegen der üblichen Ansicht – das Gleiche in das leere Einerlei »zerstreut«, das Selbe hingegen im Austrag des Unterschieds »versammelt«. Freilich darf das Selbe nicht als tertium comparationis oder als allgemeines Wesen mißverstanden werden. Dichten und Denken können einander nur dann begegnen, wenn »sie entschieden in der Verschiedenheit ihres Wesens bleiben«. (VA 187)

Die Struktur des Selben entspricht der Struktur der NÄHE: »Allein die Nähe ist etwas wesenhaft anderes als der fade Ausgleich der Unterschiede. Die Wesensnähe zwischen Dichten und Denken schließt den Unterschied so wenig aus, daß sie ihn vielmehr in einer abgründigen Weise erstehen läßt.« (WhD 154) Soweit zur Struktur der Nachbarschaft.

Worin sieht Heidegger die wesentlichen Unterschiede und Gemeinsamkeiten zwischen Dichten und Denken? 1. Im Charakter ihres Sagens: Das Dichten *stiftet* den anderen Anfang, indem es das Heilige nennt, das Denken dagegen hat nur *vorbereitenden*, keinen stiftenden Charakter. (SdD 66) Das Nennen des Dichters ruft das kommende Heilige und entwirft somit im voraus dasjenige, was noch nicht ist, in seinem Wesen. Es stiftet worthaft das Sein im dreifachen Sinne von »Schenken«, »Gründen« und »Anfangen«. (EH 41; GA 39, 214; HW

---

33 Der Wechsel zwischen Groß- und Kleinschreibung von »das Selbe« und »das selbe« (sowie »das gleiche«) erklärt sich m. E. folgendermaßen: Kleingeschriebenes »das selbe« nennt Strukturelles, großgeschriebenes »das Selbe« Essentielles. Hölderlin »sagt« zwar nicht »das gleiche« vom Wohnen wie Heidegger, trotzdem »denkt« Heidegger »das Selbe«, was Hölderlin dichtet, nämlich das Wohnen des Menschenwesens in der Nachbarschaft des Seins.

62f) Es schenkt Namen und reicht sie dem Volk ins Lied gehüllt, gründet geschichtlich das Wohnen der Menschen und läßt im Sagen des kommenden Heiligen den anderen Anfang anfangen. Das vorbereitende Denken, das weder Metaphysik noch Wissenschaft sein will, bescheidet sich dagegen mit der Erweckung der Bereitschaft für die Möglichkeit eines neuen Zuspruchs des Seins, dessen Aufriß noch dunkel und dessen Kommen noch ungewiß ist. Ein solches Denken kann weder unmittelbar noch mittelbar auf die Öffentlichkeit des gegenwärtigen technologischen Industriezeitalters wirken, es kann weder die Zukunft voraussagen, noch sie auf eine Interpretation des Seins festlegen, weil seine Sache selbst noch strittig ist, noch kann es allgemeinverbindliche Lebensregeln lehren oder praktische Handlungsanweisungen für den einzelnen geben. Seine ganze Verbindlichkeit liegt im rechten Hören des jeweiligen Zuspruchs des Seins. Dichten und Denken kommen darin überein, daß beide ausgezeichnete Weisen sind, wie Wahrheit west, d. h. Weisen, in denen Seiendes offenbar wird. 2. Hinsichtlich des Ziels des Fragens: »Der Denker denkt in das Unheimische, das ihm nicht ein Durchgang, sondern das *zu Hauß* ist. Das andenkende Fragen des Dichters dagegen dichtet das Heimische.« (EH 129) Während das vorbereitende Denken im Unheimischen der derzeitigen Seinsverlassenheit Fuß fassen, sie durchleuchten und ausharren muß, braucht der Dichter nicht bei der Feststellung der »Flucht der Götter« stehenzubleiben, muß in seiner notwendigen Ausfahrt nicht in der Fremde verharren, sondern darf den dichterischen Entwurf des Heimischen vornehmen und den Weg in die Heimat antreten. 3. Im Inhaltlichen: »Der Denker *sagt* das *Sein*. Der Dichter *nennt* das *Heilige*.« (WiMN 51, Herv. E. K.) Der Dichter macht eine inhaltlich spezifischere Angabe als der Denker, wenn er das Heilige nennt. Das Heilige ist das Heile, das Ganze, und damit das Heimische für ein dichterisches Wohnen und bildet somit einen Kontrast zu der Erfahrung des Denkers, der sich in der Zerrissenheit und Heimatlosigkeit aufgrund der Seinsverlassenheit findet. Erinnert sei an die Aussage des Humanismus-Briefs, das Heilige sei erst der Wesensraum des Göttlichen und komme erst dann zum Vorschein, wenn zuvor das Sein selbst sich gelichtet habe und in seiner Wahrheit erfahren sei. (Hum 26, 36) Allerdings geht es dort ausdrücklich darum, das Wesen des Heiligen zu *denken*. Andererseits kommen Dichten und Denken darin überein, daß das Heilige und das Sein das Selbe meinen, nicht aber das Gleiche.[34] 4. Gemeinsam ist beiden die Herkunft und die

34 An besagter Stelle in WiMN heißt es zwar »das Gleiche« statt »das Selbe« – was sich dadurch erklärt, daß Heidegger dort sprachlich gegen zu kurz greifende Identi

Sorge für das Sprachwesen. (WiMN 51) Beide stehen im Dienst der Sprache und verwenden und verschwenden sich für sie, beiden ist die Wächterschaft für das Sprachhaus aufgetragen. (Hum 5; WidP 45)

Otto Pöggeler sieht den Vorzug des Dichterischen in seiner Unmittelbarkeit. Allein dem Dichter sei es möglich, eine unmittelbare Antwort auf den Anspruch des Heiligen zu geben, dem Denker nicht.[35] Ich kann dieser Interpretation nicht zustimmen, denn – wie gezeigt – muß das Dichten denselben ›Umweg‹ über die Ausfahrt in die Fremde machen wie der Denker im destruierenden »Schritt zurück« in den ersten Anfang. Beide gehen von der Grunderfahrung der Seinsvergessenheit bzw. der Götterferne aus. Ferner kann auch das Denken unmittelbar der »Stimme des Seins« antworten. Die entscheidende Differenz besteht meines Erachtens nicht zwischen Unmittelbarkeit der Dichtung und Mittelbarkeit des Denkens, sondern darin, daß das Dichten sich in seinem Sagen weiter vorwagen darf – es allein kann stiften und das Kommende ernennen, während dem Denker hier mehr Zurückhaltung geziemt. Kommt damit nicht dem Dichten ein Vorrang vor dem Denken zu?

Heideggers Aussagen zur Frage eines Primats von Dichten oder Denken liefern viel Zündstoff für eine Diskussion, weil sie uneindeutig sind bzw. sich auf dem Denkweg wandeln. Wurde in »Vom Ursprung des Kunstwerkes« (1935) noch die Poesie, d. i. die Dichtung im engeren Sinne, als ursprünglichste Weise der Dichtung im weiteren Sinne herausgestellt (HW 62), so gilt elf Jahre später in »Der Spruch des Anaximander« (1946) das Denken als die »Urdichtung«, die sowohl allem Dichterischen der Kunst als auch aller Poesie vorausgeht. (HW 302f)[36] Damit verbunden ist eine Annäherung von Dichten und Denken: »Alles Dichten in diesem weiten und im engeren Sinn der Poesie ist im Grunde ein Denken.« (HW 302f) Im Zuge dieser Annäherung, die meines Erachtens mit Heideggers Ablösung des Denkens von der Philosophie einhergeht, gewinnt das Denken immer mehr den Vorzug des Früheren, gleichzeitig nimmt der Dichtungscharakter des Denkens zu. »Das Andenken an das Zu-denkende« wird als »Quellgrund des Dichtens« herausgestellt (WhD 7; VA 131), der Ursprung von Dichten und Denken in das Denken verlegt (WiMN 51), die Frage aufgeworfen, ob nicht ein

tätsvorstellungen ankämpft –, sachlich ist jedoch das gemeint, was er in »Der Satz der Identität« »das Selbe« nennt.
35 Vgl. O. Pöggeler: Der Denkweg . . ., 208f.
36 Vgl. auch B. Allemann: Heidegger und Hölderlin . . ., 96ff.

anfängliches Denken im anderen Anfang selbst noch der Dichtung im Sinne der Poesie voraufgehen muß. (N II 262)[37] Erst die intensive Untersuchung der Sprache im Spätwerk bringt von diesen Vorrangstreitigkeiten ab und richtet das Interesse auf die vorgängige Nachbarschaft von Denken und Dichten selbst. Dichten und Denken dürfen nicht länger gegeneinander ausgespielt werden, sondern müssen als gleichursprüngliche, nicht aufeinander rückführbare Möglichkeiten des Sprechens der Sprache gesehen werden, die einander ergänzen. Die dichterische Erfahrung mit der Sprache braucht die Ergänzung durch die denkerische Erfahrung und umgekehrt, wie Heidegger im Vortragszyklus »Das Wesen der Sprache« zeigt.[38] Daher liegt alles daran, die Nachbarschaft aufzusuchen und eigens zu denken. Nachbar sein heißt: in der Nähe wohnen. Gewöhnlich fassen wir die *Nachbarschaft* als »eine Beziehung, die sich daraus ergibt, daß einer in die Nähe des anderen zieht«, d. h. als Resultat einer Ansiedlung im Gegenüber. (UzS 187) Die Nachbarschaft von Dichten und Denken ist jedoch von anderer Art – ebenso wie die Nachbarschaft von Sein und Menschenwesen: Sie wird nicht nachträglich erst hergestellt, sondern liegt immer schon vor, wir bewegen uns immer schon in ihr. Wir achten nicht auf die »Nachbarschaft, in der Dichten und Denken wohnen«, daher bleibt sie selbst unsichtbar. Als Grund dafür nennt Heidegger unser Unvermögen, »eine Beziehung die zwischen zwei Dingen, zwischen zwei Wesen waltet, rein aus ihr selbst her zu erfahren«. (UzS 188) Statt dessen stellen wir eine Beziehung sogleich von dem her vor, was in Beziehung steht. Dieses Unvermögen entspringt der Struktur des gewöhnlichen Denkens als wesentlich ›polarem Denken‹, wie bereits ausgeführt wurde. Das nachbarschaftliche Element, in dem sich Dichten und Denken bewegen, ist die Sprache. Sie ist das »Haus des Seins«, das die Dichtenden und Denkenden zu hüten haben. Dichten und Denken gehören von Anfang an einander zu, was sie jedoch nicht davon enthebt, sich eigens im Gegenüber einzurichten und die Nachbarschaft zu übernehmen. Dasjenige, was Denken und Dichten einander nähert, ist die Sprache. »Beide, Dichten und Denken, sind ein ausgezeichnetes Sagen, insofern sie dem Geheimnis des Wortes als ihrem Denkwürdigsten überantwortet und dadurch seit je in die Verwandtschaft miteinander verfugt bleiben.« (UzS 238)

37 Entsprechend heißt es bereits in der Vorlesung »Grundfragen der Philosophie« vom WS 1937/38: »Nicht die Dichtung ist das erste, sondern *Wegbereiter* muß im Übergang das *Denken* sein.« (GA 45, 190)
38 Vgl. W. Biemel: Dichtung und Sprache bei Heidegger, (1969), 503ff.

Wenn wir *aus* der Nachbarschaft denken müssen, dann schöpft weder Dichten noch Denken allein das Sprachwesen aus. »Beide, Dichten und Denken, brauchen einander.« (UzS 173) Dichten und Denken ergänzen sich wie die zwei Seiten einer Medaille, daher muß das Denken dichterisch und das Dichten denkerisch werden, ohne sich jedoch im faden Einerlei des Unterschiedslosen zu verlieren. Beide bekunden auf ihre je spezifische Weise den Zuspruch des Seins und entsprechen ihm. Sowohl Hölderlin als auch Heidegger wußten dies: Der eine faßt das Denken als »Andenken« und kündet von der Nachbarschaft zwischen Dichter und Denker »die nahe wohnen auf getrenntesten Bergen« (WiMN 52), der andere spricht vom »Dichtungscharakter des Denkens« (EdD 23) und erörtert die »Nachbarschaft« von Dichten und Denken. Auch die anfänglichen Denker standen nach Heideggers Deutung in der Nachbarschaft zum Dichten. (EiM 110) Die Nachbarschaft von Heideggers Seinsdenken und Hölderlins Dichtung artikuliert sich am schönsten in folgender Formulierung:

»Der Dichter denkt in die Ortschaft, die sich aus derjenigen Lichtung des Seins bestimmt, die als der Bereich der sich vollendenden abendländischen Metaphysik in ihr Gepräge gelangt ist. Hölderlins denkende Dichtung hat diesen Bereich des dichtenden Denkens mitgeprägt. Sein Dichten wohnt in dieser Ortschaft so vertraut wie kein anderes Dichtertum zu seiner Zeit. Die Ortschaft, in die Hölderlin gekommen, ist eine Offenbarkeit des Seins, die selbst in das Geschick des Seins gehört und aus diesem her dem Dichter zugedacht wird.« (HW 251f)

III. Topologie des Seins

Mitte der 40er Jahre mündet die Besinnung auf die anfänglichen Denker im »Schritt zurück« in den ersten Anfang und die Zwiesprache mit Hölderlins Dichtung, die den zweiten Anfang stiftet, nach Heideggers eigenen Angaben in eine dichterisch-*denkerische* »Topologie des Seins«. Diese präzisiert die Frage nach der Wahrheit des Seins durch die Frage nach dem Ort bzw. der Ortschaft des Seins. (VS 73, 82)

Die Rede von der »Topologie des Seins« findet sich erstmals in dem Büchlein »Aus der Erfahrung des Denkens«, das 1947 geschrieben worden ist: »Aber das denkende Dichten ist in der Wahrheit die Topologie des Seyns. Sie sagt diesem die Ortschaft seines Wesens.« (EdD 23) Auf den ersten Blick befremdet die Formulierung »denkendes Dichten«, erwartet hätte man eher ›dichtendes Denken‹. Wer aufgrund dessen jedoch annimmt, Heidegger sei jetzt ins Lager der Dichter übergewechselt und habe auch noch dem Denken entsagt, geht fehl. Heidegger ist Denker geblieben, wie bereits der Titel der Schrift »Aus der Erfahrung des Denkens« belegt, er sagt weiter das Sein und nicht das Heilige. Der Ausdruck »denkendes Dichten« muß im Kontext der ganzen Passage gesehen werden, die beginnt: »Der Dichtungscharakter des Denkens ist noch verhüllt. Wo er sich zeigt, gleicht er für lange Zeit der Utopie eines halbpoetischen Verstandes.« (EdD 23) Das Denken, das für die traditionelle Philosophie als »halbpoetischer Verstand« bzw. als »denkendes Dichten« erscheint, ist in Wahrheit das »wesentliche« Denken als »Topologie des Seyns«. In »Zur Seinsfrage« (1956) begegnet uns die Rede von der Topologie des Seins zum zweiten Mal, gelegentlich von Heideggers Diskussion mit Ernst Jünger über den Nihilismus: Jünger gebe in seiner Schrift »Über die Linie« zwar anerkennenswerterweise eine »Ortsbeschreibung des Nihilismus«, eine »Topographie des Nihilismus, seines Vorganges und seiner Überwindung«, dieser müsse aber »eine Topologie voraufgehen: die Erörterung desjenigen Ortes, der Sein und Nichts in ihr Wesen versammelt, das Wesen des Nihilismus bestimmt und so die Wege erkennen läßt, auf denen sich die Weisen einer möglichen Überwindung des Nihilismus abzeichnen«. (ZS 32)

Topologie des Seins besagt zunächst und primär Sagen (λόγος) des Ortes (τόπος) von Sein, Er-örtern des Ortes bzw. der Ortschaft des Seins. Sogleich drängt sich die Frage auf, wer es sei, der erörtert, und was Erörtern bedeute, also die Frage nach dem Genitiv. Besagt Erörtern, einen vorgegebenen Ort ausfindig machen und ihn von anderen unterscheiden, oder erbringt das Erörtern selbst erst den Ort? Erörtert primär der denkende Mensch oder das Sein oder gar ein Drittes, in das sowohl Mensch als auch Sein gehören, das Ereignis?

Ich folge zunächst Heideggers Hinweis, der auf die Etymologie zurückgreift. Ort bedeutet ursprünglich die »Spitze des Speers«, in der alles zusammenläuft. So ist der Ort im Sinne des Ortes des Seins das Versammelnde, das alles, was ist, durchdringt und durchwest, es zu sich einholt und verwahrt, »aber nicht wie eine abschließende Kapsel, sondern so, daß er das Versammelte durchscheint und durchleuchtet und dadurch erst in sein Wesen entläßt«. (UzS 37) Erörterung nennt Heidegger den Denk-*Weg*, der erstens in den Ort weist, zweitens den Ort beachtet und drittens seinem Wegcharakter entsprechend in eine Frage mündet, nämlich die Frage nach der »Ortschaft des Ortes«. (UzS 37) Ortschaft meint das Zusammenspiel von Orten. (KuR 10)[1] Erörterung heißt des weiteren die Rückführung auf einen Ort, wodurch dieser ausgemacht wird. (WM 465) Gemäß diesem doppelten Charakter des Erörterns als Suche nach dem Ort des Seins und der Ortschaft des Ortes des Seins, beinhaltet »Topologie des Seins« ein Zweifaches: Einerseits geht sie den mannigfachen Orten der je geschichtlichen Weisen des Seins als φύσις, ἰδέα, ἐνέργεια, Position, absoluter Geist oder Wille zur Macht nach, andererseits fragt sie nach dem Selben, der alles versammelnden einheitlichen Ortschaft aller Orte, die selbst noch den vielfältigen Seinsbestimmungen und deren Orten vorausliegt.

Es lassen sich diese beiden Frageweisen an einem Beispiel kurz erläutern: Heidegger fragt in »Kants These über das Sein« (1961) nach dem *unbedachten Ort*, von dem aus Kant das Sein als Position faßt und findet diesen in der menschlichen Subjektivität. (WM 465ff) Dieser Ort ist seinerseits wie alle Orte abhängig von der vorgängigen Offenheit eines Offenen, das jede Verortung erst erlaubt. Andererseits ist dieses Offene nie leeres Vakuum, sondern je schon in einer faktischen geschichtlichen Konkretion. Ureigenstes Anliegen von Heideggers Denken ist, dieses Offene als die Ortschaft aller möglichen Orte ausfindig zu machen, in dem sowohl Raum als auch Zeit, aber auch alles An- und

1 Innerhalb der Vorlesung »Hölderlins Hymne ›Der Ister‹« bestimmt Heidegger dagegen Ortschaft als die Weise, »wie der Ort je der Ort ist«. (GA 53, 23)

Abwesende seinen »versammelnden bergenden Ort« hat: gemeint ist die Lichtung bzw. in meiner Terminologie die NÄHE. (SdD 73) Dasjenige, was sowohl Sein je geschichtlich in sein Anwesen schickt und es dadurch verortet als auch das Freie der Lichtung er-gibt, nennt Heidegger »Ereignis«. Dieses ist die »Ortschaft aller Orte und Zeit-Spiel-Räume«. Es kann selbst nur noch *genannt*, nicht mehr *erörtert* werden. Es ist von seinem Vollzug nicht trennbar. Ferner ist es das »Nächste des Nahen« und das »Fernste des Fernen«, darin wir uns zeitlebens aufhalten. (UzS 258f)

Methodisch gesehen besagt Erörterung, das Gedachte auf sein Ungedachtes hin zur Sprache zu bringen, verschiedene geschichtliche Orte voneinander zu unterscheiden und sich für einen eigenen Ort zu entscheiden. Hierzu ist erforderlich, sowohl das Gesagte an seinen Ort zurückzuführen als auch *uns* selbst an diesen Ort zu versetzen. Insofern geht das »Erörtern« dem »Erläutern« (Verstehen) und »Erklären« voraus. (WM 465) Da Erörterung immer Weg ist, kann sie nie enden und niemals aufgehoben werden, was verständlich macht, weshalb Heidegger keine Seinsthese, sondern nur eine Seinsfrage kennt.

Halten wir fest: »Topologie des Seins« besagt erstens Verortung des Seins durch das Schicken des Ereignisses, zweitens das denkerische Ausfindigmachen dieser jeweiligen Orte sowie der vorgängigen Ortschaft dieser Orte: der Lichtung oder NÄHE. Infolgedessen beschäftigt sich die Topologie des Seins grundsätzlich mit drei Themenkreisen: den geschichtlichen Ausprägungen des *Seins*, der *Lichtung* und dem *Ereignis*.

Otto Pöggeler, dem der Verdienst zukommt, die Wichtigkeit des Gedankens einer »Topologie des Seins« schon sehr früh erkannt und herausgestellt zu haben – wenngleich ihm die wesentliche Bedeutung der Erörterung als Er-gebnis des Ereignisses sowie der Bezug zur NÄHE verborgen bleibt –, hat völlig zu Recht über das von Heidegger explizit Gesagte hinausgehend Topologie in einer weiteren Bedeutung als »Stellen-Lese, als Sammlung (lógos) auf die Grund- und Leitworte (tópoi) des Denkens« bestimmt.[2] Zudem hat er versucht, eine Brücke von Heideggers »Seinstopik« zu der alten, auf Aristoteles und Vico zurückgehenden Tradition der Topik als einer ars inveniendi, d. i. einer Kunst des

2 Vgl. Otto Pöggeler: Der Denkweg Martin Heideggers, 314f u. 280–289; ders.: Metaphysik und Seinstopik bei Heidegger, insbes. 133ff; ders.: Heideggers Topologie des Seins. In: Philosophie und Politik bei Heidegger, Freiburg 1972, 71–104 u. 137–151.

Findens, die nicht das Wahre, sondern bloß das Wahrscheinliche gebe, zu schlagen.[3]

Die Topologie des Seins ist unlösbar verbunden mit einer Topologie des Menschenwesens sowie des Zusammen*gehörens* beider. Solches wurde bereits eingangs anhand der Analyse des Humanismus-Briefs sowie der Schrift »Identität und Differenz« ausführlich dargelegt. NÄHE als Ortschaft des Zusammen*gehörens* von Sein und Menschenwesen zeigt sich erst in dieser dritten Phase des Heideggerschen Denkens in voller Schärfe. Diese Analysen werden vertieft durch die Erörterung des Gestells als der derzeitigen Konstellation von Sein und Menschenwesen sowie des Gevierts, das allein ein Wohnen auf dieser Erde gestattet, durch das topologische Unterwegssein zur Sprache als dem Haus des Seins und der Behausung des Menschenwesens, sowie durch die Besinnung auf die Lichtung bzw. NÄHE als Zeit-Spiel-Raum des Seins und deren Bezug zum Ereignis. Daß und wie das Problem der NÄHE in den genannten drei Themenkomplexen zur Sprache kommt, versuchen die folgenden Kapitel einsichtig zu machen.

3 Vgl. Otto Pöggeler: Dialektik und Topik, (1970); ders.: Dichtungstheorie und Toposforschung, (1960), sowie die in Anmerkung 2 genannten Titel.

4. Kapitel
Ge-stell und Geviert

Wesentlicher Bestandteil einer »Topologie des Seins« ist die Frage nach dem derzeitigen Ort von Sein und Menschenwesen, d. h. nach der gegenwärtigen Konstellation ihres Zusammengehörens. Diesen Ort erörtert Heidegger in einer Vortragsreihe aus dem Jahre 1949 unter dem bezeichnenden Titel »Einblick in das was ist«. Dieser äußerst wichtige Vortragszyklus, über den Heidegger in einer »Vorbemerkung« zu »Die Technik und die Kehre« Hinweise gibt, ist in seiner ursprünglichen Form bisher leider nur teilweise veröffentlicht: Von dem Eröffnungsvortrag »Das Ding« findet sich eine erweiterte Fassung aus dem Jahre 1950 in »Vorträge und Aufsätze« (VA 157–175), der zweite Vortrag »Das Gestell« ging in einer stark umgearbeiteten und erweiterten Fassung aus dem Jahre 1953 unter dem Titel »Die Frage nach der Technik« in den selben Sammelband ein (VA 9–40), der dritte Vortrag »Die Gefahr« ist bisher unveröffentlicht, der Abschlußvortrag »Die Kehre« wurde bisher als einziger unverändert in »Die Technik und die Kehre« (TK 37–47) abgedruckt.[1] Zum selben Themenkomplex gehören ferner die Abhandlungen »Bauen Wohnen Denken« (1951; VA 139–156) und »». . . dichterisch wohnet der Mensch . . .«« (1951; VA 181–198), die den Ding-Vortrag in »Vorträge und Aufsätze« einrahmen, »Wissenschaft und Besinnung« (1953; VA 41–67), die zur Vorbereitung des Symposions diente, auf dem Heidegger »Die Frage nach der Technik« vortrug, sowie »Gelassenheit« (1955) und »Hebel – der Hausfreund« (1957), die die Rede vom »Atomzeitalter« und die Haltung zur Technik weiter untersuchen.

»Einblick in das was ist« meint keine bloße Beschreibung der gegenwärtigen Lage, sei diese soziologischer, historischer, politischer oder psychologischer Provenienz, sondern eine *phänomenologische ›Wesensschau‹* in das Seinsgeschick des gegenwärtigen Zeitalters.[2] Dieses wird

1 Vgl. TK 3; VA 275f. W. Schirmacher, der Zugang zu einer Nachschrift des ursprünglichen Vortragszyklus hatte und auch einige Stellen aus dem Vortrag »Die Gefahr« zitiert (21, 22, 23, 25, 28, 142, 144), spricht von einer großen Differenz zwischen »Die Frage nach der Technik« und »Das Gestell«, die vor allem in erheblichen Auslassungen innerhalb des phänomenologischen Aufweises des Ge-stells in der veröffentlichten Fassung bestünden. Vgl. Wolfgang Schirmacher: Technik und Gelassenheit, Freiburg 1983, 21.
2 Der Titel »Einblick in das was ist« belegt nach Biemels Überzeugung Heideggers

üblicherweise als »technisches Zeitalter«, »Atomzeitalter« oder »Zeitalter der Wissenschaft« gekennzeichnet. Auch Heideggers Besinnung nimmt ihren Ausgang von diesen Etikettierungen, bleibt aber nicht bei ihnen stehen und verliert sich nicht in einer Beschreibung und Bewertung, sondern fragt hinter sie zurück in das, woraus sie gewachsen sind und was sie begrenzt. Er fragt nach dem *Wesen* des *Atomzeitalters*, dem *Wesen* der *Technik* und dem *Wesen* der *Wissenschaft. Zeitkritik* ist für Heidegger nur mittels einer *Destruktion* der Geschichte der Metaphysik leistbar, d. h. mittels einer radikalen Infragestellung der Strukturen des metaphysischen Denkens und seiner Grundsätze sowie der Vorstellungen des Seins als reiner Anwesenheit, des Menschenwesens als Subjekt, der Zeit als linearer Abfolge von Jetztpunkten, des Raumes als meßbarem dreidimensionalen mathematischen Raum und der Subjekt-Objekt-Spaltung, um nur die wichtigsten Kritikpunkte zu nennen.[3] »Einblick in das was ist« meint in einer zweiten Bedeutung »eignende Er-äugnis« des Ereignisses selbst, wie noch dargelegt wird. (TK 44)

Die Vortragsreihe beginnt mit einer Diagnose der technischen Welt, aus der ich zu Beginn meiner Arbeit einen längeren Passus zitiert habe, um in die Problemstellung einzuführen: Die technischen Errungenschaften, wie Radio, Funk und Fernsehen, Flugzeuge und immer schneller werdende Verkehrsmittel, lassen die Entfernungen in Raum und Zeit einschrumpfen. Dennoch entsteht keine Nähe, denn Nähe ist nicht identisch mit kleiner Entfernung bzw. kleinem Abstand. Das hastige Beseitigen aller Entfernungen führt im Gegenteil dazu, daß nicht nur keine Nähe erreicht wird, sondern wir auch der Ferne verlustig gehen und alles ins gleichförmige Einerlei des Abstandslosen versinkt. Das Abstandslose ist für Heidegger bedrohender als die Atombombe, weil es uns unser Wesen verweigert und uns so als Sterbliche vernichtet.

Angesichts dieser bedrückenden Diagnose werden folgende Fragen unumgänglich: 1. Worauf beruht der derzeitige Verlust der Nähe (und der Ferne)? Wie kommt es dazu? Hierzu bedarf es eines Einblicks in das »Ge-stell« als des Wesens der modernen Technik und Wissenschaft. Zur Beantwortung dieser ersten Frage ist zweitens folgende Vorfrage nötig: Was ist die NÄHE bzw. was sind Nähe und Ferne? Die Erörterungen von »Ding« und »Geviert« helfen hier weiter. 3. Wie können wir in

Festhalten an der Phänomenologie im Spätwerk. Vgl. Walter Biemel: Martin Heidegger ..., 111.
3 Zur Zeitkritik Heideggers vgl. Arno Baruzzi: Untersuchungen zur Philosophie als Zeitkritik im Hinblick auf Martin Heidegger, München 1974 und Wolfgang Schirmacher: Technik und Gelassenheit. Zeitkritik *nach* Heidegger, Freiburg 1983.

eine neue Nähe gelangen bzw. wie können wir Nähe zurückgewinnen? Hierzu geben die Erörterungen von »Kehre«, »Wohnen« und »Gelassenheit« einige Hinweise. Wir sehen, die Vortragsreihe samt den eng benachbarten Schriften umkreisen ein einziges Thema: die NÄHE. Allerdings wurde dieser Schlüsselbegriff in den bisherigen Interpretationen dieser Schriften viel zu wenig beachtet.[4]

1. Ding und Geviert

Die Frage »Was ist die Nähe?« stellt die Leitfrage des gesamten Vortrags »Das Ding« dar. Gleich zu Beginn wird sie in dreifacher Form aufgeworfen:

»Was ist die Nähe, wenn sie, trotz der Verringerung der längsten Strecken auf die kürzesten Abstände, ausbleibt? Was ist die Nähe, wenn sie durch das rastlose Beseitigen der Entfernungen sogar abgewehrt wird? Was ist die Nähe, wenn mit ihrem Ausbleiben auch die Ferne wegbleibt?« (VA 157f)

Unschwer ist die Verschärfung der Fragestellung zu erkennen. Nähe ist erstens nicht identisch mit kleiner Entfernung und daher nicht auf dem Wege einer Verkürzung der Abstände zu erzwingen. Das Beseitigen aller Entfernungen bringt zweitens nicht nur keine Nähe, es erschwert vielmehr die Erfahrung der Nähe. Darüber hinaus bleibt drittens mit der Nähe auch die Ferne weg. Die Folge davon ist, daß alles ins gleichförmige Einerlei des Abstandslosen versinkt. In summa: Das technische Beseitigen der großen Entfernungen erbringt keine Nähe, im Gegenteil es wehrt Nähe und auch Ferne ab und macht damit alles gleich nah und gleich fern. Diese Einsicht nötigt Heidegger zu zwei weiteren Fragen:

»Was geht da vor sich, wenn durch das Beseitigen der großen Entfernungen alles gleich fern und gleich nahe steht? Was ist dieses Gleichförmige, worin alles weder fern noch nahe, gleichsam ohne Abstand ist?« (VA 158)

Diese beiden Fragen zeichnen erste Konturen des Abstandslosen: Es »steht«, das heißt das Aufheben aller Entfernung ist ein Vorgang, der

---

4 Selbst in den sonst sehr instruktiven und sorgfältigen Untersuchungen von Dieter Sinn und Werner Marx bleibt dieser Aspekt völlig unterbelichtet. Vgl. Dieter Sinn: Heideggers Spätphilosophie, (1967), und Werner Marx: Heidegger und die Tradition, 2. Aufl. Hamburg 1981, 174ff u. 192ff.

zum Stehen bringt. Nicht nur dieses oder jenes steht, sondern »alles«, d. i. jedes Anwesende. Es steht »gleich« bzw. »gleichförmig« hinsichtlich Nähe und Ferne; es steht »gleich fern und gleich nah« bzw. »weder nah noch fern«, wie die zweite Frage treffender formuliert. Nähe und Ferne heben sich gegenseitig auf, paralysieren oder neutralisieren sich wie die Addition der gleichen positiven und negativen Zahl. Auf einen Nenner gebracht: Abstandslosigkeit meint: Alles steht gleich nah und gleich fern.

Das Gesagte läßt für die Nähe, die ja einen Gegensatz zur Abstandslosigkeit bildet, erwarten, daß sie weder das Anwesende zum Stehen bringt noch selbst steht, sondern als dynamisches Geschehen zwischen verbal zu denkenden Anwesenden west, daß sie nicht alles Anwesende in der gleichen Weise betrifft und daß sie nicht alles in den Ein-Topf des ununterschiedenen Einerlei wirft, sondern Differenzen quantitativer und qualitativer Art wahrt.

Das Zusammenrücken ins Abstandslose ist – wie bereits erwähnt – laut Heidegger noch unheimlicher als die Gefahr des Auseinanderplatzens von allem aufgrund einer Explosion der Atombombe. Das »Entsetzende«, das alles, was ist, aus seinem Wesen heraussetzt, ist, daß »die Nähe dessen, was ist, ausbleibt«. (VA 158) Abstandslosigkeit vernichtet den Menschen, weil sie ihn – wie wir mit dem Humanismus-Brief sagen können – um sein Eigenstes bringt: Nachbar des Seins zu sein. Ebenso zerstört sie alles andere Anwesende, weil sie diesem sein Wesen verwehrt, denn nur, was nahe oder ferne ist, kann unterschieden und erkannt werden, nur solches geht mich an, das Abstandslose dagegen bleibt gleichgültig. Das Abstandslose in seiner extremsten Form kennt weder quantitative noch qualitative Differenzen.

Was ist diese Nähe, von der unser Wesen abhängt? Wie können wir sie erfahren? Worin besteht ihr Maß? Da sie sich nicht unmittelbar vorfinden läßt, muß Heidegger folgenden Weg einschlagen: Er fragt nach dem, was in der Nähe ist. In der Nähe ist das, was wir »Dinge« zu »nennen pflegen«. »Doch was ist ein Ding?« (VA 158) Das *Ding als Ding* wurde bisher genausowenig bedacht wie die Nähe.

Die Frage nach dem Ding ist keineswegs neu in Heideggers Denken. Bereits in »Sein und Zeit« unterscheidet er die vorhandenen Dinge vom zuhandenen Zeug und vom existierenden Dasein. Die Klassifikation des nichtdaseinsmäßigen Seienden in Zuhandenes und Vorhandenes richtet sich dabei *einzig* nach der *Zugangsart* des Daseins zum Seienden: Für das *umsichtige Besorgen* kommt es als *Zuhandenes (Zeug)* in den Blick, für das *nur noch hinsehende Vernehmen* als *Vorhandenes (Ding).*[5] Wichtig für das Problem der NÄHE ist dabei, daß zuhandenes Zeug und vorhandenes Ding mit unterschiedlichen Formen der Räumlichkeit verknüpft sind: Vorhandene Dinge lassen sich im mathematischen *dreidimensionalen, homogenen Raum* durch Angabe einer *Stelle* wie ein Koordinatenpunkt fixieren und ihr *Abstand* voneinander läßt sich mit dem Metermaß ermitteln; zum zuhandenen Zeug gehört dagegen eine *strukturierte Räumlichkeit,* die durch *Richtung* und *Entferntheit* gekennzeichnet ist, mit umweltlichen *Gegenden* und je spezifischen *Plätzen,* deren Entferntheit von der besorgenden *Umsicht* erschlossen wird. Laut »Sein und Zeit« kann nur Zeug nahe oder fern sein, Dinge hingegen stehen in einem kleinen oder großen Abstand zu uns.[6] Daraus folgt: das im Ding-Vortrag gesuchte Seiende, das in der Nähe ist und »Ding« genannt wird, ist nach der Terminologie von »Sein und Zeit« das Zeug und nicht das Ding. Offensichtlich hat Heidegger im Ding-Vortrag seine Konzeption des Dinges stark erweitert bzw. die frühere Unterscheidung zwischen Ding und Zeug fallengelassen. Was hier als Beispiel eines Dinges untersucht wird, der Krug, ist das, was früher »Zeug« genannt wurde. Wie es zu dieser Wendung kommt, sei im Folgenden kurz umrissen.

In »Vom Ursprung des Kunstwerkes« (1935/36) verfolgt Heidegger den Zusammenhang von Ding, Zeug und Werk, weist die Unzulänglichkeit der drei dominierenden überlieferten Dingbegriffe als »*Träger von Eigenschaften*«, »*Einheit einer Empfindungsmannigfaltigkeit*« und »*geformter Stoff*« auf und vertieft die Zeuganalyse durch Herausstellung des Momentes der »*Verläßlichkeit*«. (HW 10–28)[7]

In der Vorlesung »Die Frage nach dem Ding« (WS 1935/36) diskutiert Heidegger zunächst die dreifache sprachliche Verwendung des Wortes »Ding« im Sinne von »*Vorhandenes*«, »*Angelegenheit überhaupt*« und »*Etwas*« und entscheidet sich selbst für die engere Bedeutung von Ding als greifbar und sichtbar Vorhandenem. (FnD 3ff, Herv. E.K.) Des weiteren erläutert er, wonach die Frage nach dem Ding fragt. Die Frage »Was ist das Ding?« will weder wissen, *was* ein spezifisches Ding, wie z. B. ein Kieselstein ist, noch *wie* er sich vom Kalkstein oder Sandstein unterscheidet, noch wodurch er sich als lebloses Gebilde von den lebenden Pflanzen und Tieren abhebt. Gesucht ist nicht das spezifische Was-

---

5 Siehe oben 108f.
6 Siehe oben 112f.
7 Vgl. dazu F.-W. von Herrmann: Heideggers Philosophie der Kunst, Frankfurt a. M. 1980, 21, 104. Zur Absetzung von »Sein und Zeit« vgl. 80f.

sein des Einzeldinges »Stein«, sondern das Dinghafte des Dinges »Stein«. Die Frage nach dem Ding fragt nach dem Ding *als* Ding, nach der *Dingheit* des Dinges. (FnD 6f) Eine Untersuchung der überlieferten Antworten auf die Frage nach dem Ding zeigt: Das Ding ist »je dieses«, d. h. zu ihm gehört als Rahmen ein Zeit-Raum sowie die Begegnungs-weise des »Dieses«, und es ist Träger von Eigenschaften. Allerdings kommen nach Heideggers Dafürhalten weder Raum, noch Zeit, noch das »Dieses« dem Ding selbst als Eigenschaften zu. (FnD 11ff) Darüber hinaus erweist sich die Frage nach dem Ding als eine wesentlich ge-schichtliche Frage. Dies veranlaßt Heidegger in der Vorlesung zu unter-suchen, in welcher Weise Kant nach dem Ding fragt. Bemerkenswert ist ferner, daß in der gesamten Vorlesung von der Unterscheidung zwi-schen Ding und Zeug keine Rede ist.[8]

Der gedrängte Rückblick auf Heideggers bisherige Frage nach dem Ding sollte Dreierlei verdeutlichen: 1. Die Konzeption des »Dinges« im Ding-Vortrag darf nicht mit derjenigen gleichgesetzt werden, die aus der Unterscheidung von Zeug und Ding erwachsen ist. Eine ausführli-che Analyse dieses Bedeutungswandels müßte auf die Änderung des Verständnisses von Welt rekurrieren. Zu klären bleibt, ob Ding im Ding-Vortrag im engeren umgangssprachlichen Sinn von Vorhandenem gefaßt wird oder ob Ding hier mit Anwesendem überhaupt identifiziert wird. 2. Weder der Rückgang auf die vieldeutige Redeweise vom Ding noch der Rekurs auf die überlieferten philosophischen Dingbegriffe hilft weiter. Deshalb beginnt Heidegger im Ding-Vortrag nicht mit der Ana-lyse der sprachlichen Verwendung, obwohl dies durch die Redeweise, in der Nähe sei solches, »was wir Dinge zu *nennen pflegen*« (Herv. E.K.) nahegelegt wird, sondern mit der Phänomenologie eines Alltagsdinges, des Kruges. Erst nach dieser greift er zur Unterstützung auf die Etymo-logie und Begriffsgeschichte von »Ding« zurück. 3. Es wurde erläutert, wonach die Frage nach dem Ding fragt, nämlich nach der Dingheit des Dinges, was hier im Ding-Vortrag vorausgesetzt wird, wenn Heidegger, unmittelbar nachdem er die Frage »Was ist ein Ding?« aufgeworfen hat, ohne weitere Erläuterung vom »Ding als Ding« spricht.

Kehren wir zum Gedankengang des Vortrags »Das Ding« zurück. Des-sen Leitfrage lautet: Was ist die Nähe? Da sich Nähe nicht unmittelbar

8 Zur Entwicklung der Ding-Konzeption in Heideggers Denken vgl. allgemein Wal-ter Biemels Aufsatz »The Development of Heidegger's Concept of the Thing«, (1980). Biemels Ausführungen vertreten die These: »In his late thought, the thing becomes the central concept of Heidegger's thinking.« (61)

vorfinden läßt, muß Heidegger den Weg über das nehmen, was in der Nähe ist. Dies sind die Dinge. Was ein Ding ist, demonstriert Heidegger mittels der Phänomenologie eines Kruges.

Worin besteht das Dinghafte des Dinges »Krug«? Worin beruht das Krughafte des Kruges? Der Krug ist ein Gefäß, d. h. solches, was anderes in sich faßt und was in sich selbst steht. Aufgrund dieses »Insichstehens« ist der Krug etwas »Selbständiges«. Üblicherweise begreift man dieses Selbständige als *Gegenstand* eines bloßen *Vorstellens* oder als *Gegenstand*, den ein *Herstellen* »zu uns her, uns gegenüber und entgegen stellt«. Mit anderen Worten: Sowohl vom Vorstellen her als auch vom Herstellen her wird der Krug als Gegenstand gefaßt. »Doch von der Gegenständlichkeit des Gegenstandes und des Selbststandes führt kein Weg zum Dinghaften des Dinges« (VA 159), denn der Krug bleibt Gefäß, ganz gleich, ob wir ihn vorstellen oder nicht, und er ist nicht Gefäß wegen seiner Hergestelltheit durch den Töpfer, sondern er mußte hergestellt werden, weil er dieses Gefäß ist. Das Dinghafte des »Krug-Dings« läßt sich auch nicht platonisch durch die Hinsicht auf sein Aussehen (εἶδος, ἰδέα) bzw. seine Form als »Herstand« erfahren, weil hierbei immer noch vorstellend gedacht wird. »Her-Stehen« kann dabei die zweifache Bedeutung von »Herstammen aus …«, sei dies ein Sich-hervorbringen oder ein Hergestelltwerden« und von »Hereinstehen des Hervorgebrachten in die Unverborgenheit des schon Anwesenden« haben. (VA 160) Ebensowenig hilft die naturwissenschaftliche Analyse des Kruges hinsichtlich seiner Stofflichkeit und der Art seiner Füllung mit Luft oder einer Flüssigkeit weiter, da auch sie dem vorstellenden Denken verhaftet bleibt.

Somit zeigt sich: Das *Stellen* jeglicher Art und die damit verbundene *Ständigkeit* muß überwunden werden, soll das Ding als Ding uns angehen. Diese Einsicht wirft ein Licht voraus auf die (Ver-)Stellung des Dinges im Ge-stell der technischen Welt sowie die Möglichkeit einer Kehre. Das Verfängliche und Unwahre aller stellenden Betrachtungsweisen des Dinges liegt darin, daß dieses jeweils *von uns her, auf uns zu* und *vor uns* als dem Subjekt gestellt wird. Damit verweigern wir dem Ding im voraus, sich so zu zeigen, wie es von ihm selbst her west. Stellen in jeglicher Weise kann der Mensch aber nur solches, »was erst zuvor *von sich her* sich gelichtet und in seinem dabei mitgebrachten Licht sich ihm gezeigt hat«. (VA 163, Herv. E.K.) In dieser Formulierung ist unschwer der Phänomenbegriff aus »Sein und Zeit« als »das Sich-an-ihm-selbst-zeigende« erkennbar. (SuZ 28) Allein eine Phänomenologie, die »das, was *sich* zeigt, so wie es sich von *ihm selbst her* zeigt, von *ihm selbst her* sehen läßt« (SuZ 24, Herv. E.K.), kann zum Sein der Dinge vordringen. Heidegger geht sogar so weit zu behaupten, daß die Dinge noch niemals vermochten, dem Denken *als* Dinge zu erscheinen. Daß die Dinge als Dinge erscheinen, liegt zwar nicht allein an uns, ist jedoch auch ohne unsere Hilfe nicht möglich. Unser Teil besteht darin, daß wir den »Schritt zurück« aus dem »vorstellenden, erklärenden Denken« in das »andenkende Denken« vollziehen, daß wir Denken als *Sein-lassen* einüben. (VA 174)

Dieser Forderung kommt Heidegger selbst nach, indem er sich von allen geläufigen Vorurteilen und Meinungen über das Ding befreit und sich vom »Krug-Ding« selbst angehen läßt. Das Krughafte des Kruges zeigt sich im Fassenden bzw. fassenden Fassen des Gefäßes. Heidegger fragt weiter: Was faßt am Krug? Wie faßt der Krug? Das Fassende des Kruges findet er nicht in Wand und Boden, sondern in der Leere dazwischen. Das Fassen selbst geschieht in der zweifachen Weise von »nehmen« und »behalten«. Ihre Einheit bestimmt sich vom Ausgießen als einem »Schenken« her. Weit davon entfernt, ein bloßes Ausschenken (Ausschütten) zu sein, »versammelt« das Schenken das zwiefache Fassen in das Ausgießen. »Das Krughafte des Kruges west im Geschenk des Gusses.« (VA 164)

Solches gilt auch für den leeren Krug, nicht aber für Hammer oder Stein. Das Krughafte des Kruges ist zwar nicht identisch mit dem Dinghaften des Dinges, gewährt aber einen Einblick in das Dinghafte des Dinges. Das Geschenk des Gusses kann z. B. ein erquickender »Trunk« Wasser oder Wein für die Sterblichen sein, es kann aber auch ein den unsterblichen Göttern geweihtes Opfergeschenk, ein »Trank« werden. In Wasser und Wein vereinigen sich jeweils die Kräfte von Erde und Himmel. »Im Geschenk des Gusses weilen *zumal* Erde und Himmel, die Göttlichen und die Sterblichen. Diese Vier gehören, von sich her einig, zusammen. Sie sind, allem Anwesenden zuvorkommend, in ein einziges Geviert eingefaltet.« (VA 165f) Das Geschenk des Gusses bringt die Vier zusammen, versammelt sie ins Geviert. »Dieses vielfältig einfache Versammeln ist das Wesende des Kruges.« (VA 166) Versammeln ist aber kein Spezifikum des Kruges allein, sondern aller Dinge, wie das althochdeutsche Wort »thing« belegt. Der versammelnde Krug west als ein Ding. Das gesuchte Dinghafte des Dinges beruht im *Versammeln.* Das Wesen des Dinges bezeichnet Heidegger als »dingen«, dieses geschieht wesentlich als »versammeln«: »Das Ding dingt. Das Dingen versammelt.« (VA 166) Daraus folgt: Wir bedenken nur dann das Ding als Ding, wenn wir es in seinem »versammelnd-ereignenden Verweilen des Gevierts« (VA 166) bedenken bzw. wenn wir es aus seinem »Dingen von Welt« (VA 173) denken.[9]

Bevor Heidegger das Zusammenspiel von Ding und Geviert weiter entfaltet, wehrt er das Mißverständnis einer bloß »etymologischen Spielerei« ab, das sein Hinweis auf das althochdeutsche Wort »thing« ausgelöst haben könnte. Das Wesen des Dinges als Versammeln wird nicht aus dem alten Namen für Ding hervorgezaubert, vielmehr führt die Phänomenologie des Dinges »Krug« selbst dazu. Die Etymologie bietet nur eine willkommene nachträgliche Bestätigung der phänomenologischen Beschreibung der Sache von seiten der Sprache. Nicht das Denken lebt von der Etymologie, sondern die Etymologie bleibt an das Denken verwiesen. Die Bedeutungsgeschichte der Wörter »thing«, »dinc«, »res«, »Ding«, »causa«, »cosa«, »chose« und »thing« zeigt den Wandel des Dingverständnisses im Zuge des Wandels der Auslegung des Seienden in der Metaphysik: Das griechische ὄν wird zum lateinischen ens im Sinne des Herstands und dann zum Ding im Sinne von Gegenstand. Aus der ganzen Bedeutungsgeschichte von »Ding« ist nur *ein* Moment für die Untersuchung des Kruges brauchbar: das Versammeln. »Der Krug ist ein Ding weder im Sinne der römisch gemeinten res, noch im Sinne des mittelalterlich vorgestellten ens, noch gar im Sinne des neuzeitlich vorgestellten Gegenstandes. Der Krug ist Ding, insofern er dingt.« (VA 170)

Was haben wir damit für die Frage nach der Nähe gewonnen? Das erfahren wir, wenn wir uns näher auf das Zusammenspiel von Ding und Geviert einlassen. Das Ding dingt das Geviert. Dingen zeigt sich als Versammeln, Verweilen und Ereignen. Im versammelnden-verweilenden-ereignenden Dingen bringt das Ding Erde und Himmel, Göttliche und Sterbliche einander nahe.

»Dieses Nahebringen ist das Nähern. Nähern ist das Wesen der Nähe. Nähe nähert das Ferne, und zwar als das Ferne. Nähe wahrt die Ferne. Ferne wahrend, west die Nähe in ihrem Nähern. Solchermaßen nähernd, verbirgt die Nähe sich selbst und bleibt nach ihrer Weise am nächsten.« (VA 170)

Das Dingen des Dinges zeigt sich in seinem innersten Wesen als »*Nähern*«. Dieses Nähern ist von besonderer Art: Es beseitigt nicht die Ferne, sondern wahrt sie; es bringt die Vier als Ferne, die sie nun einmal sind, einander nahe. Dadurch wahrt es die Unterschiede zwi-

9 Zum sprachlichen Aspekt des Verhältnisses von Ding und Geviert siehe unten 282ff.

schen den Vier, versammelt sie aber zugleich im Geviert. Weil die Nähe in ihrem Nähern die Ferne wahrt, verbirgt sie sich im Nähern selber. Ihre Weise, »am nächsten« zu bleiben, ist das unauffällige, sich selbst verbergende Walten in dem, was nahe ist, in den Dingen. Von hierher erklärt sich, warum wir Nähe nicht unmittelbar vorfinden und den Weg über das nehmen mußten, was in der Nähe ist. Das sich verbergende Wesen der Nähe macht diesen Gang notwendig. Ferner ist das Ding nicht »in« der Nähe, als sei diese ein Behälter.[10] Der In-Bezug ereignet sich vielmehr im Dingen des Dinges als einem Nähern der Nähe. Umgekehrt hängt Nähe dem Ding nicht als äußerlich ablesbare Eigenschaft an. Das Nähern der Nähe geschieht in vielfältiger Weise: Als Versammeln von Erde und Himmel, Göttlichen und Sterblichen ins Geviert, als Verweilen der Vier in die Einfalt ihres aus sich selbst einigen Gevierts, als Ereignen der Vier in ihr Eigenes, als einánder Zutrauen und Hervorbringen ins Unverborgene. Sprachlich artikuliert sich der versammelnde Charakter des Gevierts im Präfix »Ge-«. Das gleiche gilt für »Geschick«, »Ge-stell«, »Geschenk«, »Gebirg« und »Gering«. (VA 170, 173)

Nähe waltet nicht nur zwischen Ding und Geviert, sondern auch im Zusammenspiel der Vier innerhalb des Gevierts, wie ein Blick in die Verhältnisstruktur des Gevierts zeigt.

Wenden wir uns zunächst den vier Komponenten des Gevierts zu. Heidegger nennt sie meist in einer bestimmten Reihenfolge: Erde und Himmel, Göttliche und Sterbliche. (VA 170ff, 143ff)[11] Die paarweise Zusammenstellung von Erde und Himmel sowie Göttlichen und Sterblichen läßt ein besonders enges Verhältnis zwischen den Paaren erwarten.[12]

10 Hier haben wir eine Parallele zum »In-Sein« des Daseins als »In-der-Welt-sein«. Siehe oben 120f. Wie im Wörtchen »in« so artikuliert sich auch im Wörtchen »im«, das sich wie ein roter Faden durch Heideggers Spätwerk zieht, Nähe. Vgl. dazu Dieter Sinn: Heideggers Spätphilosophie, (1967), 122, 144f.

11 Eine Abweichung stellt UzS 22 dar, wo sich folgende Reihenfolge findet: »Himmel und Erde, die Sterblichen und Göttlichen«.

12 Allein schon diese paarweise Zusammenstellung verbietet es, das Geviert auf ein »Gezweit« zu verkürzen, wie es Vincent Vycinas vorgeschlagen hat. Vgl. V. Vycinas: Earth and Gods, Den Haag 1961. Zur Kritik an Vycinas' Auffassung vgl. D. Sinn: Heideggers Spätphilosophie, (1967), 130ff.
Sinn selbst bahnt sich von der Verhältnisstruktur der ἀλήθεια aus einen Zugang zum Geviert. (126, 132, 139, 176) Bei seinen äußerst subtilen Analysen stößt er zwangsläufig auf den Zusammenhang von Wahrheit als Un-verborgenheit und NÄHE als dem zwiefachen Geschehen von Nähe und Ferne, ohne jedoch das Problem der NÄHE

Kennzeichen der Erde sind das »Tragende« und »Fruchtende«, das Gewässer, Stein und Tier umhegt.

Der Himmel wird charakterisiert durch »Sonnengang«, »Mondlauf«, »Glanz der Gestirne«, »Zeiten des Jahres«, »Licht und Dämmer des Tages«, »Dunkel und Helle der Nacht«, »Wetter«, »Wolkenzug« und »blaue Tiefe des Äthers«.

»Die Göttlichen sind die winkenden Boten der Gottheit.« (VA 171) Aus dem verborgenen Walten der Gottheit erscheint der Gott oder er entzieht sich. Erinnern wir uns: Die Gottheit ist die Dimension des Gottes bzw. der Götter. (Hum 26, 36)

»Die Sterblichen sind die Menschen.« (VA 171) Aber die Menschen sind nicht von vornherein Sterbliche aufgrund ihrer Endlichkeit, sondern nur dann, wenn sie »den Tod *als* Tod vermögen«. (VA 144, 171) »Sterben« *kann* nur der Mensch, Tiere »verenden«. Allerdings muß er dieses Sterben erst lernen. Der Tod ist der »Schrein des Nichts« und zugleich das »Gebirg des Seins«. Nichts und Sein gehören zusammen wie die zwei Seiten einer Medaille.[13] Die Sterblichen sind das »wesende Verhältnis zum Sein als Sein«. (VA 171) Das heißt: auch im Terminus »Sterbliche« kommt der Bezug zum Sein zur Anzeige.

Sagen wir eines der Vier, so denken wir stets die anderen Drei mit, denken dieses eine stets »aus der Einfalt der Vier« (VA 171), ohne

weiter zu verfolgen: »Ebenso ist aber in der Verhältnis-Bestimmung der Wahrheit des Seins das Paar Nähe-Ferne angelegt ...« (140) Nach meiner Deutung kann dieser Satz ebensogut umgekehrt werden: In der Verhältnishaftigkeit der NÄHE ist die Entbergungs-Verbergungs-Struktur der Wahrheit angelegt. Weder darf das Problem der NÄHE in das der Wahrheit aufgelöst werden – wie es Sinn tut – noch darf umgekehrt das Problem der Wahrheit in das der NÄHE aufgelöst werden, denn beide sind gleichursprüngliche, irreduzible Phänomene. Mit dieser Einschränkung halte ich Sinns Ansatz für äußerst konstruktiv und kann mich im großen und ganzen den Ergebnissen seiner Interpretation anschließen. Wenn ich dennoch Sinns Verständnisschlüssel für das Geviert »ἀλήθεια« gegen den Verständnisschlüssel »NÄHE« austausche, so geschieht dies aus zweierlei Gründen: Erstens drängt Heidegger selbst den Schlüssel »NÄHE« im Vortrag »Das Ding« auf, wie oben dargelegt wurde. Zweitens hat Heidegger in dieser dritten Phase seines Denkens die Frage nach der Wahrheit des Seins zu der nach der Ortschaft des Seins präzisiert (siehe oben 90ff), wodurch »NÄHE« als Ort des Wohnens einen Vorrang gewinnt.

13 Für eine eingehende Analyse der »Sterblichen« vgl. Werner Marx: Die Sterblichen, (1980), sowie die überarbeitete Fassung dieses Aufsatzes in W. Marx: Gibt es auf Erden ein Maß? Hamburg 1983, 87–108. Allerdings entwickelt Marx im »Weiterdenken« Heideggers seine eigene These zum Tod: Während für Heidegger Sein und Nichts das Selbe sind, was sich im Tod äußert, faßt Marx den Tod als ein Drittes zwischen Sein und Nichts, das als das Maß verantwortlichen Handelns erst Sein und Nichts unterscheidet.

jedoch das Geviert selbst, d. h. die Einfalt der Vier selbst zu bedenken. Alle Vier sind aufeinander angewiesen: Ohne Erde gibt es keinen Himmel, keine Sterblichen und Göttlichen; ohne Himmel gibt es keine Erde, keine Sterblichen und Göttlichen; ohne Sterbliche gibt es keine Göttlichen, keine Erde und keinen Himmel; ohne Göttliche gibt es keine Sterblichen, keine Erde und keinen Himmel. Vierfach bedroht ist das Geviert allein schon von seiten des Menschen: Durch die Zerstörung der Erde, die ›Eroberung‹ des Himmels (Weltalls), das Vergessen der Göttlichen und das Nichtlernen der Sterblichkeit. Wird eines der Vier in seinem Wesen nicht zugelassen, so können auch die anderen nicht zum Vorschein kommen. Konkret heißt dies für uns Menschen: Wir können erst dann in unser Wesen als Sterbliche finden, wenn wir in ein gewandeltes »schonendes« Verhältnis zu den Dingen, Erde, Himmel und den Göttlichen eintreten. Der Eingriff in eines der Vier bleibt nicht folgenlos für die anderen drei. Wir müssen uns endlich klar werden, daß beispielsweise der Raubbau an der Natur durch rein technologische Ausbeutung ihrer Kräfte auf uns Menschen zurückschlägt, ebenso wie genmanipulierende Eingriffe in den menschlichen Organismus Folgen für das gesamte Weltgeviert nach sich ziehen. Darum ist die Einsicht in die Zusammengehörigkeit von Mensch und Sein, d. h. in die NÄHE, so eminent wichtig.

Die Weise des Zusammen*gehörens* der Vier im einigen Geviert bezeichnet Heidegger als »*Spiegel-Spiel*«. (VA 172)[14] Dieses geschieht auf folgende Weise: 1. Jedes der Vier spiegelt in seiner Weise das Wesen der übrigen wieder. 2. Jedes der Vier spiegelt sich selbst nach seiner Weise in sein Eigenes innerhalb der Einfalt der Vier zurück. 3. Jedes der Vier spiegelt sich jedem der übrigen zu. Das Spiegeln erfolgt nicht immer auf die gleiche Weise, sondern je verschieden nach der jeweiligen Weise des

14 Für eine detaillierte Explikation des Spiegel-Spiels sowie der vier Welt-Gegenden vgl. die Dissertation von Katharina Bohrmann: Die Welt als Verhältnis, Bern 1983. Bohrmann betont ebenso wie ich die »*Verhältnishaftigkeit*« von Sein und Mensch, deren konkreteste inhaltliche Fassung sie im Welt-Gedanken findet. »Welt« ist in ihren Augen Heideggers spätes Grundwort für das Sein selbst. (11f) Der Terminus »Welt« beinhalte ein dreifaches Verhältnis: 1. Das Verhältnis der vier Gegenden zueinander. 2. Das Verhältnis der Menschen als Sterbliche zur Welt. 3.Das Verhältnis der Menschen zu den Dingen, die mit ihnen in der Welt sind. (13) Das Sein selbst zu denken, heißt auch für K. Bohrmann, den Menschen neu zu denken. (19) Insofern die Herausarbeitung der »Verhältnishaftigkeit« der Welt, die kein Gegenüber des Menschen darstellt, sondern ihn mit umfaßt, das Hauptanliegen der Studie von Bohrmann ist, darf diese als eine wertvolle Vertiefung eines Bereiches meiner Arbeit angesehen werden. Schwierigkeiten habe ich einzig mit ihrer Betonung der »Ontizität« des Heideggerschen Seinsdenkens. (11, 19)

Spiegelnden. Ob dabei jedes der Vier immer auf *seine* gleiche Weise spiegelt oder ob sich das Spiegeln auch je nach dem ändert, was oder wem zugespiegelt wird, bleibt offen. Ausdrücklich grenzt Heidegger das Spiegeln vom bloßen Abbilden ab, wie wir es von der platonischen Ideenlehre her kennen. Das Spiegel-Spiel Heideggers ist weit komplexer als die Abbild-Theorie Platons.[15] Sinn des Spiegel-Spiels ist, jedes der Vier zu lichten und sie einander zu vereignen. Das Spiegel-Spiel *gibt* zugleich *frei* in das je Eigene und *bindet* in die Einfalt des wesenhaften Zusammen. Im Freigeben und Binden erkennen wir die wesentlichen Merkmale jedes Spiels: Einerseits Gewährung von möglichst großer Freiheit, andererseits Bindung an vereinbarte Regeln. So erweist sich der Name »Spiegel-Spiel« als vollauf berechtigt.

Das ereignende Spiegel-Spiel der Vier nennt Heidegger »Welt«, zuweilen spricht er von »Welt-Geviert«. (UzS 214, 211) »Welt west, indem sie weltet.« (VA 172) Das heißt: ihr Wesen ist weder aus anderem »erklärbar« noch aus anderem »ergründbar«. Daraus resultiert der angeblich ›mystische Charakter‹ des Gevierts, gegen den nicht nur die Gegner Heideggers polemisieren, sondern mit dem auch zahlreiche Heidegger-Interpreten nichts anfangen können.

Nebenbei bemerkt hat Heideggers Welt-Geviert mythologische Vorläuferschaft bei Platon, wie Otto Pöggeler gezeigt hat.[16] Direkt inspiriert wurde Heidegger von Hölderlins Dichtung, worauf er in dem Vortrag »Hölderlins Erde und Himmel« hinweist. Allerdings habe Hölderlin noch nicht die Einfalt der Vier gedacht, wenn auch sein Dichten aus der »Innigkeit« ihres Zueinander spreche. (EH 170) Darüber darf auch seine Rede vom »zarteren unendlichen Verhältnis« nicht hinwegtäuschen. (EH 163)

Zusätzlich zum »Spiegel-Spiel« beschreibt Heidegger das Geviert mit den Termini »Vierung« und »Reigen« oder »Ring«. »Vierung« darf weder als das gedacht werden, was den einigen Vier als umfassende Einheit erst nachträglich zukommt, noch erschöpft sie sich im Faktum des Beisammenstehens der Vier. »Vierung« ist vielmehr als Geschehen

15 Ebenso unterscheidet es sich erheblich vom Spiegeln der Leibnizschen Monaden: Während diese das Universum aus ihrer je verschiedenen Perspektive spiegeln, was zu einer Vielzahl von Weltbildern führt, deren Einheitlichkeit nur durch die »prästabilierte Harmonie« durch einen Schöpfergott gewährleistet ist, und die aufgrund ihrer »Fensterlosigkeit« in keine Beziehung zueinander treten können, spiegeln die Heideggerschen Gegenden einander, spiegeln immer nur Einzelnes, nie das Weltganze. Die Welt ist nichts anderes als die Summe dieses gegenseitigen Spiegelns. Vgl. Katharina Bohrmann a. a. O. 24ff.
16 Vgl. Otto Pöggeler: Der Denkweg ..., 248.

zu denken, das die Vier in ihr Eigenstes vereignet und einander übereignet und das gar nicht abgelöst von diesem Vorgang des Vereignens und Übereignens verstanden werden kann. Ebenso ringt sich der »Ring« erst im Zusammenschmieden der Vier im »Spiegel-Spiel« und fügt somit Welt, anstatt sie von vornherein schon zu begrenzen.

Der tiefste Sinn des Spiegel-Spiels, der Vierung und des Reigens besteht nach Heideggers eigener Aussage im »Nähern der Nähe«:

»Das Nähern der Nähe ist die eigentliche und die einzige Dimension des Spiegel-Spiels der Welt.« (VA 174)

NÄHE ist die Ortschaft des Spiegel-Spiels. Erst wenn wir die NÄHE wahren, treten wir ein in das Spiegel-Spiel der Welt, werden wir zu Sterblichen. Solches gelingt nur, wenn wir die Dinge als Dinge »schonen«, worauf bei der Erörterung des »Wohnens« noch eingegangen wird.

Fassen wir zusammen: Angesichts der beklemmenden Zeitanalyse, daß trotz oder gerade aufgrund der Verkürzung aller Entfernungen auf kürzeste Abstände Nähe und Ferne ausbleiben, wurde die Frage dringlich: Was ist die NÄHE? Da das Wesen der NÄHE nicht unmittelbar zugänglich ist, mußte Heidegger den Weg über die Erörterung dessen nehmen, was in der Nähe ist: die Dinge. Am Beispiel eines Kruges erhellte er das Wesen des Dinges als Ding. Das Ding dingt. Das Ding dingt Welt als das Geviert von Erde und Himmel, Göttlichen und Sterblichen. Das Dingen zeigte sich als Nähern, das Dingen bringt die Vier einander nahe. Das Verhältnis der Vier zueinander im Geviert ereignet sich als Spiegel-Spiel, dessen tiefster und einziger Sinn das Nähern der Nähe ist. Mit anderen Worten: Sowohl die Betrachtung des Verhältnisses von Ding und Geviert als auch die Strukturanalyse des Gevierts verwies auf das Nähern der Nähe als ihren eigentlichen Sinn. Sowohl am Ding als auch am Geviert wurde NÄHE sichtbar, beide können nur im Medium der NÄHE wesen. Dadurch erhält NÄHE einen unvergleichlichen Rang für uns Menschen, insofern wir Sterbliche und im Welt-Geviert heimisch werden wollen, sowie für alle Dinge und Lebewesen außer uns. Die Erfahrung der NÄHE wird gewissermaßen zur ›Existenzbedingung‹ des Menschen. Ohne NÄHE werden die Menschen ziellos umhergetrieben, sind die Dinge als Dinge vernichtet, verschwindet das Geviert im Gestell.

2. Das Ge-stell

Worauf beruht unser Verlust der NÄHE? Heideggers Antwort lautet: auf nichts Geringerem als dem Wesen der neuzeitlichen wissenschaftlich-technischen Weltauffassung, die in zunehmendem Maße unser Leben verändert und geprägt hat und immer mehr okkupiert. Das Wesen der modernen Wissenschaft und Technik ist selbst nichts Wissenschaftliches oder Technisches, sondern eine bestimmte Konstellation des Zusammengehörens von Sein und Menschenwesen: »das Ge-stell«. Der Grundzug des Ge-stells ist das »herausfordernde Stellen« von Seiendem im Ganzen (Sein) und Mensch, wodurch das Seiende zum bloßen plan- und vernutzbaren »Bestand« und der Mensch zum »bestellenden« Funktionsträger der Technik wird. Auf diese Weise verstellt das Ge-stell das Geviert und läßt weder die Menschen als Sterbliche noch die Dinge als Dinge zu. Das Bestellen des Ge-stells verstellt Ding und Geviert und verstellt somit auch die in Ding und Geviert zwiefach waltende NÄHE. Doch damit noch nicht genug, das Verstellen verstellt auch noch dieses sein Verstellen selbst und führt somit in die Gefahr der Abstandslosigkeit.

»Das Bestellen des Gestells stellt sich vor das Ding, läßt es als Ding ungewahrt, wahrlos. So verstellt das Gestell die im Ding nähernde Nähe von Welt. Das Gestell verstellt sogar noch dieses sein Verstellen, so wie das Vergessen von etwas sich selber vergißt und sich in den Sog der Vergessenheit wegzieht.« (TK 44)

Wenn das Ge-stell sich in seinem Verstellen selbst verstellt, wie kann dann überhaupt das Ge-stell als Ge-stell erfahren werden? Wie können wir dann jemals das Ge-stell verwinden? Vorgreifend ist dazu zu sagen, daß das Verstellen des Ge-stells nie total ist, dann und wann blitzen im Ge-stell selbst erste Fingerzeige ins »Ereignis« auf. (ID 27) Des weiteren ist das Ge-stell zwar die eindeutig dominierende Zuschickung des Seins im gegenwärtigen Zeitalter, aber dennoch nicht die einzige: zuweilen und für wenige zeigt sich das Sein auch als Geviert. Ge-stell und Geviert sind zwei gleichzeitige Zuschickungen bzw. Erfahrungsmöglichkeiten des Seins, auch wenn sich beide auszuschließen scheinen. Anders gewendet: Ge-stell und Geviert stehen nicht im Verhältnis eines zeitlichen Nacheinander, sondern einem Verhältnis der Gleichzeitigkeit. (VA 177) Wenden wir uns zur Verdeutlichung des Gesagten Heideggers Kennzeichnung von Technik und Wissenschaft im einzelnen zu.

Die gegenwärtige Technikdiskussion tritt nach Heideggers Überzeugung auf der Stelle, weil sie von zwei scheinbar selbstverständlichen, bei näherem Hinsehen jedoch sich als unhaltbar erweisenden Grundannahmen ausgeht: 1. »Technik ist ein Mittel für Zwecke« (*instrumentale* Bestimmung der Technik). 2. »Technik ist ein Tun des Menschen« (*anthropologische* Bestimmung der Technik). (VA 10) Beide Bestimmungen sind miteinander verklammert.

Zwar ist der Mittel-Zweck-Charakter der Technik unleugbar, dennoch greift die instrumentale Deutung der Technik zu kurz, weil sie nicht nach dem Instrumentalen selbst fragt. Von Mitteln und Zwecken handelt seit Aristoteles die Ursachenlehre. Entscheidend ist nun, daß in der Neuzeit die ursprüngliche Vierzahl der Ursachen (causa formalis, causa materialis, causa efficiens, causa finalis) auf eine Dreizahl verengt wurde, indem man die causa finalis ausschied. Zudem wurde der causa efficiens ein eindeutiger Vorrang zugesprochen, weil sich die beiden verbleibenden Ursachenformen auf sie gründen ließen. Die *Wirkursache* wurde zur *Ursache schlechthin*. Von hierher versteht sich die geläufige Deutung der Technik als ein Mittel für Zwecke. Neben dieser rein äußerlich feststellbaren Reduktion der Vierzahl der Ursachen auf die Wirkursache weist Heidegger auch eine Verschiebung in der inhaltlichen Kennzeichnung von Ursachen nach. Ursache (αἴτια) meint griechisch gedacht ein »Verschulden« als »*Ver-anlassen*«. Veranlassen ist eine Weise der ποίησις, des »*Her-vor-bringens*« eines Nicht-Anwesenden ins Anwesen. Das Hervorbringen ist eine Weise des Entbergens (ἀληθεύειν), das »aus der Verborgenheit her in die Unverborgenheit vor« bringt. (VA 15) *Technik* im weitesten Sinne zeigt sich somit als *eine Weise des Entbergens*, der ἀλήθεια.

Derselbe Sachverhalt tritt zutage, wenn wir uns auf die ursprüngliche Bedeutung des griechischen Wortes »τέχνη« besinnen, von dem unser Wort »Technik« abstammt. Aristoteles faßt in der »Nikomachischen Ethik« die τέχνη als eine Weise des ἀληθεύειν. (VA 17) Diese Bestimmung gilt nicht nur für die »handwerkliche Technik« der Griechen, sondern auch für die moderne »Kraftmaschinentechnik«. Die spezifische Weise des Entbergens der modernen Kraftmaschinentechnik ist das »*herausfordernde Entbergen*« bzw. das »*herausfordernde Stellen*«. Das herausfordernde Stellen ist ein solches Stellen, das Seiendes nicht bloß als Gegenstand vor uns und uns gegenüber stellt, sondern es bereitstellt, so daß jederzeit über es verfügt werden kann: das »*Bestellen*«. Entsprechend wandelt sich im herausfordernden Entbergen das Seiende zum plan- und vernutzbaren »*Bestand*«. Das Seiende wird nicht mehr als »Herstand« »hergestellt« oder als »Gegenstand« »vorgestellt«, sondern als »Bestand« »bestellt«. Die Interpretation des Seienden als »Herstand«, »Gegenstand« oder »Bestand« und der damit verbundenen Akte als »herstellen«, »vorstellen« und »bestellen« markieren die drei großen metaphysischen Phasen der Auslegung des Verhältnisses von Mensch und Seiendem. (VA 20f, 159f)[17] Alle drei metaphysischen Auslegungen des Seienden und Weisen des Umgangs mit dem Seienden gelangen nie zum Ding als Ding. Hierzu ist nötig, sowohl jegliche Art von Ständigkeit des Anwesenden als auch jegliche Art des Stellens zu überwinden. Die Erörterung der ersten Bestimmung der Technik ergab: »Die Technik ist also nicht bloß ein Mittel. Die Technik ist eine Weise des Entbergens.« (VA 16)

Wer tätigt das Bestellen des Seienden? Gewöhnlich antworten wir wie selbstverständlich: der Mensch. Die Frage nach dem Wer des Bestellens aufzuwerfen, heißt schon, die anthropologische Bestimmung der Technik als ein Tun des Menschen in Zweifel zu ziehen. Verdeutlichen wir uns nochmals: Das Bestellen ist eine Weise des Entbergens und nicht wie im üblichen Sprachgebrauch ein planender und gestaltender Umgang mit etwas, wie wir beispielsweise vom Bestellen eines Feldes oder eines Buches sprechen. Gestalten und bereiten kann der Mensch vielerlei, aber über die Unverborgenheit, an die alles Entbergen gebunden ist, verfügt er nicht. Folglich kann nicht der Mensch der Bestellende sein, zumindest nicht der allein und primär Bestellende. Der Mensch muß seinerseits schon herausgefordert sein, um z. B. die Naturenergien herauszufordern. Allerdings nimmt der Mensch am Bestellen als Entbergen teil, weshalb er selber nie zum bloßen Bestand werden kann. Das menschliche Entbergen geschieht stets auf dem Grunde des Zuspruchs der Unverborgenheit selbst. Das Untersuchungsergebnis der zweiten Bestimmung der Technik fällt daher ebenfalls negativ aus: »So ist denn die moderne Technik als das bestellende Entbergen kein bloß menschliches Tun.« (VA 22)

Dasjenige, das Mensch und Seiendes herausfordert und stellt, nennt Heidegger »Ge-stell«. »Ge-stell heißt das Versammelnde jenes Stellens, das den Menschen stellt, d. h. herausfordert, das Wirkliche in der Weise des Bestellens als Bestand zu entbergen.« (VA 24) Das Präfix »Ge-« drückt das Versammelnde der beiden Weisen des Stellens von Seiendem

---

17 Vgl. dazu auch Walter Biemel: Martin Heidegger ..., 115f.

und Mensch aus, das »Stellen« meint zunächst die spezifische Weise des »herausfordernden Entbergens« als »Bestellen«, hält daneben aber auch die Erinnerung an die Abstammung des modernen technischen Stellens von dem griechisch gedachten »hervorbringenden Herstellen« wach. (VA 24, 23)[18] Der in den Augen zahlreicher Heideggerkritiker anstößige Neologismus »Ge-stell« erweist sich also als sprachlich völlig konsequente Wortbildung mit großer Aussagekraft. Moderne Technik ist für Heidegger weder nur Mittel für Zwecke noch nur ein menschliches Tun. Sowohl die nur instrumentale als auch die nur anthropologische Bestimmung der Technik erweisen sich als unzulässige Verengungen.

Die moderne Kraftmaschinentechnik hängt aufs engste mit der neuzeitlichen Naturwissenschaft zusammen. Obwohl die mathematische Naturwissenschaft historisch gerechnet etwa zwei Jahrhunderte vor der Kraftmaschinentechnik begann, waltet auch in ihr, wenn auch damals noch unentdeckt, heute aber immer deutlicher hervortretend, dasselbe Wesen wie in der Technik: »das Ge-stell«. (VA 25f)

Die Naturwissenschaft gilt uns als Idealtypus von Wissenschaft schlechthin. Nichts hat unser Leben mehr verändert und geprägt als sie. Daher konstatiert Heidegger im Vortrag »Wissenschaft und Besinnung« mit Recht: »Die Wissenschaft ist eine und zwar entscheidende Weise, in der sich uns alles, was ist, darstellt.« (VA 41) Gerade weil die Wissenschaft in zunehmendem Maße unser Alltagsleben bestimmt, ist sie für uns etwas Selbstverständliches geworden. Von Zeit zu Zeit stoßen wir

18 Nach Aussage von F. Dessauer findet sich der Name »Gestell« zur Kennzeichnung des Technischen lange vor Heidegger bereits in dem Buch von Ernst Kapp: Grundlinien einer Philosophie der Technik, Braunschweig 1877, VI. Allerdings hat dort »Gestell« eine viel engere Bedeutung. Vgl. Friedrich Dessauer: Streit um die Technik, 2. erw. Aufl., Frankfurt 1958, 352. Der erste mir bekannte Wortgebrauch von »Ge-stell« bei Heidegger findet sich in HW 52 im Zusammenhang mit der Gestalt eines Werkes: »Was hier Gestalt heißt, ist stets aus jenem Stellen und Gestell zu denken, als welches das Werk zwar west, insofern es sich auf- und herstellt.« Der Terminus »Ge-stell« ist hier zwar noch nicht auf die Technik bezogen, aber auf den ursprünglichen weiten Sinn von »her-stellen« bzw. »τέχνη«. Vgl. auch den 1956 geschriebenen Zusatz in GA 5, 70ff.
Aus der Vielzahl von Untersuchungen zum Problem der Technik bei Heidegger in den letzten Jahren, das sich vor allem auch in den USA wachsender Zuwendung erfreut, kann hier nur auf einige wenige verwiesen werden: Wolfgang Schirmacher: Ereignis Technik, Phil. Diss. Hamburg 1980; ders.: Technik und Gelassenheit, Freiburg 1983; Harold Alderman: Heidegger's Critique of Science and Technology, (1978); John Loscerbo: Being and Technology, Den Haag 1981. Für den Gang des Vortrags »Die Frage nach der Technik« vgl. auch F.-W. von Herrmann: Kunst und Technik, (1985).

uns an irgendeiner ihrer direkten oder indirekten Auswirkungen, beispielsweise bei der Entdeckung der Atombombe, und fragen nach ihrem Sinn oder gar nach ihren Wertimplikationen. Die Verantwortung des Wissenschaftlers ist ein breit und vielseitig diskutiertes Thema der letzten 30 Jahre.[19] Ganz selten findet sich jedoch die Frage, die Heidegger stellt, was Wissenschaft eigentlich *ist*. Seine formelhafte Antwort lautet: »*Die Wissenschaft ist die Theorie des Wirklichen.*« (VA 42)

Zunächst fällt die Apodiktizität dieser Behauptung auf: Wissenschaft ist nicht bloß *eine* Theorie des Wirklichen neben anderen, sondern *die* Theorie, d. h. sie läßt keine anderen Theorien neben sich zu. Wissenschaft meint hierbei ausschließlich neuzeitliche Wissenschaft und nicht mittelalterliche doctrina oder antike ἐπιστήμη. Obwohl diese drei Wissenschaftsepochen wesenmäßig voneinander unterschieden sind, gründet auch noch das Wesen der modernen Wissenschaft im Denken der Griechen. (HW 70ff; FnD 50ff; VA 42f) Daher ist für die Analyse der modernen Wissenschaft das Gespräch mit der griechischen Frühe unumgänglich. Die Revolution der neuzeitlichen Wissenschaft muß aus der Geschichte der Metaphysik begriffen werden.

Des weiteren bleibt zu fragen, was hier »Theorie« und was »Wirkliches« heißt. »Wirklich« nennen wir das, was wirkt. Das Wirkliche ist das Wirkende und Gewirkte. »Wirken« bedeutet zunächst »tun«. Das Wort »tun« gehört zum indogermanischen Stamm »dhe«, aus dem auch das griechische »θέσις« entsprungen ist. Entscheidend ist nun, daß die griechisch gedachte θέσις weder nur eine menschliche Tätigkeit meint, noch Tätigkeit lateinisch als Aktion (actio) auffaßt, wie wir Heutigen. θέσις bedeutet ursprünglich dasselbe wie φύσις: von sich her etwas ins Anwesen her- und vor-bringen. Erst später treten beide in einen Gegensatz. Das griechisch gedachte Wirkliche als Wirkendes und Gewirktes ist folglich »das ins Anwesen Her-vor-bringende und Her-vor-gebrachte«. (VA 45) Wie schon bei der Untersuchung der gängigen Bestimmungen der Technik erkennen wir den einschneidenden Unterschied zwischen griechischem und neuzeitlichem Ursacheverständnis. Dieser Sachverhalt wird bekräftigt durch den griechischen Sinn von

19 Aus der umfangreichen Literatur möchte ich nur einige populäre Veröffentlichungen herausgreifen: Carl Friedrich von Weizsäcker: Die Verantwortung der Wissenschaft im Atomzeitalter, Göttingen 1957; ders.: Der bedrohte Friede, München 1981; Karl Jaspers: Die Atombombe und die Zukunft des Menschen, München 1958; Dennis Meadows u. a.: Die Grenzen des Wachstums, Reinbek 1974. In dramatischer Gestaltung: Friedrich Dürrenmatt: Die Physiker, Zürich 1962, und Heinar Kipphardt: In der Sache J. Robert Oppenheimer, Frankfurt a. M. 1964.

Werk als »ἔργον«, dessen Grundzug nicht im efficere und effectus besteht, sondern darin, daß etwas im Unverborgenen zum ›Stehen‹ kommt.[20] Wir Heutigen denken ἔργον vom Lateinischen her als »Erfolg«, der aus einer Aktion hervorgegangen ist. So wird das Wirkliche für uns zum Erfolgten. Durch den Erfolg ist das Anwesende zu einem Stand gebracht und begegnet als solcher. Das Wirkliche zeigt sich neuzeitlich als »Gegen-Stand«. (VA 47)

Diesem Wandel der Anwesenheit des Anwesenden entspricht ein Wandel in der Auffassung von »Theorie«. Das Wort »Theorie« stammt vom griechischen θεωρεῖν her, das seinerseits aus zwei Wurzeln θέα und ὁράω zusammengewachsen ist. »Θέα« meint den Anblick, das Aussehen, worin sich Anwesendes zeigt; »ὁράω« bedeutet etwas ansehen, es besehen. Daraus ergibt sich folgender Sinn von »θεωρεῖν«: »den Anblick, worin das Anwesende erscheint, ansehen und durch solche Sicht bei ihm sehend verweilen.« (VA 48) Die griechisch gedachte Theorie ist ein »hütendes Schauen der Wahrheit«. (VA 49) Die Römer verwischen diesen anfänglichen Sinn des Wortes, indem sie θεωρεῖν mit contemplari übersetzen, was soviel besagt wie: »etwas in einen Abschnitt einteilen und darin umzäunen«. (VA 50) Dadurch wird das Anwesende in seiner Einheit zerschnitten, wodurch es zwangsläufig sein ursprüngliches Aussehen verlieren muß. Dasselbe einschneidende Bearbeiten des Anwesenden artikuliert sich in der deutschen Übersetzung von Theorie als »Betrachtung«. So wandelt sich Theorie vom »hütenden Schauen der Wahrheit« zum »nachstellenden und sicherstellenden Bearbeiten des Wirklichen«. (VA 51f; Herv. E.K.)[21]

Alle diese sprachgeschichtlichen Erörterungen dienen einem Ziel, nämlich zu zeigen, daß die moderne Wissenschaft als Theorie des Wirklichen nichts Selbstverständliches ist. Sie ist weder von der ›Wirklichkeit‹ selbst erzwungen, noch ist sie – ebenso wie die Technik – ein »bloßes Gemächte des Menschen«. (VA 53)

Die nach- und sicherstellende Bearbeitung des Wirklichen verlangt eine enge und präzise Gegenstandseingrenzung. Wissenschaft wird notwendigerweise zur Einzelwissenschaft. Spezialisierung und Institutionalisierung sind unausweichliche Folgen. Der alte »Gelehrte« wird

---

20 Für den Unterschied zwischen dem griechisch gedachten Her-vor-stehen in die Unverborgenheit aufgrund des Stellens als θέσις und der neuzeitlichen Auffassung des Seienden als Gegenstand oder Bestand aufgrund des Vorstellens oder Bestellens vgl. GA 5, 70ff; WhD 123.

21 Vgl. auch Richard Wisser: Martin Heidegger und der Wandel der Wirklichkeit des Wirklichen, (1970).

durch den neuen Typus des »Forschers« und »Technikers« ersetzt. Moderne Wissenschaft ist ihrem Wesen nach »*Forschung*«. Experiment und mathematischer Beweis definieren den Bereich des Wissenschaftlichen, den wir häufig unbesehen gleichsetzen mit dem des Wirklichen. (HW 71ff) Das Mathematische wird zum Grundzug der neuzeitlichen Wissenschaft. (FnD 52ff) Es bildet sich die spezifische Form des *rechnenden* und *erklärenden* ›*Denkens*‹, die auf alles angewendet wird. Sowohl die Natur als auch die Geschichte samt dem Menschen selbst werden zum »Gegenstand erklärenden Vorstellens«. (HW 80) Die Methode erhält einen eindeutigen Vorrang vor der Sache; sie entscheidet, was wissenschaftlich = wirklich ist und was nicht. (Nicht von ungefähr steht am Beginn des neuzeitlichen Denkens der »Discours de la Méthode« des Philosophen und Mathematikers René Descartes.) Es gilt der Satz von Max Planck: »Wirklich ist, was sich messen läßt.« (VA 54; VS 93) Sein ist gleichbedeutend mit dem Meßbaren bzw. Berechenbaren geworden.

Da NÄHE weder meßbar noch berechenbar ist, bleibt sie von der wissenschaftlichen Wirklichkeit ausgeschlossen. Wissenschaftliches ›Denken‹ als *erklärendes* ›Denken‹ kann dem Menschen keine Heimat geben. Um ihm einen Ort des Wohnens zuzuweisen, bedarf es des *erörternden* Denkens. Selbst die moderne Atomphysik, in der die Gegenständigkeit der materiellen Natur völlig andere Grundzüge erhalten hat als in der klassischen Physik, so daß der Gegenstand im traditionellen Sinne verschwindet und so die Subjekt-Objekt-Beziehung als bloße Beziehung in den Vorrang vor Subjekt und Objekt gelangt, bleibt in Heideggers Augen der neuzeitlichen technisch-wissenschaftlich-metaphysischen Denkweise verhaftet.[22]

22 Für den Entwicklungsstand der Atomphysik Mitte der fünfziger Jahre vgl. die auch für Laien gut verständlichen Arbeiten Werner Heisenbergs: Das Naturbild der Physik, Reinbek 1955 (18. Aufl. 1979), und Physik und Philosophie, Frankfurt 1959 sowie den Vortrag »Das Naturbild der heutigen Physik«, den Heisenberg auf demselben Symposion hielt, auf dem Heidegger seinen Vortrag »Die Frage nach der Technik« zur Diskussion stellte und auf den Heidegger ausdrücklich Bezug nimmt. (VA 27, 31) Sicherlich ist C.-F. von Weizsäcker zuzustimmen, wenn dieser in seiner Freiburger Gedenkrede »Heidegger und die Naturwissenschaft«, (1977), feststellt: »die Naturwissenschaft hat das, was Heidegger ihr zu sagen hatte, bisher nicht verstanden. Heidegger umgekehrt hat, so scheint es mir, die Naturwissenschaft nicht bis auf den Grund zu durchdenken vermocht.« (64) Zum Verhältnis von Heidegger zu Heisenberg und Weizsäcker vgl. ferner: C. F. von Weizsäcker: Der Garten des Menschlichen, München 1977, 404ff; ders.: Wahrnehmung der Neuzeit, München 1983, 147–170.

Alle Wissenschaft bewegt sich nach Heideggers Überzeugung auf dem Boden einer bestimmten metaphysisch verwurzelten Auffassung von ›Denken‹ als vorstellendem, nach- und sicherstellendem oder gar bestellendem Berechnen und Begründen (Erklären) und einer bestimmten Auffassung des Seienden als wirkendem oder gewirktem Gegenstand oder Bestand, die einhergeht mit einer impliziten Deutung des Seins als Gegenständigkeit oder Beständigkeit. Die unlösbare Verknüpfung von stellender Betrachtung und gestelltem Gegenstand verweist auf die Abkünftigkeit der modernen Wissenschaft aus dem Ge-stell. Das Ge-stell waltet als das bisher unbedachte Wesen der neuzeitlichen Wissenschaft und Technik. Dies wirft ein neues Licht auf das Verhältnis von Wissenschaft und Technik: Technik besteht nicht lediglich in der Anwendung naturwissenschaftlicher Erkenntnis auf die Lebenspraxis. Diese Anwendung ist nur möglich, weil wissenschaftliche Erkenntnis selbst schon technisch ist.[23] Neuzeitliche Naturerkenntnis ist ihrem Wesen nach technisch aufgrund der gemeinsamen Wesensherkunft von Wissenschaft und Technik aus dem Ge-stell als der spezifisch neuzeitlichen Zuschickung (und Auslegung) des Seins, genauer des Zusammengehörens von Sein und Menschenwesen.

Aus Heideggers Analysen von Technik und Wissenschaft folgt: Jeder Versuch, die durch die Technik und Wissenschaft hervorgerufenen Lebens- und Überlebensprobleme mit rein technischen und wissenschaftlichen Mitteln zu lösen, kann keine entscheidende Verbesserung erbringen, denn er verkennt von vornherein das Wesen von Technik und Wissenschaft. Er narkotisiert Symptome, statt die Erreger zu bekämpfen. Ebenso greifen alle ideologiekritischen Interpretationen von Wissenschaft und Technik zu kurz, wie sie durch den Marxismus und die Frankfurter Schule weltweite Verbreitung erfahren haben, denn sie bleiben im Soziologischen und Politischen stecken, anstatt zu den tieferliegenden metaphysischen Wurzeln der neuzeitlichen wissenschaftlich-technischen Weltauslegung vorzudringen.[24] Technik und Wissenschaft müssen aus der Geschichte der Metaphysik begriffen werden. Hierzu ist eine Besinnung auf ihr Wesen erforderlich. *Wissenschafts- und Technikkritik sind nur im Rahmen einer umfassenderen Destruktion der*

---

23 Vgl. dazu Karl-Heinz Volkmann-Schluck: Einführung in das philosophische Denken, Frankfurt a. M. 1981 (3. Aufl.), 59ff, insb. 64.
24 Paradigmatisch seien genannt: Herbert Marcuse: Der eindimensionale Mensch, Neuwied 1967 (17. Aufl. 1982) und Jürgen Habermas: Technik und Wissenschaft als »Ideologie«, Frankfurt a. M. 1968 (11. Aufl. 1981).

Geschichte der Metaphysik möglich. An die Stelle einer Vergötterung oder einer Dämonisierung der Technik muß eine Phänomenologie ihres Wesens treten, die sich zunächst jeder Bewertung enthält.

Das Ge-stell west als »*Geschick*« des Seins, das den Menschen in die Weise des herausfordernden Entbergens von allem schickt. Der Mensch gehört immer schon mit in das Ge-stell, auch wenn er dieses Gehören meist nicht sieht. Deshalb liegt alles daran, daß wir Hörende für das Geschick des Seins werden.

Das Ge-stell west zugleich als »*die Gefahr*« in mehrfachem Sinne: Daß der Mensch völlig im Bestellen aufgeht oder daß das Seiende ausschließlich als Bestand den Menschen angeht und damit Mensch und Dinge um ihr eigentliches Wesen gebracht werden, indem ihr ursprünglicher Bezug zur Un-verborgenheit verschlossen bleibt. Das Gefährliche am Ge-stell ist seine Tendenz, nicht nur vormalige Weisen des Entbergens von Mensch und Seiendem zu verbergen, sondern das Entbergen als solches und somit das Scheinen der Wahrheit selbst zu verstellen, die ja in verborgener und defizienter Weise noch in Technik und Wissenschaft waltet. Das Gefährliche ist also nicht die Technik selbst, sondern das Nichterkennen bzw. Verkennen ihres Wesens. Angesichts dessen besinnt sich Heidegger im Technik-Vortrag auf ein Hölderlin-Wort aus »Patmos«: »Wo aber Gefahr ist, wächst / Das Rettende auch.« (VA 32, TK 41) Wie ist dieser auf den ersten Blick paradox anmutende Ausspruch zu verstehen? Hieße das nicht, das Wesen der Technik müßte selbst das Rettende in sich bergen oder zumindest dessen Wachsen?

Der Vortrag »Die Kehre« führt dazu aus: Das Ge-stell west als Geschick des Seins und als Gefahr. »Als die Gefahr kehrt sich das Sein in die Vergessenheit seines Wesens von diesem Wesen weg und kehrt sich so zugleich gegen die Wahrheit seines Wesens.« (TK 40) Dieses wichtige Zitat ist nur auf der Folie der Heideggerschen Wahrheitsauffassung verständlich. Heidegger faßt Wahrheit als Un-verborgenheit im Sinne eines strittigen Geschehens zwischen Entbergung und zwiefacher Verbergung. Das Besondere daran ist, daß die Verbergung als Un-wahrheit mit in das volle Wesen der Wahrheit gehört und nicht ausgeschlossen bleibt, wie bei der Urteilswahrheit die Falschheit (Unrichtigkeit) von der Richtigkeit. Die Vergessenheit des Wesens des Seins im Ge-stell entspricht somit einem Grundzug des Wesens der Wahrheit selbst, nämlich dem, in der jeweiligen Entbergung eines Seienden sich selbst zu verbergen. Daher ist die Abkehr des Seins in die Vergessenheit seines Wesens zugleich eine Zukehr zur Wahrheit seines vollen Wesens. Mit anderen Worten: Im ausdrücklichen vergessenden Nachstellen seines Wesens kehrt das Sein in diese Vergessenheit ein und wahrt sie solchermaßen.

Die Gefahr als Gefahr ist in sich »kehrig«, in ihr ereignet sich die Kehre der »Vergessenheit des Seins zur Wahrnis des Wesens des Seins«. (TK 40) Also birgt die Gefahr selbst, sobald sie als Gefahr waltet, das Rettende in sich. »Retten« besagt dabei nichts anderes, als etwas in sein Wesen einholen, es hüten und wahren. Allerdings kann diese Kehre weder von außen erzwungen noch vorausdatiert werden, da das Sein weder von einem anderen bewirkt wird noch selber wirkt. Die Kehre ereignet sich »jäh« als »Einblitz« bzw. »Einblick« der Wahrheit des Seins (»Welt«) in das im Ge-stell wahrlose Sein. Dieser Einblitz ist »Ereignis im Sein selbst«, d. h. »eignende Er-äugnis« im Sein selbst. (TK 43f)

Insofern im Ge-stell selbst »ein erstes, bedrängendes Aufblitzen des Ereignisses« erscheint (ID 27), erweist es sich als »Vollendung und Erfüllung der Metaphysik« und zugleich als »entbergende Vorbereitung des Ereignisses« (VS 104). Das Ge-stell ist »wesenhaft doppeldeutig«, es ist ein »*Januskopf*«, der nach zwei Seiten blickt, zurück in die metaphysischen Epochen des Seins und voraus in das Ereignis. (SdD 57, Herv. E.K.) Es steht im »Zwischen« des Übergangs vom Sein zum Ereignis, es stellt gleichsam das »photographische Negativ des Ereignisses« dar. (VS 104)

»Einblick in das was ist« erhält somit die tiefere Bedeutung des »Ereignisses der Kehre im Sein«. (TK 44) Unser menschlicher Einblick ist auf den vorgängigen einblitzenden Einblick des Ereignisses selbst angewiesen. Erst dieser Einblitz weist uns den Weg in das Wesen der NÄHE, die in Ding und Geviert waltet und in der wir als Sterbliche wohnen sollen. Erst der Einblitz des Ereignisses läßt Welt als das Nächste alles Nahen erfahrbar werden, »das naht, indem es die Wahrheit des Seins dem Menschenwesen nähert und so den Menschen dem Ereignis vereignet«. (TK 47)

Mit der »Kehre« in ihrem zweifachen Wesen als Abkehr und Zukehr bzw. Einkehr haben wir die erste Voraussetzung einer neuen Nähe zum Sein gesichtet. Da das Menschenwesen mit ins Sein (bzw. Ereignis) gehört, kann eine Kehre als Verwindung der Technik nicht ohne die Mithilfe des Menschen statthaben. Damit der Mensch vom Einblitz des Ereignisses getroffen werden kann, muß er sich zunächst öffnen, muß er achtsam werden auf das Wesen der Technik als Ge-stell, muß er in die

»Weite seines Wesenraumes zurückfinden«. (TK 38) Solches kann nur dann gelingen, wenn zur heute alles dominierenden Wissenschaft die »Besinnung« tritt und das »erklärende Denken« im Bereich der Wesensbezüge vom »erörternden Denken« abgelöst wird. Mit anderen Worten: Unsere Sichtweise auf und unser Umgang mit der technischen Welt muß sich von Grund auf wandeln, eine neue Haltung ist einzuüben: die »Gelassenheit«.

3. Gelassenheit

Wir leben im sog. »Atomzeitalter«, das der Menschheit – zumindest global gesehen – den größten Wohlstand in ihrer Geschichte beschert hat, das sie aber auch mit der bisher größten Gefahr ihrer Vernichtung bedroht. Diesem zweideutigen Charakter des Atomzeitalters entsprechend, schwanken seine Einschätzungen zwischen den beiden Extremen des Lobliedes auf moderne Wissenschaft als einem – wie achtzehn Nobelpreisträger im Jahre 1955 verkündet haben – »Weg zu einem glücklicheren Leben« (Gel 17) und der düsteren Prognose eines nuklearen Holozids. Während die ganze Welt diskutiert, ob wir durch Atome leben oder sterben, ob die Atomenergie friedlich genutzt oder kriegerisch mobilisiert wird (SvG 198f), und auf welche Weise wir die unvorstellbar große Atomenergie bändigen und steuern können, um so die Menschheit vor ihren Auswüchsen zu schützen, unternimmt Heidegger den Versuch zu zeigen, daß diese ganze Diskussion schon im Frageansatz zu kurz greift, weil sie unterstellt, die Technik sei lediglich ein Mittel zu Zwecken, deren Herr der Mensch sei. Aus der oben ausgeführten Widerlegung der nur instrumentalen und nur anthropologischen Bestimmung der Technik ergibt sich jedoch: »Kein einzelner Mensch, keine Menschengruppe, keine Kommission noch so bedeutender Staatsmänner, Forscher und Techniker, keine Konferenz von führenden Leuten der Wirtschaft und Industrie vermag den geschichtlichen Verlauf des Atomzeitalters zu bremsen oder zu lenken. Keine nur menschliche Organisation ist imstande, sich der Herrschaft über das Zeitalter zu bemächtigen.« (Gel 20f) Das eigentlich Unheimliche und das eigentlich Gefährliche rührt nicht daher, daß die Welt durch und durch technisch geworden ist, sondern, »daß der Mensch für diese Weltverwandlung nicht vorbereitet ist«, d. h. daß er nicht zu einer sachgemäßen Auseinandersetzung mit seinem Zeitalter fähig ist. (Gel 20)

Heißt dies, daß wir Heutigen der Technik wehrlos und ratlos ausgeliefert sind? Wenn wir schon die alte Bodenständigkeit, die Verwurzelung in der Natur verloren haben, können wir dann nicht zu einer neuen Bodenständigkeit gelangen? Wie können wir nach dem Verlust der alten Nähe zu einer neuen Nähe zu Dingen und Welt gelangen? Was könnte Grund einer neuen Bodenständigkeit werden? Die Beantwortung dieser Fragen hängt ersichtlich eng mit dem Problem der NÄHE zusammen. So wie der Verlust der Nähe – wie gezeigt – die Entwurzelung des Menschen und die Gefahr der Vernichtung von allem, was ist, heraufbeschworen hat, zeigt sich jetzt, daß die Wiedergewinnung der Nähe nur über ein neues Bodenständigwerden möglich ist. Aber erneut muß gesagt werden: »Der Weg zum Nahen ist für uns Menschen jederzeit der weiteste und darum schwerste.« (Gel 21) Es ist der Weg des Nachdenkens, der Besinnung auf den verborgenen Sinn der technischen Welt.

Solche Besinnung auf eine gewandelte Haltung zur technischen Welt muß von zweierlei Fakten ausgehen: 1. Wir sind alle auf die Technik angewiesen, wenn auch in größerem oder kleinerem Umfang. Wir können das Rad der Geschichte nicht auf die Stufe eines naiven Naturzustandes zurückdrehen. Außerdem wäre es töricht, den großen Fortschritt, den die Technik z. B. in der Arbeitserleichterung oder der Krankheitsbekämpfung gebracht hat, nicht zu nutzen. 2. Wir sind zu Sklaven der Technik geworden. Gegen diese Vereinnahmung durch die Technik kann etwas getan werden, hier liegt ein Freiheitsspielraum des Menschen. Wir können uns von der Okkupation befreien, indem wir »ja« sagen zur unumgänglichen Benutzung der technischen Gegenstände und zugleich »nein« sagen und ihnen versagen, uns ausschließlich zu beanspruchen und solchermaßen unser Wesen zu verwirren und zu verbiegen. Auf diese Weise lassen wir die technischen Gegenstände in unser Leben herein und lassen sie zugleich draußen, indem wir sie auf sich beruhen lassen. Diese »Haltung des gleichzeitigen Ja und Nein zur technischen Welt« nennt Heidegger »*die Gelassenheit zu den Dingen*«. (Gel 23) Allein das so harmlos und passivisch anmutende ›Mittel‹ der Gelassenheit, aber weder ein restauratives »Zurück zur Natur!« noch eine revolutionäre Maschinenstürmerei, ermöglicht es, die Ketten der Knechtschaft in der technischen Welt zu sprengen.

Die Gelassenheit ›bewirkt‹, daß wir die Dinge nicht mehr ausschließlich technisch und nicht mehr *primär* technisch sehen. Sie macht uns offen für den sich verbergenden Sinn der technischen Welt, der uns in seinem Verbergen angeht, weshalb ihn Heidegger »Geheimnis« nennt.

Im Wort »Geheimnis« muß bei Heidegger immer auch das bergende Heimische mitgehört werden. Zum vollen Wesen der Gelassenheit gehört demnach die »*Gelassenheit zu den Dingen*« und die »*Offenheit für das Geheimnis*«. Beide Formen der Gelassenheit bereiten den neuen Boden, auf dem wir in der technischen Welt wachsen und heimisch werden können, ohne daß diese unser Wesen verödet.

Die auf den ersten Blick so passivisch anmutende Gelassenheit verlangt höchste Anstrengung von uns. Das »Lassen« wird zur ausgezeichneten Form des Handelns. Angesichts der verborgenen manipulierenden Kräfte, aber auch der sichtbaren Attraktivität und Faszination, die von solch raffinierten technischen Apparaten wie z. B. von Fernsehen, Video, Stereoanlagen, Sportwagen oder Computern ausgehen – um nur einige der »liebsten Kinder« der modernen Industriegesellschaft zu nennen –, erleben wir am eigenen Leibe täglich, wie schwer es ist, sich nicht gefangennehmen zu lassen. Heidegger wußte um die teilweise ungeheuere Anziehungskraft der technischen Geräte, wie die Anekdote deutlich macht, er habe sich selbst nie ein Fernsehgerät gekauft, weil er befürchtete, daß es ihm so ergehe wie seinem Freund Ernst Jünger und er den Knopf zum Ausschalten nicht mehr finden werde.[25]

Um Heideggers Verständnis von Gelassenheit zu vertiefen, scheint es mir dienlich, es in aller Kürze von dem bisherigen Gebrauch des Wortes abzugrenzen.[26] Ich beschränke meine Ausführungen auf die Verwendung von »Gelassenheit« in der deutschen Mystik, wo dieser Begriff eine zentrale Stelle einnimmt und der für den späteren Gebrauch richtungsweisend bleibt.

Um mit Gott eins zu werden, muß der Mensch nach der Lehre der Mystik gelassen werden. Der gelassene Mensch gibt seinen eigenen Willen völlig auf, er macht sich leer, um von Gott erfüllt zu werden und ganz im göttlichen Willen aufzugehen. In der Abwendung von sich und allen Dingen entfremdet sich der Mensch von seinem Selbst und der Welt. Zur rechten Gelassenheit gehört also dreierlei: Die völlige Wil-

---

25 Diese Anekdote berichtete mir Richard Wisser. Daß Heidegger bei allen Vorbehalten dem Medium Fernsehen keineswegs nur ablehnend gegenüberstand, belegt die Schilderung seiner besonderen Vorliebe für die Übertragung von Fußballspielen, die sein langjähriger Freund Petzet gibt. Für Heideggers Verhältnis zum Fernsehen vgl. Heinrich W. Petzet: Auf einen Stern zugehen, Frankfurt a. M. 1983, 219f, 188f, 79 und Richard Wisser: Das Fernseh-Interview, (1977).
26 Vgl P. Heidrich und U. Dierse: »Gelassenheit«, in: Historisches Wörterbuch der Philosophie, Bd. 3, Basel 1979, Sp. 219–224. Vgl. ferner Wolfgang Schirmacher: Gelassenheit bei Schopenhauer und Heidegger, (1982).

lenslosigkeit, d. h. die Aufgabe des Eigenwillens, die Abkehr von allem Weltlichen und schließlich das Versinken im Grund des göttlichen Willens. Der Weg zur Gelassenheit ist für den Mystiker ein Prozeß des Die-Augen-Verschließens vor der Welt und In-sich-Versenkens. Gerade dieses Moment der Verinnerlichung blieb in der ganzen Tradition der Wortverwendung von »Gelassenheit« erhalten. Entsprechend wurde Gelassenheit immer als Rückzug von der Welt des Handelns aufgefaßt.

Gelassenheit im Sinne Heideggers dagegen verbietet, die Augen vor der Welt zu verschließen und sich von den Dingen abzuwenden, ganz im Gegensatz zur Mystik fordert sie ein Offenhalten von Augen und Ohren für das Geheimnis und ein waches Bewußtsein der Dinge, das nicht der Gefahr erliegt, in den Bezügen zum Seienden, insbesondere den herrschenden technischen Bezügen aufzugehen. Gelassenheit gründet bei Heidegger im In-der-Welt-sein des Daseins und erschließt dieses. Heideggers Destruktion betrifft nur eine bestimmte, verabsolutierte Zugangsart des Menschen zu sich selbst und zu den Dingen mit dem Ziel einer verwandelten Zuwendung zu sich als Sterblichen und zu den Dingen als Dingen. Weit davon entfernt bloße Passivität und Gleichgültigkeit zum Ausdruck zu bringen, zeigt sich die Heideggersche Gelassenheit als eine hohe Form von Tätigkeit. Die größte Parallelität zwischen mystischer und Heideggerscher Konzeption scheint die Willenslosigkeit zu sein. Aber hier trügt der Schein: Während es den Mystikern nur um die Überwindung des Eigenwillens zugunsten des göttlichen Willens geht, das Willensdenken also erhalten bleibt, versucht Heidegger jede Form von Denken als Wollen, inklusive des Nichtwollens, das als Negation selbst noch an den Vorstellungskreis des Wollens gebunden bleibt, zu verwinden. (Gel 30ff) Ferner ist die Gelassenheit in der Mystik eine moralische bzw. religiöse Tugend, bei Heidegger dagegen eine Seinshaltung, wenn auch mit eindeutig ›ethischem‹ Anspruch, zumindest wenn man einen weiten Begriff von »ethisch« zugrundelegt, wie ihn Heidegger fordert. (Hum 38ff) Ähnlichkeit gibt es schon eher in der ungenannten Bedingung der Gelassenheit, dem Vertrauen auf Gott (Mystik) bzw. dem Vertrauen auf das Sein (Heidegger), wenngleich auch hier die wesentliche Differenz zwischen metaphysisch verstandenem Gott und Heideggers Auffassung des Seins nicht übergangen werden darf.

So zeigt sich denn: Gelassenheit bei Heidegger hat nichts mit Passivität, Gleichgültigkeit, Interesselosigkeit oder Teilnahmslosigkeit zu tun, die zu geistiger Verarmung, Kritiklosigkeit und einem Quietismus führen, der alles, was ist, so wie es ist, für gut oder zumindest für unabänderlich erklärt. Gelassenheit in Heideggers Sinn meint im Gegenteil den bewußten Verzicht als die Weise der Bewältigung des übermächtigen Andrangs der technischen Welt. Von der mystischen Auffassung unterscheidet sich Heideggers Gelassenheit in allen wesentlichen Punkten: Sie will nicht nur den Eigenwillen, sondern das Willensdenken überhaupt verwinden, sie kehrt sich nicht vom Selbst und der Welt ab, sondern erschließt diese in neuer Weise; sie versinkt nicht im göttlichen Willen, sondern hält sich offen für die Dinge als Dinge, die Menschen als Sterbliche sowie für das Geheimnis. Heideggers Gelassenheit *verwandelt* unser Denken und unser Handeln, führt uns zu einer Verwindung der vorherrschenden rein technisch-wissenschaftlichen Weltsicht, unseres Subjektstandpunktes sowie letztlich der gesamten Metaphysik. Solche Gelassenheit erfordert Ausdauer, geduldiges Wartenkönnen, Sichöffnen für den Zuspruch des Seins. Statt das irdische Leben zu verneinen, ist sie die äußerste Form der Bejahung des Daseins. Gelassenheit als Warten muß scharf unterschieden werden vom Erwarten, das sich je auf einen bestimmten Gegenstand richtet. Gerade im Nichtfixieren auf etwas Bestimmtes hält das Warten sich für das möglicherweise Ankommende offen. (Gel 42)

Angesichts dieser Kennzeichnung der Gelassenheit stellt sich die Frage: Wann und wie können wir wissen, ob wir gelassen sind oder nicht? Gibt es ein äußeres Maß oder Kriterium für Gelassenheit? Dazu ist zunächst zu sagen, daß wir Gelassenheit nie wissen können, weil sie sich dem Bereich des Wissens entzieht, wohl aber sie denkend zu erfahren vermögen. Überhaupt steht Gelassenheit bei Heidegger in einem sehr engen Bezug zum wesentlichen Denken, worauf wir jetzt unser Augenmerk richten müssen. In beiden Schriften, in denen die Gelassenheit thematisiert wird, »Gelassenheit« (1955) und »Zur Erörterung der Gelassenheit« (1944/45), geht Heidegger von einer Besinnung auf das Wesen des Denkens bzw. auf den Menschen als denkendes Wesen aus. In der Gedenkrede aus dem Jahre 1955 konstatiert Heidegger: »Der heutige Mensch ist *auf der Flucht vor dem Denken*«. (Gel 12) Die zunehmende »Gedankenflucht« und »Gedanken-losigkeit« läßt sich dadurch vermindern, daß wir uns in Abhebung von dem alles dominierenden »*rechnenden Denken*« auf eine zweite Art von Denken besinnen: »das *besinnliche Nachdenken*«. (Gel 13, Herv. E.K.) Dieses denkt dem Sinn nach, der in allem, was ist, waltet. Zwar bedarf das besinnliche Nachdenken zuweilen größerer Anstrengung und Sorgfalt als das rechnende

Denken, ist aber dennoch in den Wesensmöglichkeiten eines jeden Menschen als »denkendem, d. h. sinnendem Wesen« angelegt. Es fordert uns auf, beim Nächstliegenden zu verweilen und darin heimisch zu werden. Wie wir aus der existenzialen Analytik des Daseins in »Sein und Zeit« wissen, ist allerdings dieser Weg zum Nächsten für uns am schwersten, gemäß unserer Tendenz, ganz in den Bezügen zum Seienden aufzugehen. Besinnliches Nachdenken erfordert nichts weniger als Gelassenheit, verlangt von uns, ein verwandeltes Denken als »Sein-lassen« einzuüben.[27] Sein-lassendes Denken vereinnahmt weder das Seiende und das Sein als bloßen Bestand des Bestellens und als Beständigkeit noch läßt es sich von den andrängenden technischen Dingen vereinnahmen, es läßt vielmehr die Dinge als Dinge wesen und uns anwesen, indem es sie hereinläßt und doch auch draußen läßt. Denken als Sein-lassen ist Phänomenologie im eigensten Sinne des Wortes für Heidegger. Es läßt das Seiende und das Sein sich zeigen, und zwar so, wie es an ihm selbst und von sich her sich zeigt und nicht nur, wie es als vorgestellter Gegenstand unseres Bewußtseins von diesem her konstituiert wird.

Die gängige Weise des Vorstellens als »*transzendental-horizontales Vorstellen*« destruiert Heidegger in seinem Feldweggespräch »Zur Erörterung der Gelassenheit« aus den Jahren 1944/45. Als »transzendentales« übersteigt das Vorstellen seinen Gegenstand, etwa einen Baum, auf seinen »Horizont« hin – das Baumhafte –, von dem her dieser in seinem Aussehen entgegensteht. »Horizont«, »Transzendenz« und »Gegenstand« bleiben ausschließlich an die Perspektive des vorstellenden Subjekts gebunden. Mit anderen Worten: Das Horizonthafte bietet nur die uns zugewendete Seite des uns umgebenden Offenen dar. Was dieses Offene in sich ist, bleibt dem Vorstellen zwangsläufig verborgen. Zum Offenen selbst, in dem alles Seiende anwest, gelangen wir nie durch das vorstellende Denken, sondern allein durch das gelassene Denken, das das Offene auf sich zukommen läßt. So zeigt sich: Wenn wir uns alles unseres Wollens und Vorstellens enthalten, stehen wir keineswegs vor einer gähnenden Leere, sondern ein Anderes, Nicht-gegenständliches kommt uns entgegen. Doch auch mit der Kennzeichnung der Gegend als dem, was uns entgegenkommt, haben wir noch nicht das gefunden, was »das uns umgebende Offene *in sich*« (Herv. E.K.) ist, denn auf solche Weise verstehen wir die Gegend immer noch primär aus der Beziehung zu uns. Der eigentliche Grundzug der Gegend ist jedoch

27 Zum Denken als Sein-lassen siehe oben 159ff.

nicht das uns »Entgegenkommen«, sondern das »Gegnen«, weshalb Heidegger statt »Gegend« die ältere Schreibweise »Gegnet« bevorzugt. (Herv. E.K.) Ausschlaggebend ist also nicht das »Gegen«, das in »Gegend« anklingt, und leicht zum Mißverständnis eines gegenständlich gedachten Entgegen-kommens und -stehens führen kann, sondern die Bewegung des »Gegnens«, wie sie im alten Wort »Gegnet« noch hörbar ist. Hinzu kommt, daß »Gegend« innerhalb dieses Textes stets »die Gegend« als »Gegend aller Gegenden« meint und nicht eine bestimmte Gegend eines bestimmten Dinges. (Gel 38f)[28]

Das Walten der Gegend bzw. Gegnet verbildlicht Heidegger mit den Attributen »freie Weite«, »Weile«, »gegnen«, »versammeln«, »zurückbergen«, »beruhenlassen«, »bedingen« und »vergegnen« – zu deren Verständnis hier nur einige Hinweise gegeben werden können, deren Verwandtschaft mit bereits Ausgeführtem wie z. B. dem versammelnden Logos, dem Sein-lassen oder dem entbergend-verbergend-bergenden Wahrheitsgeschehen sowie dieser wiederum mit dem Nähern und Fernen der NÄHE offensichtlich sein dürfte.

»Gegnet« ist zumal »Weite« und »Weile«. Ihr Gegnen versammelt jedes zu sich und alles zueinander in ein Verweilen und birgt solchermaßen alles zum Beruhen in sich selbst zurück. Die Gegnet bewegt in zweifacher Hinsicht: »Sie verweilt in die Weite des Beruhens. Sie weitet in die Weile des frei In-sich-gekehrten.« (Gel 40) Das bergende In-sichselbst-beruhen-lassen und das frei In-sich-kehren-lassen der Gegnet ermöglicht es dem im Offenen der Gegnet Anwesenden, sich so zu zeigen, wie es an ihm selbst und von ihm selbst her, d. h. unbeeinträchtigt von der Gewaltsamkeit unseres Vorstellens und Bestellens, west. Wichtig ist dabei zu sehen, daß »Gegnet« sowie »Weile« und »Weite« sowohl die Bewegung des Gegnens, Verweilens und Weitens meinen als auch den offenen Bereich, in dem sich Gegnen, Verweilen und Weiten

28 Daher kann ich Werner Marxens Unterscheidung zwischen »Gegnet« als »Offenheit«, die in sich ist, und »Gegend« als dem jeweils bestimmten »Offenen« in diesem Text nicht finden, wenn ich auch zugestehe, daß Heidegger in anderen Schriften diese Termini in anderem Sinn gebraucht. Gegen die Interpretation von Marx spricht schon allein die Tatsache, daß der Begriff »Offenheit« nur ein einziges Mal im Text vorkommt, und zwar im Hinblick auf den »Horizont«. (Gel 37) Weiterhin identifiziert Heidegger selbst das Offene mit der Gegnet: »Das Offene selbst aber ist die Gegnet ...« (Gel 42) Marxens Mißverständnis rührt meines Erachtens daher, daß Heidegger im Gang des Gesprächs zunächst den Horizont als »das uns umgebende Offene« bezeichnet (Gel 38), sogleich aber nach dem »Offenen selbst« bzw. dem »uns umgebenden Offenen in sich« fragt (Gel 38f). Diese zweite Bedeutung hält sich dann durch die gesamte Abhandlung durch. Vgl. Werner Marx: Gibt es auf Erden ein Maß? Hamburg 1983, 63ff.

abspielen. Genau dasselbe gilt für die NÄHE, wie noch gezeigt wird. Die »freie Weite« wird schematisiert durch die Weile eines »je Weiligen«, das heißt nach dem Ding-Vortrag: durch dieses oder jenes bestimmte Ding. (VA 173) In der Abhandlung »Der Spruch des Anaximander« (1946) wird das Anwesende als das »Je-weilige« und dessen Weile aus der Bewegung des Hervorkommens und Weggehens, d. h. letztlich aus dem entbergend-verbergend-bergenden Wahrheitsgeschehen bestimmt. (HW 323, 327ff) Erst wenn die Weile sich zur bloßen Beständigkeit versteift, wird das Anwesende zu etwas Gegenständlichem.

So zeigt sich: In dem Offenen der Gegnet als »verweilender Weile« ändert sich der Begegnischarakter der Dinge: Sie *stehen* nicht mehr als Gegenstände *entgegen*, sondern *ruhen* in der *Weile* der *Weite* des frei In-sich-selbst-gekehrten, In-sich-zurückgeborgenen. Das Verhältnis der Gegnet zu den Dingen nennt Heidegger »Bedingnis«, was nicht mit einer transzendentalen Bedingung der Möglichkeit identifiziert werden darf. (Gel 53f) Vielmehr ist die »Bedingnis« im Zusammenhang mit dem »Dingen« des Dinges – das im Ding-Vortrag beschrieben wurde – zu sehen: Sie läßt die Dinge zu und gewährt ihnen so das Dingen von Welt, in welchem Dingen wiederum die zunächst scheinbar unendliche Offenheit der freien Weite durch die Weile eines Je-weiligen verendlicht und strukturiert wird.

Von der »Bedingnis« unterscheidet Heidegger die »Vergegnis« als den Bezug der Gegnet zum gelassenen Menschenwesen, der dadurch ausgezeichnet ist, daß zu ihm der Bezug des gelassenen Menschenwesens zur Gegnet gehört, das »Warten«, ohne den die Gegnet nicht wesen kann. (Gel 62ff) Der Bezug des Menschenwesens zur Gegnet, das »Warten«, das sich in das Offene einläßt, und der Bezug der Gegnet zum Menschenwesen, die »Vergegnis«, die dem Menschenwesen Weite und Weile gibt, sind wechselweise aufeinander angewiesen, wenn auch der »Vergegnis« der Primat der größeren Mächtigkeit und Vorgängigkeit zukommt. »Die Gelassenheit zur Gegnet ist das Denken nur als die Vergegnis der Gelassenheit, welche Vergegnis die Gelassenheit in die Gegnet eingelassen hat.« (Gel 52) Hier zeigt sich erneut der zwiefältige Charakter des Denkens, wobei es jetzt allerdings nicht mehr um das Vollbringen des wechselweisen Bezugs von Sein *und* Menschenwesen geht, sondern um das Vollbringen des zwiefältigen Bezugs zwischen Gegnet (NÄHE) *und* Menschenwesen.

Als »Weile« und »Weite« ist die Gegnet Zeit-Ort und Raum-Ort jeglichen Erscheinens, ist sie Zeit-gebend und Raum-gebend zugleich.

Daher bezeichnet sie Heidegger in späteren Schriften auch als »*Zeit-Spiel-Raum*« des Seins und setzt sie mit der »*Lichtung*« gleich. (SdD 71ff; UzS 213ff) Gegnet als Zeit-Spiel-Raum ist ihrem tiefsten Sinne nach die *NÄHE*, die in räumlicher und zeitlicher Hinsicht nähert und zugleich eine Ferne bewahrt. Diese Deutung läßt sich am Text selbst in zweifacher Weise untermauern: Erstens bildet die Frage nach dem Wesen des Menschen den Ausgangspunkt des Gesprächs, die ebenso wie im Humanismus-Brief jedoch nicht im Hinblick auf die rationalitas des Menschen beantwortet wird, sondern durch eine Besinnung auf diejenige Dimension, in der er sich immer schon aufhält und in der allein er in das Eigenste seines Wesens finden kann: die Gegnet bzw. in der Sprache des Humanismus-Briefs: die NÄHE. Anders formuliert: In der »Erörterung der Gelassenheit« geht es, wie schon der Titel »Erörterung« anzeigt, ebenso wie in dem etwa zur gleichen Zeit ausgearbeiteten Brief »Über den Humanismus« um die Frage nach dem Wohnen des Menschen, insbesondere nach der Ortschaft dieses Wohnens.

Zweitens führt der Gang des Feldweggesprächs letztlich zur NÄHE, und zwar in dem doppelten Sinne, daß es sich der Gegnet nähert, und daß die Gegnet sich selbst als nähernde und fernende NÄHE offenbart. Dies ist kein Zufall, sondern folgt aus der Wesensstruktur des gelassenen Denkens als einem »In-die-Nähe-kommen zum Fernen«. (Gel 43) Das Warten, das im Unterschied zum Erwarten keinen Gegenstand hat, läßt sich in das Offene als die »Weite des Fernen« ein, das durch dieses Einlassen seinen Ferne- und Fremdheitscharakter verliert, so daß das Warten in der Nähe dieses Fernen eine Weile findet. (Gel 42) Im gelassenen Warten nähern wir uns der zunächst fern erscheinenden Gegend. Genau genommen findet eine wechselseitige Annäherung statt: Im Warten nähern wir uns der fernen Gegnet, und in der Vergegnis nähert sich uns die Gegnet. Die Gegnet, die uns als fern oder nah erscheint, ist sowohl der Bereich von Nähe und Ferne als auch das Nähernde und Fernende selbst. (Gel 66) Ihr »Versammeln«, »Weiten«, »Verweilen«, »Bedingen« und »Vergegnen« sind allesamt Weisen des Näherns. Dieses Nähern wahrt die Integrität der Dinge und des Menschenwesens, indem es bei allem Nähern eine wesentliche Ferne einhält und nicht ins Abstandlose zerrt, dessen Gefahren der Ding-Vortrag beschreibt. Die Gegnet selbst ist die »Nähe der Ferne« und die »Ferne der Nähe«. Denken als Gelassenheit, das als Bezug zur Gegnet west, enthüllt sich dementsprechend als »In-die-Nähe-gehen« bzw. als »In-die-Nähe-hinein-sich-einlassen«. Heidegger glaubt, diesen Grundzug des Denkens bereits aus dem Heraklitischen »ἀγχιβασίη« herauslesen zu können. (Gel 70)

Zusammenfassend läßt sich sagen: Einerseits sind wir immer schon in der Gegnet, da unser üblicher Umgang mit den Dingen, das transzendental-horizontale Vorstellen, an einen Horizont gebunden bleibt, der selbst als die dem vorstellenden Subjekt zugewandte Seite der Gegnet ein Bestandteil dieser ist, andererseits bekommen wir die Gegnet als ganze und wie sie sich von sich her zeigt, nur dann zu Gesicht, wenn wir von allem Wollen und Vorstellen ablassen und uns wartend in das Offene der Gegnet einlassen. Damit können wir die Frage, wie wir zur Gelassenheit gelangen, beantworten: Indem wir von allen unseren Wollungen und Vorstellungen absehen und uns wartend in das Offene einlassen. Gelassenheit ist zumal Weg und Be-wëgung, daher kennt Heidegger kein äußeres Kriterium oder Maß für Gelassenheit, allein der Gelassene selbst kann seine Gelassenheit erfahren. Das gelassene Warten in der Gegnet auf die Vergegnis der Gegnet ist unabdingliche Bedingung für das Sich-zeigen-können der Gegnet selbst, denn diese »*braucht*« das gelassene Menschenwesen als die Stätte ihrer Eröffnung. Das Wesen des gelassenen Denkens als »In-die-Nähe-kommen zum Fernen« bestimmt sich aus dem nicht-menschlichen, nähernden und fernenden Wesen der Gegnet als NÄHE selbst. Gegnet als NÄHE erweist sich als die eigentliche Heimat des Menschenwesens, als der gesuchte Boden, den es zu bewohnen gilt.

4. Das Wohnen

Blicken wir zurück: Das in der wissenschaftlich-technischen Welt übermächtig waltende Ge-stell hat zum Verlust der Nähe zum Sein geführt. Die Seinsferne bringt eine »Entwurzelung« des Menschenwesens mit sich. »Bodenlosigkeit« erwies sich als die negative Kehrseite des fortschrittsträchtigen Atomzeitalters: heimatlos wird der Mensch im Getriebe technischer Superstrukturen umhergetrieben. Gelassenheit zeigt sich als Weg zu einer neuen Nähe zu den Dingen und zum Sein, Geviert und Gegnet als NÄHE als der alte und neue Boden, auf dem der Mensch heimisch werden kann. Hierzu ist nötig, daß er wohnend ins Welt-Geviert einzieht. Allerdings muß dieses Wohnen erst mühsam erlernt werden, denn der derzeitige Mensch ist weit von seiner Wesensbestimmung abgefallen, »Nachbar des Seins« zu sein, d. h. in der Nähe des Seins zu wohnen, wie der Humanismus-Brief bekundet. Dreierlei bleibt zu klären: Was heißt »wohnen« bei Heidegger? Wie wohnt der Mensch? Welches ist der Ort seines Wohnens?

Wohnen meint für Heidegger nicht nur eine Unterkunft innehaben, meint nicht nur eine Verhaltensweise des Menschen unter anderen, wie z. B. essen, trinken oder schlafen, sondern einen, wenn nicht gar den entscheidenden Wesenszug menschlichen Seins. »Mensch sein heißt: als Sterblicher auf der Erde sein, heißt: wohnen.« (VA 141)[29] Diese Wesenskennzeichnung läßt sich in allen Schriften Heideggers finden: Erinnern wir uns, bereits in »Sein und Zeit« wurde das »In-Sein«, in dem das gesamte »Da-sein« als »In-der-Welt-sein« zentriert ist, als »Wohnen« bestimmt.[30] Die »Erläuterungen zu Hölderlins Dichtung« interpretierten Hölderlins gesamtes Dichten als Sorge um die Heimkehr und das dichterische Wohnen des Menschen auf dieser Erde.[31] Der »Brief über den ›Humanismus‹« bestimmte die Menschlichkeit des Menschen dahingehend, daß er als »Nachbar des Seins« in dessen Nähe wohnt. Indem Heidegger dort wohnen als »hüten« und »wahren« faßte und »ἦθος« als Ort des Wohnens übersetzte, legte er die zutiefst ethische Komponente des Wohnens frei.[32] Ferner deutete er die enge Verwandtschaft des Wohnens mit Dichten, Denken und Bauen an, die in den Vorträgen »Bauen Wohnen Denken« und »›... dichterisch wohnet der Mensch ...‹« aus den Jahren 1950/51, denen ich mich jetzt zuwende, weiter ausgeführt wird.[33]

Im Rahmen des Darmstädter Gesprächs zum Thema »Mensch und Raum« widmet sich Heidegger dem Zusammenhang von Bauen und Wohnen und Denken. Stellt man das Verhältnis von Bauen und Wohnen, wie üblich, als eine Zweck-Mittel-Beziehung vor, so verfehlt man nach Heideggers Überzeugung das Wesentliche. Dem wesentlichen *Denken* offenbart die Sprache, die selbst spricht, das *Bauen* als ein *Wohnen*, denn das althochdeutsche Wort für bauen, »buan«, bedeutet nichts anderes als wohnen im Sinne von bleiben, sich aufhalten. (VA 140) Einen Nachklang dieses ursprünglichen Bezugs können wir noch im Wort »Nachbar« hören: Der »Nachgebur« oder »Nachgebauer« ist derjenige, der in der Nähe gebaut hat und solchermaßen in der Nähe wohnt. Hinzu kommt, daß »bauen«, »buan«, »bhu« und »beo« etymo-

29 Sehr aufschlußreich ist in diesem Zusammenhang Eiho Kawaharas Hinweis, daß die japanischen bzw. chinesischen Schriftzeichen für »Sein« bildhaft das »Wohnen« zum Ausdruck bringen. Vgl. Eiho Kawahara: Heidegger und Hölderlin, (1983), 4.
30 Siehe oben 120f.
31 Siehe oben 195ff.
32 Siehe oben 58ff.
33 Dazu gehört auch der kleine Aufsatz »Das Wohnen des Menschen« aus dem Jahre 1970, der jedoch nichts wesentlich Neues bringt. Vgl. GA 13, 213–220.

logisch zum selben Stamm wie unser Wort »bin« gehören. »Bin«, »sein« besagt jedoch seinerseits wohnen. Folglich gilt: »Bauen heißt ursprünglich wohnen.« (VA 141) Die ursprüngliche Weise des Bauens als Wohnen gliedert sich in das Bauen als »*Pflegen*« von Organischem (»*colere*«), wie z. B. beim Anbau von Weizen oder Kartoffeln, und das Bauen als »*Errichten*« von Bauten (»*aedificare*«), wie z. B. beim Hausbau oder beim Brückenbau. Über der Vielfalt der Tätigkeiten des Pflegens und Errichtens vergessen wir oft das eigentliche Bauen als Wohnen, in dem alle anderen Weisen des Bauens gründen und dem sie dienen sollten. Letzteres scheint heute angesichts der modernen Agrikultur, Tierzucht und Architektur sehr fragwürdig geworden zu sein.

Den Grundzug des Wohnens sieht Heidegger im »*Schonen*«. (VA 143) Schonen steht in nächster Verwandtschaft mit Gelassenheit und Denken als Seinlassen, wie seine Beschreibung verdeutlicht: Es läßt etwas in sein Wesen, es birgt es in sein Wesen zurück und bewahrt es vor Schaden. Schonen heißt, etwas in die Hut nehmen, hüten und wahren. Von hierher sind die Wesensbestimmungen des Menschen als »Hirt des Seins« bzw. als »Verwahrer des Seins« zu verstehen. Als Ort des Wohnens für die Menschen als Sterbliche wurde vorgreifend die nähernde NÄHE des Gevierts genannt. Jedes der Vier des Gevierts bedarf auf seine Weise der Schonung. Damit die Menschen als Sterbliche im Geviert wohnen können, müssen sie erstens die *Erde* »*retten*«, d. h. in ihr eigenes Wesen freilassen, statt sie sich untertan zu machen und sie auszubeuten, müssen sie zweitens den Himmel als *Himmel* »*empfangen*«, d. h. sich auf Sonne und Mond, den Lauf der Gestirne, die Zeiten des Jahres, Tag und Nacht usw. einlassen, statt sie gewaltsam ändern zu wollen und beispielsweise den Tag zur Nacht und die Nacht zum Tag zu machen, müssen sie drittens die Göttlichen als die *Göttlichen* »*erwarten*«, d. h. in ihrem Fehl ausharren und wartend auf eine neue Ankunft vorbereiten, müssen sie viertens die *Sterblichen* in das Wesen des Todes »*geleiten*«, d. h. ihnen helfen, in ihr Wesen als Sterbliche zu finden, die den Tod vermögen, damit ein guter Tod sei. Das Schonen des Gevierts gliedert sich demnach vierfach: In das Retten der Erde, das Empfangen des Himmels, das Erwarten der Göttlichen und das Geleiten der Sterblichen. (VA 145) Allerdings kann dieses vierfache Schonen des Gevierts nicht auf direktem Wege erbracht werden, sondern nur auf indirektem durch die »Vermittlung« des Schonens der Dinge, bei denen wir uns immer schon aufhalten. Denn allein die Dinge die als Dinge in ihr Wesen zugelassen sind, bergen das Geviert. Der Aufenthalt bei den Dingen ist die Weise, wie sich die »Vierfalt des

Schonens« jeweils einheitlich voll-bringt. Damit erhält unser Umgang mit den innerweltlichen Dingen eine ungeheure Wichtigkeit für unser Wohnenkönnen im Ganzen des Welt-Gevierts. Nur über die Nähe zu den Dingen als Dingen gelangen wir in das Wesen der NÄHE als Spiegel-Spiel und Zeit-Spiel-Raum des Gevierts.

Offenbar steht dann auch das Verhältnis von Mensch und Raum, das Wohnen, in einem engen Zusammenhang mit dem Verhältnis von Ding und Raum. Dies demonstriert Heidegger anhand eines gebauten Dinges, der Brücke. Als ein Ding (»thing«, vgl. den Ding-Vortrag) versammelt die Brücke das Geviert in der Weise, daß es ihm eine Stätte verstattet. Solches ist nur möglich, weil das Ding »Brücke« selbst ein Ort »*ist*«. Vor der Errichtung der Brücke gibt es zwar eine Mannigfaltigkeit von Stellen, aber keinen Ort. Anders gewendet: Der Ort entsteht zugleich mit dem Bau der Brücke. Dinge, die in solcher Weise Ort sind, nennt Heidegger »Bauten«. Sie verstatten dem Geviert eine Stätte und ermöglichen erst Plätze und Wege, durch die der Raum eingeräumt wird. Raum ist hierbei in seiner alten Bedeutung zu verstehen als »freigemachter Platz für Siedlung und Lager«. (VA 148) Raum in diesem Sinne ist stets etwas Eingeräumtes, in eine Grenze Freigegebenes. »*Demnach empfangen die Räume ihr Wesen aus Orten und nicht aus ›dem‹ Raum.*« (VA 149)[34]

Der Raum, den das Ding »Brücke« als Ort einräumt, zeigt sich zunächst als ein nach »*Nähe*« und »*Ferne*« zur Brücke und in »*Plätzen*« strukturierter. Von diesem ursprünglichen eingeräumten Raum kann nun in mehreren Stufen abstrahiert werden: Die jeweiligen Plätze können auf einer ersten Abstraktionsebene als bloße, nicht qualitativ voneinander unterschiedene »*Stellen*« aufgefaßt werden, zwischen denen ein ausmeßbarer »*Abstand*« besteht. Den so entstehenden Raum, der durch bloße Stellen eingeräumt ist, nennt Heidegger den »*Zwischenraum*« oder lateinisch »*spatium*«. In ihm werden Nähe und Ferne zu bloßen »*Entfernungen*« bzw. kleinem oder großem »*Abstand*« nivelliert.[35] Im »Zwischenraum« erscheint die Brücke nicht mehr als ein raum-strukturierender Ort, sondern als ein bloßes Etwas an einer beliebigen Stelle, das jederzeit durch ein anderes Etwas ersetzt oder dessen Stelle beliebig verändert werden kann. Zieht man von diesem »Zwischenraum« die bloßen Ausspannungen in Höhe, Breite und Tiefe ab, so gelangt man zum reinen *dreidimensionalen Raum*. Dieser kennt weder Nähe noch Ferne, noch Entfernungen oder Abstände, sondern

34 Zum einräumenden Wesen von Orten vgl. auch KuR 8ff.
35 Siehe oben 108ff.

nur noch den Faktor »*Ausdehnung*« oder lateinisch »*extensio*«. Man könnte ihn daher »*extensionalen Raum*« nennen. Vom dreidimensionalen, extensionalen Raum läßt sich wiederum abstrahieren im Hinblick auf analytisch-algebraische »*Relationen*«. Die Dreizahl der Dimensionen ist mathematisch beliebig erweiterbar, wobei allerdings Probleme mit unserem Vorstellungsvermögen auftreten. Diesen mathematischen, relationalen Raum kann man auch als »*den*« Raum bezeichnen, nur daß es dann in »*dem* Raum« weder Orte, noch Plätze noch Stellen gibt, also auch keine Dinge. »*Der* Raum« enthält keine Räume, er ist leer. Umgekehrt können Räume, die von Dingen als Orten eingeräumt werden, stets in Richtung auf die anderen Raumformen weiter-gedacht werden, wie oben gezeigt. Der mathematische und der physikalische Raum gründen im alltäglichen oder lebensweltlichen Raum. Die vollständige Fundierungskette lautet: Ort – strukturierter Platz-Raum des alltäglichen Umgangs – Zwischenraum – extensionaler Raum – mathmetischer, relationaler Raum. (VA 149f, Herv. E.K.)[36]

Indem der Mensch sich immer schon bei den Dingen aufhält – man vergleiche bereits das »Sein bei« in »Sein und Zeit« –, ist sein Verhältnis zum Raum wesentlich durch sein Verhältnis zu Dingen als Orten geprägt. Der Raum ist weder äußerer Gegenstand noch inneres Erlebnis für den Menschen. Wenn wir beispielsweise an ein fernes Ding denken, dann verbleibt dieses Hindenken nicht im Inneren unseres Kopfes, vielmehr steht das Denken in sich die Ferne zu diesem Ort durch. Der Mensch »*steht*« als der Ek-sistierende wesentlich Räume »*durch*«. Deshalb bezeichnete der Humanismus-Brief das Wohnen des Menschen als ein Hinausstehen in die Lichtung, d. h. die NÄHE des Seins. (Hum 25) Selbst der krankhafte Bezugsverlust zu den Dingen bleibt an einen ursprünglichen Aufenthalt bei den Dingen gebunden. »Der Bezug des Menschen zu Orten und durch Orte zu Räumen beruht im Wohnen. Das Verhältnis von Mensch und Raum ist nichts anderes als das wesentlich gedachte Wohnen.« (VA 152)

Dinge als Orte räumen das Geviert in zweifacher Weise ein: sie »lassen« es »zu« und sie »richten« es »ein«. Als dieses zweifache Einräumen als »*Zulassen*« und als »*Einrichten*« ist der Ort ein »Haus« für das Geviert, eine »Hut«. Das Bauen von »Bauten« wird damit selbst zu einem »Stiften« und »Fügen« von Räumen, und zwar im mehrfachen Sinne von Raum als Platz-Raum, Zwischenraum und extensionalem Raum. Nie jedoch gestaltet das Bauen »den Raum«. Das bauende Her-

---

36 Für die Vertiefung von Heideggers Raumverständnis siehe unten 303ff.

vorbringen ist ebenso wie das technische Hervorbringen seinem innersten Kern nach eine Weise der τέχνη und damit des ἀληθεύειν. (VA 154) Sein Wesen ist das Wohnenlassen. Wesentliches Bauen und Wohnen bleiben daher ans wesentliche Denken als Besinnung auf die Wahrheit des Seins zurückverwiesen. Bauen und Wohnen und Denken bedingen einander wechselseitig. Nur wenn wir das Denken lernen, können wir das Bauen und Wohnen lernen. Nur wenn wir das Wohnen vermögen, können wir Bauen. Und nur, wenn wir das Bauen vermögen, können wir wohnen. Wir *wohnen bauend* und *denkend*.

Ein Viertes kommt hinzu, wie uns Hölderlins Vers »dichterisch wohnet der Mensch auf dieser Erde« – den Heidegger in seinem gleichnamigen Vortrag erläutert – belehrt: das *Dichten*. Hölderlins Gedicht »In lieblicher Bläue ...« bringt das Wohnen nicht mit dem Bauen und dem Denken in Zusammenhang, aber mit dem Dichten. Trotzdem dichtet er das Selbe, das Heidegger denkerisch ausgearbeitet hat.[37] Reflektiert man den programmatischen Vers »dichterisch wohnet der Mensch«, dann drängt sich die Frage auf: Wohnen nur die Dichter? Muß man Dichter sein, um wohnen zu können? Was meint »dichterisch« hier? Dichten heißt Messen, aber kein gewöhnliches Messen, das mittels eines vorgegebenen Maßstabes etwas vermißt, sondern das ursprüngliche Messen, das selbst erst das Maß nimmt. Der Dichter steht im »Zwischen« von Erde und Himmel und empfängt sein Maß von dem zwar unbekannt bleibenden Gott, der aber dennoch in seiner Unbekanntheit offenbar ist. Weil jeder Mensch als Ek-sistierender in das Zwischen hinaussteht, muß sein Wesen jeweils vermessen werden. Das heißt: Auch der sog. »Durchschnittsmensch« muß messen, wobei er allerdings auf das Maß zurückgreifen kann, das ihm durch die vorgängige Maßnahme des Dichters übermittelt wird. *Jeder* Mensch wohnt »dichterisch«, insofern sein Messen an das vorgängige Messen als Maß-nahme des Dichters gebunden bleibt. Dichten ist seinem eigentlichen Sinne nach die messende Maß-nahme für das vermessende Wohnen aller Sterblichen auf der Erde. »Das Dichten ist das ursprüngliche Wohnenlassen« (VA 196), es erbaut das Wesen des Wohnens.

Wenn der Dichter als Vermittler ausgezeichnet ist, der die göttlichen Winke den Menschen ins Wort faßt und solchermaßen weitergibt, dann birgt die Art des Mitteilens für den überwiegenden Teil der Menschen ein großes Verständnisproblem, denn die Mitteilung kann nicht in der

37 Siehe oben 214ff.

gängigen allgemeinverständlichen Informationssprache erfolgen – sei es die Alltagssprache oder sei es die Wissenschaftssprache –, weil in dieser Seinsverhältnisse, Geviert, Gegnet usw. nicht aussagbar sind, sondern nur in der Form der Dichtung. Das »dichterische Wohnen« erfordert daher zwar nicht, daß alle Menschen zu Dichtern werden, wohl aber, daß alle auf das dichterische Wort hören lernen und Dichtung verstehen lernen.[38] Dasselbe gilt für den Denker und das Denken, dem Heidegger eine ähnliche Vermittlerrolle zuspricht, wie Hölderlin dem Dichten.

Damit wären die beiden Fragen nach der Bedeutung von »Wohnen« bei Heidegger und nach dem Wie des »Wohnens« geklärt, bleibt noch die Frage nach dem Ort des Wohnens. »Sein und Zeit« bestimmt ihn als »Welt« bzw. als »Lichtung«, die beide jedoch noch zu stark von der »Transzendenz« des Daseins aus verstanden werden. »Vom Wesen der

[38] Vgl. hierzu die weitergehende Problematisierung von Werner Marx in seinem Aufsatz »Die Welt im anderen Anfang: Die Rolle des Dichters und das ›dichterische Wohnen‹« (1970) sowie das Kapitel »Das Maß für das Dichten« in seinem Buch »Gibt es auf Erden ein Maß?«, Hamburg 1983, 141–153. In beiden Abhandlungen geht Marx von der ἀλήθεια – Struktur der Sprache als Sage aus. Da »Geheimnis« und »Irre« wesentlich mit zum vollen Wesen der ἀλήθεια gehören, führt Heideggers Bestimmung des »dichterischen Wohnens« für Marx in die Aporie. Im erstgenannten Aufsatz sieht Marx eine Widersprüchlichkeit darin, daß sich in der derzeitigen Epoche des Seinsentzugs und Sprachverfalls die Sage als λήθη sowie aller »Inhalt« »in totaler Weise« sich dem dichterischen Maß-nehmen entziehen müßte, was zur Folge hätte, daß das Mitteilen des Dichters an die Menschen ein Inhaltsleeres in ein Inhaltliches verwandeln müßte. (110) Diese Kritik mißversteht meines Erachtens Heidegger, denn er spricht nirgendwo von einer »totalen« Verbergung, im Gegenteil, faßt er ausdrücklich die Erfahrung des Entzugs des Seins als ein positives Phänomen, das sehr wohl einen Inhalt hat, wie vor allem seine Hölderlin-Interpretation darlegt. (Siehe oben 203ff.) Ebensowenig kann ich den zweiten Einwand dieses Aufsatzes teilen, ein wirkliches Gelingen der dichterischen Vermittlung des Zuspruchs des Seins würde zu einer gänzlichen Verwindung der Alltags- und Wissenschaftssprache zugunsten eines »der Sage entsprechenden mehrdeutigen menschlichen Nennens« führen (111), denn das dichterische Nennen bezieht sich »nur« auf das Wohnenlassen des Menschen*wesens*, regelt aber nicht alles ontische Verhalten der Menschen zum Seienden im einzelnen. Weitaus bedenkenswerter dagegen scheint mir Marxens Kritik am Heideggerschen Maßverständnis, die er in seinem neuesten Buch vorträgt. Wenn sowohl das Geviert als das Maß für das Dichten als auch die Sprache als der Vollzugsbereich der Maß-nahme von der ἀλήθεια durchwaltet sind, dann erweist sich dieses Maß als untauglich für die Regelung verantwortlichen Handelns. Allerdings möchte ich auch hier an Marx die Frage stellen, ob das dichterische Maß bei Heidegger dies überhaupt leisten soll oder nicht vielmehr auf die Wesensumgrenzung des Menschenwesens eingeschränkt bleibt. Damit ändert sich andererseits nichts an der von Marx herausgestellten Tatsache, daß Heidegger kein Maß für ethisch verantwortliches Handeln im mitmenschlichen Bereich kennt. Siehe unten 372ff.

Wahrheit« offenbart die Wahrheit als ἀλήθεια als Wohnstätte von Mensch und Sein.[39] Die »Kehre« gegenüber »Sein und Zeit« besteht darin, daß von nun an Wahrheit, Lichtung und Welt als von sich aus dem Dasein Vor-gegebene gefaßt werden. Hölderlins Dichtungen nennen die Wohnstätte des Menschen schlicht »Heimat«, »Vaterland« oder »Nähe zum Ursprung«. Der Humanismus-Brief deutet die geschichtliche »Heimat« als »Nähe zum Sein«, in der wir wohnen sollen. Diese NÄHE identifiziert er mit der »Wahrheit« oder »Lichtung«. Ferner spricht er von der »Sprache« als dem »Haus des Seins« und der »Behausung« des Menschenwesens. Die Vorträge »Das Ding«, »Bauen Wohnen Denken« und »›... dichterisch wohnet der Mensch ...‹« erörtern »Geviert« bzw. »Welt«, deren innerster Sinn sich als Nähern der NÄHE erweist.[40] Die Erörterung der »Gelassenheit« gelangt zur »Gegnet« als NÄHE im Sinne des Zeit-Spiel-Raumes, in den der Mensch sich einlassen soll. Die noch ausstehenden Darlegungen von »Unterwegs zur Sprache«, »Zur Sache des Denkens« sowie die »Vier Seminare« führen die Erörterungen des Sprachhauses, der Lichtung und der ἀλήθεια als der NÄHE weiter aus.

Ausschlaggebend bei all diesen Umschreibungen des Ortes des Wohnens von den verschiedensten Ausgangspunkten her ist, daß alle das von mir eingangs anhand der Interpretation von »Identität und Differenz« herausgestellte ›Dritte‹, die Menschenwesen (Seiendes) und Sein gleichermaßen umfassende NÄHE meinen. Wahrheit als ἀλήθεια, Lichtung, Gegnet, Geviert, Welt und Heimat, ja selbst noch das Gestell, sind allesamt in NÄHE zentriert. Daher bezeichne ich das Problem der NÄHE als den Schlüssel (aller Schlüssel) zu Heideggers Seinsdenken.

Abschließend halte ich noch eine kurze Anmerkung zum Gebrauch des Terminus »*Heimat*« bei Heidegger für angebracht: Der Begriff »Heimat« ist heute in weiten Kreisen in Verruf geraten, man wittert Archaismus und Ideologie. Der »Realist«, der festen Standes auf dem Boden der wissenschaftlich-technischen Welt steht, kann mit dem Loblied auf »Heimat«, wie er sich in fast aller großen deutschen Dichtung findet, nichts mehr anfangen; das ganzheitliche, »harmonische« Welt-

---

39 Entsprechend schreibt Walter Biemel in seinem Aufsatz »Heideggers Begriff des Daseins«, (1949): »Die Wahrheit ist der eigentliche Wohn-raum des Menschen.« (126)
40 Vgl. auch Heb 13ff, wo Heidegger von der »Welt als Haus« und vom »Haus der Welt« spricht.

bild der Klassik gilt ihm als zerbrochen, die romantische Sehnsucht nach der »blauen Blume« oder »Arkadien« als Ausdruck wirklichkeitsfremder Spinnerei. Wen nicht bereits die sog. »große Dichtung« abschreckt, dem wird spätestens die klischeehafte Darstellung von »Heimat« in sog. »Heimatliteratur« und in sog. »Heimatfilmen« verdächtig werden. Dieser Verdacht wird ins Unerträgliche gesteigert, wenn man an die skrupellose Ideologisierung von »Heimat« durch die Nationalsozialisten denkt, deren Blut- und Boden-Parolen einzig dazu dienten, das eigene Volk für den Krieg »zusammenzuschweißen« und »Fremdkörper« wie die Juden erbarmungslos auszurotten. Über diesen folgenschweren Verunglimpfungen von Heimat darf meines Erachtens jedoch nicht deren ursprüngliche, lebenstragende und lebensfördernde Qualität vergessen werden. Erfreulicherweise hat der Heimatbegriff innerhalb der Philosophie des 20. Jahrhunderts, insbesondere bei Martin Heidegger und Ernst Bloch eine Neubelegung und Wiederaufwertung erfahren.[41] Bei beiden hat der Terminus »Heimat« sichtlich eine Ausweitung erfahren: Bloch geht von der Analyse des »Prinzips Hoffnung« aus, das den Menschen seiner Meinung nach mehr als alles andere antreibt, und faßt »Heimat«, marxistischer Tradition folgend, als *utopischen* Ort wahren Menschseins; Heidegger nimmt seinen Ausgang bei der derzeitigen Seinsferne, die die Heimatlosigkeit des Menschen nach sich gezogen hat, und denkt »Heimat« als den *seinstopologischen* Ort für ein Wohnen des Menschenwesens. Bei beiden ist Heimat also nicht etwas Feststehendes, sondern etwas erst zu Erwerbendes, aber auch wirklich Erwerbbares. Ein wesentlicher Unterschied zwischen beiden liegt allerdings in der Bestimmung des Raumes dieser Heimat: bei Bloch die »Natur« im materialistischen Sinne, bei Heidegger das »Geviert«.[42] Aus Heideggers Einblick in die zutiefst »ontologische« Qualität von »Wohnen« und »Heimat« und aus der bedrängenden Erfahrung der derzeitigen »Heimatlosigkeit« erklärt sich seine auf den ersten Blick anachronistisch anmutende Hochschätzung des Bodenständigen, Ländlichen und Bäuerlichen. Von hierher muß ein Aufsatz wie »Schöpferische Landschaft. Warum bleiben wir in der Provinz?« (1933, GA 13,

41 Daneben wäre Otto Friedrich Bollnows Philosophie einer »Neuen Geborgenheit« zu nennen. Vgl. O. F. Bollnow: Neue Geborgenheit, Stuttgart 1955; ders.: Mensch und Raum, Stuttgart 1963.
42 Vgl. Ernst Bloch: Das Prinzip Hoffnung, (Gesamtausgabe Bd. 5), Frankfurt a. M. 1977, 6, 8, 11, 15f, 1627f. Bezeichnenderweise lautet das letzte Wort des umfangreichen Werkes »Heimat«. Bloch sieht in der Nähe den eigentlichen Ort der Utopie. Vgl. Ergänzungsband zur GA, 414–417.

9–15) verstanden werden, den Adorno als angeblichen Kern der Heideggerschen Philosophie herausgreift und durch eine simple Parallelisierung mit einem Text Ludwig Ganghofers lächerlich zu machen und in
die Nähe der Blut- und Boden-Ideologie der Nazis zu stellen trachtet.[43]

43 Vgl. Theodor W. Adorno: Philosophische Terminologie, Bd. 1, 3. Aufl., Frankfurt a. M. 1979, 148ff. Im Unterschied zu Adorno sieht Rainer Marten in Heideggers
Konzeption von Heimat »eine philosophische Herausforderung«, deren Antwort allerdings ebenfalls sehr negativ ausfällt. Marten geht sogar soweit, in »Heideggers
Heimatphilosophie eine Gefahr für den Menschen« zu erkennen, weil er ein Men-
schenverständnis zu diktieren suche, das sich »der Selbstverständigung des Menschen
über seine lebensbefähigende Endlichkeit, Öffentlichkeit und Zeitorientierung widersetzt«, wie sie die Lebenspraxis selbst ausbilde. (158f) Jedoch scheint mir Martens
Auslegung von Heimat bei Heidegger als »fester *und* umgrenzter Erdenboden« – die
sich damit im diametralen Gegensatz zu Martens Auffassung einer »praktisch-gegen-
wärtigen Heimat« befindet, welche sich wesentlich durch das Im-Fortgang-sein auszeichnet – äußerst fraglich zu sein. Widersetzt sich nicht eine Heimat, die seinstopo-
logisch als Nähe zum Sein gefaßt wird, wesensmäßig aller Fixierung auf ein bestimmtes Gebiet wie den Schwarzwald oder ein bestimmtes Land wie Deutschland?
Ferner »diskriminiert« Heideggers Heimatverständnis meines Erachtens weder indi-
viduell geglücktes Leben noch diejenigen, die aufgrund einer Krankheit »heimatunfä-
hig« sind, wie Marten unterstellt. (155ff) Vgl. Rainer Marten: Heideggers Heimat –
eine philosophische Herausforderung, (1980).

5. Kapitel
Sprache als Haus des Seins

Die topologische Erörterung des Seins und des Menschenwesens ist wesentlich an die Sprache als das »Haus des Seins« und die »Behausung des Menschenwesens« gebunden, deren Pflege vornehmlich den Dichtern und Denkern aufgetragen ist. Insofern Dichten und Denken ausgezeichnete Weisen der Sprache sind und die Menschen dichterisch-denkerisch auf dieser Erde wohnen können, indem sie bauen, zeigt sich das enge Verhältnis von *Bauen* und *Wohnen* und *Denken* und *Dichten* mit der *Sprache*. Alle wesentlichen Bezüge von Sein und Menschenwesen kommen in der Sprache zusammen. Sprache gibt sowohl den Wohnraum des Menschen als auch die lichtend-bergende Ortschaft des Seins ab und erhält damit eine viel umfassendere und wichtigere Stellung als dies üblicherweise in der Philosophie der Fall ist. Das Sprachhaus darf dabei nicht als feststehendes Gehäuse vorgestellt werden, sondern ist als wesendes und daher sich geschichtlich veränderndes Haus zu denken.

Das Problem der Sprache und ihr Bezug zum Sein beschäftigt bereits den Habilitanden Heidegger, der »Die Kategorien- und Bedeutungslehre des Duns Scotus« (1916) untersucht, sich dabei allerdings noch ganz im Fahrwasser traditioneller Vorstellungen sowie der Husserlschen Bedeutungslehre bewegt. (FS 131–353; UzS 91f) Dies gilt mit kleinen Einschränkungen auch noch für eine bisher unveröffentlichte Vorlesung aus dem Jahre 1921 über »Ausdruck und Erscheinung«. (UzS 91, 128f)[1] »Sein und Zeit« behandelt den Sprachaspekt meines Erachtens etwas stiefmütterlich, wenn auch dem *Existenzial* der »Rede« eine ausgezeichnete Stellung innerhalb der existenzialen Analytik des Daseins zukommt, wie von Herrmann in einem vorzüglichen Kommentar des § 43 nachgewiesen hat.[2] Die Vorlesung »Einführung in die Metaphy-

---

1 Der korrekte Titel dieser Vorlesung lautet: »Phänomenologie des Ausdrucks und der Anschauung«, auch datiert sie aus dem Jahr 1920 und nicht aus dem Jahr 1921, wie Heidegger aus der Erinnerung fälschlicherweise schreibt. Vgl. GA 12, 86 (Anm.).
2 Vgl. Friedrich-Wilhelm von Herrmann: Subjekt und Dasein, 2. erw. Aufl., Frankfurt a. M. 1985, 92–224.
»Rede« meint in »Sein und Zeit« das existenziale Wesen der Sprache, »Sprache« nennt die Verlautbarung. (100; vgl. SuZ 160) »Rede« bedeutet primär »Artikulation« im Sinne von Gliederung, nicht im engeren gewöhnlichen Sinne eines lautlichen Zum-Ausdruck-bringens. Die ausgezeichnete Stellung der Rede sieht von Herrmann darin, daß sie Befindlichkeit und Verstehen sowie das Erschließen überhaupt be-

sik« aus dem Jahre 1935 ergänzt »Sein und Zeit« durch eine sprachliche und geschichtliche Betrachtung des Terminus »Sein«.[3] Die denkerische Zwiesprache mit Hölderlins Dichtung sowie die Besinnung auf den Heraklitischen λόγος bringen m. E. einen Durchbruch in Heideggers Bemühungen um die Sprache, der im Humanismus-Brief seinen deutlichsten Ausdruck findet: Die Sprachbetrachtung wird jetzt aus der einseitigen Orientierung am menschlichen Sprechen und am Existenzial der Rede befreit und hinsichtlich des Zuspruchs des Seins selbst sowie als Haus des Seins und Behausung des Menschenwesens thematisiert. Weiterhin wird NÄHE als Wesen der Sprache angezeigt, was dann in »Unterwegs zur Sprache« ausgeführt wird. Der Titel dieses Spätwerkes kann als Wesenskennzeichnung des gesamten Heideggerschen Denkweges gedeutet werden, und zwar in zweifacher Hinsicht: Zum einen ist Heidegger von Anfang an unterwegs zum Wesen der Sprache, zum anderen ist er von Anfang an darum bemüht, sein Seinsdenken angemessen sprachlich ins Wort zu fassen.[4]

Im Rahmen dieser Arbeit kann nicht auf die gesamte Entwicklung des Sprachproblems bei Heidegger sowie auf alle Aspekte der Sprache eingegangen werden. Meine Ausführungen konzentrieren sich auf die späteste und ausgereifteste Stufe der Heideggerschen Sprachbetrachtung, wie sie sich in den Vorträgen des Sammelbandes »Unterwegs zur Sprache« (1959) artikuliert, und dabei vorrangig auf den Zusammenhang von Sprache und NÄHE. Daß Sprache eine Wesensfolge der NÄHE ist, tritt jedoch solange nicht zutage, solange man sich der heute dominierenden sprachanalytischen Betrachtungsweise des Seins- und Sprachproblems befleißigt. Diese verbaut, und zwar nicht bloß zufällig, sondern wesensmäßig, d. h. aufgrund der in ihr vertretenen Auffas-

stimmt, insofern diese auf Artikulation im Sinne von Gliederung angewiesen sind. Damit revidiert von Herrmann das durch O. Pöggeler weitverbreitete Fehlurteil, das Existenzial »Rede« werde von den anderen Existenzialien in den Hintergrund gedrängt, weil es minder wichtig sei als diese (vgl. 198–224).

3 Für den engen Zusammenhang beider Schriften vgl. SuZ Vorbemerkung. Eine eingehende Auseinandersetzung mit zentralen Seinsthesen der Metaphysik bringt die Vorlesung »Grundprobleme der Phänomenologie« aus dem SS 1927. Vgl. GA 24, 35–320.

4 Von hierher sind die zahlreichen Neologismen, Bindestrichschreibweisen usw. zu verstehen, die Heidegger eingeführt hat. Vgl. dazu: Erasmus Schöfer: Die Sprache Martin Heideggers, Pfullingen 1962.
Vgl. ferner Heideggers Begründung für die Nichtvollendung von »Sein und Zeit« in Hum 17: »Der fragliche Abschnitt (»Zeit und Sein«, Anm. E.K.) wurde zurückgehalten, weil das Denken im zureichenden Sagen dieser Kehre versagte und mit Hilfe der Sprache der Metaphysik nicht durchkam.«

sung von Sprache sowie ihres methodischen Instrumentariums, von vornherein den Zugang zum Problem der NÄHE. Ähnliches gilt für die linguistische Betrachtungsweise von Sprache. Soll daher in der gegenwärtigen Situation deutlich gemacht werden, daß die Auseinandersetzung um das Sein sowie um die NÄHE wesentlich eine Auseinandersetzung mit und um die Sprache ist, so halte ich dreierlei für unabdinglich: Erstens eine sprachliche Untersuchung des Wortes »Sein«, insbesondere um die weitverbreitete sprachanalytische Mißdeutung des Seinsproblems zu entlarven und abzuwehren; zweitens eine Darstellung von Heideggers Kritik an der geläufigen Auffassung von Sprache, wie sie sich bei den Linguisten, aber auch den meisten Sprachphilosophen findet; drittens eine Erörterung von Heideggers Verständnis der Sprache im Kontext der NÄHE.

1. Sein und Sprache

Die Fundamentalontologie in »Sein und Zeit« geht davon aus, daß wir uns immer schon in einem vagen vorbegrifflichen Seinsverständnis bewegen. Dessen äußerliches Indiz ist, daß wir ständig das »ist« mitsagen, wenn wir z. B. sagen »der Tisch ist groß«, »Gott ist« oder »das Buch ist im Schrank«. Auch solche Aussagen wie »das Buch steht auf dem Regal« oder »die Frau geht ins Haus« implizieren das »ist«, denn sie lassen sich umformen in »das Buch ist auf dem Regal stehend« und »die Frau ist ins Haus gehend«, wie schon Aristoteles dargelegt hat.[5] Offensichtlich durchherrscht das unscheinbare Wörtchen »ist« bzw. dessen Infinitiv »sein« jede Aussage. Andererseits treffen wir das Sein nirgendwo wie etwas Gegenständliches an: Wir können es weder sehen, noch hören, noch schmecken, noch riechen, noch ertasten, was die Metaphysik veranlaßt, es als das Transzendente schlechthin, das Allgemeinste und

5 Vgl. Aristoteles: Metaphysik, 1017a 27–30; ferner A. Schopenhauer: Die Welt als Wille und Vorstellung, 2. Bd., 1. Buch, Kap. 9, Zürich 1977, 124. Zur Kritik der Umwandlung von Verbalsätzen in entsprechende Nominalsätze mit Sein und Partizip vgl. Ernst Tugendhat: Die sprachanalytische Kritik der Ontologie, (1967), 490. Tugendhat sieht in dieser Übersetzung eine Sinnmodifikation, weil im Nominalsatz dasjenige, was im Verbalsatz unmittelbar als Tätigkeit des Gegenstandes zum Ausdruck kommt, als realer Gehalt für sich herausgehoben und gleichsam von außen als Zustand konstatiert wird. Zum Unterschied von Nominal- und Verbalsätzen vgl. Johannes Lohmann: Martin Heideggers ontologische Differenz und die Sprache, (1948), 59f.

Leerste zu begreifen. So gesehen erscheint es nur konsequent, wenn Nietzsche am Ende der Metaphysik das Sein »den letzten Rauch der verdunsteten Realität« nennt. (EiM 27) Entpuppt sich die »Gigantomachie um das Sein«, die in der Gestalt der metaphysischen *Leitfrage* aristotelischer Prägung als Frage nach dem *Seienden als Seienden* über zweitausend Jahre das Philosophieren in Bewegung hielt und in der Gestalt der fundamentalontologischen *Grundfrage* als Frage nach dem *Sein als Sein* bzw. dem *Sinn von Sein* eine Wiederbelebung und neue Wendung erhielt, letztlich als Streit um ein leeres Wort, um eine Scheinproblematik, die durch logische Analyse der Sprache entlarvt werden kann, wie dies Rudolf Carnap bereits im Jahre 1931 vom neopositivistischen Standpunkt aus nachweisen zu können glaubte? Oder lassen sich Ontologie und Fundamentalontologie in eine »formale Semantik« auflösen, wie dies Ernst Tugendhat aus sprachanalytischer Sicht fordert? Grundsätzlich gefragt: Läßt sich die Seinsfrage auf eine logische bzw. formalsemantische Sprachanalyse reduzieren und mit diesen Mitteln entscheiden?

Für den Positivisten Rudolf Carnap kann es notwendigerweise keine sinnvollen metaphysischen Sätze geben, da die Metaphysik Aussagen über solches macht, was keiner *empirischen* Wissenschaft zugänglich ist.[6] Der Sinn eines Satzes besteht allein in der Möglichkeit seiner Verifikation: »Ein Satz besagt nur das, was an ihm verifizierbar ist.«[7] Sinnvolle Sätze sind nur solche, die sich auf »*Beobachtungs*-« oder »*Protokollsätze*« zurückführen lassen – sieht man einmal von den Tautologien der Mathematik und Logik ab. Allerdings leistet der logische Mangel der Umgangssprache der Möglichkeit der Bildung von sinnlosen Scheinsätzen Vorschub. Ein Großteil dieser Scheinsätze beruht auf zwei groben Fehlern, die die Metaphysik hinsichtlich des Terminus »Sein« begeht: Erstens vermengt sie häufig die zweifache Bedeutung von »ist« als Kopula und als Existenzbezeichnung. Zweitens übersieht sie, daß auch Sein im Sinne von Existenz kein reales Prädikat ist, wie schon Kant dargelegt hat.[8]

6 Vgl. Rudolf Carnap: Überwindung der Metaphysik durch logische Analyse der Sprache, (1931). Vgl. ferner Heideggers kurze Stellungnahme zu diesem Aufsatz in GA 40, 227f.
7 a. a. O. S. 236.
8 Vgl. a. a. O. S. 233f. In seinem späteren Aufsatz »Empirism, Semantics and Ontology«, (1950), mäßigt Carnap seinen Sinnlosigkeitsverdacht: »Sein« fungiere zwar sinnvoll, wenn man es in Aussagen gebraucht, hingegen seien alle Fragen, die thematisch machen, sinnlos.

Während die sprachanalytische Metaphysikkritik des logischen Positivismus der Ontologie von vornherein jede Diskussionsmöglichkeit nimmt – dabei jedoch verkennt, daß auch ihre Sinnlosigkeitsthese in einer metaphysischen, als solcher aber verborgenen Voraussetzung über den Sinn von Sinn gründet –, bemüht sich die neuere sprachanalytische Philosophie wieder verstärkt um ontologische Probleme, wenn auch unter völlig gewandelten Vorzeichen als die traditionelle Ontologie selbst.[9]

Ernst Tugendhat glaubt, in der sprachanalytischen Methode ein Universalinstrument gefunden zu haben, mit dem er *alle* Probleme der bisherigen Philosophie angemessener formulieren und einer Lösung näher bringen kann: sei dies die ontologische Seinsfrage, die erkenntnistheoretische Frage nach dem Bewußtsein bzw. der Erfahrung oder die Frage nach der Vernunft in theoretischer und praktischer Hinsicht.[10] Die aristotelische Seinsfrage nach dem Seienden als Seienden wird von ihm umformuliert zur Frage »Was besagt die Rede vom Seienden?« Diese wiederum kann zur Frage nach der Bedeutung eines »*singulären Terminus*« formalisiert werden, da »Seiendes« *formal-semantisch* gesehen ein »singulärer Terminus« ist.[11] Auf diesem Weg löst sich die Frage »Was ist das Seiende als Seiendes?« schließlich in die Frage auf »Was heißt es, einen singulären Terminus zu verstehen?«[12] Dasselbe Verfahren kann nach Tugendhat auf die fundamentalontologische Seinsfrage Heideggers nach dem Sein als Sein angewendet werden. Tugendhats Haupteinwand gegen Heideggers Seinsdenken lautet: Heidegger geht

9 Vgl. dazu Ernst Tugendhat: Die sprachanalytische Kritik der Ontologie, (1967), 483f. Hierbei ist vor allem auf folgende Arbeiten hinzuweisen: Willard van Orman Quine: From a Logical Point of View, Cambridge 1953 (dt. Frankfurt a. M. 1979); ders.: Word and Object, Cambridge 1960 (dt. Stuttgart 1980); ders.: Ontological Relativity and Other Essays, New York 1969 (dt. Stuttgart 1975); Peter F. Strawson: Individuals, London 1959 (dt. Stuttgart 1972) und Ernst Tugendhat: Vorlesungen zur Einführung in die sprachanalytische Philosophie, Frankfurt a. M. 1976.
10 Vgl. E. Tugendhat: Vorlesungen zur Einführung in die sprachanalytische Philosophie, Frankfurt a. M. 1976, 13–124. Einen ähnlichen Weg schlug zuvor schon Georg Jánoska ein, der forderte, die Ontologie durch eine transzendentale »Ontosemantik« zu ersetzen. Vgl. G. Jánoska: Die sprachlichen Grundlagen der Philosophie, Graz 1962.
11 Die Definition von »singulärer Terminus« lautet: »Ein Ausdruck x ist ein singulärer Terminus, wenn, sofern er durch einen anderen Ausdruck zu einem ganzen Aussagesatz ergänzt wird, sich aus diesem Satz ein anderer folgern läßt, in dem x durch ›etwas‹ (bzw. ›jemand‹) ersetzt ist.« Oder: »Ein Ausdruck ist ein singulärer Terminus, wenn er auf der einen und der anderen Seite von ›ist dasselbe wie‹ (oder ›=‹) stehen kann.« Tugendhat a. a. O. 37 u. 38.
12 a. a. O. 53.

naiv von einem einheitlichen Sinn von »Sein« aus, statt erst einmal diese angebliche Einheitlichkeit zu hinterfragen. Der Terminus »Sein« zerfalle jedoch in mindestens drei Grundbedeutungen als Prädikation, Existenz und Wahrheit, wie Charles H. Kahn in seiner ausgezeichneten linguistischen Studie über den vorphilosophischen Gebrauch des Wortes »εἰμί« im Altgriechischen, insbesondere bei Homer, nachgewiesen habe.[13] Tugendhat selbst unterscheidet mit der philosophischen Tradition noch eine vierte Grundbedeutung von »Sein« als Identität, die Kahn unzulässigerweise unter die Prädikation subsumiere. Während Kahn trotz aller Differenzierung zwar keinen einheitlichen Seinsbegriff behauptet, aber doch einen Zusammenhang der von ihm herausgestellten Bedeutungen im Sinne eines linguistischen Systems betont, das im kopulativen Gebrauch von εἰμί zentriere und dessen Einheit durch den statischen Aspekt von εἰμί (im Gegensatz zum dynamischen γίγνομαι) definiert werde, beharrt Tugendhat auf der Disparatheit der verschiedenen Bedeutungen von »Sein«.[14]

Heideggers undifferenzierte Rede von *dem* Sein habe letztlich dazu geführt, daß er die veritative und die kopulative Bedeutung zugunsten der Existenzbedeutung fast völlig vernachlässigt habe.[15] Seine These vom Sein, das selbst denkt, gehört laut Tugendhat »zum Finstersten«, was je in der Philosophie gesagt worden ist, weil es deren »Bankrotterklärung« darstelle und »tiefster Ausdruck der Gegenaufklärung« sei.[16] Das Gleiche gelte für Heideggers Aussagen über die Sprache, die auf das Niveau einer primitiven Sprachtheorie zurückfallen.[17] Daß solche Verdikte auf einer verengten Auffassung von Sprache basieren, soll im Folgenden deutlich werden.

13 Vgl. E. Tugendhat: Die Seinsfrage und ihre sprachliche Grundlage, (1977); Charles H. Kahn: The Verb »be« in Ancient Greek, Dordrecht 1973.
14 Vgl. Kahn a. a. O. 389: »Thus it is the stative or static aspect that defines the unity of εἰμί as a linguistic system, if anything does.« Und 390: »But if it is this static aspect that provides the principle of unity in the system of εἰμί, it is the syntactic flexibility of the verb that explains the richness and diversity of the system.« Zur Kritik daran vgl. Tugendhat: Die Seinsfrage . . ., 171–176.
15 Vgl. Tugendhat: Vorlesungen zur Einführung . . ., 104f, 90f, 89.
16 Vgl. Tugendhat: Die Seinsfrage . . ., 176.
17 Vgl. Tugendhat: Vorlesungen zur Einführung . . ., 105. Weitere Aspekte von Tugendhats sprachanalytischer Heidegger-Kritik, auf die ich hier nicht eingehen kann, bieten folgende Arbeiten: Das Sein und das Nichts, (1970); Existence in Space and Time, (1975); Selbstbewußtsein und Selbstbestimmung, Frankfurt a. M. 1979, 164–244.

Die Kritik der sprachanalytischen Philosophie an der Seinsfrage – für die die Ansätze Carnaps und Tugendhats als Beispiele ausgewählt wurden, weil sie sich unmittelbar mit Heidegger auseinandersetzen – läßt sich im wesentlichen in drei Punkten zusammenfassen:

1. Der Terminus »Sein« bzw. »ist« zerfällt in mehrere Bedeutungen: *Kopula, Existenz, Wahrheit* und *Identität*, die *nichts gemeinsam* haben, wobei die beiden erstgenannten Verwendungsweisen die wichtigsten und am meisten diskutierten sind.[18]

2. Sein (im Sinne von Existenz) ist nicht nur kein *reales Prädikat*, wie bereits Kant nachgewiesen hat, sondern *überhaupt kein Prädikat*.[19]

3. Das »ist« als Kopula ist *logisch vieldeutig:* »ist« kann besagen »ist identisch« (Identität »=«), oder »ist ein Element aus« (Element-Klasse-Relation »ε«) oder »ist enthalten in« (Klassen-Einschlußverhältnis »⊂«).[20] Die formalisierte Logik beseitigt die Vagheit der natürlichen Sprache, indem sie den verschiedenen Bedeutungen verschiedene Operatoren zuordnet.

Die *Linguisten* dagegen *sprechen* der Kopula nicht nur die Eindeutigkeit, sondern eine *Bedeutung überhaupt ab* und reduzieren sie auf eine rein grammatische Hilfswortfunktion.[21] Die Möglichkeit, in einem Satz der Form »S ist P« ganz verschiedene Sachverhalte ausdrücken zu können, beruht nach ihrer Überzeugung auf der Verschiedenheit der Subjekts- oder Prädikatsbildung, also auf der verschiedenen Satzbildung, nicht aber auf einer Vieldeutigkeit der Kopula selbst. Prüfstein für die Synonymität zweier Ausdrücke ist dabei die wechselseitige Austauschbarkeit in allen Kontexten, dem weder die Beispielsätze der Logiker noch diejenigen Heideggers standhalten.

Wenn man die Argumente auf ihre Stichhaltigkeit prüfen will, sollte man den Angeklagten selbst hören. Heidegger hat in seiner Vorlesung aus dem Jahre 1935 »Einführung in die Metaphysik«, die 1953 veröffentlicht wurde, also den neueren Analytikern bekannt sein könnte und

---

18 Schon Platon unterscheidet im »Sophistes« die drei Bedeutungen des Seins als Existenz, Prädikation und Identität, zwischen denen seiner Überzeugung nach ein Zusammenhang besteht, den die Sprachanalytiker gerade leugnen. Vgl. Tugendhat: Die sprachanalytische Kritik der Ontologie, 488.
19 Vgl. Tugendhat a. a. O. 486f.
20 Vgl. Wolfgang Stegmüller: Sprache und Logik, (1956), insb. 57–65 u. 74–77.
21 Vgl. Ernst Konrad Specht: Sprache und Sein, Berlin 1967, 24–42. Specht stützt sich vor allem auf die Analysen von Helmut Gipper: Bausteine zur Sprachinhaltsforschung, Düsseldorf 1963, 2. verb. Aufl. 1969, 135–214.

meist auch bekannt ist –, selbst den Weg zum Sein über eine sprachliche Betrachtung gesucht. Diese vollzog sich auf vier Ebenen: Der *Grammatik* des Wortes »Sein« bzw. »sein«, der *Etymologie* von »Sein«, dem *umgangssprachlichen Gebrauch* von »Sein« und der Besinnung auf die *denkerische Kennzeichnung* des »Seins« bei den Griechen. *Grammatisch* gesehen ist das Wort »Sein« ein *Verbalsubstantiv* des Infinitivs »sein« von »ich bin«, »du bist«, »er ist« usw. Jedoch kommen im Infinitiv die bestimmten Bedeutungsweisen nicht mehr zur Geltung. Die Substantivierung verfestigt und vergegenständlicht diese Verwischung. (EiM 42ff) Aus *etymologischer* Sicht lassen sich drei Stämme von »sein« ausmachen: 1. Das indogermanische »*es«, das sowohl in unserem »ist« als auch im griechischen »ἔστιν« und im lateinischen »esse« vorkommt und die Bedeutung von »*leben*« hat. 2. Das indogermanische »*bhû«* oder »*bheu«*, auf das unser »bist« sowie das griechische »φύσις« zurückgehen und das »*aufgehen*« meint. 3. Das germanische »*wes«*, von dem unser »wesen« und »gewesen« abstammen, im Sinne von »*verweilen*« bzw. »*wohnen*«. Da seit langem diese drei Stammbedeutungen ausgleichend vermischt sind, führt die etymologische Betrachtung ebenso wie die grammatische nicht weiter. (EiM 54ff) Die *umgangssprachliche Verwendung* von »Sein« bzw. »ist« erweist sich als außerordentlich vieldeutig: So meinen wir beispielsweise, wenn wir sagen »Gott ist«, daß er wirklich gegenwärtig ist, im Satz »die Erde ist« deren Vorhandensein, mit der Anzeige »der Vortrag ist im Hörsaal«, daß er dort stattfindet. Ferner bezeichnet das »ist« in »der Becher ist aus Silber« sein Bestehen aus diesem Edelmetall, in »der Bauer ist auf's Feld« die Verlegung seines Aufenthaltes dorthin. In wiederum anderem Sinne zeigt das »ist« in »das Buch ist mir« das Gehören an, in »der Mann ist aus dem Schwarzwald« sein Herstammen aus diesem Gebiet. Ganz schwierig und verwickelt ist die Lage bei dem Goethevers »über allen Gipfeln / ist Ruh«: herrscht Ruhe, liegt Ruhe, waltet Ruhe, befindet sich Ruhe?[22]

22 Gipper und Specht haben die kopulative Verwendung des »ist« in diesen Beispielsätzen von Heidegger untersucht – von denen ich einige ausgewählt habe – und kamen zu dem Ergebnis, daß in keinem Fall eine echte Synonymität von »ist« mit »herstammen aus«, »befinden« usw. vorliegt, da keines der Beispiele dem Kriterium der wechselseitigen Austauschbarkeit in allen Kontexten genügt. Damit sahen sie ihre These bestätigt, daß die Kopula »ist« keinerlei eigene Bedeutung habe. Ob damit Heidegger wirklich widerlegt ist, bleibt bei näherer Betrachtung fragwürdig, denn weder behauptet Heidegger eine Synonymität dieser Begriffe noch geht es ihm an dieser Stelle um eine Analyse des Seins als Kopula, vielmehr fragt er dem einfachen Sachverhalt nach, was es bedeutet, daß wir umgangssprachlich das Wort »sein« in

Wenn sich das Sein aber in derart vielfältiger Weise eröffnet, wie will Heidegger dann jemals zu einem umfassenden Sinn von Sein gelangen? Wenn wir so fragen, dann ist es wichtig zu sehen, daß Heidegger »Sinn« nicht als etwas Allgemeines versteht, das sich mittels Abstraktion aus dem Einzelnen gewinnen läßt, sondern als »Horizont«, aus dem wir etwas verstehen. Die Frage nach dem Sinn von Sein fragt also *nicht* nach einem allgemeinsten, einheitlichen Oberbegriff »Sein«, der gattungsmäßig über allen besonderen Seinsweisen steht, wie Tugendhat unterstellt. Ein solcher Oberbegriff »Sein« läßt sich nach Heideggers Überzeugung nicht gewinnen. Wohl aber zeigt sich, daß die Begrenzung des Sinnes von »Sein« sich stets im Umkreis von Gegenwärtigkeit und Anwesen, von Bestehen und Bestand, Aufenthalt und Vorkommen, d. h. im *Horizont* der *Zeit* bewegt. Dies bestätigt Heideggers These aus »Sein und Zeit«, Sein werde stets aus Zeit verstanden. (EiM 57ff) Tugendhats Haupteinwand, Heidegger unterstelle einen einheitlichen Seinsbegriff, erweist sich somit als Mißverständnis.

Am weitesten trägt die Besinnung auf die inhaltliche Kennzeichnung des Seins in den Grundworten der *griechischen Philosophie* als φύσις, λόγος, ἕν, ἀλήθεια, ἰδέα und ἐνέργεια sowie deren Bedeutungswandel im Laufe der Seinsgeschichte, wobei Heidegger von der vierfachen Beschränkung des Seins durch Werden, Schein, Denken und Sollen ausgeht, was hier nicht expliziert werden kann. (EiM 71–157)[23]

Damit ist die Frage nach dem Zusammenhang der verschiedenen Bedeutungen von »Sein« zwar noch nicht letztlich geklärt – eine solche Klärung leistet Heideggers gesamtes Werk nicht, das nur Fragen aufwirft –, aber zumindest das Mißverständnis eines einheitlichen Seinsbegriffes abgewehrt.[24] Auch zu den beiden anderen häufig diskutierten Problem-

einer solchen Vielzahl von Bedeutungen verwenden. Entscheidend dabei ist für ihn, daß das Wörtchen »ist« in den der Alltagssprache entnommenen einzelnen, je *konkreten Beispielen* die Bedeutung von »herstammen aus«, »befinden« usw. hat, ohne daß sie in allen Fällen wechselseitig austauschbar sind. Im Satz »der Becher ist aus Silber« hat das »ist« nun einmal unbestreitbar die Bedeutung von »besteht aus« und nicht die von »befindet sich« oder »stammt aus« usw. Um mehr geht es Heidegger meines Erachtens an dieser Stelle nicht. Da das »ist« in je bestimmten Aussagen eine jeweils bestimmte Bedeutung hat, halte ich es für eine Abstraktion zu sagen, Sein sei ein bedeutungsleeres Wort. Vgl. Gipper a. a. O. 174ff u. Specht a. a. O. 31–42.
23 Siehe oben 167ff.
24 Bezeichnenderweise kommt das Kapitel, das »das Problem der möglichen Modifikation und der Einheit des Seinsbegriffes in seiner Vieldeutigkeit« explizieren sollte, innerhalb der Vorlesung »Grundprobleme der Phänomenologie« nicht mehr zur Ausführung. Vgl. GA 24, 321 u. 247ff.

kreisen der sprachanalytischen Philosophie, Kants These, daß Sein kein reales Prädikat darstelle sowie der Bestimmung des Seins als Kopula hat Heidegger innerhalb seiner Freiburger Vorlesung »Grundprobleme der Phänomenologie« aus dem Sommersemester 1927 und in seinem Aufsatz »Kants These über das Sein« (1962) Stellung genommen.

In seiner Widerlegung des ontologischen Gottesbeweises, der die Existenz Gottes aus dem Begriff Gottes ableitet, stellt Kant zwei Thesen über das Sein auf, eine negative und eine positive.[25] Die negative lautet: Sein ist kein reales Prädikat; die positive: Sein bedeutet Position überhaupt, Dasein absolute Position. (WM 442, GA 24, 77) Der negativen These »Sein ist kein reales Prädikat« bescheinigt Heidegger unbezweifelbare Gültigkeit. »Real« meint dabei entgegen dem heute vorherrschenden Sprachgebrauch nicht wirklich – also Daß-sein –, sondern Sachbestimmtheit, Was-gehalt. »Real« ist in diesem Sinne das, was zur res gehört. Weil »Sein« zum Was-gehalt einer Sache nichts hinzufügt, ist es kein *reales* Prädikat. »Sein« bezieht sich nur auf das Möglichsein oder Wirklichsein einer Sache, d. h. sein *Wie-sein*. Es sagt nichts über das Wesen des Gegenstandes aus, der Objekt unserer Thematisierung ist, sondern über das *Wie* des Verhältnisses des Objekts zum Subjekt. So enthalten hundert wirkliche Taler laut Kant nicht mehr als hundert mögliche Taler, außer dem Faktum der Wirklichkeit. Wichtig ist für Heidegger dabei, daß wir Sein im Sinne von bloßer Kopula und Sein im Sinne von Existenz sowie prädikative Synthesis und Existenzsynthesis unterscheiden. (GA 24, 52, 54) Wie für den »kritischen« Kant stellt Sein für Heidegger kein *reales* Prädikat dar, wohl aber ein Prädikat, was beide von den Analytikern unterscheidet, die auch dies noch leugnen. »Sein ist als Möglichsein, Wirklichsein, Notwendigsein zwar kein reales (ontisches), aber ein transzendentales (ontologisches) Prädikat.« (WM 460) Heidegger löst die Problematik durch Rekurs auf die ontologische Differenz zwischen Seiendem (hier res) und Sein. Der wesentlichste Unterschied zu den Sprachanalytikern besteht meines Erachtens darin, daß Heidegger gerade auf der Seite des Seins im Sinne von »Existenz« (gemäß der analytischen Klassifikation) zwischen Vorhandensein, Zu-

---

25 Diese Widerlegung findet sich zuerst in »Der einzig mögliche Beweisgrund zur Demonstration des Daseins Gottes« (1763, A 4ff; Werke I, 630ff) und dann in der »Kritik der reinen Vernunft« (1781, A 597ff; Werke II, 532ff). Die Argumentation in beiden Schriften ist weitgehend identisch bis auf einen gewichtigen Unterschied: Während für den *vorkritischen* Kant jedes Prädikat ein reales Prädikat darstellt und daher Sein *gar kein Prädikat* ist, bedeutet Sein für den *kritischen* Kant zwar *kein reales Prädikat*, aber dennoch ein *transzendentales Prädikat*.

handensein, Weltlichkeit, Dasein, Ek-sistenz usw. unterscheidet und gerade diese Differenzierung in den Mittelpunkt seines Denkens stellt, während die Analytiker (wie auch Kant) nur eine Form des Seins im Sinne von »Existenz« kennen: das Vorhandensein.

Die positive Bestimmung Kants, Sein sei bloße Position, wobei Position an Wahrnehmung rückgebunden bleibt, hält Heidegger für unzureichend und einer weiteren Interpretation bedürftig, weil unklar bleibt, ob Position bzw. Setzung das Setzen, das Gesetzte oder die Gesetztheit und entsprechend Wahrnehmung das Wahrnehmen, das Wahrgenommene oder die Wahrgenommenheit meint.

Ebenso wie die Bestimmung des Seins im Sinne von »Existenz« für Heidegger erst fragend zu präzisieren ist, bedarf das Problem der Kopula einer Entwirrung, denn die Bestimmung des Seins als Kopula ist in der philosophischen Tradition alles andere als eindeutig. (GA 24, 252–320) Aristoteles faßt das »ist« eines Satzes »S ist P« als synthetisierende Kopula, die zugleich ein Auseinandernehmen ist, und bringt es mit dem Wahrsein in Verbindung. Hobbes interpretiert die Kopula als essentia, Mill dagegen als existentia, Lotze leugnet die Möglichkeit einer negativen Kopula und legt sie als Wahrsein und Gelten aus. Im kopulativen »ist« sehen die Logiker also sowohl das zufällige Etwas-sein als auch das notwendige Was-sein, als auch Wie-sein und Wahr-sein. (GA 24, 291) Die Verwirrung des Kopulaproblems liegt Heidegger zufolge darin, daß man das »ist« von vornherein als Kopula faßt und sich damit die Perspektive verengt. Zudem übersieht man, daß die Aussage – an der sich alles orientiert – in einem vorgängigen Verstehen gründet.

Es zeigte sich: Eine im Formalen verbleibende Sprachanalyse des Wortes »Sein« ist unfähig, das Problem des Seins zu lösen. Dies gilt in erhöhtem Maße für die formale Semantik Tugendhats, die ja nicht einmal mehr inhaltlich semantisch nach der »materialen« Bedeutung des Terminus »Sein« fragt, sondern nur noch nach seiner Bedeutung als singulärem Terminus. Überhaupt müssen alle Sprachanalytiker und Linguisten gefragt werden, wie sie von vornherein das Sein als Kopula, Existenz, Wahrsein und Identität klassifizieren können, ohne dabei vorher die Seinsfrage schon entschieden zu haben, nämlich festgelegt zu haben, was »Existenz«, »Wahrsein« und »Identität« sowie das »ist« als Kopula heißt. Dies wird besonders deutlich beim Problem des Seins als »Existenz« (in sprachanalytischer Terminologie), das die Sprachanalytiker und Sprachwissenschaftler unbefragt als »Vorhandensein« (in

Heideggers Terminologie) begreifen, während Heidegger verschiedene Weisen der »Existenz« als Vorhandensein, Zuhandensein, Dasein, Eksistenz, Animalität und Weltlichkeit unterscheidet. Wenn Heidegger vom Reichtum und der Vielfalt des Seins spricht, meint er primär diese verschiedenen Seinsweisen, die sich zwar nicht auf einen einheitlichen, allgemeinen Seinsbegriff zurückführen lassen, aber die sich alle im gemeinsamen Horizont von Sein und Zeit bewegen. Mit anderen Worten: Die sprachanalytischen und linguistischen Ansätze fallen hinter das von Heidegger angezielte Seinsproblem zurück und bewegen sich auf einer völlig anderen Ebene, wenn auch zweifellos Zusammenhänge zwischen den verschiedenen Zugangsweisen bestehen.

Der große Fehler der Sprachanalytiker und Linguisten besteht nach Heidegger darin, daß sie mit dem größten Teil der philosophischen Tradition das Seinsproblem zu einseitig und eng von der Aussage her angehen und Sein damit in Abhängigkeit vom λόγος begreifen. Dem Gegensatz von Sein und λόγος (Sein und Denken) gilt aber Heideggers eigentlicher Angriff. (EiM 89; GA 40, 227ff) Zudem übernehmen sie unbefragt die Unterscheidung von Daß-sein (existentia) und Was-sein (essentia), während Heidegger vor diese Unterscheidung zurückgeht.

Nicht die formale Sprachanalyse, sondern allein die inhaltliche Besinnung auf die philosophische Sprachverwendung von »Sein« führt laut Heidegger weiter. Dementsprechend nimmt Heideggers Weg zum Sein vom vagen Seinsverständnis des Menschen seinen Ausgang und versucht mittels einer *Destruktion* der leitenden Bestimmungen des Seins, sich an seinen Sinn heranzutasten. Hierbei ist auf den Zuspruch der Sprache zu hören, die selbst spricht und das Haus des Seins abgibt, d. h. die Dimension, in der sich das Sein artikuliert. Damit kommen wir zur Bestimmung der völlig verschiedenen Auffassung der Sprache bei Heidegger und den Sprachanalytikern und Linguisten.

2. Heideggers Kritik der geläufigen Auffassung von der Sprache

Sprache wird üblicherweise von der Sprachwissenschaft[26] und der Sprachphilosophie,[27] insbesondere der analytischen, als Verständigungs- bzw. Kommunikations*mittel* des Menschen beschrieben, das der Übermittlung von *Information*[28] dient. Sprache wird dabei wesentlich als menschliches *Sprechen* gefaßt: Sprache ist eine *Tätigkeit* des *Subjekts* Mensch. Aristoteles folgend kennzeichnet man den Menschen als ζῷον λόγον ἔχον, als das sprechende bzw. sprachfähige Lebewesen. Entsprechend faßt man Sprache als *Ausdruck* eines *inneren* Erlebnisses oder Gemütszustandes, als *lautliche* Artikulation der Seele. Ferner gehen alle geläufigen Interpretationen der Sprache von ihrem *Zeichen-* oder *Bedeutungs*charakter aus. Auch hierbei bewegt man sich auf dem Boden der grundlegenden Aristotelischen Interpretation der Sprache in »περὶ ἑρμηνείας« (16a), wonach die Sprache einen dreifachen Zeichen-

26 Den besten Überblick über die Sprachwissenschaft im 20. Jahrhundert gibt meines Erachtens Gerhard Helbig: Geschichte der neueren Sprachwissenschaft, Leipzig 1970, 4. Aufl. Reinbek 1979. Vgl. ferner Hans Arens: Sprachwissenschaft, 2. erw. Aufl., Freiburg 1969, insb. Teil 3.

27 Unter »Sprachphilosophie« fasse ich vornehmlich die moderne analytische Richtung, die zu einem ungeheuren Aufschwung der Sprachphilosophie in den letzten Jahrzehnten geführt hat und diese Disziplin derzeit eindeutig dominiert. Die analytische Sprachphilosophie gliedert sich in die logistische »*Philosophie der idealen Sprache*« (»ideal language philosophy«), die sich bemüht, eine formalisierte, eindeutige Wissenschaftssprache zu konstruieren (Hauptvertreter B. Russell, der frühe Wittgenstein, R. Carnap, N. Goodman. W. v. O. Quine), und die »*Philosophie der normalen Sprache*« (»ordinary language philosophy«), die versucht, die philosophische Sprache durch Analyse des Gebrauchs ihrer Begriffe zu klären (Hauptvertreter: der späte Wittgenstein, G. Ryle, J. L. Austin, J. Searle, N. Malcolm). Daneben gibt es einige wichtige Sprachanalytiker, die sich keiner der beiden Richtungen befriedigend zuordnen lassen, wie G. E. Moore, H. Putnam und P. F. Strawson. Vgl. dazu Franz von Kutschera: Sprachphilosophie, 2. völlig verb. Aufl., München 1975; Eike von Savigny: Die Philosophie der normalen Sprache, völlig neubearb. Ausgabe, Frankfurt a. M. 1980. Auch nichtanalytische Sprachphilosophien berücksichtigen Josef Simon: Sprachphilosophie, Freiburg/München 1981, und Jochen Hennigfeld: Die Sprachphilosophie des 20. Jahrhunderts, Berlin 1982.

28 Vgl. UzS 243, wo Heidegger auf den Vortrag von C. F. von Weizsäcker »Die Sprache als Information« verweist, den dieser auf demselben Symposion der Bayrischen Akademie der Schönen Künste im Jahre 1959 in Berlin hielt, auf dem Heidegger sein »Der Weg zur Sprache« vortrug. Vgl. den Nachdruck in C. F. von Weizsäcker: Die Einheit der Natur, München 1971, 5. Aufl. 1979, 39–60. Vgl. zum Problemkreis ferner Rafael Capurro: Heidegger über Sprache und Information, (1981); ders.: Hermeneutik der Fachinformation, Freiburg 1986.

charakter hat: Die Buchstaben zeigen (σύμβολα) die Laute, die Laute zeigen (σημεία) die Erleidnisse der Seele und diese Erleidnisse zeigen (ὁμοιώματα) die sie betreffenden Sachverhalte. Auffälligerweise benennt Aristoteles jede der Weisen des Zeigens mit einem anderen Terminus, die nach Heideggers Deutung jedoch darin übereinkommen, daß sie alle vom Zeigen im Sinne des Erscheinen-lassens her verstanden werden, das seinerseits in der Entbergung (ἀλήθεια) wurzelt. Seit der Stoa werde das Zeichen nicht mehr vom *Zeigen* als Erscheinen-lassen her gefaßt, sondern nur noch als Instrument des *Bezeichnens*, welcher Wandel im Wandel des Wesens der Wahrheit beruhe. (UzS 244f)

Die beiden Haupteinwände Heideggers gegen die übliche Sprachbetrachtung lassen sich m. E. in Analogie zu den zwei Kritikpunkten an der geläufigen Technikbetrachtung auf zwei Formeln bringen: 1. Sprache ist hier nur ein *Mittel* zum Zweck der Verständigung. (*instrumentale* Deutung) 2. Sprache ist ausschließlich eine *Tätigkeit* bzw. ein *Werk* des Menschen. (*anthropozentrische* Deutung) Letzteres trifft laut Heidegger selbst noch die von ihm sonst so hochgeschätzte Sprachauffassung Wilhelm von Humboldts, dessen Verdienst es war, Sprache primär als Tätigkeit (ἐνέργεια) und erst sekundär als Werk (ἔργον) zu begreifen, der diese Tätigkeit jedoch ebenso wie die Tradition vor ihm als Arbeit eines menschlichen Geistes, d. h. eines Subjektes ausgelegt hat. (UzS 246ff)

Heidegger dagegen faßt Sprache als etwas unmittelbar auf das Seyn selbst bzw. den ganzen Bezug von Sein und Menschenwesen Bezogenes und somit weit über den Bereich des Menschen Hinausgehendes. Für ihn spricht primär die Sprache, nicht der Mensch. Das menschliche Sprechen ist nur ein Ent-sprechen. Sprache ist nicht mehr nur verlautendes Sprechen, sondern umfaßt auch die Weisen des nicht-lautlichen Sagens. Damit kehrt sich das Verhältnis von Mensch und Sprache um: Der Mensch ist nicht länger der Beherrscher der Sprache, sondern die Sprache die Herrin des Menschen. (VA 140, 184) In eins damit erweist sich sowohl die instrumentale als auch die anthropozentrische Deutung der Sprache als hinfällig. Sprache ist für Heidegger weder Äußerung eines Organismus noch Ausdruck des Lebewesens »Mensch«. Sie läßt sich weder von ihrem Zeichencharakter noch von ihrem Bedeutungscharakter her angemessen fassen.[29] »Sprache ist lichtend-verbergende

29 Auch Heidegger selbst geht in »Sein und Zeit« Sprache unter dem Bedeutungsaspekt an, allerdings in einem völlig anderen Sinne von »Bedeutung«: »Bedeutung« meint dort den Bezugscharakter der Bezüge des Verweisens, »Bedeutsamkeit« die Struktur der Welt. (Vgl. SuZ 87) »Die Bedeutungslehre ist in der Ontologie des

Ankunft des Seins selbst.« (Hum 16) Insofern das Sein in der Sprache zum Anwesen kommt und in ihr geborgen ist, stellt die Sprache das »Haus des Seins« dar.

Daß sich Heideggers Sprachbetrachtung auf einer völlig anderen Ebene bewegt als die Linguistik und die Sprachphilosophie – denen Heidegger wohlgemerkt ein »besonderes Recht« und »eigenes Gewicht« zuerkennt (UzS 161) – verdeutlicht auch ein Blick auf ihre verschiedenen Fragestellungen und Interessenschwerpunkte: Die Linguistik kümmert sich vorwiegend darum, wie Sprache *funktioniert*, und versucht diese Funktionen *grammatisch* zu beschreiben, wobei der Syntax und Phonologie ein Vorrang zukommt, Semantik und Pragmatik haben erst in den letzten Jahren an Bedeutung gewonnen. Die analytische Sprachphilosophie interessiert sich vornehmlich für die Bedingungen der Verstehbarkeit sowie die *logische* Wahrheit und Falschheit von Sätzen, orientiert sich dementsprechend fast ausschließlich am *Aussage-* bzw. *Behauptungssatz* – der nach Aristoteles allein wahr oder falsch sein kann – und analysiert vorwiegend *semantische* Strukturen. Heidegger dagegen geht es weder um die Grammatik noch um die Logik von Sätzen, sondern um das *Wesen* der Sprache. Wesen meint dabei nicht einen unveränderlichen Was-gehalt (essentia), sondern die Weise, *wie* Sprache *west*. Dementsprechend geht er weder vom logischen Behauptungssatz noch von der Alltagssprache oder Hochsprache aus, sondern vom *dichterischen Wort*, in dem sich die Sprache selbst zur Sprache bringt.

3. Das Wesen der Sprache: die Sage als NÄHE

Heideggers Vorträge und Aufsätze zum Thema Sprache verstehen sich nicht als Sprechen *über* die Sprache von einem *meta-sprachlichen* Standpunkt aus, wie dies in der modernen Sprachwissenschaft und Sprachphilosophie der Fall ist, sondern als Einrücken in den Machtbereich der Sprache und Hören auf den Zuspruch der Sprache selbst. Ihm geht es nicht darum, Kenntnisse über die Sprache anzuhäufen, sondern darum, »mit der Sprache eine Erfahrung zu machen«. (UzS 159, 179f)

Daseins verwurzelt.« (SuZ 166) Ferner heißt es: »Den Bedeutungen wachsen Worte zu. Nicht aber werden Wörterdinge mit Bedeutungen versehen.« (161) Inwiefern diese Bedeutungstheorie später revidiert wurde, kann hier nicht dargetan werden.

Erfahren ist hierbei wörtlich zu verstehen als »im Gehen, unterwegs etwas erlangen, es durch den Gang auf einem Weg erreichen«. (UzS 169) Er will »*die Sprache als die Sprache zur Sprache bringen*« (UzS 242), d. h. die Sprache sich selbst *an ihr selbst* und *von ihr selbst her* zeigen lassen. Mit anderen Worten: Heideggers Sprachbetrachtung ist phänomenologisch und versucht so, zum Wesen der Sprache vorzudringen.[30] Ihm geht es weder um *grammatisch-funktionalistische Beschreibung* wie den Linguisten, noch um eine *logisch-semantische Analyse* wie den Sprachanalytikern, sondern um eine *phänomenologische Wesensentbergung* der Sprache. Die Sprache soll nicht aus einem anderen begründet werden, sondern rein aus sich selbst im Sinne eines abgründigen Grundes.

Gemäß diesem Programm orientieren sich die wichtigsten drei Vorträge »Die Sprache« (1950), »Das Wesen der Sprache« (1957/58) und »Der Weg zur Sprache« (1959) jeweils an einem »Leitwort« bzw. einer »Wegformel«: »Die Sprache spricht« (12), »das Wesen der Sprache: die Sprache des Wesens« (176) und »die Sprache als die Sprache zur Sprache bringen« (242). Wie diese drei Leitworte andeuten, spricht gewöhnlich die Sprache gerade nicht, bleibt verborgen und entzieht uns ihr Wesen, was eine phänomenologische Entbergung sowie ein Hören auf das dichterische Wort nötig macht.

Der Vortrag »Die Sprache« entwickelt Heideggers Gegenthese zur geläufigen Auffassung der Sprache als eines bloßen Ausdrucks- und Verständigungsmittel des sprechenden Menschen: Nicht der Mensch spricht, sondern die Sprache spricht. Dies verdeutlicht Heidegger anhand von Georg Trakls Gedicht »Ein Winterabend«: Das Sagen der Sprache hat den Charakter eines »*Nennens*«, das ins *Wort* ruft. Dieses Nennen ist von dem weitverbreiteten Verständnis von Nennen als Behängen eines vorstellbaren, bekannten Gegenstandes mit *Wörtern* streng zu trennen. Das nennende Rufen ist ein »*Näherbringen*«.[31] Dieses darf jedoch nicht gleichgesetzt werden mit einem Nahebringen, das der Ferne entreißt.

»Das Nennen ruft. Das Rufen bringt sein Gerufenes näher. Gleichwohl schafft dies Näherbringen das Gerufene nicht herbei, um es im nächsten Bezirk des Anwesenden abzusetzen und darin unterzubringen. Der Ruf ruft zwar her. So bringt er das Anwesen des vordem Gerufenen

30 Vgl. Friedrich-Wilhelm von Herrmann: Dichterische Einbildungskraft und andenkendes Denken, (1983), 33 u. 42.
31 Siehe oben 192f.

in eine Nähe. Allein, indem der Ruf herruft, hat er dem Gerufenen schon zugerufen. Wohin? In die Ferne, in der Gerufenes weilt als noch Abwesendes.« (UzS 21)

Das Rufen ruft zwar das vordem Ungerufene her ins Anwesen und bringt es so in »eine Nähe« – wichtig ist, daß es nicht heißt »die« Nähe – nämlich »die« Nähe des Vorliegenden, inmitten dessen wir sind –, allerdings bleibt das Herrufen auf ein vorgängiges Hinrufen und Zurufen in die Ferne gebunden, in der das Gerufene als Abwesendes verweilt. Aufgrund dieser Hin- und Herbewegung des Rufens zwischen Anwesen und Abwesen, Nähe und Ferne, bleibt bei allem Näherbringen die wesentliche Ferne gewahrt, bleibt das solchermaßen gerufene Anwesende ins Abwesen geborgen. Wir müssen mit Heidegger unterscheiden zwischen der Anwesenheit des dichterisch Gerufenen, dessen *Anwesen* stets dem *Abwesen zu-gehalten* bleibt, und der ständigen, *bloßen Anwesenheit* des Vorliegenden, inmitten dessen wir uns befinden. Konkret heißt dies: Die im Gedicht genannten Dinge »Schnee«, »Abendglocke«, »Tisch« usw. wesen die Zuhörer in anderer Weise an als die Stühle im Vortragssaal, auf denen sie sitzen. Das *nennende Rufen erschließt* erst die gerufenen Dinge, bringt sie erst hervor in dem Sinne, daß es sie *erscheinen läßt,* ins Anwesen kommen heißt. Solchermaßen stiftet das nennende Rufen eine eigene Weise von Anwesen bzw. Nähe.[32]

Ein erstes Rufen des Traklschen Gedichts heißt die Dinge als Dinge kommen, die ihrerseits dingend das Geviert von Himmel und Erde, Sterblichen und Göttlichen verweilen, wie wir aus dem Vortrag »Das Ding« wissen. Dingend »gebärden« die Dinge Welt. Ein zweites Rufen betrifft das Welt-Geviert selbst. Auch es ruft hin und her. Es traut der Welt die Dinge zu und gönnt ihr so ihr Wesen. Beide Weisen des

32 Vgl. den detaillierten Kommentar von F.-W. von Herrmann a. a. O. 52–64 zu dieser Passage. Von Herrmann geht dabei auch der von Heidegger aufgeworfenen, aber nicht beantworteten Frage nach, welche Art der Anwesenheit die höhere sei, die des dichterisch Gerufenen oder des schon Vorliegenden. Seine Antwort lautet: Das gerufene Anwesende, aber nicht allein deshalb, weil es auf Abwesen bezogen ist, denn Heidegger kennt noch mindestens drei weitere Weisen von Anwesen, die – im Unterschied zum Gegenwärtigen – durch verschiedene Abwesenheitsweisen bestimmt sind: Das Mit-Anwesende, das Gewesene und das Kommende (vgl. SdD 13ff), sondern aufgrund seiner besonderen Weise der Bezogenheit auf das Abwesen, nämlich als in das Abwesen *geborgenes* Anwesen, als dem Abwesen »zu-gehaltenes« Anwesen.
Eine ähnliche Hin- und Herbewegung haben wir bereits beim Ruf des Gewissens in SuZ als einem »vorrufenden Rückruf«, der »aus der Ferne in die Ferne« ruft. Er ruft im Modus des Schweigens, was dem »Geläut der Stille« entspricht. Vgl. SuZ 271ff.

Rufens, das Kommenheißen der Dinge zur Welt und das der Welt zu den Dingen sind zwar geschieden, aber dennoch auf eine gemeinsame Mitte bezogen. Diese innige Mitte, die zwischen Welt und Dingen waltet, nennt Heidegger »den *Unter-Schied*. Er »vermittelt« nicht erst nachträglich Welt und Ding, sondern vorgängig zu beiden »ermittelt« er sie in ihr Zueinander und Auseinander. Er ereignet Dinge in das Gebärden von Welt und Welt in das Gönnen von Dingen. Der Unter-Schied ist sowohl das Heißende als auch das im Heißen, das Ding und Welt ruft, eigentlich Geheißene. In Trakls Gedicht erscheint er in der Gestalt des Schmerzes als Riß. Diesen »Unter-Schied« deutete ich bereits zu Beginn bei der Interpretation von »Identität und Differenz« als NÄHE.

Die Sprache spricht, »indem sie das Geheißene, Ding-Welt und Welt-Ding, in das Zwischen des Unter-Schiedes kommen heißt«. (UzS 28) Auf diese Weise bringt der Unter-Schied Welt und Ding in die Ruhe, »stillt« sie, und ruft sie »läutend« zusammen. »*Die Sprache spricht als das Geläut der Stille.*« (UzS 30) Dieses »Geläut der Stille« ist nichts Menschliches, gleichwohl »braucht« es das menschliche Sprechen zu seiner Verlautbarung für das Hören der Sterblichen. Hierbei denkt Heidegger insbesondere an die Dichter und Denker, die eine Mittleraufgabe haben. Das menschliche Sprechen muß aus seinem Bezug zum Sprechen der Sprache gedacht werden. Es ist wesentlich »Ent-sprechen«, Ant-wort auf das Wort der Sprache, und zwar in der zwiefachen Weise des »hörenden Entnehmens« und des »anerkennenden Entgegnens«. Heidegger resümiert: »Die Sprache spricht. Der Mensch spricht, insofern er der Sprache entspricht. Das Entsprechen ist Hören.« (UzS 32f)

Das Verhältnis von Wort und Ding vertieft Heidegger anhand einer Erläuterung von Stefan Georges Gedicht »Das Wort« innerhalb der Vorträge »Das Wesen der Sprache« und »Das Wort«. Die Schlußverse besagten Gedichts lauten:

> »So lernt ich traurig den verzicht:
> Kein ding sei wo das wort gebricht.« (UzS 162f)

Hier wird die geläufige, mehr oder weniger nominalistisch geprägte Auffassung des Verhältnisses von Wort und Ding gerade umgekehrt. Während üblicherweise angenommen wird, zuerst gebe es die Gegenstände bzw. Sachverhalte und diese würden dann mit Wörter-Namen etikettiert – also kein Wort ohne Ding –, behauptet Heidegger mit George, kein Ding sei, wo das Wort nicht zustandekommt. Damit wird

284

das Wort vorrangig.[33] Das Wort ist dasjenige, was erst das Ding als Ding erscheinen läßt; es ist selber das Verhältnis, das jeweils das Ding einbehält und ihm Unterkunft gewährt. Hier zeigt sich erneut der Sinn des Satzes: »Die Sprache ist das Haus des Seins.« (UzS 166, 187f) Das Wort be-dingt das Ding, allerdings nicht in der Weise einer Begründung, sondern im Sinne eines *versammelnden Sein-lassens.* (232) Wenn dies zutrifft, dann kann das Wort kein Seiendes mehr sein wie das Ding, sondern west als das, was dem Ding sein Sein gibt. Das Wort hat die Seinsart des »Es gibt«, das Ding die des »ist«. Indem Sprache bei Heidegger zum Gebenden und zur Gabe wird, muß sie aus ihrem Bezug zur NÄHE sowie zum Ereignis gedacht werden, denn von diesen gilt in besonderer Weise das »Es gibt«, wie der Vortrag »Zeit und Sein« (1962) ausführt. (SdD 16f, 20ff)

Der Vortrag »Die Sprache« führte uns von der geläufigen Auffassung »der Mensch spricht« zur Gegenthese »die Sprache spricht«, und zwar als »Geläut der Stille«, zu dessen Verlautbarung das hörende Ent-spre-chen des Menschen gebraucht ist. Dieser eigentümliche Zuspruchscha-rakter der Sprache wird im Vortrag »Das Wesen der Sprache« weiter erörtert. Er schreitet ein Stückchen weiter auf dem Weg zum Wesen der Sprache. »Weg« meint dabei nicht nur die Denkbahn, auf der wir uns bewegen, sondern auch den Weg, der uns bewegt, indem er uns angeht. Denkwege sind ihrerseits Ergebnis der *»freigebenden Lichtung«* bzw. *»Gegend«,* die überhaupt erst etwas ans Licht gelangen läßt. Die Ge-

33 Vgl. bereits EiM 11: »Im Wort, in der Sprache werden erst die Dinge.« Wir müssen dabei mit Heidegger zwischen *»Wort«* und *»Wörtern«* unterscheiden, denn das oben Ausgeführte gilt nur für das Wort. »Wort« meint bei Heidegger nicht die kleinste semantische Einheit oder den kleinsten Satzteil, sondern wird in der ausge-zeichneten Bedeutung verwendet, in der wir beispielsweise von einem »geflügelten Wort«, einem »Sprichwort« oder einem »Leitwort« sprechen. Das »Wort« ist wesent-lich das dichterische oder denkerische »Wort«, das aus einem einzelnen Wort oder aber aus einem ganzen Vers oder Ausspruch bestehen kann. Solche Worte findet man nicht in einem Wörterbuch. Das Wort läßt erst die Wörter zum Wort kommen. (UzS 192) In WhD vergleicht Heidegger Wörter mit *Eimern* und *Fässern,* aus denen man einen vorhandenen Inhalt schöpfen kann, Worte mit *Brunnen,* denen das Sagen nachgräbt, die sich verbergen können, nie auf eine eindeutige Weise ausschöpfbar sind, weil immer quellend. (WhD 88f) Daher kommt die wesenhafte Mehrdeutigkeit des Wortes. (WhD 68) Weiterhin ist das Wort wesentlich *»Verhältnis-Wort«,* weil es die Dinge einbehält und ihnen Unterhalt gewährt, und *»Weg-Wort«,* weil es den Weg spurt und im Hin und Her zwischen Nähe und Ferne, Anwesen und Abwesen, Unverborgenheit und Verborgenheit spielt. Vgl. auch Beda Allemann: Hölderlin und Heidegger, Zürich 1954, 108–111; Dieter Sinn: Heideggers Spätphilosophie, (1967), 165ff; Hans Jaeger: Heidegger und die Sprache, Bern 1971, 96f.

gend »be-wëgt« im alten Sinne des Wortes, d. h. sie schafft erst Wege. (UzS 197) »Das Denken zieht Furchen in den Acker des Seins.« (UzS 173)

Unter dem Leitwort »das Wesen der Sprache: die Sprache des Wesens« möchte Heidegger eine denkerische Erfahrung mit der Sprache machen. Gleichwohl beginnt er mit einer Besinnung auf die oben referierte dichterische Erfahrung des Verhältnisses von Wort und Ding bei Stefan George. Dieser scheinbare Umweg ist nötig, weil das Denken in unmittelbarer Nachbarschaft zum Dichten wohnt. Aufgrund dieser sind beide aufeinander angewiesen. Die Nachbarschaft entsteht nicht dadurch, daß Denken und Dichten in eine Nähe zueinander ziehen, vielmehr ereignet die vorgängige NÄHE in ihrem Nähern erst diese Nachbarschaft. Hier zeigt sich einmal mehr, daß Nähe nicht identisch mit kleinem Abstand ist, denn ein Sichansiedeln in kleinem Abstand voneinander muß noch keine Nachbarschaft mit sich bringen, ebenso wie ein Sichaufhalten in großer Entfernung voneinander nicht eo ipso schon nichtnachbarliche Ferne anzeigt. »Zwei einsame Bauernhöfe – so weit es sie noch gibt –, die für einen Gang über Feld eine Stunde weit auseinander liegen, können auf das Schönste benachbart sein, wogegen zwei Stadthäuser, die sich an derselben Straße gegenüberliegen oder gar zusammengebaut sind, keine Nachbarschaft kennen.« (UzS 210) Man denke nur an die weitverbreitete Anonymität in Hochhaussiedlungen, in denen Menschen sterben können, ohne daß die »Nachbarn«, die Wand an Wand oder auf derselben Etage wohnen, etwas merken. Ist Nachbarschaft also gar keine raum-zeitliche Beziehung? Oder handelt es sich hier um eine andere Art von Raum- und Zeiterfahrung?

Für Heidegger besteht das, was das Nachbarliche auszeichnet, im »Gegen-einander-über«. Dieses ist keineswegs auf den Bezug zwischen Menschen eingeschränkt, sondern gilt auch von den Weltdingen sowie dem Geviert im Ganzen. NÄHE ereignet nicht nur Dichten und Denken, sondern ebenso die Vier des Gevierts in ihr nachbarliches Gegeneinander-über. Die NÄHE im Hinblick auf ihr Be-wëgendes nennt Heidegger »die *Nahnis*«. NÄHE als Nahnis west als »die Be-wëgung des Gegen-einander-über der Gegenden des Weltgevierts«, d. h. sie gibt diese Gegenden erst für ein Wohnen frei. (UzS 211) Was im Vortrag »Die Sprache« das Walten des »Unter-Schiedes«, der Ding und Welt zueinander und auseinander ermittelt, genannt wurde, wird hier als Bewëgung der NÄHE weitergedacht.

NÄHE als Nahnis bleibt uns das Unnahbare und Fernste, solange wir »über« sie sprechen und solchermaßen Nähe und Ferne als kleine oder große Entfernung vorstellen. Solange wir Nähe und Ferne wie üblich unter den Parametern von Raum und Zeit im geläufigen Sinne als dreidimensionalen Raum und als Jetzt-Zeit vorstellen, kommt NÄHE nicht in Sicht. Die denkende Erfahrung der NÄHE erfordert nichts Geringeres als eine völlig neuartige Einstellung zu Raum und Zeit, was im nächsten Kapitel dargelegt wird. Dabei kehrt sich die Denkrichtung um: Nähe und Ferne werden nicht länger als bestimmte Modi von Raum und Zeit begriffen, sondern Raum und Zeit aus dem Wesen der NÄHE als Nahnis. Raum wird dann vom Räumen und Einräumen, Zeit vom Zeitigen und das Zusammengehören von Raum und Zeit von der Raum und Zeit gebenden NÄHE her verstanden, die ihrerseits in das Ereignis als dem Zusammengehörenlassen von allem gehört.

Da Dichten und Denken ausgezeichnete Weisen des Sagens sind, und zwar dadurch ausgezeichnet, daß in ihnen sich die Sprache selbst zur Sprache bringt, nennt Heidegger das Wesen der Sprache »die Sage«. Sagen heißt hier: »Zeigen, Erscheinen lassen, lichtend-verbergend-freigebend Darreichen von Welt«. (UzS 214, vgl. 200, 252) Hier offenbart sich der ἀλήθεια-Charakter der Sprache, den zahlreiche Interpreten nicht zu Unrecht in den Vordergrund gestellt haben.[34] Die Sage als

34 Dieter Sinn (»Heideggers Spätphilosophie«, (1967), 163–182) sieht in der *Verhältnishaftigkeit der Wahrheit* den Grundgedanken der gesamten Heideggerschen Spätphilosophie, der sich in besonders auffälliger Weise in Sprache und Wort manifestiert. (176, 174, 172) Die Sprache vollzieht die Wahrheit als Verhältnis. »Die Verhältniswahrheit ist damit ausschließlich und umfassend die Sprachwahrheit.« (179) Otto Pöggeler (»Der Denkweg Martin Heideggers«; Pfullingen 1963, 268–299) zufolge achtet Heidegger »auf seinem Denkweg immer entschiedener darauf, daß das Wahrheitsgeschehen im wesentlichen ein Sprachgeschehen ist«. (292) Werner Marx (»Gibt es auf Erden ein Maß?«, Hamburg 1983, 73ff u. 146ff) bestimmt zwar ebenfalls das Wesen der Sprache von der ἀλήθεια her (146), weil die Sage die »gleiche ›Struktur‹« wie die ἀλήθεια besitze (147), versucht aber in seiner Heidegger weiterdenkenden Interpretation daneben, »Sage« vom Gedanken der »*Gegend*« im Sinne einer »schematisierten Offenheit« her zu erhellen (73ff). Nach Irmgard Bocks (»Heideggers Sprachdenken«, Meisenheim 1966) Überzeugung wird Sprache primär aus der »*ontologischen Differenz*« bzw. dem »*Unter-Schied*« gedacht. (85f, 89, 111) Hans Jaeger (»Heidegger und die Sprache«, Bern 1971) sieht das Neue der Sprachbetrachtung in UzS im Unterschied zu derjenigen in SuZ darin, »daß die Sage als das Geläut der Stille ›sich zeitigt‹ als ›das Spiegel-Spiel im Zeit-Raum des Weltgevierts‹ und vor allen Dingen, daß dies Weltspiel von der Mitte des Gevierts ausgeht, die einmal ›der Unter-Schied‹ heißt, ein anderes Mal ›das Ereignis‹ genannt wird«. (130f) Er stellt also den Zusammenhang von Sprache und »*Unter-Schied*« sowie »*Ereignis*«, das die Mitte des Weltgevierts und aller Seinsbezüge abgibt und in das selbst noch der »Unter-Schied« und die »Identität« gehören (87f, 105f), in den Mittelpunkt seiner Untersuchung.
Alle kommen darin überein, daß sie Sprache bei Heidegger aus einem ›Dritten‹ verste-

Wesen der Sprache »schwingt« ihrerseits »zurück« in das Wesen der NÄHE, weil dieses – wie gezeigt – erst die Nachbarschaft zwischen Dichten und Denken sowie zwischen den Vier des Gevierts ermöglicht. Insofern sind NÄHE und Sage dasselbe. Anders gewendet: Die NÄHE als Nahnis, die als »Spiegel-Spiel« – wie es im Ding-Vortrag heißt – bzw. als »Weltspiel« – wie es hier heißt – *zeitigend-einräumend* das Gegen-einander-über der vier Weltgegenden be-wegt, vollzieht sich immer auch *sprachlich* als Sage. Diese versammelt als »Geläut der Stille« lautlos rufend das Weltgeviert. Das Geläut der Stille bewegt die Gegenden des Weltgeviertes in die Nähe zueinander.[35]

Die Antwort auf die Frage nach dem Wesen der Sprache lautet damit: Das Wesen der Sprache ist die Sage als das Geläut der Stille, die zurückschwingt in das Wesen der NÄHE als Nahnis. Freilich hat sich unterwegs sowohl die Bedeutung von »Wesen« als auch die von »Sprache« gewandelt, wie Heidegger anhand einer vorläufigen Interpretation des Leitwortes »das Wesen der Sprache: die Sprache des Wesens« verdeutlicht: Während die Wendung vor dem Doppelpunkt nach dem Was-sein, der essentia der menschlichen Sprache fragt, zielt die Wendung nach dem Doppelpunkt auf die nichtlautliche Sage des Weilenden, Anwesenden bzw. Währenden. Die Formulierung »das Wesen der Sprache« öffnet sich im Laufe des Vortrags in die Formulierung »die Sprache des Wesens«, welcher Wandel keineswegs eine einfache Umkehrung darstellt. (UzS 200f) Meines Erachtens kann das Leitwort von dem ausdrücklich gesagt wird, daß es eine »Zumutung« für das hörend-fragende Nachdenken darstellen soll und keine »Behauptung«, die sich logisch beweisen oder widerlegen ließe (UzS 181), noch mindestens auf einer zweiten Ebene gedeutet werden: Nämlich als Wegweiser, der nicht

hen, in das Sein und Mensch gehören. »Ἀλήθεια«, »Gegend«, »Unter-Schied« und der von mir herausgestellte Gedanke der »NÄHE« sind allesamt verschiedene Beschreibungsmodelle oder auch Perspektiven dieses ›Dritten‹, wie zu Beginn dieser Arbeit gezeigt wurde. (siehe oben 80ff) Ferner kommen sie alle darin überein, daß sie in das »Ereignis« gehören bzw. Weisen des Ereignens sind.

Wenig zur Klärung des Wesens der Sprache bei Heidegger tragen meines Erachtens die Dissertationen von Alois Rechsteiner (»Wesen und Sinn von Sein und Sprache bei Martin Heidegger«, Bern 1977), die nicht über bloßes Referat hinauskommt, und von Hermann Schweppenhäuser (»Studien über die Heideggersche Sprachtheorie«, (1957/58)) bei, die in ihrer durchgängigen Polemik aus der Sicht des Doktorvaters Adorno völlig an Heidegger vorbeigeht.

35 Vgl. Hum 21: »Diese Nähe west als die Sprache selbst.« Vgl. ferner Karl-Heinz Volkmann-Schluck: Das Problem der Sprache, (1969), 56: »Dann wäre das Sprechen der Sprache nicht das Nächste, sondern die Nähe selbst, die uns Nahes und Fernes als solches erst zubringt.«

mehr metaphysisch nach einem allgemeinen Wesens-was der Sprache fragt, sondern bereits in der von Heidegger in vielen Abhandlungen eingeübten Weise nach dem seinsmäßigen Geschehen der Sprache. Genau diesen Weg wählt ja auch der Vortrag selbst: nicht von außen über die Sprache zu sprechen und nicht nach ihren allgemeinen Kennzeichen zu fragen, sondern sich von der Sprache selbst ihr Wesen zusagen zu lassen. Das Sprachwesen bekundet sich einzig im Sprechen der Sprache selbst, ein anderer Zugang bleibt unmöglich. Entsprechend schreibt Heidegger selbst: »Das Wesen der Sprache bekundet sich als Spruch, als die Sprache ihres Wesens.« (UzS 181) Aus dieser Zirkelstruktur von Wesen der Sprache und Sprache des Wesens können wir nicht herauskommen, es gilt vielmehr uns in sie einzulassen und sie auszuschreiten. Der Leitsatz bekundet also auch die unlösbare Zusammen*gehörigkeit* von Wesen und Sprache, die sich in dem Zusammen*gehören* von NÄHE und Sage konkretisiert.

Der Vortrag »Der Weg zur Sprache« denkt die Sage auf das Ereignis hin weiter. Sein tautologisch klingendes Leitwort »*die Sprache als die Sprache zur Sprache bringen*« nennt mit dem Wort »Sprache« jedesmal ein Anderes und gleichwohl das Selbe. (UzS 242) »Sprache« meint erstens das gesuchte *Sprachwesen*, zweitens die *Sage* als die Weise, wie sich dieses Wesen zeigt, und drittens das *lautliche Sprechen*, von dem her wir üblicherweise Sprache verstehen.

Das Sagen präzisiert Heidegger in diesem Vortrag – den griechischen Denkern folgend – als *Zeigen* im Sinne eines Erscheinenlassens, Hören- und Sehenlassens, d. h. als eine Weise der ἀλήθεια. Die Sage enthüllt sich als »die Zeige«. »*Das Wesende der Sprache ist die Sage als die Zeige.*« (UzS 254) Das Zeigen gründet nicht im Zeichen – wie die moderne Sprachwissenschaft annimmt –, sondern umgekehrt entstammen alle Zeichen diesem erscheinenlassenden Zeigen. Auch ist dieses Zeigen nicht auf den Menschen beschränkt, sondern kennzeichnet das An- und Abwesen von Anwesendem jeder Art und Stufe. Selbst dort, wo unser Sagen das Zeigen vollbringt, folgt dieses einem vorgängigen Sichzeigenlassen. Daher bildet das Sprechen keinen Gegensatz zum Hören wie gewöhnlich unterstellt wird, sondern ist wesensmäßig auf dieses bezogen. Alles Sprechen ist zuvor ein Hören. Alles Sprechen bleibt in die »*gewährende*« Sage gebunden, wie umgekehrt die Sage das Sprechen zur Verlautbarung »*braucht*«. Es ist müßig, darüber nachzudenken, welche der beiden Weisen der Sprache für die Nachbarschaft zwischen Sein und Menschenwesen wichtiger sei, denn beide, Sage und

Sprechen, erlangen erst in gegenseitiger Ergänzung ihr volles Wesen. Über diese prinzipielle Gleichwertigkeit darf auch nicht hinwegtäuschen, daß die Sage ontologisch umfassender und zeitlich vorgängig ist.

Mit der aufgewiesenen Verklammerung von Sage und Sprechen läßt sich zugleich die Schwierigkeit von Heideggers hinweisendem, *deiktischem* Verfahren beheben, die bekanntlich darin besteht, daß es keineswegs genügt, auf eine Sache hinzuweisen, um etwas sehen zu lassen, vielmehr beim anderen ein Vorverständnis dessen hinzukommen muß, auf das hingewiesen wird, wobei die Frage bleibt, woher dieses Vorverständnis stammt. Ein solches Vorverständnis ist bei der Sprache per se gegeben, denn wir sprechen nicht nur die Sprache, sondern »*aus*« ihr, eben weil unser Sprechen ein Hören ist und damit an ein vorgängiges Zeigen der Sage gebunden ist. Mit der »Zeige« erhält Heideggers Phänomenologieverständnis eine neue sprachliche Dimension.[36] Inzwischen hat sich gezeigt: »Der Weg zur Sprache im Sinne des Sprechens ist die Sprache als die Sage« (UzS 257), d. h. die Sprache als die Sage ist selbst Weg. Sie »durchwaltet und fügt das Freie der Lichtung«, in das alles An- und Abwesen »sich hereinzeigen, sich einsagen muß«. (UzS 257)

Woher stammt aber das Zeigen? Wer zeigt, wenn nicht der Mensch? Fragen wir so, dann fragen wir in Heideggers Augen zuviel. Ihm genügt es darauf zu achten, was sich im Zeigen regt, das uns zwar vertraut ist, das wir aber doch nicht kennen, geschweige denn bisher erkannt haben. Dieses Regende im Zeigen der Sage, das wir nur noch »*nennen*«, jedoch nicht mehr selbst »*erörtern*« können, weil es »die Ortschaft aller Orte und Zeit-Spiel-Räume« darstellt, ist das »*Eignen*« des »*Ereignisses*«. Es erbringt und er-gibt sowohl das Anwesende und Abwesende in sein je Eigenes, »aus dem dieses sich an ihm selbst zeigt und nach seiner Art verweilt« – d. i. als Phänomen im eigentlichen Sinne –, als auch das Freie der Lichtung, in der Anwesendes anwähren und Abwesendes sich entziehen und im Entzug wesen kann. Dabei verweist Heidegger auf seinen Vortrag »Der Satz der Identität«, in dem Ereignis ja auch als das Sein und Menschenwesen in ihr Eigenes Bringende und als das das vorgängige Zusammen*gehören* beider Ergebende gedacht wurde – was ich als NÄHE auslegte und Heidegger in anderen Schriften als Lichtung, Wahrheit, Welt und Unter-Schied bezeichnet. Die damals aufgewiesene Struktur des Heideggerschen Seinsdenkens erfährt jetzt durch die Erörterung des Wesens der Sprache als Sage, Zeige und NÄHE eine

36 Vgl. Otto Pöggeler: Heideggers Neubestimmung des Phänomenbegriffs, (1980), 153.

weitere Bestätigung: Auch die Sage als NÄHE gehört in das Ereignis. Das Ereignis ist der letzte Gedanke, zu dem Heideggers Seinsdenken vordringt. Es kann auf nichts anderes mehr zurückgeführt werden, ja es kann von ihm nichts anderes erfahren werden als sein Ereignen, denn das Ereignis und sein Ereignen sind untrennbar Eines. Hier versagt unsere Grammatik, die ein Subjekt »Ereignis« von einem Prädikat »ereignen« unterscheidet.

Das Ereignis ist »das Nächste des Nahen und das Fernste des Fernen«, in dem wir uns zeitlebens aufhalten (UzS 259): »das Nächste des Nahen«, weil es sowohl die Lichtung als auch alles Anwesen gewährt, in der und bei dem wir immer schon sind, »das Fernste des Fernen«, weil wir es gewöhnlich – vielleicht gerade aufgrund seiner übergroßen Nähe – nicht in den Blick bekommen.

Das Ereignis vereignet den Menschen als Hörenden in die Sage und entläßt ihn dergestalt in sein Eigenes, damit er als der Sprechende der Sprache entgegnet. Jedes gesprochene Wort wird zur Ant-wort, d. h. »Gegensage« im Sinne eines entgegenkommenden, hörenden Sagens. (UzS 260) Menschliches Sprechen im eigentlichen Sinn ist Ent-sprechen. Dies gilt auch für das Schweigen, das Heidegger in »Sein und Zeit« als Ursprung des Sprechens apostrophierte. (SuZ 164)[37] In der brauchenden Vereignung läßt das Ereignis die Sage zum Sprechen gelangen, be-wëgt es die Sage zur Sprache. Damit erhält das Leitwort »die Sprache als die Sprache zur Sprache bringen« folgenden Sinn: »Die Bewëgung bringt die Sprache (das Sprachwesen) als die Sprache (die Sage) zur Sprache (zum verlautenden Wort).« (UzS 261) Der Weg zur Sprache hat sich unterwegs zum Weg der Sprache gewandelt, vom menschlichen Tun in das Ereignis des Sprachwesens selbst verlagert.

Das Ereignis ist wesenhaft sagend. Das Zeigen des Sagens stellt die »eigenste Weise des Ereignens« dar. (UzS 262, 266) Das Sprachwesen schreibt die »Ur-kunde« des Ereignisses. Weil das Ereignis selbst eignend-haltend-ansichhaltend das »Verhältnis aller Verhältnisse« (267) ist und sich wesentlich sprachlich ereignet, darf in abgeleiteter Weise auch die Welt-be-wëgende Sage als »Verhältnis aller Verhältnisse« (UzS 215) bezeichnet werden. Als solches ist sie das »Haus des Seins« im Sinne der Hut für alles Anwesen.

---

37 Otto Pöggeler sieht im Schweigen den Grundzug des Denkens der Wahrheit des Seins, weil es die Verbergung Verbergung sein läßt und somit das Geheimnis als Geheimnis wahrt. Die »Logik« des Erschweigens nennt er »*Sigetik*«. Vgl. O. Pöggeler: Der Denkweg . . ., 276.

NÄHE zeigte sich bei der Untersuchung des Wesens der Sprache in dreierlei Hinsicht: Zunächst beim nennenden Rufen, das das Genannte ins Anwesen und damit in eine Nähe bringt, welches Anwesen jedoch immer dem Abwesen und der Ferne zugehalten bleibt. Dann in der Nachbarschaft von Dichten und Denken als ausgezeichneten Weisen des Sagens, die ihrerseits Ergebnis einer vorgängigen NÄHE ist. Schließlich im Wesen der Sprache als Sage und Zeige, die zurückschwingen in das Wesen der NÄHE als Nahnis als der Be-wëgung des Gegen-einander-über der Weltgegenden. Die Nahnis gibt vermutlich die tiefste Weise des Ereignens ab, wie das folgende Kapitel zu zeigen versucht.

6. Kapitel
NÄHE als Zeit-Spiel-Raum des Seins

Die Besinnung auf das Wesen der Sprache führte uns über die Sage zur NÄHE als Nahnis, die die vier Weltgegenden in ihr nachbarliches Gegen-einander-über be-wëgt –, und schließlich zum Ereignis als der »Ortschaft aller Orte und Zeit-Spiel-Räume«. NÄHE – so hieß es im Vortrag »Das Wesen der Sprache« – kommt solange nicht zum Vorschein, solange sie als meßbarer Abstand entlang den Parametern von Raum und Zeit aufgefaßt wird. (Ontologische) Nähe und Ferne haben nichts mit der gängigen physikalischen Vorstellung von Raum und Zeit als Parametern einer Messung zu tun. Handelt es sich bei dieser vorherrschenden Raum- und Zeitkonzeption vielleicht schon um eine unzulässige Verkürzung, um einen abgeleiteten Modus? Jedenfalls erfordert die Erfahrung der NÄHE ein völlig andersartiges Denken von Raum und Zeit. Daher sind folgende Fragen dringlich: Welches Verständnis von Raum und Zeit ermöglicht die Erfahrung der NÄHE? Grundsätzlicher gefragt: Was ist Zeit im eigentlichen Sinne? Was ist eigentlich Raum? In welchem Bezug stehen beide zur NÄHE?

Unmittelbar verknüpft mit den Fragen nach dem Wesen der Zeit und des Raumes sowie ihrem Verhältnis zur NÄHE ist die Frage nach dem Bezug von Spiel und NÄHE, denn Heidegger nennt das Selbe, was Zeit und Raum in ihrem Wesen zusammenhält, den »Zeit-Spiel-Raum«. (UzS 214) Die Verklammerung von Spiel und NÄHE wurde bereits bei der Erörterung des Gevierts deutlich, dessen Spiegel-Spiel sich im Nähern der NÄHE abspielt. (VA 174) Denselben Sachverhalt der NÄHE als Zeit-Spiel-Raum bezeichnet Heidegger in »Zur Sache des Denkens« auch als »Lichtung«. (SdD 73) NÄHE und Lichtung gehören letztlich ins Ereignis, das beide erst er-gibt. (UzS 258f)

Damit sind die wesentlichen Stationen dieses Kapitels vorgezeichnet: Das Verhältnis von NÄHE zu Zeit, Raum und Spiel sowie zu Lichtung und Ereignis.

Mit der Klärung von Heideggers Verständnis von Raum und Zeit greife ich ein Problemfeld auf, das vorliegende Untersuchungen in fast allen Kapiteln aufrissen, wenn wiederholt behauptet wurde, Nähe sei nicht identisch mit kleinem Abstand, Ferne nicht mit großer Entfernung, Nähe und Ferne seien nicht mit dem Metermaß ausmeßbar, erforderten ein gewandeltes Denken von Raum und Zeit. Wenn auch vorgreifend stets Fingerzeige gegeben wurden, so kann dieses Desiderat erst jetzt systematisch angegangen werden, weil Heideggers neues Verständnis von Raum und Zeit erst in den spätesten Schriften zur vollen Reife und Entfaltung gelangt.

1. NÄHE als Zeit

Schon der Habilitand Heidegger wählte für seinen Habilitationsvortrag die Zeit zum Thema: »Der Zeitbegriff in der Geschichtswissenschaft«. (1916; FS 355–375) Der Vortrag stellt heraus, daß die Struktur des Zeitbegriffs in der Geschichtswissenschaft als einer wesentlich *qualitativen* Zeit, in der die einzelnen Momente verschiedene Wertigkeit haben, eine völlig andere ist als in den Naturwissenschaften, wo Zeit rein *quantitativ* als einfach gerichtete Reihe bzw. homogener Fluß qualitativ gleichwertiger Zeitpunkte aufgefaßt wird, die sich nur durch ihre Stelle in der Reihe unterscheiden. Zeit hat in der Physik einzig die Funktion, Messung zu ermöglichen, dient als Skala und Parameter, meint stets ein meßbares Quantum, ein Soviel. In und durch »Sein und Zeit« wird Zeit zu einem der wichtigsten Termini des Heideggerschen Denkens überhaupt. Zeit wird in diesem Grundbuch in zweierlei Hinsicht herausgestellt: Als Sinn des Seins der Sorge (»Zeitlichkeit«) und als transzendentaler Horizont bzw. Sinn, woraufhin wir Sein selbst verstehen (»Temporalität«).[1] Bis zur zweiten Hälfte der 50er Jahre tritt dann die explizite Besinnung auf Zeit in den Hintergrund, verlagert sich in das Problem der Seinsgeschichte oder wird durch die Erörterung der Wahrheit als Unverborgenheit verdrängt – entsprechend dem Wandel der Seinsfrage von der Frage nach dem Sinn von Sein zur Frage nach der Wahrheit bzw. Lichtung des Seins.[2] So wird Zeit mehrfach »Vorname« der Wahrheit des Seins genannt. (WiME 17f; Schell 229; SdD 30) In den bisher unveröffentlichten »Beiträgen zur Philosophie« (1936–38)

1 Marion Heinz nennt daneben noch eine dritte Hinsicht: Zeit als Grundstruktur der Identität des faktischen Selbst (Geschichtlichkeit). Wenn man schon die »Geschichtlichkeit« eigens anführt, muß man auch »Alltäglichkeit« und »Innerzeitigkeit« dazu nehmen, denn alle drei zusammen ergeben erst die volle Ausarbeitung der »Zeitlichkeit« des Daseins (vgl. SuZ 333). Vgl. Marion Heinz: Zeitlichkeit und Temporalität, Würzburg 1982, 208.
2 Das soll nicht besagen, daß sich nicht verstreute Hinweise auf das Zeitproblem finden lassen, es erfolgt aber keine systematische Erörterung. Die Frage nach der Zeit beschäftigt Heidegger allerdings auf seinem gesamten Denkweg.

schreibt Heidegger: »Die ›Zeit‹ sollte erfahrbar werden als der ›ekstatische‹ Spielraum der Wahrheit des Seins.«[3] Erst die Vorträge »Das Wesen der Sprache« (1957/58) und »Zeit und Sein« (1962) fragen wieder ausdrücklich nach der Zeit, wobei diese Thematisierung jetzt in die Frage nach der NÄHE und nach dem Ereignis eingebettet ist – gemäß der dritten Phase der Seinsfrage als Frage nach der Ortschaft bzw. dem Ort des Seins. Daher gilt mein Augenmerk vornehmlich der späteren Erörterung der Zeit. Weil der grundlegend andere Frageansatz gegenüber der Tradition sowie wichtige Teile der Strukturbeschreibung der Zeit im Spätwerk übernommen werden, bin ich andererseits gezwungen, zunächst wenigstens schematisch die Hauptmerkmale des Zeitverständnisses in »Sein und Zeit« herauszustellen.

Die besondere Schwierigkeit des Zugangs zu Heideggers Zeitauffassung liegt darin, daß er weder an die vorphilosophische, noch an die philosophische, noch an die physikalische Zeitvorstellung unmittelbar positiv anknüpft.[4] Vorphilosophisch fassen wir Zeit als ein in Gegenwart (Jetzt), Vergangenheit (Nicht-mehr-Jetzt) und Zukunft (Nochnicht-Jetzt) geteiltes Kontinuum. Dieses Zeitverständnis liegt auch noch der philosophischen Zeitinterpretation zugrunde, wenn etwa Aristoteles fragt, was an der Zeit seiend ist und was nicht, worin ihr Wesen besteht und sie als »das Gezählte an der im Horizont des Früher und Später begegnenden Bewegung« definiert (SuZ 423, 421, 432; GA 24, 330–361), Platon Zeit als entstehend-vergehende Jetztfolge und Abbild der Ewigkeit vorstellt (SuZ 423), Augustinus erörtert, ob die Zeit auch draußen bei den Dingen im Raum oder nur in der Immanenz der zeitverstehenden Seele ist (GA 24, 325), Kant Zeit als Anschauungsform faßt und nach dem Eigentümlichen ihrer Apriorität sucht (GA 21, 269–408; GA 25, 113–163), Hegel Zeit aus dem Kontext von Zeit und Geist als Negation der Negation (Punktualität) begreift und dem Jetzt ein »ungeheueres Recht« zuspricht (SuZ 428ff; GA 21, 251ff), Bergson zwischen einer quantitativen Sukzession der Zeit als Raum und einer qualitativen Sukzession als Dauer unterscheidet (SuZ 432f; GA 21, 263ff) oder Husserl die Konstitution der objektiven Zeit und der zeitlichen Objekte im subjektiven Zeiterlebnis und im inneren Zeitbewußtsein erforscht (SuZ 433; GA 26, 263f).[5] Die selbe Zeitvorstellung eines kontinuierlichen linearen Nacheinander von Jetztpunkten findet sich

---

3 Zitiert nach Otto Pöggeler: Heidegger und das Problem der Zeit, (1982), 295. Vgl. auch 297.
4 Vgl. F.-W. von Herrmann: Subjekt und Dasein . . ., 76f.
5 Merkwürdigerweise findet sich keine Auseinandersetzung mit Husserls Zeitver-

darüber hinaus und in besonderem Maße in der Zeittheorie der Physik, der die Zeit ausschließlich als Parameter für Messungen dient und die sich daher nicht für die Frage nach dem Wesen der Zeit interessiert.[6] Die durchgängige und dominierende Orientierung am Jetzt, die vorphilosophischer, philosophischer und physikalischer Zeitvorstellung gemeinsam ist, veranlaßt Heidegger, die traditionelle Zeitkonzeption treffend unter dem Titel »Jetzt-Zeit« zusammenzufassen. Ferner nennt er sie »vulgäres Zeitverständnis«, weil sie einen abgeleiteten Modus der ursprünglichen »*ekstatischen Zeitlichkeit*« darstellt.

Heideggers Zugang zur Zeit erfolgt in »Sein und Zeit« auf dem Wege der existenzialen Analytik des Daseins. Diese erweist das Sein des Daseins als Sorge. Sorge bestimmt Heidegger, gemäß den drei sie konstituierenden Grundexistenzialien Existenz (Entwurf), Faktizität (Geworfenheit) und Verfallen, als »Sich-vorweg-schon-Sein-in (der Welt) als Sein bei (innerweltlich begegnendem Seienden)«. (SuZ 192) Augenscheinlich handelt es sich bei dem »vor«, »schon« und »bei« um zeitliche Bestimmungen, deren Zeitcharakter zu klären ist. Die traditionelle Vorstellung der Zeit als unendlicher Abfolge von Jetzt-Punkten, bei der nur das gegenwärtige Jetzt Realität hat, reicht hier nicht zu. Von ihr aus kann weder das »vor« als »Noch-nicht-jetzt« verstanden werden noch das »schon« als »Nicht-mehr-jetzt«, da beide zum *Sein* des Daseins gehören, also Sein haben. Daraus erwächst die Notwendigkeit einer neuen Zeitkonzeption. Heidegger nennt diese ursprüngliche Zeit, die die Einheit der Sorgestruktur ausmacht, »Zeitlichkeit«: Das »Sich-vorweg« gründet in der Zukunft, das »Schon-sein-in« in der Gewesenheit und das »Sein bei« in der Gegenwart. Im Vorlaufen auf den Tod kommt das Dasein auf sich selbst zu, ist es zukünftig, seine Geworfenheit übernehmend kommt es zurück auf sein Gewesen, solchermaßen zukünftig-gewesen kann Dasein das gegenwärtig begegnenlassen, was es handelnd ergreift. Die wichtigsten Strukturmomente der »*Zeitlichkeit*« lassen sich folgendermaßen zusammenfassen:[7]

ständnis, obwohl Heidegger selbst im Jahre 1928 Husserls »Zur Phänomenologie des inneren Zeitbewußtseins« ediert hat.
6 Daher bezeichnet Hans-Georg Gadamer in seinem Aufsatz »Über leere und erfüllte Zeit«, (1969), treffend die physikalisch zu messende Zeit als »leere Zeit« ohne Füllung. (20ff)
7 Für eine ausführliche Darlegung des Zeitverständnisses des frühen Heidegger vgl. die sorgfältige Dissertation von Marion Heinz: Zeitlichkeit und Temporalität, Würzburg 1982. Vgl. ferner Theodore Kisiel: Der Zeitbegriff beim frühen Heidegger (um 1925), (1983).

1. Sie ist wesenhaft *ekstatisch*. Ἐκστατικόν heißt »außer sich«.[8] Die Zeitlichkeit ist stets »außer sich«, weil sie in sich selbst, d. h. als solche an die drei Ekstasen Zukunft (»Auf-sich-zu«), Gewesenheit (»Zurück-auf«) und Gegenwart (»Begegnenlassen von«) *entrückt* ist. Dies hängt mit der spezifischen Seinsweise des Menschen als Existenz bzw. *Ek-sistenz* zusammen. (SuZ 329; GA 24, 377f)
2. Sie hat einen Horizont, ist *horizonthaft*.[9] Die Ekstasen sind nicht einfach Entrückungen zu ..., sondern zu jeder gehört ein spezifisches »Woraufhin« der Entrückung, ein »horizontales Schema«: zur Gewesenheit das »Wovor«, zur Gegenwart das »Umzu« und zur Zukunft das »Umwillen seiner«. Die Ekstasen öffnen den Horizont und halten ihn offen. (SuZ 365; GA 24, 378; GA 26, 269)
3. Sie zeitigt sich in jeder Ekstase *ganz*, d. h. nicht im Nacheinander der Ekstasen, sondern in ihrer Einheit als »gewesende-gegenwärtige Zukunft«. (SuZ 350)
4. Sie zeitigt sich *ursprünglich aus der Zukunft*, gemäß dem eigentlichen Existieren des Daseins als »vorlaufende Entschlossenheit«. (SuZ 329, 426)
5. Sie ist *endlich*, was im endlichen Existieren des Menschen als »Sein zum Tode« begründet liegt. (SuZ 329).
6. Sie »*ist*« nicht wie Seiendes, sondern »*zeitigt*« sich. (SuZ 328, 404f)

Auf dem Wege einer *Nivellierung* entspringt aus der eigentlichen, ursprünglichen Zeitlichkeit die vulgäre Zeitauffassung als »*Jetzt-Zeit*«. Diese ist gekennzeichnet durch:
1. Die Orientierung am »*Jetzt*«. Jetzt ist wesenhaft Jetzt-da, Anwesenheit im Sinne von Gegenwart. Alle Zeitcharaktere sind *relativ* auf das Jetzt, der Jetztbezug ist für sie konstitutiv: Vergangenheit wird als »Nicht-mehr-Jetzt«, Zukunft als »Noch-nicht-Jetzt« gefaßt. (SuZ 421ff; GA 24, 362ff)
2. Sie wird vom *Raum* her bzw. als Raum begriffen. Zeit definiert sich als Ortswechsel, zurückgelegte Strecke bzw. Gezähltes an der

---

8 An anderen Stellen übersetzt Heidegger Ekstase auch als »Entrückung« (SuZ 339, 350; GA 24, 377; GA 26, 268), »Aus-sich-heraustreten« (GA 24, 377) und »Hinausstehen zu ...« (KPM 114).
9 Horizont, von griechisch ὁρίζειν = abgrenzen, ist hier nicht primär auf das Sehen bezogen, sondern meint das »Eingrenzende, Umschließende«. Vgl. GA 26, 268. An anderer Stelle bezeichnet Heidegger den Horizont als »offene Weite«, was an den späteren Gedanken der »Gegnet« erinnert. Vgl. GA 24, 378.

Bewegung, d. h. ausschließlich quantitativ als *Rechen-* und *Maß-größe*. (SuZ 418, 421, 428)

3. Sie besteht aus einer *linearen, lückenlosen, einsinnig gerichteten Sukzession* von *Jetzt-Punkten*, die nicht umkehrbar ist. Sie ›zeitigt‹ sich als reines *Vergehen* im Nacheinander. (SuZ 423)

4. Sie ›zeitigt‹ sich primär *in der Gegenwart*, die allein Realität hat. (SuZ 426f)

5. Sie ist *unendlich*, sowohl hinsichtlich der abgeflossenen Jetztpunkte als auch hinsichtlich der kommenden Jetztpunkte. (SuZ 424, 330)

6. Sie »*ist*«, bzw. »vergeht« wie Seiendes.

Symbol der »Jetzt-Zeit« ist die Uhr.

Wie steht es nun mit Nähe und Ferne in beiden Zeitauffassungen? Während in der Jetzt-Zeit Nähe und Ferne als *Zustände* von *Abständen* vorgestellt werden – Nähe als kleiner und Ferne als großer Abstand, der auf dem Zeitstrahl ausgemessen werden kann –, bestimmen sich Nähe und Ferne in der ekstatischen Zeitlichkeit nach der *Offenheit* der *Entrückung*. Nah ist hier nicht ausschließlich das Gegenwärtige, nah können ebenso Zukunft und Gewesenheit sein – es kommt allein auf die jeweilige Weise der Zeitigung und ihr Offenhalten der je bestimmten Horizonte an. Insofern schon in »Sein und Zeit« die Offenheit das Maß für die Zeitlichkeit abgibt, wird schon hier Zeit im Hinblick auf die Wahrheit des Seins, oder besser die ἀλήθεια gedacht, wie Heidegger selbst im Rückblick bestätigt. (SdD 30; IG 75)

Bevor ich zur Darstellung des Zeitverständnisses des späten Heidegger übergehe, möchte ich nochmals seinen gegenüber der Tradition völlig neuen Frageansatz nach der Zeit hervorheben:

Heidegger fragt nicht wie Aristoteles – der die gesamte philosophische Besinnung auf Zeit maßgeblich prägte –, ob die Zeit Realität habe oder nicht, sondern nach der spezifischen Seinsweise der ursprünglichen Zeit und Struktur: der »Zeitigung« bzw. später dem »Es gibt«. Auch beschäftigt er sich nicht mit der existenziell »erlebten« bzw. »gelebten« Zeit (Minkowski, Bollnow) oder mit der biologischen Lebenszeit (V. von Weizsäcker), sondern allein mit der existenzialen Zeitlichkeit als dem Seinsinn der Sorge.[10] Er untersucht Zeit weder unter erkenntnistheoretischer Hinsicht als apriorische Anschauungs-

---

10 Vgl. Eugène Minkowski: Die gelebte Zeit, 2 Bde., Salzburg 1971; Otto Friedrich Bollnow: Das Verhältnis zur Zeit, Heidelberg 1972; Viktor von Weizsäcker: Gestalt und Zeit, Göttingen 1960.

form (Kant) oder hinsichtlich ihrer Konstitution im Bewußtsein (Husserl), noch thematisiert er Zeit unter dem christlichen Aspekt des Gegensatzes von Zeit und Ewigkeit, noch geht es ihm um die physikalische Sicht auf Zeit als Parameter für Messungen. Heideggers ›Erkenntnisinteresse‹ richtet sich ausschließlich auf den Zusammenhang von Sein und Zeit und von Dasein und Zeit. Alle genannten Hinsichten auf Zeit haben ihr besonderes Recht und ergänzen einander – was m. E. Heidegger auch gar nicht leugnen würde. Daher scheint es mir geboten, nicht von *der* einen einheitlichen Zeit zu sprechen, sondern von Zeiten, was aber nicht ausschließt, daß die verschiedenen Zeiten untereinander zusammenhängen.

Der Vortrag »Das Wesen der Sprache« (1958) bezeugt die enge Verknüpfung des Zeitverständnisses des frühen Heidegger mit dem des späten: Auch hier wird das Wesen der Zeit als »zeitigen« bestimmt, auch hier wird dieses als »entrücken« gedacht, auch hier ist von drei Dimensionen die Rede, die nicht identisch sind mit der gängigen Vorstellung von Vergangenheit, Gegenwart und Zukunft. Allerdings werden alle Merkmale im Inhaltlichen weiterbestimmt: Zeitigen bedeutet jetzt »reifen, aufgehen lassen«, das uns in das dreifältig »Gleich-Zeitige« von »Gewesenheit, Anwesenheit und Gegen-Wart« entrückt – hierbei handelt es sich lediglich um einen Austausch der Namen für die drei Ekstasen – und solchermaßen in das be-wëgt, was das Gleich-Zeitige einräumt: den »Zeit-Raum«, der an die Stelle des »Horizontes« tritt. Die formale Struktur der Zeit (Zeitigung, 3 Ekstasen, Einheit der Ekstasen, Entrückung zu einem Horizont) bleibt also erhalten, lediglich im Inhaltlichen gibt es leichte Änderungen. Neu ist vor allen Dingen das Zusammengehören von Zeit und Raum in den und aus dem sie versammelnden »*Zeit-Spiel-Raum*«, d. i. die NÄHE als Nahnis als die Be-wëgung des Gegen-einander-über der vier Weltgegenden – das »*Weltspiel*«. (UzS 213f, Herv. E. K.)

Desweiteren klärt dieser Vortrag, warum die Reduktion von Zeit und Raum auf ihre Parameterfunktion für Messungen die Erfahrung der NÄHE zwangsläufig verwehren muß. Grundbedingung und wesentliches Kennzeichen jeder Nachbarschaft ist das »Gegen-einander-über«, wie z. B. bei den vier Gegenden des Gevierts. In einer als lineare Abfolge gedachten Jetzt-Zeit ist ein solches Gegen-einander-über nicht möglich, ja noch nicht einmal ein echter Bezug der Zeit-Punkte zueinander gewährleistet. Die Folge davon ist eine gleichgültige Abstandslosigkeit, deren weitreichende Konsequenzen im Vortrag »Das Ding« diskutiert wurden. In einer ekstatisch gedachten Zeit dagegen sind Gewesenheit, Gegenwart und Zukunft nicht voneinander abgeschnitten, sondern durchdringen sich und ermöglichen aufgrund ihrer einfältigen Gleichzeitigkeit echte Nähe.

In »Zeit und Sein« (1962) ergänzt Heidegger diese Zeitkonzeption in einem Punkt: Er spricht nun von einer *vierten Dimension* der Zeit, die die Einheit der drei anderen Dimensionen (Ekstasen) verbürgt und daher dem Rang nach die erste, weil ursprünglichste und weiteste ist. Diese vierte Dimension nennt er das »Zuspiel« oder die »*nähernde NÄHE*«. (SdD 16, Herv. E. K.) Ich sehe in ihr eine weitere Vertiefung des Gedankens des »Zeit-Spiel-Raumes«, der Zeit und Raum versammelt und ihnen ihren Ort eröffnet, womit ich allerdings eine kleine Korrektur an Heideggers Ausführungen innerhalb dieses Vortrags vornehme, wie noch dargetan wird. NÄHE als »lichtendes Einander-sich-reichen« von Zukunft, Gewesenheit und Gegenwart ist selber »vorräumlich« und kann daher Raum einräumen, Orte verstatten. (SdD 15, 16) Die Wichtigkeit dieses Vortrags gebietet, daß wir nach diesem kurzen Prospekt seinen Gedankengang im Einzelnen verfolgen.

Wie der Titel anzeigt, steht in seinem Mittelpunkt das Zusammengehören von »Zeit und Sein«. Das Verhältnis von Sein *und* Zeit bestimmt – wenn auch vor Heidegger nicht eigens untersucht – die gesamte Geschichte der Metaphysik. So kennzeichnet schon Aristoteles – der hierin leitend geblieben ist – Sein als Anwesenheit im Sinne beständiger Gegenwart und Zeit als linearen Abfluß von Jetzt-Punkten, bei dem nur das jeweilige Jetzt Sein hat. Sein und Zeit bestimmen einander wechselseitig: Anwesen ist deshalb auf Gegenwart eingeschränkt, weil nur das Jetzt *ist*, Zeit hat nur deshalb Sein, weil sie in der Ständigkeit ihres Vergehens bleibt, d. h. beständig anwest.

Die Verklammerung von Sein und Zeit bleibt auch für Heidegger leitend, jedoch denkt er sowohl Sein als auch Zeit in gewandelter Weise. Vom Sein und der Zeit sagen wir nicht »Sein ist, Zeit ist, sondern: Es gibt Sein und es gibt Zeit« (SdD 5), denn beide sind zwar eine Sache des Denkens, aber dennoch nichts Seiendes. Sein bedeutet auch für Heidegger »*Anwesen*« bzw. im Hinblick auf das Anwesende »Anwesenlassen«. Dieses *Lassen* faßt er als »Entbergen, ins Offene bringen«. Sein ist also ein »*Geben*«, nämlich ein Geben des Anwesenden, das sich als Gebendes dabei selbst entzieht. Dieses Geben, das nur seine Gabe gibt, sich selbst dabei jedoch zurückhält und entzieht, nennt er »*Schicken*«. (SdD 8) Von daher versteht sich die Rede vom »Geschick des Seins«. Anwesen – und hierin unterscheidet sich Heidegger scharf von der Metaphysik – darf jedoch nicht gleichgesetzt werden mit Vorhandenheit und Gegenwart, denn auch Zuhandenes und Dasein west an, ja selbst Abwesen kann anwesen. Auch das abwesende Gewesene und das abwesende Zukünftige kann anwesen. Auch das abwesende Gewesene und das abwesende Zukünftige wesen uns an. Dies hat Konsquenzen für das Denken von Zeit. Anwesenheit ist nicht länger an die vom Jetzt aus verstandene Gegenwart gebunden. »Wesen« heißt nun »währen«, »weilen« als »verweilen« und »entgegenweilen«. Zum Anwesen gehört alles, was uns angeht, also auch das Gewesene und als solches noch Wesende und das Zukünftige und als solches auf uns zu Kommende. »Nicht jedes Anwesen ist notwendig Gegenwart.« (SdD 14)

Natürlich muß auch hier die gängige *eindimensionale* Zeitvorstellung vom Nacheinander als Jetztfolge fallengelassen werden. Die eigentliche Zeit erweist sich *zunächst* als *dreidimensional*, als Einander-sich-reichen von Zukunft, Gewesenheit und Gegenwart. »Dimension« meint dabei nicht nur den »Bezirk der möglichen Abmessung«, sondern das Hindurchgehen, das lichtende Reichen selbst. (SdD 15) Das dreifacheinige Einander-sich-reichen eröffnet den »Zeit-Raum« und hält ihn offen. Im gegenseitigen Einander-sich-reichen wird Anwesen geschenkt. Die Einheit der drei Ekstasen bildet das »*Zuspiel*« oder die »*nähernde NÄHE*«, die zugleich die vierte Dimension der Zeit abgibt. »Die eigentliche Zeit ist *vierdimensional*.« (SdD 16, Herv. E. K.)

An dieser Stelle scheint mir die oben avisierte kleine Korrektur angebracht zu sein: Heidegger überdeutet mit seiner Interpretation der nähernden NÄHE als der vierten Dimension der Zeit nach meiner Überzeugung den Wesensbau der Zeit. Vermutlich läßt er sich von der in den fünfziger Jahren zum allgemeinen Schlagwort gewordenen Rede von einer »vierten Dimension«, wobei allerdings ursprünglich das Zeitkontinuum als vierte Dimension des Raumes gemeint ist, dazu verleiten, in einer – wie ich meine – unpassenden Analogie nun auch von einer vierdimensionalen Zeit zu sprechen. Genau besehen – und hier schwankt Heidegger selbst in seiner Auslegung – stellt die nähernde NÄHE nicht eine weitere Dimension *neben* den bekannten drei Zeitdimensionen dar, und zwar weder im Sinne einer numerisch vierten Dimension noch im Sinne einer ersten und ursprünglichen Dimension der Zeit. Vielmehr ist die nähernde NÄHE gerade dasjenige, was die drei Zeitdimensionen einander, sie einigend zuspielt und auf diese Weise der Zeit erst ihre dreifältige Dimensionalität gewährt. Zählt man die NÄHE als vierte Dimension zu den drei anderen Dimensionen der Zeit, so erweckt dies den Anschein, als ob der Raum in der Gestalt der

NÄHE einen Vorrang vor den drei Zeitekstasen hätte, und man macht somit gewissermaßen die Zeit vom Raum abhängig. Von diesem Gesichtspunkt her erklärt sich m. E. auch das Zustandekommen des selbst bei Heidegger-Kennern verbreiteten Mißverständnisses eines Primats des Raumes vor der Zeit beim späten Heidegger. NÄHE darf meiner Überzeugung zufolge weder unter die Dimensionen der Zeit noch unter die Dimensionen des Raumes subsumiert werden, vielmehr gibt sie – wie Heidegger ja selbst an anderer Stelle hervorgehoben hat und wie bereits gezeigt wurde und im folgenden noch deutlicher werden wird – den »Zeit-Spiel-Raum« des Seins ab, d. h. sie ist zumal die Ortschaft als auch das Geschehen, das das Zeitigen der Zeit und Räumen des Raumes erst gewährt und vollbringt. Dieser ›korrigierte‹ Sinn von NÄHE muß im Gedächtnis gehalten werden, wenn nun der Gedankengang von »Zeit und Sein« weiter verfolgt wird.

Die nähernde NÄHE als das anfängliche Reichen der drei Zeitdimensionen nähert, indem sie »entfernt« – unmißverständlicher wäre der ungebräuchliche Ausdruck »fernt«, weil »entfernen« sowohl an Entfernung (Abstand) erinnert als auch an das transitivische »ent-fernen« aus »Sein und Zeit« – sie hält die Dimensionen zueinander und offen und hat zugleich den Charakter der Verweigerung und des Vorenthalts. So hält die nähernde NÄHE das Gewesen offen, indem sie seine Ankunft als Gegenwart verweigert oder hält das Ankommen aus der Zukunft offen, indem es im Kommen die Gegenwart vorenthält. Entsprechend nennt Heidegger das »Geben« der NÄHE, das die eigentliche Zeit gibt, das »lichtend-verbergende *Reichen*«. (SdD 16) »Die eigentliche Zeit ist die ihr dreifältig lichtendes Reichen einigende Nähe von Anwesen aus Gegenwart, Gewesenheit und Zukunft.« (SdD 17) Das Schicken des Seins beruht im Reichen der Zeit.

Ich kann hier abbrechen, denn es ist geklärt, inwiefern NÄHE selbst eigentlich Zeit ist. NÄHE in dieser weiten und grundsätzlichen Bedeutung meint nicht mehr nur einen Zeitmodus, weder im physikalischen noch im ontologischen Sinn, sondern den ganzen »Zeit-Spiel-Raum«, der Zeit und Raum zueinander versammelt, Zeit zeitigt und Raum einräumt. NÄHE wird nicht mehr von der Zeit her gedacht, sondern umgekehrt Zeit vom Nähern der NÄHE her. Dasselbe gilt für den Raum, wie wir gleich sehen werden. Der Mensch hat die Aufgabe, in dieser NÄHE einen Ort für das Wohnen zu beziehen und sie im Ausstehen offenzuhalten.

2. NÄHE als Raum

Das Problem des Raumes behandelte Heidegger weit weniger ausführlich als das der Zeit, jedenfalls fehlt eine großangelegte Auseinandersetzung mit dieser Problematik – sei es in systematischer oder in philosophiegeschichtlicher Hinsicht. Auch findet sich nirgendwo der Plan zu einem Werk »Sein und Raum« als etwaige Ergänzung zu »Sein und Zeit«. Daher drängt sich die Frage auf: Ist der Raum für die Seinsfrage unwichtig? Dem vorschnellen Abhaken dieses Problems steht entgegen, daß so eminent wichtige Termini wie »Topologie«, »Wohnen«, »Lichtung« und »NÄHE« Raumbestimmungen enthalten. Diese Tatsache verleitete einen so renommierten Heidegger-Forscher wie Eiho Kawahara sogar dazu, von einer Dominanz des Raumes vor der Zeit beim späten Heidegger zu sprechen.[11] Dies scheint mir allerdings des Guten zuviel, denn die genannten Begriffe haben allesamt nicht nur eine räumliche, sondern auch eine zeitliche Komponente: Topologie und Wohnen sind je geschichtlich, Lichtung meint nicht nur die freie Weite, sondern auch die Weile, NÄHE gibt die vierte Dimension der eigentlichen Zeit ab. Das Entscheidende für den späten Heidegger ist m. E. das gleichrangige Zusammengehören von Raum und Zeit in den Zeit-Spiel-Raum bzw. die NÄHE oder Lichtung. Dies belegt unter anderem die Verschiebung der Perspektive auf den Raum im Gehen des Denkwegs.

Erstmals thematisiert Heidegger das Problem des Raumes in »Sein und Zeit« innerhalb der Explikation der Grundverfassung des Daseins als »In-der-Welt-sein«, was bereits dargelegt wurde, so daß ich mich hier auf eine Wiederholung der wichtigsten Grundzüge beschränken kann.[12] In diesem Grundbuch hebt Heidegger das *existenziale* »In-Sein« des Daseins in der Welt als Wohnen von dem *kategorialen* »Sein in« als der Inwendigkeit zweier Vorhandener ineinander, etwa des Wassers im Glas ab. Desweiteren weist er die verschiedenen Räumlichkeiten des Vorhandenen, Zuhandenen und Daseins als von der jeweiligen Seinsweise bestimmte auf. Raum versteht er vom Einräumen des Daseins als In-der-

11 Vgl. Eiho Kawahara: Hölderlin und Heidegger, (1983), 7: »Früher wurde der Raum auf die Zeit gegründet, hier aber ist sogar gedacht, daß der Raum vielmehr ursprünglicher ist als die Zeit.« Das Mißverständnis rührt daher, daß Kawahara »Nähe« als vierte Dimension der Zeit mit »Raum« gleichsetzt. Vgl. dagegen Otto Pöggeler und Friedrich Hogemann: M. Heidegger: Zeit und Sein, (1982), 78 u. 83, die Raum und Zeit als »gleichgewichtig« und »gleichursprünglich« sehen, wenn auch die Raummetaphorik sich immer mehr in den Vordergrund dränge.
12 Siehe oben 108ff.

Welt-sein her, d. h. im Rückgang auf Welt, und nicht umgekehrt – wie Descartes – Welt als res extensa vom Raum her. Während »Sein und Zeit« Räumlichkeit und Zeitlichkeit getrennt betrachtet und die Räumlichkeit in der Zeitlichkeit fundiert, betonen schon die Vorlesung »Die Frage nach dem Ding« (1935/36) sowie die unveröffentlichten »Beiträge zur Philosophie« (1936–38) die Zusammengehörigkeit und Gleichrangigkeit beider: den »*Zeitraum*«. (FnD 13)[13] »Wozu Dichter?« (1946) nennt als Einheit des »Zeit-Raumes« das »Sein selbst« (HW 283), »Heimkunft« (1946) bezeichnet sie als »Lichtung« oder »die Heitere« (EH 18). Am Ende dieser Linie steht die Formulierung »*Zeit-Spiel-Raum*« als nähernde *NÄHE*, die ursprünglich Zeit und Raum zueinander versammelt, wie sie sich im Vortrag »Vom Wesen der Sprache« (1958) findet. (UzS 214) Im Vortrag »Das Ende der Philosophie und die Aufgabe des Denkens« (1964) erhält der Zeit-Spiel-Raum einen weiteren Namen: »*Lichtung*«. (SdD 73)

Die ausführlichsten Darlegungen zum Raumverständnis des späten Heidegger finden sich in »Bauen Wohnen Denken« (1951) und »Die Kunst und der Raum« (1969). Da ich das Verhältnis von Mensch und Raum als »*Wohnen*« sowie das Verhältnis der Dinge zum Raum an anderer Stelle bereits expliziert habe[14] und der spätere Vortrag diese Auffassung lediglich am Kunstwerk exemplifiziert, also nichts Neues bringt, begnüge ich mich mit einer schematischen Zusammenfassung der Hauptmerkmale.

Eine Gegenüberstellung zu einem einheitlichen traditionellen Raumverständnis ist hier nicht möglich, nicht nur weil Heidegger selbst keine solche vornimmt, sondern weil die traditionellen Vorstellungen vom Raum erheblich differieren und sich daher kein Schema eines »vulgären Raumverständnisses« in Analogie zum »vulgären Zeitverständnis« bilden läßt. Insbesondere liegen philosophische und mathematisch-physikalische Raumkonzeptionen oft weit auseinander.[15] Wenn im Folgenden zur abhebenden Verdeutlichung von Heideggers Sicht des Raumes einige wichtige Kennzeichen der von ihm als zu kurz greifend attackierten physikalischen Raumvorstellung aufgelistet werden, so kann dies nur unter Vorbehalt geschehen, denn auch innerhalb der modernen

13 Vgl. dazu Otto Pöggeler: Heidegger und das Problem der Zeit, (1982), 294ff.
14 Siehe oben 257ff.
15 Einen umfassenden Überblick bietet das enzyklopädische Werk von Alexander Gosztonyi: Der Raum, 2 Bde., Freiburg 1976.

Physik gibt es keine einheitliche Theorie des Raumes:[16]

1. a. Der physikalische Raum ist *homogen*, d. h. kein Raumpunkt ist vor dem anderen ausgezeichnet.[17]

   b. Er ist *isotrop*, d. h. keine Richtung ist vor den anderen ausgezeichnet.

   c. Er ist *kontinuierlich*, d. h. er stellt ein zusammenhängendes Ganzes ohne Lücke dar. Aufgrund seiner Kontinuität wird er als *unendlich teilbar* gedacht.[18]

   Raum ist somit bloße *Stellenmannigfaltigkeit* qualitativ ununterschiedener Raumpunkte, die sich nur durch ihre Lage im Koordinatensystem unterscheiden, wobei dieses jedoch selbst frei wählbar ist.

2. Er wird als *Parameter* für *Messungen* und als Ordnungsgröße des Nebeneinander gedacht.

3. Die Dinge nehmen in ihm eine mehr oder weniger *beliebige Stelle* ein.

4. Er ist *unendlich*.[19]

5. Er »*ist*«, d. h. er hat Realität.

Den ursprünglichen eigentlichen Raum, aus dem auf dem Wege fortschreitender Abstraktion der physikalische Raum entspringt, kennzeichnet Heidegger selbst folgendermaßen:

1. Er ist *strukturiert* in jeweilige Plätze, Wege und Gegenden. (VA 148f) Dasselbe gilt für die Räumlichkeit des Daseins, die wesentlich

---

16 Ich konzentriere mich dabei auf den *mediokosmischen* Raum wie wir ihn auf der Erdoberfläche im größeren als atomaren Bereich finden, der wesentlich dreidimensional und in euklidischen Strukturen beschreibbar ist – für den *mikrokosmischen* atomaren Raum sowie für den *makrokosmischen* Raum gelten teilweise andere Gesetzlichkeiten. Vgl. Gosztonyi a. a. O. 712–716. Meine bewußt unvollständige Beschreibung der Strukturen des physikalischen Raumes – die Auswahl erfolgte im Hinblick auf Heideggers Raumverständnis – stützt sich neben der Enzyklopädie von Gosztonyi (insb. 543–716 u. 1033–1260) auf die vorzügliche historische Darstellung der Entwicklung des Raumbegriffs in der Physik von Max Jammer: Das Problem des Raumes, 2. erw. Aufl., Darmstadt 1980, insb. 5 u. 138–240.

17 Diese ideale Forderung nach Homogenität wird eingeschränkt, wenn man die Bewegung der Meßinstrumente oder den Einfluß der Gravitation berücksichtigt. Vgl. Gosztonyi a. a. O. 1185f.

18 Die Kontinuität und unendliche Teilbarkeit wird von Werner Heisenberg zumindest für den atomaren Mikrobereich bestritten, indem er den Begriff der »kleinsten Länge« oder »Fundamentallänge« einführt. Vgl. Gosztonyi a. a. O. 1137f sowie die Diskussion bei Jammer a. a. O. 208ff.

19 Auch diese Bestimmung ist nicht unumstritten. Vgl. Gosztonyi a. a. O. 1143–1175.

durch »Ausrichtung« und »Ent-fernung« konstituiert wird. (SuZ 105ff)

Diese Strukturierung erfolgt durch das ausrichtend-ent-fernende Dasein sowie die Dinge, die selbst Orte sind und daher Räume verstatten. Räume werden von Orten her gedacht und nicht umgekehrt.

2. Er wird vom »Räumen« bzw. »Einräumen« im doppelten Sinne von »Zulassen« und »Einrichten« her gedacht. Bereits etymologisch gesehen besagt Raum, »rum«, freigemachter Platz für Siedlung und Lager. (VA 148; KuR 8f)[20]

3. Dinge, wie z. B. Bauten, sind Orte und gehören nicht nur an einen Ort, d. h. der Ort ist nicht vor dem Ding vorhanden, sondern entsteht mit diesem. (VA 148; KuR 11)

4. Als eingeräumter Raum ist er *endlich* – auch wenn sich diese Bestimmung bei Heidegger selbst nirgendwo findet.

5. Er »ist« nicht, sondern er »*räumt*«. (UzS 213)

Während es im physikalischen Raum nur beliebig besetzbare Stellen und ausmeßbare Abstände zwischen ihnen gibt, kennt der in jeweilige Plätze und Gegenden strukturierte eigentliche Raum keine quantitativen Abstände, sondern nur qualitativ sich unterscheidende Nähe und Ferne zu den je bestimmten Orten. Wie verschieden die beiden Maße sind, zeigt sich sehr deutlich an folgendem Sachverhalt: Die bloß graduell differenzierten Abstände sind teilbar – ob unendlich oder endlich spielt zunächst keine Rolle – und daher ist aus vielen kleinen Abständen ein großer zusammensetzbar. Die qualitativ unterschiedene Nähe und Ferne sind beide weder teilbar, noch ergibt die Summe vieler Nähen eine Ferne. Nähe und Ferne kennen keinen Plural.

Mit der Strukturbeschreibung des physikalischen Raumes wurde auch aus der Sicht des als Parameter gedachten Raumes klar, warum er den Zugang zur NÄHE als Nahnis versperrt. Ein homogenes Raumkontinuum schließt von vornherein das nachbarliche Gegen-einander-über aus, da seine Punkte niemals in eine Wesensbeziehung zueinander gelangen können. (UzS 212)

Raum und Zeit sind für den späten Heidegger unlösbar miteinander verbunden. Beide gehören in das Selbe des »Zeit-Spiel-Raumes«, der als

---

20 Hier zeigt sich der enge Bezug zur Lichtung, denn Räumen heißt ursprünglich Roden, die Wildnis freimachen. Bei Otto F. Bollnow: Mensch und Raum, 4. Aufl., Stuttgart 1980, 37 wird »Lichtung« sogar als früheste sprachliche Bedeutung von Raum herausgestellt.

Nahnis das Gegen-einander-über der vier Weltgegenden zeitigt und einräumt. So verwundert es nicht, daß die Beschreibungen des Raumes und der Zeit weitgehend parallel verlaufen. Von der Zeit kann nur gesagt werden »die Zeit zeitigt«, vom Raum »der Raum räumt«. Das Zeitigen der Zeit entfaltet sich als »entrückendes Zubringen« bzw. Reichen der Gleichzeitigkeit von Gewesenheit, Gegenwart und Zukunft, das den »Zeit-Raum« einräumt. Das Räumen des Raumes geschieht als »einräumendes Zulassen« von Ortschaften und Orten und Entlassen in sie sowie Aufnehmen des Gleich-Zeitigen als »Raum-Zeit«. Sowohl Raum als auch Zeit sind ihrem Wesen nach unbewegt, ruhen still. (UzS 213f)

Der Terminus »NÄHE«, der zugleich räumlich und zeitlich zu verstehen ist, bringt wie kein anderer das Zusammengehören von Raum und Zeit zum Ausdruck. NÄHE hat sowohl hinsichtlich des Raumes als auch der Zeit die zwei Bedeutungen als Modus des eigentlichen Raumes und der eigentlichen Zeit und als Dimension, die das Räumen des Raumes und das Zeitigen der Zeit erst ermöglicht. Inwiefern das Nähern der NÄHE spielerisch geschieht, soll im folgenden erhellt werden. Damit komme ich zur Klärung der letzten Komponente der NÄHE als Zeit-Spiel-Raum des Seins und des Seienden.

3. NÄHE als Spiel

Die *philosophische* Reflexion auf das Spiel verläuft hauptsächlich in zwei Bahnen: Spiel wird als *anthropologische* Kategorie (Menschenspiel) gefaßt – wie z. B. bei Schiller, Nietzsche, Buytendijk oder Huizinga[21] – oder als *ontologische* Kategorie (Weltspiel, Seinsspiel) wie z. B. bei Heraklit und Fink.[22] Untergeordnete Klassifikationsgesichtspunkte sind *Sprachspiel* (Wittgenstein) und Spiel als *ästhetische* Kategorie (z. B. Schiller, Romantiker),[23] wobei sich die genannten vier Bereiche überschneiden können. Heideggers Besinnung auf das Spiel ist

21 Vgl. F. J. J. Buytendijk: Wesen und Sinn des Spiels, Berlin 1934; Johan Huizinga: Homo Ludens, Reinbek 1956.
22 Vgl. Eugen Fink: Oase des Glücks. Gedanken zu einer Ontologie des Spiels, Freiburg 1957; ders.: Spiel als Weltsymbol, Stuttgart 1960.
23 Vgl. zu diesen beiden Bereichen exemplarisch: Ludwig Wittgenstein: Philosophische Untersuchungen, Frankfurt a. M. 1971; Ingeborg Heidemann: Der Begriff des Spiels und das ästhetische Weltbild der Gegenwart, Berlin 1968.

eindeutig der ontologischen Linie zuzurechnen, die auf Heraklits Fragment 52 zurückgeht, das den αἰών ein spielendes Kind nennt. Spiel meint bei Heidegger stets das »Welt-Spiel« als »Spiegel-Spiel des Gevierts« bzw. als Spielen des »Zeit-Spiel-Raumes«, das sich einander reichende »Zuspiel« der drei Zeitdimensionen oder gar das spielende Geben des Ereignisses selbst. Wie wir wissen, geschehen »Spiegel-Spiel des Gevierts«, »Zeit-Spiel-Raum« und »Zuspiel« als Nähern der NÄHE, womit der enge Bezug von NÄHE und Spiel offen zutage liegt. Heideggers Forderung, das Wesen des Seins aus dem Wesen des Spiels zu denken (SvG 186; ID 58), besagt folglich nichts anderes als: das Wesen des Seins aus dem Wesen der NÄHE zu denken.

Der Terminus »Spiel« findet sich zwar schon in »Sein und Zeit«, wo vom »Spielraum des faktischen Seinkönnens« die Rede ist, den der Entwurf einräumt (SuZ 145), gewinnt aber systematische Bedeutung erst im Ding-Vortrag aus dem Jahre 1950, der vom »Spiegel-Spiel des Gevierts« spricht, dessen einzige und eigentliche Dimension das Nähern der NÄHE ist. (VA 172ff)[24] Das Nähern der NÄHE ereignet sich spielerisch. Um ermessen zu können, was dies bedeutet, müssen wir uns die wichtigsten Merkmale des Spiels vergegenwärtigen sowie das Besondere des Heideggerschen Spielverständnisses herausarbeiten.

Wesentliche Kennzeichen des Spiels[25] sind: Größtmögliche Schöpferische Freiheit bei zugleich strenger Bindung an Regeln sowie sein Übergangsstatus zwischen Unwirklichkeit und Wirklichkeit, bloßem Schein und Sein. Diese *ontologische Ambivalenz* des Spiels charakterisiert sein Sein als Unbestimmt-Bestimmtes, als Integration von Idealität und Realität und entzieht das Spiel einer eindeutigen Definition, was die Grundschwierigkeit jeder Reflexion auf den Begriff des Spieles ausmacht. Wir stehen hier vor der paradoxen Situation, etwas begrifflich fixieren zu wollen, was aufgrund seiner Kreativität sich einer eindeutigen Bestimmung entzieht. Das Spiel wird geläufigerweise als Handlung um seiner selbst willen der ziel- und zweckgerichteten Arbeit, als Weise des Müßiggangs dem Ernst und als bloße Fiktion der Realität entgegengesetzt, was sich bei eingehender Betrachtung zumindest in dieser krassen Form nicht aufrechterhalten läßt, denn Spiel kann sehr wohl ernst sein und sehr wohl real sein. Zu jedem Spiel gehört ferner ein eigener

24 Für die gesamte Entwicklung des Spielbegriffs bei Heidegger vgl. I. Heidemann a. a. O. 339ff u. 287.
25 Folgende Auflistung, die keinerlei Anspruch auf Vollständigkeit erhebt, orientiert sich weitgehend an den Analysen von Heidemann, Huizinga und Fink.

Spiel-Raum, eine eigene Spiel-Zeit sowie bestimmte Spielregeln. Des weiteren läßt es sich beschreiben als eine Bewegung, die in sich selbst zurückkehrt; es existiert aus sich, bildet eine Einheit bzw. Ganzheit. Obwohl es frei von äußeren Zwecken, insbesondere allem materiellen Nutzen ist – vielleicht fällt das sog. »Glücksspiel« hier etwas aus der Rolle –, trägt es sehr wohl eine Sinnkomponente in sich. Unter dem Produktions- und Leistungsaspekt erscheint es als etwas Überflüssiges, aus der Sicht der nach Kausalitäten forschenden wissenschaftlichen Erkenntnistheorien als etwas mehr oder weniger Zufälliges, vom ethischen Standpunkt aus als etwas Unverbindliches. Daher steht es in gewissem Sinne außerhalb unseres durch Rationalität geprägten gewöhnlichen Lebens. Spielen heißt immer auch, ein Risiko einzugehen. Spiel kann schließlich in seiner ontologischen Bedeutung Ausdruck des ganzen Weltgeschehens, kann Weltsymbol sein.[26]

Heideggers *Welt-* bzw. *Seinsspiel* unterscheidet sich vornehmlich in zwei Punkten vom traditionellen Spielverständnis: 1. Es enthält nichts Unwirkliches, ist nicht Gaukelspiel eines bloßen Scheins, sondern höchster Ausdruck der Wahrheit des Seins selbst. 2. Es ist ein nahezu völlig »freies Spiel« – soweit dies überhaupt möglich ist –, eher dem fast regellosen Spiel des Kleinkindes verwandt als den streng geregelten Gesellschafts- und Wettkampfspielen, d. h. es ist keine rationale Regelhaftigkeit ausmachbar.[27] Es mag vielleicht gewisse Gesetzmäßigkeiten geben, diese sind jedenfalls für uns Menschen nicht eindeutig festschreibbar. Das Spiel des Seins ist »*ab-gründig*«, d. h. es folgt keinem Grund außerhalb seiner und ist deshalb in keiner Weise hochrechenbar

---

26 Vgl. dazu E. Fink: Spiel als Weltsymbol, Stuttgart 1960. Fink unterscheidet eingangs das Menschenspiel, das seiner Auffassung zufolge allein »Phänomen« einer wissenschaftlichen Erforschung werden kann, vom Weltspiel, das zunächst nur ein spekulativer Gedanke ist, der jedoch symbolische Repräsentanz ausüben kann. Spiel ist für ihn in seiner tiefsten Bedeutung Symbol des ganzen Weltgeschehens, wobei »Welt« – ähnlich wie bei Heidegger – nicht mehr als etwas dem Menschen Gegenüberstehendes gedacht werden darf, sondern den Menschen miteinbegreift. Insofern umgreift das Weltspiel das Menschenspiel. Im Spiel sieht Fink eine ausgezeichnete Weise, in der die unlösbare Zusammengehörigkeit sowie der Unterschied von Mensch und Welt zum Ausdruck kommt. (12ff)

27 Ich folge hier den Ausführungen von John D. Caputo in seinem Aufsatz »Being, Ground and Play in Heidegger«, (1970), dessen Formulierungen in ihrer verdeutlichenden Absicht schon fast zu krass ausfallen: »When Heidegger speaks of Being as play he thinks more of the ruleless play of the child than of the game with rule.« (37) ». . . Being as play resists rational analysis.« (38) »For Heidegger however the Play of Being is not an orderly process at all.« »The accountability and ultimately character of Being is play.« (38)

oder voraussagbar. Das heißt zugleich, das Risiko, das wir eingehen, wenn wir es verfehlen, ist nicht kalkulierbar. Wenn das Sein selbst als freies Spiel gekennzeichnet wird, so besagt das keineswegs, daß die Wesenbestimmungen des Seins als NÄHE, Lichtung oder Un-verborgenheit keine innere Struktur haben oder gar unverbindlich sind, sondern lediglich, daß wir den Zeitpunkt der Nähe und Ferne des Seins, seiner Entbergung oder Verbergung, nicht vorausdatieren oder erzwingen können. Wann, wo und wie sich uns das Sein zuschickt, bleibt Geheimnis seines Spiels. Unsere Aufgabe ist es, uns auf seine mögliche Ankunft vorzubereiten, indem wir den Bezug zum Sein offenhalten, in seiner Nachbarschaft wohnend uns einrichten.

Was es mit dem ab-gründigen Spiel des Seins auf sich hat, erläutert die Vorlesung »Der Satz vom Grund« (1955/56), die am ausführlichsten zum Problem des Spiels Stellung nimmt.[28] Der gängigen – auf Leibniz zurückgehenden – Interpretation des Satzes vom Grund »*Nihil* est *sine ratione. Nichts* ist *ohne* Grund« stellt Heidegger eine neue Lesart gegenüber: »Nihil *est* sine *ratione*. Nichts *ist* ohne *Grund*.« (SvG 75, 184)

Während die übliche Deutung sich ausschließlich auf Seiendes bezieht und Sein, wenn überhaupt dann nur vom Seienden her und auf das Seiende hin als den dieses begründenden Grund, der sich noch selbst begründet, anspricht, denkt die gewandelte »Tonart« das Sein selbst als – wie ich es nenne – »*spielenden Ab-Grund*«, der selbst nicht mehr begründet oder ergründet werden kann. Erst in Heideggers Auslegung sagt der Satz vom Grund etwas über das Wesen des Grundes, über das Sein als solches; in der geläufigen Fassung bleibt er ein Satz über das Seiende. (SvG 75) Wie Heidegger durch einen seinsgeschichtlichen destruierenden Rückgang vor die Metaphysik zu den anfänglichen Denkern nachweist, gehört anfänglich zum Sein dergleichen wie Grund, besagen Sein und Grund das Selbe – wie am λόγος-Gedanken ablesbar ist. (SvG 177ff) Auf dem Wege zunehmender Verengung schrumpft der λόγος, der zumal Sein als Anwesen als auch Grund im Sinne des versammelnden Vorliegenlassens bedeutet, zur *Ratio*, die zumal vorstellend-rechnende Vernunft und Grund im Sinne von Wirkursache meint. (SvG 131, 167f, 173f) Der Wandel der »Tonart« bringt nicht nur eine Änderung des Satzes vom Grund von einem Satz über das Seiende zu einem Sagen vom Sein mit sich (SvG 90, 118), sondern fordert zugleich

28 Vgl. hierzu meine Ausführungen über den Begründungscharakter des metaphysischen Denkens (siehe oben 151f) sowie über die Verengung der ursprünglichen Vierzahl der Ursachen auf die Wirkursache (siehe oben 239).

den Sprung in ein anderes Denken. (SvG 95) Der Satz im Sinne eines Prinzips bzw. Grundsatzes wandelt sich zu einem Satz im Sinne des Sprunges (SvG 151), der von der Metaphysik abspringt und in das Sein selbst als Ab-grund springt. Das Sein ist für Heidegger selbst »grundartig«, Sein als Sein ist in sich gründend, Sein und Grund gehören in das Selbe. Weil das Sein selbst Grund »ist«, kann es nicht noch einen Grund außer sich haben, der es begründet, von dem aus es erklärbar wäre. Daher bleibt der Grund weg und ab vom Sein, ist es »ab-gründig« und fällt nicht in den Machtbereich des Satzes vom Grund. (SvG 93, 185) Wir müssen also differenzieren zwischen der metaphysischen Vorstellung des Seins als *begründenden Grund* für das Seiende und dem Heideggerschen Gedanken des *ab-gründigen* »Grundes«, als welcher das Sein als Sein west. Das Selbe, in das Grund und Sein gehören, denkt Heidegger als Spiel – daher die Berechtigung meiner Benennung ›spielender Ab-Grund‹. Es ist jenes Spiel auf das unser Menschsein gesetzt ist, das seine bisher noch ungedachte Maßgabe vom Tod erhält. Das Wesen des Spiels läßt sich nicht mehr vom Sein als Grund her bestimmen, vielmehr müssen wir umgekehrt »Sein und Grund, Sein als Ab-Grund aus dem Wesen des Spiels her denken«. (SvG 186) Vom Welt- bzw. Seinsspiel kann nur gesagt werden: »Es spielet, weil es spielet«, wobei das »Weil« nicht kausal verstanden werden darf, sondern im Hinblick auf die Weile und das Verweilen zu denken ist – analog zum Blühen der Rose, die laut Angelus Silesius ohne »Warum« ist und »blühet, weil sie blühet«. (SvG 68ff) »Das ›Weil‹ versinkt im Spiel. Das Spiel ist ohne ›Warum‹. Es spielt, dieweil es spielt. Es bleibt nur Spiel: das Höchste und Tiefste.« (SvG 188) Entsprechend hieß es im Vortrag »Das Ding«, von der Welt könne nur gesagt werden, sie »weltet«, da sie weder aus etwas anderem ergründbar noch erklärbar ist. (VA 172)

Zusammenfassend kann mit Heidegger gesagt werden: »Nichts *ist* ohne *Grund*. Sein und Grund: das Selbe. Sein als gründendes hat keinen Grund, spielt als der Ab-Grund jenes Spiel, das als Geschick uns Sein und Grund zuspielt.« (SvG 188) Es liegt an uns, die Sätze dieses Spiels zu hören und uns mitspielend in das Spiel zu fügen. Das Welt- und Seinsspiel umfaßt also wesensmäßig das Spielen des Menschen mit: Es braucht den Menschen als Mitspieler.[29] So wird erneut meine

---

29 Entsprechend schreibt Caputo a. a. O. 40: »The play of Being is not onesided. Rather it is necessary for man to ›play along with‹ (mitspielen) the play. Being needs man's attentive co-operation ... Being and man ›correspond‹; they are a dialogue, an interchange. Their play thus is an interplay.«

These von der unlösbaren Verklammerung von Sein und Menschenwesen und der Seinsfrage als Frage nach der NÄHE erhärtet.

Neben der negativen Funktion der Abwehr von Fixierungen und der Befreiung aus dem Begründungsdenken, d. h. letztlich dem Absprung aus der Metaphysik, hat Spiel bei Heidegger die positive Aufgabe, schöpferisch den Spielraum des anderen Denkens zu eröffnen und offenzuhalten, den Spielern oder Gespielten ihren Ort anzuweisen, sie zueinander zu bringen, einander zuzuspielen und zu vereignen sowie letztlich ins Freie zu binden, wie z. B. im Spiegel-Spiel des Gevierts.[30] Die Topologie des Seins erfolgt selbst spielerisch. Spiel ist in allen seinen Formen bei Heidegger schaffendes *Her-vor-bringen* und *Nähern* der NÄHE, ganz gleich, ob es dabei im »Spiegel-Spiel« um die Nahnis als die Be-wegung der vier Weltgegenden in ihr nachbarliches Gegeneinander-über geht, im »Zeit-Spiel-Raum« um das versammelnde Nähern von Zeit und Raum oder im »Zu-spiel« als der vierten Dimension der Zeit um das Nähern als Einander-sich-reichen der drei Zeitekstasen. *NÄHE erweist sich als eigentliche Dimension alles Welt- bzw. Seinsspieles.* Das spielerische Nähern ereignet sich vornehmlich als Lassen, Geben im Sinne von Schicken oder Reichen sowie Versammeln, Verweilen und Vereignen, welche allesamt ausgezeichnete Weisen des Ereignens sind. Das spielerische Nähern selbst stellt m. E. die wichtigste Weise des Ereignens dar. In welchem Verhältnis NÄHE zu Lichtung und Ereignis steht, soll im Folgenden ausgeführt werden.

4. NÄHE und Lichtung

Der »*Zeit-Spiel-Raum*« zeigte sich als *NÄHE*, die spielerisch nähernd Raum und Zeit zueinander versammelt sowie Zeit zeitigt und Raum einräumt. Daneben denkt Heidegger den »Zeit-Spiel-Raum« auch als

---

30 I. Heidemann unterscheidet eine dreifache Funktion des Spielbegriffs bei Heidegger: 1. Eine kategoriale Funktion: Sein wird als Spiel angesprochen. 2. Eine hermeneutische Funktion: Sprache und Hermeneutik als spielende Kundgabe. 3. Eine existentiale Funktion: Spiel als dasjenige, auf das das Menschenwesen gesetzt ist und in dem er mitzuspielen hat. Ich habe auf diese Begrifflichkeit verzichtet, weil sie m. E. zu viel Erklärung braucht, um verständlich zu sein. Überhaupt scheint es mir fraglich, ob man Heideggers Spielverständnis im Anschluß an das Kantische explizieren kann, wie es die Autorin tut. Gemäßer wäre m. E. eine Anknüpfung an Heraklit oder Nietzsche, zumal Heidegger selbst eine solche vornimmt. Vgl. Heidemann a. a. O. 303–372.

»*Lichtung*«, wenn er in seinem Vortrag »Das Ende der Philosophie und die Aufgabe des Denkens« (1964) diese als das »freie Offene« kennzeichnet, »worin der reine Raum und die ekstatische Zeit und alles in ihnen An- und Abwesende erst den alles versammelnden bergenden Ort haben«. (SdD 73)[31] Mit anderen Worten: Sowohl Zeit und Raum als auch alles in ihnen An- und Abwesende bedürfen der vorgängigen Lichtung. »Anwesendes« meint hier nicht nur das Seiende, sondern dem partizipialen Charakter des Wortes gemäß sowohl verbal Anwesen (Sein) als auch nominal das Anwesende (Seiende). Daß auch das Sein in die Lichtung gehört, belegt folgendes Zitat, das sich zwei Seiten später findet: »Das ruhige Herz der Lichtung ist der Ort der Stille, aus dem her es dergleichen wie die Möglichkeit des Zusammengehörens von Sein und Denken, Anwesenheit und Vernehmen erst gibt.« (SdD 75, vgl. 76) Die Topologie des Seins findet innerhalb des Freien der Lichtung statt, die erst je bestimmte Orte verstattet.

Daß *Lichtung* und *NÄHE* denselben Sachverhalt bezeichnen, behauptete schon der Brief »Über den Humanismus«. (Hum 20f, 24, 25) Weitere Namen für dieselbe Sache sind ἀλήθεια (Wahrheit als Unverborgenheit) (Hum 20; SdD 74ff) sowie »*Gegnet*«, die ganz analog zur Lichtung als »freie Weile« sowie als »das Nähernde und Fernende« bezeichnet wurde (Gel 39, 66; UzS 197).[32] Bei allen vier Grundworten des Heideggerschen Denkens treffen wir immer wieder auf die gleichen Attribute: offen, frei, versammelnd, verweilend, entbergend-verbergend-bergend und gewährend – um nur die wichtigsten aufzuzählen. Die Lichtung – NÄHE, ἀλήθεια, Gegnet – ist das Ungedachte der bisherigen Philosophie und stellt daher die Aufgabe für das künftige Denken am geschichtlichen Ende der Philosophie dar. (SdD 71ff) Bevor ich zu einer Strukturanalyse der Lichtung schreite, skizziere ich zunächst die Entwicklung des Lichtungsgedankens auf dem Denkweg Heideggers.

Bereits in »Sein und Zeit« findet sich der Terminus an zentraler Stelle: Lichtung ist ein anderer Name für die »*Erschlossenheit*«, das Herzstück der existenzialen Analytik des Daseins.[33] Dasein, besser Da-sein, ist

31 Vgl. auch EH 18: »Das Höchste ›über dem Lichte‹ ist die strahlende Lichtung selbst. Wir nennen nach einem älteren Wort unserer Muttersprache das reine Lichtende, das jedem ›Raum‹ und jedem ›Zeitraum‹ erst das Offene ›einräumt‹ und d. h. hier gewährt, ›die Heitere‹.«
32 Zur »Gegnet« siehe oben 253ff.
33 Richard Schaeffler zufolge hat Heidegger den entscheidenden Anstoß zum Lichtungsgedanken von einem Bonaventura-Zitat bekommen, das sein theologischer Lehrer Carl Braig als Motto seinem Buch »Vom Sein. Abriß der Ontologie« (Freiburg

selbst Lichtung im doppelten Sinne: Es ist *an ihm selbst* gelichtet und es ist *für es selbst* lichtend. (SuZ 133, 147) Die Gelichtetheit, die die Möglichkeit alles Sehens und Habens von etwas abgibt, wird konstituiert durch die ekstatische Zeitlichkeit. (SuZ 350f, 170, 408) Wenn auch der Lichtungsgedanke in »Sein und Zeit« noch einseitig auf das Da-sein bezogen ist, so stellt er dennoch den Gedanken dar, der am meisten über das bloß menschliche Sein auf den ganzen Bezug von Sein und Menschenwesen hinausweist.[34] Der Vortrag »Der Ursprung des Kunstwerkes« (1935) bezieht Lichtung dann erstmals ausdrücklich auf das Sein selbst und beschreibt sie als »offene Mitte« und »Spielraum der Offenheit«, in der allein Seiendes erscheinen oder sich verbergen kann. (HW 41f, 49f, 43, 44) Der Humanismus-Brief vertieft diese Betrachtungsweise, indem er das Sein selbst als Lichtung faßt und mit Wahrheit des Seins und NÄHE sowie Welt gleichsetzt. (Hum 20f, 35, 16, 24) Der Mensch ist zuerst und vorrangig der vom Sein in seine Lichtung Geworfene, dem aufgetragen ist, diese existierend offenzuhalten und zu hüten. Primär lichtend ist also das Sein selbst, wovon das lichtende Erschließen des Daseins seinen Anstoß erhält. (Hum 25, 13, 15) Im Zuge der systematischen Ausarbeitung und des Ins-Zentrum-tretens des Ereignisses als Kernbegriff der Heideggerschen Spätphilosophie, mit der eine »Abwertung« des Begriffes »Sein« einhergeht, der nun ganz der Metaphysik überlassen wird – dessen Beginn ich mit »Identität und Differenz« (1957) ansetze –, wird Lichtung nicht mehr mit dem Sein identifiziert, sondern als das Sein und Menschenwesen umgreifende Offene verstanden, in dem beide erst ihren je geschichtlichen Ort beziehen können. Die Lichtung ist das Element, in dem Sein und Denken sowie ihr Zusammengehören erst sein können. (ID 19, 57; SdD 73, 75, 76; FBD 17f) Ferner wird Lichtung in dieser letzten Phase als vom Ereignis ereignete gedacht. (UzS 258)

Der Terminus »Lichtung« durchläuft bei Heidegger also drei Phasen: 1. Das Dasein selbst ist die Lichtung. (ca. 1927–1933) 2. Das Sein selbst ist die Lichtung. (ca. 1934–1956) 3. Lichtung west als das vorgängige umgreifende Offene, das Sein und Dasein und ihrem Zusammengehören erst einen Ort verstattet. (ab 1957) Entscheidender als diese Bedeutungsverschiebung ist jedoch, daß »Lichtung« in allen drei Phasen den ganzen Bezug von »Sein« *und* »Menschenwesen« meint, das ›Dritte‹ meines eingangs gegebenen Schemas des Heideggerschen Seinsdenkens

1896) vorangestellt hat. Vgl. Richard Schaeffler: Frömmigkeit des Denkens? Darmstadt 1978, 7.
34 Siehe oben 118ff.

– allerdings bei wechselnder Akzentuierung. Vor allem der Unterschied zwischen der zweiten und dritten Phase schrumpft erheblich zusammen, wenn wir die dort herausgestellte Doppeldeutigkeit des Terminus »Sein« für das Sein des Seienden, d. h. für das Sein als Zug der Differenz – was später allein »Sein« genannt wird – und für das Sein als Sein (als solches, selbst), d. h. für das Sein als ganzen Bezug bedenken – was später als Lichtung, NÄHE, Un-verborgenheit und Gegnet weiter gedacht und vom Ereignis her verstanden wird.[35]

Dies wird zusätzlich dadurch bestärkt, daß die Struktur der Lichtung sowie die mit diesem Gedanken verbundene Intention stets dieselbe geblieben ist. Lichtung bezeichnet durchgängig Heideggers seinsdenkerischen Gegenbegriff sowohl gegen die Lichtmetaphysik als auch gegen das »lumen naturale«, das Licht der Vernunft. Immer wieder weist Heidegger das Nichtbedenken der Lichtung als schwerwiegendes Versäumnis der Metaphysik auf. Sie erkannte mit Plato zwar, daß alles Sehen und Vorstellen vom Licht abhängt, dessen Helle uns ermöglicht, die Dinge zu unterscheiden, und schrieb diese Belichtungsfunktion den Ideen zu, ersetzte in der Neuzeit den Lichtträger »Idee« durch den Lichtträger »Vernunft«, aber blieb blind für die Quelle des Lichtes selbst: die Lichtung. (Hum 20; WiME 7f; VA 244; SdD 73) *Lichtung* und *Licht* sind zwei verschiedene Phänomene, wenn auch eng miteinander verbunden. »Lichtung« ist problemgeschichtlich eine Lehnübersetzung des französischen Wortes »clairière« und analog gebildet zu den älteren Worten »Waldung« und »Feldung«. Sie steht in gewissem Gegensatz zur »Dickung«. »Licht« meint im Wort »Lichtung« »leicht«, »frei« und »offen« und hat weder sprachlich noch von der Sache her etwas zu tun mit dem Adjektiv »licht« im Sinne von »hell«. »Lichten« besagt entsprechend, etwas leicht, frei und offen zu machen, z. B. durch Roden von Bäumen eine Waldlichtung schaffen. Lichtung bedeutet Offenheit, aber nicht nur für das Sehen, sondern auch für das Hören, Riechen, Schmecken und Tasten. Des weiteren ist Offenheit keine pure Helle wie das Licht, sondern eine Offenheit in der Helle und Dunkel miteinander streiten. (SdD 71ff) Daher ist Lichtung nicht vergleichbar mit einer »starren Bühne mit ständig aufgezogenem Vorhang, auf der sich das Spiel des Seienden abspielt«, vielmehr gehört zu ihr immer schon die Verbergung und zwar gleich zweifacher Art: Die Verbergung als »Versagen« steht am Anfang der Lichtung und versagt dem Seienden überhaupt zu erscheinen. Die Verbergung als »Verstellen« ge-

35 Siehe oben 84ff.

schieht innerhalb des Gelichteten und versucht, das erscheinende Sei-
ende zu verschleiern und zu verdunkeln. (HW 42) Lichtung meint das
Geschehen von Lichten und Verbergen, keinen statischen Zustand. Der
Lichtstrahl schafft nicht erst die Lichtung, sondern durchdringt sie nur:
»Das lumen naturale, das Licht der Vernunft, erhellt nur das Offene.«
(SdD 73) Das *vorstellende* Denken ist an das *Licht* gebunden, das Licht
wiederum an die *Lichtung*.

Platons Ideenschau, Plotins Lichtfadentheorie, Descartes' Klarheit des
Cogito, Kants alles erhellende Vernunft, Hegels spekulativ-dialektisches
Denken sowie Husserls originäre Anschauung und ihre Evidenz bleiben
auf die bisher ungedachte Lichtung angewiesen. (SdD 67ff) Einzig die
anfänglichen Denker ahnten die Lichtung, wenn sie von der ἀλήθεια
sprachen, die Sein und Denken umspannt, ohne diese jedoch eigens zu
denken. (SdD 74ff) Die Lichtung ist ein »Urphänomen« im Goe-
theschen Sinne, d. h. ein solches, hinter das nicht mehr weiter zurück-
gegangen werden kann, das nicht weiter aus anderem erklärt werden
kann, sondern das sich selbst in seinem Sichzeigen erhellt. (SdD 72) Sie
hat ferner den Charakter einer »offenen Mitte« inmitten des Seienden,
die dennoch nicht von diesem begrenzt wird, sondern weiter als alles
Seiende ist und in ihrer freien Weite und Weile Orte verstattet. (HW
41; Gel 39f; UzS 198) »Lichtung« ist zumal der Akt des Lichtens und
der Bereich des freien Offenen. Zu ihr gehört ein Einräumen von Orten
sowie ein Lichten von Anwesendem. Eine leere Lichtung gibt es nicht.
Nicht nur das Anwesende bedarf der Lichtung, sondern auch das Abwesende, denn abwesen bzw. sich verbergen kann nur etwas, das grundsätzlich gelichtet ist. Lichtung ist Lichtung »der sich verbergenden Anwesenheit, Lichtung des sichverbergenden Bergens«. (SdD 79) Auch die
Seinsferne muß als Ferne gelichtet sein, um erfahren werden zu können. Die Seinsweise der Lichtung ist nicht das »ist«, sondern das »Es
gibt«, wobei sich dann analog zum »Es gibt« von Sein und Zeit die Frage
nach dem Es stellt, das die Lichtung gibt. Mit dieser Frage schließt der
Vortrag »Das Ende der Philosophie und die Aufgabe des Denkens« und
knüpft damit unmittelbar an den Vortrag »Zeit und Sein« an. (SdD 80)
Über diesen Anschluß darf nicht hinwegtäuschen, daß Heidegger den
Titel für die Aufgabe des Denkens von »Sein und Zeit« zu »Lichtung
und Anwesenheit« verdeutlicht, denn statt dessen hätte er auch formulieren können »Zeit und Sein«, weil Zeit den Vornamen für die Lichtung und Anwesenheit das Sein nennt.

Wie steht es mit der Selbigkeit von Lichtung und NÄHE? Dem Entbergen der Lichtung entspricht das Nähern, ihrem Verbergen das Fernen; Entbergen und Verbergen sind unlösbar miteinander verklammert wie Nähern und Fernen. Das Bergen der Lichtung hat seine Parallele im Verweilen und Versammeln der NÄHE. Ebensowenig wie es eine pure Entbergung (Lichtung) gibt, gibt es eine pure NÄHE. Wie die Lichtung ist die NÄHE zumal als Bewegung des Näherns zu denken und als Dimension des freien Offenen, das Orte verstattet. Auch die NÄHE ist niemals leer, sondern immer ge- bzw. erfüllte. Wie die Lichtung braucht sie die Mitarbeit des Menschen. Lichtung und NÄHE sind sowohl räumlich als auch zeitlich zu denken und geben den Zeit-Spiel-Raum für die Topologie alles Seins und Seienden ab. Beide haben Geschehenscharakter und sind nicht weiter ableitbare Urphänomene. Beide sind ihrem Wesen nach spielend, versammelnd, verweilend und gewährend. So zeigt sich: Lichtung und NÄHE stellen zwei verschiedene Blickrichtungen auf denselben Sachverhalt des ursprünglichen Zusammen*gehörens* von Sein *und* Menschenwesen dar.

5. NÄHE und Ereignis

Der Vortrag »Das Ende der Philosophie und die Aufgabe des Denkens«, der die Lichtung – bzw. nach meiner Interpretation die NÄHE – als die ungedachte Sache des zukünftigen Denkens herausstellt, endet mit der Frage nach dem »Es«, das die Lichtung gibt, und führt damit zurück zum Vortrag »Zeit und Sein«, dessen Erörterung ich nach dem Aufweis des Gebens des Seins als »Schicken« und des Gebens der eigentlichen Zeit als lichtend-verbergendes »Reichen« durch die nähernde NÄHE abgebrochen habe. Nun nehme ich den Faden wieder auf. Beide Fragen – nach dem »Es gibt« des Seins und nach dem »Es gibt« der Zeit – münden in die Frage nach dem »Es«, das im Geben des Seins und der Zeit waltet, ja dieses Geben selbst erst gibt. In beiden Weisen des Gebens waltet ein Zueignen und Übereignen, daher bestimmt Heidegger das »Es« als »*das Ereignis*«. »Demnach bezeugt sich das Es, das gibt, im ›Es gibt Sein‹, ›Es gibt Zeit‹, als das Ereignis.« (SdD 20) Insofern das Schicken von Sein im Reichen der eigentlichen Zeit als NÄHE beruht, das Reichen selber aber zusammen mit dem Schicken im Ereignis, haben wir es mit einer dreifachen Staffelung des Gebens zu tun: Geben als Schicken von Sein, Geben als Reichen der Zeit als NÄHE und Geben als

Ereignen. (SdD 21) Das Ereignis ist dasjenige, was Zeit und Sein in ihr Eigenes bringt und zusammengehören läßt. Es ist der »Sach-Verhalt«, aus dem beide Sachen des Denkens, Zeit und Sein, zu denken sind. (SdD 20)

Bevor ich eine Wesensbeschreibung des Ereignisses versuche, möchte ich auch hier kurz auf die Entfaltung des Problems auf dem Denkweg eingehen: Heideggers eigener Aussage zufolge bildet »Ereignis« seit Mitte der dreißiger Jahre »das Leitwort« seines Denkens – zumindest in seinen Manuskripten. (GA 9, 316; UzS 260; SdD 46; VS 104)[36] Wie auch bei anderen seiner Grundworte wurde Heidegger aller Wahrscheinlichkeit nach auch hier von Hölderlin inspiriert, der in »Mnemosyne« dichtet: »Lang ist die Zeit/es ereignet sich aber das Wahre«. Bei der Auslegung dieser Verse innerhalb seiner ersten Hölderlin-Vorlesung im Wintersemester 1934/35 substantiviert Heidegger das Verb »ereignen« und spricht vom »Warten auf das Ereignis«. (GA 39, 56) Der Vortrag »Hölderlin und das Wesen der Dichtung« aus dem darauffolgenden Jahr bezeichnet die Sprache als »dasjenige Ereignis, das über die höchste Möglichkeit des Menschseins verfügt«. (EH 38f) Wichtige Abhandlungen aus dieser Zeit, wie die umfangreichen »Beiträge zur Philosophie« (1936–38) und vor allem »Das Ereignis« (1941/42) sind leider noch nicht ediert,[37] so daß eine wirkliche Beurteilung, wie weit Heideggers Denken des Ereignisses zu dieser Zeit gediehen war, noch nicht möglich ist. Trotzdem wage ich zu behaupten, daß der frühe Begriff von Ereignis nicht mit dem späteren identisch ist. Erst in »Der Satz der Identität« (1957) gelangt m. E. der Terminus »Ereignis« zu seiner vollen Reife und zur systematischen Entfaltung. Heidegger selbst nennt im Rückblick im »Protokoll zu einem Seminar über den Vortrag ›Zeit und Sein‹« (1962) vier Wege in das Ereignis: als frühesten den Humanismus-Brief, in dem jedoch noch in einer »bewußten Zweideutigkeit« vom Ereignis gesprochen wird, dann die Vortragsreihe »Einblick in das was ist« sowie den Technik-Vortrag, in denen »deutlicher« vom Ereignis die Rede ist, schließlich den Identitäts-Vortrag, der »am deutlichsten« vom Ereignis Kunde gibt. (SdD 38f) Daß im Humanismus-Brief »Ereignis« noch nicht in seiner späteren Bedeutung ge-

36 In »Sein und Zeit« kommt zwar das Wort »Ereignis« vor, allerdings ohne terminologische Bedeutung. Vgl. z. B. SuZ 378, 382.
37 Sie erscheinen in der dritten Abteilung der Gesamtausgabe. Einzelne Zitate aus beiden Manuskripten finden sich bei O. Pöggeler: Der Denkweg Martin Heideggers, Pfullingen 1963.

braucht wird, läßt sich nach meiner Überzeugung an zweierlei ablesen: Erstens kommt dort das Substantiv »Ereignis« gar nicht vor, es findet sich nur das Verb »ereignen« und auch dies wird in keiner Weise hervorgehoben. Zweitens – und dies ist der sachlich gewichtigere Grund – wird das Es, das gibt, als das »Sein selbst« ausgelegt – und nicht als Ereignis –, das zumal das Gebende und das Gegebene sei. (Hum 22; vgl. N II 377) Zwar versucht Heidegger, diese Diskrepanz in besagtem Protokoll auszuräumen, indem er behauptet, der Titel »das Sein selbst« nenne im Humanismus-Brief das Ereignis, aber ohne recht zu überzeugen. Denn dort wird die Formel »Es gibt« im Rückbezug auf ihre erste Formulierung in »Sein und Zeit« (212) aufgenommen, auf deren Vorläufigkeit und Unzulänglichkeit Heidegger nun ausdrücklich hinweist. (SdD 46f) Meines Erachtens handelt es sich hier um eine »umdeutende Selbstinterpretation«, wovon von Herrmann zahlreiche Beispiele herausgearbeitet hat.[38] Der Vortrag »Die Kehre« spricht zwar eigens vom »Ereignis«, denkt es aber auch noch vom Sein her. Erst seit »Identität und Differenz« wird Ereignis ausdrücklich vom Sein abgesetzt und umgekehrt das Sein aus dem Ereignis her gedacht. (ID 27f; UzS 258, 260; SdD 20ff)[39] So gelingt erstmals der Absprung von der Metaphysik, wird Sein aus dem Ereignis, d. h. ohne Rücksicht auf das Seiende und damit ohne Rücksicht auf die Metaphysik gedacht. (SdD 25)

Man ist vielleicht geneigt zu fragen: Wie sollen wir uns dieses geheimnisvolle Ereignis vorstellen? »Was ist das Ereignis?« (SdD 20) Fragen wir so, dann befinden wir uns schon auf der falschen Spur, denn das Ereignis ist weder vorstellbar noch aussagbar, es übersteigt den Machtbereich der *Ratio*. Ein Zugang kann allein über die Dimension der *Sprache* als dem Haus des Seins und über das dieses hütende andenkende Denken erfolgen. Er verlangt den Sprung vom vorstellendenbegründenden Denken in das sein-lassende Denken, dem sich das Ereignis als Ab-Grund offenbart. (ID 28) Einzig im Hören auf das Zeigen der Sage kann das Ereignis als das Gewährende erfahren werden. Es selbst

38 Vgl. F.-W. von Herrmann: Die Selbstinterpretation Martin Heideggers, Meisenheim 1964.
39 Vgl. auch O. Pöggeler: Sein als Ereignis, (1959), 127f: »Je mehr Heidegger in sein eigenes Denken einkehrt, desto mehr läßt er die metaphysische Begrifflichkeit zurück. Er läßt auch den Grundbegriff ›Sein‹ fallen, weil dieser ein spezifisch metaphysischer Begriff ist. Er kann diesen Begriff fallen lassen, weil das, was die Metaphysik unter diesem Titel dachte, durch eine Besinnung auf den Sinn von Sein zurückgedacht ist in das Ereignis.« Mit dem Denken des Seins als Ereignis gelangt Heideggers Denken in Pöggelers Augen ans Ziel. (Vgl. 118)

entzieht sich sogar aller Topologie bzw. Erörterung und ist nur noch nennbar, weil es das schlechthin Erörternde sowie die »Ortschaft aller Orte und Zeit-Spiel-Räume« ist. (UzS 258)

Was verrät uns nun die Sprache über das Ereignis? Es besagt seinem ursprünglichen Wortsinne nach »er-äugen, d. h. erblicken, im Blicken zu sich rufen, an-eignen«. (ID 24f) »Er-eignis« ist »eignende Er-äug-nis« von Sein und Menschenwesen, wodurch beide in ihr Eigenes ent-lassen und einander »zugeeignet« oder »übereignet« werden. (TK 44; UzS 260) An einigen Stellen schreibt Heidegger bewußt »Er-eignis«, um zum einen den engen Bezug zum »Eigenen« und zur »Eigentlich-keit« zu betonen (UzS 265), zum anderen, um auf das Ursprungshafte des Ereignisses aufmerksam zu machen, denn die Vorsilbe »er-« ist die unbetonte Entsprechung der Tonform »ur-«.[40] Ereignis ist wesenhaft ein Geschehen, d. h. muß vom Ereignen und Eignen her verstanden werden. (ID 24; SdD 21; UzS 258) Weisen des Ereignisses im engeren Sinne sind das »Vereignen«, »Zueignen«, »Übereignen«, »Aneignen«, »Eignen« sowie das »Enteignen«; im weiteren Sinne auch das »Nä-hern«, »Geben«, »Reichen«, »Schicken«, »Versammeln«, »Verweilen«, »Anwesenlassen«, »Zusammengehörenlassen«, »Lichten« und das »Entbergen-Verbergen-Bergen«. »Ereignis« bildet folglich eine Art »Oberbegriff« im Sinne einer Verwandtschaftsbeziehung für alle Seins-weisen der »NÄHE«, »Lichtung«, »Un-verborgenheit«, »Gegnet«, der »Zeit« und des »Seins selbst«, sowie des »Welt-Gevierts«, der »Sage«, des »Unter-Schieds«, »Austrags« und des »Zusammen*gehörens*« – d. h. für alle Manifestationen des »Dritten« des Heideggerschen Seinsden-kens. Insofern ist Ereignis *das* Grundwort der Heideggerschen Spätphi-losophie. Andererseits bleibt es wegen seiner terminologischen Weite und seiner Unerörterbarkeit wesensmäßig blaß.

Das Verhältnis von Sein und Ereignis beschreibt Heidegger in seinen letzten Abhandlungen folgendermaßen: Das Schicken des Seins »be-ruht« im Ereignen des Ereignisses. Insofern »gehört« das Sein in das Ereignis, ist die Gabe von Anwesen »Eigentum« des Ereignisses. Das

40 Vgl. Friedrich Kluge: Etymologisches Wörterbuch der deutschen Sprache, 21. Aufl., Berlin 1975, 170. Wolfgang Kayser zufolge lassen sich im Neuhochdeutschen vor allem drei Bedeutungsnuancen des Verbalpräfixes »er-« voneinander abheben: Erstens »Erringen, wobei das Simplex das Mittel des Erringens angibt«, zweitens »geraten in«, »anfangen zu«, drittens »die durch das Simplex bezeichnete Tätigkeit vollständig bis ans Ende ausführen«. Im Er-eignen sind m. E. alle drei Momente angesprochen, wobei ich den Akzent auf der Bedeutung des Anfangens sehe. Vgl. W. Kayser: Wandlungen im Gebrauch der verbalen Präfixe in der deutschen Sprache des 18. Jahrhunderts, (1950).

heißt jedoch nicht, Sein sei eine Art des Ereignisses, Ereignis der logische Oberbegriff zu Sein. »Sein verschwindet im Ereignis.« (SdD 22) Mit ihm verliert die »ontologische Differenz« ihre maßgebende Stellung und wird durch den Unter-Schied zwischen Welt und Ding ersetzt. (SdD 41; VS 104) Im Gegensatz zum Sein ist das Ereignis geschichtslos. Daher kann es nicht als eine neue Seinsepoche aufgefaßt werden. Mit dem Eintreten des Denkens in das Ereignis ist die Seinsgeschichte (Ontologie) zu ihrem Ende gekommen. (SdD 44; VS 104) Des weiteren gibt es keine »Ereignisse«, Ereignis ist ein einzigartiges Geschehen, ist ein »singulare tantum«. (ID 25; SdD 21) Zugleich ist es das »neutrale tantum« des »und« im Titel »Zeit und Sein«. (SdD 47) Es »ist« weder, noch hat es die Seinsweise des »Es gibt«: »Das Ereignis *ereignet*.« (SdD 24, Herv. E. K.) Das Ereignis ist sein Ereignen, es gibt kein Subjekt »Ereignis«, das die Tätigkeit »ereignen« ausführt.

Schon die sprachliche Abspaltung eines Subjekts »Ereignis« von einem Prädikat »ereignen« ist künstlich und beruht auf einem versteinerten Irrtum unserer Grammatik, den Nietzsche in seiner Schrift »Zur Genealogie der Moral« in unnachahmlicher Art demaskiert hat.[41] Die Struktur unserer deutschen Grammatik zwingt uns, zu jedem Tun einen Täter hinzuzudichten, zu jedem Prädikat ein Subjekt. Zu welchem Unsinn dies führen kann, demonstriert Nietzsche am Beispiel des Satzes »der Blitz leuchtet«. Hier wird ein und dasselbe Geschehen – der Blitz ist ja nichts anderes als das Leuchten – verdoppelt, einmal als Ursache und einmal als Wirkung gefaßt. Die Struktur unserer Grammatik verführt uns dazu, sie auf das erfahrene Geschehen selbst zu übertragen und zu allem Geschehen kausalmechanisch eine Ursache zu finden bzw. dort, wo keine vorhanden ist, zu erfinden. Dies ist ein weiterer Grund dafür, daß das »Ereignis« nur dichterisch-denkerisch *sagbar*, aber nicht mittels der gängigen Logik *aussagbar* ist.

Wie die Verbergung zur Entbergung gehört, so gehört der Entzug des Ereignisses, die »Enteignis«, mit in das volle Wesen des Ereignisses. (SdD 23) Des weiteren charakterisiert Heidegger das Ereignis als das »Unscheinbarste des Unscheinbaren, das Einfachste des Einfachen, das Nächste des Nahen und das Fernste des Fernen«. (UzS 259) Das Unscheinbarste ist es, insofern es überall waltet, ohne jedoch besonders aufzufallen; das Einfachste, weil es einzigartig ist und alles durchherrscht; das Nächste ist es, da wir uns zeitlebens in ihm aufhalten und es selbst noch die NÄHE durchstimmt; das Fernste, da es in der derzei-

---

41 Vgl. F. Nietzsche: Zur Genealogie der Moral, 1. Abh., n. 13, (KGW VI, 2, 292ff).

tigen Konstellation des Ge-stells nur zuweilen aufblitzt, sonst aber sich verbirgt und sein Ereignen nicht erfahren wird. NÄHE und Lichtung als Zeit-Spiel-Raum des Seins sind ihrerseits Er-gebnisse des Ereignis. Es ist das »Verhältnis aller Verhältnisse« (UzS 267), das alle anderen Verhältnisse erst gewährt, sei es das Zusammen*gehören* von Sein *und* Menschenwesen, die Sprache als Haus des Seins und Behausung des Menschenwesens, das Gegen-einander-über der vier Weltgegenden im Geviert oder die NÄHE bzw. Lichtung als der Zeit-Spiel-Raum, der Zeit und Raum versammelt. Schließlich ist das Ereignis »endlich«. Seine Endlichkeit unterscheidet sich allerdings von der im Kant-Buch herausgestellten Endlichkeit des Seins dadurch, daß sie sich nicht aus dem Bezug zur Unendlichkeit definiert, sondern aus sich selbst als Sichbergen in die eigene, selbstgesetzte Grenze. (SdD 58)

Nach dem Gesagten bietet sich das Verhältnis von NÄHE und Ereignis wie folgt dar: NÄHE gehört mit Lichtung, Zeit, Unverborgenheit usw. in das Ereignis, ist selbst Er-gebnis des Ereignisses. Nähern stellt m. E. die tiefste und wichtigste Weise des Ereignens dar. Wenn ich »NÄHE« als Schlüssel für Heideggers gesamtes Seinsdenken dem Terminus »Ereignis« vorziehe, so vor allem aus zwei Gründen: Zum einen durchzieht die Erfahrung der NÄHE Heideggers Denken von Anfang an, Ereignis dagegen ist ein Spezifikum des (mittleren und) späten Heidegger, zum anderen ist NÄHE viel plastischer als Ereignis, von dem nur wenig gesagt werden kann, weil es in erhöhtem Maße in den Bereich des Schweigens fällt.

Eine Deutung der »Kehre«
aus dem Wesen der NÄHE

Zum Schluß meines Überblicks über die Entwicklung des Problems der NÄHE auf dem Denkweg Heideggers möchte ich in der gebotenen Kürze zu dem immer noch vieldiskutierten Problem der »Kehre« Stellung nehmen und zeigen, wie sich diese von der Grunderfahrung der NÄHE aus auf neue Weise deuten läßt.

Es ist hier nicht der Ort, die vielstimmigen, teils völlig disparaten, teils sich lediglich in der Nuancierung unterscheidenden Interpretationen der »Kehre«, die in den letzten 35 Jahren vorgetragen wurden, einzeln Revue passieren zu lassen und kritisch zu diskutieren.[1] Vielmehr wird das Problem der »Kehre« unter systematischem Aspekt angegangen, und zwar vor allem im Hinblick auf folgende drei Fragen, die in größerem oder kleinerem Ausmaß auch im Mittelpunkt der bisherigen Interpretationen der »Kehre« standen: 1. In welcher Bedeutung bzw. in welchen Bedeutungen verwendet Heidegger den Terminus »Kehre«? 2. Welche Gestalt hat die Bewegungsfigur der »Kehre«? 3. Wovon kehrt sich die »Kehre« ab und wem kehrt sie sich zu? Die Ausarbeitung und Beantwortung dieser drei Leitfragen begreift des weiteren die Klärung folgender Fragen mit ein: Ist die »Kehre« primär ein Vorgang im Denken oder im Sein oder gehören beide letztlich zusammen? In welchem Verhältnis steht die in »Sein und Zeit« geplante, aber nicht mehr zur Durchführung gebrachte »Kehre« zur faktisch vollzogenen »Kehre« in den dreißiger Jahren? Welchen Schluß läßt die »Kehre« hinsichtlich der Alternative von Kontinuität und Diskontinuität des

1 Vgl. Karl Löwith: Heideggers »Kehre«, (1951); Walter Schulz: Über den philosophiegeschichtlichen Ort Martin Heideggers, (1953/54), insb. 110ff, 137f; Peter Fürstenau: Heidegger. Das Gefüge seines Denkens, Frankfurt a. M. 1958, 166ff; Heinrich Ott: Denken und Sein, Zollikon 1959, 71–104; James M. Demske: Sein, Mensch und Tod, Freiburg 1963, 106–112; Otto Pöggeler: Der Denkweg Martin Heideggers, Pfullingen 1963, 180ff; ders.: Philosophie und Politik bei Heidegger, Freiburg 1972, 139; William J. Richardson: Through Phenomenology to Thought, Den Haag 1963, 623ff; ders.: Heideggers Weg durch die Phänomenologie zum Seinsdenken, (1964/65); Friedrich-Wilhelm von Herrmann: Die Selbstinterpretation Martin Heideggers, Meisenheim 1964, insb. 264–278; Orlando Pugliese: Vermittlung und Kehre, Freiburg 1965, insb. 13–90, 205ff; Dieter Sinn: Heideggers Spätphilosophie, (1967), 96ff; Winfried Franzen: Von der Existenzialontologie zur Geschichte des Seins, Meisenheim 1975, insb. 152ff, 218ff, 52ff; Richard Schaeffler: Frömmigkeit des Denkens? Darmstadt 1978, 83ff, 104ff; Alberto Rosales: Zum Problem der Kehre im Denken Heideggers, (1984) – um nur die wichtigsten zu nennen.

Heideggerschen Denkens zu? Erfolgt die »Kehre« aufgrund einer sachlichen Notwendigkeit oder bloß aufgrund eines mehr oder weniger zufälligen Standpunktwechsels? Anhand der genannten drei Leitfragen exponiere ich in einem ersten Schritt die Problemstellung und gebe einige Hinweise auf den derzeitigen Forschungsstand. Ich bin mir dabei der Vergröberung durch ein solch verallgemeinerndes Verfahren durchaus bewußt, das sich jedoch von daher rechtfertigt, daß es mir lediglich darum geht, Tendenzen zu markieren. Zudem trägt die so gewonnene Folie wesentlich dazu bei, das Neuartige meiner Deutung der »Kehre« im Kontext der NÄHE zu erkennen, die ich dann in einem zweiten Schritt vorstelle.

Wie Winfried Franzen herausgearbeitet hat,[2] müssen wir zunächst mindestens drei Grundbedeutungen von »Kehre« bei Heidegger unterscheiden: 1. Kehre als Geschehen im Sein selbst, d. h. als seinsgeschichtlicher Vorgang, in dem sich das Sein aus der Vergessenheit seines Wesens in die »Wahrnis« seines Wesens kehrt. (TuK 40ff; WdW 28f; BaR XXI) 2. Die in »Sein und Zeit« geplante, aber nicht mehr zur Durchführung gekommene Kehre zwischen dem zweiten und dem dritten Abschnitt des ersten Teils von »Sein und Zeit« zu »Zeit und Sein«, d. h. von der Analytik des Daseins zur Analytik der Temporalität des Seins. (GA 26, 201; Hum 17)[3] 3. Die faktisch vollzogene Kehre zu Beginn der dreißiger Jahre vom frühen zum späten Heidegger, die durch von Herrmann als Verwandlung des existenzial-transzendentalen Ansatzes in den aletheiologisch-kosmologisch-eksistenzialen Ansatz beschrieben worden ist. (Hum 17; BaR XVIIIff; VS 85)[4] Heidegger selbst – so wendet Franzen kritisch ein – vermische allerdings die zweite und dritte Bedeutung von »Kehre«, wie die Selbstinterpretationsstelle im Humanismus-Brief belege, und trage daher zur Verwirrung bei.[5] Franzen zufolge müssen wir zunächst also eine denkerische Kehre, d. h. eine Kehre, die der Denker Martin Heidegger in seinem Denken vornimmt[6] – wobei zwischen der ursprünglich geplanten und der wirklich vollzoge-

2 Vgl. W. Franzen a. a. O. 219 (Anm. 178).
3 Für Otto Pöggelers, erstmals in seinem Buch »Philosophie und Politik bei Heidegger« (s. o.) vorgetragene These, die Kehre in »Sein und Zeit« hätte sich nicht zwischen dem 2. und dem 3. Abschnitt des 1. Teils, sondern zwischen dem 1. und 2. Teil vollzogen (vgl. 139), läßt sich meines Erachtens kein Beleg bei Heidegger finden.
4 Vgl. F.-W. von Herrmann: Die Selbstinterpretation ..., insb. 10, 264.
5 Vgl. W. Franzen a. a. O. 219 (Anm. 178), 52ff.
6 Von den primär biographischen (Miß-)Deutungen der Kehre im Sinne einer Reaktion Heideggers auf seine Erfahrungen mit dem Nationalsozialismus, wie sie erst

nen zu differenzieren ist – und eine Kehre im und durch das Sein auseinanderhalten. Aus dieser Unterscheidung ergeben sich folgende Probleme: Welches ist der ursprüngliche Sinn von »Kehre«? Handelt es sich bei der Kehre im Denken und der Kehre im Sein um zwei völlig verschiedene Vorgänge oder gehören beide letztlich doch im Sachlichen zusammen? Wenn man, wie dies die bisherigen Interpreten fast durchweg getan haben, »Kehre« ausschließlich oder zumindest vorrangig unter dem Aspekt einer denkerischen Wandlung Heideggers auf seinem Denkweg faßt, dann kommt m. E. alles darauf an, zu bestimmen, welcher systematische Stellenwert dem Denken bei Heidegger innerhalb des wechselweisen Bezugs von Sein und Menschenwesen, Menschenwesen und Sein zukommt, was jedoch meistens unterlassen wird.[7] Hierzu genügt nicht allein der wichtige Hinweis auf den Wegcharakter des Heideggerschen Denkens, von dem her sich Wandlungen als Konsequenzen der Einsicht in die Unmöglichkeit des bisherigen Vorgehens interpretieren lassen. Daß der Aspekt der Kehre im Sein bislang weitgehend vernachlässigt wurde, kommt nach meiner Überzeugung nicht von ungefähr, sondern erweist sich als Folge davon, daß das wechselweise Zusammen*gehören* von Sein *und* Denken zu wenig beachtet wurde.

Konsens besteht in der Heidegger-Forschung darüber, daß die in »Sein und Zeit« geplante Kehre noch nicht die Form der Kehre gehabt habe, die Heidegger später wirklich vollzogen habe.[8] Dennoch – so lautet zumindest der Tenor der Heideggers Denken folgenden Interpre-

kürzlich wieder von Jürgen Habermas vertreten worden ist, sehe ich hier ab. Vgl. J. Habermas: Der philosophische Diskurs der Moderne, Frankfurt a. M. 1985, 184ff.

7 Pugliese und Franzen nehmen dabei Ausnahmestellungen ein: Pugliese sieht in der Kehre weder eine Wendung »*des* Denkens noch *in* ihm« (a. a. O. 48, vgl. 13f), sondern allein einen seinsgeschichtlichen Vorgang. Franzen hebt als einziger die Verklammerung der Kehre im Denken mit der Kehre im Sein hervor: »Genaugenommen müßte man also von einer ›Kehre innerhalb der Kehre‹ sprechen: Das gesamte Heideggersche Denken ist ein Aspekt der seinsgeschichtlichen Kehre (nämlich deren ›Ent-sprechung‹); *innerhalb* dieses Denkens gibt es dann nochmals eine Kehre im engeren Sinne, die aber wiederum nur den Sinn hat, jener seinsgeschichtlichen Kehre um so mehr zu ent-sprechen.« (a. a. O. 155) Mit dieser Einsicht in das Entsprechungsverhältnis der Kehre im Denken zur Kehre im Sein geht Franzen zwar bereits einen wichtigen Schritt über die bisherigen, einseitig an der Kehre im Denken orientierten Interpretationen hinaus, jedoch bleibt auch ihm das systematische Zentrum dieses Entsprechungsverhältnisses, d. h. die NÄHE als das wechselweise Zusammen*gehören* von Sein *und* Denken, verschlossen.

8 Vgl. insb. F.-W. von Herrmann a. a. O. 264ff; W. Franzen a. a. O. 52ff. A. Rosales versucht dies anhand der Wandlung in der Wahrheitsauffassung von »Sein und Zeit« zu »Vom Wesen der Wahrheit« nachzuweisen. Vgl. A. Rosales a. a. O. 261ff.

ten – sei Heideggers Denken von Anfang an auf die Kehre hin angelegt gewesen, nur daß sich der ursprüngliche Plan als undurchführbar erwiesen habe und revidiert werden mußte.[9] Dementsprechend fällt auch die Entscheidung hinsichtlich von Kontinuität oder Diskontinuität des Heideggerschen Denkens aus, wobei die meisten eher eine Kontinuität bzw. eine Zwischenstellung annehmen.[10] Der zunächst eingeschlagene Weg zur Klärung der Seinsfrage habe sich als ungangbar erwiesen und habe daher korrigiert werden müssen, ohne daß sich die zu denkende Sache selbst gewandelt habe.

Ebenso vielschichtig wie die Frage der verschiedenen Bedeutungen von »Kehre« bei Heidegger erscheint die Lage hinsichtlich ihrer Bewegungsfigur. Meint »Kehre« – wie der Ausdruck zunächst nahelegt – eine »Umkehr«, wobei wiederum zwischen »Umkehrung« im Sinne des bloßen Auf-den-Kopf-stellens, des Umdrehens einer Münze, der Kehrtwendung und des Zurückgehens auf dem gleichen Weg oder der Umkehrung des Blicks zu unterscheiden wäre? Oder besagt »Kehre« gar »Bekehrung« und indiziert somit den Bruch zwischen dem Denken des frühen und des späten Heidegger? Sowohl gegen die Interpretation der »Kehre« als »Umkehr« als auch als »Bekehrung« verwahrt sich Heidegger ausdrücklich im Brief an Richardson. (BaR XVIII) Für plausibler halte ich die Erläuterungen von Gadamer und Pöggeler, »Kehre« sei mundartlich zu verstehen als »die Biegung des den Berg hinaufführenden Weges«, wobei nicht man umkehrt, sondern der Weg selbst sich in die entgegengesetzte Richtung kehrt um hinaufzuführen,[11] bzw. als Kehre, die ein Skiläufer macht, der auf dem Weg bleiben und nicht

---

9 Vgl. W. Schulz a. a. O. 137; P. Fürstenau a. a. O. 167; W. Franzen a. a. O. 154f. Löwiths Deutung eines Bruchs oder zumindest einer groben Inkonsequenz zwischen dem Denken des frühen und des späten Heidegger (vgl. a. a. O. 69ff) gilt heute – zumindest unter den immanenten Interpreten der »Kehre« – als überholt. Neben Löwiths Auslegung fallen auch die polemischen Interpretationen von Tugendhat und Franzen, die beide von einem Standpunkt außerhalb des Heideggerschen Denkens argumentieren, aus dem Rahmen. Tugendhat begreift die Kehre als »Kehre um den Wahrheitsbegriff herum«, Franzen kritisiert die Kehre als »Kehre um eine Position herum, die bereit wäre, auf die konkrete Realität und die wirkliche Geschichte sich einzulassen«. Vgl. E. Tugendhat: Der Wahrheitsbegriff bei Husserl und Heidegger, Berlin 1967, 364; W. Franzen a. a. O. 160f.
10 Vgl. paradigmatisch für die Behauptung einer Kontinuität: P. Fürstenau a. a. O. 167 u. J. M. Demske a. a. O. 111f; für eine Zwischenstellung: F.-W. von Herrmann a. a. O. 277. Von den genannten Interpreten der »Kehre« vertritt allein Löwith den Standpunkt der Diskontinuität im strengen Sinne.
11 Vgl. Hans-Georg Gadamer: Philosophische Lehrjahre, Frankfurt a. M. 1977, 217.

abstürzen will.[12] Mit anderen Worten: »Kehre« bedeutet die Kehre, die der vorgezeichnete (Denk-)Weg selbst macht, und nicht einen willkürlichen Akt des auf diesem Weg Gehenden. Insofern besteht eine denkerische Notwendigkeit der »Kehre«: Der Denker muß der Kehre des Wegs folgen, wenn er auf dem Weg bleiben will, der zur angestrebten Sache des Denkens führt. So treffend dieser Vergleich auch auf den ersten Blick erscheinen mag, so kann er doch bei eingehender Betrachtung nicht vollends zufriedenstellen, denn das Denken bewegt sich Heidegger zufolge gerade nicht auf vorgegebenen, fertigen Wegen, sondern ist selbst wesentlich am Bahnen und Bauen der Wege mitbeteiligt. Letzte Klarheit über den Wegcharakter des Denkens verschafft m. E. erst die Einsicht in das wechselweise Zusammen*gehören* von Sein *und* Denken. Gemäß dem mundartlichen Sinn von »Kehre« sowie in Anlehnung an den Gedanken des »hermeneutischen Zirkels« wurde die »Kehre« mehrfach als Ausschreiten eines Bogens, einer Schleife oder eines Zirkels gedeutet, dessen zwei Hälften den beiden Phasen vor und nach der Kehre entsprechen.[13]

Es bleibt noch die Frage zu erörtern, wovon sich die »Kehre« abkehrt und wem sie sich zukehrt. Einerseits wird die »Kehre« häufig als Verlagerung des Akzents vom Dasein auf das Sein bzw. als Umkehrung der Denkrichtung vom Dasein her zum Sein hin zu der vom Sein her zum Dasein hin ausgelegt. Andererseits bestimmen viele Interpreten unter Rückgriff auf Heideggers eigene Aussage im Humanismus-Brief dasjenige, wovon sich die »Kehre« abkehrt, als die Metaphysik bzw. das Subjektivitätsdenken und begreifen folgerichtig die Schriften des frühen Heidegger als Endwerke der Metaphysik bzw. der Subjektivitätsphilosophie.[14] Damit wird zugleich unterstellt, Dasein und Sein werde

12 Vgl. O. Pöggeler: Der Denkweg ..., 182.
13 Vgl. H. Ott a. a. O. 95; F.-W. von Herrmann a. a. O. 277; O. Pöggeler a. a. O. 182; W. Franzen a. a. O. 157.
14 Vgl. insb. W. Schulz a. a. O. 98ff; J. M. Demske a. a. O. 110f; H. Ott a. a. O. 73ff. Das Problematische dieser Deutung besteht m. E. erstens darin, daß man Heideggers Denken an einem Verständnis von »Metaphysik« oder »Subjektivitätsphilosophie« mißt, das man von außen an Heidegger heranträgt, statt sich an den Heideggerschen Gebrauch dieser Termini zu halten, und zweitens darin, daß die verschiedenen Vertreter dieser Deutung verschiedene Begriffe von »Metaphysik«, »Subjektivitätsphilosophie« und »Transzendentalphilosophie« zugrunde legen. Beides zusammen erschwert eine angemessene Einschätzung solcher Deutungen. Heideggers frühe Abhandlungen lassen sich meiner Überzeugung zufolge höchstenfalls in einem verwandelten und weiten Sinne als Endwerke der Metaphysik bzw. der Subjektivitätsphilosophie verstehen, keineswegs jedoch in dem von Heidegger herausgearbeiteten traditionellen Sinn dieser Termini.

in »Sein und Zeit« letztlich noch metaphysisch gedacht, was im Widerspruch zu Heideggers Selbsteinschätzung steht. Zudem ist diese Deutung schwer mit der Behauptung der Kontinuität des Denkwegs vereinbar. Gleichgültig, ob »Sein und Zeit« noch einen metaphysischen, subjektivitätsphilosophischen oder transzendentalphilosophischen Rest enthält oder nicht, scheint mir die entscheidende Frage zu sein, ob dort bereits anders gedacht und anderes intendiert, jedoch sprachlich unzureichend ausgedrückt wurde – denn der Humanismus-Brief spricht an besagter Stelle (Hum 17) nur von der sprachlichen Unzulänglichkeit.

Alle bisherigen Deutungen der Kehre sind m. E. partiell wahr, heben einzelne Momente der Kehre, d. h. irgendwelche ihrer Auswirkungen hervor, ohne jedoch in das systematische Zentrum aller Umkehrfiguren, d. i. die NÄHE als das wechselweise Zusammen*gehören* von Sein und Menschenwesen, respektive Menschenwesen und Sein, vorzudringen, wie im folgenden gezeigt wird.

Unter dem Aspekt der Entwicklung des Problems der NÄHE auf dem Denkweg Heideggers läßt sich die »Kehre« folgendermaßen beschreiben: Während der frühe Heidegger in »Sein und Zeit« zwar – wie dargetan – bereits *aus* dem Bezug von Sein *und* Menschenwesen, d. h. aus der NÄHE denkt, aber noch zu *einseitig vom Dasein her* – was sich zum Großteil aus dem fragmentarischen Charakter von »Sein und Zeit« erklärt, obwohl auch ich davon überzeugt bin, daß die hier geplante »Kehre« noch nicht die Gestalt der später vollzogenen »Kehre« gehabt hätte –, denkt der späte Heidegger *aus* dem wechselweisen Bezug von Sein *und* Menschenwesen, aber nicht mehr vorrangig vom Dasein her – ebensowenig vorrangig vom Sein her –, vielmehr denkt er den *ganzen* Bezug in seiner zwiefachen wechselweisen Bewegung. Wenn ich recht sehe, unterscheidet sich diese Deutung von den bisherigen Interpretationen vor allem in zwei Punkten: Erstens betont sie, daß Heidegger immer schon aus dem wechselweisen Bezug von Sein *und* Menschenwesen denkt. Zweitens hebt sie hervor, daß der späte Heidegger nicht einfach seinen Blick vom Dasein zum Sein umkehrt oder lediglich von der Betonung der einen Seite des Bezugs, dem Dasein, oder der einen Geschehensweise des Bezugs, der Beziehung des Menschenwesens zum Sein, zur Betonung der anderen Seite des Bezugs, dem Sein, oder der anderen Geschehensweise des Bezugs, der Beziehung des Seins zum Menschenwesen überwechselt – und so von einer Einseitigkeit in die andere verfällt –, sondern daß er das ganze wechselweise Zusammen*gehören* von Sein und Menschenwesen, Menschenwesen und Sein denkt, und zwar ausdrücklich in seiner wechselweisen zwiefältigen Bewegung, ohne den einen oder den anderen Zug zu bevorzugen. Erst damit wird die NÄHE im eigentlichen Sinne als NÄHE gedacht, d. h. als die Ortschaft, in der Sein und Mensch in ihr eigenstes Wesen finden. Dabei will ich nicht ausschließen, daß vielleicht schon der eine oder der andere Interpret der »Kehre« mit der Wendung zum Sein hin bereits die Wendung zum Denken aus dem ganzen Bezug von Sein *und* Menschenwesen meinte, wobei allerdings versäumt wird, die wesentliche Zweideutigkeit des Terminus »Sein« als »Sein« (der eine Zug des Bezugs) und als »Seyn« (der ganze Bezug) ausdrücklich zu machen oder gar die »Kehre« vom Zusammen*gehören* her auszulegen.[15] Eine erste Bestätigung meiner Deutung bietet die bislang unbeachtete Stelle des Briefs an Richardson, an der Heidegger aus einem Entwurf zu einer Vorlesung für das Wintersemester 1937/38 zitiert: »Der Mensch in seinem Bezug zum Sein – d. h. in der Kehre: Das Seyn und dessen Wahrheit im Bezug zum Menschen.« (BaR XXI) Freilich erhellt sich der Sinn dieser Bekundung erst von der NÄHE her – wie sich überhaupt zahlreiche Selbstinterpretationsstellen zur »Kehre« m. E. nur mit dem Schlüssel der NÄHE erschließen lassen: Der frühe Heidegger denkt den Menschen in seinem Bezug zum »Sein«, d. h. er denkt nur den einen Zug des wechselweisen zwiefachen Bezugs von Sein *und* Menschenwesen, der späte Heidegger dagegen denkt das »Seyn« und dessen Wahrheit, d. h. er denkt das ganze wechselweise Zusammen*gehören*.

Mit dieser äußerlichen Beschreibung der »Kehre« auf Heideggers Denkweg unter dem Gesichtspunkt der NÄHE ist aber noch nicht die tiefste Stufe der Betrachtung erreicht. Zum systematischen Zentrum der »Kehre« gelangen wir erst dann, wenn wir erkennen, daß die denkerische Kehre einer sachlichen Notwendigkeit folgt, die in der Struktur der NÄHE selbst begründet liegt. Die »Kehre« erweist sich letztlich als Ausdruck der NÄHE als des wechselweisen Zusammen*gehörens* von Sein *und* Menschenwesen selbst, wie sich aus folgender Überlegung ergibt: Wenn die NÄHE die Ortschaft des wechselweisen Zusammen*gehörens* von Sein *und* Menschenwesen darstellt, in der wir uns bewußt oder unbewußt immer schon aufhalten – d. h. in der sich sowohl die Metaphysik als auch Heidegger, wenn auch auf völlig verschiedene Weise, bewegen –, dann muß ein Denken, das diesem Sachverhalt selbst nachdenkt, zwangsläufig erst einmal in vollem Bewußtsein die beiden Weisen des wechselweisen Zusammen*gehörens* ausschreiten, um

---

15 Zur wesenhaften Zweideutigkeit des Terminus »Sein« siehe oben 84ff.

schließlich in die NÄHE wohnend einzukehren. Der Ausgang vom Da-sein und seinem Bezug zum Sein erfordert notwendigerweise die Ergän-zung durch den umgekehrten Bezug des Seins zum Menschenwesen, denn nur über ihr wechselweises Zusammen gelangen wir zur NÄHE. Ganz in diesem Sinne schreibt Heidegger an Richardson: »Dagegen wird im Denken der Kehre die Fragestellung von ›Sein und Zeit‹ auf eine entscheidende Weise er-gänzt. Ergänzen kann nur, wer das Ganze erblickt. Diese Ergänzung erbringt auch erst die zureichende Bestim-mung des Da-seins, d. h. des von der Wahrheit des Seins als solchen hergedachten Wesens des Menschen.« (BuR XIXf) Dabei muß hervor-gehoben werden: Nur *methodisch* folgt der Ausgang vom Sein dem Ausgang zum Dasein nach, *sachlich* gibt es kein Erstes und Zweites, kein Vorher und Nachher.

Mit anderen Worten: Die »Kehre« ist wesentlich eine »Kehre« im Zusammen*gehören* selbst, d. h. sie ist zugleich eine Kehre im Denken des Menschen als auch im Sein: nämlich die Einkehr in ihr wechselwei-ses Zusammen*gehören*. Damit wird die zunächst vorgenommene Un-terscheidung zwischen einer Kehre im Denken und einer Kehre im Sein gewissermaßen in eine höhere Ganzheit, das Zusammen*gehören* von Denken *und* Sein, zurückgenommen. Daß beide Weisen der »Kehre« letztlich zusammengehören, läßt sich auch dadurch verdeutlichen, daß wir uns auf den systematischen Stellenwert des Denkens innerhalb des Heideggerschen Seinsdenkens besinnen. Denken bezeichnet bei Hei-degger – wie bereits mehrfach ausgeführt – ja gerade nicht mehr nur einen Akt des denkenden Menschen, sondern gehört als »Denken des Seins« gemäß dem zwiefachen *Genitiv des Zusammengehörens* sowohl zum Menschen als auch zum Sein und vollbringt ihren wechselweisen Bezug. »Kehre« erweist sich somit als *Einkehr* in den Genitiv des Zu-sammen*gehörens*, woraus zudem verständlich wird, warum Heidegger weit mehr als das Moment der Abkehr oder gar der Umkehr das der Einkehr in den Vordergrund stellt. Einkehren heißt heimisch werden, heißt wohnen in der NÄHE.[16]

Aus dem Dargelegten wird auch deutlich, was Heidegger meint, wenn er wiederholt davon spricht, daß die »Kehre« in erster Linie nicht ein »Vorgang im fragenden Denken« ist, sondern im »Sachverhalt selbst« spielt bzw. sich »das Ganze« umkehrt. (BaR XIX; Hum 17) Dieser »Sachverhalt« ist nichts anderes als die NÄHE im Sinne des wechsel-

16 Meine Deutung der »Kehre« verdankt wesentliche Einsichten der Interpretation der »Kehre«, die Richard Wisser in seiner Mainzer Vorlesung vom WS 1985/86 »Martin Heidegger: Im Denken unterwegs« vorgetragen hat.

weisen Zusammen*gehörens* von Sein *und* Menschenwesen.[17] Erst in der so gedachten »Kehre« gelangt das in »Sein und Zeit« versuchte Denken »in die Ortschaft der Dimension, aus der ›Sein und Zeit‹ erfahren ist und zwar erfahren aus der Grunderfahrung der Seinsvergessenheit« (Hum 17) – nämlich in die NÄHE.

Die Deutung der »Kehre« als Unterwegssein im und zum wechselweisen Zusammen*gehören* von Sein *und* Menschenwesen ergibt folgendes hinsichtlich der aufgeworfenen drei Leitfragen nach den Bedeutungen der »Kehre«, ihrer Bewegungsfigur und nach dem, wovon sie sich abkehrt und wohin sie sich zukehrt:

Die denkerische Kehre folgt notwendig aus dem kehrigen Wesen des Zusammen*gehörens* selbst. Entsprechend sehe ich die Kontinuität des Heideggerschen Denkens nicht allein darin, daß die zu denkende Sache dieselbe geblieben ist, wenn sich auch der Weg zu ihr gewandelt habe, sondern darüber hinaus darin, daß dieser Denk-Weg bereits im und durch den zu denkenden und sich zu-denkenden kehrigen Sachverhalt selbst vorgegeben ist. Inwiefern die NÄHE als solche dem frühen Heidegger bereits als wechselweises Zusammen*gehören* und der daraus sich ergebende Weg klar vor Augen stand, ist eine andere Frage, zu der ich im Laufe der Untersuchung ebenfalls einige Hinweise gegeben habe. Auf jeden Fall erscheint es mir ratsam bezüglich der »Kehre« zwischen einer entwicklungsgeschichtlichen und einer systematischen Betrachtung des Heideggerschen Seinsdenkens zu differenzieren: Systematisch gesehen erweist sich die »Kehre« geradezu als notwendiger Ausdruck des wechselweisen Zusammen*gehörens* von Sein *und* Menschenwesen aufgrund dessen Heideggers Denken in »Sein und Zeit« gar nicht anders ansetzen konnte als es faktisch geschehen ist, da es von vornherein auf die »Kehre« angelegt war, entwicklungsgeschichtlich gesehen dagegen läßt sich nachweisen, daß die NÄHE erst in den Schriften des späten Heidegger in voller Deutlichkeit zur Ausführung kam und damit erst jetzt der Schlüssel zum Verständnis der »Kehre« explizit wurde. Daher halte ich es unter entwicklungsgeschichtlichem Aspekt – ebenso wie alle bisherigen Interpreten der »Kehre« – für angebracht, die in »Sein und Zeit« geplante »Kehre« und die faktisch vollzogene »Kehre« in den dreißiger

---

17 Vgl. auch: »Das ›Geschehen‹ der Kehre, wonach Sie fragen, ›ist‹ das *Seyn als solches*. Es läßt sich nur *aus* der Kehre denken.« (BaR XXI, Herv. E. K.) »Die Antwort auf die Frage nach dem Wesen der Wahrheit ist die Sage einer Kehre innerhalb der Geschichte des *Seyns*.« (WdW 28, Herv. E. K.)

Jahren auseinanderzuhalten, unter systematischem Aspekt dagegen verliert diese Unterscheidung doch erheblich an Bedeutung.

Die Bewegungsfigur der »Kehre« läßt sich nach meiner Überzeugung weder als Umkehr, noch als Bekehrung, noch als bloßer Standpunktwechsel, noch als einfache Umkehrung des Blicks vom Dasein auf das Sein, noch als Hin und Her zwischen zwei zunächst isolierten Polen »Dasein« und »Sein« charakterisieren. Selbst noch die Heidegger gemäßere Deutung der »Kehre« als Ausschreiten eines Bogens oder Zirkels kann solange nicht zufriedenstellen, solange sie, wie bisher, linear als Gehen in eine Richtung gedacht wird. Es gilt vielmehr, die wechselweise Zukehr von Menschenwesen und Sein, Sein und Menschenwesen und somit letztlich die Einkehr in die NÄHE als die Ortschaft und das Geschehen dieser zwiefältigen Zukehr zu sehen. Auch kann eine solche Einkehr in die Nachbarschaft von Sein und Menschenwesen nicht ein für allemal vollzogen werden, sondern ist stets aufs neue auszutragen.

Die Frage nach dem, wovon die Kehre sich abkehrt und wohin sie sich zukehrt, verliert in der Deutung der »Kehre« als Kehre im Zusammengehören insofern an Bedeutung, als bei dieser Kehre höchstens noch methodisch, aber nicht mehr sachlich gesagt werden kann, daß sich die »Kehre« vom Dasein ab und auf das Sein bzw. das Seyn zukehre, denn strenggenommen werden Dasein und Sein aus dem Zusammengehören wechselweise einander zugekehrt. Diejenige »Kehre«, in der Heidegger die entscheidende Wendung aus dem metaphysischen Subjektsdenken in das andere Denken des Seins vollzieht, spielt sich nach meiner Überzeugung bereits in »Sein und Zeit« ab, denn schon in diesem ersten Hauptwerk ist der Vorrang des Bewußtseins und damit der Vorrang des Menschen sowie das Prinzip der Subjektivität überhaupt aufgegeben.

C. Zusammenfassung und Ausblick:
Die Struktur der NÄHE und die Fragen nach der ›Verbindlichkeit‹ und ›ethischen Maßgeblichkeit‹ des Heideggerschen Seinsdenkens

Nachdem Teil A dieser Arbeit die zentrale Stellung und die Vieldimensionalität der NÄHE in den Blick gehoben und hinsichtlich ihrer wichtigsten Dimension – dem Zusammen*gehören* von Sein *und* Menschenwesen – systematisch vertieft hat, und nachdem Teil B die Erfahrung der NÄHE als Schlüssel zu Heideggers gesamten Denkweg dargelegt sowie die immanente Entwicklung dieses Problems chronologisch verfolgt hat, geht es nun in Teil C zunächst darum, die wesentlichen Strukturmomente der NÄHE, die die Einzelanalysen ergaben, systematisch zusammenzufassen. Darüber hinaus werden in einem Ausblick die Fragen nach der ›denkerischen Verbindlichkeit‹ und der ›ethischen Maßgeblichkeit‹ eines Denkens gestellt, das auf der Grunderfahrung der NÄHE aufbaut.

1. Die Struktur der NÄHE

Die zusammenfassende Systematik der Struktur der NÄHE setzt bei dem Gebrauch von »Nähe« und »Ferne«, »nah« und »fern« in der Alltagssprache an, auf deren Folie die Besonderheiten der Heideggerschen Verwendung dieser Termini deutlich zu Tage treten.

Nähe und Ferne sind zunächst *räumliche* und *zeitliche* Bestimmungen. Dabei müssen zumindest zwei grundverschiedene Raum- und Zeitauffassungen und entsprechend zwei grundverschiedene Bedeutungen von Nähe und Ferne differenziert werden: der strukturierte gelebte Raum und die ihm entsprechende strukturierte gelebte Zeit sowie der homogene mathematisch-physikalische Raum und die ihr entsprechende Auffassung der Zeit als lineare Sukzession von Jetzt-Punkten.[1] Wir sagen, etwas sei nah, wenn es sich in kleinem räumlichen oder zeitlichen Abstand von uns befindet, und wir sagen, etwas sei nah, wenn es zur ›Hand‹ ist. Im ersten Fall läßt sich die Nähe mit dem Metermaß bzw. der Stoppuhr messen, entspringt also einer rein theoretischen Hinsicht, im zweiten Fall setzt die besorgende Umsicht die Maße, wobei der objektiv meßbare Abstand von untergeordneter Be-

1 Siehe oben 294ff u. 303ff.

deutung ist. So ist mir beispielsweise der Kugelschreiber, den ich vermisse, fern, obwohl er in der Jacke steckt, die ich trage und ich ihn nur nicht bemerke. Oder das betrachtete Bild an der Wand ist mir näher als die Brille auf der Nase, weil es mich momentan ganz in seinen Bann geschlagen hat.[2] Entsprechendes gilt für das Zeiterlebnis: Wenn ich mich intensiv auf die Prüfung in vier Wochen vorbereite, so kann mir der Prüfungstag näher sein als das nächste Wochenende. Wichtig ist dabei, daß in einer Phänomenologie des Raumes und der Zeit der gelebte Raum sowie die existenziell gelebte Zeit an erster Stelle stehen, aus denen mittels mehrfacher Abstraktionen erst die mathematisch-physikalischen Raum- und Zeittheorien abgeleitet werden können.[3]

Streng genommen kennen die mathematisch-physikalischen Zeitvorstellungen keine Nähe und keine Ferne, sondern nur größere und kleinere Abstände bzw. Entfernungen. Wir können zwar umgangssprachlich den Satz »der Baum steht nur in einem Abstand von drei Metern zum Haus« umformen in den Satz »der Baum steht in der Nähe des Hauses« und somit Nähe mit ausmeßbarer kleiner Entfernung identifizieren, wobei allerdings sehr fraglich bleibt, ob die Transformation wirklich die Bedeutungsgleichheit wahrt oder ob sie nicht die Perspektive aus einer theoretischen Hinsicht in eine besorgende, praktische Umsicht verschiebt. Daß hier eine Bedeutungsverschiebung stattfindet, wird ersichtlich, wenn wir ein analoges Beispiel betrachten: »Waldfischbach liegt 24 km von Kaiserslautern entfernt« und »Waldfischbach liegt in der Nähe von Kaiserslautern«, denn diese Umformung gilt nur aus einer bestimmten Umsicht des Besorgens, nämlich einer großräumigen. So liegt Waldfischbach beispielsweise für den Autofahrer oder den Amerikaner, der nach Deutschland kommt, nahe bei Kaiserslautern, nicht jedoch für den Fußgänger, für den die 24 Kilometer eine große Entfernung darstellen. Die Entscheidung über »nah« oder »fern« wird allein von der Umsicht des praktischen Besorgens gefällt, aus der eventuelle rein tabellarische Maßeinteilungen erst abgeleitet werden können. Die gängige, soeben als zu eng aufgewiesene Vorstellung von Nähe als kleinem Abstand und Ferne als großem Abstand entspringt der Verwissenschaftlichung unserer Alltags- bzw. Lebenswelt sowie der ausgleichenden Vermischung verschiedener Raum- und Zeitvorstellungen.

2 Ähnliche Beispiele bringt Heidegger selbst bei seiner Analyse der Räumlichkeit des Daseins in »Sein und Zeit«. Vgl. SuZ 104ff.
3 Elisabeth Ströker hat diese Genealogie für den Raum detailliert ausgearbeitet. Vgl. E. Ströker: Philosophische Untersuchungen zum Raum, Frankfurt a. M. 1965.

Die wesentlichen Unterschiede zwischen *Abständen* und *Nähe/Ferne* sind die folgenden: 1. Abstände sind nur quantitativ, d. h. graduell voneinander unterschieden, Nähe und Ferne dagegen qualitativ. 2. Abstände sind teilbar und summierbar: größere Abstände lassen sich in viele kleine zerlegen – und dies theoretisch gesehen unendlich, indem man immer kleinere Maßeinheiten einführt: Kilometer, Meter, Zentimeter, Millimeter usw. bzw. Jahr, Monat, Tag, Stunde, Minute, Sekunde, Zehntelsekunde, Hundertstelsekunde usw. bis man auf eine kleinste Länge stößt – und aus vielen kleinen Entfernungen läßt sich eine große Entfernung zusammensetzen. Nähe und Ferne dagegen sind weder teilbar noch summierbar: Nähe läßt sich nicht in mehrere Teilnähen zerlegen, Ferne nicht in mehrere Teilfernen; auch ergibt die Summe vieler Nähen keine Ferne, noch läßt sich die Ferne in viele Nähen dividieren. Es gibt nur das Entweder-Oder: entweder Nähe oder Ferne. 3. Abstände sind als Zwischenräume zwischen zwei Punkt-Stellen mittels Metermaß oder Stoppuhr eindeutig fixierbar, Nähe und Ferne dagegen sowohl relativ auf meinen jeweiligen Standort als auch auf meine Weise des Gewahrens. So ist z. B. der Nahraum des Greifens viel kleiner als der des Hörens oder des Sehens. Ferner ist der Sehraum ausschließlich Vorn-Raum, der Hörraum dagegen allseitig. Auch noch innerhalb derselben Weise der besorgenden Umsicht gibt es Unterschiede: Wenn ich z. B. sage »Waldfischbach liegt in der Nähe von Kaiserslautern«, so gilt dies – wie gesagt – aus der Sicht des Autofahrers, nicht jedoch aus der Sicht des Wanderers, für den die 24 Kilometer Entfernung weit sind. Entsprechend: Wenn ich sage »in naher Zukunft werden die Ölreserven der Erde erschöpft sein« und damit das 21. Jahrhundert meine, so gilt dies menschheitsgeschichtlich bzw. weltgeschichtlich gesehen, aber nicht aus der Sicht eines alten Mannes, der nur noch wenige Jahre zu leben hat. Nähe und Ferne haften folglich nicht an den Dingen für sich genommen als feste Eigenschaften, sondern sind abhängig von meiner Einstellung zu ihnen. Kriterium für Nähe oder Ferne ist also nicht der objektiv meßbare Raum- oder Zeitabstand, sondern meine Weise des Gewahrens.[4]

Über bloße Raum- und Zeitbestimmungen hinausgehend, gebrauchen wir Nähe und Ferne umgangssprachlich auch in der übertragenen Bedeutung von *Vertrautheit* und *Fremdheit*.[5] In diesem Sinne bezeichnen wir die Heimat als Nähe und Ort der Geborgenheit und stellen ihr die

4 Vgl. E. Ströker: Philosophische Untersuchungen zum Raum ..., 34.
5 Vgl. hierzu K. Bohrmann: Die Welt als Verhältnis ..., 43.

Fremde als Ferne und Ort der Ungeborgenheit gegenüber. Das Nahe ist das Heimische und Vertraute, das ich kenne und das ich verstehe, das Ferne ist das Fremde und Andersartige, das ich nicht kenne und nicht verstehe. Aber ich kann es durch eine Ausfahrt in die Fremde kennen- und verstehenlernen und so mir näherbringen und vertrautmachen, was wir alle tun, wenn wir fremde Länder bereisen oder in eine neue Lebenssituation überwechseln. Der Mensch darf geradezu als dasjenige Wesen bezeichnet werden, das wesensmäßig auf Nähe aus ist, ohne die es nicht existieren kann und verkümmert. Weitere Beispiele für Nähe im Sinne von Vertrautheit sind die »Herzensnähe« zweier Liebender, die »geistige Nähe« zweier Denker oder die »Nachbarschaft«. Echte Nachbarschaft schließt den vertrauten Bezug zueinander ein und hat ganz und gar nichts mit objektiv meßbaren Abständen zu tun. So können zwei Bauernhöfe, die mehrere Kilometer voneinander entfernt liegen, nachbarschaftlich vertraut miteinander leben, während viele Bewohner von Hochhäusern oft noch nicht einmal die Mitbewohner auf der gleichen Etage kennen.[6] Schließlich meint eine mir »nahestehende Person« eine mir besonders vertraute Person oder ein »naher Verwandter« einen besonders engen Verwandten.

Eng verklammert mit Vertrautheit und Fremdheit ist eine weitere Bedeutungsnuance von Nähe und Ferne, wie sie in den Wendungen »es geht mir nahe« oder »es liegt mir fern« zum Ausdruck kommt: Nah ist das, was mich *berührt, angeht, anwest,* fern ist das, was mich nicht betrifft, woran ich nicht denke, womit ich mich nicht beschäftige.

Häufig kommen in der Umgangssprache räumliche, zeitliche und übertragene Bedeutungen zusammen, wobei wir zwischen die Nähe/die Ferne, das Nahe/das Ferne und nah/fern unterscheiden. Das abstandsmäßig Nahe kann mir fern sein, mich nicht berühren; das abstandsmäßig Ferne kann mir nah sein, mich angehen. Die Nähe dagegen kann niemals fern sein, die Ferne niemals nah. »Das Nahe« und »das Ferne« bezeichnen Dinge oder Menschen, die mir nah oder fern sein können, »die Nähe« und »die Ferne« hingegen den Bereich, in dem Nahes und Fernes erscheint, bzw. die Weise wie Nahes und Fernes ist. Soweit zum umgangssprachlichen Gebrauch von Nähe und Ferne.

Heidegger selbst greift sowohl die räumliche und zeitliche als auch die übertragene Bedeutung von Nähe und Ferne als Vertrautheit und

---

6 Das Beispiel der Bauernhöfe gibt Heidegger selbst. Vgl. UzS 210, VA 155.

Fremdheit, Mich-berühren und Mich-nicht-berühren auf. Die übertragenen Bedeutungen dominieren bei ihm eindeutig, erfahren allerdings durch die Wendung ins Ontologische einige Erweiterungen im Hinblick auf Offenheit-Verschlossenheit, Entbergung-Verbergung, Ankunft und Entzug. So besagt die Grunderfahrung der *Seinsferne* nicht nur, daß das Sein uns fremd geworden ist und wir es nicht mehr verstehen oder gar nicht mehr kennen, auch nicht nur, daß es uns nicht mehr berührt, uns nicht mehr an-west, sondern in eins damit, daß es sich verbirgt und entzieht. Auch nennt Ferne nicht mehr nur einen Zustand, sondern ein Geschehen. Hinzu kommt, daß das Ferne, insofern es als Fernes erfahren wird, uns sehr wohl betrifft, daß das Ab-wesende uns in seinem Abwesen an-west. Daraus ergibt sich eine enge Verklammerung von Nähe (Anwesen, Entbergung) und Ferne (Abwesen, Verbergung). Ontologische Nähe ereignet sich immer im Zusammenspiel von Nähe und Ferne: im Nahebringen von etwas wird immer eine gewisse Ferne gewahrt, das Nahebringen geht hin und her zwischen Nähe und Ferne. *Ontologische Nähe ist nie pure Nähe, sondern immer der Ferne zugehaltene Nähe.* Ebenso ist ontologische Ferne niemals pure Ferne, sondern immer der Nähe zugehaltene Ferne. Nähe erhält dabei insofern einen Vorrang, insofern sich mit der Nähe erst eigentliche Ferne konstituieren kann, denn das Ferne wird nur dann als Fernes erfahrbar, wenn es als Fernes nah ist und weil es grundsätzlich auf Nähe bezogen ist. Nähe als ontologische Bestimmung meint im vollen Sinne des Wortes bei Heidegger also: uns Menschen angehende, vertraute, entbergende Offenheit und Ankunft des Seins, die stets mit der Verbergung und dem Entzug streitet. Solche Nähe bemißt sich nicht nach irgendwelchen räumlichen oder zeitlichen Entfernungen, sondern nach der Offenheit des Genäherten sowie der Durchsichtigkeit der Weite der beim Nähern gewahrten Ferne.

Weiterhin kommt bei Heidegger die völlig neue Bedeutung von NÄHE als *Zeit-Spiel-Raum* des Seins hinzu. »NÄHE« meint hierbei einerseits den *Bereich*, in dem Sein und Menschenwesen je geschichtlich ihren Ort beziehen, andererseits auch die *Be-wëgung*, die Sein und Menschenwesen einander nähert.

NÄHE als »*Nahnis*« west als Einander-nahebringen der vier Gegenden des Gevierts, der Menschen und Dinge, der Dinge und der Welt sowie von Zeit und Raum im Zeit-Spiel-Raum. Konkretester Ausdruck aller dieser Bezüge ist das Welt-Geviert. Das Nähern geschieht dabei stets als spielerisches Enteignen der Partner in das je Eigene und Einander-Zueignen; es be-wëgt sie in ihr nachbarschaftliches Gegen-einander-über und verweilt sie in der Weite des Zeit-Spiel-Raumes. Nähern schließt zudem immer ein entbergendes Anwesen-lassen mit ein, das in permanentem Streit mit dem ins Abwesen reißenden Verbergen steht, sowie ein Bergen im freien Offenen der Lichtung durch die topologische Zuweisung eines je bestimmten Ortes. An dieser Erörterung hat das andenkende Dichten und Denken Anteil, indem es dem Zuspruch der Sprache als Sage entspricht.

In eins mit der Be-wëgung des Näherns und Fernens, bezeichnet »NÄHE« den Bereich der freien Weile und Weite, der »*Lichtung*« oder »*Gegnet*«, in dem Sein und Seiendes anwesen und abwesen können, Zeit sich zeitigt und Orte Raum einräumen, in dem sich alles Nähern und Fernen abspielt und der durch dieses offengehalten wird. »NÄHE« in diesem Sinne gibt das »Verhältnis«, das »Haus« bzw. die »Hut« für Sein und Seiendes ab, wird als eigens übernommene und eingerichtete zur Heimat des geschichtlichen Wohnens des Menschen auf dieser Erde. NÄHE als Bereich ist nicht als leerer Behälter, sondern als ein durch je geschichtliches Seins- und Menschengeschick erfülltes Offenes zu denken.

Zusammenfassend kann gesagt werden: Heidegger verwendet »Nähe« bzw. »NÄHE« in dreierlei Bedeutung:

1. Als *Raum-* und *Zeitmodus,* wie z. B. bei seinen Analysen der Räumlichkeit und der Zeitlichkeit.
2. Als *ontologischen Modus* (Seinscharakter) im Sinne von Vertrautheit, An-wesen, Offenheit und Ankunft, so z. B. in der Rede von der »Seinsferne«, von einer neuen »Ankunft« des Seins sowie der Auslegung des Seins als »An-wesen«.
3. Als Bezeichnung des Sein und Seiendes umgreifenden *Zeit-Spiel-Raumes* und zwar im doppelten Sinne: a) als *Be-wëgung* des Näherns *(»Nahnis«),* b) als *Bereich* der »Lichtung« oder »Gegnet«, in dem Sein und Seiendes anwesen und abwesen können.

In der Gesamtheit dieser drei Grundbedeutungen zeigt sich NÄHE als Schlüssel zu Heideggers Seinsdenken. Dabei liegt das Schwergewicht auf der dritten, weitesten Bedeutung, die die beiden anderen zum großen Teil mit umfaßt, denn Nähe als ontologischer Modus im Sinne von Vertrautheit, An-wesen, Offenheit und Ankunft entspringt der Nahnis und ereignet sich innerhalb des Bereiches der NÄHE; Nähe als Modus einer ontologisch aufgefaßten Zeit und eines ontologisch aufgefaßten Raumes wiederum ist ihrerseits abhängig von der jeweiligen Seinsweise, wie z. B. die Räumlichkeit des Daseins von dessen In-der-Welt-sein. Mit anderen Worten: NÄHE als sich ereignende Dimension von Nähe und Ferne legt in ihrem Nähern und Fernen erst ontologische Nähe oder Ferne des Menschen zum Sein, zu seiner eigenen Existenz oder zu den Dingen, ermöglicht in ihrem Zeitigen von Zeit und Einräumen von Raum jegliche Strukturierung von Raum und Zeit durch Orte sowie deren topologische ‹Vermessung›.

Die schwere Zugänglichkeit der NÄHE liegt in ihrer eigenen Wesensstruktur begründet: Im Nahebringen von etwas wahrt sie nicht nur eine wesentliche Ferne zu diesem Genäherten, sondern verbirgt zugleich sich selbst. Daher bleibt die NÄHE, die als das alles Durchwaltende eigentlich gesehen das Übernahe ist, für uns Menschen meistens das Fernste bzw. kommt erst gar nicht in Sicht. Gewöhnlich gehen wir ganz im Umgang mit den uns bedrängenden Dingen auf und halten sie für das Nächste, das Sein dagegen bleibt fern, ganz zu schweigen von der NÄHE selbst. Auch unser eigenes Sein als Existenz bleibt uns fern und zwar ebenfalls aufgrund einer Verdeckungstendenz, die zu diesem Sein selbst gehört: das Verfallen. Der Zugang zum Sein als Nächsten und zur Wahrheit des Seins als NÄHE erfordert ein gewandeltes Denken, das auf die Eigentümlichkeiten des Sich-Zeigens von Sein und NÄHE zugeschnitten ist. Treten wir in dieses »wesentliche« Denken ein, so kehrt sich die geläufige Rangordnung um: Das im alltäglichen Umgang Nächste, das Seiende, wird zum Übernächsten, das für das gewöhnliche Denken Fernste, das Sein, zum Nächsten, und dasjenige, was üblicherweise gar nicht gesehen wird, die Wahrheit des Seins, wird zur NÄHE schlechthin. Die Einstufungen »das Nächste« oder »das Fernste« hängen also von der jeweiligen Denkebene ab. Was »das Nächste« und was »das Fernste« ist, bedarf jeweils der Interpretation.[7] Nur so ist das scheinbare Paradoxon zu lösen, daß die NÄHE oder auch das Ereignis das Nächste des Nahen (für das »wesentliche« Denken) und das Fernste des Fernen (für das gewöhnliche Vorstellen) ist.

NÄHE zeigt sich bei Heidegger in vielerlei Gestalt, wie bereits eingangs in der Auslegung des Humanismus-Briefs dargelegt wurde: als Nachbarschaft von Sein und Menschenwesen, als Ort der Heimat, in der wir Menschen wohnen können und den wir erst über eine Ausfahrt in die

---

7 Dies gilt auch für den traditionellen Begriff der »Nächstenliebe«, der sowohl die Liebe zu dem Mitmenschen, als auch zu Gott selbst als auch beides zusammen bedeuten kann. Ich erinnere hier nur an die Legende vom heiligen Martinus, der seinen Mantel teilt und die eine Hälfte einem frierenden Bettler schenkt, in dem er aber nach einem Traum nicht bloß den Bettler, sondern Christus sieht.

Fremde gewinnen, als geschichtlicher Ort der Entscheidung über Ankunft und Entzug des Seins oder der Götter, als Nachbarschaft von Dichtern und Denkern, als Wesen der Sprache als Sage, als Spiegel-Spiel des Gevierts, als vierte Dimension der Zeit und als Zeit-Spiel-Raum des Seins. Alle genannten Dimensionen der NÄHE haben ihr Zentrum in der NÄHE als dem urtümlichen *Verhältnis* von Sein *und* Menschenwesen. NÄHE stellt sowohl den Ursprung als auch das Ziel des Heideggerschen Denkens dar, das in allen seinen Stationen von der Grunderfahrung der Seinsferne ausgeht und stets auf eine neue Nähe des Seins hindenkt. Der gesamte Denkweg ist eine einzige Wanderung in die Nachbarschaft des Seins, ein einziges langes Unterwegssein zum Wesen des Seins selbst – bzw. in der späten Nomenklatur zum Ereignis –, das in immer wieder neuen Anläufen den Zirkel von Ferne und Nähe innerhalb des Bereiches der NÄHE ausschreitet und wesensmäßig nie zu einem Ende kommen kann, weil Nähe nur im ständigen Bemühen um sie erreicht werden kann und stets neu gewonnen werden muß. Der Mensch ist für Heidegger seinem innersten Wesen nach das Wesen der Nähe bzw. das Wesen der Ferne, das sich ständig aufs Neue auf das Sein hin übersteigend seine heimatliche Nähe erringen muß, die ihm zuerst ein eigentliches Existieren ermöglicht.

Der Zugang zum Sein erfolgt primär über die Stimmungen, die die Voraussetzung sowie das Medium alles Denkens darstellen und die auf die Weise der Ankehr und der Abkehr erschließen. Hieraus erklärt sich auch, warum es auf ontologischer Ebene keine Grade der Nähe oder Ferne gibt, sondern nur das qualitative Entweder-Oder: Entweder Nähe oder Ferne des Seins. Wird das »Erkennen« vorrangig den Stimmungen überlassen, dann stellt sich für uns doch sehr stark rational geprägte Menschen die Frage nach der Verbindlichkeit eines solchen Seinsdenkens.

2. Die ›Verbindlichkeit‹ des Heideggerschen Seinsdenkens

Wenn wir nach der Verbindlichkeit des Heideggerschen Seinsdenkens fragen, müssen wir uns von vornherein darüber im klaren sein, daß ›Verbindlichkeit‹ hier nicht mehr Begründung oder Ausweisung im metaphysischen Sinne heißen kann, denn, wie dargelegt, versteht sich Heideggers nicht-metaphysisches Denken gerade nicht mehr als begründendes Vorstellen. Er schränkt die traditionellen Vernunftmaßstäbe erheblich ein, indem er zum einen ihre Rückgebundenheit an bestimmte – in seinen Augen verkürzte – Menschen-, Seins- und Wahrheitsauffassungen aufdeckt und zum anderen ihre Unzulänglichkeit für eine adäquate Erfassung des in sich selbst grundlosen, ab-gründigen Seins aufweist. Daher dürfen die formale Logik oder die Logistik nicht zum Maßstab seines Denkens genommen werden. Heidegger geht sogar so weit zu behaupten, sein wesentlicheres Denken des Seins als Sein-lassen sei »strenger« als das »exakte« »Denken« der Wissenschaften und »strenger« als das »begriffliche« »Denken«, der Metaphysik, weil es sich rein in seinem Element, dem Sein, bewege. (Hum 6f, 41; WiM 25)

Wollen wir nicht vorschnell über Heidegger den Stab brechen und ihn als »Irrationalisten« (im denunzierenden Sinne dieses Wortes) aburteilen, so müssen wir nach nicht-rationalen, oder besser vor-rationalen Formen der »Verbindlichkeit« in seinem Denken Ausschau halten, d. h. die Frage nach der »Verbindlichkeit« und dem »Maß« dieses Denkens in gewandelter Weise stellen. Gesucht wird eine neue Weise der Verbindlichkeit und des Maßes, die dem nicht-metaphysischen, nicht mehr begründen wollenden Denken entspricht. Leider hat Heidegger selbst nur äußerst zurückhaltend zu diesem Problem Stellung genommen, insbesondere findet sich nirgendwo in seinem umfangreichen Werk – jedenfalls soweit es veröffentlicht ist – eine systematische Abhandlung der gewandelten Weise von Verbindlichkeit bzw. der Grundzüge eines nicht-metaphysisch gedachten Maßes.

a) Die Antwort im Humanismus-Brief

Die einzige Stelle, an der Heidegger ausdrücklich die Frage nach dem Maß seines Denkens aufgegriffen hat, findet sich am Ende des Humanismus-Briefs, einem Antwortschreiben an Jean Beaufret. Dort fragt er angesichts des möglichen Verdachts, sein Denken verfalle der Willkür, da es sich nicht mehr an das Seiende halten kann: »Woher nimmt das Denken sein Maß? Welches ist das Gesetz seines Tuns?« (Hum 46) Die Antwort lautet:

»Das Denken ist in seinem Wesen als Denken des Seins von diesem in den Anspruch genommen. Das Denken ist auf das Sein als das Ankommende (l'avenant) bezogen. Das Denken ist in die Ankunft des Seins, in das Sein als die Ankunft *gebunden*. Das Sein hat sich dem Denken schon zugeschickt. Das Sein *ist* das Geschick des Denkens ... Diese bleibende und in ihrem Bleiben auf den Menschen wartende Ankunft des Seins je und je zur Sprache zu bringen, ist die einzige Sache des Denkens ... Indem das Denken, geschichtlich andenkend, auf das Geschick des Seins achtet, hat es sich schon an das Schickliche *gebunden*, das dem Geschick gemäß ist.« (Hum 46f, Herv. E.K.)

Diese Antwort bleibt zutiefst unbefriedigend, weil sie viele Fragen offenläßt. Maß für das Denken ist für Heidegger die jeweilige Ankunft oder Zuschickung des Seins. Die geschichtlichen Weisen der Zuschickung sind nun aber sehr vielgestaltig: sie reichen vom φύσις-, λόγος-, ἀλήθεια-Gedanken der anfänglichen Denker über Substanz, Subjekt, absoluter Geist und Wille zur Macht bis hin zum Ge-stell und Geviert. Dabei stellt sich die Frage, ob alle diese Geschicke gleichwertig sind oder nicht einige vor den anderen einen Vorzug erhalten, weil sie »angemessener« das Wesen des Seins zum Ausdruck bringen. So kennzeichnet Heidegger bekanntlich die Metaphysik als Epoche der Irre und Seinsvergessenheit und hebt von ihr die Seinsbestimmungen der anfänglichen Denker sowie seines eigenen Denkens ab. Ferner: Gibt es innerhalb der Metaphysik, die sich ja gar nicht um das Sein als solches, sondern nur um Seiendes kümmert, überhaupt eine Ankunft des Seins? Oder wird diese Ankunft nur nicht vernommen? Wie kann ich dann aber wissen, daß überhaupt eine Ankunft stattfindet? Diese Fragen lassen sich lösen, indem man wie Heidegger nachweist, daß grundsätzlich alle Offenbarkeit des Seienden nur auf dem Grunde einer Offenbarkeit des Seins möglich ist, daß die Metaphysik zwar ihren eigenen Grund, die Wahrheit des Seins, verstellt und vergißt, aber dennoch von ihm abhängig bleibt. Folglich gibt es zu jeder Zeit eine »Ankunft« des Seins, diese kann jedoch verborgen bleiben. Die Schwierigkeit dieses Gedankens liegt nun darin, daß ich streng genommen nur dort von einer Ankunft reden kann, wo die Ankunft als Ankunft erfahren wird. Die Ankunft des Seins »braucht« das Dasein als Stätte seiner Ankunft. Zur Ankunft als An-kunft gehören immer zwei, ein Kommendes und eines, bei dem es an-kommen kann. In diesem strengen Sinne gibt es für die Metaphysiker selbst keine Ankunft des Seins, wohl aber für den die Metaphysik destruierenden Heidegger und zwar auch innerhalb des geschichtlichen Zeitraumes der Metaphysik. Weiter kompliziert wird die Problemlage dadurch, daß Heidegger den Entzug ausdrücklich mit in das Geschick aufnimmt. So zeigt sich das Sein in der Epoche der Metaphysik als sich Entziehendes. Noch verwickelter wird das Ganze, wenn wir zusätzlich die ἀλήθεια-Struktur des Seins mit einbeziehen: Sein schickt sich zu, indem es sich verbirgt, es gibt sich und entzieht sich zumal. (Hum 23) Im entbergenden Sein-lassen des Seienden, verbirgt es sich selbst und birgt sich zurück in seine Offenheit, die vom Geheimnis durchwaltet ist.

Nun könnte jemand einwenden, daß ἰδέα, ἐνέργεια, absoluter Geist, Wille zur Macht, Ge-stell und Geviert ja nur unsere je geschichtlichen Interpretationen der Zuschickung des Seins sind und daher den wahren Sinn der Zuschickung verfehlen können. Damit kommen wir zwar dem Anliegen des Heideggerschen Denkens näher, aber verschieben das Problem lediglich vom Geschick auf unser Vernehmen des Geschicks. Welches Kriterium garantiert uns, daß wir die jeweilige Zuschickung adäquat auslegen oder gar auch nur adäquat vernehmen? Auch hier bleibt Heideggers Antwort unbefriedigend: Indem das andenkende Denken auf das Geschick achtet, »hat es sich schon an das Schickliche gebunden, das dem Geschick gemäß ist«. (Hum 47) Allein die Achtsamkeit des Denkens soll schon das Schickliche verbürgen? Wiederum fehlt jeder äußere Maßstab. Was ist das dem Geschick »Gemäße«? Sind etwa alle unsere Deutungen des Geschicks als Antworten per se »gemäße« Antworten? Zwar nennt Heidegger »die Schicklichkeit des Sagens vom Sein als dem Geschick der Wahrheit das erste Gesetz des Denkens, nicht die Regeln der Logik« und zählt drei Wesensmomente dieses »Gesetzes der Schicklichkeit« auf: »die Strenge der Besinnung, die Sorgfalt des Sagens und die Sparsamkeit des Wortes« (Hum 47), wobei jedoch erneut offen bleibt, wonach sich die geforderte Strenge, Sorgfalt und Sparsamkeit bemessen.

Liegt das Unbefriedigende von Heideggers Antworten auf unsere Frage nach dem Maß seines Denkens vielleicht darin, daß wir nach etwas suchen, was es in einem nicht-metaphysischen Denken nicht mehr geben kann, nämlich ein transzendentes, äußeres Richtmaß, ein eindeutiges Kriterium, an dem sich die Richtigkeit oder Falschheit seiner Interpretationen ablesen läßt? Ist vielleicht schon die Frage nach der Verbindlichkeit – wenn auch mit allem Vorbedacht gestellt – an sich schon irreführend? Deutlich wurde bisher, daß Heidegger nicht mehr das Seiende zum Maß nimmt – sei es, daß man den Menschen als subiectum zum Maß aller Dinge macht, sei es, daß man das Denken durch Übereinstimmung mit den Objekten objektiviert –, sondern das Sein selbst als das Ankommende. Ankunft bedeutet jedoch nichts anderes als Nähe des Seins. Damit zeigt sich die nähernde NÄHE als Maß des Heideggerschen Seinsdenkens. Allerdings ist die Sein und Menschenwesen vorgängig umgreifende und erst zueinander vereignende NÄHE kein äußeres Richtmaß mehr, auf das wir hinblicken, sondern ein immanentes Maß, in dem wir wohnen. Erst in diesem Wohnen gewinnt es für den darin Wohnenden Gestalt. Aber wie mißt ein solches Maß? Es mißt, indem es dem in der NÄHE Wohnenden die jeweilige Nähe oder Ferne des Seins anzeigt. Alles, was dieses Denken tut, bemißt sich daran, ob es die NÄHE zur Erfahrung bringt und ob es dazu beiträgt, eine neue Nähe des Seins vorzubereiten.

Diese Deutung wird gestützt durch folgendes Zitat, das in engem Zusammenhang zu dem oben ausgelegten steht:

»Nur sofern der Mensch, in die Wahrheit des Seins (NÄHE, Anm. E.K.) ek-sistierend, diesem gehört, kann aus dem Sein selbst die Zuweisung derjenigen Weisungen kommen, die für den Menschen Gesetz und Regel werden müssen ... Nur diese vermag es, den Menschen in das Sein zu verfügen. Nur solche Fügung vermag zu tragen und zu *binden*. Anders bleibt alles Gesetz nur das Gemächte menschlicher Vernunft. Wesentlicher als alle Aufstellung von Regeln ist, daß der Mensch zum Aufenthalt in die Wahrheit des Seins (NÄHE, Anm. E.K.) findet. Erst dieser Aufenthalt gewährt die Erfahrung des Haltbaren. Den Halt für alles Verhalten verschenkt die Wahrheit des Seins. (NÄHE, Anm. E.K.) ›Halt‹ bedeutet in unserer Sprache die ›Hut‹.« (Hum 44f, Herv. E.K.)

Die Wahrheit des Seins bzw. die NÄHE schenkt dem in ihr sich Aufhaltenden erst den eigentlichen Halt, der vor allen vermeintlich letzten Vernunftmaßstäben liegt. Wie so oft geht auch hier die Stoßrichtung des Heideggerschen Denkens dahin, hinter vermeintlich Letztes der Metaphysik zurückzufragen nach den verborgenen Bedingungen von deren Möglichkeit, um sie dann im Sein selbst als dem ab-gründigen Grund von allem aufzuweisen. Entsprechend heißt es in »Das Ende der Philosophie und die Aufgabe des Denkens«, wo Heidegger von der Lichtung bzw. NÄHE als demjenigen spricht, was Sein und Menschenwesen erst zusammengehören läßt:

»In dieser Verbundenheit gründet der mögliche Anspruch auf eine Verbindlichkeit des Denkens. Ohne die voraufgehende Erfahrung der ἀλήθεια als der Lichtung bleibt alles Reden von Verbindlichkeit und Unverbindlichkeit des Denkens bodenlos.« (SdD 75)

Wiederum wird die NÄHE als das alle Verbindlichkeit des Denkens gewährende Maß herausgestellt. Festzuhalten bleibt aber dennoch: Heidegger hat nur die Möglichkeitsbedingung für alle Verbindlichkeit des Denkens herausgestellt – die vorgängige NÄHE von Sein und Menschenwesen –, aber nicht expliziert, wie diese Verbundenheit bindet.

Um wenigstens Spuren zu einer eventuellen Antwortfindung zu legen, untersuche ich im folgenden die erschließende Rolle der Stimmungen, das Wechselverhältnis von Anspruch und Entsprechung sowie die

Konzeption der Wahrheit als Un-verborgenheit. Hinzuzunehmen sind ferner meine Ausführungen über den Charakter des wesentlichen Denkens als Sein-lassen.[8]

b) Die Rolle der Stimmungen

Jedes Philosophieren bewegt sich nach Heideggers Überzeugung immer schon in einer mehr oder weniger bewußten Grundstimmung.[9] Eigentliches Philosophieren – bzw. wie er später sagt »Denken« – ist für ihn Ontologie im weitesten Sinne dieses Wortes, fragt nach dem Sein als solchen. Der Zugang zum Sein erfolgt nun aber nicht über die Vernunft (ratio) oder den Willen, sondern über die Stimmungen, deren ontologische Funktion es ist, Sein zu erschließen. Ordnet man die Stimmungen dem emotionalen Bereich zu – wie dies üblicherweise geschieht –, so kehrt sich die Rangfolge der traditionellen Einteilung der Vermögen des Menschen »Denken, Wollen, Fühlen« um. Der Mensch wird nicht mehr primär als animal rationale gefaßt, sondern als animal emotionale. Heidegger selbst verwahrt sich jedoch ausdrücklich sowohl gegen diese nach seinem Dafürhalten überkommene Klassifizierung der psychischen Erlebnisse und das dahinterstehende Menschenbild als auch gegen die Gleichsetzung von Stimmung und Gefühl: Stimmungen sind weder bloß subjektive Erlebnisse, zufällige und willkürlich wechselnde Tönungen oder Begleiterscheinungen wie die Gefühle noch beziehen sie sich vornehmlich auf gegenständlich Seiendes, vielmehr umgreifen sie Subjekt und Objekt – oder besser Dasein und Welt – von vornherein und sind in ihrem eigentlichen Modus auf Ontologisches gerichtet.[10] Überhaupt sind sie nicht von der Auffassung des Menschen als eines mit einer Seele ausgestatteten Leibdinges her zu begreifen, sondern allein aus einer ontologischen Sichtweise des Menschen als Da-sein.

8 Siehe oben 156ff.

9 Meiner Analyse der Rolle der Stimmungen liegen folgende Textstellen zugrunde: SuZ 134ff, 184ff, 339ff; GA 29/30, 89ff; WiM 31ff; GA 39, 78ff, 137ff; GA 45, 1f, 157ff; WiMN 46f, 51.

10 Für die Abgrenzung der Stimmungen von den Gefühlen vgl. auch O.F. Bollnow: Das Wesen der Stimmungen, 6. Aufl., Frankfurt a. M. 1980, 33ff. Allerdings hat Bollnow einen engeren *Intentionalitätsbegriff* als Heidegger: Während für Bollnow nur Gefühle, weil auf einen bestimmten Gegenstand gerichtet, »intentional« sind, sind für Heidegger in der Nachfolge Husserls auch die Stimmungen intentional, nur daß sie sich auf kein bestimmtes *seiendes* Etwas beziehen, sondern auf das Nichts oder das Sein, d. h. auf Ontologisches. Ferner klassifiziert Bollnow die Furcht, weil auf Bestimmtes gerichtet, als Gefühl, Heidegger dagegen als *uneigentliche* Stimmung im Unterschied zur *eigentlichen* Stimmung der Angst, die das Nichts offenbart.

Die Stimmungen offenbaren das Ganze des In-der-Welt-seins und ermöglichen so erst ein spezifisches Sich-richten innerhalb seiner. Als *Grund*stimmung durchstimmen sie unser gesamtes Dasein und gründen es. Ihre Weise, Dasein und Sein zu erschließen, ist nicht die theoretische Hinsicht des Erkennens, sondern die *Ankehr* oder *Abkehr*. Daher liegt das Eröffnen von Welt durch die Stimmungen *vor* allem Erkennen und Wollen. Die Stimmungen »überfallen« uns, wir werden in sie versetzt und in ihnen ausgesetzt: sie sind nicht willentlich erzeugbar. Des weiteren sind sie nicht objektiv feststellbar, sondern nur aus ihrem meist schlafenden Zustand *weckbar*, indem wir sie bewußt durchleben und unser Denken von ihnen leiten lassen. Da sie unser gesamtes Dasein von vornherein durchstimmen und solchermaßen bestimmen, haben sie ihre *eigene unmittelbare Evidenz,* die nicht dadurch bestritten werden darf, daß man sich auf die apodiktische Gewißheit eines theoretischen Erkennens von purem Vorhandenem beruft. In dieser Evidenz liegt ihre uns bindende Verbindlichkeit. Sie können einzig dadurch nachvollzogen werden, daß wir in sie eintreten, nicht jedoch durch einen rationalen Diskurs oder sonstige Formen des Redens darüber. Angst, Freude oder Trauer sind zwar äußerlich beschreibbar, aber in ihrer Erschließungsfunktion nicht von außen anzweifelbar. Ihre Überprüfung wird zusätzlich dadurch erschwert, daß wir sie nicht beliebig – unabhängig vom Ort und Zeitpunkt – willentlich produzieren oder auch nur reproduzieren können. Wir können nur lernen, sie zu wecken, indem wir uns mit aller Sorgfalt auf sie einlassen. Dies ist gar nicht so einfach, wie es auf den ersten Blick erscheint, denn die Seinsweise der Stimmungen besteht gerade darin, zugleich da und auch nicht da zu sein. Ihr Abwesendsein ist eine Weise ihres Anwesendseins.

Als ausgezeichnete Grundstimmungen expliziert Heidegger die »Angst«, die das Dasein aus der Verlorenheit ins Man herausreißt und auf sein Sein selbst zurückbringt sowie das Nichts als Kehrseite des Seins offenbart (SuZ 184ff; 342ff; WiM 32f); die tiefe »Langeweile«, in der alles Seiende uninteressant wird und entgleitet und die so zum Seienden im Ganzen führt (WiM 31; GA 29/30, 117ff); die »Trauer«, die den entflohenen Göttern in ihrer Ferne nahe bleibt und sie weder vergißt noch sie in eine falsche, weil selbstgemachte Nähe zerrt (GA 39, 81ff); die »Scheu«, die ein Fernes in seiner Ferne fern und so zugleich nahe sein läßt als die Stimmung des Andenkens an den Ursprung (EH 131; GA 52, 171; VA 255f); schließlich die »Freude« als Stimmung der Nähe zum Freudigsten, der Lichtung, und des Heimischwerdens in der Nähe des Ursprungs (EH 20f, 25). Als Grundstimmung des ersten An-

fangs nennt Heidegger das θαυμάζειν, das »Er-staunen«, das das Ge-
wöhnlichste, das Seiende, in seinem Seiendsein, zum Ungewöhnlich-
sten macht (GA 45, 162ff) als Grundstimmung des zweiten Anfangs die
»Verhaltenheit«, in der das »Erschrecken« vor »dem Nächsten und Auf-
dringlichsten«, daß Seiendes ist, und die »Scheu« vor »dem Fernsten,
daß im Seienden und vor dem Seienden das Seyn west« zusammengehören (GA 45, 2). Alle genannten Stimmungen stehen in explizitem
Bezug zur Nähe oder Ferne des Seins und damit zur NÄHE selbst. Das
Sein offenbart sich uns als nahes oder fernes in den Stimmungen, hinter
die wir nicht zurückkommen.

Während beim frühen Heidegger das Woher der Stimmungen offen
bleibt, erklärt der späte Heidegger, daß die Stimmungen durch die lautlose Stimme des Seins gestimmt werden, wodurch der Seinsbezug der
Stimmungen vollends zu Tage tritt. (WiMN 47)

Das Sein spricht sich dem Menschen zu und nimmt ihn solchermaßen
in Anspruch, welchem Anspruch er zu entsprechen hat. Das Sein ist das
ursprünglich Werfende, Rufende, Heißende, Sagende und Sich-Zei-
gende, das allem menschlichen Entwerfen, Nennen, Sprechen und Zeigen vorausgeht und dieses bestimmt. Diesem für Heideggers Denken
äußerst wichtigen Verhältnis von Anspruch und Entsprechung, das sich
in den genannten mannigfaltigen Weisen vollzieht, gilt im folgenden
mein Augenmerk.

c) Das Wechselspiel von Anspruch
und Entsprechung

Die Weckung einer Grundstimmung bildet zwar die Voraussetzung und
das Medium des »wesentlichen Denkens«, aber damit kommt dieses
noch keineswegs ans Ende. Im Gegenteil fordert der Zuspruch durch die
lautlose Stimme des Seins ein eigens zu vollziehendes Entsprechen des
Menschen. Wie die Seinserschließung durch die Stimmungen, so übersteigt auch das Wechselspiel von Anspruch und Entsprechung den
Machtbereich der Vernunft. Es spielt sich in der Dimension der Sprache
als dem Haus des Seins und der Behausung des Menschenwesens ab. In
der Sprache, die – wie bereits ausgeführt – selbst spricht, bringt sich das
Sein ins Wort, welches auf die Ant-wort des Menschen wartet. Antworten heißt in unserer Sprache nichts anderes als Ent-sprechen.
(WiP 20) Das Sprechen des Menschen ist ein Ent-sprechen.

Wie sieht dieses Wechselspiel von Anspruch des Seins und Entsprechung des Menschen nun im Einzelnen aus? Worin liegt seine Verbind-

lichkeit? Achten wir zunächst einmal auf das, was uns die Termini »Anspruch« und »Entsprechung« selbst sagen.[11]

»*Anspruch*« meint zunächst einen Spruch, der *an* eine bestimmte Adresse gerichtet ist, der *zu* jemandem *hin* gesprochen ist. Das impliziert zugleich, daß ein Anderer da ist und den Spruch ankommen läßt, denn ohne dieses Ankommenlassen ist der Anspruch kein An-spruch, sondern nur ein ins Blaue gesprochener Spruch. Der Anspruch ist wesensmäßig auf die Entsprechung angewiesen, er braucht sie. In der Vorsilbe »An-« artikuliert sich ebenso wie in »An-wesen« oder »An-denken« eine Tendenz auf Nähe, ein In-die-Nähe-gehen. Daneben enthält der Anspruch eine Aufforderung an den Angesprochenen, zu antworten bzw. etwas zu tun oder zu unterlassen. Er beansprucht den Angesprochenen, nimmt ihn in Anspruch. Diese Inanspruchnahme kann von einer Bitte bis zu einer kategorischen Sollensforderung reichen. So sprechen wir beispielsweise von rechtlichen Ansprüchen, die wir bei irgendwelchen Institutionen geltend machen können.

»*Ent-sprechen*« bedeutet Ant-worten, Entgegnung auf einen vorher vernommenen Spruch. Grundbedingung jedes Entsprechens ist ein achtsames Hören auf den Anspruch des Seins. Hören umfaßt dabei das Sich-öffnen für einen möglichen Anspruch, das Zurücktreten vor ihm, das ihm Entgegengehen sowie schließlich das Eintreten in ihn. Doch dies allein genügt noch nicht: Aus dem Hören muß ein entgegnendes Ant-worten – sei dies in rein sprachlicher oder handelnder Form – erwachsen. In diesem mehrfachen Sinne kennzeichnet Heidegger in »Die Sprache« das menschliche Entsprechen als »hörendes Entnehmen« und »anerkennendes Entgegnen«. (UzS 32) Ebenso wie es keinen echten Anspruch gibt ohne jemanden, der den Anspruch ankommen läßt, gibt es keine Entsprechung ohne einen vorhergehenden Anspruch. An-spruch und Ent-sprechung bedingen einander, sie bilden das Ganze eines Wechselspiels.

Dabei stellt sich allerdings die Frage, ob das ansprechende Sein und der entsprechende Mensch gleichwertige Partner in diesem Spiel darstellen oder nicht die Seite des Seins eindeutig dominiert. Gibt es vielleicht auch einen Anspruch des Menschen an das Sein, dem dieses zu entsprechen hat? Ute Guzzoni bestreitet in ihrem aufschlußreichen Aufsatz »›An-spruch‹ und ›Entsprechung‹ und die Frage der Intersubjektivität« m. E. zu Recht die Gleichrangigkeit der Partner sowie die Reziprozität des Verhältnisses von Anspruch und Entsprechung zwischen Sein und

11 Meiner Analyse liegen vor allem folgende Stellen zugrunde: WiP 19ff; UzS 30ff, 254, 260, 262; EH 20; ID 34.

Mensch.[12] Der Anspruch geht stets vom Sein aus, von einem umgekehrten Anspruch des Menschen an das Sein ist bei Heidegger keine
Rede. Zwischen Sein und Mensch besteht keine Gegenseitigkeit wie im
mitmenschlichen Bereich zwischen Ich und Du. Daher läßt sich das
Verhältnis von Anspruch des Seins und Entsprechung des Menschen
nicht ohne weiteres auf das Verhältnis von Mensch zu Mensch übertragen – was Heidegger auch gar nicht tut, an welchem Verhältnis Guzzoni
jedoch vorrangig interessiert ist. Allerdings bezweifle ich doch sehr, ob
eine Gleichrangigkeit, wie sie für den zwischenmenschlichen Bereich
sinnvoll und nötig ist, für das Verhältnis zwischen dem übermächtigen
Sein und dem im Vergleich dazu ohnmächtigen Menschen überhaupt
angemessen wäre.

Wenn auch keine Reziprozität im Verhältnis zwischen Sein und
Mensch herrscht, so handelt es sich dabei doch um ein *Wechselspiel*
gegenseitig aufeinander angewiesener Partner, denn erstens braucht
jeder Anspruch eine Entsprechung, um sein Wesen zu erfüllen, und
umgekehrt jede Entsprechung einen Anspruch, und zweitens müssen
Sein und Mensch dazu in ein nachbarschaftliches Gegen-einander-über
eintreten. Des weiteren handelt es sich nicht um ein kausales Nöti-
gungsverhältnis: Das Geheiß des Seins hat keinen Zwangscharakter, es
determiniert uns nicht, vielmehr setzt es uns frei, indem es uns erst die
Weite unseres Wesensraumes eröffnet, die wir ausstehen sollen: die
Nachbarschaft zum Sein, die NÄHE, in die wir immer schon mit dem
Sein gehören und die erst das Wechselspiel von Anspruch und Entsprechung verstattet. Zwar sind wir einerseits unserem Wesen nach immer
schon in der Entsprechung, insofern wir immer schon in die Nachbarschaft des Seins ausgesetzt sind, andererseits überhören wir meistens
den Anspruch und müssen daher erst lernen, auf den Zuspruch des
Seins zu achten und das Entsprechen eigens zu vollziehen. Dieses eigens
übernommene Entsprechen ist die Aufgabe des wesentlichen Denkens,
wie Heidegger in seinem Vortrag »Was ist das – die Philosophie?«
ausführt: »Φιλοσοφία ist das eigens vollzogene Entsprechen, das
spricht, insofern es auf den Zuspruch des Seins des Seienden achtet.«
(WiP 23; vgl. 29) Das Entsprechen ist immer durch die Stimme des
Seins gestimmtes und bestimmtes Entsprechen. Es erfolgt keineswegs
bloß rezeptiv, sondern erfordert eine aktive Bemühung von uns. Dies
wird vollends deutlich, wenn wir bedenken, daß die wesentlichen Worte
»mehrdeutig« sind und daher eine Interpretation verlangen. Gerade

12 Vgl. Ute Guzzoni: »Anspruch« und »Entsprechung« und die Frage der Intersubjektivität, (1980).

weil der Anspruch keine bestimmte Antwort zwingend vorschreibt, fordert er ein besinnliches Nachdenken und handelndes Entsprechen aus Freiheit. Die geforderte Antwort muß eine »philosophische Antwort« sein, die nicht abschließt, sondern mit den Denkern ins Gespräch bringt, die also einen Dialog initiiert. Sie ist keine »erwidernde Aussage«, sondern eine wirkliche »Ent-sprechung«, die dem Anspruch des Seins entspricht. (WiP 21)

Wie können wir aber wissen, ob wir den Anspruch des Seins adäquat vernehmen? Und wie können wir wissen, ob wir ihm in der gemäßen Weise entsprechen? Welche Kriterien versichern uns der Richtigkeit unseres Hörens und Entsprechens? Erhoffen wir auf diese Fragen definitive Antworten, so werden wir wiederum von Heidegger enttäuscht, allerdings ganz bewußt enttäuscht. Solche Sicherheiten gibt es im Bereich des Seins nicht. Zum Denken des Seins gehört wesensmäßig die Gefahr des Sichverhörens und des Irrtums, wie Heidegger in einem Brief an einen jungen Studenten über seinen Vortrag »Das Ding« selbst heraushebt:

»Auf all dieses zumal muß das Entsprechen aus langer Sammlung und in steter Prüfung des Gehörs achten, um einen Anspruch des Seins zu hören. Aber gerade dabei kann es sich verhören. Die Möglichkeit des Irrgangs ist bei diesem Denken die größte. Dieses Denken kann sich nie ausweisen wie das mathematische Wissen. Aber es ist ebensowenig Willkür, sondern *gebunden* an das Wesensgeschick des Seins, selber jedoch nie *verbindlich* als Aussage, vielmehr nur *möglicher* Anlaß, den *Weg* des Entsprechens zu gehen und zwar zu gehen in der vollen Sammlung der Bedachtsamkeit auf das *schon* zur Sprache gekommene Sein.« (VA 176f, Herv. E.K.)

In der ständigen Gefahr des Sichverhörens und des Irrtums zeigt sich für Heidegger – so paradox dies klingen mag – gerade die größere Wesentlichkeit des Denkens gegenüber dem wissenschaftlichen Erkennen. Es ist weder verbindlich noch unverbindlich (willkürlich), weil es außerhalb dieser Vernunftmaßstäbe liegt und daher mit ihnen gar nicht meßbar ist. Ebensowenig kennt es eine festschreibbare und dozierbare Methode, sondern ist in sich Weg, der stets in der Gefahr ist, ein Irrweg zu werden. Darüber kann aber nur das Gehen des Weges selbst entscheiden. Gehen meint dabei nicht primär das Gehen auf einem bereits vorhandenen Weg, sondern ein Gehen, das sich selbst den Weg erst erbaut, den es geht. Dieser Weg will kein »Heilsweg« sein und keine neue Weisheit erbringen, sondern versteht sich als »Feldweg«, der nicht nur vom Verzicht redet, sondern bereits auf den Anspruch einer verbindlichen Lehre verzichtet hat. (VA 178) In Ermangelung eines Beweises kann er sich nur durch die je und je erneute Einübung in die Achtsamkeit des Hörens, des besinnlichen Fragens und die Sorgfalt des Ent-sprechens prüfen. Einziger Prüfstein für Heideggers Denken des Seins ist somit dieses Denken selbst, die ›ontologische Erfahrung‹ im ursprünglichen Sinne des Wortes als »im Gehen unterwegs, etwas er-langen«. (UzS 169, vgl. 177) Nur das Denken kann sich selbst korrigie-ren. Allerdings darf bei Heidegger »Denken« nicht mehr als eine Weise des Erkennens im traditionellen Sinne aufgefaßt werden, sondern meint ein ›Denkend-*sein*‹ ebenso wie Heidegger bereits in »Sein und Zeit« das Verstehen als eine Seinsweise und nicht als eine Erkenntnisweise neben dem Erklären aufgewiesen hat. Der Mensch *hat* nicht nur ein Seinsver-ständnis und die Fähigkeit zu denken, er *ist* Seinsverstehen bzw. Seins-denken. In diesem Sinne schließt besagter Antwortbrief auf die Frage »woher empfängt (verkürzt gesprochen) das Denken des Seins die Wei-sung?« mit folgenden offenen Worten:

»Ich kann Ihnen, was Sie auch nicht verlangen, keine Ausweiskarte liefern, mit deren Hilfe das von mir Gesagte als mit ›der Wirklichkeit‹ übereinstimmend jederzeit bequem ausgewiesen werden könnte. Alles ist hier Weg des prüfend hörenden Entsprechens. Weg ist immer in der Gefahr, Irrweg zu werden. Solche Wege zu gehen, verlangt Übung im Gang. Übung braucht Handwerk. Bleiben Sie in der echten Not auf dem Weg und lernen Sie un-ent-wegt, jedoch beirrt, das Handwerk des Den-kens.« (VA 178f)

Damit könnte ich die Erörterung der ›Verbindlichkeit‹ des Heidegger-schen Seinsdenkens schließen, möchte aber zuvor noch ein Thema dis-kutieren, an dem sehr häufig starke Kritik geübt wird: Heideggers Konzeption der Wahrheit als Un-verborgenheit.

d) Heideggers Deutung der Wahrheit als Un-verborgenheit

Heideggers Wahrheitsverständnis kann hier nur in groben Zügen und daher stark vereinfacht umrissen werden.[13] Dies reicht jedoch, um die Ansatzpunkte der vielstimmigen Kritik zu markieren.

Bekanntlich denkt Heidegger im Unterschied zur traditionellen Auf-

---

13 Ich stütze mich vornehmlich auf Heideggers Ausführungen zum Wahrheitspro-blem in den 30er und 40er Jahren, wo dieses erst zur vollen Reife gelangt ist. Vgl. WdW; HW 39–45, 49; PLW 25ff; GA 45, 7–137, 193–224; GA 54 (ganze Vorlesung).

fassung der Wahrheit als »Richtigkeit« einer Aussage, als »Übereinstimmung« von »Intellekt« und »Sache« (»Veritas est adaequatio intellectus et rei«), Wahrheit als ἀλήθεια, »Un-verborgenheit«, »Ent-bergung« oder »Lichtung« des Seienden und des Seins. »*Un-verborgenheit*« kennzeichnet er als in sich strittiges Geschehen zwischen Entbergung und zwiefacher Verbergung. Das heißt, die Verbergung als Unwahrheit gehört mit ins volle Wesen der Wahrheit. Oder noch provo-
zierender ausgedrückt: »Die Wahrheit ist in ihrem Wesen Un-wahrheit«. (HW 43, vgl. 49) Soweit stimmen alle Schriften, die vom Wesen
der Wahrheit handeln, überein. Kleine Abweichungen und Differenzierungen finden sich bei der näheren Bestimmung der beiden Weisen der
Verbergung.

»Vom Wesen der Wahrheit« (1930 gedacht) bezeichnet sie als »das
Geheimnis«, das »älter« ist als alle Entbergung und das als die »Verbergung des Verborgenen« waltet, und als »die *Irre*« als die »offene Stätte
und den Grund des Irrtums«. Sowohl das »Geheimnis« als das »vor-
wesende Wesen« als auch die Irre als das »wesentliche Gegenwesen«
gehören mit in das anfängliche Wesen der Wahrheit. Das entbergende
Sein-lassen eines je bestimmten Seienden verbirgt zugleich das Seiende
im Ganzen (Sein). Dieses Verbergen geschieht aufgrund des Geheimnisses als der Verbergung des verborgenen Seienden im Ganzen. Das
Sein-lassen bewahrt einen Bezug zum Geheimnis, indem es die Verbergung als das erstlich Verborgene erfährt. Wird es jedoch vergessen, so
wandelt sich die Vergessenheit der Verbergung zur Irre als dem »Spielraum«, in dem sich der Mensch stets neu »vermißt« und herumirrt.
(WdW 20–25)

In »Vom Ursprung des Kunstwerkes« (1935) heißen die beiden Weisen der Verbergung »*Versagen*« und »*Verstellen*«. Das »Versagen« ist
der »Anfang der Lichtung des Gelichteten«: Seiendes versagt sich uns,
so daß wir nur noch von ihm sagen können, daß es ist. Das »Verstellen«
dagegen geschieht »innerhalb des Gelichteten«: Seiendes »schiebt sich
vor« anderes Seiendes und »verschleiert«, »verdunkelt«, »verbaut« oder
»verleugnet« dieses. Die Folge davon ist, daß das Seiende zwar erscheint, aber sich anders gibt, als es ist. Das Verbergen als Verstellen ist
die Bedingung dafür, daß wir uns täuschen können. (HW 41–43, 49)

Die Vorlesung »Parmenides« (1942/43), die fast ausschließlich vom
Wesen der ἀλήθεια handelt, ersetzt den Titel »Un-verborgenheit«, der
nur die Aufhebung der Verbergung anzeigt, durch den sprechenderen
Titel »*Ent-bergung*«, der neben der Aufhebung der Verbergung auch
das »Bergen« sagt. »Ent-bergung« ist also im wesentlichen Sinne zwei-

deutig: als »*Ent*-bergung« nennt sie das zwiefache Aufheben der Verbergung und zwar zunächst der »*entziehenden* Verbergung« (λήθη) – auch »*Vergessung*« genannt –, dann der »*verstellenden*« und solchermaßen »entstellenden« Verbergung (ψεῦδος), als »Ent-*bergung*« bezeichnet sie das »*Bergen*«, d. i. das Aufnehmen und Behalten in der Unverborgenheit. (GA 54, 197f, 106) Diese Betonung des bergenden Charakters der ἀλήθεια ist neu und gewinnt im Spätwerk zunehmend an Bedeutung. (Vgl. SdD 78)

»Geheimnis«, »Versagen« und »Vergessung« entsprechen im großen und ganzen einander; sie bezeichnen die λήθη, die am Anfang der ἀλήθεια steht. Ebenso korrespondieren in etwa »Irre«, »Verstellen« und »verstellende Verbergung«, die sich als ψεῦδος innerhalb des Gelichteten abspielt. Das volle Wesen der Wahrheit als ἀλήθεια bzw. »Ent-bergung« hat damit folgende Struktur: An ihrem Anfang steht die Verborgenheit, aus der die Entbergung das einzelne Seiende in die Unverborgenheit hervorholen muß, wobei sie zugleich mit der Verbergung als Verstellen ringen muß, um eine Unverborgenheit des Seienden, so wie es an ihm selbst ist, hervorzubringen. Schließlich birgt das Entbergen das offenbare Seiende in die Unverborgenheit. *Das volle Geschehen der Wahrheit ereignet sich als entbergendes, zwiefach verbergendes Bergen.*

Wie steht es nun mit der Verbindlichkeit einer solchen Wahrheit als Un-verborgenheit? Vermag sie ein Maß für unser Denken und darüber hinaus für verantwortliches Handeln zu geben? Die Antworten zweier der führenden Kritiker der Heideggerschen Wahrheitsauffassung, Ernst Tugendhat und Werner Marx, deren Einwände breite Zustimmung gefunden haben und finden, verneinen diese Frage eindeutig.

Tugendhat[14] stimmt zwar Heideggers Ausführungen in »Vom Wesen

14 Vgl. Ernst Tugendhat: Der Wahrheitsbegriff bei Husserl und Heidegger, 2. Aufl., Berlin 1970, insb. 373ff. Ich kann hier nicht auf alle Argumente der sehr subtilen Auslegung eingehen, sondern nur die Hauptstoßrichtung seiner Kritik anzeigen. Vgl. dazu folgende zwei Zitate: »Daraus aber, daß es im Wesen der *Offenbarkeit* des Seienden liegt, daß sich das Verhalten an das *Seiende* als sein Maß zu binden hat, folgt noch nicht, daß dieser Maßcharakter in der Offenbarkeit selbst liegt. Im Gegenteil: das Maß soll doch ein Maß *für* die Offenständigkeit des Verhaltens, *innerhalb* der Offenbarkeit des ihm Gegebenen sein: durch das Maß unterscheidet sich angemessen Offenbares (wie das Seiende ist) von unangemessen Offenbarem (wie es nicht ist); wie soll dann das Maß in der Offenbarkeit als solcher liegen?« (374) »Obwohl also Heidegger in WW im Unterschied zu SuZ einen Aspekt des spezifischen Wahrheitsbezugs – das Gerichtetsein auf ein ›Maß‹ – berücksichtigt und das ›so-wie‹ festhält, übergeht er doch weiterhin den spezifischen Wahrheitsbegriff als solchen

der Wahrheit« zu, daß die vorstellende Aussage eines Dinges, so wie es als dieses ist, in der vorgängigen Offenbarkeit des Dinges gründet, bemängelt jedoch, daß Heidegger die nackte Offenbarkeit als solche zum bindenden Maß erhebt. Setze man die Offenbarkeit als solche als Maß an, wie könne man dann zwischen angemessen Offenbarem, d. i. Seiendes, das sich so zeigt, wie es ist, und unangemessenem Offenbarem, d. i. Seiendes, das sich so zeigt, wie es nicht ist, unterscheiden. Erforderlich sei vielmehr ein Maß *für* die Offenbarkeit *innerhalb* der Offenbarkeit selbst, was nach Tugendhats Überzeugung nur das Selbstsein des Seienden, sein »wie es selbst ist« sein kann. Indem Heidegger versäumt, ein negativ-kritisches Moment der Ausweisung anzugeben, übergehe er den spezifischen Wahrheitsbegriff als solchen.

Marx[15] dagegen stößt sich nicht an der Fundierung der Richtigkeit in der Offenbarkeit, sondern an der Miteinbeziehung des »Geheimnisses« und vor allem der »Irre« in das volle Wesen der Wahrheit. Wenn die Irre, als der Grund des Irrtums und der Unrichtigkeit der Erkenntnis, wesentlich mit zum Wahrheitsgeschehen gehöre, wie könnten wir dann wissen, ob wir in die Irre gehen oder nicht, ob wir das Seiende und das Sein so gewahren, wie es an ihm selbst ist? Vor allem vermißt Marx bei Heidegger ein dem Wahrheitsgeschehen immanentes Kriterium, das erlaubt, zwischen Wahrheit als Offenheit und Unwahrheit als Geheimnis und Irre sowie im ethischen Bereich zwischen Gut und Böse zu unterscheiden. Weil Heideggers Wahrheitsverständnis als Un-verborgenheit der Eindeutigkeit ermangele – die für Marx zu den Minimalbedingungen eines jeden Maßes, auch eines nicht-metaphysischen gehört –, könne sie kein verbindliches Maß für das Denken liefern, geschweige denn ein Maß für verantwortliches Handeln im zwischenmenschlichen Bereich.

So einleuchtend diese beiden Kritiken nach dem bisher Ausgeführten vielleicht erscheinen mögen, beide verfehlen m. E. im Kern Heideggers Konzeption der Wahrheit. Dies soll im folgenden anhand einer Nachzeichnung der wichtigsten Schritte des Gedankengangs der Schrift

und damit denjenigen Gesichtspunkt, der innerhalb der Offenbarkeit und für diese als Maß fungieren kann.« (376)

15 Vgl. Werner Marx: Heidegger und die Tradition . . ., 243, 241, 27, 179f, 227, 237 sowie ders.: Gibt es auf Erden ein Maß? . . ., 23ff, 128f. »Diese Erwägungen sollten besonders geeignet sein, das ungeheuer Gefährliche von Heideggers Auffassung des Wesens der Wahrheit ans Licht zu rücken und zugleich die Frage aufs dringlichste hervorzurufen, ob Heidegger eigentlich richtig gesehen hat, als er nicht nur ›das Geheimnis‹, sondern auch die Irre, den Schein und das Böse als ›ebenbürtige Partner‹ innerhalb des Wahrheitsverhältnisses anerkannt hatte.« (Heidegger und die Tradition, 247)

»Vom Wesen der Wahrheit« nachgewiesen werden. Hierbei folge ich weitgehend dem Kommentar zu dieser Abhandlung von Alfons de Waelhens und Walter Biemel, mit dem sich weder Tugendhat noch Marx auseinandergesetzt haben.[16] Tugendhat führt ihn zwar im Literaturverzeichnis auf, diskutiert ihn jedoch an keiner Stelle, sondern diskreditiert ihn in seiner »Einleitung« von vornherein als »unfruchtbar« und »unkritisch«, weil er ganz von Heideggers Position aus interpretiere, Marx erwähnt ihn überhaupt nicht.[17]

Bei »Vom Wesen der Wahrheit« handelt es sich um einen Text, der äußerst dicht und sorgfältig gebaut ist, und bei dem das Verständnis ganz wesentlich vom Mitgehen des Weges abhängt. Reißt man einzelne Zitate heraus, so müssen diese fast zwangsläufig zu Mißverständnissen führen, weil einzelne Sachverhalte ständig weiter differenziert bzw. in ihrer Wiederaufnahme oft verkürzt wiedergegeben werden.

Ich überspringe Heideggers Darstellung des geläufigen Wahrheitsbegriffs als »Richtigkeit« bzw. Übereinstimmung einer Aussage mit einer Sache und beginne mit dem zweiten Abschnitt, der »die innere Möglichkeit der Übereinstimmung« in den Blick hebt. Die Wahrheit im Sinne der Richtigkeit einer vorstellenden Aussage bemißt sich daran, ob sie das vorgestellte Ding »so« sagt, »wie es als dieses ist« oder nicht. (WdW 11) Das heißt, eine Aussage, die eine Sache so sagt, wie sie an ihr selbst ist, ist wahr, eine Aussage, die eine Sache so sagt, wie sie an ihr selbst nicht ist, ist unwahr. Mit anderen Worten: Der Charakter der »So-wie«-Relation entscheidet über Wahrheit oder Unwahrheit eines Urteils. Kriterium bzw. Maßstab für die Richtigkeit ist das Selbstsein des Seienden. Trifft ein Urteil das Selbstsein eines Seienden, dann ist es richtig, trifft es dieses nicht, dann ist es falsch. Nun weist Heidegger darauf hin, daß die Möglichkeitsbedingung für jede vorstellende Aussage über ein Seiendes die Offenbarkeit bzw. Unverborgenheit dieses Seienden ist. Daneben bedarf es der Offenheit des Bereiches zwischen Ding und Mensch, den das Sich-richten durchmessen muß, sowie der Offenständigkeit des Menschen für das Ding, damit dieses überhaupt begegnen kann. Darüber hinaus nennt die Vorlesung »Grundfragen der Philosophie« (1937/38) noch eine vierte Weise der Offenheit als Grundbedingung der Wahrheit als Richtigkeit: die Offenheit des Menschen zum Mitmenschen, damit die Richtigkeit einer Erkenntnis dem anderen

16 Vgl. Alfons de Waelhens und Walter Biemel: Heideggers Schrift »Vom Wesen der Wahrheit«, (1952).
17 Vgl. E. Tugendhat: Der Wahrheitsbegriff ..., 7.

mitgeteilt und von diesem nachvollzogen werden kann. (GA 45, 19) Wichtig ist dabei, daß diese vierfache Offenheit »vom Vorstellen nicht erst geschaffen, sondern je nur als ein Bezugsbereich bezogen und übernommen wird.« (WdW 11f) Die Offenbarkeit des Seienden ist keine logische oder erkenntnistheoretische Voraussetzung, die *wir* machen, sondern umgekehrt bestimmt uns die vorgängige Offenheit solchermaßen, daß wir uns immer als ihr nachgesetzt erfahren. (HW 41) Sowohl die Offenbarkeit des jeweiligen Seienden als auch die Offenständigkeit unseres Verhaltens gründen ihrerseits in der umfassenden Lichtung des Seins selbst, was an dieser Stelle allerdings noch nicht zur Sprache kommt. Die Offenständigkeit unseres Verhaltens bekommt dann neben der Öffnung für das Begegnen des Seienden noch eine tiefere Bedeutung als ekstatisches Aus-stehen der Lichtung als solcher.

Die Offenbarkeit des Seienden sowie die Offenständigkeit unseres Verhaltens zum Seienden bilden die Grundbedingung sowohl für die vorstellende Aussage über das Seiende, so wie es an ihm selbst ist, als auch dafür, wie an ihm selbst nicht ist. Die Offenständigkeit des Verhaltens ist die innere Möglichkeit der Übereinstimmung, »denn nur durch diese kann überhaupt Offenbares zum Richtmaß werden für die vor-stellende Angleichung«. (WdW 12) Das heißt aber nicht – wie Tugendhat unterstellt –, die Offenheit als solche sei bereits das Maß für die Richtigkeit, vielmehr kann in ihr sich erst das Seiende in seinem Selbstsein als Richtmaß für die vorstellende Angleichung konstituieren – wie es ganz im Sinne des von Tugendhat Geforderten liegt. Indem Tugendhat verlangt, innerhalb der Offenheit für die Offenheit selbst ein Richtmaß einzuführen, was nur im Selbstsein des Seienden bestehen könne, transportiert er die Richtigkeitsproblematik des Relationscharakters des »So-wie« zusätzlich in den Bereich der Wahrheit als Offenheit und verdoppelt so dasselbe Kriterium unsinnigerweise. Tugendhat mißversteht m. E. Heidegger grundsätzlich, wenn er behauptet, Heidegger erhebe die Offenheit als solche zum Maß im Sinne eines kriteriellen Richtigkeitsmaßstabes, an dem wir die Wahrheit (Richtigkeit) oder Unwahrheit (Falschheit) eines Urteils ablesen können.[18] Wenn Heidegger – zugegebenermaßen leicht mißverständlich, weil der Ausdruck m. E. unpassend ist – vom »Richtmaß« spricht, das durch unser

18 Einem ähnlichen Mißverständnis sitzt Tugendhat bei seiner Interpretation der Wahrheitsauffassung in »Sein und Zeit« auf, wenn er unterstellt, Heidegger setze die Aussagewahrheit mit dem puren Entdeckend-sein als solchen gleich, wie Carl Friedrich Gethmann überzeugend nachgewiesen hat. Vgl. C. F. Gethmann: Zu Heideggers Wahrheitsbegriff, (1974), insb. 188ff.

offenständiges Verhalten vorgegeben wird und das alle »Satzrichtig-keit« erst ermöglicht (13), so meint er damit genau genommen gar kein »*Richtmaß*«, d. i. ein Maß für die Richtigkeit einer Erkenntnis, sondern will darauf aufmerksam machen, daß das faktische Richtmaß für die Richtigkeit, das Seiende in seinem Selbstsein, seinerseits seine Maßgeb-lichkeit nur aufgrund dieser Offenheit gewinnen kann. Insofern, aber auch nur insofern, ist die Wahrheit als Offenheit selbst ›maßgeblich‹ bzw. ›maßgewährend‹ für die Wahrheit als Richtigkeit. Weil die Offen-heit erst alles Aufstellen von Maßstäben verstattet, möchte ich sie selbst das ›Ur-maß‹ nennen. Dieses ›Urmaß‹ ist von völlig anderer Gestalt als die üblichen Richtmaße: es selbst unterscheidet noch gar nicht zwischen wahr oder falsch, gut oder böse, sondern beschränkt sich darauf, die Möglichkeit der Ausbildung von Maßstäben innerhalb seiner zu ver-schenken, ohne diese schon vorzuschreiben. Anders ausgedrückt: Inso-fern alle Verbindlichkeit der Erkenntnis auf einem Richtmaß beruht, dieses seinerseits mit der Offenbarkeit des Seienden steht oder fällt, besitzt diese vorgängige Offenheit eine noch höhere Verbindlichkeit als alle innerhalb ihrer von Menschen aufgestellten Regeln und Normen.

Damit ist der Sinn von Heideggers Rede von der Wahrheit des Seins als dem Maß seines Denkens, das höhere Verbindlichkeit besitze als alle logischen Gesetze, wie sie uns schon gelegentlich seiner Antwort im Humanismus-Brief begegnete, geklärt. Die Kritik von Tugendhat hat sich als unhaltbar erwiesen. Es bleibt noch übrig, die innere Wesensver-fassung der Wahrheit als Unverborgenheit zu erläutern, gegen die sich Marxens Einwände richten. Diese wird vornehmlich in den Abschnitten 5–7 der vorliegenden Schrift expliziert. Zuvor scheint es mir geboten, wenigstens in aller Kürze den weiteren Gedankengang bis dahin zusam-menzufassen.

Die Offenständigkeit des Verhaltens zum Seienden, die sich als innere Möglichkeit der Übereinstimmung erwiesen hat, gründet ihrerseits in der Freiheit als dem »Freisein zum Offenbaren eines Offenen«, wie der 3. Abschnitt ausführt. (WdW 13) Die Freiheit, die keine bloße Eigen-schaft des Menschen mehr ist, sondern des ek-sistierenden Da-seins und somit den Menschen mitumfaßt, ermöglicht uns, das jeweilige Seiende das Seiende sein zu lassen, »das es ist«. (15) Der 4. Abschnitt vertieft »das Wesen der Freiheit« dahingehend, daß er sie als »ek-sisten-tes, entbergendes Seinlassen des Seienden« weiterbestimmt (19), die das ursprüngliche Wesen der Wahrheit als »Entbergung von Seiendem« »erfüllt« und »vollzieht« (18). Wichtig ist dabei – gerade im Hinblick auf die Kritik von Tugendhat –, daß das Sein-lassen als Sicheinlassen auf die Unverborgenheit des Seienden vor dem Seienden zurücktritt, »damit dieses in dem *was* es *ist* und *wie* es *ist*, sich offenbare und die vorstellende Angleichung aus ihm das Richtmaß nehme«. (16, Herv. E.K.) Das Richtmaß ist also auch hier nicht die pure Offenbarkeit des Seienden, sondern das Seiende in seinem Was-sein und Wie-sein. Das Sein-lassen klebt nicht am Seienden, sondern ist immer schon über dieses hinaus, indem es sich auf »das Offene und dessen Offenheit« einläßt, »in die jegliches Seiende hereinsteht, das jene gleichsam mit sich bringt«, welches Offene bei den Griechen als »τὰ ἀληθέα« aufleuchtete. (16) Der Mensch kann sich nur dann zum Seienden verhalten und Seiendes begegnen lassen, wenn er selbst in den Bereich dieses Offenen versetzt ist. Als Ek-sistenz ist er immer schon in dieses Offene versetzt und so dem begegnenden Seienden ausgesetzt, welchen Bezug er eigens übernimmt, indem er im ek-sistierenden Sein-lassen sich dem Seienden aus-setzt und so die vorgängige Ausgesetztheit vollzieht. »Weil jedoch die Wahrheit im Wesen Freiheit ist, deshalb kann der geschichtliche Mensch im Seinlassen des Seienden das Seiende auch *nicht* das Seiende sein lassen, das es ist und wie es ist. Das Seiende wird dann verdeckt und verstellt.« (18) Wird die Freiheit nicht mehr als bloß menschliche Eigenschaft verstanden, dann kann die Unwahrheit keiner bloßen Nachlässigkeit des Menschen entspringen, sondern muß vielmehr aus dem Wesen der Wahrheit, d. i. der Weise wie Wahrheit sich ereignet, kommen. Mit der nun einsetzenden Erörterung des Zusammenhangs zwischen dem Wesen der Wahrheit als Entbergung und seinem Unwesen als zwiefache Verbergung ist nach Heideggers eigenen Angaben erst »der entscheidende Schritt in die zureichende Ansetzung der *Frage* nach dem Wesen der Wahrheit« erreicht. (19) »Wesen« der Wahrheit meint hierbei »Sein« der Wahrheit, welche Frage ihrerseits aus der kehrigen Frage nach der »Wahrheit des Wesens«, d. h. der Wahrheit des »Seins« entspringt – wie wir aus der Schlußanmerkung erfahren. (28) Die Frage nach der »Wahrheit des Seins« selbst bleibt allerdings im Rahmen dieser Abhandlung unentfaltet, die nur die »Wahrheit des Seienden« erörtert. (29)

Der 5. Abschnitt »Das Wesen der Wahrheit« bereitet die Explikation der Weisen der Unwahrheit vor, indem er aufzeigt, daß der Ek-sistierende aufgrund seiner ihm stets, ob unbewußt oder bewußt begleitenden Gestimmtheit je schon in die Offenbarkeit des Seienden im Ganzen hineingehoben ist, die alles Verhalten zu bestimmtem Seiendem erst ermöglicht, aber sich selbst dabei gerade unserem Blick entzieht. Das entbergende Sein-lassen eines bestimmten Seienden verbirgt zugleich das Seiende im Ganzen. Der Ausdruck das »Seiende im Ganzen« zielt in dieser Schrift auf das »Sein« selbst.[19] Zur Entbergung gehört wesensnotwendig die Verbergung. Festzuhalten bleibt dabei, daß sich Entbergung und Verbergung auf Verschiedenes beziehen und daher sich von vornherein ihre Bewertung als logischer Widerspruch als irrig erweist. Die Zwiespältigkeit im Wesen der Wahrheit zwischen Entbergung und Verbergung ist laut Biemel und de Waelhens eine Zwiespältigkeit besonderer Art. Sie ist nichts Negatives, kein Auseinanderreißen einer Einheit und daher nicht im Gegensatz zur Einheitlichkeit zu denken, sondern als etwas, das eine besondere Form der Einheitlichkeit bildet. Diese Zwiespältigkeit zerstört keine Einheit, sondern verwirklicht und gestaltet eine Einheit. Sie öffnet den Spalt, in dem der Mensch seine Heimat, seinen »*Wohn-Raum*« finden kann.[20] Von hier her erhält auch Heideggers Rede aus dem Humanismus-Brief vom »Aufenthalt« in der Wahrheit des Seins, die ich als NÄHE interpretiere, ihren Sinn. (Hum 45) Ferner wird verständlich, daß das nicht-metaphysisch gedachte Maß als Wahrheit des Seins bzw. NÄHE ein Maß ist, indem wir wohnen können und das nicht äußerlich bleibt wie ein transzendentes Richtmaß.

Abschnitt 6 entfaltet den Charakter der Verbergung, die von dem Wesen der Wahrheit als Entbergung her gedacht das »Un-wesen« und die »Un-wahrheit« darstellt. »Die Verborgenheit versagt der ἀλήθεια das Entbergen und läßt sie noch nicht als στέρεσις (Beraubung) zu, sondern bewahrt ihr das Eigenste als Eigentum.« (20) Dabei ist zu beachten, daß die Verborgenheit nicht das Entbergen überhaupt »versagt« – wie sollte es dann je zur Wahrheit als Unverborgenheit kommen –, sondern nur das Entbergen des Seienden im Ganzen versagt. Solchermaßen »bewahrt« sie zugleich der ἀλήθεια das »Eigenste als Eigentum«, daß nämlich die ἀλήθεια als Her-vor-bringen des Seienden in die

19 Vgl. auch HW 310f: »Die Unverborgenheit des Seienden, die ihm gewährte Helle, verdunkelt das Licht des Seins. Das Sein entzieht sich, indem es sich in das Seiende entbirgt . . . Das Sichversehen des Menschen entspricht dem Sichverbergen der Lichtung des Seins.«

20 Vgl. A. de Waelhens u. W. Biemel: Heideggers Schrift . . ., 494f. In diesem Sinne interpretiert Biemel schon in seinem Aufsatz »Heideggers Begriff des Daseins«, (1949), die Wahrheit als den »eigentlichen Wohn-raum des Menschen«. (216) Entsprechend kennzeichnet Heidegger in »Vom Ursprung des Kunstwerkes« die Wahrheit als Lichtung und diese als die »offene Mitte«, die im Gegeneinander von Entbergung und zwiefacher Verbergung erstritten wird und in die der Mensch »hinaussteht« und alles nicht-menschliche Seiende »hineinsteht«. (HW 41f) Der Mensch stiftet diesen »Urstreit« nicht an, aber er ist die Stätte, auf der der Urstreit ausgetragen wird.

Unverborgenheit auf die Verborgenheit bezogen sein muß. Ohne die Verborgenheit, die »älter« ist als alle Entborgenheit, gäbe es keine Wahrheit als Un-verborgenheit. Das »*Geheimnis*« als die »Verbergung des Verborgenen« (des Seienden im Ganzen) negiert daher nicht die Wahrheit – wie die Unrichtigkeit oder Falschheit die Wahrheit als Richtigkeit negiert –, sondern zeigt sich als zu ihr gehöriges unabdingliches Grundereignis, denn das Seiende im Ganzen, in das wir stimmungsmäßig immer schon ausgesetzt sind, gewährt ja erst das offenständige Verhalten zum einzelnen Seienden. Auch ist das Geheimnis nicht so verborgen, daß es noch nicht einmal in seiner Geheimnishaftigkeit sich zeigt, vielmehr »erscheint« im ek-sistierenden Sein-lassen die Verbergung selbst als das erstlich Verborgene. Im ek-sistierenden Sein-lassen verhält sich das Dasein zur Verbergung, indem es das Geheimnis als Geheimnis erfährt, d. h. aber nicht in seiner Geheimnishaftigkeit enträtselt. Das Geheimnis als das »eigentliche Un-wesen« der Wahrheit ist das »*vor-wesende Wesen*«, d. h. das »*Ur-wesen*« das in den noch nicht erfahrenen Bereich der »Wahrheit des Seins« vordeutet.[21]

Vergißt der Mensch das Geheimnis, indem er sich ausschließlich an das Seiende klammert und in ihm »*in-sistiert*« und zum alleinigen Maß erhebt, dann wird die »Verbergung des Verborgenen« zur »*Irre*« als der »offenen Stätte und der Grund des Irrtums« bzw. als dem »Spielraum«, in dem sich die insistente Ek-sistenz stets neu »vergißt« und »vermißt«, was Thema des 7. Abschnittes ist. Die Irre bezeichnet das »wesentliche Gegenwesen« zum anfänglichen Wesen der Wahrheit. (24) Hierbei muß gesehen werden, daß das »Gegen-« des »Gegenwesens« durch die Beifügung »wesentlich« in gewisser Weise neutralisiert wird bzw. einen besonderen, von der üblichen Vorstellung abweichenden Sinn erhält. Das »Gegen-« drückt hier nicht einen widersprechenden Gegensatz aus, ein vom Wesen Abgeschnittenes, sondern etwas, das urtümlich auf das Wesen bezogen ist und in Spannung zu ihm steht. In diese Spannung ist das Dasein eingespannt, weshalb die Möglichkeit des Irrens mit zu seiner Wesensverfassung gehört. Für das Da-sein gibt es keine vorgegebene Sicherheit, an die es sich halten kann, vielmehr muß es die Wahrheit seiner Ek-sistenz immer erst im Kampf mit der Irre erringen. Als Beirrung des Menschen, die ihn häufig in den Irrtum treibt, schafft die Irre aber zugleich die Möglichkeit, sich nicht beirren zu lassen und so zum Aufenthalt in der Wahrheit als Un-verborgenheit zu finden. An

---

21 Daher schreibt Heidegger in einer Randbemerkung zum Übergang zwischen dem 5. und dem 6. Abschnitt: »zwischen 5. und 6. der Sprung in die (im Ereignis wesende) Kehre«. (GA 9, 193)

der Schaffung dieser Möglichkeit muß der Mensch mitarbeiten. Indem der Mensch die Irre als Irre erfährt, gewahrt er das Geheimnis und gelangt so zur eigentlichen Ek-sistenz in der Wahrheit des Seins. Hierzu ist nötig, daß er sein Sein als Eksistenz erfährt und somit sich über seine in-sistente Vermessenheit als subiectum, das als Maß aller Dinge allem zugrundeliegt, erhebt. Ich breche hier die Interpretation der Abhandlung »Vom Wesen der Wahrheit« ab, nehme zur Kritik von Werner Marx Stellung und versuche, ein abschließendes Resumée der Heideggerschen Wahrheitskonzeption im Hinblick auf die leitende Frage nach der Verbindlichkeit seines Seinsdenkens zu geben.

Wie gezeigt, gibt es für Heidegger sehr wohl die Möglichkeit, zwischen Irrtum und Wahrheit zu unterscheiden, so daß wir nicht völlig der Willkür des Sichverirrens oder Sichnichtverirrens überlassen sind: die Besinnung auf unsere Seinsweise als Ek-sistenz sowie das, was sich beim Sein-lassen von Seiendem abspielt. Solchermaßen gewahren wir das Geheimnis als Grundereignis im Wesen der Wahrheit als Un-ver-borgenheit, erfahren wir das Sein als das sich im Entbergen des Seienden selbst zugleich Entziehende und doch für dieses Entbergen unabdingbar Notwendige. Insofern die Irre mit zum Wahrheitsgeschehen sowie zur Wesensverfassung des in dieses eingelassenen Da-seins gehört, kann es zwar keine vorgegebene und einfach abzulesende »Eindeutigkeit« und »Offenbarkeit« der Wahrheit geben – wie sie Marx als Minimalbedingungen jeden Maßes fordert –, aber »Offenheit« und »Eindeutigkeit« können im Sichbeirrenlassen von der Irre dieser abgerungen werden. Daß »Eindeutigkeit« und »Offenbarkeit« nicht mit der angeblich absoluten »Gewißheit« und »Sicherheit« der »klaren« und »distinkten« Verstandeserkenntnis zu identifizieren ist – wie sie seit Descartes gefordert wird –, hat Marx selbst klar erkannt. Die Kritik von Marx halte ich insofern für berechtigt – und hierin liegt auch seine eigentliche Intention –, als die Wahrheit des Seins im Sinne des von mir herausgearbeiteten ›Ur-maßes‹ selbst noch kein verbindliches Maß im Sinne eines kriteriellen Richtmaßes für das Denken oder gar das verantwortliche Handeln darstellt. Die Wahrheit als Un-verborgenheit kann mit Heidegger nur in dem Sinne als »Maß« und als »verbindlich« bezeichnet werden, insofern in ihr und aus ihr alle erkenntnismäßige Verbindlichkeit und ethische Maßgeblichkeit erst erwächst und insofern wir ohne ihre Erfahrung unser Wesen als Ek-sistenz verfehlen. Ganz entscheidend ist dabei – was häufig übersehen wird –, daß nach Heideggers Verständnis von Wahrheit als Unverborgenheit, Wahrheit weder im Urteil ihren primären Ort hat noch – was viel wichtiger ist – überhaupt durch irgendeine Weise der Erkenntnis zugänglich ist, sei diese analytischer, konstruktiver, deduktiver, induktiver oder dialektischer Art.[22] Den einzigen uns möglichen Zugang bietet die *ontologische Erfahrung* (das »wesentliche« Denken als Denkend-sein), die angeleitet durch die ursprünglich erschließenden Stimmungen, uns unser vorgängiges Versetztsein in die Lichtung des Seins und Ausgesetztsein in die damit einhergehende Entborgenheit des Seienden sowie schließlich unsere Seinsverfassung als Da-sein und Ek-sistenz, ins Bewußtsein hebt.

Nun könnte jemand folgendermaßen argumentieren: Zugestandenermaßen wird die Richtigkeit von der Un-verborgenheit ermöglicht, aber dies tangiert die Richtigkeit selbst nicht im Geringsten. Denn wie schon Kants transzendentaler Aufweis der Bedingungen der Möglichkeit des Erkennens beweist, erklärt ein solcher nur, wie Erkenntnis zustande kommt, ändert jedoch rein gar nichts am faktischen Erkenntnisvorgang selbst sowie an seiner Wahrheit oder Falschheit. Das heißt, für die Richtigkeit einer Erkenntnis spielt es keine Rolle, ob wir ihre grundsätzlichen Möglichkeitsbedingungen kennen oder nicht. Ebenso ist es für die Aussagewahrheit als Richtigkeit unerheblich, ob wir ihre Bedingtheit durch die Entborgenheit des Seienden gewahren oder nicht. Ist diese Argumentation stimmig? Ändert sich etwas an der Richtigkeit einer Erkenntnis von Seiendem dadurch, daß wir das Wesen der Wahrheit erfahren, und wenn ja, was ändert sich? Der Nachweis der Fundiertheit der Richtigkeit in der Unverborgenheit zerschlägt zunächst einmal das Vorurteil von der Richtigkeit als dem Letzten, zu dem wir gelangen können. Sie erweist unsere Erkenntnis eines Dinges zwar nicht als falsch – wie sollte sie auch, da sie alle Falschheit transzendiert –, relativiert sie jedoch, indem sie ihre Gebundenheit und Beschränktheit auf eine bestimmte Zugangsweise zum Seienden, die unter einem bestimmten Machtanspruch steht, aufdeckt: nämlich des vorstellenden Erkennens eines durch das menschliche Subjekt vergegenständlichten Objektes, welches Subjekt nur das erkennt, was es selbst hervorbringt. Durch die Erfahrung der Wahrheit als Un-verborgenheit, die uns unser eigenes Sein als Da-sein bzw. Ek-sistenz sowie unser Zusammengehören mit dem Sein und unsere Verbundenheit mit dem Seienden ent-

---

22 Dies gilt sowohl für das prädikative Erkennen als auch das vorprädikative Erkennen im Husserlschen Sinne als schlichter sinnlicher Erfahrung von etwas, wie F.-W. von Herrmann in seiner Auslegung des Wahrheitskapitels im Kunstwerk-Aufsatz nachweist. Vgl. F.-W. von Herrmann: Heideggers Philosophie der Kunst, Frankfurt a. M. 1980, 184ff.

hüllt, ändert sich zwar nichts innerhalb der Richtigkeit einer Erkenntnis, wohl aber ändert sich unser ganzes Weltbild sowie unser Verhältnis zum Erkennen als solchen. Sie veranlaßt uns, die alleinige Dominanz des Paradigmas »Erkennen« im Sinne des vorstellenden Begründens zu brechen und dieses, zugunsten des neuen Paradigmas des sein-lassenden Denkens als Sichaufhalten im Sein selbst zu überwinden. Mit anderen Worten: Nicht die Richtigkeit einer Aussage über Seiendes, aber die Wahrheit dieses Seienden selbst hängt von der Erfahrung des Wesens der Un-verborgenheit ab.

Aus der Sicht traditioneller Wahrheitstheorien, d. h. am Maßstab dieser Theorien gemessen, hat Heideggers Deutung der Wahrheit als Un-verborgenheit nichts mehr mit dem spezifischen Begriff von Wahrheit zu tun. In dieser Perspektive erweist sich Tugendhats Kritik als ›richtig‹, obwohl sie das von Heidegger Gemeinte verfehlt. Heidegger selbst sah in der Spätphase seines Denkens ein, daß seine Verwendung des Wortes »Wahrheit« für den der Tradition Verhafteten zwangsläufig zu Mißverständnissen führen muß und unterschied daher terminologisch zwischen Wahrheit (Richtigkeit) und ἀλήθεια (Un-verborgenheit). (SdD 77)

Daß die Wahrheit des Seins ein Maß ist, in dem wir wohnen bzw. wohnen können, tritt vollends zutage, wenn wir sie als »NÄHE« auslegen, die Mensch und Sein in ein nachbarschaftliches Gegen-einander-über bringt und zugleich den Bereich verschenkt, in dem beide ihr Zusammengehören entfalten können. Auch wird dann das zugleich entbergende und verbergende Sein-lassen der Freiheit plausibler, denn wie mehrfach ausgeführt, nähert die NÄHE ein Ding und entzieht sich selbst dabei. Entbergung bedeutet für Heidegger nichts anderes als Seinsnähe, Verbergung meint Seinsferne. Wie Nähern und Fernen gehören Entbergen und Verbergen wesentlich zusammen.

Ich komme zum Resumee meiner Diskussion der Verbindlichkeit des Heideggerschen Seinsdenkens: Es besitzt keine Verbindlichkeit im üblichen Sinne; es enthält kein kriterielles Richtmaß, an dem es sich ausweisen kann. Wenn Heidegger dennoch vereinzelt von »Verbindlichkeit« und »Maß« spricht, so geschieht dies ausschließlich in dem Sinne, daß er den ontologischen Grund der Ermöglichung jeglicher Form von logischer und erkenntnistheoretischer Verbindlichkeit und Maßkonstitution selbst als höhere Form der Verbindlichkeit und Maßgeblichkeit herausstellen will. Dies geschieht m. E. insofern nicht ganz zu Unrecht, als alle geläufigen Formen der Verbindlichkeit an das Maß im Heideggerschen Sinne gebunden bleiben – wenn Heideggers Gebrauch des Terminus »Maß« auch zugestandenermaßen der üblichen Begriffsverwendung zuwider läuft. An die Stelle des Seienden als des primären Maßes, sei es in der Gestalt des menschlichen Subjekts oder des gegenständlichen Objekts, tritt bei Heidegger das Sein selbst in der weiten Bedeutung, die es in den Schriften der 30er und 40er Jahre als »Seyn« hat, das mit Wahrheit, Lichtung und NÄHE identisch ist. An allen von mir untersuchten Stellen erwies sich die NÄHE als das oberste Maß des Heideggerschen Seinsdenkens: Sie geschieht als Ankunft des Seins, die sich stets schon ereignet, aber erst zur Erfahrung gebracht werden muß; sie legt als die urtümliche Verbundenheit von Sein und Denken den Grund der Möglichkeit für jegliche Verbindlichkeit und gewährt damit den eigentlichen Halt für unseren Aufenthalt auf der Erde, errichtet das Haus für unser Wohnen; sie enthüllt sich als dasjenige, in das wir durch die ursprünglich erschließenden Stimmungen immer schon hineingehalten sind und das als das Zusammen*gehören* von Sein *und* Mensch das Wechselspiel von Anspruch und Entsprechung verstattet; sie offenbart sich schließlich als Un-verborgenheit, die alles Aufstellen von Richtmaßen und alle Richtigkeit der Erkenntnis ermöglicht. Aus der Perspektive des gewohnten Denkens zeigt sich NÄHE als ein ›merkwürdiges‹ Maß – ist aber ein ›merk*würdiges*‹ Maß –, denn es gibt sich zwar stets, muß aber erst eigens erfahren werden. Dies kann nicht durch eine theoretische Hinsicht auf eine äußere Richterskala geschehen, sondern erfordert ein Gehen und Heimischwerden in diesem Maß selbst. Daher habe ich es – in Anlehnung an Werner Marxens Kennzeichnung eines nicht-metaphysischen Maßes – als ein solches bezeichnet, in dem wir im Unterschied zum transzendenten Richtmaß wohnen. Weil das Fernen, der verbergende Entzug mit in dieses Maß gehört, ist es nicht von vornherein »offenbar« und »eindeutig«, vielmehr muß solches ihm erst abgerungen werden, wobei Heidegger weitgehend offenläßt, wie dies konkret geschieht. Es ist kein von uns aufgestelltes Maß, sondern ein sich uns schenkendes Maß. Es ist wesensmäßig für jedermann zugänglich, weil wir Menschen uns immer schon in ihm bewegen, unabhängig davon, ob wir es eigens übernommen haben oder nicht, aber der Einzug in es erfordert einen Lernprozeß. Dieser verlangt weniger die Cartesische »Klarheit« und »Distinktheit« unseres Erkennens und weniger die Hegelsche »Anstrengung des Begriffs«, sondern die ›Anstrengung des Denkens‹ als einem permanenten Unterwegs*sein* im Sein. Die Frage, wie dieses Maß mißt, läßt sich vielleicht folgendermaßen beantworten: Es fragt, ob unser Denken und Handeln NÄHE erfahren läßt, ob es

Seinsnähe befördert, eine neue Ankunft des Seins vorbereitet, denn nur die Grunderfahrung der NÄHE befähigt uns, in unseren Ort im Ganzen des Welt-Gevierts zu finden und darin heimisch zu werden.

Obwohl Heideggers Seinsdenken keine Verbindlichkeit im üblichen Sinne besitzt, darf es dennoch nicht unverbindlich genannt werden, weil es außerhalb des Machtbereiches der Ratio liegt, in der allein die Rede von der Verbindlichkeit oder Unverbindlichkeit ihren Platz hat. Ebensowenig lehrt Heidegger eine nach festen Regeln lernbare Methode, sondern weist einen Weg, der stets in der Gefahr ist, ein Irrweg zu werden. Ein solches Denken, das bewußt auf alles Begründen und Ausweisen verzichtet, weil im Bereich des ab-gründigen Seins solches nicht möglich ist, kann nur Möglichkeiten aufzeigen, keine Notwendigkeiten liefern. Es ist äußerlich weder mitteilbar noch nachprüfbar, weil dies das Mitgehen des Weges erfordert. Allein das Gehen eines Weges kann diesen als »Holzweg«, der jäh im Unbegangenen endet und zur Quelle führt,[23] oder als Irrweg, der in eine Sackgasse führt, erweisen. Alles liegt an der Einübung der Achtsamkeit des Hörens auf den Anspruch des Seins, der Besinnlichkeit des Nachdenkens sowie der Sorgfalt des Ent-sprechens.

Ein solches Denken ist von Hause aus wesentlich kritischer Natur. Es bringt Selbstverständliches in Bewegung, fragt hinter das uns bedrängende und völlig zu vereinnahmen drohende Seiende zurück nach der Möglichkeit seiner Offenbarkeit, dem Sein, und weiter nach dem Sinn der Wahrheit und der Ortschaft des Seins selbst sowie seiner Identität und Differenz zum Seienden – d. h. mit einem Wort: nach der NÄHE. Dieses Zurückfragen nach den Möglichkeitsbedingungen erfolgt jedoch nicht erkenntnistheoretisch und in Begründungsabsicht wie in der neuzeitlichen Tradition, sondern durch die Weisen des wesentlichen Denkens, etwa als Destruktion, Schritt zurück, Sein-lassen und hörendes Ent-sprechen. Wenn auch der kritische Aufweis der Gründe der Möglichkeit meistens leichter nachzuvollziehen ist als das, was er positiv über das Sein sagt, so entzieht sich auch dieser einem zwingenden Beweis.

Welchen Charakter haben dann erst Heideggers positive Entwürfe des Seins, etwa als »Geviert«, »Gegnet« oder »Ereignis«? Es sind – wie

23 Vgl. C. F. von Weizsäcker: Begegnung in vier Jahrzehnten, (1977), 242: »So führte er (Heidegger) mich einen Waldweg der abnahm und mitten im Wald an einer Stelle aufhörte, wo aus dichtem Moos Wasser austrat. Ich sagte: ›Der Weg hört auf.‹ Er sah mich pfiffig an und sagte: ›Das ist der Holzweg. Er führt zu den Quellen. Das habe ich freilich nicht in das Buch (Holzwege, Anm. E.K.) geschrieben.‹«

Heidegger immer betont – keine fixen Aussagen, denen Urteilswahrheit zugesprochen oder abgesprochen werden kann, sondern Hinweise, mögliche Ant-worten auf den An-spruch des Seins. Geviert, Gegnet und Ereignis sind keine objektivierbaren und solchermaßen vorzeigbaren Phänomene, sind vielmehr als mögliche *Resonanzen* auf den Zuspruch des Seins zu verstehen. Es sind bestenfalls *Schemata* Heideggers, um das Weltspiel im Ganzen, das dem wissenschaftlichen Erkennen wesensmäßig verborgen bleiben muß, vor Augen zu führen. Sie erheben nicht den Anspruch intersubjektiver Gültigkeit, sondern bieten lediglich Anstöße für uns, selbst achtsam auf den Zuspruch des Seins zu werden bzw. unser bisheriges Hören zu überprüfen. Sie sind fragende Ant-worten, die nicht abschließen und somit das Fragen verabschieden, vielmehr solche, die ein Gespräch initiieren. In summa: Heidegger gibt nicht ein einfach nachvollziehbares Denken vor, sondern setzt Denken erst in Gang. Er baut und öffnet uns mögliche Wege und bringt uns solchermaßen auf den Weg. Er will sowohl denen, die von Anfang an im Selbstverständlichen des Verstandes ihren Unterstand genommen haben, als auch denen, die beim Gehen des endlosen Weges ermüdet sind und rasten, Beine machen. Dahinter steht m. E. seine Grunderfahrung, daß Wahrheit und NÄHE nichts Statisches sind, sondern Geschehen, daß Wahrheit nur im ständigen Ringen um Wahrheit west und daß NÄHE (und damit auch Nähe) nur im unentwegten Unterwegssein zu ihr erreicht werden kann.

Weil Heideggers Seinsdenken kein zwingendes Wissen hervorbringt, hat es kein Ergebnis und keine Wirkung im strengen Sinne dieser Begriffe. Ebenso fällt es aus den Kategorien des »Nutzens« und des »Zwecks« heraus. Es vermag keine Handlungsanweisungen zu geben, keine Sollensforderungen oder sonstige ethische Imperative vorzuschreiben. Es bescheidet sich darin, seiner Sache, dem Sein, nachzudenken, um mögliche Wege zu ihm zu weisen. (Hum 42) Dies wirft ein Licht im voraus auf eine mögliche ethische Relevanz des Heideggerschen Seinsdenkens. Offensichtlich kann bei Heidegger von einer ethischen Maßgeblichkeit im üblichen Sinne ebensowenig die Rede sein wie von einer logischen Verbindlichkeit. In welcher Weise Heideggers Seinsdenken dennoch für ein ethisches Fragen in einer gewandelten, erweiterten Bedeutung fruchtbar gemacht werden kann, soll abschließend wenigstens andiskutiert werden.

Insofern das Denken als Vollbringen des Bezugs zum Sein für Heidegger in sich schon ein Handeln ist, das vor aller Trennung von Theorie und Praxis liegt und daher die häufig vorgenommene Separierung von Denken als Theorie und Handeln als Praxis unterläuft (Hum 5, 42, 45), hängen die denkerische Verbindlichkeit und die ethische Maßgeblichkeit des Seinsdenkens unmittelbar zusammen. Daher muß vieles von dem jetzt Herausgestellten mit in die folgenden Erörterungen einbezogen werden, ohne daß ich dies eigens wiederhole.

3. Die ›ethische Maßgeblichkeit‹ des Heideggerschen Seinsdenkens

»Wann schreiben Sie eine Ethik?«, lautete die ebenso einfache wie auf den ersten Blick völlig konsequente Frage eines »jungen Freundes« an Heidegger nach der Lektüre von »Sein und Zeit«. Jean Beaufret wiederholt diese Frage in etwas differenzierterer Form in seinem Schreiben an Martin Heidegger, auf den dieser mit dem berühmten Humanismus-Brief antwortet: »Ce que je cherche à faire, depuis longtemps déjà, c'est préciser le rapport de l'ontologie avec une éthique possible?« (Hum 38) In welchem Verhältnis stehen Ontologie und Ethik? Muß die Ontologie durch eine Ethik ergänzt werden, zumal wenn die »Humanitas« so wesentlich für das Denken des Seins ist? Beide Fragen erscheinen auf dem Hintergrund von »Sein und Zeit« berechtigt, das zwar üblicherweise in der Ethik angesiedelte Kategorien wie »Gewissen«, »Schuld«, »Freiheit« und »Entschlossenheit« gebraucht, aber diese allesamt fundamentalontologisch auslegt. Zudem vermißt der an der ethischen Frage Interessierte unter den Existenzialien ein so wichtiges wie die »Entscheidung«, die noch vom Stammvater aller »Existenzphilosophie« im weitesten Sinne, Sören Kierkegaard, ins Zentrum seiner Existenzdialektik gesetzt wurde.[24]

Ich greife im folgenden die Beaufretsche Fragestellung an Heidegger auf und verschärfe sie hinsichtlich einer möglichen ethischen Relevanz des Seinsdenkens in den Schriften, die nach dem Humanismus-Brief veröffentlicht wurden. Hierbei schlage ich folgenden Weg ein: Zunächst diskutiere ich Heideggers Antwort im Humanismus-Brief, danach frage ich mit Werner Marx nach einem Maß für verantwortliches zwischenmenschliches Handeln bei Heidegger, abschließend nehme ich

---

24 Über das Verhältnis des frühen Heidegger zur Ethik informiert die Untersuchung von Helmut Fahrenbach: Existenzphilosophie und Ethik, Frankfurt a. M. 1970, 99–131.

nochmals die bereits in Kapitel 4 dargestellte Thematik von Ge-stell und Gelassenheit sowie des schonenden Wohnens im Geviert auf und gebe einige Hinweise auf deren ethische Relevanz.

a) Die Antwort im Humanismus-Brief

Da ich in meiner Auslegung des Humanismus-Briefs bereits ausgeführt habe, welchen Weg Heidegger bei der Beantwortung der Frage Beaufrets nach dem Verhältnis von Ontologie und Ethik einschlägt[25], kann ich mich jetzt auf eine systematische Diskussion seiner Antwort konzentrieren. Heideggers Antwort ist in sich gedoppelt: Bei allem Verständnis für den Wunsch nach einer bindenden Ethik angesichts der derzeitigen »offenkundigen Ratlosigkeit« des Menschen sowie seiner Ausgeliefertheit ins »Massenwesen« und in die »Technik« (Hum 38), erteilt Heidegger seinem französischen Briefpartner zunächst eine deutliche Absage: »Das Denken, das nach der Wahrheit des Seins fragt und dabei den Wesensaufenthalt des Menschen vom Sein her und auf dieses hin bestimmt, ist weder Ethik noch Ontologie.« (Hum 42) Die Frage selbst ist deshalb schon falsch gestellt, weil sich Heideggers Seinsdenken zu dieser Zeit gar nicht mehr als Ontologie, die »das Sein in den Begriff zwängt«, versteht, geschweige denn als Ethik, wie sie als Disziplin in der Schule Platons entstanden und zu einer Sache der Wissenschaft (ἐπιστήμη) und des Schulbetriebs geworden sei. Dies ist die eine Seite der Heideggerschen Antwort. Andererseits verleiht er der Beaufretschen Frage auf einem anderen Boden ein neues Gewicht, wenn er das Denken an die Wahrheit des Seins »in sich« als »ursprüngliche Ethik« bezeichnet (41), »ursprünglich« in dem Sinne der Heraklitischen Besinnung auf das »ἦθος« als den »Aufenthalt« bzw. »Ort des Wohnens«, als die NÄHE, in der der Mensch als Mensch wohnt (39). In summa: Zum einen verweist Heidegger die traditionelle Ethik in den Vorhof des Denkens, weil in ihr noch nicht die Ursprungsdimension erreicht wird, zum anderen weist er auf den ›ethischen‹ Charakter seines Seinsdenkens im Sinne einer »ursprünglichen Ethik« hin, die dem Menschen den Ort seines Wohnens entwirft.

Heideggers Seinsdenken impliziert weder eine Ethik nach der gewohnten Bedeutung noch will es sich durch eine solche ergänzen lassen. Es ist in sich »ursprüngliche Ethik«, in deren Zentrum das Wohnen des Menschen in der Nähe des Seins steht. In diesem Sinne ist wohl auch

25 Siehe oben 60ff.

die außerordentlich schroff Einwände abweisende These von Max Müller zu verstehen, Heideggers Denken »impliziere« so beständig »eine Ethik«, daß eine »*gesonderte* Darstellung überflüssig, ja sogar sinnlos erscheint«.[26] Dieses Urteil kann ich nicht teilen, denn mir erscheint die Frage nach dem Verhältnis von Seinsdenken und Ethik sehr wohl sinnvoll und berechtigt. Dementsprechend frage ich weiter nach den Gründen, die Heidegger zu seiner klaren Distanzierung von der Ethik bewogen haben, und nach den möglichen Zusammenhängen zwischen seiner »ursprünglichen Ethik« und der traditionellen Ethik.[27]

Warum klammert Heidegger die geläufige Ethik aus seinem Denken des Seins aus? Nach dem bisher Gehörten deshalb, weil sie zur Sache der Wissenschaft und des Schulbetriebs denaturiert sei und sich gar nicht mehr um das ἦθος im ursprünglichen Sinne des Aufenthalts des Wohnens kümmere. Insofern hinkt die Ethik hinter dem Denken an die Wahrheit des Seins bzw. die NÄHE her und gehört so gesehen in den »Hinterhof« des ursprünglichen Denkens. Derselbe Sachverhalt kann auch aus der Perspektive der traditionellen Ethik umgekehrt formuliert werden: Die Ethik gehört in den »Vorhof« des Denkens, weil sie gar nicht die Ursprungsdimension erreicht. Hinzu kommen ferner m. E. noch mindestens zwei weitere Gründe – den ersten nennt Heidegger selbst, den zweiten mutmaße ich: Heideggers Verdikt des Wertdenkens als der »größten Blasphemie, die sich dem Sein gegenüber denken läßt« (Hum 35), sowie seine in der langen Beschäftigung mit Nietzsche gewonnene Einsicht, daß die Geschichte der Moral mit innerer Notwendigkeit in den Nihilismus geführt habe. Zum ersten Argument ist zu sagen, daß Heidegger deswegen im Wertdenken seinen erbittertsten Feind sieht, weil es in seinen Augen den höchsten Ausdruck der »Subjektivierung« von allem, was ist, darstellt, in der sich der Mensch zum Herrn der Erde aufspreizt und alles Seiende zum bloßen Objekt seiner Schätzung und Vernutzung derangiert. Die Kennzeichnung von etwas als Wert, und sei es selbst Gottes als des höchsten Wertes, beraubt das so Gewertete seiner Würde, bringt es um seine Eigenheit, sein Sein. Zum zweiten Argument ist anzumerken, daß selbst der große Kritiker aller Moral, Friedrich Nietzsche, zwar alle moralischen Wertungsweisen und alle moralischen Werte zu überwinden trachtete, daß sein »jenseits

---

26 Vgl. Max Müller: Existenzphilosophie . . ., 42.
27 Über das geistes- und begriffsgeschichtliche Spektrum von ἦθος (und ἔθος), insbesondere die Zusammenhänge zwischen Gewohnheit, Sitte und Sittlichkeit informiert ausführlich Gerhard Funke: Ethos: Gewohnheit, Sitte, Sittlichkeit, (1961); ders.: Gewohnheit, Bonn 1958, insb. 9–32.

von Gut und Böse« angesiedelter »Immoralismus« aber dennoch Wertungen im Sinne eines Rangordnungsdenken, das dem Willen zur Macht entspricht, kennt. Umgekehrt kann diese Tatsache Heidegger, der in Nietzsche den Vollender der Metaphysik sieht, darin bestärkt haben, das Wertdenken als solches abzulehnen. Orientiert sich Heidegger vielleicht zu einseitig an Nietzsches Wertbegriff?[28] Klar ist zumindest soviel, daß sich Heideggers Angriff vornehmlich gegen den Subjektivismus sowie den metaphysischen Gegensatz von »Sein und Sollen« richtet, d. h. gegen die Annahme eines Guten »jenseits« des Seins als maßgebende Instanz. (EiM 149ff)

Noch schwieriger, weil Heidegger selbst dazu überhaupt keine Hinweise gibt, erscheint mir die Frage, ob und inwiefern sein Denken des Seins als »ursprüngliche Ethik« sich für eine traditionell ethische Fragestellung fruchtbar machen läßt. Interessant in diesem Zusammenhang ist z. B. Heideggers Zugeständnis an Beaufret, daß wir angesichts der heutigen Notlage die »bestehenden Bindungen«, auch wenn sie noch so notdürftig sind, bewahren sollen.[29] Dies enthebe uns jedoch nicht dessen, der Wahrheit des Seins selbst nachzudenken, die sich uns zu-denkt. Daraus folgere ich: Die traditionellen Bindungen sollen nur solange gepflegt werden, bis sie eine gewandelte Gestalt erhalten oder durch andere ersetzt werden können. Des weiteren müßte in diesem Kontext der Jasperssche Vorwurf überprüft werden, Heideggers Fehlverhalten in der Zeit des Nationalsozialismus sei eine innere Konsequenz seines Denkens, das keinerlei ethischen Rückhalt gewähre.[30] Schließt Heideggers Seinsdenken jeden konkreten ethischen Maßstab von vornherein aus oder läßt sich dieser Mangel beheben, indem man auf seinem Boden eine gewandelte Ethik errichtet? Dieser Frage ist Werner Marx in seinem Buch »Gibt es auf Erden ein Maß?« nachgegangen, worauf ich im folgenden Abschnitt eingehe.

Bisher bleibt festzuhalten: Bei der Frage nach der ethischen Maßgeblichkeit des Heideggerschen Seinsdenkens stehen wir vor einem analogen Problem wie bei der Frage nach der denkerischen Verbindlichkeit:

28 Zu Heideggers Kritik am Wertdenken vgl. Henri Mongis: Heidegger et la Critique de la Notion de Valeur, Den Haag 1976.
29 Reinhart Maurer sieht darin »die Cartesische Lösung einer provisorischen Moral«, die jedoch nicht von dem Nachdenken über das Wesen des Handelns enthebe, sondern ein solches ausdrücklich fordere. Vgl. R. Maurer: Revolution und »Kehre«, Frankfurt a. M. 1975, 40.
30 Vgl. Karl Jaspers: Notizen zu Martin Heidegger ..., z. B. 49f, 78f, 102, 128, 168, 180f, 183f, 236, 252.

Es darf weder als ethisch noch als unethisch in der geläufigen Bedeutung eingestuft werden, weil es sich außerhalb des Machtbereiches der Ethik abspielt. Dennoch ist es seiner eigenen Intention nach »ethisch« in einem anderen, ursprünglicheren Sinne, insofern es darauf aus ist, daß der Mensch in den Ort seines Wohnens (ἦθος), d. i. die Nähe zum Sein, findet. Somit erweist sich die NÄHE nicht nur als denkerisches Maß, sondern in eins damit als ethisches Maß. Wie könnte es auch anders sein, wenn das Denken als Denken an die Wahrheit des Seins bzw. die NÄHE in sich »ethisch« ist?

b) Die Frage von Werner Marx
nach dem Maß verantwortlichen Handelns

Werner Marx, Heideggers Nachfolger auf dem Freiburger Lehrstuhl, hat schon sehr früh in seiner Studie »Heidegger und die Tradition« (1961) sowohl auf die fehlende denkerische Verbindlichkeit des Heideggerschen Seinsdenkens als auch auf seinen Mangel an ethischer Maßgeblichkeit hingewiesen.[31] Die »Gefahr« dieses Denkens bestehe darin, daß es »weder für den Bereich der ›Theorie‹ noch für den der ›Praxis‹ Spielregeln dafür geben konnte, wie zwischen einer Wahrheit zu unterscheiden ist, in der die Irre und der Schein herrschen, und einer Wahrheit, die diese ›ebenbürtigen Partner‹ nicht verstellt haben«, – was ich bereits diskutiert habe – »und weil keine ›Maßstäbe‹ vorgedacht worden sind, die an Stelle der offenbar verabschiedeten überkommenen ›moralischen‹ Gebote darüber entscheiden könnten, ob eine bestimmte Auffassung oder Handlung ›gut‹ ist oder nicht«.[32] Da Heidegger selbst diese Lücken auch nach dieser Kritik nicht ausgefüllt hat, hat sich Marx nach Heideggers Tod in seinem Buch »Gibt es auf Erden ein Maß?« (1983) seinerseits der Aufgabe unterzogen – Heidegger »weiterdenkend« –, den Entwurf einer nicht-metaphysischen Nächstenethik vorzulegen. Mir geht es hier weniger um den Marxschen Entwurf als solchen – der m. E. als eine der wenigen herausragenden Leistungen im »Weiterdenken« Heideggers einzuschätzen ist –, als vielmehr um seine einleitende Befragung des Heideggerschen Werkes hinsichtlich seiner Maßgeblichkeit für ein verantwortliches Handeln, womit Marx vorrangig das verantwortliche Handeln im zwischenmenschlichen Bereich meint. Die leitende Frage von Marx nach dem Maß verantwortlichen Handelns, in dem er die letzte Bestimmung einer Ethik sieht, gliedert sich in die drei

---

31 Vgl. Werner Marx: Heidegger und die Tradition . . ., 179f, 227f, 237, 241–47.
32 a. a. O. 243.

Teilfragen: 1. Worin besteht das Wesen eines Maßes? 2. Wie kann zwischen gut und böse unterschieden werden? 3. Welches Motiv gewährt, das Gute dem Bösen vorzuziehen?[33] Da es Marx darum geht, die »Grundbestimmungen einer *nichtmetaphysischen* Ethik« (Herv. E.K.) zu entwickeln – wie der Untertitel angibt –, muß er zunächst einmal die Grundzüge eines nicht-metaphysischen Maßes in Abhebung vom traditionell-metaphysischen Maß entfalten. Das metaphysische Maß kennzeichnet er als »*transzendentes Richtmaß*«, das »*bindende Verbindlichkeit*« besitzt, »*eindeutig*« und »*offenbar*« ist und sich in verschiedenen Situationen als das »*Selbe*« durchhält. Als »transzendentes« liegt es außerhalb des Maßnehmenden und ist diesem vorangestellt, so daß er sich danach richten kann, als »Richtmaß« enthält es eine Sollensforderung.[34] Das nicht-metaphysische Maß dagegen ist Marx zufolge kein äußeres gegenständliches Richtmaß mehr, auf das wir hinblicken, sondern ein sich *ereignendes* Maß, in dem wir *wohnen*. Es umfängt uns von vornherein und bestimmt uns, insofern ist es für die in ihm Wohnenden »*absolut*« und unmittelbar »*evident*«. In dieser Absolutheit liegt seine bindende Kraft, seine »*Verbindlichkeit*«. Aufgrund seiner Evidenz hat es ebenso wie das traditionelle Maß die Wesensmerkmale der »*Offenbarkeit*« und der »*Eindeutigkeit*«, dadurch, daß es uns in jeder Situation bindet, den Charakter der »*Selbigkeit*«.[35]

Mit dieser Vorgabe befragt Marx die Heideggerschen Schriften, ob sie ein solches nicht-metaphysisches Maß bereitstellen, auf dem sich eine Nächstenethik aufbauen läßt. Das Resultat seiner Untersuchung fällt äußerst negativ aus: Heidegger kenne weder ein solches Maß noch habe er überhaupt die Frage nach dem Wesen des Maßes eigens gestellt – und zwar weder des metaphysischen noch des nichtmetaphysischen. Die wenigen Stellen, an denen Heidegger mehr oder weniger beiläufig vom »Maß« spreche, gäben keine klare Auskunft über die Grundzüge eines Maßes. Ebenso führt die Untersuchung einiger Kerngedanken Heideggers zu keinem positiven Ergebnis: Weder die »Wahrheit des Seins«, noch das »Ge-stell«, noch das »Geviert«, noch das »Ereignis«, noch seine Todeserfahrung können als nicht-metaphysisches Maß dienen, weil sie allesamt von der Verborgenheit und der Irre sowie dem Entzug durchwaltet sind und daher nicht einmal die Minimalbedingungen der »Offenbarkeit« und der »Eindeutigkeit« erfüllen können, die für jedes Maß

---

33 Vgl. W. Marx: Gibt es auf Erden ein Maß? . . . , XII, 3.
34 Vgl. a. a. O. 9f.
35 Vgl. a. a. O. 46ff.

gelten.[36] Hinzu komme, daß Heidegger die menschliche Freiheit, welche für ein verantwortliches Handeln unabdingliche Voraussetzung ist, völlig in das Wahrheitsgeschehen auflöse.[37] Des weiteren versäume es Heidegger, den Gedanken der »nähernden Nähe« für den zwischenmenschlichen Bereich fruchtbar zu machen, wo er durchaus maßgeblich sei.[38] Marx seinerseits führt uns als nichtmetaphysisches Maß das »Heilende« vor, zu dem wir über die Erfahrung der »Sterblichkeit« gelangen können und das sich in »Liebe«, »Mitleid« und »mitmenschlicher Anerkennung« gestaltet.[39]

Ich kann im Rahmen dieser Arbeit in keine ausführliche Diskussion der im einzelnen sehr verschlungenen und subtilen Interpretationen von Marx eintreten, auch glaube ich nicht, sie letztlich widerlegen zu können, versuche jedoch, sie in einigen Punkten zu relativieren. So habe ich das Argument der mangelnden Offenbarkeit und Eindeutigkeit der Heideggerschen Wahrheitsauffassung bereits in meiner Auslegung der Schrift »Vom Wesen der Wahrheit« zumindest dahingehend abgeschwächt, daß Heidegger zwar keine von vornherein offenbare und eindeutige, wie ein aufgeschlagenes Buch vorliegende Wahrheit kennt, die einfach abgelesen werden kann, wohl aber eine Wahrheit, deren Offenbarkeit und Eindeutigkeit der Verbergung abgerungen werden kann. Ferner habe ich die Wahrheit des Seins und die NÄHE als ›Urmaß‹ herausgestellt, in dem wir wohnen. Hier sollte vielleicht der Spieß umgedreht und Marx befragt werden, inwiefern die von ihm geforderte ständige Offenbarkeit und Eindeutigkeit sich noch mit einem nichtmetaphysischen Denken vereinbaren läßt, zu dessen grundlegenden Erfahrungen ja gerade die des entbergend-verbergend-bergenden Wesen des Seins gehört, was Marx selbst in seiner Studie »Heidegger und die Tradition« in Abhebung des Seinsdenkens von der Metaphysik herausgearbeitet hat.[40]

Ich finde mich in meiner Interpretation bestärkt durch Heideggers Ausführungen über das Maß des Dichtens gelegentlich seiner Auslegung einiger Verse des Hölderlinschen Gedichtes »Aus lieblicher

36 Vgl. a. a. O. 13–37.
37 Vgl. a. a. O. 24f, 18, 20, 22.
38 Vgl. a. a. O. 45f, 48.
39 Vgl. a. a. O. 35ff. Vgl. ferner: W. Marx: Reflexionen zu einer nichtmetaphysischen Nächstenethik, (1984), ders.: Ethos und Lebenswelt, Hamburg 1986.
40 Vgl. W. Marx: Heidegger und die Tradition ..., insb. 46ff, 64ff, 148ff, 175, 189, 243.

Bläue . . .«: Das Maß für das Dichten ist weder allein »der Gott«, noch der »Himmel«, noch die »Offenbarkeit des Himmels«, sondern besteht »in der Weise, wie der unbekannt bleibende Gott *als* dieser durch den Himmel offenbar ist«. (VA 191) Hier zeigt sich ein solches Maß, dessen Offenbarkeit erst im Gegenzug gegen das Verbergen diesem abgerungen werden muß. Dabei wird die Verborgenheit als solche nicht vernichtet, vielmehr gerade als Verborgenheit enthüllt: »Das Erscheinen Gottes durch den Himmel besteht in einem Enthüllen, das jenes sehen läßt, was sich verbirgt, aber sehen läßt nicht dadurch, daß es das Verborgene aus seiner Verborgenheit herauszureißen sucht, sondern allein dadurch, daß es das Verborgene in seinem Sichverbergen hütet.« (VA 191) Bezeichnenderweise interpretiert Marx selbst diese Hölderlin-Verse in dem Sinne, daß hier ein traditionelles festes transzendentes Richtmaß vorliege: die Himmlischen.[41] Darüber hinaus verdeutlicht die Abhandlung »›. . . dichterisch wohnet der Mensch . . .‹« nach meiner Überzeugung noch etwas viel Wichtigeres, das den springenden Punkt der ganzen Maßerörterung bei Heidegger darstellt und zugleich die wesentliche Differenz zu Marxens Frage nach dem Maß verantwortlichen Handelns im zwischenmenschlichen Bereich freilegt: Dichten ist für Heidegger ein Messen, aber ein Messen besonderer Art. Es ist eine »Maß-nahme«, bei der nicht etwas an einem vorhandenen Maßstab abgelesen wird, sondern in der das Maß selbst erst empfangen wird. Das Messen, um das es Heidegger dabei ausschließlich geht, ist das Vermessen des Menschenwesens als solchen. Wenn Heidegger von »Maß« spricht, so meint er dabei *nie* das konkrete *ethische Maß für verantwortliches Handeln,* sondern immer das *Maß für die Vermessung des Menschenwesens.* In diesem Lichte zeigt sich die Marxsche Fragestellung an Heidegger als eine auf einer anderen Ebene angesiedelte, was ihr jedoch keineswegs ihre Berechtigung nimmt. Des weiteren wird von hierher vollends verständlich, warum Heidegger die Ethik in den Vorhof des Denkens verweist, denn alle Sollensforderungen der Ethik sind von einem vorgängigen Entwurf des Wesens des Menschen abhängig, von einer vorgängigen Vermessung der Weite seines Wesens.

Auch der Vorwurf der Auflösung der menschlichen Freiheit in das Wahrheitsgeschehen kann m. E. in dieser schroffen Form nicht stehengelassen werden, zumal wenn wir bedenken, daß Marx selbst Freiheit im nicht-metaphysischen Sinne nicht mehr als »Willensfreiheit«, sondern als »freien Spielraum« faßt.[42] Ich sehe hier eine Analogie zum

41 Vgl. W. Marx: Heidegger und die Tradition . . ., insb. XIII, 3, 7, 151f.
42 Vgl. a. a. O. 57ff.

Heideggerschen Freiheitsverständnis als »*Freisein* zum Offenbaren eines Offenen« (WdW 13) sowie zur Herausstellung des »Freien« als dem Herzstück der ἀλήθεια bzw. der Lichtung. (GA 54, 213f, 221f; SdD 73f)

Den Hauptgrund für das Fehlen eines Maßes für verantwortliches Handeln bei Heidegger sehe ich nicht so sehr in seiner Auffassung der Wahrheit als Un-verborgenheit und seiner Konzeption der Freiheit, sondern weit mehr in dem dritten Argument von Marx, Heidegger versäume, seinen Gedanken der »nähernden Nähe« für den zwischenmenschlichen Bereich fruchtbar zu machen, wo er durchaus maßgeblich sei. Denn die nähernde Nähe bezeichnet gerade dasjenige, was Marx als das gebende Walten des »Heilenden« zu denken versucht, als das »Ergebnis des Weges der Sterblichen aus dem Ent-setzen der Todeserfahrung«. Nähe sei das »Be-wegende« in den Gestalten des »Heilenden« als »Liebe«, »Mitleid« und »mitmenschliche Anerkennung«.[43] Hier erweist sich Marxens Entwurf einer nichtmetaphysischen Nächstenethik als echtes »Weiterdenken« des Heideggerschen Seinsdenkens, indem er versucht, eine wesentliche Lücke zu schließen. Die Unterbelichtung des zwischenmenschlichen Bereichs markiert das fundamentale Defizit des Heideggerschen Seinsdenkens, worüber zwischen Dialogphilosophen, Ethikern und Anthropologen Einigkeit herrscht. Bei allem Verständnis für die Wichtigkeit der Seinsfrage und der damit einhergehenden Konzentration auf das Verhältnis von Sein und Mensch erscheint es vielleicht doch angebracht, den Bezug von Mensch zu Mensch mehr miteinzubeziehen.

Zusammenfassend läßt sich sagen: Heidegger kennt kein Maß für verantwortliches Handeln wie Marx es fordert. Was er vor Augen führt, ist allein das in seinem Sinne ursprünglichere Maß für die Vermessung der Ortschaft des Menschenwesens. Dieses Maß denkt Heidegger als die NÄHE, versäumt es aber, die nähernde NÄHE für den zwischenmenschlichen Bereich fruchtbar zu machen, wo sie ja vielleicht am leichtesten erfahrbar ist.

Wenn Heidegger auch kein Maß für verantwortliches Handeln bereitstellt, so leistet er doch in einer anderen Hinsicht einen wesentlichen Beitrag zur modernen Verantwortungsdiskussion, wie Richard Wisser in seinem Buch »Verantwortung im Wandel der Zeit« herausgearbeitet hat. Wisser zufolge übt Heidegger mit uns eine neue Weise des denken-

43 Vgl. a. a. O. 45f, 48.

den Fragens und Antwortens ein und lehrt uns, daß wir sowohl unsere Antworten als auch – was vielleicht verwunderlich erscheinen mag – unsere Fragen zu verantworten haben.[44] Verantwortung meine dabei nicht die Verantwortung vor einer Instanz, vor der wir zur Verantwortung gezogen werden, sondern eine »Verantwortung zweiten Grades«, eine »situationelle Verantwortung«, der in einer konkreten Situation allein auf sich selbst gestellten und durch nichts zu entlastenden einzelnen Existenz.[45]

Während Wisser seine These sowohl durch eine Herausstellung der gewandelten Struktur des Fragens und Antwortens als auch durch Exemplifizierung im Verfolgen des konkreten Heideggerschen Fragens nach dem Wesen von Technik und Wissenschaft, des Menschen und des Seins verdeutlicht, beschränke ich mich hier auf einige Hinweise auf die gewandelte Struktur von Frage und Antwort, um nicht bereits in früheren Kapiteln Ausgeführtes repetieren zu müssen. Weil es im Bereich des Denkens kein zwingendes Wissen gibt, bekommt sowohl das Antworten als auch das Fragen eine neue Qualität, wie folgende drei Zitate belegen:

»Die Antwort ist nur der allerletzte Schritt des Fragens selbst, und eine Antwort, die das Fragen verabschiedet, vernichtet sich selbst als Antwort und vermag so kein Wissen zu begründen, sie zeitigt und verfestigt nur das bloße Meinen.« (N I 457f)

»Die Antwort auf die Frage ist wie jede echte Antwort nur der äußerste Auslauf des letzten Schrittes einer langen Folge von Frageschritten. Jede Antwort bleibt nur solange als Antwort in Kraft, solange sie im Fragen verwurzelt ist.« (HW 58)

»Das Fragen ist dann nicht mehr nur die überwindbare Vorstufe zur Antwort als dem Wissen, sondern das Fragen wird selbst zur höchsten Gestalt des Wissens.« (SdU 13)

Diese Zitate sprechen m. E. eine so deutliche Sprache, daß sie keiner weiteren Erläuterung bedürfen, außer der, daß »Wissen« hierbei nie das zwingende Wissen der Wissenschaften meint, sondern das philosophische Wissen. Heideggers Hochschätzung der Frage kulminiert in

---

44 Vgl. Richard Wisser: Verantwortung im Wandel der Zeit, Mainz 1967, 273–323. Das Buch trägt den bezeichnenden Untertitel »Einübung in geistiges Handeln«, was ganz im Heideggerschen Sinne liegt.
45 Zu Wissers Unterscheidung zwischen einer »instanziellen Verantwortung« oder »Verantwortung ersten Grades« und einer »situationellen Verantwortung« oder »Verantwortung zweiten Grades« vgl. a. a. O. 1–10 sowie seinen Aufsatz »Dimensionen der Verantwortung«, (1968).

dem bekannten Ausspruch: »Das Fragen ist die Frömmigkeit des Denkens«. (VA 44) Wie das Denken insgesamt, so hat auch das Fragen Wegcharakter (WiP 11, WhD 164); Fragen heißt eine Erfahrung machen. (UzS 169) Antworten bedeutet nichts anderes als diesem Unterwegssein zu ent-sprechen. (WiP 20f) Inwiefern müssen wir nun aber selbst unser Fragen verantworten? Zunächst einmal in dem Sinne, daß unsere Einsichten häufig von unserer Fragestellung abhängen. Wenn wir z. B. fragen »Was ist der Mensch?« und solchermaßen Ausschau halten nach einem feststehenden Was-sein des Menschen, verstellen wir uns von vornherein die Möglichkeit der Einsicht in seine Seinsweise als Ek-sistenz, wie im Humanismus-Brief ausgeführt ist. Mit anderen Worten: Die Weise der Fragestellung muß selbst bedacht werden. Daneben müssen wir unsere Fragen noch in einem zweiten, tieferliegenden Sinne verantworten, und zwar insofern sie selbst erst aus dem Hören auf den Anspruch des Seins entspringen. (UzS 175) Anders gewendet: Sowohl unsere Antworten als auch unsere Fragen gehören beide in unser Entsprechen auf den Anspruch des Seins, welcher uns immer schon in unsere Verantwortung freigesetzt hat.

Aber gerade in diesem zweiten Sinne bleibt die Frage nach der Verantwortung des Heideggerschen Denkens. Genügt Verantwortung als Einübung verantwortlichen Fragens und Antwortens? Oder bedarf es nicht doch einer Ergänzung durch ein Maß für verantwortliches Handeln, das gerade hinsichtlich des ethischen Denkens und Handelns in der Welt, hinsichtlich des verantwortlichen Umgangs mit den Mitmenschen sowie der außermenschlichen Natur und den Dingen besonders dringlich erscheint? Der Mensch *muß* sich ständig *entscheiden,* er muß ständig Handlungsmöglichkeiten gegeneinander abwägen, muß werten und Stellung nehmen. Inwiefern Heideggers Existenzialien der Gelassenheit sowie des schonenden Wohnens wenigstens indirekt eine Anweisung für unser Handeln formulieren, soll abschließend erörtert werden.

c) Ge-stell und Gelassenheit, Wohnen im Geviert

Der rasende Fortschritt in Wissenschaft und Technik, der gerade in den letzten Jahrzehnten unser Leben mehr und mehr verändert hat, stellt neuartige und höchste Ansprüche an unser moralisches Bewußtsein: Die Handlungsspielräume sind erheblich erweitert, neue Objekte eingeführt, und die Folgen dehnen sich teilweise ins Unüberschaubare aus.

Ökokrise, atomare Bedrohung, Friedenssicherung, Bevölkerungsexplosion und Genmanipulation sind zu Lebens- und Überlebensproblemen geworden, die nicht nur einer kleinen Zahl von Intellektuellen im Herzen, sondern uns allen auf den Nägeln brennen. Mit zunehmender Komplexität und Verwobenheit der Probleme stehen wir immer ratloser vor der Frage: Was sollen wir tun?

Wer mit dieser Frage an Heideggers Denken herantritt und eine griffige Antwort erwartet, findet sich im Stich gelassen. Es formuliert weder irgendwelche ethischen Maximen, noch zeigt es positiv Möglichkeiten politischen Handelns im Zeitalter der Technik auf.[46] Nicht nur dies, es verweist obendrein diese uns bedrängende Frage »Was sollen wir tun?« in die vorrangige Frage »Wie müssen wir denken?« zurück. (TK 40) Dies wird verständlich, wenn wir, wie Heidegger, das Denken als »eigentliches Handeln« auffassen. Ethische Handlungsanweisungen bleiben für ihn solange weitgehend willkürlich, solange nicht das »Wesen des Handelns« und das »Wesen des Denkens« geklärt sind. »Wir bedenken das Wesen des Handelns noch lange nicht entschieden genug« lautet der erste Satz des Humanismus-Briefs, an dessen Ende sich Heideggers Absage an die Ethik findet. (Hum 5)[47]

Wenn Heideggers Seinsdenken auch keinen ethischen Maßstab für unser Handeln liefert, so ist es m. E. dennoch für die ethische Diskussion nicht unrelevant, weil es Denkmodelle offeriert, mit denen wir überhaupt erst die gegenwärtige Situation in ihrer Tragweite erfassen können und die die Richtung ihrer möglichen Verwandlung anzeigen. Heideggers phänomenologischer Aufweis des »Ge-stells«[48] als des Wesens der neuzeitlichen Wissenschaft und Technik, das Mensch und Seiendes im Ganzen einander so zustellt, daß sie um ihr Wesen gebracht werden, zeigt, daß Wissenschafts- und Technikkritik sowie Zeitkritik überhaupt nur im destruierenden »Schritt zurück« in deren metaphysische Grundlagen möglich sind und alle Versuche, allein mit wissenschaftlichen und technischen Mitteln die Krise zu beheben, von vorn-

46 Vgl. Reinhart Maurer: Revolution und »Kehre«, Frankfurt a. M. 1975, 43.
47 Nach R. Maurers Überzeugung läßt sich im Rahmen der Metaphysik »keine zureichende Theorie des menschlichen Daseins, seines Handelns, zumal keine normative entwickeln«, vielmehr folgt aus ihr nur »eine Theorie des Machens (Philosophie der Arbeit, Poietik statt Ethik)«. Daher müsse im Übergang vom Ende der Philosophie zum Anfang des Denkens eine solche Theorie des Handelns entwickelt werden. Insofern führe Heideggers Denken zur »praktischen Philosophie«, wobei allerdings erst noch zu bestimmen sei, was dieser Terminus dann besage. Vgl. R. Maurer a. a. O. 49ff.
48 Siehe oben 238ff.

herein zum Scheitern verurteilt sind, weil sie nur Symptome narkotisieren, anstatt die Erreger zu beseitigen. »Gelassenheit«[49] als »Gelassenheit zu den Dingen« und »Offenheit für das Geheimnis« bietet sich als möglicher Weg der Befreiung aus der zunehmenden Okkupation durch die technische Welt und für das Offenwerden für den Anspruch des Seins. Sie verwandelt unsere Einstellung zur Technik grundlegend, ohne sie gleich zu dämonisieren und ihre völlige Vernichtung zu fordern. Mit dem »Geviert«[50] entwirft Heidegger ein Gegenmodell zum Ge-stell als Resonanz auf einen anderen Zuspruch des Seins und erörtert den Ort des Wohnens des Menschen, in dem er als Sterblicher im nachbarschaftlichen Gegen-einander-über zu den Göttlichen, Erde, Himmel und den Dingen ek-sistiert. Die Weise unseres Aufenthalts im Geviert kennzeichnet er als das mehrfach gegliederte »schonende Wohnen«[51], dessen Erlernen für Heidegger die Wesensaufgabe des Menschen schlechthin darstellt.

Darüber hinaus schlägt Heideggers Aufweis der urtümlichen wechselweisen Verklammerung von Mensch *und* Sein sowie des Menschen mit allem außermenschlichen Seienden noch in einer anderen Weise sich unmittelbar auf die ethische Diskussion nieder: Sie zeigt die Unzulänglichkeit einer rein *anthropozentrischen* Ethik, und zwar in dem zweifachen Sinne, daß sie sowohl die Hypertrophie der Vorstellung, der Mensch sei das Maß aller Dinge, dekuvriert als auch die folgenreiche Verengung des ethischen Feldes auf den menschlichen Bereich. In diesem letzten Punkt trifft sich Heideggers Denkens mit dem gegenwärtig neu erwachten Umweltbewußtsein.[52] Wir müssen uns endlich darüber klar werden, daß jede Veränderung unserer Umwelt auch auf den Menschen zurückschlägt und umgekehrt, bzw. in Heideggerscher Terminologie ausgedrückt: Jede Veränderung eines Bausteins des Gevierts »spiegelt« sich in den anderen wider.

Wolfgang Schirmacher hat in seiner Studie »Technik und Gelassenheit« versucht, aufgrund von Heideggers Bestimmungen der »Gelassenheit« und des »schonenden Wohnens« im »Geviert« eine praktische »Lebenstechnik« auszuarbeiten, die die gegenwärtige »Todestechnik« überwinden soll. Mittels des Programmes dieser »Lebenstechnik«, deren drei Hauptbestandteile das Einüben der Sterblichkeit, das Denken

---

49 Siehe oben 261ff.
50 Siehe oben 244ff.
51 Siehe oeben 272ff.
52 Vgl. Reinhart Maurer: Ökologische Ethik?, (1982); ders.: Ökologische Ethik, (1984); Dieter Birnbacher (Hrsg.): Ökologie und Ethik, Stuttgart 1980.

in Synthesen und die Sprachtechnik sind, glaubt er, ganz konkrete ethisch-politische Fragestellungen, wie z. B. das Waldsterben, das Überbevölkerungsproblem oder die Rüstungsfrage entscheiden zu können bzw. bezieht dazu eindeutig Stellung.[53] Ich halte eine solche direkte Anwendung des Heideggerschen Seinsdenkens auf den lebenspraktischen Bereich, zumal verbunden mit einseitigen Wertungen, für höchst fragwürdig, weil damit der Gedanke des »Gevierts« objektiviert und als allgemeinverbindliche Tatsache ausgegeben wird. Aber selbst dem viel leichter nachvollziehbaren Gedanken des »Ge-stells« kommt nach meiner Überzeugung kein solcher objektiver Charakter zu.

Heideggers Ausführungen über »Gelassenheit«, »Schonen« und »Wohnen« lassen m. E. wohl eine Tendenz erkennen, wie wir uns angesichts einiger Krisenbereiche verhalten sollen, ohne jedoch das Handeln in concreto zu normieren und regulieren. Dazu fehlen dem Seinsdenken nicht nur ein Maßstab für verantwortliches Handeln und eine Definition des Guten und des Bösen, sondern auch eine Miteinbeziehung von wichtigen ethischen Kategorien, wie z. B. Entscheidung, Verantwortung, Wert, Schuld, Mitleid und Nächstenliebe. Was das Seinsdenken leistet, läßt sich vielleicht noch am treffendsten als *ontologische Grundbereitung* für alles Ausbilden einer Ethik beschreiben, indem es einige, aber wohlgemerkt nicht die vollständigen Grundvoraussetzungen jeder Ethik klärt: Die Frage nach der Bestimmung des Wesens des Menschen und den Ort seines Wohnens sowie dem Wesen des Handelns, welche Frage nur im Kontext der Fragen nach dem Wesen des Menschen, des Seins, der Dinge, des Denkens und der Sprache zureichend gestellt werden kann. Bezeichnet man jedoch das In-sein-Wesen- und In-den-Ort-seines-Wohnens-finden selbst schon als »ethisch«, dann ist Heideggers Seinsdenken in höchstem Maße »ethisch« zu nennen.

Es mag dahingestellt bleiben, ob sich auf Heideggers Seinsdenken eine Ethik aufbauen läßt, zweifelsohne hat es jedoch der ethischen Diskussion wichtige Anstöße gegeben und ihr ein völlig neues Feld eröffnet, nämlich das der nicht-metaphysischen Ethik, das von Werner Marx erstmals bestellt wurde.

Ge-stell und Nähe markieren nicht nur die Grenzpfeiler des Heideggerschen Denkweges, sondern darüber hinaus das Spannungsfeld, in das unser derzeitiges Menschsein verspannt ist und dem jede »zeitgemäße« Ethik Rechnung zu tragen hat. Sie definieren unsere »hermeneutische Situation« am Ende der Metaphysik, die zugleich ein Übergang »zwi-

---

53 Vgl. W. Schirmacher: Technik und Gelassenheit, Freiburg 1983, insb. 34ff, 70–93, 231–261.

schen Tradition und anderem Anfang«[54] ist, die durch den Verlust der alten Bodenständigkeit und das Ringen um eine neue Bodenständigkeit geprägt wird. Die Grunderfahrung der NÄHE und das ihr entsprechende seinstopologische Denken offerieren nach Heideggers tiefster Überzeugung die Chance zu einem neuen Heimischwerden des Menschen, indem sie ihm seine Ortschaft im Weltganzen erörtern. In diesem Streben nach Heimat sieht Heidegger nicht nur das Movens seines Denkens, sondern – ein Wort von Novalis aufgreifend – die eigentlich treibende Kraft alles Philosophierens:

»Die Philosophie ist eigentlich Heimweh, ein Trieb überall zu Hause zu sein.« (GA 29/30, 7)

---

54 Diese Kennzeichnung übernehme ich von Werner Marx. Vgl. W. Marx: Gibt es auf Erden ein Maß? …, XIX, 4f.

Literaturverzeichnis

1. Die Schriften Martin Heideggers

Aufgelistet werden alle selbständigen Veröffentlichungen Heideggers sowie ausgewählte wichtige kleinere Texte, die bisher nur als Vorworte, in Zeitschriften oder Sammelbänden erschienen sind. Die Reihung folgt der Chronologie der Erstdrucke, zusätzlich wird die derzeit aktuelle Auflage sowie dort, wo eine starke Differenz zur Erstveröffentlichung vorliegt, auch das Jahr der Niederschrift genannt. Für ein vollständiges Verzeichnis der Heideggerschen Schriften einschließlich nahezu aller Übersetzungen bis zum Jahre 1980 verweise ich auf die Bibliographie von Hans-Martin Saß: Martin Heidegger: Bibliography and Glossary. Bowling Green, Ohio: Philosophy Documentation Center 1982.

1914   Die Lehre vom Urteil im Psychologismus. Ein kritisch-positiver Beitrag zur Logik. Phil. Diss. Freiburg 1914. (Wiederabdruck in Frühe Schriften.). (In GA 1).

1916   Die Kategorien- und Bedeutungslehre des Duns Scotus. Tübingen: Mohr 1916. (Habil.-Schrift). (Wiederabdruck in Frühe Schriften). (In GA 1).

1916   Der Zeitbegriff in der Geschichtswissenschaft. In: Zeitschrift für Philosophie und philosophische Kritik, 161, Leipzig 1916, 173–188. (Wiederabdruck in Frühe Schriften). (In GA 1).

1927   Sein und Zeit. Erste Hälfte. In: Jahrbuch für Philosophie und phänomenologische Forschung, 8, 1927, XI–438. Sonderdruck Halle: Niemeyer 1927. 14. Aufl. mit den Randbemerkungen des Autors im Anhang. Tübingen: Niemeyer 1977. 16. Aufl. 1984. (= GA 2).

1929   Kant und das Problem der Metaphysik. Bonn: Cohen 1929. 4. erw. Aufl. Frankfurt a. M.: Klostermann 1973.

1929   Vom Wesen des Grundes. In: Jahrbuch für Philosophie und phänomenologische Forschung, Ergänzungsband, Halle 1929, 71–100. 2. Aufl. Halle: Niemeyer 1931. 3., um ein Vorwort erw. Aufl. Frankfurt a. M.: Klostermann 1949. 7. Aufl. 1983. (Auch in Wegmarken). (In GA 9).

1929   Was ist Metaphysik? Bonn: Cohen 1929. Nachwort 1943. Einleitung 1949. 13. Aufl. Frankfurt a. M.: Klostermann 1986. (Auch in Wegmarken). (In GA 9).

1933   Die Selbstbehauptung der deutschen Universität. Breslau: Korn 1933. Neuaufl. zusammen mit: Das Rektorat 1933/34 – Tatsachen und Gedanken. Hrsg. von Hermann Heidegger. Frankfurt a. M.: Klostermann 1983. (Vortrag 1933; Aufsatz 1945).

1943   Vom Wesen der Wahrheit. Frankfurt a. M.: Klostermann 1943. 2. erw. Aufl. 1949. 7. Aufl. 1986. (Vortrag 1930). (Auch in Wegmarken). (In GA 9).

1944   Erläuterungen zu Hölderlins Dichtung. Frankfurt a. M.: Klostermann 1944. 2. erw. Aufl. 1951. 4. erw. Aufl. 1971. 5. Aufl. 1981. (= GA 4).

1947   Platons Lehre von der Wahrheit. Mit einem Brief über den »Humanismus«. Bern: Francke 1947. 3. Aufl. 1975. (Geschrieben 1940 und 1946). (Auch in Wegmarken). (In GA 9).

1949   Über den Humanismus. Frankfurt a. M.: Klostermann 1949. 8. Aufl. 1981. (Geschrieben 1946). (Auch in Wegmarken). (In GA 9).

1950   Holzwege. Frankfurt a. M.: Klostermann 1950. 6. Aufl. 1980. (Aufsätze aus den Jahren 1935–46). (= GA 5).

1953   Einführung in die Metaphysik. Tübingen: Niemeyer 1953. 4. Aufl. 1976. (Vorlesung vom SS 1935). (= GA 40).

1953   Der Feldweg. Frankfurt a. M.: Klostermann 1953. 8. Aufl. 1986. (Auch in Denkerfahrungen). (In GA 13).

1954   Vorträge und Aufsätze. Pfullingen: Neske 1954. 5. Aufl. 1978. (Aufsätze aus den Jahren 1936–1953).

1954   Aus der Erfahrung des Denkens. Pfullingen: Neske 1954. 6. Aufl. 1986. (Geschrieben 1947). (In GA 13).

1954   Was heißt Denken? Tübingen: Niemeyer 1954. 4. Aufl. 1984. (Vorlesungen vom WS 1951/52 und vom SS 1952).

1956   Was ist das – die Philosophie? Pfullingen: Neske 1956. 8. Aufl. 1984.

1956   Zur Seinsfrage. Frankfurt a. M.: Klostermann 1956. 4. Aufl. 1977. (Auch in Wegmarken). (In GA 9).

1957   Hebel der Hausfreund. Pfullingen: Neske 1957. 5. Aufl. 1985. (In GA 13).

1957   Der Satz vom Grund. Pfullingen: Neske 1957. 6. Aufl. 1986. (Vorlesung vom WS 1955/56 und Vortrag 1956).

1957   Identität und Differenz. Pfullingen: Neske 1957. 8. Aufl. 1986.

1958   Grundsätze des Denkens. In: Jahrbuch für Psychologie und Psychotherapie, 6, Freiburg 1958, 33–41.

1959   Gelassenheit. Pfullingen: Neske 1959. 8. Aufl. 1985. (Geschrieben 1945 und 1955). (Teilweise in GA 13).

1959   Unterwegs zur Sprache. Pfullingen: Neske 1959. 8. Aufl. 1986. (Aufsätze aus den Jahren 1950–1959). (= GA 12).

1960   Der Ursprung des Kunstwerkes. Mit einer Einführung von Hans-Georg Gadamer. Stuttgart: Reclam 1960. Aufl. 1978. (Vortrag 1935/36). (Auch in Holzwege). (In GA 5).

1961   Nietzsche. 2 Bde. Pfullingen: Neske 1961. 4. Aufl. 1983. (Vorlesungen und Aufsätze aus den Jahren 1936–1946). (teilweise in GA 43, GA 44, GA 48).

1962   Die Technik und die Kehre. Pfullingen: Neske 1962. 6. Aufl. 1985. (Geschrieben 1953 und 1949).

1962   Die Frage nach dem Ding. Zu Kants Lehre von den transzendentalen Grundsätzen. Tübingen: Niemeyer 1962. 2. Aufl. 1975. (Vorlesung vom WS 1935/36). (= GA 41).

1962   Nachlese zu Heidegger. Dokumente zu seinem Leben und Denken. Hrsg. von Guido Schneeberger. Bern: Selbstverlag 1962. (Texte aus den Jahren 1929–1961, die jedoch größtenteils gar nicht von Heidegger selbst stammen). (Teilweise in GA 13).

1963   Kants These über das Sein. Frankfurt a. M.: Klostermann 1963. (Auch in Wegmarken). (In GA 9).

1963   Brief an William J. Richardson als Vorwort zu dessen Buch: Heidegger. Through Phenomenology to Thought. Den Haag: Nijhoff 1963, VIII–XXIII. 3. Aufl. 1974.

1967   Wegmarken. Frankfurt a. M.: Klostermann 1967. 2. erw. Aufl. 1978. (Aufsätze aus den Jahren 1919–1961). (= GA 9).

1969	Zur Sache des Denkens. Tübingen: Niemeyer 1969. 2. Aufl. 1976. (Aufsätze aus den Jahren 1962–1964).
1969	Martin Heidegger zum 80. Geburtstag von seiner Heimatstadt Meßkirch. Frankfurt a. M.: Klostermann 1969. (Kleinere Arbeiten aus den Jahren 1949–1961). (Teilweise in GA 13).
1969	Die Kunst und der Raum. St. Gallen: Erker 1969. 2. Aufl. 1983. (In GA 13).
1970	Heraklit. Seminar WS 1966/67 zusammen mit Eugen Fink. Frankfurt a. M.: Klostermann 1970. (In GA 15).
1970	Phänomenologie und Theologie. Frankfurt a. M.: Klostermann 1970. (Vortrag 1927 und Brief 1964). (Auch in Wegmarken). (In GA 9).
1970	Martin Heidegger im Gespräch. Hrsg. von Richard Wisser. Freiburg/München: Alber 1970.
1971	Schellings Abhandlung über das Wesen der menschlichen Freiheit (1809). Hrsg. von Hildegard Feick. Tübingen: Niemeyer 1971. (Vorlesung vom SS 1936).
1972	Frühe Schriften. Hrsg. von Friedrich-Wilhelm von Herrmann. Frankfurt a. M.: Klostermann 1972. (Schriften aus den Jahren 1914–1916). (In GA 1).
1976	Spiegel-Interview: »Nur noch ein Gott kann uns retten«. In: Der Spiegel, 30. Jg., Nr. 23, 31. Mai 1976. (Abdruck eines Interviews aus dem Jahre 1966).
1977	Vier Seminare. Le Thor 1966, 1968, 1969, Zähringen 1973. Frankfurt a. M.: Klostermann 1977. (In GA 15).
1983	Denkerfahrungen. Hrsg. von Hermann Heidegger. Frankfurt a. M.: Klostermann 1983. (Aufsätze aus den Jahren 1910–1976). (Größtenteils in GA 13).
1984	Zur Frage nach der Bestimmung der Sache des Denkens. Hrsg. von Hermann Heidegger. St. Gallen: Erker 1984. (Vortrag 1965).
1986	Briefwechsel mit Erhart Kästner 1953—1974. Hrsg. von Heinrich W. Petzet. Frankfurt a. M.: Insel 1986.

Seit 1975 erscheint im Klostermann Verlag in Frankfurt a. M. die Martin Heidegger Gesamtausgabe als Ausgabe letzter Hand in 4 Abteilungen. Davon sind bisher folgende Bände veröffentlicht:

I. Abteilung: Veröffentlichte Schriften 1910–1976

GA 1	Frühe Schriften. Hrsg. von Friedrich-Wilhelm von Herrmann. Frankfurt a. M. 1978.
GA 2	Sein und Zeit. Hrsg. von Friedrich-Wilhelm von Herrmann. Frankfurt a. M. 1977.
GA 4	Erläuterungen zu Hölderlins Dichtung. Hrsg. von Friedrich-Wilhelm von Herrmann. Frankfurt a. M. 1981.
GA 5	Holzwege. Hrsg. von Friedrich-Wilhelm von Herrmann. Frankfurt a. M. 1978.
GA 9	Wegmarken. Hrsg. von Friedrich-Wilhelm von Herrmann. Frankfurt a. M. 1976.
GA 12	Unterwegs zur Sprache. Hrsg. von Friedrich-Wilhelm von Herrmann. Frankfurt a. M. 1985.

GA 13   Aus der Erfahrung des Denkens. Hrsg. von Hermann Heidegger. Frankfurt
a. M. 1983.

GA 15   Seminare. Hrsg. von Curd Ochwadt. Frankfurt a. M. 1986.

II. Abteilung: Vorlesungen 1919–1944

GA 20   Prolegomena zur Geschichte des Zeitbegriffs. Marburger Vorlesung vom
SS 1925. Hrsg. von Petra Jaeger. Frankfurt a. M. 1979.

GA 21   Logik. Die Frage nach der Wahrheit. Marburger Vorlesung vom WS 1925/
26. Hrsg. von Walter Biemel. Frankfurt a. M. 1976.

GA 24   Die Grundprobleme der Phänomenologie. Marburger Vorlesung vom SS
1927. Hrsg. von Friedrich-Wilhelm von Herrmann. Frankfurt a. M. 1975.

GA 25   Phänomenologische Interpretation von Kants Kritik der reinen Vernunft.
Marburger Vorlesung vom WS 1927/28. Hrsg. von Ingtraud Görland.
Frankfurt a. M. 1977.

GA 26   Metaphysische Anfangsgründe der Logik im Ausgang von Leibniz. Marburger Vorlesung vom SS 1928. Hrsg. von Klaus Held. Frankfurt a. M.
1978.

GA 29   Die Grundbegriffe der Metaphysik. Welt – Endlichkeit – Einsamkeit. Frei-
/30   burger Vorlesung vom WS 1929/30. Hrsg. von Friedrich-Wilhelm von
Herrmann. Frankfurt a. M. 1983.

GA 31   Vom Wesen der menschlichen Freiheit. Einleitung in die Philosophie. Freiburger Vorlesung vom SS 1930. Hrsg. von Hartmut Tietjen. Frankfurt
a. M. 1982.

GA 32   Hegels Phänomenologie des Geistes. Freiburger Vorlesung vom WS 1930/
31. Hrsg. von Ingtraud Görland. Frankfurt a. M. 1980.

GA 33   Aristoteles: Metaphysik IX. Vom Wesen der Wirklichkeit der Kraft. Freiburger Vorlesung vom SS 1931. Hrsg. von Heinrich Hüni. Frankfurt a. M.
1981.

GA 39   Hölderlins Hymnen »Germanien« und »Der Rhein«. Freiburger Vorlesung
vom WS 1934/35. Hrsg. von Susanne Ziegler. Frankfurt a. M. 1980.

GA 40   Einführung in die Metaphysik. Freiburger Vorlesung vom SS 1935. Hrsg.
von Petra Jaeger. Frankfurt a. M. 1983.

GA 41   Die Frage nach dem Ding. Zu Kants Lehre von den transzendentalen
Grundsätzen. Freiburger Vorlesung vom WS 1935/36. Hrsg. von Petra
Jaeger. Frankfurt a. M. 1984.

GA 43   Nietzsche: Der Wille zur Macht als Kunst. Freiburger Vorlesung vom WS
1936/37. Hrsg. von Bernd Heimbüchel. Frankfurt a. M. 1985.

GA 44   Nietzsches metaphysische Grundstellung im abendländischen Denken. Die
ewige Wiederkehr des Gleichen. Freiburger Vorlesung vom SS 1937. Hrsg.
von Marion Heinz. Frankfurt a. M. 1986.

GA 45   Grundfragen der Philosophie. Ausgewählte »Probleme« der »Logik«. Freiburger Vorlesung vom WS 1937/38. Hrsg. von Friedrich-Wilhelm von
Herrmann. Frankfurt a. M. 1984.

GA 48   Nietzsche: Der europäische Nihilismus. Freiburger Vorlesung II. Trimester
1940. Hrsg. von Petra Jaeger. Frankfurt a. M. 1986.

GA 51   Grundbegriffe. Freiburger Vorlesung vom SS 1941. Hrsg. von Petra Jaeger.
Frankfurt a. M. 1981.

GA 52   Hölderlins Hymne »Andenken«. Freiburger Vorlesung vom WS 1941/42.
         Hrsg. von Curd Ochwadt. Frankfurt a. M. 1982.
GA 53   Hölderlins Hymne »Der Ister«. Freiburger Vorlesung vom SS 1942. Hrsg.
         von Walter Biemel. Frankfurt a. M. 1984.
GA 54   Parmenides. Freiburger Vorlesung vom WS 1942/43. Hrsg. von Manfred S.
         Frings. Frankfurt a. M. 1982.
GA 55   Heraklit. 1. Der Anfang des abendländischen Denkens. 2. Logik. Heraklits
         Lehre vom Logos. Freiburger Vorlesungen vom SS 1943 und vom SS 1944.
         Hrsg. von Manfred S. Frings. Frankfurt a. M. 1979.
GA 61   Phänomenologische Interpretationen zu Aristoteles. Einführung in die phä-
         nomenologische Forschung. Frühe Freiburger Vorlesung vom WS 1921/22.
         Hrsg. von Walter Bröcker und Käte Bröcker-Oltmanns. Frankfurt a. M.
         1985.

Von der III. und der IV. Abteilung, die »Unveröffentlichte Abhandlungen« und
»Aufzeichnungen und Hinweise« enthalten sollen, ist noch kein Band erschienen.

2. Sonstige benutzte Literatur

Angegeben werden die jeweils zitierte Auflage sowie – wo dies erforderlich ist – der
Erstdruck. Bei Zeitschriftenaufsätzen, die ich nach einem späteren Nachdruck in
einem Sammelband zitiere, nenne ich ebenfalls in Klammern das Jahr der Erstveröffentlichung.

Adorno, Theodor W.: Jargon der Eigentlichkeit. Zur deutschen Ideologie. Frankfurt
    a. M. 1964.
Adorno, Theodor W.: Parataxis. Zur späten Lyrik Hölderlins (1964). In: ders.:
    Noten zur Literatur. Hrsg. von Rolf Tiedemann. 2. Aufl. Frankfurt a. M. 1981,
    447–494. (1. Aufl. 1973).
Adorno, Theodor W.: Philosophische Terminologie. 2 Bde. Hrsg. von Rudolf Lippe.
    3. Aufl. Frankfurt a. M. 1979. (1. Aufl. 1973).
Alderman, Harold: Heidegger's Critique of Science and Technology. In: Murray,
    Michael (Ed.): Heidegger and the Modern Thought. New Haven 1978, 35–50.
Allemann, Beda: Hölderlin und Heidegger. Zürich/Freiburg 1954.
Dem Andenken Martin Heideggers. Zum 26. Mai 1976. Frankfurt a. M. 1977.
Anteile. Martin Heidegger zum 60. Geburtstag. Frankfurt a. M. 1950.
Arens, Hans: Sprachwissenschaft. Der Gang ihrer Entwicklung von der Antike bis
    zur Gegenwart. 2. stark erw. Aufl. Freiburg/München 1969.
Aristoteles: Metaphysik. Griechisch-Deutsch. 2 Bde. In der Übersetzung von Her-
    mann Bonitz. Neu bearb., mit Einleitung und Kommentar hrsg. von Horst Seidl.
    Hamburg 1978, 1980.
Aristoteles: Physikvorlesung. Übersetzt von Hans Wagner. 3. Aufl. Darmstadt 1979.
    (= Aristoteles Werke in deutscher Übersetzung. Hrsg. von Hellmut Flashar.
    Bd. 11).
Bachelard, Gaston: Poetik des Raumes. Deutsch von Kurt Leonhard. Frankfurt a. M./
    Berlin/Wien 1975. (Franz. Original Paris 1958).
Baruzzi, Arno: Untersuchungen zur Philosophie als Zeitkritik im Hinblick auf Mar-
    tin Heidegger. München 1974. (Phil. Diss. München 1965).
Bast, Rainer A.: Philologisches zur 15. Aufl. von »Sein und Zeit« und zum »Huma-
    nismusbrief«, I. In: Man and World 13 (1980) 241–250.

Bast, Rainer A. und Heinrich P. Delfosse: Philologisches zu den beiden Neuausgaben von »Sein und Zeit«. In: Philos. Jahrbuch 86 (1979) 184–192.

Bast, Rainer A. und Heinrich P. Delfosse: Handbuch zum Textstudium von Martin Heideggers »Sein und Zeit«. Bd 1: Stellenindizes, philologisch-kritischer Apparat. Stuttgart 1980.

Beierwaltes, Werner: Identität und Differenz. Zum Prinzip cusanischen Denkens. Opladen 1977.

Beißner, Friedrich: Hölderlins Übersetzungen aus dem Griechischen. 2. Aufl. Stuttgart 1961. (1. Aufl. 1933).

Benn, Gottfried: Gesammelte Werke. 4 Bde. Hrsg. von Dieter Wellershoff. 4. Aufl. Wiesbaden 1977.

Biemel, Walter: Heideggers Begriff des Daseins. In: Studia Catholica 24 (1949) 113–129.

Biemel, Walter: Philosophische Analysen zur Kunst der Gegenwart. Den Haag 1968.

Biemel, Walter: Dichtung und Sprache bei Heidegger. In: Man and World 1 (1969) 487–517.

Biemel, Walter: Martin Heidegger in Selbstzeugnissen und Bilddokumenten. 3. Aufl. Reinbek 1976. (1. Aufl. 1973).

Biemel, Walter: Heideggers Deutung des Heiligen bei Hölderlin. In: Kerygma und Mythos VI, Hamburg 1976, 181–190.

Biemel, Walter: Heideggers Stellung zur Phänomenologie in der Marburger Zeit. In: Orth, Ernst W. (Hrsg.): Husserl, Scheler, Heidegger in der Sicht neuerer Quellen. Freiburg/München 1978, 141–223. (= Phänomenologische Forschungen 6/7).

Biemel, Walter: The Development of Heidegger's Concept of the Thing. In: The Southwestern Journal of Philosophy XI (1980) 47–64.

Binswanger, Ludwig: Grundformen und Erkenntnis menschlichen Daseins. 3. Aufl. München 1963. (1. Aufl. 1942).

Birnbacher, Dieter (Hrsg.): Ökologie und Ethik. Stuttgart 1980.

Bloch, Ernst: Das Prinzip Hoffnung. 3 Bde. Frankfurt a. M. 1977. (= Gesamtausgabe Bd. 5).

Bock, Irmgard: Heideggers Sprachdenken. Meisenheim 1966.

Böschenstein, Bernhard: Hölderlins Rheinhymne. Zürich/Freiburg 1959.

Böschenstein, Bernhard: Die Dichtung Hölderlins. Analyse ihrer Interpretation durch Martin Heidegger. In: Zeitwende 48 (1977) 79–97.

Bohrmann, Katharina: Die Welt als Verhältnis. Untersuchungen zu einem Grundgedanken in den späten Schriften Martin Heideggers. Bern/New York/Frankfurt a. M. 1983.

Bollnow, Otto Friedrich: Das Wesen der Stimmungen. 6. Aufl. Frankfurt a. M. 1980. (1. Aufl. 1941; 3. erw. Aufl. 1956).

Bollnow, Otto Friedrich: Existenzphilosophie. 9. Aufl. Stuttgart 1984. (1. Aufl. 1943).

Bollnow, Otto Friedrich: Heideggers neue Kehre. In: ZRGG 2 (1949/50) 113–128.

Bollnow, Otto Friedrich: Neue Geborgenheit. Das Problem der Überwindung des Existentialismus. 4. überarb. Aufl. Stuttgart 1979. (1. Aufl. 1955).

Bollnow, Otto Friedrich: Unruhe und Geborgenheit im Weltbild neuerer Dichter. Acht Essays. Stuttgart 1955.

Bollnow, Otto Friedrich: Mensch und Raum. 4. Aufl. Stuttgart 1980. (1. Aufl. 1963).

Bollnow, Otto Friedrich: Das Verhältnis zur Zeit. Ein Beitrag zur pädagogischen Anthropologie. Heidelberg 1972.

Bollnow, Otto Friedrich: Wächst das Rettende? In: Zeitwende 48 (1977) 97–115.

Buber, Martin: Das Problem des Menschen. 5. verb. Aufl. Heidelberg 1982. (1. Aufl. 1948).

Bucher, Alexius J.: Metaphysikkritik als Begriffsproblematik auf dem Denkweg Martin Heideggers. Bonn 1972.

Buddeberg, Else: Dichten und Denken des Seins. Heidegger, Rilke. Stuttgart 1956.

Buytendijk, Frederick J. J.: Wesen und Sinn des Spiels. Das Spielen der Menschen und der Tiere als Erscheinungsform der Lebenstriebe. Berlin 1934. (Niederländisches Original Amsterdam 1932).

Capelle, Wilhelm (Hrsg.): Die Vorsokratiker. Die Fragmente und Quellenberichte übersetzt und eingeleitet von W. Capelle. 6. Aufl. Stuttgart 1968. (1. Aufl. 1935).

Capurro, Rafael: Heidegger über Sprache und Information. In: Philos. Jahrbuch 88 (1981) 333–343.

Capurro, Rafael: Hermeneutik der Fachinformation. Freiburg/München 1986.

Caputo, John D.: Being, Ground and Play in Heidegger. In: Man and World 3 (1970) 26–48.

Carnap, Rudolf: Überwindung der Metaphysik durch logische Analyse der Sprache. In: Erkenntnis 2 (1931) 219–241.

Carnap, Rudolf: Empiricism, Semantics and Ontology. In: Revue Intern. de Philos. XI (1950) 20–40. (Deutsch in: Stegmüller, Wolfgang (Hrsg.): Das Universalien-Problem. Darmstadt 1978, 338–361).

Cassirer, Ernst: Hölderlin und der deutsche Idealismus. In: ders.: Idee und Gestalt. Goethe – Schiller – Hölderlin – Kleist. Nachdruck Darmstadt 1975, 113–155. (1. Aufl. Berlin 1920).

Cousineau, Robert H.: Heidegger, Humanism and Ethics. An Introduction to the Letter on Humanism. With a critical Bibliography. Louvain 1972.

Demske, James M.: Sein, Mensch und Tod. Das Todesproblem bei Martin Heidegger. Freiburg/München 1963.

Derrida, Jacques: Grammatologie. Aus dem Franz. von Hans-Jörg Rheinberger und Hanns Zischler. Frankfurt a. M. 1983. (Franz. Original Paris 1967).

Derrida, Jacques: Fines Hominis (1968). Aus dem Franz. von Henriette Beese. In: ders.: Randgänge der Philosophie. Frankfurt a. M./Berlin/Wien 1976, 88–123. (Franz. Original Paris 1972).

Derrida, Jacques: Ousia und Gramme (1968). Aus dem Franz. von Eva Pfaffenberger-Brückner. In: ders.: Randgänge der Philosophie. Frankfurt a. M./Berlin/Wien 1976, 38–87. (Franz. Original Paris 1972).

Dessauer, Friedrich: Streit um die Technik. 2. erw. Aufl. Frankfurt a. M. 1958.

Diels, Hermann und Walter Kranz (Hrsg.): Die Fragmente der Vorsokratiker. Griechisch und Deutsch. 3 Bde. 17. Aufl. Bern 1974.

Diemer, Alwin: Einführung in die Ontologie. Meisenheim 1959.

Dilthey, Wilhelm: Das Erlebnis und die Dichtung. Lessing – Goethe – Novalis – Hölderlin. 15. Aufl. Göttingen 1970. (1. Aufl. 1905).

Dilthey, Wilhelm: Der Aufbau der geschichtlichen Welt in den Geisteswissenschaften (1910). 5. Aufl. Göttingen 1968. (= Werke VII).

Dürkheim, Graf K. von: Untersuchungen zum gelebten Raum. In: Neue Psychologische Studien 6 (1932) 383ff.

Durchblicke. Martin Heidegger zum 80. Geburtstag. Hrsg. von Vittorio Klostermann. Frankfurt a. M. 1970.

Erinnerung an Martin Heidegger. Hrsg. von Günter Neske. Pfullingen 1977.

Fahrenbach, Helmut: Existenzphilosophie und Ethik. Frankfurt a. M. 1970.

Fahrenbach, Helmut: Heidegger und das Problem einer »philosophischen« Anthropologie. In: Durchblicke, 1970, 97–131.

Feick, Hildegard: Index zu Heideggers »Sein und Zeit«. 2. neubearb. Aufl. Tübingen 1968.

Fink, Eugen: Oase des Glücks. Gedanken zu einer Ontologie des Spiels. Freiburg/München 1957.

Fink, Eugen: Spiel als Weltsymbol. Stuttgart 1960.

Die Frage Martin Heideggers. Beiträge zu einem Kolloquium mit Heidegger aus Anlaß seines 80. Geburtstags. Hrsg. von Hans-Georg Gadamer. Heidelberg 1969.

Franzen, Winfried: Von der Existenzialontologie zur Seinsgeschichte. Eine Untersuchung über die Entwicklung der Philosophie Martin Heideggers. Meisenheim 1975.

Fürstenau, Peter: Heidegger. Das Gefüge seines Denkens. Frankfurt a. M. 1958.

Funke, Gerhard: Zur transzendentalen Phänomenologie. Bonn 1957.

Funke, Gerhard: Gewohnheit. Bonn 1958. (= Archiv für Begriffsgeschichte 3).

Funke, Gerhard: Ethos: Gewohnheit, Sitte, Sittlichkeit. In: Archiv für Rechts- und Sozialphilosophie XLVII (1961) 1–80.

Funke, Gerhard: Phänomenologie – Metaphysik oder Methode? 3. verb. Aufl. Bonn 1979. (1. Aufl. 1966).

Gadamer, Hans-Georg: Wahrheit und Methode. Grundzüge einer philosophischen Hermeneutik. 4. erw. Aufl. Tübingen 1975. (1. Aufl. 1960).

Gadamer, Hans-Georg: Die Wahrheit des Kunstwerks (1960). In: ders.: Heideggers Wege. Studien zum Spätwerk. Tübingen 1983, 81–93.

Gadamer, Hans-Georg: Über leere und erfüllte Zeit. In: Die Frage Martin Heideggers, 1969, 17–35.

Gadamer, Hans-Georg: Philosophische Lehrjahre. Eine Rückschau. Frankfurt a. M. 1977.

Gadamer, Hans-Georg, Werner Marx und Carl Friedrich von Weizsäcker: Heidegger. Freiburger Universitätsvorträge zu seinem Gedenken. Freiburg/München 1977.

Zum Gedenken an Martin Heidegger 1889–1976. Hrsg. von der Stadt Meßkirch. Meßkirch 1977.

Gehlen, Arnold: Der Mensch. Seine Natur und seine Stellung in der Welt. 12. Aufl. Wiesbaden 1978. (1. Aufl. Berlin 1940).

Gehlen, Arnold: Die Seele im technischen Zeitalter. Sozialpsychologische Probleme in der industriellen Gesellschaft. Reinbek 1956.

Gehlen, Arnold: Moral und Hypermoral. Eine pluralistische Ethik. Wiesbaden 1969.

Gethmann, Carl Friedrich: Zu Heideggers Wahrheitsbegriff. In: Kant-Studien 65 (1974) 186–200.

Gipper, Helmut: Bausteine zur Sprachinhaltsforschung. Neuere Sprachbetrachtung im Austausch mit Geistes- und Naturwissenschaft. 2. verb. Aufl. Düsseldorf 1969. (1. Aufl. 1963).

Görland, Ingtraud: Transzendenz und Selbst. Eine Phase in Heideggers Denken. Frankfurt a. M. 1981.

Gosztonyi, Alexander: Der Raum. Geschichte seiner Probleme in Philosophie und Wissenschaften. 2 Bde. Freiburg/München 1976.

Grassi, Ernesto: Heideggers These vom Ende der Philosophie und die humanistische Überlieferung. In: ZfpF 34 (1980) 343–360.

Gundolf, Friedrich: Hölderlins Archipelagus. Heidelberg 1911.

Guzzoni, Alfredo: Ontologische Differenz und Nichts. In: Martin Heidegger zum 70. Geburtstag, 1959, 35–48.

Guzzoni, Ute: »Anspruch« und »Entsprechung« und die Frage der Intersubjektivität. In: Nachdenken über Heidegger, 1980, 117–185.

Habermas, Jürgen: Technik und Wissenschaft als »Ideologie«. Frankfurt a. M. 1968.

Habermas, Jürgen: Der philosophische Diskurs der Moderne. Zwölf Vorlesungen. Frankfurt a. M. 1985.

Haeffner, Gerd: Heideggers Begriff der Metaphysik. 2. Aufl. München 1981. (1. Aufl. 1974).

Heftrich, Eckhard: Die Philosophie und Rilke. Freiburg/München 1962.

Heftrich, Eckhard: Nietzsche im Denken Heideggers. In: Durchblicke, 1970, 331–349.

Hegel, Gottfried Wilhelm Friedrich: Theoriewerkausgabe in 20 Bdn. Hrsg. von Eva Moldenhauer und Karl Markus Michel. Frankfurt a. M. 1969ff.

Heidegger. Perspektiven zur Deutung seines Werks. Hrsg. von Otto Pöggeler. 2. Aufl. Königstein 1984. (1. Aufl. Köln 1969).

Heidegger Studies. Vol. 1. Ed. by Parvis Emad and Kenneth Maly. Oak Brook, Illinois 1985.

Heidemann, Ingeborg: Der Begriff des Spieles und das ästhetische Weltbild in der Philosophie der Gegenwart. Berlin 1968.

Heidrich, P. und U. Dierse: Gelassenheit. In: Historisches Wörterbuch der Philosophie. Hrsg. von Joachim Ritter u. a. Bd. 3, Basel 1974, 219–224.

Heinz, Marion: Zeitlichkeit und Temporalität. Die Konstitution der Existenz und die Grundlegung einer temporalen Ontologie im Frühwerk Martin Heideggers. Würzburg 1982.

Heisenberg, Werner: Das Naturbild der heutigen Physik. In: Die Künste im technischen Zeitalter. Hrsg. von der Bayerischen Akademie der schönen Künste. München 1954, 43–67.

Heisenberg, Werner: Das Naturbild der heutigen Physik. Reinbek 1955.

Heisenberg, Werner: Physik und Philosophie. Frankfurt a. M./Berlin/Wien 1959.

Helbig, Gerhard: Geschichte der neueren Sprachwissenschaft. 4. Aufl. Reinbek 1979. (1. Aufl. Leipzig 1970).

Held, Klaus: Der Logos-Gedanke des Heraklit. In: Durchblicke, 1970, 162–206.

Hennigfeld, Jochen: Die Sprachphilosophie des 20. Jahrhunderts. Berlin 1982.

Herrmann, Friedrich-Wilhelm von: Die Selbstinterpretation Martin Heideggers. Meisenheim 1964.

Herrmann, Friedrich-Wilhelm von: Sein und Cogitationes – Zu Heideggers Descartes-Kritik. In: Durchblicke, 1970, 235–254.

Herrmann, Friedrich-Wilhelm von: Subjekt und Dasein. Interpretationen zu »Sein und Zeit«. Frankfurt a. M. 1974. 2. wesentlich erw. Aufl. Frankfurt a. M. 1985.

Herrmann, Friedrich-Wilhelm von: Fichte und Heidegger. Phänomenologische Anmerkungen zu ihren Grundstellungen. In: Der Idealismus und seine Gegenwart. Festschrift für Werner Marx. Hrsg. von Ute Guzzoni, Bernhard Rang und Ludwig Siep. Hamburg 1976, 231–256.

Herrmann, Friedrich-Wilhelm von: Heideggers Philosophie der Kunst. Eine systematische Interpretation der Holzwege-Abhandlung »Der Ursprung des Kunst-werkes«. Frankfurt a. M. 1980.

Herrmann, Friedrich-Wilhelm von: Der Begriff der Phänomenologie bei Heidegger und Husserl. Frankfurt a. M. 1981.

Herrmann, Friedrich-Wilhelm von: Die Edition der Vorlesungen Heideggers in sei-ner Gesamtausgabe letzter Hand. In: Freiburger Universitätsblätter 78 (1982) 85–102.

Herrmann, Friedrich-Wilhelm von: Dichterische Einbildungskraft und andenkendes Denken. In: Distanz und Nähe. Reflexionen und Analysen zur Kunst der Gegen-wart. Festschrift für Walter Biemel. Hrsg. von Petra Jaeger und Rudolf Lüthe. Würzburg 1983, 23–64.

Herrmann, Friedrich-Wilhelm von: Kunst und Technik. In: Heidegger Studies 1 (1985) 25–62.

Hirsch, Walter: Platon und das Problem der Wahrheit. In: Durchblicke, 1970, 207–234.

Hölderlin, Friedrich: Sämtliche Werke. 8 Bde. Hrsg. von Friedrich Beißner. Stutt-gart 1943ff. (= Große Stuttgarter Ausgabe).

Hof, Walter: Hölderlins Stil als Ausdruck seiner geistigen Welt. Meisenheim 1954.

Hof, Walter: Zur Frage einer späten »Wendung« oder »Umkehr« Hölderlins. In: Hölderlin-Jahrbuch 11 (1958–60) 120–159.

Hoppe, Hansgeorg: Wandlungen in der Kant-Auffassung Heideggers. In: Durch-blicke, 1970, 284–317.

Huizinga, Johan: Homo Ludens. Vom Ursprung der Kultur im Spiel. Aus dem Niederländischen von H. Nachod. 14. Aufl. Reinbek 1981. (Niederländisches Original 1938).

Husserl, Edmund: Vorlesungen zur Phänomenologie des inneren Zeitbewußtseins. Hrsg. von Martin Heidegger. Tübingen 1928. Nachdruck 1980.

Ignatow, Assen: Heidegger und die philosophische Anthropologie. Eine Untersu-chung über die anthropologische Dimension des Heideggerschen Denkens. Mei-senheim 1979.

Jaeger, Hans: Heidegger und die Sprache. Bern 1971.

Jaeger, Petra: Heideggers Ansatz zur Verwindung der Metaphysik in der Epoche von »Sein und Zeit«. Frankfurt a. M./Bern 1976.

Jammer, Max: Das Problem des Raumes. Die Entwicklung der Raumtheorien. Deutsch von Paul Wilpert. 2. erw. Aufl. Darmstadt 1980. (Englisches Original Cambridge 1954).

Jánoska, Georg: Die sprachlichen Grundlagen der Philosophie. Graz 1962.

Janke, Wolfgang: Die Zeitlichkeit der Repräsentation – Zur Seinsfrage bei Leibniz. In: Durchblicke, 1970, 255–283.

Janke, Wolfgang: Existenzphilosophie. Berlin 1982.

Jaspers, Karl: Die Atombombe und die Zukunft des Menschen. Politisches Bewußt-sein in unserer Zeit. München 1958.

Jaspers, Karl: Chiffren der Transzendenz. Hrsg. von Hans Saner. 3. Aufl. München 1977. (1. Aufl. 1970).

Jaspers, Karl: Notizen zu Martin Heidegger. Hrsg. von Hans Saner. München 1978.

Jaspers, Karl und Rudolf Bultmann: Die Frage der Entmythologisierung. 2. Aufl. München 1981. (1. Aufl. 1953).

Jonas, Hans: Das Prinzip Verantwortung. Versuch einer Ethik für die technologische Zivilisation. Frankfurt a. M. 1979.

Jünger, Ernst: Über die Linie. In: Anteile, 1950, 245–283.

Kant, Immanuel: Werke. 6 Bde. Hrsg. von Wilhelm Weischedel. 4. Aufl. Darmstadt 1959.

Kahn, Charles H.: The Verb »Be« in Ancient Greek. Dordrecht 1973.

Kawahara, Eiho: Heidegger und Hölderlin. In: Bugakukenkyuka Kiyo Nr. 29, Daigakuia Bungakukenkyuka: Waseda Univ. 1983, 1–7.

Kayser, Wolfgang: Wandlungen im Gebrauch der verbalen Präfixe in der deutschen Sprache des 18. Jahrhunderts (1950). In: ders.: Die Vortragsreise. Studien zur Literatur. Bern 1958, 9–38.

Kisiel, Theodore: Der Zeitbegriff beim frühen Heidegger (um 1925). In: Orth, Ernst W. (Hrsg.): Zeit und Zeitlichkeit bei Husserl und Heidegger. Freiburg/München 1983, 192–211. (= Phänomenologische Forschungen 14).

Kluge, Friedrich: Etymologisches Wörterbuch der deutschen Sprache. 21. Aufl., bearbeitet von Walther Mitzka. Berlin/New York 1975.

Köchler, Hans: Der innere Bezug von Anthropologie und Ontologie. Das Problem der Anthropologie im Denken Martin Heideggers. Meisenheim 1974.

Kraft, Peter B.: Das andersanfängliche Wesen der Kunst. Zur Bedeutung von Kunstwerk, Dichtung und Sprache im Denken Martin Heideggers. Frankfurt a. M./Bern 1984.

Krüger, Gerhard: Martin Heidegger und der Humanismus. Zur Auseinandersetzung mit den Schriften »Platons Lehre von der Wahrheit« und »Brief über den Humanismus«. In: Studia Philosophica 9 (1949) 93–129.

Kutschera, Franz von: Sprachphilosophie. 2. völlig neu bearb. und erw. Aufl. München 1975.

Löwith, Karl: Heideggers »Kehre«. In: Die neue Rundschau 62 (1951) 48–79.

Löwith, Karl: Heidegger. Denker in dürftiger Zeit. Frankfurt a. M. 1953. 2. überarb. Aufl. Göttingen 1960.

Löwith, Karl: Heidegger – Denker in dürftiger Zeit. Zur Stellung der Philosophie im 20. Jahrhundert. Hrsg. von Klaus Stichweh. Stuttgart 1984. (= Sämtliche Schriften Bd. 8).

Löwith, Karl: Das Individuum in der Rolle des Mitmenschen. München 1928. 2. Aufl. Darmstadt 1969. (Auch in Sämtliche Schriften Bd. 1).

Lohmann, Johannes: M. Heideggers »ontologische Differenz« und die Sprache. In: Lexis 1 (1948) 49–105.

Loscerbo, John: Being and Technology. A Study in the Philosophy of Martin Heidegger. Den Haag 1981.

Lotz, Johannes B.: Martin Heidegger und Thomas von Aquin. Mensch – Zeit – Sein. Pfullingen 1975.

Marcuse, Herbert: Der eindimensionale Mensch. Studien zur Ideologie der fortgeschrittenen Industriegesellschaft. Deutsch von Alfred Schmidt. 17. Aufl. Neuwied 1982. (Engl. Original Boston 1964).

Marten, Rainer: Heideggers Heimat – eine philosophische Herausforderung. In: Nachdenken über Heidegger, 1980, 136–159.

Martin Heidegger zum 70. Geburtstag. Festschrift. Hrsg. von Günther Neske. Pfullingen 1959.

Martin Heidegger. Fragen an sein Werk. Ein Symposium. Stuttgart 1977.

Martin Heideggers Einfluß auf die Wissenschaften. Aus Anlaß des 60. Geburtstages
verfaßt von C. Astrada u. a. Bern 1949.

Marx, Werner: Heidegger und die Tradition. Eine problemgeschichtliche Einführung
in die Grundbestimmungen des Seins. 2. durchges. Aufl. Hamburg 1980. (1. Aufl.
Stuttgart 1961).

Marx, Werner: Die Bestimmung des andersanfänglichen Denkens. In: ders.: Vernunft und Welt. Zwischen Tradition und anderem Anfang. Den Haag 1970, 78–97.

Marx, Werner: Die Welt im anderen Anfang – die Rolle des Dichters und das »dichterische Wohnen«. In: ders.: Vernunft und Welt. Zwischen Tradition und anderem
Anfang. Den Haag 1970, 98–112.

Marx, Werner: Das Denken und seine Sache. In: Gadamer, H.-G., W. Marx und
C. F. von Weizsäcker: Heidegger. Freiburger Universitätsvorträge zu seinem Gedenken. Freiburg/München 1977, 11–42.

Marx, Werner: Die Sterblichen. In: Nachdenken über Heidegger, 1980, 160–175.

Marx, Werner: Gibt es auf Erden ein Maß? Grundbestimmungen einer nichtmetaphysischen Ethik. Hamburg 1983.

Marx, Werner: Reflexionen zu einer nichtmetaphysischen Nächstenethik. In: Isen-
see, Josef u. a.: Reden zum 50. Doktorjubiläum von Werner Marx. Bonn 1984,
21–37.

Marx, Werner: Ethos und Lebenswelt. Mitleidenkönnen als Maß. Hamburg 1986.

Maurer, Reinhart: Revolution und »Kehre«. Studien zum Problem gesellschaftlicher
Naturbeherrschung. Frankfurt a. M. 1975.

Maurer, Reinhart: Ökologische Ethik? In: Allgemeine Zeitschrift für Philos. 7 (1982)
17–39.

Maurer, Reinhart: Ökologische Ethik. In: Beer, W. und G. de Haan (Hrsg.): Öko-
pädagogik. Weinheim/Basel 1984, 57–68.

Meadows, Dennis u. a.: Die Grenzen des Wachstums. Bericht des Club of Rome zur
Lage der Menschheit. Aus dem Englischen von Klaus-Dieter Heck. Reinbek 1974.

Meulen, Jan van der: Heidegger und Hegel oder Widerstreit und Widerspruch. Meisenheim 1953.

Michel, Wilhelm: Hölderlins abendländische Wendung. Jena 1923.

Minder, Robert: Heidegger und Hebel oder die Sprache von Meßkirch. In: ders.:
»Hölderlin unter den Deutschen« und andere Aufsätze zur deutschen Literatur.
Frankfurt a. M. 1968, 86–153.

Minkowski, Eugène: Die gelebte Zeit. 2 Bde. Aus dem Französischen von M. Perrez
und L. Kayser. 2. Aufl. Salzburg 1971. (Franz. Original 1933).

Mongis, Henri: Heidegger et la Critique de la Notion de Valeur. La Destruction de la
Fondation Métaphysique. Avec Lettrépreface de Martin Heidegger. Den Haag
1976.

Müller, Max: Existenzphilosophie im geistigen Leben der Gegenwart. 3., wesentlich
erw. und verb. Aufl. Heidelberg 1964. (1. Aufl. 1949).

Müller, Severin: Dimension und Mehrdeutigkeit der Technik. Die Erörterung des
Technischen bei Martin Heidegger und in der gegenwärtigen Reflexion. In: Philos.
Jahrbuch 90 (1983) 277–298.

Müller-Lauter, Wolfgang: Der Vorrang der Möglichkeit vor der Wirklichkeit im
Denken Martin Heideggers. Phil. Diss. Berlin 1960.

Nachdenken über Heidegger. Eine Bestandsaufnahme. Hrsg. von Ute Guzzoni. Hil-
desheim 1980.

Nietzsche, Friedrich: Werke in 3 Bdn. Hrsg. von Karl Schlechta. 2., überarb. Aufl. München 1960.

Nietzsche, Friedrich: Kritische Gesamtausgabe der Werke. 30 Bde. Hrsg. von Giorgio Colli und Mazzino Montinari. Berlin 1967ff. (= KGW).

Ott, Heinrich: Denken und Sein. Der Weg Martin Heideggers und der Weg der Theologie. Zollikon 1959.

Petzet, Heinrich Wiegand: Auf einen Stern zugehen. Begegnungen mit Martin Heidegger 1929–1976. Frankfurt a. M. 1983.

Pflaumer, Ruprecht: Sein und Mensch im Denken Heideggers. In: Philos. Rundschau 13 (1966) 161–234.

Platon: Studienausgabe in 8 Bdn. Griechisch-Deutsch. Hrsg. und überarb. von Gunther Eigler u. a. Darmstadt 1970ff.

Pöggeler, Otto: Sein als Ereignis (1959). In: ders.: Heidegger und die hermeneutische Philosophie. Freiburg/München 1983, 71–138.

Pöggeler, Otto: Dichtungstheorie und Toposforschung. In: Jahrbuch für Ästhetik und allgemeine Kunstwissenschaft 5 (1960) 89–201.

Pöggeler, Otto: Metaphysik und Seinstopik bei Heidegger. In: Philos. Jahrbuch 70 (1962) 118–137.

Pöggeler, Otto: Der Denkweg Martin Heideggers. Pfullingen 1963.

Pöggeler, Otto: Existenziale Anthropologie. In: Die Frage nach dem Menschen. Aufriß einer philosophischen Anthropologie. Festschrift für Max Müller. Hrsg. von Heinrich Rombach. Freiburg/München 1966, 443–460.

Pöggeler, Otto: Dialektik und Topik. In: Hermeneutik und Dialektik. Festschrift für Hans-Georg Gadamer. Hrsg. von R. Bubner, K. Cramer und R. Wiehl. Tübingen 1970, Bd. 2, 273–310.

Pöggeler, Otto: Philosophie und Politik bei Heidegger. 2., um ein Nachwort erw. Aufl. Freiburg/München 1974. (1. Aufl. 1972).

Pöggeler, Otto: »Geschichtlichkeit« im Spätwerk Heideggers (Engl. 1973). In: ders.: Heidegger und die hermeneutische Philosophie. Freiburg/München 1983, 139–170.

Pöggeler, Otto: Es fehlen heilige Namen. Das Denken Martin Heideggers in seinem Bezug auf Hölderlin. In: Zeitwende 48 (1977) 65–79.

Pöggeler, Otto: Heideggers Begegnung mit Hölderlin. In: Man and World 10 (1977) 13–61.

Pöggeler, Otto: Heideggers Neubestimmung des Phänomenbegriffs. In: Orth, Ernst W. (Hrsg.): Neuere Entwicklungen des Phänomenbegriffs. Freiburg/München 1980, 124–162. (= Phänomenologische Forschungen 9).

Pöggeler, Otto: Neue Wege mit Heidegger? In: Philos. Rundschau 29 (1982) 9–71.

Pöggeler, Otto: Heidegger und das Problem der Zeit. In: L'Héritage de Kant. Mélanges Philosophiques offertes au P. Marcel Régnier. Paris 1982, 287–307.

Pöggeler, Otto: Zeit und Sein bei Heidegger. In: Orth, Ernst W. (Hrsg.): Zeit und Zeitlichkeit bei Husserl und Heidegger. Freiburg/München 1983, 152–191. (= Phänomenologische Forschungen 14).

Pöggeler, Otto: Heidegger und die hermeneutische Philosophie. Freiburg/München 1983.

Pöggeler, Otto und Friedrich Hogemann: M. Heidegger: Zeit und Sein. In: Grundprobleme der großen Philosophen. Philosophie der Gegenwart V. Hrsg. von Josef Speck. Göttingen 1982, 48–86.

Pugliese, Orlando: Vermittlung und Kehre. Grundzüge des Geschichtsdenkens bei Martin Heidegger. Freiburg/München 1965.

Quine, Willard van Orman: From a Logical Point of View. Nine Logico-Philosophical Essays. Cambridge 1953. (Deutsch: Von einem logischen Standpunkt. Neun logisch-philosophische Essays. Übersetzt von Peter Bosch. Frankfurt a. M./Berlin/Wien 1979).

Quine, Willard van Orman: Word and Object. Cambridge 1960. (Deutsch: Wort und Gegenstand. Übersetzt von Joachim Schulte. Stuttgart 1980).

Quine, Willard van Orman: Ontological Relativity and other Essays. New York 1969. (Deutsch: Ontologische Relativität und andere Schriften. Übersetzt von Wolfgang Spohn. Stuttgart 1975).

Rechsteiner, Alois: Wesen und Sinn von Sein und Sprache bei Martin Heidegger. Bern 1977.

Richardson, William J.: Heidegger. Through Phenomenology to Thought. Preface by Martin Heidegger. Den Haag 1963.

Richardson, William J.: Heideggers Weg durch die Phänomenologie zum Seinsdenken. In: Philos. Jahrbuch 72 (1964/65) 385–396.

Rintelen, Fritz-Joachim von: Philosophie der Endlichkeit als Spiegel der Gegenwart. Meisenheim 1951.

Rintelen, Fritz-Joachim von: Humanismus und Existenzialismus Heideggers. In: Staat und Gesellschaft. Festschrift für Günther Küchenhoff. Hrsg. von Franz Mayer. Göttingen 1967, 173–183.

Rombach, Heinrich: Zur Phänomenologie des gegenwärtigen Bewußtseins. Freiburg/München 1980.

Rosales, Alberto: Transzendenz und Differenz. Ein Beitrag zum Problem der ontologischen Differenz beim frühen Heidegger. Den Haag 1970.

Rosales, Alberto: Zum Problem der Kehre im Denken Heideggers. In: ZfpF 38 (1984) 241–262.

Ryan, Lawrence: Hölderlins Lehre vom Wechsel der Töne. Stuttgart 1960.

Ryan, Lawrence: Hölderlins »Hyperion«. Exzentrische Bahn und Dichterberuf. Stuttgart 1965.

Sartre, Jean-Paul: Das Sein und das Nichts. Versuch einer phänomenologischen Ontologie. Deutsch von Justus Streller u. a. 5. Aufl. Reinbek 1976. (Franz. Original Paris 1943).

Sartre, Jean-Paul: Ist der Existentialismus ein Humanismus? In: ders.: Drei Essays. Deutsch von Walter Schmiele. Frankfurt a. M./Berlin/Wien 1975, 7–51. (Franz. Original Paris 1946).

Sartre, Jean-Paul: Bewußtsein und Selbsterkenntnis. Die Seinsdimension des Subjekts. Deutsch von M. Fleischer und H. Schöneberg. Reinbek 1973. (Franz. Original Paris 1948).

Sass, Hans-Martin: Heidegger-Bibliographie. Meisenheim 1968.

Sass, Hans-Martin: Materialien zur Heidegger-Bibliographie 1917–1972. Meisenheim 1975.

Sass, Hans-Martin: Martin Heidegger: Bibliography and Glossary. Bowling Green, Ohio 1982.

Savigny, Eike von: Die Philosophie der normalen Sprache. Eine kritische Einführung in die »ordinary language philosophy«. Völlig neu bearb. Ausgabe. Frankfurt a. M. 1974.

Schaaf, Julius Jakob: Das Sein Heideggers als Beziehung. In: Perspektiven der Philosophie. Neues Jahrbuch 9 (1983) 31–40.

Schadewaldt, Wolfgang: Das Bild der exzentrischen Bahn bei Hölderlin. In: Hölderlin-Jahrbuch (1952) 1–16.

Schadewaldt, Wolfgang: Die Anfänge der Philosophie bei den Griechen. Die Vorsokratiker und ihre Voraussetzungen. Tübinger Vorlesungen Bd. 1. Hrsg. von I. Schudoma. Frankfurt a. M. 1978.

Schaeffler, Richard: Frömmigkeit des Denkens? Martin Heidegger und die katholische Theologie. Darmstadt 1978.

Schirmacher, Wolfgang: Ereignis Technik. Heidegger und die Frage nach der Technik. Phil. Diss. Hamburg 1980.

Schirmacher, Wolfgang: Gelassenheit bei Schopenhauer und Heidegger. In: Schopenhauer-Jahrbuch 63 (1982) 54–66.

Schirmacher, Wolfgang: Bauen, Wohnen, Denken. Ethische Konsequenzen der Naturphilosophie Martin Heideggers. In: Philos. Jahrbuch 89 (1982) 405–410.

Schirmacher, Wolfgang: Technik und Gelassenheit. Zeitkritik *nach* Heidegger. Freiburg/München 1983.

Schlüter, Jochen: Heidegger und Parmenides. Ein Beitrag zu Heideggers Parmenidesauslegung und zur Vorsokratiker-Forschung. Bonn 1979.

Schmidt, Jochen: Hölderlins Elegie »Brod und Wein«. Die Entwicklung des hymnischen Stils in der elegischen Dichtung. Berlin 1968.

Schmidt, Jochen: Hölderlins letzte Hymnen »Andenken« und »Mnemosyne«. Tübingen 1970.

Schöfer, Erasmus: Die Sprache Martin Heideggers. Pfullingen 1962.

Schopenhauer, Arthur: Werke in 10 Bdn. Redaktion von Claudia Schmölders, Fritz Senn und Gerd Haffmanns. Zürich 1977. (= Züricher Ausgabe).

Schulz, Walter: Über den philosophiegeschichtlichen Ort Martin Heideggers (1953/54). In: Heidegger. Perspektiven zur Deutung seines Werks, 1969, 95–139.

Schulz-Seitz, Ruth-Eva: Bevestigter Gesang – Bemerkungen zu Heideggers Hölderlin-Auslegung. In: Durchblicke, 1970, 63–96.

Schweppenhäuser, Hermann: Studien über die Heideggersche Sprachtheorie. In: Archiv für Philos. 7 (1957) 279–324 und 8 (1958) 116–144.

Simon, Josef: Sprachphilosophie. Freiburg/München 1981.

Sinn, Dieter: Heideggers Spätphilosophie. In: Philos. Rundschau 14 (1967) 81–182.

Specht, Ernst Konrad: Sprache und Sein. Untersuchungen zur sprachanalytischen Grundlegung der Ontologie. Berlin 1967.

Stegmüller, Wolfgang: Sprache und Logik. In: Studium Generale 9 (1956) 57–77.

Storck, Joachim W.: Rilke und Heidegger. Über die »Zwiesprache« von Dichten und Denken. In: Blätter der Rilke-Gesellschaft 4 (1976) 35–71.

Strawson, Peter F.: Individuals. London 1959. (Deutsch: Einzelding und logisches Subjekt. Ein Beitrag zur deskriptiven Metaphysik. Übersetzt von Freimut Scholz. Stuttgart 1972).

Ströker, Elisabeth: Philosophische Untersuchungen zum Raum. Frankfurt a. M. 1965.

Szondi, Peter: Überwindung des Klassizismus. Der Brief an Böhlendorff vom 4. Dezember 1801 (1964). In: ders.: Schriften. Bd. 1. Hrsg. von Jean Bollak u. a. Frankfurt a. M. 1977, 345–366.

Theunissen, Michael: Der Andere. Studien zur Sozialontologie der Gegenwart. 3. Aufl. Berlin 1981. (1. Aufl. 1965).

Tugendhat, Ernst: Der Wahrheitsbegriff bei Husserl und Heidegger. 2. Aufl. Berlin 1970. (1. Aufl. 1967).

Tugendhat, Ernst: Die sprachanalytische Kritik der Ontologie. In: Gadamer, Hans-Georg (Hrsg.): Das Problem der Sprache. München 1967, 483–493.

Tugendhat, Ernst: »Das Sein und das Nichts«. In: Durchblicke, 1970, 132–161.

Tugendhat, Ernst: Existence in Space and Time. In: Neue Hefte für Philosophie 8 (1975) 14–33.

Tugendhat, Ernst: Vorlesungen zur Einführung in die sprachanalytische Philosophie. Frankfurt a. M. 1976.

Tugendhat, Ernst: Die Seinsfrage und ihre sprachliche Grundlage. In: Philos. Rundschau 24 (1977) 161–176.

Tugendhat, Ernst: Selbstbewußtsein und Selbstbestimmung. Sprachanalytische Interpretationen. Frankfurt a. M. 1979.

Vattimo, Gianni: An-Denken und Grund. In: Nachdenken über Heidegger, 1980, 287–302.

Volkmann-Schluck, Karl-Heinz: Der Satz vom Widerspruch als Anfang der Philosophie. In: Martin Heidegger zum 70. Geburtstag, 1959, 134–150.

Volkmann-Schluck, Karl-Heinz: Einführung in das philosophische Denken. 3. Aufl. Frankfurt a. M. 1981. (1. Aufl. 1965).

Volkmann-Schluck, Karl-Heinz: Das Problem der Sprache. In: Die Frage Martin Heideggers, 1969, 50–61.

Vycinas, Vincent: Earth and Gods. An Introduction to the Philosophy of Martin Heidegger. Den Haag 1961.

Waelhens, Alfons de und Walter Biemel: Heideggers Schrift »Vom Wesen der Wahrheit«. In: Symposion 3 (1952) 471–508.

Weischedel, Wilhelm: Der Gott der Philosophen. Grundlegung einer Philosophischen Theologie im Zeitalter des Nihilismus. 2 Bde. 2. Aufl. München 1979. (1. Aufl. Darmstadt 1971).

Weizsäcker, Carl Friedrich von: Die Verantwortung der Wissenschaft im Atomzeitalter. 6. Aufl. Göttingen 1978. (1. Aufl. 1957).

Weizsäcker, Carl Friedrich von: Sprache als Information (1959). In: ders.: Die Einheit der Natur. 5. Aufl. München 1979, 39–60. (1. Aufl. 1971).

Weizsäcker, Carl Friedrich von: Begegnungen in vier Jahrzehnten. In: Erinnerung an Martin Heidegger, 1977, 239–247.

Weizsäcker, Carl Friedrich von: Der Garten des Menschlichen. Beiträge zur geschichtlichen Anthropologie. München 1977.

Weizsäcker, Carl Friedrich von: Heidegger und die Naturwissenschaft. In: Gadamer, H.-G., W. Marx und C. F. von Weizsäcker: Heidegger. Freiburger Universitätsvorträge zu seinem Gedenken. Freiburg/München 1977, 63–86.

Weizsäcker, Carl Friedrich von: Der bedrohte Friede. Politische Aufsätze 1945–1981. München 1983.

Weizsäcker, Carl Friedrich von: Heisenberg und Heidegger über das Schöne und die Kunst (1978). In: ders.: Wahrnehmung der Neuzeit. München 1983, 147–170.

Weizsäcker, Viktor von: Gestalt und Zeit. 2. Aufl. Göttingen 1960. (1. Aufl. Halle 1942).

Wirkungen Heideggers. Hrsg. von Rüdiger Bubner, Konrad Cramer und Rainer Wiehl. Göttingen 1984. (= Neue Hefte für Philosophie 23).

Wisser, Richard: Die denkende Stimme und ihr Gedanke. In: FAZ 19. 4. 1958. (Franz. in Les Etudes Philosophiques 4 [1958] 495–500).

Wisser, Richard: Wertwirklichkeit und Sinnverständnis. Gedanken zur Philosophie von Fritz-Joachim von Rintelen. In: ders. (Hrsg.): Sinn und Sein. Ein philosophisches Symposion. Tübingen 1960, 611–708.

Wisser, Richard: Rezension zu Otto Friedrich Bollnow: Mensch und Raum. In: Die Welt der Bücher (1964) 12–15.

Wisser, Richard: Humanismus und Wissenschaft in der Sicht Martin Heideggers. In: Integritas. Geistige Wandlung und menschliche Wirklichkeit. Karl Holzamer gewidmet. Hrsg. von Dieter Stolte und Richard Wisser. Tübingen 1966, 141–159.

Wisser, Richard: Der zu sich kommende Mensch und das Sein. Existentialistischer Humanismus (Sartre), Philosophie der möglichen Existenz (Jaspers), Existenziale Analytik des menschlichen Daseins (Heidegger). In: Menschliche Existenz und moderne Welt. Ein internationales Symposion zum Selbstverständnis des heutigen Menschen. Hrsg. von Richard Schwarz. 2 Bde. Berlin 1967, Bd. 1, 245–295.

Wisser, Richard: Verantwortung im Wandel der Zeit. Einübung in geistiges Handeln. Jaspers, Buber, C. F. von Weizsäcker, Guardini, Heidegger. Mainz 1967.

Wisser, Richard: Dimensionen der Verantwortung. In: Begegnung 23 (1968) 103–107.

Wisser, Richard: Martin Heidegger und der Wandel der Wirklichkeit des Wirklichen. In: Areopag 5, München 1970, 70–90.

Wisser, Richard: Die Frage nach dem Menschen. In: Wissenschaft und Weltbild 24 (1971) 176–193.

Wisser, Richard: Vom »Wesen« der Kunst. Kunst-Bestimmungen und die Bestimmung durch Kunst. In: Areopag 8, Mainz 1973, 1–21.

Wisser, Richard: Kritik als Weg zum Selbstverständnis des Menschen. In: Aufgaben und Wege des Philosophieunterrichts. Neue Folge 6, Frankfurt a. M. 1973, 28–47.

Wisser, Richard: Kritik und Krise als Wege zum Selbstverständnis des Menschen. In: Wissenschaft und Weltbild 27 (1974) 291–298.

Wisser, Richard: Der »blinde Fleck« im Fernsehen oder Das Fernsehen und sein Schatten. In: Fernsehen – Ein Medium sieht sich selbst. Hrsg. von Werner Brüssau, Dieter Stolte und Richard Wisser. Mainz 1976, 371–401.

Wisser, Richard: Das Fernseh-Interview. In: Erinnerung an Martin Heidegger, 1977, 257–288.

Wisser, Richard: Aneignung und Unterscheidung. Existenzphilosophie im Kampf um die Existenz der Philosophie. Karl Jaspers und Martin Heidegger. In: Theologie und Philosophie 59 (1984) 481–498.

Wittgenstein, Ludwig: Philosophische Untersuchungen. Frankfurt a. M. 1977. (Auch in Schriften 1).

Personen- und Sachregister

Dessauer, F. 241, 389

Destruktion 52, 84, 96ff, 134ff, 147, 225, 245f

Dichtung 179–218 (insb. 184ff), 220, 262

Diels, H. 70, 389

Diemer, A. 152, 389

Dilthey, W. 185f, 389

Ding 226–238, 255, 283ff

Dürkheim, Graf K. v. 109, 390

Eigentlichkeit 55, 103f, 165

Ekstasen 297, 299

Existenz (Ek-sistenz) 21, 32f, 38ff, 41, 103, 113ff, 273, 277f, 297, 345, 362

Entfernung (Ent-fernung) 13, 109ff, 137, 226, 260, 306, 335f

Entschlossenheit 115, 122

Entsprechung 71, 284, 348–352

Entwurf 33, 55f, 90, 132

Ereignis 71, 79, 93f, 222, 247, 287, 290f, 317ff

Erfahrung 281f, 363

Erschlossenheit 91, 114f, 117, 119, 313

Es gibt 49, 69f, 119, 285, 316f, 319

Essentia 32, 39

Ethik 15f, 29f, 60f, 62, 368–382

Fahrenbach, H. 37, 127, 368, 390

Feick, H. 9, 57, 98, 134, 182, 385, 390

Ferne (siehe NÄHE) 13, 20, 130ff, 148, 225ff, 232f, 260, 298, 334ff

Fernsehen 13ff, 250

Fink, E. 9, 167, 307ff, 385, 390

Forschung 244

Frage 377f

Franzen, W. 182, 323ff, 390

Freiheit 160f, 358f

Fürstenau, P. 323, 326, 390

Fundamentalontologie 62, 96ff, 134

Funke, G. 163, 370, 390

Gadamer, H.-G. 186ff, 296, 326, 384, 390

Geben 300, 302, 317

Geborgenheit 124ff

Gefahr 246f

Gegend (Gegnet) 111f, 253ff, 285f, 305, 308f

Gegen-einander-über 286f, 338f

Gegenstand 149f, 230, 240

Geheimnis 197, 249f, 353, 361

Geheiß 158, 350

Gehlen, A. 15f, 129, 390

Gelassenheit 156, 160, 248–257

Genitiv des Zusammen*gehörens* 81, 119, 157

George, S. 180, 284, 286

Geschick 55, 63, 214, 246, 342ff

Geschichtlichkeit 92, 136

Ge-stell 17, 71, 79, 224, 238–248

Gethmann, C. F. 357, 390

Geviert 21, 214, 231ff, 238, 259f

Gewesenes 172, 206f, 297

Gewissen 121f, 132

Geworfenheit 55f, 118, 125

Gipper, H. 273ff, 390

Goethe, J. W. v. 34, 179

Görland, I. 131, 386, 390

Gosztonyi, A. 304f, 391

Gott 45, 55, 61f, 203ff, 212f, 234, 276, 375

Grassi, E. 34, 391

Grund (Ab-grund) 55, 79, 98, 135, 151f, 159, 167, 310ff

Gundolf, F. 183, 391

Guzzoni, A. 153, 391

Guzzoni, U. 350, 391, 395

Habermas, J. 245, 325, 391

Haeffner, G. 138, 391

Handeln 29, 57, 163, 251, 372ff, 379

Hebel, J. P. 9, 180

Heftrich, E. 138, 180

Hegel, G. W. F. 62, 64, 123, 134, 143, 154f, 161, 172, 295, 316

Heidegger, H. 9, 383, 385f

Heidemann, I. 307f, 312, 391

Heiliges 61f, 197, 212, 216

Heimat 33, 58f, 61, 196ff, 264ff, 336

Heimatlosigkeit 17, 59

Heinz, M. 294, 296, 386, 391

Heisenberg, W. 244, 305, 391

Helbig, G. 279, 391

Held, K. 138, 170, 391

Hennigfeld, J. 279, 391

Heraklit 9, 61, 65, 67, 92, 135, 168ff, 179, 213, 308, 312, 369

Offenheit (Offene) 91, 146, 221, 253ff, 356ff
ὄν 168, 232
Ontologie 62, 96ff
ontologische Differenz 18, 59, 77ff, 116, 153f, 276, 287, 321
Ort, Ortschaft 18, 93, 146, 200f, 219, 220ff, 260f, 265, 306
Ott, H. 323, 327, 395

Parmenides 67, 70, 82, 92, 135, 168, 179, 386
Petzet, H. W. 193, 250, 385, 395
Pflaumer, R. 73, 395
Phänomenologie 137, 163, 224, 230f, 282
Philosophie 350, 382
φύσις 169, 211f, 242
Planck, M. 244
Platon 9, 21, 28, 36f, 49, 60, 96, 134, 140, 143f, 153, 168, 236, 273, 295, 315f, 369, 383, 395
Pöggeler, O. 20, 30, 49, 91, 93, 98, 182, 203, 213, 217, 222f, 236, 268, 287, 290f, 295, 303f, 318f, 323f, 327, 395
Pugliese, O. 86, 323, 325

Quine, W. v. O. 271, 279, 396

Raum 18, 112, 260ff, 297, 303–307, 334f
Räumlichkeit 108–113, 117, 123, 126, 129, 305ff
Rechsteiner, A. 288, 396
Rede 267f
Reichen 302, 317
Relationstheorie 75ff
Richardson, W. J. 9, 85, 134, 323, 326, 384, 396
Rilke, R. M. 180
Rintelen, F.-J. v. 34, 125, 396
Rombach, H. 117, 396
Rosales, A. 51, 117, 132, 323, 325, 396
Ryan, L. 196, 198

Sage 287f
Sartre, J.-P. 5, 29–34, 36f, 39ff, 90, 103, 150f, 204
Sass, H.-M. 30, 383, 396
Savigny, E. v. 279, 396

Schaaf, J. J. 75f, 397
Schadewaldt, W. 70, 196, 397
Schaeffler, R. 51, 118, 182, 313f, 323, 397
Schelling, F. W. J. 9, 134, 385
Schicken 300, 317
Schirmacher, W. 224f, 241, 381, 397
Schlüter, J. 168, 397
Schmidt, J. 196, 198, 201, 203, 397
Schöfer, E. 268, 397
Schonen 161, 235, 259
Schopenhauer, A. 269, 397
Schritt zurück 83f, 98, 135, 159, 172
Schulz, W. 86, 91, 323, 326, 397
Schulz-Seitz, R.-E. 183, 397
Schweppenhäuser, H. 288, 397
Sein 66, 72, 85f, 93, 216, 238, 269ff, 308, 314, 317, 320f
Seïn 85f
Sein-lassen 63, 159ff, 253, 285, 300, 358f
Seinsferne 20f, 148
Seinsfrage 72ff, 134, 270f
Seinsgeschichte 92, 136, 146
Seinsvergessenheit 20, 59, 73, 96, 148f, 169
Seinsverlassenheit 59
Seinsverständnis 90, 96ff, 100, 115f
Seyn 18, 85f, 329
Simon, J. 279, 397
Sinn, D. 159, 166, 226, 233f, 285, 287, 323
Sinn von Sein 20, 90, 123
Sorge 43, 113, 296
Specht, E. K. 273ff, 397
Spiegel-Spiel 235ff, 288
Spiel 55, 235f, 299, 307–312
Sprache 37, 57f, 64f, 189f, 214, 217, 267–292
Sprung 83f, 159
Stegmüller, W. 273, 397
Sterblichen 234, 259
Sternberger, D. 19
Stiften 188f, 190, 210f, 215
Stimmung 55, 106, 121, 124ff, 204ff, 346–348
Storck, J. W. 180, 397
Strawson, P. F. 271, 279, 397
Ströker, E. 109, 335f, 397